臺灣經學叢刊

何定生著作集一：
詩經、孔學及其他

何定生　原著

車行健　主編、整理

本書為科技部專題研究計畫「國立政治大學在臺復校初期中文系經學領域學人的學術淵源與學風表現」（計畫編號：MOST 109-2410-H-004-144-）和「顧頡剛與戰後臺灣經學」（計畫編號：MOST 110-2410-H-004-125-MY2）之部分研究成果。

緣滅又緣起

——喜見《何定生著作集》出版

　　約莫在今年四月吧？我突然接到車行健先生的來訊，囑我為其主編的《何定生著作集》撰序一篇以為誌。我與行健先生素無相接，但我知道他在經學方面嚴謹的治學功夫與突出的研究表現，是學界中壯輩中的佼佼者。我想他囑我撰序，自是因為我曾與同窗曾志雄兄整理過定生師的文稿，並將其中較有體系者予以付梓之故。行健兄的這一邀約，顯示了他嚴謹之外的溫暖與周到。由是，雖自忖疏淺，遲疑再三，卻終究還是勉予應命。

　　民國五十六年秋，我入輔大中文系就讀，當時的系主任王靜芝先生請了許多臺大中文系的老師來授課。我上過張亨先生的《史記》、葉慶炳先生的《中國文學史》、葉嘉瑩先生的《詩選及習作》、臺靜農先生的《楚辭》，以及孔德成先生的《禮記》，但我並不知道何定生先生。一直到我修王靜芝先生的《詩經》課，並且選定《詩經》做為我報考研究所的「專書」考科，讀到定生師的《詩經今論》才知道有這麼一個見解獨到的學者。我當時有關《詩經》的知識，大體來於一般學者的通說，而這些通說又率屬義理、情懷的詮釋，完全無涉《詩》三百與樂歌關係的探討。所以讀到定生師的著作，真是大開眼界，欣悅之情差可以「不知手之舞之，足之蹈之」來形容。坦白說，定生師

的論述，我有太多一知半解、不甚了了的地方，但它給我非常豐富的
啟示——而那些啟示並不限於我對《詩經》的思考，乃廣泛的影響我
後來對學術觀點去取的敏感、對核心課題辯證與掌握的準確。

　　民國六十年秋，我入台大中文所碩士班，定生師已於前一年八月
與世長辭，自無緣親炙請益。嗣後由於論文以唐詩為題，遂更與《詩
經》之學逐漸疏離，除了在廖師蔚卿《文心雕龍》的課上，繳交過一
篇〈詩經比興二義探究〉的報告外，再無其他涉獵，但定生師詩與樂
的論見，一直在我心裏熠熠生輝，不曾或忘。

　　民國六十三年夏，我碩士班畢業，旋即入伍服預官役。六十五年
夏退伍，入幼獅文化事業公司任圖書編輯。出版定生師遺稿的想法，
當時一直在腦海裏盤旋。於是在那年暑假，與志雄兄一道去看師母，
表達我的心願。承師母慨允以及念貽妹的協助，志雄兄花了三天的時
間將遺稿整理出一個大概，交給我做後續處理——這一部分的原委與
過程，在後來出版的文集中有清楚的說明（亦見本書附錄四），此處
不贅。但這本文集直至民國六十七年七月始由幼獅文化事業公司印
行，書名《定生論學集——詩經與孔學研究》。

　　從整理完竣至出版，時隔二年之久，不難想見此書之付梓並非如
當初想像般順利。惟我至今仍清晰記得那段過程中內心的焦慮以及終
獲出版時的歡喜雀躍。我亦清晰記得去看師母那個晚上，和念貽妹在
日式宿舍窄小的空間裏面對一落落文稿的畫面——那畫面中我們心情
之糾結複雜，迄今難以言說。

　　四十五年過去了，我與念貽妹早已失去聯繫，與志雄兄也斷了音
訊，人生因緣際會之難料難執，令人百感交集而無可如何。每憶歐陽
永叔所云：「予讀班固〈藝文志〉、唐四庫書目，見其所列，自三代秦
漢以來，著書之士，多者至百餘篇，少者猶三、四十篇，其人不可勝
數，而散亡磨滅，百不一、二存焉。予竊悲其人，文章麗矣，言語工

矣，無異草木榮華之飄風，鳥獸好音之過耳也！」戚戚焉中，有無限悲感。當年孜孜整理付梓之書，早已一冊難求；而後起之秀知定生師、讀其書者復有幾人？就在我準備接受當年所殷殷致意「不要再讓一位真正的學者永遠埋沒下去」的冀望終將落空時，行健兄默默進行《臺灣經學叢刊》編輯的艱鉅工程，將定生師的著作做了更詳盡完整的呈現，其不僅發潛德之幽光、賡學術之命脈，實踐了史遷〈伯夷列傳〉中自命「青雲之士」的壯懷，而其上窮碧落下黃泉的蒐羅工夫、一芥一毫俱不苟的任事態度，尤令我不能不為之感動、敬佩。我突然有一種體會：緣起緣滅、緣滅緣起，莫非循環？然則，世間有意義、有價值的東西畢竟可以長存，「藏諸名山，傳諸其人，以俟後世知者」，固當是我輩應有的信念吧！

最後，謹談幾點個人感想，做為本文的結束，並敬供大家參考。

陳槃菴先生於定生師之作有如下評語：「《詩經》與樂歌關係，古人言之矣。然二千年來學者，徒知其然，而不能道其詳。至于定生，然後能辨識『正歌』與『無算樂』，徵之《詩》本經與《儀禮》、《禮記》，以暨《左傳》、《國語》等，本本原原，如合符節，而使吾人讀其文者，一旦之間，昭若發矇；其餘諸篇，亦往往鞭辟入裏，時見精義，卓矣！」而槃菴先生復曾對我說定生師的文章：「不人云亦云，亦不為非常異議可怪之論，真佳構也。」人云亦云固難入流，而好為非常異議可怪之論，則往往為躁進空疏之士所常見，是尤不可取。定生師為槃菴先生所許的這二種境界，在我踽踽而行的學術道路上，始終提醒著我、砥礪著我，我因此希望後起的新秀，能三復斯言，誌之不忘。

其次，定生師的著作，每一句話都有根據、都信而有徵，不論是嚴肅的論文或通俗的討論，我們很容易感受到他學問的淵博、材料的嫻熟、見解的深刻。但我願意特別指出他行文的流暢奔放、邏輯的嚴

整清晰。緣此，再艱深的課題，都明白易懂；再繁複的辨證，都眉目清爽，讀來酣暢淋漓。這是他那一輩學者共同的特長，也正是時下學者所望塵莫及的。所異者，他的文字更斬截、直率、銳利，煙火氣甚濃。我認為這可能正顯示了定生師的人格特質；也或許是《古史辨》學者特有的風格。在這個世界，狷介之士注定是孤獨的，定生師一生的周折恐怕都與此不無關係。寫到這裏，我不能不又落入惘惘然的深淵；而我多麼希望這內心的鬱鬱，只是我個人的臆想而已。

何寄澎 謹誌

2021.9.12

何定生著作集序

　　臺灣中文相關科系的現代學術研究，源自於國共內戰之際，大陸渡海來臺學者的引導啟發，當是無可爭議的事實。這些渡海來臺的學者，最先落腳的學術單位，或在中研院、或在臺灣大學、或在臺灣師範大學的前身臺灣師範學院。這些學者一般中文系稱之為「中文第一代學者」，比較著名的如臺灣大學的戴君仁先生（1901-1978）、臺靜農先生（1902-1990）、鄭騫老師（1906-1991）、屈萬里先生（1907-1979）、王叔岷老師（1914-2008）……等等；臺灣師範大學的高明老師（1909-1992）、林尹先生（1910-1983）、魯實先先生（1913-1977）……等等，在這些學者的耕耘奠基下，臺灣中文現代學術研究於焉開展，形成今日活潑多元的局面。

　　中研院中國文哲研究所經學文獻研究群，為了更深入了解二十世紀以來，現代經學相關學術研究的歷史，因而申請執行了「民國以來經學研究計畫」。這個大型研究計畫，分成三個部分執行，第一部分「（大陸）民國時期經學研究計畫」；第二部分「（1949年以後）新中國經學研究計畫」；第三部分「臺灣經學研究計畫」。「臺灣經學研究計畫」分成二階段進行，第一階段為「明鄭時代到日本時代」的臺灣經學研究，第二階段為「二戰後臺灣經學研究計畫」，「臺灣經學研究計畫」第二階段的研究，就在探討國民政府遷臺以後，臺灣經學研究發展的相關事項。研究的對象及內容，即是前述跟隨國民政府到臺

灣，建構臺灣經學研究的第一代學者及其後繼學者的學術貢獻狀況。目的是比較深入的了解第一代學者對臺灣現當代經學研究的貢獻，以及臺灣經學研究與大陸經學的關係等等的議題。

當年執行「二戰後臺灣經學研究計畫」的第二階段之際，就曾發現渡臺第一代學者，並非個個都名聲顯揚，其中某些學者或者因為著作不多，或者未指導研究生，或者任教時間不長，或者沒有擔任行政職務，僅是默默教學引導學生，因而並未受到學界特別的重視，然若就引導傳播學術而言，是否受到學界關注，並不是唯一的判準，是以當年執行研究計畫時，基於學術研究專業的關係，特別注意到第一代《詩經》研究學者，又因就讀學校的關係，所以特別關注臺灣大學中文系的師長，因而發現在屈萬里先生、戴君仁先生和裴溥言先生（1921-2017）之外，何定生先生（1911-1970）也是臺大中文系重要的《詩經》研究學者，但詢問臺大中文系的師長，則幾乎已經被遺忘，因此乃著手進行資料蒐集，最終在《中國文哲研究通訊》第二十卷第二期（2010年6月）編成〈何定生教授紀念專輯〉，共收錄7篇文章，簡略的介紹了何定生先生的生平與學術，行健兄當年即是參與資料蒐集與編輯工作的重要成員。

行健兄行事向來堅持不懈，尤其對學術研究更是追求完美，因此在參與編輯〈何定生教授紀念專輯〉之後，繼續追蹤並蒐集何定生先生的相關學術資訊，這部《何定生著作集》就是行健兄這幾年認真努力的一部分成果。行健兄編輯此書，不僅發潛德之幽光，讓何定生先生的心血可以重新面世，同時還提供臺灣經學研究界重要的學術資源，讓臺灣經學研究者能夠比較深入的了解何定生先生的學術表現及其貢獻，因而有效彌補了臺灣經學研究界的疏漏。不僅如此，從此有心研究臺灣經學的研究者，就又多了一份容易取得的有效文

獻，大大有助於臺灣經學的研究者，當真是功德無量，令人敬佩，是為序。

2021年元月10日楊晉龍序於思玫秀影齋
離開中國文哲研究所5樓R504室之日

關於《何定生著作集》的
整理與出版

　　我很早就知道臺大中文系曾有何定生這位老輩教授。記得讀碩士班時，與一位大我兩屆的學長住在中央大學的研究生宿舍，學長的書篋中收有一篇何定生教授在《臺大文史哲學報》上發表的〈詩經與樂歌的原始關係〉影印本，我當時曾取此文拜讀，無奈囿於學力，無法深入領會這篇文章的精奧，如是者再，仍不得要領，遂廢置不顧。

　　千禧年秋，隨劉漢初教授赴香港參加學術研討會，期間於書肆中購得王學典、孫延杰合撰之《顧頡剛和他的弟子們》（濟南：山東畫報出版社，2000年），內有何定生一章，作者根據顧頡剛日記、顧氏與何定生往來書信，以及何氏人事簡歷等一手資料，首次將顧、何師徒二人的關係與交涉，做了完整的披露。我當時深為其中情節之曲折複雜、情感之激昂飽滿所吸引，一方面固然為二人師徒關係未能圓滿和諧而遺憾；但另一方面也為何定生之渡海來臺，任教臺大而慶幸。因為此舉不但在客觀知識上將顧頡剛與《古史辨》的學問延續至臺灣，而且也讓吾人在主觀情感上對何定生所傳承的民國學脈有所親近與憧憬。

　　二〇〇七年起，林慶彰和蔣秋華二教授開始在中央研究院中國文哲研究所推動「民國以來經學之研究」（2007-2012）大型研究計畫，旋即於該年七月十二、三日舉辦「變動時代的經學和經學家（1911-1949）第一次學術研討會」。我在會中發表〈田野中的經史學家——

顧頡剛學術考察事業中的古蹟文物調查活動〉一文，是為研究顧頡剛之始。七月下旬，我又參加由林慶彰教授組織的學術考察團，此團目的為赴上海、北京二地訪察民國大陸時期與此二地有關之經學設施、機構，以及相關經學研究者之故居、遺跡、墳塋、文物和親友門生等。在上海考察期間，我透過時任華東師範大學出版社社長朱杰人教授的協助，獲得顧頡剛哲嗣顧潮教授在北京居處的電話。七月二十九日晚，考察團一行人與顧潮教授在北京郵電賓館晤面，並隨之對她進行訪談，訪談紀錄經整理後刊登在《中國文哲研究通訊》第十九卷第三期（2009年9月）。回臺之後，我又屢次與顧潮教授通訊，從她那裏獲得不少與何定生有關的資料，包含早年著作、人事簡歷檔案和書信。與此同時，主要由顧潮教授整理、編校的《顧頡剛日記》（臺北：聯經出版事業公司，2007年）和《顧頡剛全集》（北京：中華書局，2010年）又陸續出版。我就在這些資料的基礎上，開始了對何定生的研究，最早的成果是與徐其寧學棣共同撰寫〈顧頡剛與何定生的師生情緣〉和編製〈何定生教授論著目錄〉。

　　無獨有偶，文哲所的楊晉龍教授也正在關注何定生教授，他透過何教授和其家人參加的教會姐妹的協助，聯繫上了何定生教授的夫人王淑儀女士、長子何光慈先生和女兒何念貽小姐，楊教授分別於二〇〇九年二月和九月為他們進行了兩次訪談，之後又得到家屬提供的何定生日記，這為楊教授編寫〈何定生教授年表初稿〉創造了有利的條件。此外，我又藉著於二〇〇九年一月中旬參加由香港中文大學中國語言及文學系、中國文化研究所中國古籍研究中心主辦的「古道照顏色——先秦兩漢古籍國際學術研討會」機會，結識了何定生教授的學生，曾與何寄澎教授共同編訂《定生論學集——詩經與孔學研究》的曾志雄教授。在種種機緣逐漸成熟的情況，且又適逢何定生教授逝世四十週年的即將到來，遂與楊晉龍教授商議，假《中國文哲研究通

訊》的版面,策畫編製何定生教授的紀念專輯。經過一番努力後,此專輯順利登載於該刊第二十卷第二期(2010年6月),共收錄七篇文稿,包含兩篇研究論文、三篇紀念文章,以及年表與著作目錄各一篇。可說是迄今為止對何定生教授的生平、著作和學術研究成果,所做的最全面且系統的介紹,具有里程碑的意義。

隨著對何定生教授生平經歷及學問著作認識的逐步加深,似乎總有一股來自學術的驅動力量,迫使著我不斷地在資料蒐尋和學術探求的面向上,對既有的研究成果加以更新和完善。於是我又持續將〈何定生教授論著目錄〉修訂增補,且對其《詩經》學做深入地探索。趁著在二〇一三年七月下旬受邀參加德國特里爾大學漢學系主辦的「經學與社會應用國際研討會」機會,發表了〈何定生與古史辨的詩經研究〉,並於該文刊登於《中國文哲研究通訊》第24卷第1期(2014年3月)時,將〈何定生教授論著目錄增訂稿〉附載於文末。

二〇一五年九月八日,又意外收到顧潮教授從美國寄來的電郵,告訴我她在顧頡剛保存的他人來信中,發現一通何定生寫於抗戰勝利後的信函。同年十一月十二日,顧潮教授回到北京後,將此函的文字檔寄給我。我利用這通信函,撰寫了〈何定生一九四六年致顧頡剛未刊書函述要〉,在二〇一七年七月十三日文哲所主辦之「戰後臺灣經學研究(1945-現在)第五次學術研討會」上發表。

二〇一七年三月,何念貽女士從美國回臺省親,我與臺大中文系史甄陶教授商議,擬為其攝製五分鐘左右的訪談短片,後來將此構想擴大為攝製何定生教授整體生平經歷和學術成就的十分鐘紀錄短片。在當時就讀臺大中文系博士班的盧啟聰學棣協助下,再另外聘用兩位政大大傳系的學生專責拍攝和影片製作等技術性的工作,極其克難地完成了《經師身影——臺灣大學何定生教授》的影片。此短片首先在二〇一七年五月十四日於福建師範大學經學研究所舉行的「二〇一六

年國家社科基金重大項目《臺灣經學文獻整理與研究（1945-2015）》開題報告會」上播放，之後又上傳至YouTube平臺，供人自由點閱。

　　福建師大經學研究所推動的「臺灣經學文獻整理與研究（1945-2015）」研究計畫（中國大陸稱之為「項目」），本擬與萬卷樓圖書公司有計畫地出版戰後臺灣經學家的著作，何定生教授的經學論著也名列其中，後受種種因素限制，並未實現，卻因此將何定生著作的重新刊佈之事，排上了日程。何教授來臺後，僅公開出版一本論著，即《詩經今論》。他去世後，其弟子何寄澎、曾志雄二人蒐集遺稿，出版了《定生論學集──詩經與孔學研究》。此次的整理出版，在此二書的基礎上，又蒐羅了其早年的作品，和來臺後正式刊行的文章及研究獎助論文的手稿，並且也儘可能地將其書信和與其生平、著作相關的資料包括進來。我將蒐集好的文稿依照內容分成兩集，分別定名為《何定生著作集一：詩經、孔學及其他》和《何定生著作集二：尚書與文法》，交由萬卷樓圖書公司出版。二〇一九年三月，《著作集一》的打字檔大體完成。由於檔案頗為零亂，因此在正式排版前，我先請當時就讀政大中研所的徐偉軒、詹秉叡、林軒名和張育豪四位同學，將檔案做一番整理。《著作集二》的打字檔則在同年八月完成，檔案則委由盧啟聰整理。出版社雖已在二〇二〇年中即完成編排，但我因忙於《民國經學六家研究》和《傳經授業──戰後臺灣高等院校中的經學教育》二書的出版，抽不出手處理何定生著作集的校對工作。直至二〇二一年元月，方才展開《何定生著作集一：詩經、孔學及其他》的校對，《何定生著作集二：尚書與文法》的整理校對則交由盧啟聰負責。

　　在屢次的校稿過程中，除了需努力解決文稿中所衍生的大量問題，和克服校對時所面臨的種種困難外，與此同時，仍不斷地試圖完善《何定生著作集》的內容，包含蒐輯佚文和增補資料。前者如何氏

獲得國家科學委員會一九六九年研究獎助的論文:〈從儀禮樂次的分類覘三百篇原始的解題〉,此文並未收錄在《定生論學集──詩經與孔學研究》中,因此在我之前編製何定生教授的論著目錄時,頗對此文是否完成置疑。但卻在今年七月初,發現此文手稿藏於臺大圖書館,透過史甄陶教授的協助,將此文掃描寄給我,解決長久以來的疑問,終得以將何定生教授的《詩經》研究成果完整地呈現。後者則如在何定生的日記資料中發現曾志雄教授當年向何教授請教《詩經》問題的信函,以及何教授在病榻上勉力提筆寫成的兩張回覆提問的卡片(曾教授稱之為預覆信)。此外,其日記中也鈔錄了趙元任在一九六八年十月應邀訪臺期間,趙氏在旅館寫給何教授的覆函。這些文獻資料皆收錄在這二冊的《何定生著作集》中,相信可讓讀者對何定生其人和其學有更豐富的認識。

此次的整理與出版,雖已涵蓋何定生教授大多數的論學文章,但仍有遺漏,包含佚失者(如〈宣統政紀考證〉)、殘缺不全者(如〈王充及其學說〉)和某些早年的作品(包括《詩的聽入》、《治學的方法與材料及其它》所撰四文),其他如政論文章、譯作和文藝創作均未收入。而其日記中,除家庭日常生活瑣事外,還記有大量的靈修體驗文字,以及與學術、學界和學校(即臺大)相關訊息的記錄,這兩方面的材料,均有相當的價值,值得重視。由此看來,目前的工作只能說是階段性的成果,離何定生教授著作的完整刊佈,仍有漫漫長路。

感謝何寄澎、楊晉龍二位教授的惠賜序文,施隆民教授的題籤,而本書在整理過程中,也得到何光慈長老、何念貽女士、顧潮、曾志雄、金周生、楊晉龍、蔣秋華、史甄陶諸位教授,以及盧啟聰、徐偉軒、詹秉叡、林軒名、張育豪、陳菲等學棣的協助。當然,若沒有萬卷樓圖書公司的全力相助,包括張晏瑞總編輯和廖宜家、陳胤慧、呂玉姍三位先後任編輯的默默付出,這兩冊《何定生著作集》的出版是

不會如此順利的。

　　　　民國一一○年十二月十四日車行健謹識於國立政治大學

《何定生著作集一：詩經、孔學及其他》整理原則

一、何氏論著中所徵引之文獻，皆詳為覆核原典，舛誤及省略者亦悉為校改與補正。何氏引文常有省略，文句也時有和通行本不一致或訛誤處，亦有轉引自他書者，校對時，悉回歸原典，於不一致處，逕予校改。明顯的字詞譌誤及排版造成的舛誤，或逕於正文中校改；或將譌舛的字用圓括號（）標識，改正的字用方括號〔〕標識，皆不另出校注。有缺漏字者，逕在正文中校補，以方括號標識之，不另出校注。

二、何氏徵引古籍文句，常有刪節，為避免讀者誤會，相關引文或用引號（「」），或用刪節號（……），予以標識。

三、何氏著作前後文之間，偶有引文文句和標點不一致者，儘可能相互參正，以求畫一。由此而校改者，不另出校注。

四、斷句與標點符號基本上尊重原來刊行版本的方式，但原刊行版本標點符號之使用與現今通行者不完全相同，為適應現今書寫、排版與閱讀習慣，儘可能將不同之處，做適當的調整。

五、原刊行版本的正文有出注標識，但文中實際未出現者，則逕予刪去。

六、整理者的編輯案語和校改意見，一概稱為「編案」。「編案」若出注者，易與作者原注混淆，為分別起見，作者所加註語，在註解序號後，加上「〔原注〕」字樣；整理者的編輯案語和校記，則冠以「〔編案〕」字樣。

七、〈詩經的復始問題〉文中所引述《古史辨》中的《詩經》論文，因係何氏摘錄，文句不完全與原文相同。這部分尊重何氏原著，除明顯舛誤及文中徵引前人話語有不吻合者，方予校改。校改方式有三種：逕為改正、加方括號和刪節號、加編校案語。

八、何氏文中將徵引的詩篇標以序號，係受魏理（Arthur Waley）影響所採用的做法，但僅見於他生前公開發表的最後一篇論文中。其所標示的方式為加括號的序號置於詩篇前，如「（209）〈楚茨〉」，或「《商頌》、（301）〈那〉」，前者或令讀者有突兀之感，後者亦與現今標點習慣不同，因此一律將序號移至篇名之後，如「〈楚茨〉（209）」及「《商頌》〈那〉（301）」。

九、附錄所收楊晉龍編纂〈何定生教授年表初稿〉，亦查核引用文獻，遇有舛誤者，逕予改正，不另出校記。遇有增補文句的情況，則以方括號〔 〕標識之。又，〈年表〉引用何定生日記處甚夥，然何氏日記文字頗不易辨識，在徐偉軒博士的協助下，重新覆核日記原稿，校改不少原文釋讀的舛誤。經楊教授同意，逕予校改，不另出校記。

目次

一　經學論述及其他

二　附錄

一　經學論述及其他

《詩經》之在今日*

　　三年前，我嘗做過一篇文，叫做〈詩經的文學觀〉，把《詩經》的性質用歌謠來解釋。當時，我已覺得《詩經》有三個特點，非歌謠是不能解釋得好的。便是：

　　一、每篇的起興與本詩沒有多大關係，例如「關關雎鳩，在河之洲」，「桃之夭夭，灼灼其華」……等。雖這也可以用Metaphor或竟認為一種Symbol來解釋，但，仍有的很難講得爽快，如「殷其靁，在南山之陽」，「麟之趾，振振兮」……等。

　　二、換章只換韻腳，於本詩意義沒有改變。這是很明顯的常例，不消細說。

　　三、不同篇之詩，有相同的句子。如「汎彼柏舟」，《邶風》裏有，《鄘風》裏也有。又如「有杕之杜」，《唐風》裏有，《小雅》裏也有。

　　看這些地方，不是很可注意的嗎？於是，我就發覺這完全是聲的關係。為要使念起來和諧，所以把不必有關係的事物湊音節，使她和諧了。我當時之所以敢於這樣大膽，是為受一首童謠的暗示：

　　月兒光光，
　　下河洗衣裳。
　　洗得白淨淨，
　　給哥哥穿起上學堂。

---

* 〔編案〕《古史辨》第三冊下編此文標題下案語作：「十七，七，廣州《民國日報》副刊」。

學堂滿，

插竹管。

竹管尖，

插上天。

天又高，

一把刀。

刀又快，

好截菜。

菜又甜，

好買田。

買塊田園沒底底，

漏了二十四粒黃瓜米。

——從郭沫若原文。

同時又看見嚴羽的《滄浪詩話》有：

詩有別趣，非關理也。

蘇轍的〈詩論〉中有：

夫興之為體，猶曰其意云爾：意有所觸乎當時，時已去而不可
知，故其意可以意推而不可以言解也。

天下之人欲觀乎《詩》，其必先知夫興之不可以與比同而無強
為之說，則夫《詩》之義庶幾可以意曉而無勞矣。

鄭樵的《通志》中有：

  ……猶今都邑有新聲，巷陌競歌之；豈為其辭意之美哉！直為
其聲新耳。

幾句話。尤其是後幾句，使我的見解更確立。

  我當時所讀之《詩經》，是《四部叢刊》本。除此本外，他家是絕沒有看過的；只在《學海類編》中找到宋代的程大昌的《詩論》及在《四部叢刊》中找到《欒城應詔集》裏的一點而已。材料既少，見聞有限，自然言之不透，不過於美刺之義的老早不相信，則是不消說的了。

  我那文是在一個小小的週刊上發表的，心中頗為自得。

  後來看見顧剛先生的〈詩經之厄運與幸運〉，使我大吃一驚。我的吃驚，是因為不想一部寥寥三百五篇的《詩經》，其研究的方法會這末周詳廣大，繁複多方！於是，我的得意不知立刻消到什麼世界去了。

  接著，便看見謝無量的《詩經研究》，以及各種雜誌上若「雨後春筍」的關於談《詩經》一類的文，而俞平伯尤為努力。

  不了，不了！我所見的雖不是抄襲人家，抑且有些特見，但，可以不要了。於是我那文便不想帶到更通達的地方去發表了。

  實在，《詩經》之在今日，我想，要談時，至少宜從顧剛先生及其他零碎之作與俞平伯等所編列之外有所發見。（謝作甚不重要。）否則，拾摭些人家殘棄的牙慧，至少也是太無聊！

  還有一點，便是，要有歷史的眼光與常識。無論什麼作品——會成為作品的——都有其時代的價值，即是歷史上的價值。倘若以生在二十世紀的思想來律一切過去的見解，那是不行的。《詩經》之在今日，已有相當的成績了。我們要是想於什麼學問有所建樹，我們的路多著嘍。這《詩經》的花園，朋友，要是你不是很有把握時，千萬不

要妄想去做園丁！

七，十七，上午

　　此篇文字是在二十分鐘內寫完投寄的，因為那天看見一個不識字的人在做《詩經》的文字，大抄顧師的文而又糟得厲害，所以氣極而寫此。

關於《詩經通論》[*]

從新估價的話，在《詩》學史上，在《詩》研究上，姚際恆的《詩經通論》是一部難得的重要著作。姚氏的冀圖，不但要推翻《詩序》，還想推翻反《詩序》的《集傳》。本來，自南宋以後，元代以至明代，差不多是《集傳》勢力的清一色，而且算是《詩》的革命派。但，姚氏卻仍不滿意。他想別樹一幟的澈底革命。他仍是認朱為調和，所以要倒他。倒朱的運動，在清代本是時髦的。這是根據清代的學風來，是漢學對于宋學的反動。所以對于《詩》，就據毛鄭以倒朱。然他們倒朱之後，仍要依三家以倒毛的。所以清代的倒朱運動，並不是《詩》學的獨特貢獻，而是漢學家的學問主義的表現。姚氏的倒朱，不是這樣。他罵朱以理學說《詩》，他並不要毛鄭。他罵鄭以《禮》說《詩》，他並不要三家。換句說，姚氏是各派混戰中的超然的一派。他想自己披荊斬棘，去敲《詩經》的門。《詩經》的被埋久了，大家又都在傳統裏翻筋斗，所以姚氏的這種精神，的確是難能而可貴。後來的崔述同方玉潤，會有那樣有價值的新著作，我們可以說，是繼姚氏的風氣。

---

* 〔編案〕《古史辨》第三冊下編此文標題下案語作：「十八，九，四，《國立中山大學語言歷史學研究所週刊》第九集，第九十七期。原名「關於《詩經通論》及詩的起興」，今分為兩篇，編入本冊」。又何氏在刊載《國立中山大學語言歷史學研究所週刊》的原文文末，寫有如下的一段話：「此稿太潦草了，一時又沒工夫修改。筠如先生為《史週》（編案：當即《國立中山大學語言歷史學研究所週刊》的省稱）要稿，姑以報命。仍想于暑假期內再行整理一下，將來便作為我所標點姚氏《詩經通論》的序文。姚書將由樸社出版。 附記。」

　　雖然，姚氏也實在只有這樣一種可貴的精神，在事實上，他並不
能比朱晦庵更高明。就講《詩序》。疑《序》固然不是啟自朱熹；歐
陽修、蘇轍已不盡信《序》。抑朱熹是承鄭樵、王質之緒，其膽氣尤
其是得自鄭樵。像《朱子語類》卷八十上就有這樣的話：「舊有一老
儒鄭漁仲，更不信《小序》，依古本與疊在後面。某今也只如此。」
這還是說他依鄭樵的樣子，將《序》合為一卷；重要的是：「向見鄭
漁仲有《詩辨妄》，力詆《詩序》。其間言語太甚，以為『皆是村野妄
人所作』。始亦疑之，後來仔細看一兩篇，因質之《史記》、《國語》，
然後知《序》之果不足信。」這樣，分明他是因鄭氏的提醒才去反
《序》。此外，若朱德潤題鄭夾漈《詩辨妄》云：「文公朱氏因雪山王
公質、浹漈鄭公樵，去美刺以言《詩》；又嘗于鄭《傳》取其切于
《詩》之要者以備《集傳》。」馬端臨《通考》《經籍考》云：「按浹
漈專詆《詩序》，晦庵從其說。」清《四庫提要》的《毛詩正義》
條：「鄭樵恃其才辨，無故而發難端，南渡諸儒始以掊擊毛鄭為能
事：……然朱熹從鄭樵之說，不過攻《小序》耳。」其《簡明目錄》
又云：「自朱子用鄭樵之說攻擊《詩序》，毛鄭之學遂微。」從此等說
話裡，就再清楚沒有的可以看出。所以他的《集傳》之所以會成反
《序》派的中心，也就是機緣好；不然，人家只知《集傳》，不知
《詩總聞》；《詩辨妄》尤其早已散佚；而他在《集傳》序上，居然謂
「某之病此（《序》）久矣」，而不一提鄭氏，也分明有點掠美。但，他
還會很透闢地說：「《詩序》……有不得詩人之本意，而肆為妄說者
矣。……其後三家之傳絕而《詩說》孤行，則其牴牾之跡無可復見，
故此序者遂若詩人所先命題，而詩文反為因《序》以作……」（也載
《詩序辨說》）。

　　在這上面，姚際恆是決不能再贊一辭的。但，姚氏也不錯，想澈
底。他罵《集傳》「佞《序》」。這的確，《集傳》儘有許多地方從

《序》說的。《集傳》明從《序》，姚氏是明駁它；暗合《序》，姚氏是暗譏它。這是《集傳》的不澈底。但，姚氏自己就仍也不澈底，也有時用《序》。就舉一兩個例：《曹風》〈蜉蝣〉篇，《序》明是：「刺奢也。昭公國小而迫，……好奢而任小人。」姚氏既引為「〈大序〉謂刺昭公」，論之曰「第以下篇刺共公，此在共公前也。或謂刺共公，或謂刺曹羈，皆臆測」了，而其自斷乃為：「大抵是刺曹君奢慢；愛國之詞也。」又，《周頌》〈小毖〉篇，他說：「〈小序〉謂『嗣王求助』，《集傳》謂『亦〈訪落〉之意』，皆近混。此為成王既誅管蔡之後，自懲以求助群臣之詩。」

這所舉的例是姚氏暗用《詩序》處；明用的，自《大雅》以後就更多，現在不再說。其次，他的解淫詩同「思無邪」，就遠不及朱熹了。《朱子語類》〈詩一綱領〉第一句便是：「只是『思無邪』一句好，不是一部《詩》皆『思無邪』。因謂不能呆看，只知道有一句思無邪的話便好了。」朱熹是這樣輕輕地淡描「聖人」的話，也許分明不能不敷衍，所以才會有「〈桑中〉之詩，放蕩留連，止是淫者相戲之辭，……」這樣平凡的見解。他的這「淫」字——也就可以說《集傳》所提出的淫字——我們簡直是可作譚嗣同的《仁學》所述說般的看待。因為，朱熹這個提醒是述說；並不是評價。一切人談到「淫」字都先在下意識的所謂善惡天秤上估量過了，所以就大驚小怪，不可終日，那消到《仁學》才吐舌半天縮不進去呢！

朱熹于「淫」詩，而猶敢作為述說觀，其它比較聖教化的詩，那更不消說了；所以他同時就會相當地反對美刺之說。他說：「古人作詩，與今人作詩一般，其間也有感物道情，吟咏情性；幾時盡是譏刺他人！只緣序者立例篇篇要作美刺說，將詩人意思盡穿鑿壞了。且如今人見人纔做事，便作一詩歌美之，或譏刺之，是甚麼道理！」還有幾句甚有趣，云：「曾與東萊辯論淫奔之詩，東萊謂詩人所作。……

若是詩人所作譏刺淫奔，則婺州人如有淫奔，東萊何不作一詩刺之！」這是何等親切的意識！（現在不多引。總之，《語類》上的談《詩》，是很有價值的。研究《詩》的決不能放過它。）現在我們來看姚際恆的論調。他說：「『《詩》三百，一言以蔽之，曰：「思無邪。」』如謂淫詩，則思之邪甚矣，曷為以此一言蔽之耶？蓋其時，間有淫風，詩人舉其事與其言以為刺，此正思無邪之確證。何也？淫者，邪也；惡而刺之，思無邪矣。今尚以為淫詩，得無大背聖人之訓乎！」這簡直是又進《詩序》的瘴氣裏去！姚氏對於《集傳》，是笑罵無不極至的。有時簡直是在鬧意氣。就舉一兩個例。像：《豳風》〈七月〉「猗彼女桑」句，《孔疏》是：「猗束彼女桑而采之，謂柔穉之桑，不枝落者，以繩猗束而采之也。」而姚氏自引之文，又為：「孔氏曰『猗也，低小之桑，不斬其條，但就樹以採其葉』，是也。」這和《集傳》的「取葉存條曰猗」有什麼兩樣！但姚氏就說：「《集傳》……本蘇氏，謬！」他挑剔《集傳》本蘇氏，而罵之曰「謬！」這種鬧氣的聲口就活現。又像《小雅》〈魚麗〉篇，他說：「此王者燕饗臣工之樂歌。」而其罵《集傳》則云：「《集傳》謂『宴饗通用之樂歌』，謬。」又如《小雅》〈車攻〉，他說：「鄭氏謂『甫草者，甫田之草也。鄭有圃田』。按：甫圃全。鄭說是田必芟草為防，故有取于圃田之草也。《集傳》直以甫草為圃田，謬。」諸如此類，可見。所以，我們就說姚氏的作《詩經通論》，是專為罵《集傳》，也無不可。姚氏在其書的序文裏，雖有「惟是涵泳篇章，尋繹文義，辨別前說，以從其是而黜其非，庶使詩意不致大歧，埋沒于若固若妄若鑿之中……」的話；其實，篇首論旨中的「愚謂遵《序》者莫若《集傳》，蓋深刺其隱也。……要而論之，《集傳》只是反《序》中諸詩為淫詩一著耳，其他更無勝《序》處。夫兩書角立，互有得失，則可並存；今如此，則《詩序》固當存，《集傳》直可廢也」，纔是姚氏的本意。他是

想打倒《集傳》的，他的話是如此偏激！

打倒《集傳》也好，為要打倒它，就不惜反對淫詩，就不惜替美刺張目，所以我說姚氏的見解不會比朱熹高明也。

然則姚氏的可貴的精神——像上文所提過的——在那裡呢？我說，就是在他的嚴刻的不輕易相信。他罵《集傳》，他對《集傳》嚴，這沒有多大價值。他是機敏的，聰明的，所以處處知有己；這流弊所至，便一壁罵《朱傳》，自家都同《朱傳》一樣失敗，像前面所舉用《序》之例：分明一樣是推測，而且推測來也差沒有多遠，他就必抑人從己。這也是他的弱處，不值得我們注意。惟下面一例，就真的有趣。《大雅》〈皇矣〉「度其鮮原，居岐之陽」。「鮮原」一辭，他既不從《毛傳》的「小山別大山曰鮮」的釋「鮮」，或《鄭箋》的「鮮，善也」了；自家又謂「鮮原，必是地名，今無考」了；但，他決不要信人家的話！他接說：「或據《竹書紀年》為地名以證此書，不可信。」自家疑是地名，有人給他證明是地名，卻仍以為「不可信」！這看來好像會叫人好笑；但我們可以承認這正是治學問的最高精神。因為，《竹書紀年》可以是偽書；像他常常必推翻鄭玄的巧合的證詩，因為鄭所據的是《周禮》《儀禮》，《周禮》《儀禮》是偽書（姚氏的話）一樣。

十八年五月。

關於詩的起興*

對于詩的起興，自來都可以說不嘗會說錯；卻是一應用就錯，所以也可以說沒有人說得不錯。這真有趣。簡簡單單，一個起興罷了，就鬧到天昏地暗！我相信，照各說《詩》家的話來講，就叫個念《詩經》的人死也不明白起興是怎樣一回事。

我們就不說那渾沌一團的《毛詩正義》所講，像：

> 興，見今之美，嫌於媚諛，所善事以喻勸之。
> 興者，興起志意，讚揚之辭。
> 鄭司農云：興者，託事於物。
> 則興者，起也；取譬引類，起發己心：詩文諸舉草木鳥獸以見意者，皆興辭也。

等的話，叫人看了莫名其妙；就像朱熹，他說：

> 興者，先言他物，以引起所詠之詞也。

這話還空洞；他在另一處說：

> 興者，託物興詞，如〈關雎〉、〈兔罝〉之類，……

---

* 〔編案〕《古史辨》第三冊下編此文標題下案語作：「一八，九，四，《國立中山大學語言歷史學研究所週刊》第九集，第九十七期」。

他一舉例給我們，于是也就不得了了。《毛傳》釋〈關雎〉原是：

> 關關，和聲也。雎鳩，王雎也，鳥摯而有別。……后妃悅樂君
> 子之德，無不和諧，又不淫其色，慎固幽深，若關雎之有別
> 焉，……

毛鄭的糊塗，我們儘可不管。今《集傳》云：

> 關關，雌雄相應之和聲。雎鳩，水鳥，一名王雎，……生有定
> 偶而不相亂，偶常並遊而不相狎。……周文王生有聖德，又得
> 聖女姒氏以為之配。宮中人於其始至，見其有幽閒貞靜之德，
> 故作是詩，言彼關關之雎鳩則相與和鳴於河洲之上矣；此窈窕
> 之淑女則豈非君子之善匹乎：言其相與和樂而恭敬，亦若雎鳩
> 之情摯而有別也。

這是朱熹的興的實例，所以他接下云：

> 後凡言興者，其文意皆放此。

這樣，不但《集傳》說所謂「興」的〈關雎〉正同《毛傳》一樣，就
是「興」是什麼，我們不免要茫然的；最少，何以別于「比」，我們
不知道。但，這只不過是叫我們分不出什麼是「比」罷了，乃一看
《語類》，就越糟，說：

> 興，起也，引物以起吾意；如雎鳩是摯而有別之物，荇菜是潔
> 淨和柔之物，引此起興。

是這樣起興了；他還怕不仔細，就接云：

> 猶不甚相遠（指上例）；其他，亦有全不相類，只借物而起吾意
> 者，雖皆是興，與〈關雎〉又略不同也。

這樣看起來，就好像興也者，有所謂引，有所謂借，而一發莫名其
妙。惟其有這樣的莫名其妙，於是他又精細下界說，他說：

> 然亦有兩例：有以所興為義者，則上句形容下句之情思，下句
> 指上句之事實；有全不取義，則但取一二字而已；要之，上句
> 常虛，下句常實之體則同也。

界說越下的精細，於是「興」之義就越可憐，而又幾乎混到賦上去
了。我們是不必再看它家的。朱熹是個很明白「風」是什麼一回事的
人，其它自《檜》以下，還用舉例？不是麼，就看聰明的姚際恆。姚
氏不舒服《集傳》，評其說為「語都鶻突，未為定論」；引人家駁他的
話，並自定界說曰：

> 郝仲輿駁之，謂「先言此物」（興）與「彼物比此物」（比）有
> 何差別！是也。愚意當云：興者，但借物以起興，不必與意相
> 關也。比者，以彼物比此物也。

這果然較朱為清楚矣；乃也在更進一步而細分之時，遂云：

> 其興而比也者，如〈關雎〉是也；其曰「關關雎鳩」，似比
> 矣；其云「在河之洲」，則又似興矣。

而我人對于興比之意又模糊了。實在〈關雎〉的首兩句，我們分明想不出會這樣的原來是兩半截！

我前面說過，他們也會說的不錯，像朱「有全不取義」，同姚「不必與正意相關」這些。

但他們偏要下那末轉語，所以畢竟是弄不清。蘇轍對了，《詩論》：

> 今之《詩傳》……以為興者，有所象乎天下之物，以自見其事；故凡詩之為此事而作而其言有及於是物者，則必強為是物之說，以求合其事。……夫興之為言，猶曰其意云爾；意有所觸乎當時，時已去而不可知，故其類可意推而不可以言解也。「殷其靁，在南山之陽」，此非有所取乎雷也；蓋必其當時之所見而有動乎其意，……此其所以為興也。嗟夫，欲觀於《詩》，其必先知比興。若夫「關關雎鳩，在河之洲」，是誠（倘若）有取於其摯而有別，是以（則是）謂之比而非興也。……欲觀於《詩》，其必先知夫興之不可與比同，而無強為之說，……

一段話何等聰明！

但，像朱熹等何以終要弄到一塌糊塗呢？這個原因是很清楚而簡單的。他們不明白《詩經》是什麼。朱熹的頭腦清楚的多了，說國風是歌謠，又以敘述的態度來解淫詩，但他仍忘不了名教的大帽子！所以終不懂得《詩》。自來說《詩》的都沒有懂《詩》，以名教說《詩》；於是風、雅、頌的官司打不完；正變的吵架鬧終古；天子、諸侯、《豳風》和《魯頌》等「階級」或「名分」，爭的翻天價；都是「周公之禮」以至「孔聖之書」所關。又因此而以美、刺為《春秋》般的書法。夫美、刺既負有名教督責之重，賦、比、興之義斯遠！而「興」之一義，尤微妙而「不可方物」，若蝴蝶之夢見莊周。「雎鳩」

不過一種鳥，但千萬不好當牠是鳥；何以故？會關名教故！「興也」，這是大家異口同聲的；但，興也者，興此物以及于名教之謂也。故，由雎鳩而至于「樂而不淫」（也委實難得，也知鳥的樂而不淫），而會至于文王太姒，而會至于君臣上下，而會至于「王化之基」。我們看這，大家弄不清起興，其間一貫的原因是很可以明白了。雖也會說借物起意，「不必與正意相關」、「有全不取義」……等話，而畢竟忘不了名教的關係。更其不幸的，是孔子也嘗有鳥獸蟲魚的話。大家下死勁賣氣力，也許是爬剔個看誰最湊得聖人之趣。於是，沒頭沒腦扯了一大場，禽蟲草木也有仁、義、善、惡的關係，——乃至自然界也就「蠮螉在東，乃天地之淫氣」，畢竟都是《詩》旨！這樣，不但「興」的義不能希望他們弄得對，其它什麼賦、比，還是一筆勾消好。

孔子提起禽蟲草木的話是什麼意思，我們不可知。但《詩》之用禽蟲，我們可以說，完全完全是偶然之偶然。詩人親炙自然慣了，詠起詩來就不知不覺用自然的事物。蘇轍的「意有所觸乎當時」，固然進步得多了，但還太用力。《詩經》是一部「歌謠」，我們可以說，其關于景物所詠必多無意。我前此頗也嘗相信「暗示」之說，以為《詩經》之詠物，常有暗示詩裏的抒情，像：

中谷有蓷，暵其乾矣。
有女仳離，嘅其歎矣。

以為「嘅歎」就同「乾」成為一種共鳴的意識。但，這也該小心些，不然，就會成為朱熹等之續。所以，我現在說《詩》，我以為仍是爽爽直直地取消什麼縹緲的形而上的話（抽象之謂）比較妥當。幾年前，郭沫若取四十首詩，譯成白話，為《卷耳集》。記得好像有一回，許多人因為個「采采卷耳，不盈傾筐」和「嗟我懷人，寘彼周

行」的關係，打了許多筆墨官司。這，雖然決不是名教式的《詩》說之爭，卻也誤會《詩》意。因為仍有弄不清《詩經》上起興的嫌疑。我以為《詩》的興是最多的，——比就少了。要像〈碩鼠〉那樣明白，才能說是比。倘若是〈伐檀〉，則：

> 坎坎伐檀兮，置之河之干兮，河水清且漣猗。

三句就仍是《詩經》的完全無意之興。歌謠是總以沒有意——關于本詩——的事物起句的；這稍常接觸兒歌民歌就可以知道。所以鄭樵有幾句話最好，他說：

> 夫詩之本在聲，而聲之本在興；鳥獸草木乃發興之本。

《詩經》的事實，不是告訴我們嗎，換韻。一首詩，不是常常換個韻來押新章？就姑以〈伐檀〉為例，不但起興的伐檀，換為輪、換為輻字；干換為湑、換為側字；就連正文的「縣貆」換為鶉、換為特；廛，換為困、換為億，決不會是要新意！這完全是在取聲音上的旋律，要聲新。聲新是歌謠的一個重大條件；換句說，是歌謠的個性。所以，鄭樵的《通志》《樂略》〈正聲序論〉：

> 嗚呼！詩在於聲，不在於義。猶今都邑有新聲，巷陌競歌之，豈以其辭意之美哉，直為其聲新耳。

正是親炙民間的歌謠得來的知識。鄭氏對《詩經》有那麼新鮮的見解，也胥由此。而中國民族的第一部詩集，正和民間（包括兒童）歌謠同其道理，純出自天籟。國人崇拜往古，以為古人是一切文化的頂

點，因為國人的文化觀是退化的。但，這是錯誤的觀念。詩質是沒有
所謂退進化，但詩形卻有由粗疏而進到精緊。兒童的歌謠有許多地方
是過剩的，不關內容。

例如：

剔桃官路西。
金盅碟子養花栽，
銀盅碟子養花蕊；
初一十五開一個。

（注）剔桃，逛也。栽，花苗也。

剔桃官路邊。
金盅碟子養花枝，
銀盅碟子養花蕊；
初一十五開一枝。

你看，起首一句，可以說是本詩的範圍以外，一點都沒干係。再舉一
首民歌：

山崎崎，地崎崎，山頂發草ㄌㄠ萋萋。
君十七，娘十八，
親像好米打糖枝。

（注）ㄌㄠ，不知何義。

「親像」，即「好像」之意。

「糖枝」，我鄉（廣東揭陽）之俗，年節有用米炒熟，入鍋和糖，煮至
飽和，取出凝硬，切成整齊之塊，可以饋親友鄰舍。

　　　　山斑斑，地斑斑，

　　　　山頂發草ㄌㄠ蒼蒼。

　　　　君十七，娘十八，

　　　　親像好米打糖班。

就半首同內容一點兒都沒相干。不但如此兩節歌是十二個讀，將相同
的都除去，等于：

　　　　君十七，娘十八，

　　　　親像好米打糖……，

僅剩三個讀是正文，而全歌竟有九個讀是過剩的了。這是自然這樣
的，因為並沒經過鍛鍊的歷程。現在《詩經》是第一部詩，不但正正
在文學史上該是同民歌兒歌一樣自然地；而且在事實上，不是〔已〕
經明白告訴我們？這不用舉例，大家都見到。而我們也可看得出，所
謂「興」者，正正就是像前舉的民謠那半首沒關係的句法；而也是那
換聲的方法了。故我們要是下個「興」的定義，就是：

　　　　歌謠上與本意沒有干係的趁聲。

亂七八糟，什麼東西，撞到眼，逗上心，或是鼓動耳朵，而適碰著詩
興，於是就胡亂湊出來——或者甚而有時詩意都沒嘗打算，只管湊湊
成了。這個就是「興也」所成的《詩經》的秘密。故天籟是描寫民間
歌謠之沒來由地成就；而「興」則是《詩經》中的天籟之一種說話。
因為它是聖人訂定的《詩經》，故為之定什麼六義，而有「興」。在當
時定名者也實在煞費苦心，找到個翻來覆去總講不了然的意思。假若

我們這些民間的歌謠而入聖人之手，其結果也正就是這樣的一部《詩經》呢！

所以，我主張我們現在說《詩》，一些兒的興句中的禽蟲草木都不要加以推論。

采采卷耳，不盈傾筐。

來當做寫一個沒心緒的「她」（？）的閒愁——采了半天，小小的筐兒就不會滿，——同下面的

嗟我懷人，寘彼周行！

是如何的貼切而有味！但，這是一種意外的巧合，我不贊成以意中解釋之。毛鄭之所以一團黑漆，正坐此故。何則？這首是如此解，則〈摽有梅〉（隨便舉例）便不得不為之分作三個階段想——〈卷耳〉是那末切，難道詩人獨于此而懵如，——於是遂入魔而不自覺。故我以為，詩人固以親炙自然慣了之故而常用自然的事物興詩，卻決不是取什麼自然事物興詩。於是我們並不須認識什麼禽蟲草木然後讀《詩》，像鄭漁仲所說。鄭氏之于《詩》上的鳥獸草木的見解，原是不嘗錯的：

漢儒之言《詩》者，既不論聲，又不知興，故鳥獸草木之學廢矣。

漢以來不是講學者老是在鳥獸草木上生了許多情了，而鄭氏卻以為是「廢」，故鄭之講鳥獸草木非若一般所云。其說〈關雎〉以聲云：

其曰：「師摯之始，〈關雎〉之亂，洋洋乎盈耳哉！」此言其聲
之盛也。又曰：「〈關雎〉，樂而不淫，哀而不傷」，此言其聲之
和也。人情聞歌則感：樂者聞歌則感而為淫；哀者聞歌則感而
為傷。〈關雎〉之聲和而平，樂者聞之而樂，其樂不至於淫；
哀者聞之而哀，其哀不至於傷，此〈關雎〉所以為美也。緣漢
人立學官，講《詩》專以義理相〔傳〕，是致衛宏序《詩》以
樂為樂得淑女之樂；淫為不淫其色之淫；哀為哀窈窕之哀；傷
為無傷善之傷。如此說〈關雎〉，則洋洋盈耳之旨安在乎！

這話是多麼透闢！仲尼明明是說「樂正，雅、頌各得其所」；並不說
詩正！所以鄭：

　　臣之序詩，專為聲歌，欲以明仲尼之正樂。

一語，就真得其間！但是，詩是在好聽一方面著想的，然則只管聽就
夠了，何必講！故鄭漁仲講鳥獸草木，我仍不贊成。講鳥獸草木而能
像〈關雎〉般，固再妙沒有，而根本上，卻所講的是多事，且有時也
可以發生岔路。像鄭又說：

　　凡鷹鷙之類，其喙褊者，則其聲關關。雞雉之類，其喙銳者，
　　則其聲鷕鷕。此天籟也。雎鳩之喙似鳧雁，故其聲如是，又得
　　水邊之趣也。……不識鹿，則安知食萍之趣與呦呦之聲
　　乎！……牛羊……又得蘩蒿之趣也。使不識鳥獸之情狀，則安
　　知聖人關關、呦呦之興乎！

要識趣，這就有些危險。但，他還是敘述詩興之由來，而話還清醒。
至若：

若曰「有敦瓜苦，烝在栗薪」者，謂瓜苦引蔓於籬落間而有敦
然之繫焉。若曰「桑之未落，其葉沃若」者，謂桑葉最茂，雖
未落之時而有沃若之澤。使不識草木之精神，則安知詩人敦
然、沃若之興乎！

所云，雖我們可以相信是由於微渺的詩思所描述，然豈不一步去就叫
大家又進漢人的講義理！詩人做詩，偶然用一樣鳥獸草木以興辭，興
得來（即是趁得韻了）就完了，又何必管它「敦然之繫」、「沃若之澤」
呢！這不是又舍聲而講義理？要之：講詩已經要專管聲，興尤其絕對
是聲！鄭漁仲講雎鳩牛羊怎樣是天籟，我們仍不要管雎鳩牛羊。我們
認清這天籟是貼聲音──在詩形的字音上的聲音講，並不是貼字形裏
所包涵的什麼雎鳩牛羊的聲音講！一樣是講聲，而說〈關雎〉的「洋
洋盈耳」則對；說雎鳩的鳴聲關關，也只是鳴聲關關，決不是涉什麼
起興之義：涉及起興之義就錯！

十八，五，在北平。

評介《詩經釋義》

著　　者　屈萬里

出　版　者　中華文化出版事業委員會

出版日期　中華民國四十二年四月

定　　價　二冊共計新台幣二十八元

自「五四」以來，提倡新方法整理「國學」，也有三十年的歷史了。但成果如何呢？別的且不談，單就材料最真的《詩經》而論，就沒有整理出來一部新的註解。《詩經》自有其特具的格調、語言；其文字自身有時就是其直接的內容，這是一點。其次，二千年來，自孔子而下，學《詩》已成風氣；《詩經》被吟詠最熟，稱引最廣，凡是以說《詩》者，殆已充《詩》學之義類而無餘；而音韻訓詁之所成就，尤為奇葩異果。以這樣的憑藉，加上新的方法，三十年的時間不算短，我們為什麼不能給《詩經》一個新的面貌呢？

不過，話說回來，除了音韻訓詁名物制度確解決了不少《詩經》的問題外，其涉及義理者，反因為說《詩》的太多而把問題弄複雜了。例為自三家而毛鄭而《集傳》，以至後人之宗毛鄭以反朱，或宗三家以反毛鄭，乃至並朱毛鄭三家而盡反之的這樣一個糾纏的局面，就最足以使新注難於痛快下筆。故欲成一部新作，事情實在也不很簡單。

現在，在這個事似易而實難的宿命環境之下，我們的朋友屈翼鵬先生的《詩經釋義》出版了。這個空谷足音，不用說是叫我們再興奮不過的。全書分上下二冊，都二十餘萬言。茲略予評述，以推薦於讀者。

（一）本書對於《詩經》問題之處理

本書開頭有〈敘論〉一篇，長萬餘字，分九目：一、引言；二、《詩經》名稱；三、《詩經》內容；四、《詩經》之編集；五、六義四始正變之說；六、《三家詩》；七、《毛詩》；八、歷代《詩》學的演變；九、我們怎樣研究《詩經》。看這篇目，《詩經》的主要問題，大體上都已提到，為處理《詩經》問題的一篇重要寫作。全篇文筆，乾淨利落，風格清新，不祇是一篇學術論文，即作為一示範的文藝看，亦無不可。見解方面，原則上固然博採眾說，而折衷取捨，常多創獲，益纂述而兼創作者。其運用材料，推陳出新，尤見匠心。茲以孔子刪《詩》正樂問題為例，以見其端。

本書不主孔子刪《詩》之說。這雖是支持孔穎達的翻案，然孔氏的理由只說「孔子所錄，不容十分去九」；而本書乃引《左傳》、《國語》、《禮記》所引經文而統計之，故其辭愈辯。清人夏炘謂三百篇即季札聘魯時魯太師所歌者；又謂孔子一曰《詩》三百，再曰誦《詩》三百，乃是舉舊有之篇言之；而本書則專著眼於孔子那時才八歲（夏謂孔子九歲）一點以證三百篇之非刪後數目，乃道夏所未道。

與刪《詩》說有關的另一公案為「正樂」的問題。《史記》刪《詩》的那段文字，其實正是上文「吾自衛反魯，然後樂正，雅頌各得其所」一語的注腳；所以後人也便把正樂解作刪《詩》。這個附會固然不對，但把它釋為「正《詩》」也不妥當。這一點包慎言已論之，茲不贅。不過筆者以為《孟子》「王者之跡熄而《詩》亡」的「詩」，正可解作孔子反魯後所「正」的「樂」。朱子注《孟子》「《詩》亡」一語云：「〈黍離〉降而為《國風》而《雅》亡」，下文又說：「王室遂卑與諸侯無異，故其詩不為雅而為風。」這明顯地把「《詩》亡」解成「雅亡」，這是很不妥當的。蓋三百篇皆有樂（季札

所聞的就是這樂）。頌是祭祀之詩，樂而兼舞。風雅則為燕享朝會之樂。故鄭樵《通志略》云：「仲尼編《詩》，為燕享祭祀之用。」西周之盛，周天子如日中天，故風、雅、頌各有其用。及天子德衰而頌之用替；東遷之際，雅樂復並失其用；以迄孔子之時，蓋風雅頌之不得其所久矣！故孔子「各得其所」的話，正反證當時不得其所的事實。且孔子所謂「正」與「各得其所」者，亦祇是指在魯的周樂言，與當時的天下無關也。故《孟子》的「王者之跡熄而《詩》亡」，正是對孔子環境的寫實。其所謂亡，亦就是聲歌之音亡，非謂義理之辭亡也。要不然，三百篇明明在著，怎麼說《詩》亡呢？讀《孟子》這句話，不但可證明孔子未曾刪《詩》，實在也無所謂正《詩》。本書著者對這一公案雖未提出積極的意見，但他是討論頌的問題的。他說：「孔子既說雅頌各得其所，則雅和頌的篇第，必經孔子整理這是絕無可疑的。」他提出「篇第」，又論到《魯頌》《商頌》的問題。他曲曲道出孔子正樂的心事，真可說文情並茂。讀了這段文章，便覺得明朝何楷的「夫子以己為殷人，復錄《商頌》五篇綴於後……為三百五篇」的話，便軟弱無力了。

上舉之例，只是本書處理《詩經》問題的一臠，限於篇幅，不再多說。至於著者引傅孟真先生的話來指示治《詩》的途徑，那恰是著作者自道所得之言，故說來便如自其口出了。

（二）本注的特色

和其他精明的漢學家一樣，著者總好在年代考證的功夫上著力，這是本書最鮮明的特色之一。其次就是注文的富於風趣。例如〈簡兮篇〉云：「此美某善舞者之詩。」〈新臺〉「籧篨不鮮」句云：「本求美貌之夫，乃逢此醜而不早死之人也。」〈山有扶蘇〉「乃見狡童」句云：「童猶豎子。今罵人往往曰小子，猶有古意。」〈狡童〉篇「使我

不能息兮」句云：「使我喘不出氣來。」〈汾沮洳〉云：「此蓋刺某大
夫愛修飾之詩。」〈東山〉「敦彼獨宿」句云：「獨宿者畏寒，蜷其身
團團然。」此類注解，其釋詩旨者亦可視為新（山）〔出〕詩序。此
類新序，約佔三百篇的大半。按：自《集傳》廢《小序》，攻《序》
說遂成為說《詩》者之一種風尚，至清人則並攻《集傳》，如姚際恆
《詩經通論》可為代表之例。然此實不過是一個新舊序之爭而已，
《詩》畢竟仍不能不有序。此亦《詩經》學上一最有趣味之問題。本
書新序雖過全書之半，然措詞最為謹慎。如《周南》〈芣苢〉篇云：
「此詠婦人採芣苢之詩。」《唐風》〈椒聊〉篇云：「此頌人之詩。」
《小雅》〈裳裳者華〉云：「此美某在位者之詩。」〈菀柳〉云：「此當
是刺某兇險者之詩。」這雖是極端之例，亦正可以顯示著者治《詩》
的方法和說《詩》的態度。

　　本注文又一特色為「達詁」或「達譯」，也可以說是最能傳譯原
文意味的注釋。例如：《邶風》〈擊鼓〉篇「與子成說」句注云：「成
說即〈離騷〉的成言，猶今語有言在先，謂誓約也。」〈日月〉篇
「德音無良」句云：「德音，語言也。」〈北風〉篇「莫赤匪狐，莫黑
匪烏」句注云：「蓋即天下烏鴉一般黑之意。」又，〔《衛風》〈氓〉
篇〕「亦已焉哉」句云：「只好算了吧。」《魏風》〈碩鼠〉篇「三歲貫
女」句云：「貫與慣通。今齊魯方言不忍拂其意曰慣。」《檜風》〈隰
有萇楚〉篇「夭之沃沃」句云：「謂少年而英秀也。」像這類的達
注，若能擴展到成為全部的注文，那該是多理想的新注！

　　於前述優點之外，尚有一事應指出者，即注中偶一涉及之文法界
說是。如《周南》〈桃夭〉篇「有蕡其實」句按語云：「詩中凡以
『有』字冠於形容詞或副詞之上者，等於加『然』字於形容詞或副詞
之下，故有蕡猶蕡然也。」按：舊注中凡綴以「貌」字之形容詞即屬
此例，如〈新臺〉篇「新臺有泚」之「有泚」，《毛傳》云：「泚，鮮

明貌。」〈淇奧〉篇「有匪君子」之「有匪」,《毛傳》云:「匪,文章貌。」此「貌」字亦相當於「然」字。故《小雅》〈隰桑〉「隰桑有阿,其葉有難」句,《毛傳》云:「阿然,美貌;難然,盛貌。」又《大雅》〈卷阿〉篇「有卷者阿」句,《鄭箋》云:「卷然而曲。」此可為以「貌」字「然」字釋「有」之範例。三百篇中此詞甚多,惜舊注時有含混不清及不貫澈的地方。本注一為下界說,便省卻許多麻煩了。

本書之方法與優點大致略如上述;筆者對注文雖亦有頗多意見不同之處,但大體上認為是五四以來一部舊書新著的可讀之書。五四以來整理舊書多破壞而少建設,像本書才是建設性的著作。把它作為現代國民讀物,相信必可予治《詩》者以新鮮提示,而使諷詠者「發思古之幽情」的。

讀《詩》綱領

一　《詩》三百原不稱經

「經」之名乃漢人所加。「詩」的本原，不過表示一種文體——有韻之文——和「書」之表示其為散文文體一樣，所以「詩書」連文，便可包括古代文籍的全部；我們也可以說，「詩」只是一個文籍的類名。

至於「經」字，在戰國時也不過是一種著作的名稱，起初是對待的。例如，《墨子》書中有「經」，那是對「說」說的；《韓非子》中的〈內儲說〉、〈外儲說〉有「經」，那是對「傳」說的（儒者之書有「經傳」，與此當不無關係）；但也可以單用，例如《荀子》〈解蔽〉篇中所引述的「道經」，〈勸學〉篇中的「誦經」。這些「經」都無尊崇之意，也和儒者載籍無特殊關係（《荀子》〈勸學〉篇以「誦經」與「讀禮」對舉，可見「誦經」實相當於孔門的「學文」，與漢人之專稱「六藝」不同）。故三百篇稱「經」，是不會始於戰國的。（《莊子》〈天運〉篇用孔子的口氣說：「丘治《詩》《書》《禮》《樂》《易》《春秋》六經，自以為久矣。」這話顯然是漢人所偽託。孔子連「詩書禮樂」，都沒有連在一起說過，更不消說連上「易春秋」。《論語》有過一次弟子的記載是：「子所雅言，《詩》《書》執禮。」但「執禮」是指「行」，也無「樂」字。又，「《詩》《書》《禮》《樂》《易》《春秋》六經」，也不像春秋時的語法，相反的，倒充分表露硬把漢人的「六藝」改成「六經」的作偽心理，故這句話決不是孔子說的！

同時，也可以反證〈天運〉篇之決非莊子原作。至於〈天道〉篇的
「十二經」，照陸德明的註釋，是六經「加六緯」。倘若如此，「緯」
學乃哀平之際的東西，都是漢代才有的玩藝，更不是秦以前所能產生
的了。又《孝經》的「經」，即使見於《呂覽》，亦恐怕只能說是一個
普通名詞，也和漢人六經思想的「經」無關）。

二　三百篇集成於孔子之前

　　三百篇乃西周禮樂制度的產物，原為周樂的樂章，其著作非出一
人之手，其集成亦非一時之功。大概《周頌》和《大雅》一部分是創
制時所作，後來續有加入，又有了《小雅》和《國風》，而《小雅》
和《國風》中有許多是採自民間歌謠，到孔子的時候已經有三百篇。
《孟子》〈離婁〉篇所謂「王者之跡熄而《詩》亡」，似乎就是指這一
點說的，所以司馬遷所謂孔子「刪《詩》」的話，當然不是事實，又
《詩》的作者，大概是不具名的。只有《大雅》的〈崧高〉和〈烝
民〉兩篇，曾有「吉甫作誦」的句子，當然可說是「吉甫」所作。
《小雅》〈巷伯〉篇又有「寺人孟子，作為此詩」的話；又〈節南
山〉篇也云：「家父作誦，以究王訩。」這都是作者的直接史料。又
《左傳》僖公二十四年，富辰謂召穆思周德之不類，作〈常棣〉之詩
（《小雅》），〈周語〉則稱〈常棣〉為「周文公之詩」。又《尚書》〈金
縢〉篇謂周公作詩給成王「名之曰〈鴟鴞〉」（見今《豳風》），孟子對
此卻又作疑辭。又〈周語〉之稱〈時邁〉篇為「周文公之頌」。上面
這些間接史料便顯然有問題了。所以綜合起來，《詩經》的作者，可
知者最多不過六篇，佔全書的比例實在太小了。

三　三百篇都是周代作品

　　鄭氏《詩譜》〈序〉云：「邇及商王，不風不雅。」意謂三百篇中還有商代的「頌」。實則《商頌》並非商詩而為宋詩。宋是微子的封國，是周初所封來奉祀殷的祖先的，今五篇《商頌》都是宋襄公時的作品，所以都算不得是商詩（王靜安和傅孟真師皆有詳細考證，見〈說商頌〉和〈周頌商頌述〉）。故三百篇不特純為周代之詩，且古史上自上世至秦，二千年間，惟獨周代有詩，所以周朝實在可稱為中華古史的「《詩》世代」。

四　三百篇的世次

　　談到「《詩》世代」，自然要談到「《詩》」的年代問題。《詩譜》以《商頌》的〈那〉之篇為商初作品，照年代估計，便該在前一七五三至一七二一（即民國前3716-3684年）間。現在既證明《商頌》並非商詩，則這個世代的總年數，最少要縮短六百年。又《詩譜》以為周詩應從《二南》算起，並認《二南》和《小雅》的〈鹿鳴〉等八篇、《大雅》的〈棫樸〉等三篇，都是文王時詩，則「《詩》世代」應該於前一一五四至一一二二（即民前3117-3085年）間算起，那麼，從此時至《詩》亡，約可當周定王——即前六〇六至五八六（孔子生前四十九至二十九年）間，則整個《詩》世代」的年數約為五百三十年。但鄭氏這個總世次是不是可靠呢？當然不！因為《詩》世次的根據，除詩文明言或史蹟的直接證據外，大都是靠《詩序》和其他間接材料來估定，這當然常是有問題的。所以朱子就認為三百篇幾乎有一半左右是「不詳其世」的，既不詳其世，那時間的伸縮性就大了。因為過去認為西周的作品，可能一變而為出於東周。不過這種考證工

作，宋人不若清人做得好，清人又不如民國以來的學者做得好。概括
言之，則毛鄭、朱子等的傳統看法（包括清人），仍認為「風、雅」是
始於殷周之際的（即文王時代）。以現代人的眼光看來，這個估計確
是太早了。而「風、雅」也不應早於「頌」。照傅孟真師的推究，以
為最早的《周頌》應始於成、康時代，而「頌」的末期，才是「雅」
的開始，「風」更在其後了，這是個較合於客觀事實的看法。無論如
何，「《詩》世代」的總年數大約可為五百年、而其最早詩篇，不應早
於成、康時代。至於三百篇最後之詩，毛、鄭以為即〈株林〉之篇，
並舉宣九年《左傳》陳靈公通于夏姬的故事以實之，崔述亦以為然，
真如此說，則三百篇剛好止于春秋中葉，在孔子生前半個世紀間。

五　三百篇的傳授

　　因「秦火」這個不能定讞的公案，使三百篇在漢初有了傳授上家
派的不同。魯人申公，獨以《詩》訓故教，無傳，疑者則闕。武帝召
見，已八十餘歲。歿後，弟子為博士者十餘人，是為《魯詩》派。齊
人轅固，以治《詩》為景帝時博士。後免歸。武帝即位。又徵之，年
九十餘，以老罷歸。弟子多貴顯，是為《齊詩》派。燕人韓嬰，孝文
時為博士，景帝時至常山太傅。嬰推詩人之意作《內》《外傳》數萬
言，是為《韓詩》派。三家《詩》皆立學官。又有毛公者，趙人，云
其學出自子夏。作《毛詩故訓傳》，為河間獻王博士，以不在漢廷，
故不得立學官，平帝時始立。是為《毛詩》派。（《漢書》〈儒林傳〉
只言趙人毛公，未言名萇；《後漢書》〈儒林傳〉始言毛萇。〈儒林
傳〉僅有一毛公，徐整《毛詩譜暢》始言大毛公，小毛公。陸璣《詩
疏》始謂大毛公為毛亨，小毛公為毛萇。）
　　魯、齊、韓三家《詩》並行於漢代，至鄭玄為《毛傳》作

《箋》，而《毛詩》始盛行，以至於今。要之，齊、魯、韓三家行於西漢，《毛詩》至東漢始盛。今三家皆亡，僅存《韓詩外傳》。至於輯佚之作，則有王應麟《詩考》及陳喬樅《三家詩遺說考》。

六　《詩序》及作者說

原始的三百篇是否有序，以今日的眼光看來，恐怕成為問題。魯、齊、韓三家不可知，但《毛詩》則不但有序，而且也是三百篇的指導原則。而唐宋以來學者，又有大序、小序之爭。有人以〈關雎〉篇的〈序〉為〈大序〉，其餘各篇之〈序〉為〈小序〉。有人以三百五篇各篇之首句為〈大序〉，以下為〈小序〉。有人又持相反的見解，說首句是〈小序〉，下文為〈大序〉。亦有人說〈關雎〉之序為〈總序〉，無所謂大小。

又《序》的作者，唐人沈重以為〈大序〉是子夏作，〈小序〉是子夏、毛公合作。宋程頤謂〈關雎序〉（〈大序〉）為孔子作，其餘各篇〈序〉（〈小序〉）首句為國史所題，下文為說《詩》家之辭。鄭樵謂各篇〈大序〉為太史所題，下文則衛宏所為。程大昌謂〈小序〉起二句為〈古序〉，作非一人，亦非一時，下文〈大序〉則為衛宏所作。蘇轍以為起二句是子夏所作，餘皆漢儒附託。梁昭明太子、唐孔穎達皆以《序》為子夏一人作。范蔚宗以為《序》皆衛宏一人所作。范處義又以為《序》全是國史所記。王安石則謂《序》全是詩人自製。

《序》說既如此紛紜，故朱子作《詩經集傳》時乾脆把《序》取消。但事實上，朱子仍然是受《毛序》很大影響的。因為言《詩》不能不有解釋，解釋就不能不注意到背景或史實，於是《毛序》又不能完全廢棄，所以朱子常有暗用《序》處；而馬端臨所以主張《序》必不可廢，也就是這個道理。至於我們今日研究《詩經》，有些詩篇可以

單從詩文本身去體會詩人的意境，有的確也無法著手。所以《毛序》不可盡信，也不盡不可信。《毛序》可廢，但釋《詩》卻也不能不有序。序云者，實在即讀《詩》者對詩人本意的認識罷了。孟子所謂「以意逆志」是也。詩人作《詩》必有寓意，有意，便是序了。總之，只要讀《詩》，便有《詩》說；有《詩》說，無形中便成《詩》序，故作《詩》可以不必有序，但讀《詩》卻不能不有序。這樣看來，所謂《詩》序者，也可以說，都是讀《詩》者的《詩》說吧！

七　三百篇的分類說

〈關雎序〉云：「以一國之事，繫一人之本謂之風；言天下之事，形四方之風，謂之雅。雅者正也，言王政所由廢興也，政有大小，故有小雅焉，有大雅焉。頌者，美盛德之形容，以其成功，告於神明者也。謂之四始，詩之至也。」這是《毛詩》的分類。照這個分類，有兩點值得注意：（一）「雅頌」在孔門是樂類的名稱，卻不關《詩》。（二）孔門不言「風」，孔子僅言《二南》。《左傳》襄公二十九年季札聘魯，請觀於周樂，也是有《二南》、《雅》、《頌》而無《風》。可見春秋時的周樂，是以《二南》和列國（即以國名為類名）分類的。但《毛詩》卻把《二南》歸入列國而稱之為《風》，又合《小雅》、《大雅》、《頌》而為四詩。可見三百篇到了漢代，樂聲既已失傳，樂名僅有文辭上的解釋，故只好拿樂名來作為詩的類名了。

八　六義和詩樂的混一分類

〈毛詩大序〉云：「故詩有六義焉：一曰風，二曰賦，三曰比，四曰興，五曰雅，六曰頌。」這顯然是本之《周禮》的。〈春官〉：

「大師教六詩，曰風，曰賦，曰比，曰興，曰雅，曰頌。」但「賦、比、興」是詩的體裁，而「風、雅、頌」則是樂的類名，兩者並不相關（樂主聲音，而詩主文辭；從樂聲上聽不出賦比興來，從文辭上也看不出樂音）；乃漢人既以義理釋樂（如風，風也；雅者，正也；頌者，美盛德之形容云云），於是「六詩」成了六體（程頤曰：「學《詩》而不分六義，豈能知《詩》之體也？」），顯然和「風、雅、頌」的分類不一致，遂造成解釋上的困難。例如孔穎達云：「四始以風為先，風之所用，以賦、比、興為辭，故於風下，即次賦、比、興，然後次以雅、頌；雅、頌亦以賦、比、興為之。」既然風、雅、頌都有賦、比、興，則又何能並列而稱六義呢？

實則孔子時代，詩自詩，樂自樂。言文辭之直陳其事者為賦，附託外物之顯者為比，隱者為興，這是指「詩」。言聲音，則用於房中者為《二南》，用於燕、享、視朝或祭祀者為《雅》《頌》，這是指樂。這些樂章亦用於餞飲、昏禮、游觀、哀挽、凱歌等等。故就文辭言（即詩），三百篇只有三體，借漢人的術語，即只有三義；就聲音言（即樂），則樂章也只有三類，那就是「風、雅、頌」了。漢人以「風、雅、頌」為「四詩」，既是「雅」分為二；今合「賦、比、興」為「六義」，又不得不合二雅為一，其勉強牽合，前後失據，皆足見其混一詩樂分類的窘境。

九　今《毛詩》本子的內容

今《詩經》內容係合《二南》及《邶》、《鄘》、《衛》等十二國之詩一百六十篇為《國風》，以周室之詩一百一十一篇為《雅》——計《小雅》八十篇、《大雅》三十一篇，以廟祀之詩為《頌》——分為《周頌》三十一篇、《魯頌》四篇、《商頌》五篇，共三百十一篇；其

中《小雅》〈南陔〉、〈白華〉、〈華黍〉、〈由庚〉、〈崇丘〉,〈由儀〉等六篇亡其辭,故實際為三百零五篇。

又,《周南》、《召南》二十五篇稱為《正風》,自《邶》、《鄘》、《衛》以下十三國之詩皆為《變風》;〈鹿鳴〉至〈菁菁者莪〉等十六篇（其中〈南陔〉等六篇不計）為《正小雅》,〈文王〉至〈卷阿〉等十八篇為《正大雅》;〈六月〉以下至〈何草不黃〉等五十八篇為《變小雅》,〈民勞〉至〈召旻〉等十三篇為《變大雅》。

案:「正變」之說,始於《詩序》,詳於鄭玄《詩譜》。他用所謂「正、變」,似與「美、刺」之義相表裏,卻又硬性規定世次,以在文、武時代的作品為「正」,自懿王以後者皆為「變」;但所謂文武世代之作,根本就不可靠,即「美刺」標準亦不一致,故這個分別的本身是站不住的。前人的批評很多,茲不具引。

又,《國風》的次序,與漢人《詩》說有關,茲將《左傳》襄二十九年季札觀樂次序,與毛、鄭的次序列如下表:

《左傳》:《周南》、《召南》、《邶》、《鄘》、《衛》、《王》、《鄭》、《齊》、《豳》、《秦》、《魏》、《唐》、《陳》、《鄶》、(《曹》)。

《毛詩》:《周南》、《召南》、《邶》、《鄘》、《衛》、《王》、《鄭》、《齊》、《魏》、《唐》、《秦》、《陳》、《鄶》、《曹》、《豳》。

鄭《譜》:《周南》、《召南》、《邶》、《鄘》、《衛》、《檜》、《鄭》、《齊》、《魏》、《唐》、《秦》、《陳》、《曹》、《豳》、《王》。

上面的次序,是春秋時代和漢人所見的次序。從這個次序,可證明三百篇在孔子以前已經過了安排。不過,毛、鄭的次序何以跟《左傳》不同,這是可注意的。

十　《詩》學的演變和著作

　　三百篇在孔子時代，只是個教言的活葉課本，到了漢朝，才成了儒者的諫書。西漢初期，魯人申公為《詩》傳以教弟子（《漢書》〈楚元王傳〉），大約就是《漢書》〈藝文志〉所載的《詩魯故》二十五卷、《魯說》二十卷了。這是最早見於記載的說《詩》專書。其次有燕人韓嬰的《韓故》三十六卷、《內傳》四卷、《外傳》六卷、《韓說》四十一卷、又有《薛氏章句》二十二卷。再就《齊詩》，有《后氏故》二十卷、《孫氏故》二十七卷、《后氏傳》三十卷、《孫氏傳》二十卷、《雜記》十八卷。上述這些解說，一直在兩漢流行著，到了《毛詩》盛行以後，才逐漸亡佚。現在還存在著的，除了一部《韓詩外傳》，就只有漢魏著作中所引用的遺文了。關於這方面的著作。現在有宋王應麟的《詩攷》，清人陳喬樅的《三家詩遺說考》二書，尤以後者，最為詳贍。

　　至於《毛詩》，有《故訓傳》三十卷，即今日《詩經》本子的底本。這個本子，自從東漢人鄭玄（127-200）為它作《箋》以後，《毛詩》遂定於一尊；一直為《詩》說的正統。鄭氏原攻《韓詩》，後來又改主《毛傳》，並為作《箋》，因其說多與古文經傳相合，遂為《詩》學正宗。三國時，陸璣作《毛詩草木鳥獸蟲魚疏》，唐初陸德明（生平不詳）撰《毛詩釋文》，孔穎達（574-648）又作《毛詩正義》，申述毛鄭（這就是今日最通行的毛鄭本子），這也就是《詩經》漢學的集大成之作。惟成伯璵的《毛詩指說》四卷，卻對《序》有了修正的見解，謂《序》惟首句為子夏所裁定，餘為他人續成，此為後來宋人《序》說之先河——例如蘇轍的說法。

　　宋代歐陽修撰《毛詩本義》十六卷，於毛、鄭之外，頗持新意，為宋代《詩經》學的發端。蘇轍《詩傳》，於起興之義，有獨到的見

解。南宋王質的《詩總聞》、鄭樵的《詩辨妄》、朱子的《詩經集傳》，為廢《詩序》說《詩》的三大著作，可謂為《詩經》學的革命派，其中尤以鄭樵的見解最為透闢，朱子也大受其影響。但支配宋以後六、七百年間《詩經》學思想的卻是朱子的《詩經集傳》。

在朱子的革命《詩》學中，有一個極端的支流就是王柏的《詩疑》。他強調淫詩之說，認為三百篇中不應有淫詩，因此他主張把《國風》中自《召南》的〈野有死麕〉算起，凡有男女私情嫌疑的詩三十餘篇，皆刪除之。又對於漢人《風》、《雅》、《頌》的編排，也加以變動。可稱為《詩經》學的左派吧。

雖然，在這個反漢學氣氛中，仍然有守《毛序》壁壘的著作，那就是呂祖謙的《呂氏家塾讀詩記》三十二卷、戴溪的《續記》三卷，和嚴粲的《詩緝》三十六卷。

關於三家《詩》說，則有宋王應麟的《詩考》，是一種輯佚之作。後來清代陳喬樅的《三家詩遺說考》，即為繼王氏之緒而擴充之者。今日可見的三家之學，大概具見於此了。

元明二代《詩經》學，幾乎全是朱子《集傳》的推衍，尤以元代為然。明人著作之反朱者，有郝敬（仲輿）的《毛詩原解》。又朱謀瑋的《詩故》，也多以漢學為主，間或自立新義。又明人著作的專追尋詩中故事者有何楷的《詩經世本古義》，他抓住孟子知人論世的話，牽引經傳中的人名事實來附會詩文，那種穿鑿影響的程度，真教人啼笑皆非。近來有人考證《詩經》為一部自傳，所用方法，與何楷之書如出一轍，也可謂無獨有偶吧。

清代《詩經》學，可謂為反朱時代，陳啟源的《毛詩稽古編》、陳奐《詩毛氏傳疏》、胡承珙《毛詩後箋》，都是專主《毛傳》，和馬瑞辰的《毛詩傳箋通釋》，都是著名之作。又清初反朱最烈、也兼反毛鄭之一重要著作為姚際恆的《詩經通論》。這是二千年來《詩經》

學一部唯一兼反漢宋之書。後來又有方玉潤的《詩經原始》，亦頗述姚氏之說。又崔述的《讀風偶識》，專論十五《國風》，對於漢人附會史實的地方，甚多精謹的駁論。這是值得我們注意的。又關於詩樂關係的重要著作，有魏源的《詩古微》，為康有為《新學偽經考》論《詩經》的見解所從出。

　　民國以來，因「新文化運動」的鼓盪，《詩經》的復古解放運動，雖曾經熱鬧過一陣，但除了文字訓詁的若干新證外，對於詩文的解釋，仍鮮突出的著作。所以傅孟真師對於今後研究《詩經》的態度，雖曾提出三點即：「一、欣賞它的文學，二、拿它當一堆極有價值的歷史材料去整理，三、拿它當一部極有價值的古代語言學材料書」；但仍不能不主張先從漢宋人《詩經》學解放出來，「只拿它當做古代留遺的文詞，既不涉倫理，也不談政治，這樣似乎才可以濟事」。所以研究《詩經》的最終目的，可以說仍在於尋求詩文最後（也可說就是本始）的解釋。

《詩經今論》卷頭語

　　這是筆者近幾年來，在大學講授《詩經》，課餘所作《詩經》專題研究的一個小集子。這裏面包含三個專題的論文，每題為一卷。即：卷一、〈從樂章到諫書看詩經〉（原題「從言教到諫書看《詩經》的面貌」）。卷二、〈詩經的復始問題〉（原題「《詩經》的復古解放問題」）。卷三、〈詩經的解釋問題發凡〉（原題無「發凡」二字）。

　　這三篇論文，有一個共通的基點，就是藉禮樂的觀點，來解答《詩經》所發生的問題。這是個重要的觀點，也是個新的觀點。過去的學人，從漢儒算起，雖說他們並非不知道《詩經》和禮樂原始關係的事實，但他們只重視其主觀的義理解釋，卻完全忽略了禮樂關係的重要性，三家如此，毛鄭如此，即宋儒清儒也仍然是如此。鄭樵、朱子、馬瑞辰、范家相和魏源——尤其是魏源，對於《詩經》的禮樂關係，可以說知道得最清楚了，但奧妙就在這裏：儘管他們已經接觸到《詩經》與禮樂的客觀關係，卻因為受義理思想影響太深的緣故，仍然寧願站著片面解釋的主觀立場，而漠視了客觀關係的重要性。所以今日筆者這個禮樂觀點的提出，也可以說，同時也就是個新的提出。

　　為了某些現實的因素，這些論文總好像在一種匆遽的情勢中完卷。起初也曾假想著找餘閒來補訂一番，但這個世代，那裏有餘閒可找？所以趁此次商務印書館主人將這個小集子編入《人人文庫》的機會，把各卷中的附註稍加校補，並將各題目的字面略予變動，這樣也聊自解嘲了。

　　　　　　　　　　五七、三、十五、作者大病新愈後記

從樂章到諫書看《詩經》
（《詩經今論》卷一）

目錄

本文提要[*]

　　《詩經》原是周的樂章，其原始用途和禮樂是分不開的。禮樂不外二類，曰祭祀的禮樂，曰燕饗的禮樂，而後者同時也就是貴族交接間主要的方式，故孔子曰：「古之君子，不必親相與言也，以禮樂相示而已矣。」所以那個時候，《詩經》實際就等於《樂經》。

　　到了春秋時代，當諸侯和卿大夫交接鄰國的時候，於禮樂節次之外，必賦詩或引詩以見志，詩文成了交際語言，故孔子曰：「不學詩，無以言也。」這是「詩」和「樂」分教的開始，而此時的詩教，事實上也就是一個「言教」。

　　這個時期，用詩之法，全取義於詩中的片語、單詞，卻不涉詩旨。所以當時有一個成語叫「賦詩斷章」，也就是說，用詩只取譬喻，和原詩是不相干的。

　　戰國時代，周樂既亡，三百篇失其原始用途，春秋的「言教」，也一變而為戰國儒者記言的引詩。此時，用詩之法，也已由「斷章」轉而為詩文合理化的直接引用，《孟子》、《荀子》、〈大學〉、〈中庸〉之引詩即可為範例，尤其以後者二書，顯然有使詩文構成系統思想的傾向。

　　秦火以後，兩漢儒者，一意致力於思想系統化的工作，於是以〈大學〉思想說《詩》。〈大學〉的思想，與〈樂記〉上子夏答魏文侯論古樂的話同屬一事，原文是：「君子於是語，於是道古，修身及家，平均天下，此古樂之發也。」姑無論這個思想是〈大學〉淵源於

---

[*]　〔編案〕此提要原係何定生獲國家長期發展科學委員會53學年度研究補助費（人文及社會科學甲種）之研究報告摘要，除收錄於《詩經今論》卷一外，又刊載於《國家長期發展科學委員會年報》（臺北：國家長期發展科學委員會，1965年6月），頁101。惟該研究獎助論文刊登於《孔孟學報》第11期（1966年4月）時，未見附此提要。

〈樂記〉，抑或是〈樂記〉淵源於〈大學〉，但漢人拿這個原則來解釋《詩經》，則是個事實。因此，漢人用詩之法，也進入了「諫書」思想時代。

「諫書」一詞，也出於漢代皇帝的故事。漢昭帝崩，無嗣，霍光奏以昌邑王入繼大統，乃即位不及一月，即以荒淫無度被廢。王式為昌邑王師，下獄當死。治事使者問式曰：「師何無諫書？」對曰：「臣以三百五篇諫，故無諫書。」說也奇怪，就因了這個理由，王式竟得赦免。而「以三百篇為諫書」的思想，也正是漢以後支配中國二千年之久的《詩經》學！

現行《詩經》的毛鄭之學，乃至後來反毛鄭的《集傳》之學，雖和王式時的三家之學的見解彼此都大有出入，但有一件事卻是一致的：即在這個「諫書」思想傳統的廢墟之下，三百篇的原始面目也被埋葬了！

一 不被干擾的樂章

　　三百篇詩，原都是周代的樂章，也是禮樂制度的產物；其原始部份，大都出於特製，如《周頌》三十一篇，差不多都是專為「郊廟」祭祀之禮而作，這是可以從詩文本身而得其內證的。

　　不過從禮書上看，則頌之用於祭祀之例卻不多。如《禮記》〈祭統〉云：「大嘗、禘，升歌〈清廟〉。」又同書〈明堂位〉：「魯以禘禮祀周公於大廟，升歌〈清廟〉。」禮書記用頌的地方，就只有這二處。又同書〈文王世子〉的「天子視學，登歌〈清廟〉」；〈仲尼燕居〉的「兩君相見，升歌〈清廟〉」，都不是祭祀。又天子大饗之禮，也是用「升歌〈清廟〉」的樂節。這樣看來，則「升歌〈清廟〉」，好像只表示其為隆重的樂節，卻不一定非指祭祀不可。所以《尚書大傳》云「古者，帝王升歌〈清廟〉之樂，大琴練弦達越，大瑟朱弦達越」云云，只說是「帝王之樂」，卻不詳用途；前引《禮記》〈祭統〉云「夫大嘗、禘，升歌〈清廟〉，下管〈象〉，朱干玉戚以舞〈大武〉，八佾以舞〈大夏〉，此天子之樂也」，都著重在「天子之樂」一點上。所以我懷疑「升歌〈清廟〉」在禮制上說不定已成為一個象徵性的常語，其特徵已不在祭祀了。又照樂次的慣例而論，則「〈清廟〉」似乎是「〈清廟〉之三」的省文，代表《周頌》之首「〈清廟〉、〈維天之命〉，〈維清〉」三樂章，猶之乎「〈文王〉之三」之代表《大雅》首三篇，「〈鹿鳴〉之三」或「〈鹿鳴〉三終」之代表《小雅》首三篇一樣，「三」或「三終」，都是指三篇連奏，成為一個樂節說的。

　　頌的用法既如前述，其次是雅。《大雅》用例，僅一見於《左傳》。襄四年，魯叔孫豹聘晉，「晉侯享之，金奏〈肆夏〉之三，不拜；工歌〈文王〉之三，又不拜。……韓獻子使行人子員問之，……對曰：〈三夏〉，天子之所以享元侯也，使臣不敢與聞；〈文王〉，兩君

相見之樂也，臣不敢及」。案：〈文王〉之三，係指《大雅》首三篇，故〈魯語〉載叔孫的對答云「夫歌〈文王〉、〈大明〉、〈緜〉，則兩君相見之樂也」，和《左傳》所載原為一事，這是〈文王〉三樂章的用法，且足證其兼用於朝會燕饗之禮。這是從禮制上看的《大雅》。

若就詩文而言，則《詩譜》所謂「《詩》之正經」的十八篇《大雅》中：〈生民〉、〈公劉〉、〈緜〉、〈皇矣〉、〈思齊〉、〈大明〉、〈靈臺〉、〈文王〉、〈文王有聲〉、〈下武〉十篇可為一類；〈棫樸〉、〈旱麓〉、〈行葦〉、〈洞酌〉、〈既醉〉、〈鳧鷖〉、〈假樂〉、〈卷阿〉八篇可為一類。前十篇可作周的史詩看，尤其前七篇，儼然就是一個周室的世系圖。這七篇詩，無疑是為宣揚周德而特製。至於〈文王〉、〈文王有聲〉、〈下武〉，乃專為頌美文王、武王、成王之作，可知其必是康、昭以後的樂章。以上十樂章，除〈文王〉之三之用已見前述外，其餘七章，也可用於廟祀之禮。至〈棫樸〉等八篇之為燕饗之禮的樂章，也可從詩文本身看出來。

再次，最常用於燕饗之禮的樂章是《小雅》。這類樂章，用於諸侯之禮，也可用於鄉大夫士。我們從禮制上看，如《儀禮》〈大射儀〉的樂節是於奏〈肆夏〉納賓之後，「乃歌〈鹿鳴〉三終」，又於「管〈新宮〉三終」之後，乃進行射節。又《左傳》襄四年晉侯享魯大夫叔孫豹，樂工「歌〈鹿鳴〉之三，三拜」。所謂「〈鹿鳴〉三終」和「〈鹿鳴〉之三」都是指《小雅》首三篇，即〈鹿鳴〉、〈四牡〉、〈皇皇者華〉而言。又〈燕禮〉云：「工歌〈鹿鳴〉、〈四牡〉、〈皇皇者華〉；……笙入立于縣中，奏〈南陔〉、〈白華〉、〈華黍〉；……乃間歌〈魚麗〉，笙〈由庚〉；歌〈南有嘉魚〉，笙〈崇丘〉；歌〈南山有臺〉，笙〈由儀〉。」這裏所謂「間歌」，是指一歌一吹，相間而作，其中六笙詩也都是《小雅》的樂章，不過和〈大射儀〉的「〈新宮〉三終」一樣是「亡其辭」了的。

　　這裡一件可注意的事就是〈燕禮〉雖為諸侯之禮，卻有鄉樂的樂節，同時鄉飲酒之禮也用了《小雅》的「升歌」、「間歌」；換句話說，〈鄉飲酒禮〉的樂次和〈燕禮〉的樂次，根本就沒有兩樣，這分明是個相當特別的現象。鄭玄以諸禮惟〈燕禮〉為輕，所以他解釋這現象云：「〈鄉飲酒〉升歌《小雅》，禮盛者可以進取；燕合鄉樂，禮輕者可以逮下也。」其實這正是周樂本身的消長問題，下面還要討論它。

　　以上是《小雅》用途之可徵於禮制者的情形，也就是《詩譜》所謂「《正小雅》」二十二篇中——今日《詩經》《鹿鳴之什》的首三篇，《南有嘉魚之什》的首二篇和六笙詩。這個次序，自然是出於漢人的改定，漢人已自言之。漢人以義理說詩，故對於六笙詩的排列，全與《儀禮》無關。案：今《毛詩》本子的《詩經》將「〈南陔〉、〈白華〉、〈華黍〉」三篇詩義附於《鹿鳴之什》之末；將「〈由庚〉、〈崇丘〉、〈由儀〉」附於《南有嘉魚之什》首二篇之後，這顯然是根據〈六月〉的序而稍加變動的。〈六月序〉云：

> 〈魚麗〉廢則法度缺矣，〈南陔〉廢則孝友缺矣，〈白華〉廢則廉恥缺矣，〈華黍〉廢則蓄積缺矣，〈由庚〉廢則陰陽失其道理矣，〈南有嘉魚〉廢則賢者不安，下不得其所矣，〈崇丘〉廢則萬物不遂矣，〈南山有臺〉廢則為國之基墜矣，〈由儀〉廢則萬物失其道理矣。

〈六月序〉的次序不知何據，但與《毛詩》次序都和《儀禮》不合，故《集傳》改從《儀禮》。但《集傳》卻又不得不把〈魚麗〉列為《白華之什》的第三篇，這又顯然與《儀禮》相違。所以六笙詩到底是什麼？是不是詩？確成了問題。朱子以為這六篇必是有聲無辭，或有聲譜，樂亡而譜亦亡，也不無道理。但若謂三百篇所存惟可歌之

詩，則六笙聲何能列入？若謂笙果有詩，則此六詩何以獨亡？這是很費解的。無怪康有為認為這六篇目為古文學家所竄入也。[1]不過此說姚際恆已前發之[2]，康氏似未見姚說。

又所謂《正小雅》的〈采薇〉、〈杕杜〉等篇，怨悱的氣息很重，已顯非原始樂章；其餘五十八篇《變雅》，自更無論了。

現在再看所謂《正風》與禮樂的關係。漢人所謂《正風》的樂章之見於禮制者有《儀禮》〈鄉射禮〉，其節次是賓主就席之後，「乃合樂《周南》〈關雎〉、〈葛覃〉、〈卷耳〉，《召南》〈鵲巢〉、〈采蘩〉、〈采蘋〉。工不興，告於樂正曰，正歌備」。照樂節論，諸侯以上之禮，如〈大射〉，有金奏，升歌，管；〈燕禮〉有升歌，笙，間歌，然後「正歌備」，現在不升、不笙、不間，而曰正歌備，可見「合樂」就是「鄉樂」的唯一正樂。但〈鄉飲酒禮〉卻又於升、笙、間之後始合鄉樂，這就是鄭玄所謂「禮盛者可以進取」的意思。至於〈燕禮〉之合鄉樂，則以〈燕禮〉總是輕禮，所以鄭玄說是「禮輕者可以逮下」。又〈鄉飲〉於「正歌」之後，又有所謂「無算樂」的，那是一種無限制的樂；因為正樂皆有定數（升、笙、間、合皆三終），而「無算樂」則否，和〈鄉射禮〉的「鄉樂唯歌」一樣，意思是鄉樂那一篇都可以歌，沒有限制。又《召南》的〈騶虞〉是射禮專用的樂章，故《周禮》雖有「凡射，王以〈騶虞〉為節，諸侯以〈貍首〉為節，卿大夫以〈采蘋〉為節，士以〈采蘩〉為節」的話（《禮記》同），但鄉禮仍可歌〈騶虞〉，故《儀禮》〈鄉射〉「歌〈騶虞〉若〈采蘋〉，皆五終，射無算」。又，〈燕禮〉中還有所謂「房中之樂」的（即《周禮》的「燕樂」），鄭玄以為即弦歌《二南》之詩，則已和「無算樂」之用沒有什麼兩樣了。這是禮制上《二南》的用途。但就詩文而論，《二南》

---

1 〔原註〕康有為：《新學偽經考》，〈漢書藝文志辨偽上〉。

2 〔原註〕姚際恆：《詩經通論》，〈附論儀禮六笙詩〉。

首六篇何以列為〈燕禮〉、〈鄉飲酒禮〉和〈鄉射禮〉的樂章，是頗不可解的。〈燕禮〉和〈鄉飲酒禮〉用同樣的樂節，《二南》的合樂都在最後一節，還可以說是屬於亂章（孔子曰「〈關雎〉之亂」），事實上恐怕就已成為變相的無算樂了。所以在〈鄉射禮〉中，以〈關雎〉等為「正歌」，這和射禮有什麼關係呢？案：〈燕禮〉、〈鄉飲酒禮〉和〈鄉射禮〉雖在五禮中都屬「嘉禮」[3]，但〈關雎〉、〈卷耳〉就已不像是為典禮製作。試拿〈桃夭〉、〈鵲巢〉來比較，〈關雎〉便顯然不像昏禮的樂章。所以實際說，《二南》專為樂作的詩篇恐怕太少了，相反的，恐怕大半就屬於無算樂一類。現在就詩文的內容，分類如下：

（甲）可能為典禮作的樂章		（乙）原不為典禮作的散樂	
〈鵲巢〉	〈葛覃〉	〈關雎〉	〈卷耳〉
〈采蘩〉	〈樛木〉	〈行露〉	〈漢廣〉
〈采蘋〉	〈螽斯〉	〈羔羊〉	〈汝墳〉
〈麟之趾〉	〈桃夭〉	〈摽有梅〉	〈草蟲〉
〈騶虞〉	〈兔罝〉	〈小星〉	〈甘棠〉
〈芣苢〉		〈江有汜〉	〈野有死麕〉
		〈何彼襛矣〉	〈殷其雷〉

看上表，則原始樂章只有八篇，其餘十四篇中，除〈甘棠〉和〈羔羊〉外，幾於全屬男女言情之詩。這類詩篇的來源，不外出於民間歌謠，或詩人的吟詠，也即相當於漢人所謂《變風》：所以這種樂歌，只能用於散歌散樂，以供娛賓；或用於房中樂、矇瞍常樂，或國子之所弦歌。

綜上所述，漢人所謂《正風》之詩二十五篇，可徵者僅七篇；《正小雅》之詩廿二篇，可徵者十二篇（六篇亡辭）；《正大雅》之詩

3　〔原註〕《儀禮》鄭《注》。

十八篇，可徵者三篇；《頌》無所謂正變，可徵者也止三篇：換言之，《詩譜》所謂「《詩》之正經」一百零六篇中，可徵者僅二十五篇。但《周禮》〈籥章〉云：逆暑、迎寒，吹豳詩；國祈年，吹豳雅；國祭蜡，則吹豳頌。鄭玄以為「豳詩」即指今《豳風》〈七月〉之篇，且亦兼祈年，祭蜡之用，是一詩而分為風、雅、頌三樂章，《周禮》之文，似不容作如此解釋。朱子也認為：「一篇之詩，首尾相應，乃剗取其一節而偏用之，恐無此理。」又曰：「或疑〈楚茨〉、〈信南山〉、〈甫田〉、〈大田〉四篇為豳雅，〈思文〉、〈臣工〉、〈噫嘻〉、〈良耜〉等篇即所謂豳頌者，亦未知其是否也。」魏源則以為豳雅即《大雅》的〈公劉〉，《小雅》的〈甫田〉、〈大田〉；豳頌即《周頌》的〈豐年〉、〈載芟〉、〈良耜〉。這話若確，則正《詩》一百零六篇，加《變風》〈七月〉一篇，而可徵其用途者為三十二篇，比率是三之一；若合三百十一篇言之，便僅佔九分之一了。《詩》的用場可徵的數字何以這樣小？這可以如下面的解釋：（一）禮制所示，皆屬象徵性範例，並非實際的徵引或紀錄，故樂章但舉首幾篇，〈世家〉「四始」語原，即出於此。（二）正歌正樂之用，不如散歌散樂用廣，凡用於「無算樂」之詩，皆無從徵引。照這個理由看來，則三百篇中的原始樂章，當然是不能很多的。

　　歸納上面資料，《詩》和禮樂的原始關係，可作如下的概述：春秋以前，一個典禮之舉行，無論是祭祀之禮，抑或是燕饗之禮，都必有其樂節。這種樂節，可以自二個以至七個不等。如〈鄉射〉是個樂節最少的禮，只有二節。兩君相見，或禘禮，是三樂節；諸侯〈大射儀〉，是四樂節；天子之禮，大概總是五個樂節；〈鄉飲酒禮〉卻是六個樂節，諸侯〈燕禮〉，有時六節，有時七節。所以樂節的多少，和典禮的輕重並沒有因果的關係；同時，所有的樂節也不必都有詩，例如出賓納賓的金奏和〈陔夏〉，即《周禮》鍾師所掌的《九夏》；不過鄭

玄則以為皆詩篇名，屬於頌的族類，為歌之大者，載在樂章，樂亡亦
從而亡，是以今《頌》不載。注《禮》家根據《國語》的「金奏〈肆
夏〉之三」，又認為這就是《周頌》〈時邁〉、〈執競〉、〈思文〉之篇，
但這話顯然是出於附會。通常諸侯以上之禮，原則上是於金奏之後，
始進行其主要節次的「升歌」，如天子大祭祀、大射、大饗一類的禮，
都是「升歌〈清廟〉」；諸侯廟祭，則借歌〈文王〉，這是正歌的第一
節；接著是「下管〈象〉」，《序》以為即《周頌》的〈維清〉，這是第
二節；再就是舞樂，最後以〈王夏〉或〈肆夏〉結束，這是天子的樂
節。諸侯〈大射儀〉於金奏之後，升歌〈鹿鳴〉，但〈燕禮〉以下至
〈鄉飲酒禮〉，則第一節即「升歌〈鹿鳴〉」，接著第二節的「笙入」和
第三節的「間歌」，皆《小雅》之篇；第四節「合樂」卻歌「鄉樂」，
這是「正歌」最後的節次；而「無算樂」也就是「正歌」以外的活動
了。這些禮樂中，惟〈鄉射〉和〈鄉飲酒禮〉最為特殊：〈鄉射禮〉
只有一個「合樂」的「正歌」，所以也是個唯一的鄉本位禮。〈鄉飲酒
禮〉則四分之三的「正歌」，並且整個節次和〈燕禮〉完全一樣，可見
其脫離鄉本位的趨向。鄭玄解釋這個現象為禮盛者可以上取，而〈燕
禮〉之合鄉樂為禮輕者可以逮下，但都不足以解答所以要「上取」和
「逮下」的理由。我以為這正代表了禮樂鄉化的趨向；因為惟〈燕
禮〉和〈鄉飲〉是最接近於日常生活、也最合乎情性要求的盛大之
禮，所以無論其為「上取」、抑為「逮下」，樂節根本沒有分別；且不
但「正歌」所歌，為二樂的最接近部分（《小雅》和《國風》在文辭
上是沒有多少分別的，所以樂音也必不遠），且於諸禮中，用詩最多
（共十八篇），尤以「無算樂」之用為最廣泛而重要，包括了絕大多
數的《小雅》，和幾乎全部的《國風》詩篇。這是個相當重要的趨向。
這個趨向，可以說明周樂一面是由王樂的嚴肅而趨向於鄉樂的輕鬆，
另一面，則三百篇之用，也由於正歌正樂而趨向於散歌散樂。

　　上面所述，是古人如何藉著樂章，把一個典禮表達出來的程序，也就是說，一個典禮有一個典禮的樂節，藉著這些樂節，把禮意都表示出來了。這是三百篇和禮樂的原始關係。所以《禮記》〈仲尼燕居〉篇引孔子云：「兩君相見，揖讓而入門，入門而縣興；揖讓而升堂，升堂而樂闋；下管〈象武〉，〈夏〉籥序興。……入門而金作，示情也；升歌〈清廟〉，示德也；下而管〈象〉，示事也。是故古之君子，不必親相與言也，以禮樂相示而已矣！」「以禮樂相示」，這正是三百篇在樂章的原始觀念上所代表的意義！所以荀子給三百篇下一個定義云：「《詩》者，中聲之所止也。」他拿「聲」來說《詩》，可見這個《詩》之明指樂章。荀子是戰國後期的人，那個時候，周樂早已亡失，樂音早已失傳，三百篇事實上已失其用途；但有趣就在這裏：時代雖已轉變，而原始觀念和原始方式，似乎還保存在儒者的生活意識中，所以連那個寫《墨子》〈公孟篇〉的人，還能夠把三百篇的用途，形容成：「誦《詩》三百，弦《詩》三百，歌《詩》三百，舞《詩》三百。」這是墨者眼中的三百篇。後來毛公為《鄭風》〈子衿〉作《傳》云「古者，教以詩樂，誦之，歌之，弦之，舞之」，便儼然可以作〈公孟篇〉的注腳！〈世家〉謂「三百五篇，孔子皆弦歌之，以求合〈韶〉、〈武〉、《雅》、《頌》之音，禮樂自此可得而述」；所謂「禮樂自此可得而述」，是一句何等重要而得間的話！也就是說，三百篇倘若不從樂章的觀點去尋求解釋，那麼，禮樂的意義是無法了解的。因此，從三百篇與禮樂的原始關係看來，我們可以作如此的結論：原始意義的三百篇，實在就是樂的一部分，故在用途上，根本就和禮樂分不開。換個講法，在禮樂用途上，三百篇只有聲音的存在，卻沒有辭義的存在；在禮樂過程中，《詩》所表現的就是樂章，離了樂章就沒有意義，再說具體些，用作正歌正樂的《詩》，那只是個以禮意相示的樂；用於散歌散樂的《詩》，也不過是些娛賓的樂：後

者固然與詩文本身的意義毫不相干，前者也和詩文沒有絕對關係。所以尹繼美引程鴻烈云「《詩經》即《樂經》」。[4]竹添光鴻引曾鏞曰「《詩》即古之樂也」[5]，這是三百篇的原始意義。

二 言教

三百篇的原始用途，雖只有樂章聲音上的意義，沒有詩的義理上的意義（正歌正樂所用的詩，只在表現典禮本身的意義，離開典禮便沒有作用；散歌散樂所用的詩，雖可有其娛樂以外多方面的表現，但仍然限於弦歌所發生的效果，不獨立使用）；但《詩》到底是有文辭的，文辭有文辭的基本作用，故古人於樂章之外，還用三百篇詩文，來作為「言教」的詞彙。我用「言教」一語，因為這個用詩法的目的，只在用詩中的字句來表達語言，卻沒有說詩的作用；換言之，三百篇雖都可以用來作語言的材料，卻和詩篇本身的意義無關：這是這個「言教」最重要的特徵。這個特徵，一直到春秋末了，都沒有改變。所以嚴格說，春秋時代，並沒有一個真像漢人所想像的《詩》教存在（漢人意識的《詩》教，是一種以義理思想來說《詩》的專門學問，是漢人所特有的《詩經》哲學，春秋時代是沒有的），連孔門算在內。倘若說孔門真有一個事實的《詩》教的話，那麼，這個《詩》教，定規就是那個流行於當時諸侯卿大夫社會間的言教！所以孔子第一句提醒伯魚的話是「不學《詩》，無以言」。教弟子的時候，他也強調的說：「誦《詩》三百，使於四方，不能專對，雖多亦奚以為！」一則曰「言」，再則曰「專對」，這就是「言教」宗旨最鮮明的告白。

4　〔原註〕尹繼美：《詩管見》。
5　〔原註〕竹添光鴻：《左傳會箋》。

故孔門「言語」設科[6]，也可證其必為「學詩」的專門功課，同時也足見其出於環境的要求。那時作大夫所最需要的，就是專對的能力；而這個能力之必借助於《詩》，也正是春秋時代列國交際風氣的特色。那時交際場合用詩的方式，最能發揮言教特徵的，無過於賦詩的風氣；其次就是通常言語上的引詩。現在先言賦詩的風氣。

（甲）賦詩的風氣

賦詩一事，在春秋時，大都是在列國諸侯卿大夫的聘問典禮中舉行，屬於燕饗之禮的儀節。所以《左傳》的記載，總是在「享」（可相當於《儀禮》饗後的「燕」）的時候賦詩。但這種場合顯然是屬於「無算樂」部份，在原始意義上是一個娛賓的節次，但現在卻加上賦詩的活動了。這也是一個值得注意的事實。上章曾說到〈燕禮〉之合鄉樂，可代表王樂鄉化的趨向；同時也說明正歌正樂之趨於散歌散樂之用：這話也可用來說明賦詩的關係。賦詩的方法，若照漢人的定義，說是「不歌而誦謂之賦」，那麼，賦詩在禮樂程序中，恐怕是一個唯一無樂的節次了（賦詩雖無樂，卻和誦不同，詳下）。

因這個關係，可見賦詩風氣的產生，也是很自然的，因為：（一）口語的表達，總較音樂的暗示，更具體而親切；（二）用詩的方法，也較無算樂廣汎而自由。現在讓我們來看賦詩的實例。

賦詩最早見於《左傳》的，是僖公二十三年秦穆公對晉公子那次招待。公子重耳本是以流亡者的身份來到秦國的。他在外面已流亡了十八年，那時晉國並不是沒有國君；但秦穆公仍然要以正式的饗禮來招待他，可見這是個重要的關鍵，公子重耳不能不慎重應付。他知道第二天燕飲時一定要賦詩的——實在也是最好的外交活動，因此他要

6　〔編案〕《詩經今論》原稿此句末有「註一」字樣，文中未見註解文字。

子犯陪他出席，子犯卻說：「吾不如衰之文也，請以衰從。」可見子犯對於賦詩也沒把握。那時賦詩的方式是：（一）單純以詩文代替辭令；（二）重要關鍵還要加解釋和動作。所以沒有夠足的訓練是不行的；孔子所謂「不能專對」，恐怕也正是指這地方。果然到了秦伯享公子的時候，照〈晉語〉所記的經過是這樣：

> 秦伯賦〈采菽〉，子餘（趙衰）使公子降拜，秦伯降辭。……
> 子餘使公子賦〈黍苗〉，……秦伯賦〈鳩飛〉；公子賦〈河水〉，秦伯賦〈六月〉。子餘使公子降拜。

這真可以說是春秋時一個情意兼備的賦詩大場面，充分描繪出一個成功的外交過程。首先秦伯賦〈采菽〉，可能是取首章的：

> 君子來朝，何錫予之？
> 雖無予之，路車乘馬。
> 又何予之？玄袞及黼。

用意不外表示願意支持公子，所以子餘才使公子降拜。子餘使公子賦〈黍苗〉，也是取首章的：

> 芃芃黍苗，陰雨膏之；
> 悠悠南行，召伯勞之！

公子以黍苗自比，而以膏雨、召伯比秦伯，也以答秦伯之意。不過秦伯的賦〈鳩飛〉，韋昭以為即今之〈小宛〉，此詩傷感氣氛很重，取義於那一章，很難確定，但原則上是同情公子的遭遇，兼寓慰勉之意，

則是可以無疑的；所以接著公子又賦〈河水〉。今《詩》無〈河水〉篇名，韋昭以為即〈沔水〉之誤；此亦亂離之詩，賦此自當在首二句，原文是：

> 沔彼流水，朝宗于海。

最後秦伯賦〈六月〉，《左傳》文云：「趙衰曰：重耳拜賜！公子降拜稽首，公降一級而辭焉。衰曰：君稱所以佐天子者命重耳，重耳敢不拜！」則秦伯所賦為第二章，取義於「王于出征，以佐天子」二句，自不待論。

觀上例，賦詩最明顯的特徵是：（一）專取比喻，或（二）取詩句中片語單詞之意，卻與原詩無關。像〈黍苗〉和〈沔水〉是屬於前者不消說，即如〈小宛〉，不知當時究竟是賦那一章，但一章、二章、四章、六章都有可譬的材料。至於〈采菽〉，則但取其「來」和「予」的關係，和詩旨是不相干的；要不然，秦穆決不至於以周天子自況。也許這詩的用法本就是如此，例如昭十七年《左傳》：「春，小邾穆公來朝，公與之燕，季平子賦〈采菽〉，穆公賦〈菁菁者莪〉。昭子曰：不有以國，其能久乎！」魯對於小邾穆公，傳統上是取卑視態度的，賦〈采菽〉倒是很客氣的事，所以小邾穆公答賦〈菁菁者莪〉，便充分表示其心滿意足。又同一詩句，用法卻因人而異。例如襄十九年《左傳》：「季武子如晉拜師（謝伐齊事），晉侯享之，范宣子……賦〈黍苗〉。季武子興，再拜稽首曰：小國之仰大國也，如百穀之仰膏雨焉，若常膏之，其天下輯睦，豈唯敝邑？賦〈六月〉。」前面子餘使晉公子賦〈黍苗〉，是以黍苗自比，以膏雨比秦伯；現在范宣子賦〈黍苗〉，卻以膏雨自比（自然代表晉君），而以黍苗比來賓（即代表魯國）。這是一個多麼不合常情的比法！因為不但不禮貌，

且也不通。所以我總覺得季武子那段答辭，是對范宣子的一種諷刺；至於賦〈六月〉，也只是個不著邊際的恭維了。

所以用詩的彈性最大，而所取文辭的單位，從不到章以上，有時還在句以下。如前舉各例，都在章以下無論了；〈沔水〉和〈六月〉，還都只取二句，決不會到二句以上。大概賦詩取二句是很普通的，例如襄八年，晉范宣子聘魯，襄公享之。宣子賦〈摽有梅〉，季武子賦〈角弓〉。賓將出，武子又賦〈彤弓〉。宣子曰：「城濮之役，我先君文公獻功于衡雍，受彤弓于襄王，以為子孫藏；匄也，先君守官之嗣也，敢不承命！」既取義于「藏」，則知武子所賦〈彤弓〉，必為首章的「彤弓弨兮，受而藏之」二句；而〈角弓〉篇首二句的「騂騂角弓，翩其反矣」，剛好與下文「兄弟昏姻，無胥遠矣」的意思相反，則知武子必賦下二句了。又《左傳》昭公元年，楚令尹子圍享趙孟，賦〈大明〉之首章；趙孟賦〈小宛〉之二章。案：〈大明〉之首章前四句云：

> 明明在下，赫赫在上；
> 天難忱斯，不易維王！

則知〈小宛〉之二章必是取「各敬爾儀，天命不又」二句的。又襄二十九年，公及陳侯、鄭伯、許男送楚康王葬，還及方城，季武子取卞，公欲無入，榮成伯賦〈式微〉，乃歸。可見所賦必為首章「式微式微，胡不歸」二句。又襄二十年，季武子如宋報聘，宋人賄之，歸復命，公享之，賦〈魚麗〉之卒章，那自然是「物其有矣，維其時矣」了。

賦詩常是二句，還有很有趣的例子，如〈魯語〉：「公父文伯之母欲室文伯，饗其宗老，而為之賦〈綠衣〉之三章（案：當作卒

章）……師亥聞之曰：……詩所以合意，……今詩以合室，……度於
法矣。」今案：《邶風》〈綠衣〉之卒章云：

> 絺兮綌兮，淒其以風；
> 我思古人，實獲我心！

我們固然不必相信《詩序》所謂〈綠衣〉一詩是「莊姜傷己也」之作；
但就文論詩，則此詩的傷感氣氛，和「合室」（婚姻）究竟是不調和
的。現在公父文伯之母既拿來用在合室的饗禮上，可見其所賦的必然
不會多於最末二句。又成九年《左傳》：「季文子如宋致女（魯宣公長
女，嫁于宋三月，使文子聘問），復命。公享之，賦〈韓奕〉之五章。
穆姜（宣公夫人）出于房，……賦〈綠衣〉之卒章而入。」此事和上
例同類，可見穆姜所賦之詩，也必不出末二句。這樣看來，則〈綠衣〉
卒章之用為嫁娶場合所賦之詩，已成為一種慣例了。所以，我們可以
相信，三百篇中必有許多章句已經成為不同場合的賦詩成語。而上面
所舉〈采菽〉之詩，也許在當時的習慣上，就已專作迎賓之用了。

又昭公元年《左傳》：晉趙孟、魯叔孫豹、曹大夫入于鄭，鄭伯
兼享之。趙孟賦〈瓠葉〉，穆叔賦〈鵲巢〉，又賦〈采蘩〉，曰：「小國
為蘩，大國省穡而用之，其何實非命！」子皮賦〈野有死麕〉之卒
章。趙孟賦〈棠棣〉，且曰：「吾兄弟比以安，尨也可使無吠。」這裏
穆叔賦〈鵲巢〉，是拿首章的「維鵲有巢，維鳩居之」來比方趙孟的
當政，當然又是取義首二句的好例。趙孟賦〈常棣〉之後，又曰「吾
兄弟比以安」，則顯然也是用「凡今之人，莫如兄弟」二句。只是子
皮所賦〈野有死麕〉的卒章，原文本有三句，云：

> 舒而脫脫兮！無感我帨兮！無使尨也吠！

但趙孟卻說，「尨也可使無吠」，則明只用末句。至於穆叔賦〈采蘩〉，自加註解云「小國為蘩」，則不但只用一句，且只用一字了！所以從這個賦詩場合，可以覘當日用詩方法之任意與自由的程度！

單字用法，還可舉一例。襄十四年《左傳》：「夏，諸侯之大夫皆從晉侯伐秦，……及涇不濟，叔向見叔孫穆子，穆子賦〈匏有苦葉〉。叔向退而具舟，魯人莒人先濟。」〈魯語〉記叔向對穆叔的評論云：「夫苦匏不材，於人共（供）濟而已。魯叔孫賦〈匏有苦葉〉，必將涉矣！」其實叔孫所取義的，只在首章「濟有深涉」句中的「濟」字而已，和匏字是沒有關係的，但只要有這個字在，便儘足以表達必要渡河的意向了。這也足以說明賦詩的方法。

歸納上面各例，賦詩總在章以內，而取義卻常在詩以外，這確是三百篇一個很有趣的用法。所以當日有一個流行的成語叫「賦詩斷章」，就專在指出這一點：關於這成語，還有一個故事：襄廿八年《左傳》，齊大夫慶封的兒子慶舍，把女兒許配給家臣盧蒲癸。因盧蒲氏跟慶氏是同姓。同姓是不應該結婚的，所以有人對盧蒲癸說：「子不辟宗，何也？」對曰：「賦詩斷章，余取所求焉，焉識宗！」拿「余取所求焉，焉識宗」來比喻「賦詩斷章」，可謂把賦詩的道理都說到了家。賦詩既可如此自由取義，於是極端之例，連男女狎昵之私，也可拿來作外交的辭令，像前文昭元《左傳》，鄭子展賦〈野有死麕〉之卒章，來建議其對楚政策的意見，和趙孟的「尨也可使無吠」，就是最好的例子。又如襄八年，范宣子聘魯之賦〈摽有梅〉，也是以女子迫切欲嫁的心理來喻伐鄭的需要；甚至如昭十六年，鄭六卿餞韓宣子時，子齹之賦〈野有蔓草〉，子太叔之賦〈褰裳〉，子游之賦〈風雨〉，子旗之賦〈有女同車〉，子柳之賦〈蘀兮〉，五詩皆朱子所認為是淫詩的：其中尤以子太叔所賦，與韓宣子的對答，最為突出，《左傳》文云：「子太叔賦〈褰裳〉。宣子曰：起在此，敢勤子至於他

人乎！子太叔拜。」案：〈褰裳〉首四句云：

> 子惠思我，褰裳涉溱；
> 子不我思，豈無他人？

子太叔用「他人」來比楚，大有以捨晉就楚來要挾韓子的意思，所以韓子才說：「起在此，敢勤子至於他人乎！」此詩寫得相當的粗野，所以朱子直謂其為「淫女語所私者云云」。像這樣的詩，居然可以拿來在國際間的正式宴會上堂堂的賦出來，故日本竹添光鴻詈其為：「皆淫夫淫婦臭穢不潔之辭，豈歌之大賓餞宴，自撥其臭，以污籩豆乎？」[7]實則，這也正是「賦詩斷章」的道理所必至的現象。就仍以〈褰裳〉為例吧，子太叔賦此詩之所取義，只在個「子不我思，豈無他人」的觀念上，至於男女間的關係，這裏是毫不相干的。照這原則，則什麼詩到手，自然都淨化了，那裏還有什麼淫不淫，臭穢不臭穢存在呢？何況賦詩一事，實從〈燕禮〉的「無算樂」推延而來；無算樂在禮樂節次上，用意只在盡歡，無關儀節，故所采詩篇，方面複雜，不必求合義理（三百篇中佔三分之二的變詩之用，都屬這個節次，而內容之所以和正歌正樂迥殊，理由即在於此）。故「賦詩斷章」和「以禮樂相示」的用詩方法，雖有「言」與「聲」的程度之差（《虞書》〈偽舜典〉云「詩言志，歌永言，聲依永，律和聲」，而〈樂記〉亦曰「歌之為言，長言之也，說之故言之，言之不足，故長言之」，可見《詩》樂關係，是程度之差；不過就《詩》之用的發展軌跡言之，則聲教先於言教），而其於詩文貞淫觀念之無所容心，則是一樣的。所以三百篇是否有淫詩，確是到了周樂亡後，才會成為後來

---

7 〔編案〕原稿此句末有「註二」字樣，文中未見註解文字。

《詩經》學上爭論的問題，換個講法，這在春秋以前是不發生問題
的；而孔子之所以說「詩三百，一言以蔽之曰，思無邪」，也正是一
個明證。在斷章賦詩的觀念上，子太叔和韓起對於〈褰裳〉一詩的用
法，跟趙孟與子皮對於〈野有死麕〉一詩的用法，根本是一樣的不消
說；就是拿〈褰裳〉來和〈綠衣〉、〈采蘩〉、〈緇衣〉（都是《風》），
以至和〈常棣〉，〈蓼蕭〉、〈采菽〉、〈南山有臺〉、〈菁菁者莪〉、〈角
弓〉、〈彤弓〉（都是《小雅》），乃至〈既醉〉、〈假樂〉（《大雅》）等詩
一同賦出來，也不會有觀念上的差異的──也就是說，不會有貞淫邪
正的分別的。故事實上也正因為三百篇之用是這樣沒有所謂邪正貞
淫，孔子那句「思無邪」的話才真有了著落。乃漢、宋以後人既專講
義理，又以斷章取義非說詩正宗，遂不得不故為曲說，想替孔子的
「思無邪」作合理化的解釋，而「淫詩」問題，遂始終無法搞通。
案：孔子「思無邪」一語，事實上也是個斷章賦詩的用法，其語源乃
出《魯頌》。〈駉〉之篇云：

駉駉牡馬，在坰之野：　　薄言駉者，有驈有皇，
有驪有黃，以車彭彭。　　思無疆，思馬斯臧。
駉駉牡馬，在坰之野：　　薄言駉者，有騅有駓。
有騂有騏，以車伾伾。　　思無期，思馬斯才。
駉駉牡馬，在坰之野：　　薄言駉者，有驒有駱。
有騨有雒，以車繹繹。　　思無斁，思馬斯作。
駉駉牡馬，在坰之野：　　薄言駉者，有駰有騢，
有驔有魚，以車祛祛。　　思無邪，思馬斯徂。

孔子的話，是取自末章。案：全詩用思字共八句，如下文：

> 思無疆，思馬斯臧。
>
> 思無期，思馬斯才。
>
> 思無斁，思馬斯作。
>
> 思無邪，思馬斯徂。

鄭玄釋「思無邪」云：「專心無復邪意也。」則照詩文講，上四句可解為：「無邊的想，無盡的想，不倦的想，專一的想。」這樣看來，孔子所用來解釋《詩》三百的，已顯然是個「斷章」的用法（鄭玄知孔子之出於斷章，故不引證孔子的話），要不然，思馬的專一，和《詩》三百又有什麼關係呢？但孔子是個賦詩時代的人，斷章賦詩的特色，也正是個「思無邪」的特色，所以孔子很自然便借用《魯頌》（他本國的詩）的成句來描述他用詩的感覺了。鄭玄以為「專心無復邪意」只能形容魯僖公的牧馬精神，故不敢用來證孔子的話，因為他總以為從《詩經》的義理觀點，斷章終是不足為訓的；卻不知斷章正也是孔子所欣賞的詩法，他的「思無邪」主義，也剛好是從僖公那種專心無復邪意的牧馬思想引伸而來，〈駉〉是說，總專一無雜念，想使馬能跑。春秋那種賦詩斷章的方法，不也正是個專一無雜念的妙用嗎？是故只要取斷章的態度，三百篇便無淫詩！這不只是孔子「思無邪」的精義，也是春秋以前表現在賦詩風氣上的言教的特色。

賦詩既是春秋的時代風氣，可信其必與春秋相終始，孔門所以有那樣鮮明的言教，即可為佐證。但《左傳》及《國語》有關賦詩記載，則始於僖二十三，而止於定四（前637-前505）的百餘年間，賦詩六十七篇次，用詩五十八篇，計《頌》一、《大雅》六、《小雅》二十六、《風》二十五篇；交際者有魯、晉、鄭、宋、齊、秦、楚、衛、曹、邾十國：以魯接觸為最多，晉交際為最廣（七國）。所以然者，《左傳》作者既為魯人，詳魯自不足怪；而晉自晉文而下，百餘

年間，常居領導地位，交際廣也是自然的事。有趣是鄭雖以小國居晉
楚兩大之間，乃因有子家、子產等有力人物，遂也在壇坫上相當活
躍。最特殊的是列國賦詩，於周詩之外，通常不出《二南》《三衛》，
而鄭人乃常賦鄭詩，如襄二十六年齊侯鄭伯如晉，晉侯兼享之，子展
相鄭伯賦〈緇衣〉；又為衛侯事賦〈將仲子〉；襄廿七年鄭伯享趙孟，
子太叔賦〈野有蔓草〉；又前文引昭十六年鄭六卿餞韓宣子所賦的：
〈野有蔓草〉、〈羔裘〉、〈褰裳〉、〈風雨〉、〈有女同車〉、〈蘀兮〉，六
篇都是鄭詩。此事似乎連韓宣子自己都有點意外，所以他說：「二三
子以君命貺起，賦不出鄭志，皆昵燕好也！」而壇坫上賦列國詩的紀
錄，於《二南》《三衛》之外，便以鄭詩為最突出了。至於定四年，
當申包胥在秦庭哭到第七天的時候，秦哀公為之賦〈無衣〉，這到不
一定非賦秦詩不可；實在表示其欲為申包胥出師，十五《國風》中恐
怕就沒有一篇比這篇〈無衣〉更為合適了。這是賦詩記載中唯一的一
首秦詩，也是最後的一首詩。

　　賦詩雖為壇坫上盛行的風氣，但它到底是〈燕禮〉上的一個節
次，所以賦詩自然也不限於外交。如前文所引成九年，公享季文子的
賦〈韓奕〉，穆姜的賦〈綠衣〉，〈魯語〉公父文伯之母的賦〈綠衣〉，
都不是外交場面。此外《左傳》也有不言享的，如文七年，荀林父為
先蔑賦〈板〉之卒章；襄十六年，魯穆叔如晉聘，見中行獻子，賦
〈圻父〉；見范宣子，賦〈鴻雁〉之卒章；襄二十九年，季武子取
卞，公欲無入，榮成伯賦〈式微〉：這些例子都和襄十四年，諸侯之
大夫伐秦、叔向見叔孫穆子、穆子賦〈匏有苦葉〉（見前）一樣，也
不言享。然則賦詩是不是也可以在沒有儀式的交談場合中行之，像言
語中的引詩一樣呢？當然不可能！因為引詩的方式到底是和賦詩不同
的（詳下）。所以《漢書》〈藝文志〉所謂「不歌而誦謂之賦」的界說
是不正確的（〈漢志〉這個界說雖意在釋「登高能賦」的「賦」，但下

文還引春秋賦詩之事和孔子「不學詩無以言」的話以證之，可見漢人仍以春秋時代的賦詩為誦詩）。茲舉一例，襄公十四年《左傳》：

> 衛獻公戒孫文子、寧惠子食，……日旰不召，……二子怒，孫文子如戚（地名），孫蒯（文子之子）入使，公飲之酒，使大師歌〈巧言〉之卒章，大師辭，師曹請為之。初，公有嬖妾，使師曹誨之琴，師曹鞭之。公怒，鞭師曹三百，故師曹欲歌之以怒文子以報公。公使歌之，遂誦之。

這是《左傳》賦詩記載的變例，為《左傳》六十餘次賦詩記載中，用「誦」而不用「賦」僅有的二例之一。案：〈巧言〉卒章的原文是：

> 彼何人斯，居河之麋，無拳無勇，職為亂階！
> 既微且尰，爾勇伊何？為猶將多，爾居徒幾何？

不用說，此詩譏誚和藐視的意味很重，大師恐怕會出亂子，所以歌都不敢歌；但師曹為要報復，正巴不得其出亂子，所以要求歌之，並且臨時還改為「誦之」。

這是「誦」為賦詩變例最明白的實例之一。其次為襄二十八年《左傳》：

> 叔孫穆子食慶封，慶封氾祭，穆子不說，使工為之誦〈茅鴟〉，亦不知。

這裏叔孫豹之所以使工誦詩是有緣故的。案：襄二十七年《傳》云：

　　　　叔孫與慶封食，不敬，為賦〈相鼠〉，亦不知。

我們讀這傳文，可見慶封過去已有過失禮之事，並且叔孫也曾經賦詩
提醒他（叔孫賦〈相鼠〉，有「人而無禮，胡不遄死」，或「人而無
儀，不死何為」等句，按理是應該可聽懂的），他卻不知道。叔孫有
這個經驗，所以當今年慶封又失禮「氾祭」的時候（氾祭就是食時不
按祭食之禮食，這是不恭敬的），他也不再賦詩，卻使樂工「誦」詩
了。至於師曹之所以不「歌」而「誦」，和叔孫之所以不「賦」而使
工「誦」，自然因為「歌」是「吟詠」，聲長（《說文》欠部歌字與言
部詠字為互文，詠叚借為永，故〈虞書〉曰「歌永言」。永有長義，
故〈樂記〉曰「歌之為言，長言之也」，而《鄭風》〈子衿〉傳疏亦
曰：「歌之，謂引聲長詠之。」這都是歌的本義，可稱為廣義的歌），
故不易明白；「誦」是倍文（《論語》「誦《詩》三百」皇《疏》：「背
文而念曰誦。」），故容易了解。
　　從《左傳》這兩個誦詩的變例，我們可以得第一個結論是：《漢
書》〈藝文志〉「不歌而誦謂之賦」的界說是站不住的。因為在慶封的
故事中，樂工明明是「不賦而誦」，可見「誦」不可能等於「賦」；從
師曹的故事，則「不歌而誦」實在就是「不賦而誦」，我們可以看
《國語》的例證。〈魯語〉：

　　　　公父文伯之母欲室文伯，饗其宗老，而為賦〈綠衣〉之三
　　　　章。……師亥聞之曰：……詩以合意，歌所以詠詩也：今詩以
　　　　合室，歌以詠之，度於法矣。

案：公父文伯之母「賦詩」，而師亥謂其「歌以詠之」為「度於法」，
則「賦詩」明明就是「歌詩」了。拿《國語》這個「歌、賦」的關

係，來類比師曹「不歌而誦」的事實，則師曹的行為，正是「不賦而誦」；若拿這個關係來代入〈藝文志〉的界說，則「不歌而誦謂之賦」便等於「不賦而誦謂之賦」，自然不成立了。所以從師亥論《詩》的話，我們可以得到第二個結論，即：春秋時的「賦詩」，其實就是「歌詩」。

再說，歌詠在春秋時代的社會，無間貴賤，本是件很平常的事，例如《論語》的「楚狂接輿歌而過」，或「有孺子歌曰，滄浪之水清兮」云云，都是最好的說明。所以貴族社會的賦詩場合，也一樣可以歌詠，並且，因為賦詩是一個無樂節次，也需要歌詠來調節外交的氣氛。漢人於賦詩風氣消失已久之後，受義理說《詩》思想的影響很深，自不免對於歌詠意識發生距離，遂謂古人的賦詩就是誦詩了。

不過話說回來，漢人所以把賦詩釋為「不歌而誦」，仍另有其原因。其一，漢人之所謂「歌」，是專指樂歌說的。例如《大雅》〈行葦〉的「或歌或咢」，《毛傳》云：「歌者，比於琴瑟也。」又《尚書》〈益稷〉的「搏拊琴瑟以詠」，鄭以為是「歌詩」。又《儀禮》上所有禮樂節次的「歌」，包括「正歌」和「無算樂」，都屬這一類，這是「歌」的引伸之義，即倚樂曲的歌，可簡稱「弦歌」。這種「歌」自於賦詩別為一事，毫不相干。其二，漢人對於「誦」的意識，也極含混不清。例如「諷、誦」在《說文》原屬互文，但《周禮》「大司樂以樂語教國子，興、道、諷、誦、言、語」，《注》分釋之云「倍文曰諷，以聲節之曰誦」，是誦有聲調關係；所以〈文王世子〉的「春誦夏弦」，鄭《注》云「誦謂歌樂也」，這裏的「歌樂」當然是指「歌詩」，所以孔《疏》才說：「口誦歌樂之篇不以琴瑟。」照這個思想，「誦」最少是等於無樂的歌詠，而《周禮注》之「以聲節之」也自然是「歌詠」的意思了。這樣說來，則漢人所謂「誦」，又和《左傳》的「誦」不同了。又〈藝文志〉「誦其言謂之詩，詠其聲謂之歌」，卻

又以「誦」為倍文（「誦其言謂之詩」的意思，以下文例之，當然是「誦其言謂之誦」的意思）了。總一句話說，漢人對於「賦、歌、誦」的觀念，畢竟是很不清楚的，所以特為辨之如上。

（乙）言語上的引詩

言語中的引詩和賦詩最大的差別是：（一）賦詩是「歌詩」，是「以聲節之」的吟詠；而引詩則是倍文，即「誦《詩》三百」的「誦詩」。（二）賦詩是在正式場合（例如燕禮）中行之，而引詩則否。（三）賦詩是以詩文代替辭令，是辭令的主體；引詩則詩文只有強調或註解作用，只能說是部分的辭令。這些差異，顯示給我們一個從樂章到語言的自然趨向，即「以禮樂相示」的間接作用不能不轉變為言語直接表達的趨向，也就是「詩」、「樂」不能不分為二教的趨向。所以嚴格說，這才真是「詩」本位應用的發端——真的原始《詩》教即言教的發端。因為賦詩的表現方式除了無樂一點外，其餘過程，仍然是個燕禮的節次；即如「歌詠」一事，也和「誦詩」分別得很清楚，多少總還保留著一種變相樂節的氣氛和暗示；但這些情形都是引詩所沒有的，所以言語的引詩確是較賦詩的方式更為屬於言教的。

雖然，引詩之法，原則上仍然是「斷章」的。例如成二年《左傳》：鞌之戰，賓媚人致賂，晉人不可曰：「必以蕭同叔子為質，而使齊之封內盡東其畝。」對曰：「先王疆理天下物土之宜而布其利，故《詩》曰：『吾疆吾理，南東其畝。』今吾子疆理諸侯，而曰盡東其畝而已，唯吾子戎車是利，無顧土宜，無乃非先王之命也乎！」賓媚引《小雅》〈信南山〉的句子來反駁晉人的要求，只用個「南東其畝」的「南」字，雖說是一種外交辭令，分明也是一種斷章的用法。又成十六年《傳》，楚子救鄭，過申，子反入見申叔時曰：師其何如？對曰：用利而事節，時順而物成，上下和睦，周旋不逆，求無不

具，各知其極，故《詩》曰：「立我烝民，莫匪爾極。」是以神降之福。案：申叔時自發表其「極」的用兵（師）哲學，卻樂得引證《周頌》〈思文〉篇的句子來強化其意見；實則〈思文〉是歌頌后稷的樂章，其所謂「極」，也是由「立我烝民」的「立」字而來，「立」字，毛、鄭、朱皆以為即「粒」字，所以下文才說「貽我來牟」；現在經申叔時這一引證，便全非原文的意思了！而這樣的斷章，也就顯得比賦詩的斷章更自由了。再舉個更有趣的例子。襄七年《左傳》，晉韓獻子告老，公族穆子（獻子之子）有廢疾，將立之，辭曰：「《詩》曰：『豈不夙夜，謂行多露？』又曰：『弗躬弗親，庶民弗信。』……讓其可乎！」案：〈行露〉乃女子拒婚之詩，穆子所取自然只在個「行」，但「行」字在這裏是有歧義的，若作動詞的「行」，則詩文是說女子不敢行，或不願行，而穆子則是有廢疾根本不能行，可見這個行不但與詩意無關，連本句也沒關係了。但「行」字也可作「道路」講。然則道路多露和穆子所發生的關係，已在言語文字之外，如此斷章，真可謂斷孰甚焉了！

　　上舉之例，是脫離詩文章句關係的斷章；但也可借用原詩章句，卻加以任意的解釋，例如成十二年，晉郤至如楚聘，他對楚子論治亂云：「世之治也，……政以禮成，民是以息；百官承事，朝而不夕；此公侯之所以扞城其民也：故《詩》曰：『赳赳武夫，公侯干城。』及其亂也，諸侯……略其武夫以為己腹心股肱爪牙，故《詩》曰：『赳赳武夫，公侯腹心。』」〈兔罝〉全詩三章，一樣的章法，但郤至卻以第一章的「干城」為治世的表現，以「腹心」為亂世，以一貫的辭句，作相反的解釋，本就講不通，何況以「干城」為「公侯之所以扞城其民」，也不辭。但他們就可以如此斷章！又宣十六年《傳》：晉侯請于王以黻冕命士會將中軍，且為大傅，於是晉國之盜，逃奔于秦。羊舌職曰：吾聞之，禹稱（舉也）善人，不善人遠，此之謂也！夫

《詩》曰：「戰戰兢兢，如臨深淵，如履薄冰！」善人在上也。案：
羊舌職所引詩見今〈小宛〉末章，原詩是指「齊聖」之人（鄭云「中
正通知之人」），或「溫溫恭人」說的，故鄭云：「衰亂之世，賢人君
子，雖無罪猶恐懼。」但羊舌職引來證「禹稱善人，不善人遠」，以
比喻士會將中軍為大傅而盜逃，與詩意已相反；若以譬盜逃，亦不
倫。但羊舌職似乎就只在借用個「恐懼」的意思，怎樣解釋都可以意
為之了。又成八年《傳》，晉侯使韓穿云汶陽之田歸于齊，季文子私
曰：汶陽之田，敝邑之舊也，「今有二命，……信不可知，義無所
立，……《詩》曰『女也不爽，士貳其行，士也罔極，二三其德』，
七年之中，而一與一奪，二三孰甚焉！士之二三，猶喪妃偶；而況霸
主，……而二三之，其何以長有諸侯乎？」觀上例，季氏雖用〈氓〉
之詩原來的字句，卻只借得個「二三其德」，至於「喪偶」的解釋，
便和詩意相反了。

　　引詩既然可以這樣任意的解釋，那麼，用作比喻自更不成問題。
例如襄三十一年《左傳》，衛孫文子入聘于鄭，事畢，言於衛侯曰：
鄭有禮，其數世之福也，其無大國之討乎！《詩》曰：「誰能執熱，
逝不以濯？」禮之於國也，猶熱之有濯也，濯以救熱，何患之有！
案：文子所引詩見《大雅》〈桑桑〉之第五章，原即屬告誡之辭，自
可為比喻常語，故文子用以喻禮之於政，自不足為奇了。又上文引
〈小宛〉末章的「戰戰兢兢，如臨深淵，如履薄冰」等句，也見於
〈小旻〉末章，也描寫恐懼的心情，可見其已成為常語。又昭十年，
齊昭子語諸大夫曰：為人子不可不慎也哉！棄德曠宗，以及其身，不
亦害乎！《詩》曰「不自我先，不自我後」，其是之謂乎。昭子所引
詩見《小雅》〈正月〉，像這種詩句，事實上已無甚意義可言。又如襄
七年衛孫文子聘魯，公登亦登，穆叔論其必亡，引詩曰「退食自公，
委蛇委蛇」，也可屬於這一類。不過「委蛇」之義，漢人以為「委曲

自得之貌」，而穆叔則曰：「謂從者也，衡而委蛇必折。」以「委蛇」
為「從」（縱），故謂其遇「衡」（橫）必折，此喻亦殊奇怪。但斷章
之所以為斷章，也就在此。又昭十年《傳》，陳桓子於公子公孫之無
祿者，私分之邑，國之貧約孤寡者，私與之粟，曰：《詩》云「陳錫
哉周」，能施也。則「陳錫哉周」似已被用為施捨的成語了。

　　引詩之法，原則上雖不離斷章，卻也有照章句原意，作直接或間
接的引證者，例如昭七年，晉大夫勸范獻子弔衛襄公之喪，引〈常
棣〉云「鶺鴒在原，兄弟急難」；又曰「死喪之威，兄弟孔懷」，這是
直接引證晉衛的兄弟關係。又昭十年，季平子伐莒，取郠，獻俘，始
用人於亳社。臧武仲在齊聞之，曰：周公其不饗魯祭乎！周公饗義，
魯無義，《詩》曰「德音孔昭，視民不佻」，佻之謂甚矣！臧武仲引
《詩》的「視民不佻」，來間接證明魯「用人」（民）一事之「佻」。
案：「用人」是以人祭社，把人當牲畜用，和「視民不佻」剛好相
反，故曰「佻之謂甚矣」。又定十年，魯叔孫謂郈工師駟赤曰：郈
非唯叔孫氏之憂，社稷之患也，將若之何？對曰：臣之業在〈揚之水〉
卒章之四言矣。叔孫稽首。案：《詩經》中有三篇〈揚之水〉，只有
《唐風》〈揚之水〉的卒章是四句，原文云：「揚之水，白石粼粼，我
聞有命，不敢以告人。」駟赤引此章，示意欲助叔孫取郈，而不便明
言，故借用詩中不敢以告人之意告之。此詩本身，似乎也有故事，故
《序》以為刺晉昭公，謂「昭公分國以封沃，沃盛疆，昭公微弱，國
人將叛而歸沃焉」。若然，則駟赤引此詩，取義不止在字面的意思了。

　　上述引詩之法，也見於《國語》。例如〈周語〉，穆王將伐犬戎，
蔡公謀父引《周頌》〈時邁〉之篇云「載戢干戈，載櫜弓矢，我求懿
德，肆于時夏，允王保之」，來支持其「先王耀德不觀兵」的見解。
又，厲王將任用榮夷公為卿士，芮良夫引證《周頌》云「思文后稷，
克配彼天，立我蒸民，莫非爾極」，和《大雅》的「陳錫載周」，來顯

示榮夷公「好專利而不知大難」的必敗。又襄王十三年，將以狄伐
鄭，富辰便引〈常棣〉云「兄弟鬩於牆，外禦其侮」，以證明用外力
之非。都是直接引用詩文語意，不加曲解，可說是直接的引詩。又，
晉既克楚于鄢，使郤至告慶于周，單襄公引《大雅》〈旱麓〉云「愷
悌君子，求福不回」，以證郤至之非愷悌，雖都是些不著邊際的話，
但這恐怕也正是這類詩句的通常用場了。《晏子春秋》記崔杼弒齊莊
公，威脅晏子歃血支持他的時候，晏子便引這章詩來表示他的不屈，
也是個很好的例證。又〈周語〉太子晉引《大雅》〈桑柔〉的第二
章，和十一章以諫靈王的「壅穀水」（即壅穀水使之北流），末了又引
了《大雅》〈蕩〉的末章云「殷鑑不遠，在夏后之世」，雖說比附詩文
發議論，但就已浮汎得很，殷鑑二句，怕已是一種濫調。案：《國
語》所記引詩事例，常引詩不多，而說辭卻極繁冗，韓昌黎謂「左氏
浮誇」，我以為《國語》才真的浮誇！所以《國語》上的引詩辭令，
我總懷疑裏面一定有戰國以後的成分。康有為以為《國語》和《左
傳》本就是一部書的瓜分，高本漢也說二書在文法組織上最為接近。
但我覺得《國語》的文辭，甚多可疑。此書作者雖可能即為《左傳》
作者，但其書有些地方引詩的方式，已有漢人的說《詩》傾向。這是
很奇怪的。茲舉一例：〈周語〉，晉羊舌肸聘于周，發幣於大夫及單靖
公，靖公享之，語說〈昊天有成命〉。單之父老送叔向，叔向因論單
子之必興云：

> 且其語說〈昊天有成命〉，頌之盛德也！其詩曰：「昊天有成
> 命，二后受之，成王不敢康，夙夜基命宥密，於緝熙亶厥心，
> 肆其靖之。」是道成王之德也。成王能明文昭，能定武烈者
> 也。夫道成命者而稱昊天，翼其上也；二后受之，讓於德也；
> 成王不敢康，敬百姓也；夙夜，恭也；基，始也；命，信也；

宥，寬也；密，寧也；緝，明也；熙，廣也；亶，厚也；肆，
固也，靖，龢也：其始也，翼上德讓、而敬百姓；其中也，恭
儉信寬、帥歸於寧；其終也，廣厚其心以固龢之。始於德讓，
中於信寬，終於固和，故曰成。單子儉敬讓咨以應成德，單若
不興，子孫必蕃，後世不忘。《詩》曰：「其類維何？室家之
壼。君子萬年，永錫祚胤！」類也者，不忝前哲之謂也；壼也
者，廣裕民人之謂也；萬年也者，令聞不忘之謂也；胤也者，
子孫蕃育之謂也。單子朝夕不忘成王之德，可謂不忘前哲矣；
膺保明德，以佐王室，可謂廣裕民人矣！若能類善物以混厚民
人者，必有章譽蕃育之祚，則單子必當之矣！

案：上文所謂「語說〈昊天有成命〉」，韋昭注云「語，宴語所及；
說，樂也」，意思是說單靖公宴語時引用了〈昊天有成命〉的樂章，
因此叔向把這篇詩詳細的解釋一番，來稱述單靖公的美德，這那裏是
言語場合的應對，簡直是在宣讀一篇論文？最妙的是在宣讀前文之
後，他接著又引用《大雅》〈既醉〉的第六章來表示其對單子的恭
維，也照樣將那章詩註釋了一遍，總之，他不是在引詩句來加強自己
的辭令，而是在替那來送行的單家父老臨時上了一課《詩經》！這是
漢人的說《詩》！那裏是春秋時代的引詩風尚？就是戰國儒者記言的
說詩，恐怕也還發展不到這個程度！照這事實看來，則康有為所謂劉
歆「分其大半〔凡十三篇〕以為《春秋傳》，於是留其殘剩，掇拾雜
書，加以附益，而為今〔本〕之《國語》」的說法（《新學偽經考》），
不僅不是絕無可能，而且附益的成分，也不止於竄亂了。

再舉一例，〈晉語〉載公子重耳過齊，齊桓公妻之，公子有終老
打算，不久齊桓公歿，子犯等欲公子行，齊姜言於公子曰：

> 從者將以子行，……子必從之，不可以貳，貳無成命，《詩》
> 云：「上帝臨女，無貳爾心！」先王其知之矣，貳將可乎？子
> 去晉難，而極於此，自子之行，晉無寧歲，民無成君，天未喪
> 晉，無異公子，有晉國者，非子而誰？子其勉之！上帝臨子，
> 貳必有咎。

公子根本不欲行，而姜竟引詩勸其勿貳，真不知從何說起！下文又借
《左傳》介之推「主晉祀者，非君而誰」的話稍變其文而用之，真是
雜湊成章，毫無道理，其出於偽造，痕跡宛然。下面又接著道：

> 公子曰：吾不動矣，必死於此！姜曰：不然！周詩曰：「莘莘
> 征夫，每懷靡及。」夙夜征行，不遑啟處，猶懼不及；況其順
> 身，縱欲懷安，將何及矣？人不求及，其能及乎？日月不處，
> 人誰獲安？西方之書有之曰：「懷與安實疚大事。」鄭詩云：
> 「仲可懷也，人之多言，亦可畏也。……」

公子堅決不欲行，而姜竟又言「征夫」，又用《左傳》的「懷與安」
句來捏造「西方之書」，又借個「懷」字，來引出將仲子的「仲可
懷」，真是支離破碎，不成文理，即欲摹擬斷章，也沒有這樣的斷章
法，下文辭更冗沓，茲不俱引。就這類引詩方法而論，則《國語》顯
然有偽作成分。

再舉一最顯著之例。公子過鄭，鄭文公亦不禮焉。叔詹引詩以論
公子之「親有天」云：

> 在《周頌》曰：「天作高山，大王荒之。」荒，大之也，大天
> 所作，可謂親有天矣！

這裏所謂「親有天」，不用說是從《左傳》的「天之所啟，人弗及也」二句借來，因此引《周頌》的〈天作〉來作斷章的解釋。但斷章也只是以詩文來作獨立的詞彙使用而已，辭令仍不能不有其辭令上的條理。可是這裏的「大天所作」和下句的「可謂親有天矣」如何連得起來？又和公子重耳有什麼關係呢？春秋人的斷章，從不影響到辭令上的條理，絕不能像這裏引〈天作〉的引法！且先把「荒」字加以詁訓，也是漢人才有的說《詩》法！此條與前引叔向論單靖公條的漢人色彩都太濃了，《左傳》決不如此！所以《左傳》到底是真書。《左傳》若有後人成份，最多只能從「君子曰」、「仲尼聞之曰」處生情；至於賦詩和引詩的正文，大概都可以是原始的資料，所以《左傳》記齊姜對公子的話，就只有「行也！懷與安，實敗名」寥寥八字，而《國語》便非硬生生把她描繪成一個女羊舌肸或叔詹（自然談不到公父文伯之母的）不可！單就這一點，也足見作偽者手腕之低了。

從上述的實例，我們可得結論如下：

（一）三百篇已從樂章的原始用途（樂教）分出來，成為新用途（即言教）的對象。（二）斷章的用詩，雖有方式上的差異（正式交際儀節上的賦詩，是將詩文中的片語單詞作為獨立的詞彙來加以運用，卻和章句隔離；非正式接觸的引詩，則有時也借用章句的片段，來作為辭令的一部分），而其於貞淫觀念之無所容心則一，這也就是孔子「思無邪」思想的根苗。（三）三百篇的詩意仍保持著原始狀態，未受干擾。

三　戰國儒者合理化的引詩

三百篇在春秋時代雖已開始從樂章的原始用途上分出來，成為言教的對象；但因「斷章」的結果，被引用詩文，事實上已等於和原詩

隔離，故三百篇的本始，仍然不受干擾；換個講法，聲教與言教的分行，並不影響三百篇的原始狀態：儀禮上的正歌和散樂之用既都不變，其用於交際和言語的章句，也都脫離原詩關係，成為獨立詞彙，這是斷章賦詩、斷章引詩的妙用，為春秋時代原始《詩》教的特色，也即三百篇所以能保持其本來面目的基因。

（甲）新聲與雅頌失所問題

雖然，《詩》的斷章，和樂的存亡，仍有著連帶的關係。如孔子中年，賦詩風氣既已消失（《左傳》賦詩記載止於定公四年，那時孔子才四十八歲），此後三十餘年間言語上的引詩也僅五見。《左傳》末一次的引詩記載是哀二十六年子貢對衛出公引《周頌》〈烈文〉，但已在孔子歿後十二年了。環境如此，故孔門的「專對」實際上也已近於紙上談兵，成為純理論的學問。此事大概也和當時「新聲」的興起有關。案：春秋時的新興音樂，《國語》已有記載。〈晉語〉：

> 平公說新聲。師曠曰：公室其將卑乎！君之明兆於衰矣。夫樂，山川之風也……循詩以詠之，循禮以節之。夫德廣遠而有時節，是以遠服而邇不遷。

平公和孔子同時，卒於周景王十三年，那時孔子是二十歲，可見「新聲」的發生很早。戰國人對這種「新聲」還有詳細的傳說，《韓非子》〈十過〉篇云：

> 昔者衛靈公將之晉，至濮水之上，稅車而放馬，設舍以宿。夜分而聞鼓新聲者而說之。使人問左右，盡報弗聞。乃召師涓而告之曰：有鼓新聲者，使人問左右，盡報弗聞，其狀似鬼神，

子為我聽而寫之。師涓……撫琴而寫之。……遂去之晉。晉平公觴之於施夷之臺，酒酣，靈公起公曰：有新聲，願請以示。……乃召師涓令坐師曠之旁，援琴鼓之，未終，師曠撫止之曰：此亡國之聲，不可遂也。平公曰：此道奚出？師曠曰：此師延之所作與紂為靡靡之樂也。及武王伐紂，師延東走至於濮水而自投，故聞此聲者必於濮水之上。……

這個傳說，像《呂氏春秋》〈音初〉篇的傳〈破斧〉、〈玄鳥〉、《二南》和秦音一樣，都帶著怪誕色彩，我們可以不去管他；最值得注意的是：（一）這種「新聲」，顯然是屬於散歌樂一類，詩、禮、樂不必一致。（二）是衛聲。（三）是一種「靡靡之樂」，也即「亡國之聲」。

這個傳說，可反映當時儒者的「反新聲」意識。這種「新聲」，不用說和孔子所反對最力的「鄭聲」是一類的東西。所以〈樂記〉才會把鄭衛連起來云：

鄭衛之音，亂世之音也；……桑間濮上之音，亡國之音也。

〈樂記〉雖晚出，最少可以代表七十子傳統觀念。至於孔子之言「鄭聲」而不言衛聲，當然因「新聲」還沒有侵入到燕禮的節次上來，而鄭聲卻已風靡於壇坫，雖屬散歌散樂，卻大有喧賓奪主之勢（連無樂節次的賦詩場合，如昭十六年鄭六卿餞韓宣子之所以「賦不出鄭志」，跟鄭聲之流行，恐怕不無心理上的關係），所以孔子才會以那樣沉重的口氣說：

惡紫之奪朱也！惡鄭聲之亂雅樂也！惡利口之覆邦家者！

他把「鄭聲」看得和「利口之覆邦家」一樣的可怕！一次，顏淵問為邦，他也必強調到這上面來，說：

> 行夏之時，乘殷之輅，服周之冕，樂則〈韶〉舞，放鄭聲，遠佞人，鄭聲淫，佞人殆！

從這些話，我們可以聽出他的心情，恐怕和今日聽熱門音樂差不了多少！看這情形，孔子才會那樣耿耿於「正樂」一事。〈子罕〉篇云：

> 吾自衛反魯，然後樂正，雅頌各得其所。

這分明了了孔子一項心事。不過可惜的是，這事實在也沒有多少實際的用處，因為他所「正」的恐怕只是課堂上理論的「樂」──或把當時禮樂的節次，拿來在課堂上作一番校正的功夫；至於效果如何，還不是跟批評魯三卿的僭用《周頌》一樣！〈八佾〉篇云：

> 三家者以〈雍〉徹。子曰：「相維辟公，天子穆穆。」奚取於三家之堂？

案：〈雍〉即《周頌》的〈雝〉，是祭畢徹俎的樂章，是天子之樂。三家不過是魯的大夫，但他們竟也用〈雝〉來歌徹，這分明是僭越的行為，所以孔子引詩文來批評他們說：諸侯都來贊禮，天子是那麼尊嚴。三家那一點挨得上這兩句詩呢？頌教卿大夫們如此亂用，可見頌是多麼失所！孔子所以要「正樂」，就是為此。不過像對三家僭用〈雝〉的批評，是不是就真能把這種失所改正過來呢？當然不能！孔子所能做的，也只是把三家的錯誤，拿來當功課講，讓學生明白，如是而已！這也就是孔子的「正樂」之功了。

　　關於雅頌失所現象，實在也非一朝一夕之故。例如文四年《左傳》：

> 衛甯武子來聘，公與之宴，為賦〈湛露〉及〈彤弓〉，不辭，又不答賦。公使行人私焉。對曰：臣以為肄業及之也。昔諸侯朝正於王，王宴樂之，於是賦〈湛露〉。……諸侯敵王所愾，而獻其功，王於是乎賜之彤弓一，彤矢百，……以覺報宴。今陪臣來繼舊好，君辱貺之，其敢干大禮以自取戾？

〈湛露〉、〈彤弓〉二詩皆在《小雅》，原都是天子燕諸侯的樂章，但魯文公卻用來宴列國大夫，其僭越跟三家的「以〈雍〉徹」正同一情形。且用場也不合，不是報功，如何賦〈彤弓〉呢？又襄四年《傳》：

> 穆叔如晉，……晉侯享之，金奏〈肆夏〉之三，不拜；工歌〈文王〉之三，又不拜；歌〈鹿鳴〉之三，三拜。韓獻子使行人子員問之曰：子以君命辱於敝邑，先君之禮，藉之以樂，……吾子舍其大而重拜其細，敢問何禮也？對曰：〈三夏〉，天子所以享元侯也，使臣弗敢與聞，〈文王〉，兩君相見之樂也，臣不敢及。

案：穆叔聘晉事，〈魯語〉載穆叔對答云：

> 夫先樂金奏，〈肆夏〉，〈樊〉、〈遏〉、〈渠〉，天子所以饗元侯也。夫歌〈文王〉、〈大明〉、〈緜〉，則兩君相見之樂也，……皆非使臣之所敢聞也，臣以為肄業及之，故不敢拜。

鄭司農以為〈三夏〉皆頌之族類；〈文王〉之三則在《大雅》。觀上二例，皆可見雅頌的失所。又案：《儀禮》燕饗之禮，都是升歌〈鹿鳴〉，無歌《大雅》者。又〈文王〉與〈鹿鳴〉兼用，也不倫，總之，都是失所的現象，只因沿誤已久（從行人子員「先君之禮」一語可以看出來），便不知其非。

　　歸納上述情形，則孔子晚年的環境，大概是這樣：（一）「新聲」已有亂雅的趨勢。（二）雅頌失所的現象很顯著。（三）賦詩風氣已歸消失。這樣一來，孔門的言教，自只好從記言方面作斷章的說詩了。例如《論語》〈學而〉篇便這樣地寫道：

> 子貢曰：貧而無諂，富而無驕，何如？子曰：可也。未若貧而樂，富而好禮者也！子貢曰：《詩》云「如切如磋，如琢如磨」，其斯之謂乎？子曰：賜也，始可與言《詩》已矣，告諸往而知來者！

子貢所引詩句，見今《衛風》〈淇奧〉之篇，原為稱美「君子」之作，子貢卻借來比喻他和孔子的問答，而孔子也大為欣賞，以為可以言《詩》。雖方法仍不離斷章，卻已趨向於詩文本身合理化的解釋了。再舉一例，〈八佾〉篇云：

> 子夏曰：「巧笑倩兮，美目盼兮，素以為絢兮。」何謂也？子曰：繪事後素。曰：禮後乎？子曰：啟予者商也！始可與言《詩》已矣。

子夏所引詩，前兩句見今〈碩人〉，後一句朱子以為是逸文，但孔子的回答，卻只針對後一句，而子夏的「禮後乎」，又是從孔子的「繪

事後素」引伸而來，像這一連串的話，已經是一種斷章說詩，專論詩文，不關辭令了。

其實這也是一種自然的傾向，而周樂亡後，這個傾向就更為顯著，成為戰國時代儒者記言合理化的引詩。

（乙）無詩的戰國時代

周樂之亡，在戰國時代表現得最澈底──戰國是個沒有詩的時代：不但三百篇在壇坫上的用途已為各國的游說風氣所代替，即奪「古樂」之席而代之的「新樂」也已成沒有詩的器樂，而且這些器樂，除了初時鄭、衛比較有風靡力量外，後來各國仍有各國的樂聲。例如齊宣王好聞竽（《韓非子》），燕人高漸離善擊筑，澠池之會，秦王要求趙王鼓瑟，藺相如卻要秦擊缶（《國策》）。這都是戰國時器樂的突出表現。至於所謂詩，根本不像詩，例如《戰國策》載范雎見秦王論穰侯云：

> 穰侯者操王之重，決裂諸侯，剖符天下，征敵伐國莫敢不聽，戰勝攻取，利歸於陶，國弊，御於諸侯；戰敗則怨結於百姓，而禍歸社稷。詩曰：「木實繁者披其枝，披其枝者傷其心，大其都者危其國，尊其臣者卑其主。」

雖然每句七字，但明明是平常的說話，決不是詩。又如趙武靈王以周紹為傅，〈趙策〉云：

> 王立周紹為傅，曰：……人有言子者曰：父之孝子，君之忠臣也，故寡人以子之知慮為：辨足以道人，危足以持難，忠可以寫意，信可以遠期。詩云：「服難以勇，治亂以知，事之計

也；立傳以行，教少以學，義之經也。循計之事，失而累，訪
議之行，窮而不憂。」

案：「循計之事」以下四句是詩文抑或是王的話，頗不易定；斷句也
可作：「循計之，事失而累；訪議之，行窮而不憂。」好在這也沒有
多大關係，反正這裏的「詩」和說話都是一樣，不知何以稱之為詩？
　　所以就禮樂觀點而論，春秋和戰國正是一個尖銳的對照。前者是
詩、禮、樂合一的「雅樂」時代，也是言教與聲教分行的開始。後者
則「雅樂」既亡，三百篇失其用途，列國自用其樂而無詩，器樂與游
說風氣成了時代的特徵。這樣一來，原始聲教和言教的傳統只有孔門
的人來繼承，但禮樂既無恢復的可能，原始的言教，又只能從「專
對」轉而為儒者的說詩──即儒者記言合理化的引詩了。

（丙）《左傳》上載孔子之引詩

　　《左傳》一書，到底是誰所作，這到現在雖然仍然是個懸案；但
其為戰國儒者的作品，大概是可以無疑的（梁任公有考證，見《古書
真偽及其作者》）；我們即就其「君子曰」的引詩法，也可得其佐證；
因為這些原則上都是孔門的引詩法。又《左傳》上所稱「仲尼曰」的
引詩法，《孟子》的「孔子曰」，〈大學〉的「孔子曰」或《荀子》的
「孔子曰」的引詩法，都可歸為一類。茲略予論述如下。
　　《左傳》載第一次的孔子引詩，是在宣九年，文云：

陳靈公與孔寧、儀行父通於夏姬，皆衷其衵服（案：即著其褻
衣）以戲於朝。泄冶諫曰：公卿宣淫，民無效焉，且聞不令，
公其納之（案：意謂藏衵服）。……公告二子，二子請殺之，
公弗禁。遂殺泄冶。孔子曰：《詩》曰「民之多僻（《詩》作

辟），無自立辟」，其泄冶之謂乎！

案：宣九年在孔子生前剛好半個世紀。《左傳》所記，當然是事後追述。此詩在春秋時，已成引證常語。例如昭二十八年《傳》：

> 晉祁勝與鄔臧通室（即易妻）。祁盈將執之，訪於司馬叔游。叔游曰：《鄭書》有之：惡直醜正，實蕃有徒……。《詩》曰：「民之多辟，無自立辟。」姑已，若何？

此事與陳靈通夏姬事正同一性質，而祁盈也引此詩。可見此詩的用法，似乎已成了一種公式。那麼，宣九年的「孔子曰」，是否真出孔子，就不關重要了。又《左傳》凡引孔子皆作「仲尼」，此處獨稱「孔子曰」，也可怪。

又，昭七年，《左傳》：

> 九月，公至自楚，孟僖子病不能相禮，乃講學之，苟能禮者從之。及其將死也，召其大夫曰：禮，人之幹也，無禮無以立。吾聞之，將有達者曰孔丘，聖人後也，而滅於宋。其祖弗父何，以有宋而授厲公；及正考父，佐戴、武、宣，三命，茲益恭。故其鼎銘曰：一命而僂，再命而傴，三命而俯，循牆而走，亦莫余敢侮！饘於是，粥於是，以餬余口。其共也如是！臧孫紇有言曰：聖人有明德，若不當世，其後必有達人。今其將在孔丘乎！我若獲沒，必屬說與何忌於夫子（說即南宮敬叔，何忌即孟懿子），使事之而學禮焉，以定其位。故孟懿子與南宮敬叔師事仲尼。仲尼曰：能補過者君子也！《詩》曰：「君子是則是效。」孟僖子可則效已矣！

案：孟僖子對孔子先世是那樣推崇，對孔子也那樣敬重，甚至於必遣其二子來師事孔子，孔子決不會這樣沒有禮貌，專拿孟僖子不能相禮一事來抬高自己身份，說什麼「能補過者君子」；而且到底又是什麼過？早年不能相禮的事，不是已經「講學之」了嗎？孔子何至拿人家過去的事又故事重提的來捧自己呢？又孟僖子之歿是在昭二十四，孟懿子、南宮敬叔生於昭十二年，則使二子師事仲尼當在昭二十四以後，故《左傳》文並不發生於昭七年，因為這時孔子才十七歲，而二子也未生，孟僖子何能預為命名？可見屬二子事顯係偽託。《左傳》只記其「公至自楚，孟僖子病不能相禮，故講學之」，至於後來的事，皆連類及之，其引詩以託之孔子，正與《國語》之若干引詩法如出一轍，雜湊牽合，不成文理，那會是孔子的引詩！

又，昭二十年《傳》云：

子產有疾，謂子太叔曰：我死，子必為政：唯有德者能以寬服民；其次莫如猛。夫火烈，民望而畏之，故鮮死焉；水懦弱，民狎而翫之，則多死焉，故寬難。疾數月卒。子太叔為政，不忍猛而寬，鄭國多盜，取人於萑苻之澤。大叔悔之曰：「吾早從夫子，不及此！」興徒兵以攻萑苻之盜，盡殺之，盜少止。仲尼聞之曰：善哉，政寬則民慢，民慢則糾之以猛；猛則民殘，殘則施之以寬：寬以濟猛，猛以濟寬，政是以和。《詩》曰「民亦勞止，汔可小康！惠此中國，以綏四方」。施之以寬也；「無從詭隨，以謹無良，式遏寇虐，慘不畏明」！糾之以猛也；「柔遠能邇，以定我王」，平之以和也。又曰「不競不絿，不剛不柔；布政優優，百祿是遒」，和之至也。及子產卒，仲尼……曰：「古之遺愛也。」

上文自「仲尼聞之」，以下一段最為無理。子產明明說：「唯有德者能以寬服民，其次莫若猛」，語意分明，無可曲解；乃經過這麼一個「仲尼聞之曰」之後，便成什麼「寬以濟猛，猛以濟寬」了，真是極盡油腔滑調之能事，這那裏還像孔子！且對子產的話一點也不切。至以下所引詩，也都是如此，都是和子產的原意相去十萬八千里！這分明是漢人的玩藝兒，根本就不是孔門的引詩傳統。

此外，昭二十八年《傳》云：「仲尼聞魏子之舉也，以為義，曰：《詩》曰『永言配命，自求多福』，忠也，其長有後於晉國乎！」像這類的詩句，恐怕也成了引詩的濫調。以上是《左傳》上「仲尼曰」的引詩。像這些例子，即使不是漢代古文學家的竄入，也絕對不會是孔子說的。

（丁）《孟子》、〈大學〉、〈中庸〉、《荀子》上載孔子之引詩

其次是《孟子》書中關於孔子的引詩，〈公孫丑〉篇：

> 《詩》云：「迨天之未陰雨，徹彼桑土，綢繆牖戶，今此下民，誰敢侮予？」孔子曰：「為此詩者，其知道乎！能治其國家，誰敢侮之？」

案理說，《孟子》的話，我們是沒有理由懷疑的。不過這裏卻發生一個作者的問題。照《孟子》的語氣，則孔子顯然不知道〈鴟鴞〉的作者是什麼人。但此詩之為周公所作，卻又是自漢以來人所共認之事，因為《周書》〈金縢〉篇明明這樣說：

> 周公居東二年，則罪人斯得，於後，公乃為詩以貽王，名之曰〈鴟鴞〉，王亦未敢誚公。

所以孔子的話（同時也就是孟子的話）只有兩個可能：（一）〈金縢〉篇原沒有周公作〈鴟鴞〉的話。或則（二）《周書》在孔、孟的時候根本就沒有〈金縢〉篇，換個說法，〈金縢〉篇也是偽書。但有趣就在這裏，漢以來，以至乾嘉學人中——連汪中在內，誰都沒有膽量說〈金縢〉是後人偽託的；有之，就只有為梁啟超所最瞧不起的袁枚了。袁枚在清代學人中是唯一不信〈金縢〉，卻也最不為人所理睬的一個。但我們根據《孟子》引證孔子的話，則〈鴟鴞〉固然不會是周公作的，即〈金縢〉也確是很可疑的。

　　《孟子》中另一處關於孔子的引詩是〈告子〉篇：

> 「天生蒸民，有物有則，民之秉夷，好是懿德。」孔子曰：「為
> 此詩者，其知道乎！」故有物必有則；民之秉夷，故好是懿德。

上面兩處的引詩，孔子都說：「為此詩者其知道乎！」雖說孟子是斷章引證孔子所引——前者是取義於詩文的「誰敢侮予」；後者是「民之秉夷」。但孔子卻自作他的《詩》說，當然不關孟子。這樣說來。則孔門直接說詩的傾向，孔子未歿就已開始了。不過我總以為孟子的話，多少總有傳聞成分，不一定確實出自孔子。我認為從斷章合理化的引詩，和直接引證詩意，這中間是有相當距離的，像儒者外行的《墨子》，和《孟子》、《荀子》、〈大學〉、〈中庸〉的引詩，就可代表這個距離的跡象。在這些書中，上述兩類的引詩雖然可以互見，但後者終必後出。茲再引證「孔子曰」之例，〈大學〉云：

> 《詩》云：「邦畿千里，維民所止。」《詩》云：「緡蠻黃鳥，
> 止於丘隅。」子曰：「於止知其所止，可以人而不如鳥乎？」
> 《詩》云：「穆穆文王，於緝熙敬止！」為人君，止於仁；為

人臣，止於敬；為人子，止於孝；為人父，止於慈；與國人
交，止於信。

這裏只借孔子的話，來發揮〈大學〉作者的「知止」哲學，卻並不是
詩義。案：〈緡蠻〉三章，凡所言「止」，或因「道之云遠」，或因「畏
不能趨」，或因「畏不能極」（至也），詩人只借個「止」（停下來）的
意象來表達他的行不得，或「我勞如何」！所以下文才說「命彼後
車，謂之載之」，可見其勞頓已甚，如何能不「止」呢！照這詩的作
法，毛以為興，朱以為比，總離不了個停止或勞頓的事實，孔子卻特
別稱為「知止」，可見這裏的「知止」已和事實無關，所以作〈大學〉
的人，才能把它拿來解釋〈玄鳥〉「維民所止」的「止」，又引證個
《大雅》〈文王〉之篇的「於緝熙敬止」（可惜「於緝熙敬止」的「止」
字並不是名詞，和孔子知止的止不同值），來發揮其「知止」哲學，
毛公又拿這個成果回去作傳云：「鳥止於阿，人止於仁。」這是〈大
學〉的引詩，其實也是一種說詩，他們把詩文加以抽象化，來建構成
思想系統，同時也成了詩的解釋。例如〈大學〉的思想就是把孔子
「為此詩者其知道乎」的「道」，加上「知止」的「止」，再加上〈樂
記〉上子夏對魏文侯論「古樂」的思想組織起來的。〈樂記〉云：

魏文侯問於子夏曰：吾端冕而聽古樂則唯恐臥，聽鄭衛之音則
不知倦。敢問古樂之如彼何也？新樂之如此何也？子夏對曰：
今夫古樂，進旅退旅，和正以廣，……始奏以文，復亂以
武，……訊疾以雅，君子於是語，於是道古，修身及家，平均
天下，此古樂之發也。

「修身及家，平均天下」，正是〈大學〉一篇的骨幹，也是漢人《詩

經》學的整個思想系統。這個思想，從樂到詩而至於體系化，當然不是一朝一夕之事，《論語》中我們看不出這個端倪。「以禮樂相示」的「聲教」時代，我們於春秋見之；但春秋時代最多只能從「聲教」發展到「言教」，再就是從交際言語上的引詩，發展到記言合理化的引詩，這已是戰國之儒的盛事！若再進一步，恐怕就到秦漢了。所以看引詩的趨向，我總覺得〈學〉、〈庸〉的思想最少是《孟》、《荀》以後的思想。

又《荀子》〈大略〉篇，子貢問於孔子，謂願息事君、息事親、息於妻子、息於朋友、息於耕，孔子凡五引詩以明其不可息，這分明是一種設辭，為事實所必無，然其所引詩，仍不違合理化原則。

（戊）《左傳》上「君子曰」之引詩

其次是《左傳》「君子曰」的引詩。《左傳》「君子曰」引詩的方式，原則上也是「戰國的」，屬於詩句應用合理化的，但有時還保持著春秋時的斷章特色。例如襄十三年《傳》云：

> 吳侵楚，……戰於庸浦，大敗吳師，獲公子黨。君子以吳為不弔。《詩》曰：「不弔昊天，亂靡有定！」

案：「君子以吳為不弔」是說吳乘楚共王之喪侵楚，這是「不弔」。不論杜《注》如何解釋「不弔」為「不用天道相弔恤」，因此，吳也「不為天道所恤」而致敗，都是跟〈節南山〉的原詩無關的。又如襄十五年《傳》云：

> 君子謂楚於是乎能官人，官人，國之急也，能官人則民無覦心。《詩》云「嗟我懷人，寘彼周行」，能官人也。

案：這裏所謂「能官人」，決然與《周南》〈卷耳〉之詩無關！《荀子》〈解蔽〉篇也引此章而解之云：

> 頃筐易滿也，卷耳易得也，然而不可以貳周行。

雖說《荀子》引此章的觀點和《左傳》的「君子曰」不同，但《荀子》到底是合理化的引詩，所以也可以認為是一種說詩；《左傳》則純然取義「周行」的字面，卻和「懷人」毫不相干，換言之，〈卷耳〉一詩，在這裏是全不受引詩者的干擾的！這是春秋時代和戰國時代引詩方法最大的差別。

《左傳》「君子曰」引詩三十餘篇次中，除上述斷章用法外，大多數可屬於合理化方式，然也有特例，如襄三十年云：

> 君子曰：信其不可不慎乎！澶淵之會，卿不書，不信也。夫諸侯之上卿會而不信，寵名皆棄，不信之不可也如是！《詩》曰「文王陟降，在帝左右」，信之謂也。又曰「淑慎爾止，無載爾偽」，不信之謂也。

案：今〈文王〉詩無下二句，惟〈抑〉之篇則作「淑慎爾止，不愆于儀」，不知《左傳》所據何出。且〈文王〉二句何以便是「信之謂」，也費解；若謂「儀刑文王，萬邦作孚」便是信，則何不逕引卒章？可見本條已頗有櫽栝全詩傾向，這樣的引詩，很像〈中庸〉，這是很值得注意的。又襄十三年云：

> 君子曰：讓，禮之主也，……周之興也，其詩曰「儀刑文王，萬邦作孚」，言刑善也；及其衰也，其詩曰「大夫不均，我從事獨賢」，言不讓也。

這裏引〈文王〉卒章以證「刑善」，尚可勉強空衍過去；至以〈北山〉為不讓，似取義於「我從事獨賢」，則顯然是斷章用法，這樣卻很危險。因為〈北山〉一詩決無不讓的意義存在，相反的，「獨賢」一語，明是承上文「偕偕士子，朝夕從事，王事靡盬，憂我父母」來，故孟子回答咸丘蒙論到此句云「此莫非王事，我獨賢勞也」，其抱怨辛勤勞苦之意，情見乎辭，現在經《左傳》這麼一斷章，便把意思說反了，不是很危險麼？歸納《左傳》「君子曰」的引詩，可相當於如下的三層次：

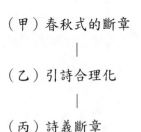

（甲）春秋式的斷章

（乙）引詩合理化

（丙）詩義斷章

這個層次，是引詩方式的演變軌跡，但一部書而兼具三種不同方式，可見其資料之非出一時一人之手，猶之乎「仲尼曰」或「孔子曰」之非一時一人之手一樣。大概《左傳》的「君子曰」和「仲尼曰」及《孟》、《荀》、〈學〉、〈庸〉的「孔子曰」之引詩，有戰國初期資料，有中期資料，有末期資料，凡愈直接干涉到詩義者就愈是後出的東西，這是可以斷言的。

（己）《孟》、《荀》、〈學〉、〈庸〉之引詩

現在言孟子、荀卿之引詩。孟、荀之引詩，不消說，是戰國時代繼承三百篇之用的主流，這個主流可相當於「《左傳》君子曰」引詩法的（乙）類乃至（丙）類，其最大的特色就是詩文引用的合理化。例

如孟子對齊宣王論保四海的引《大雅》〈思齊〉「刑於寡妻，以至於兄弟」云云，論畏天的引《周頌》〈我將〉「畏天之威，于時保之」，論好勇的引《大雅》〈皇矣〉「王赫斯怒，爰整其旅」云云，論好色的引〈緜〉「古公亶父，……爰及姜女」云云，論好貨的引〈公劉〉「迺積迺倉，迺裹餱糧」云云……總之，孟子這類的引詩很多，簡直可當引證個案看；所以他用《大雅》最多。《大雅》首十篇，實際就是周的世系——周的史詩，所以他引得最親切，甚至梁惠王一提到鴻雁麋鹿，他引〈靈臺〉一引就是兩個章，這種引法，是春秋人所絕對不能想像的。這是個案類的引詩。

再就是一般教訓式的引詩，如〈文王〉的「永言配命，自求多福」，〈假樂〉的「不愆不忘，率由舊章」，〈蕩〉的「殷鑒不遠，在夏后之世」，〈桑柔〉的「誰能執熱，逝不以濯」，《小雅》〈大東〉的「周道如底，其直如矢」……等。實則這類詩句，已經像「成語」一樣被普遍使用；如《荀子》這類用法就最多，所以《孟》《荀》若有分別，恐怕就分在這上面，又《墨子》也有這類的句子。

《孟子》引詩共三十餘篇次，《大雅》比數是十六次，《小雅》六次，列國詩才四次，這也可以見其著重史實和個案的傾向。同時也是最能表見孟子的地方。雖然如此，孟子對於《詩》的解釋，有時卻發生問題。例如，〈滕文公〉篇論許行云：

> 《魯頌》曰「戎狄是膺，刑舒是懲」，周公方且膺之，子是之學，亦為不善變矣！

又論楊、墨之「無父無君」云：

> 《詩》曰：「戎狄是膺，荊舒是懲，則莫我敢承！」無父無君，是周公之所膺也。

孟子所引詩，出今〈閟宮〉，此明為魯僖公時詩；「荊舒是懲」也是僖公時（從齊桓公伐楚）事：但孟子硬要把它拉回四百年，拉到周公身上去，所以朱子說是孟子斷章取義。但孟子若真可以如此斷章，那就未免太危險了！不是把時間、人物和事情搞錯能發生什麼危險，而是這種態度或觀念危險。春秋時的斷章，是取詩文中的片語、單詞來當獨立的詞彙使用，在意義上已和原詩隔離，所以這種斷章事實上是一種比喻。至於合理化的引詩，若所引的是史實，那麼觀念就不同了，換個講法，春秋時的斷章，原詩不受干擾，雖引詩卻不發生詩本身的問題；合理化的引詩，若仍斷章（例如〈閟宮〉），則原詩便被歪曲了。歪曲〈閟宮〉這類的詩，因為太具體了，所以朱子還可以用「斷章」來加以曲諒，歪曲的影響不大；倘若歪曲的是抽象的觀念，那就嚴重了。例如〈萬章〉篇，咸丘蒙引〈北山〉的「普天之下，莫非王土；率土之濱，莫非王臣」來提出問題云：

> 舜既為天子矣，敢問瞽瞍之非臣，如何？

案：〈北山〉第二章原詩之意，全在「大夫不均，我從事獨賢」二句上，意謂大家都是王臣，為什麼單單我一個人不得休息呢？這顯然是抱怨待遇不公的詩。但咸丘蒙所提出來發問的卻只是個斷章取義的「莫非王臣」，明明和原詩無關，所以孟子不但不予答覆，他還提出個「說詩者不以文害辭，不以辭害志」的原則來，並引證了《大雅》〈雲漢〉之詩以否定咸丘蒙的斷章法。孟子的話，確是很對的。但有趣的是，他消極方面能判斷咸丘蒙的錯誤，積極方面，到了他用他「以意逆志」的方法來說詩時，問題又來了。例如〈盡心〉篇云：

> 《詩》曰「不素餐兮」，君子之不耕而食何也？孟子曰：君子

居是國也，其君用之則安富尊榮，其子弟從之則孝弟忠信，
「不素餐兮」，孰大於是！

照孟子的解釋，則這些「君子」雖「不耕而食」，但他們能使國君「安
富尊榮」，能使子弟「孝弟忠信」，這就儘夠認為是「不素餐」了！

依孟子的說法，則〈伐檀〉的「志」是什麼呢？是稱美「君子」
呢？是譏諷「君子」呢？可惜公孫丑當日沒有追問下去！而漢、宋學
人於無可如何之餘，就只好想出個「君子不得進仕」（《序》），或「甘
心窮餓而不悔」（《集傳》），來「逆」合孟子的「意」，而詩人的
「志」遂終不得伸了！說詩如此，則合理化的斷章，危險性有多大！

又如〈告子〉篇，孟子之論〈凱風〉和〈小弁〉云：

〈凱風〉，親之過小者也；〈小弁〉，親之過大者也：親之過大
而不怨，是愈疏也；親之過小而怨，是不可磯也；愈疏，不孝
也；不可磯，亦不孝也。孔子曰：舜其至孝矣，五十而慕。

孟子論〈凱風〉，只是個「親之過小」，漢、宋人便說是有子七人而母
猶欲嫁；〈小弁〉，孟子只說個「親之過大」，漢、宋人便說是太子宜
臼既廢而作此詩。這都是受孟子斷章逆志影響的惡果。看孟子批評咸
丘蒙的態度，孟子的出發點是對的。但難處就在解釋上！所以個案引
詩，若用斷章（如孟子之用〈閟宮〉），終容易導致武斷或歪曲詩志的
後果。故自雅樂亡後，戰國之儒，既以合理化的引詩啟干涉原詩之
漸，三百篇的本來面目，便無法保持下去了。

荀子之引詩，原則上大都合於一般教訓一類。其關於個案說詩的
不多，如〈大略〉篇云：

諸侯召其臣，臣不俟駕，顛倒衣裳而走，禮也。故《詩》曰：
「顛之倒之，自公召之。」天子召諸侯，諸侯輦車就馬，禮
也。《詩》曰：「我出我輿，于彼牧矣；自天子所，謂我來
矣。」……〈聘禮〉志曰：幣厚則傷德，財侈則殄禮。《詩》
曰：「物其指矣，唯其偕矣！」不時宜，不敬交，不驩欣，雖
指非禮也。

案：第一例見今《齊詩》〈東方未明〉，原詩在譏「不能辰夜，不夙則
莫（即暮）」。但荀子只論其「顛倒裳衣」之為禮，故與詩意不衝突。
第二例見《小雅》〈出車〉，雖言征伐而荀子卻只論其禮，與上例同
類。第三例見《小雅》〈魚麗〉，其卒章云：「物其有矣，維其時矣」，
即荀子所謂「不時宜，非禮也」，可見荀子所引，皆不違詩意。至於
一般教訓的詩句，如《大雅》〈抑〉之「溫溫恭人，惟德之基」，凡三
見；又同時的「無言不讎，無德不報」，凡二見；此外《曹詩》〈鳲
鳩〉的「淑人君子，其儀不忒，其儀不忒，正是四國」；《大雅》〈常
武〉之「王猶允塞，徐方既來」；《大雅》〈文王有聲〉的「自西自
東，自南自北，無思不服」；《大雅》〈板〉的「价人維藩，大師維
垣」；《小雅》〈楚茨〉的「禮儀卒度，笑語卒獲」；《大雅》〈大明〉的
「明明在下，赫赫在上」；《小雅》〈何人斯〉的「為鬼為蜮，則不可
得」，像這一類的詩句，都是引用不止一次。《荀子》引詩六十餘篇次
中，《大雅》約佔二十一次，《小雅》十九次，列國之詩十二次，
《頌》約為九次。

　　上文於「孔子曰」的引詩曾略論及〈大學〉、〈中庸〉之引詩，已
較孟、荀為更進一步的以儒者思想釋詩，若依照這個方向推衍下去，
三百篇便成為儒術的注腳了，現在引〈中庸〉末章以見其妙。〈中
庸〉云：

《詩》曰「衣錦尚絅」，惡其文之著也。故君子之道，闇然而日章，小人之道，的然而日亡。君子之道，淡而不厭，簡而文，溫而理。知遠之近，知風之自，知微之顯，可以入德矣。《詩》云：「潛雖伏矣，亦孔之昭。」故君子內省不疚，無惡於志。君子之所不可及者，其唯人之所不見乎！《詩》云：「相在爾室，尚不愧於屋漏。」故君子不動而敬，不言而信，《詩》曰：「奏假無言，時靡有爭。」是故君子不賞而民勸，不怒而民威於鈇鉞。《詩》曰：「不顯惟德，百辟其刑之。」是故君子篤恭而天下平。《詩》云：「予懷明德，不大聲以色。」子曰：聲色之於化民，末也。《詩》曰「德輶如毛」，毛猶有倫。「上天之載，無聲無臭」。至矣！

這段短短二百多字的文章中，一共引了八篇詩，而且都是直接引用原文，不取比喻，但其所發揮的卻自為其誠身慎獨的中庸哲學，寫來一點也不著痕跡，這是引詩方法的高峰，而三百篇都可用儒家思想來解釋了。

（庚）《墨子》之引詩

三百篇在戰國，雖僅限於儒者的記言之所引用，但影響所及，遂為立言風尚，即非儒者，亦不能免，例如《墨子》、《呂氏春秋》，也常引詩。墨子是反對儒術的，故其引詩，也同時反映其對於儒家載籍的隔膜。例如〈尚賢〉篇引《大雅》〈桑柔〉云：

《詩》曰：「告女憂卹，誨女予爵，誰能執熱，鮮不用濯。」則此語古者國君諸侯之不可以不執善承嗣輔佐也，譬之猶執熱之有濯，將休其手焉。

案：《墨子》所引詩，今《詩經》作「告爾憂恤，誨爾序爵，誰能執熱，逝不以濯」，文字頗多不同，這都不一定是異文，如末句「鮮不用濯」的「鮮」字就很不好講，都有以見墨子對《詩經》的隔膜。又如〈尚賢下〉云：

> 周頌道之曰：「聖人之德，若天之高，若地之普，其有昭於天下也，若地之固，若山之承，不坼不崩，若日之光，若月之明，與天地同常」，則此言聖人之德，章明博大，埴固以修久也。

案：今《周頌》固無此文，且也決不像頌，倒十分像戰國人的詩（已見前引〈秦策〉、〈趙策〉）。又如〈兼愛〉云：

> 周詩曰：「王道蕩蕩，不偏不黨；王道平平，不黨不偏，其直若矢，其易若底，君子之所履，小人之所視。」

案：本條最可笑，既曰「周詩曰」，而所引前四句卻為今《尚書》〈洪範〉之文，且句子次序也顛倒，下四句出今《小雅》〈大東〉篇，但「底」作「砥」，又無兩「之」字。又〈天志下〉云：

> 於先王之書，大夏之道之然：「帝謂文王，予懷明德，毋大聲以色，……不識不知，順帝之則。」

又〈明鬼〉篇云：

> 《周書》《大雅》有之，《大雅》曰「文王在上，於昭于天」云云。

既曰先王之「書」，而所稱卻為「大夏之道」（即《大雅》）而不曰「詩」，〈明鬼〉篇又《周書》《大雅》連文；這些都充分反映其對於《詩》《書》觀念之渾沌。又〈所染〉篇云：

　　詩曰：「必擇所堪，必謹所堪」者，此之謂也。

又〈非攻〉云：

　　詩曰：「魚水不務，陸將何及乎？」

像這樣的「詩」，都與戰國人的詩同一類型，可見墨子已把春秋、戰國詩的觀念都攪得很亂，這也是儒墨關係間一有趣的現象了。雖然如此，墨子之引詩，仍是趨於合理化一路。

（辛）《呂氏春秋》之引詩

　　《呂氏春秋》於《漢書》〈藝文志〉屬雜家，其引詩也表現得很「雜」：有春秋式的斷章，有戰國的特色，有詩序，有怪誕的傳說，可以反映戰國紊亂的意識。例如〈先己〉篇云：

　　《詩》曰：「執轡如組。」孔子曰：審此言也，可以為天下。子貢曰：何其躁也！孔子曰：非謂其躁也，謂其為之於此，而成文於彼也。聖人組修其身，而成文於天下矣。

又〈求人〉篇云：

　　晉人欲攻鄭，令叔嚮聘焉，視其有人與無人。子產為之詩曰：

「子惠思我，褰裳涉洧；子不我思，豈無他士！」叔嚮歸曰：
鄭有人，子產在也，不可攻也；秦荊近，其詩有異心，不可攻
也。晉人乃輟攻鄭。孔子曰：《詩》云「無競維人」，子產一稱
而鄭國免。

以上二例，所引「孔子曰」，皆屬於戰國之儒的合理化引詩範疇；而
後例故事，卻與昭十六年鄭六卿餞韓宣子事同出一源，《左傳》為子
太叔賦〈褰裳〉，此則謂子產為之詩，語意既不清楚，其引「孔子
曰」也似為《左傳》襄三十一年叔向論「子產有辭，諸侯賴之」之誤
傳，合春秋式的斷章與戰國之儒引詩法於一爐，真不失其為《呂覽》
式的引詩了。又〈報更〉篇云：

宣孟（趙盾）德一士猶活其身，而況德萬人乎！故《詩》曰
「赳赳武夫，公侯干城」，「濟濟多士，文王以寧」。人主胡可
不務哀士？

此條雖也屬合理化的引詩，而甚像《墨子》引詩法。又〈安死〉篇云：

《詩》曰：「不敢暴虎，不敢馮河，人知其一，不知其他」，此
言不知類也。

此條卻甚似《孟》、《荀》。又〈不屈〉篇云：

惠子聞之曰：《詩》曰：「愷悌君子，民之父母。」愷者，大
也；悌者，長也：君子德長且大者，則為民父母。

這已近於漢人的說詩。又〈古樂〉篇云：

> 散宜生曰：「殷可伐也。」文王弗許。周公旦乃作詩曰：「文王在上，於昭于天！周雖舊邦，其命維新。」以繩文王之德。武王即位，以六師伐殷，……乃薦俘馘於京太室，乃命周公為作〈大武〉。

這卻是詩序了。又〈行論〉篇引〈大明〉也可作序看。又〈知分〉篇記晏子引《大雅》〈旱麓〉之卒章以答崔子，仍屬戰國式的引詩。又〈行論〉篇云：

> 詩曰：「將欲毀之，必重累之；將欲踣之，必高舉之。」

又〈愛士〉篇云：

> 此詩之所謂曰：「君君子則正以行其德，君賤人則寬以盡其力」者也。

這都是戰國人所謂「詩」，和三百篇是絕不相干的。至於〈音初〉篇所記《周南》、《召南》和秦音的來源，「〈破斧〉之歌」和「燕燕往飛」的故事，都富於文學想像和傳說的怪誕意味，與〈晉語〉和《韓非子》〈十過〉篇關於「新聲」故事同一性質；惟其論「風」一段，與〈樂記〉有關，似為漢人以「風」為詩類名的來源。

案：《呂覽》一書，既為呂不韋集其賓客之所為，《四部目錄》（編案：即《四庫總目》）稱其「大抵以儒為主，而參以道家、墨家；……而縱橫之術、刑名之說，一無及焉，其持論頗為不苟」，此

特就一般思想言之；若其引詩，則異例雜陳，不一其類，真可說是引詩的雜家。不過這也正是戰國學術的客觀狀態，自不能繩以儒者的尺度了。

四　諫書

綜上所述，可見春秋以前，三百篇只有樂章的用途——專主聲音，不涉文義，故《儀禮》所引「四始」樂章，已不必盡與詩文相表裏，更無論其他散歌散樂了：這是「以禮樂相示」時代的《詩經》，事實上也即等於《樂經》。

到了「言教」興起，公卿大夫交接之際，必「賦詩」以見志，或引詩以足言，「詩」的觀念，才實質地從「樂」分出來。這個時期，詩文雖已用來代替辭令，而義取「斷章」，對原詩本意，仍保持隔離，這是春秋時代用詩方法的特色。

周樂亡後，三百篇既失其原始用途，春秋時代交際辭令的「稱詩見志」，也轉變為戰國時代儒者私家記言之引詩。這個時期，引詩方式，不但已由原始的「斷章」轉為詩文合理化的引用，且有更進一步以引詩為說詩的傾向，尤其以後者實為漢人《詩》說的先河。

案：春秋時代的「斷章」，以詩文為單詞，可說是「點」的引詩；戰國儒者記言的引詩，是章句引用合理化，可說是「線」到「面」的引詩；至於說詩的引詩，用詩不只由面到「體」，並且將詩文有目的、有系統的，作儒術思想的解釋；成為變相的「思想斷章」，至此詩的整體都有被干涉的可能——也就是說，原詩可能被曲解；例如《孟子》部分的說詩，和〈大學〉、〈中庸〉的引詩，都有這個傾向。

以上是從「言教」發生，到秦火以前，四百餘年間，《詩經》從原始禮樂制度分出，進入儒術思想的塑造，所表現不同的面貌。

　　漢興以後，因環境的劇變和漢廷的尚儒，儒術既成為官學，《詩經》乃進入「諫書」時代；這是三百篇之用最後的階段，也是漢儒（乃至宋、明、清以至今日之儒）所憧憬的詩教最高境界。

（甲）諫書的語源

　　「諫書」一詞，也出於漢世，還發生於漢世皇帝的廢置故事上，所以尤具有重大意義。《漢書》〈儒林傳〉「王式」條云：

> 　　王式，字翁思，東平新桃人也。事免中（地名）徐公及許生，式為昌邑王師。昌邑王……廢……，式繫獄，當死。治事使者責問曰：「師何以亡（無）諫書？」式對曰：「臣以《詩》三百五篇朝夕授王，至於忠臣孝子之篇，未嘗不為王反復誦之也；至於危亡失道之君，未嘗不流涕為王深陳之也。臣以三百五篇諫，是以亡諫書。」使者以聞，亦得減死論，歸家，不教授。……諸博士……素聞其賢，共薦式，詔除下為博士。

案：昌邑王是昭帝的繼承人。昭帝崩，無嗣，大將軍霍光奏徵昌邑王賀繼位，乃即位不及一月，即以荒淫無度被廢。王式是昌邑王的《詩經》老師，所以連帶被逮下獄，當死，原因是沒有「諫書」，所以辦案的人責問他說：「師何以亡諫書？」但特別就在這裏：王式只回說他以三百五篇詩諫，所以無諫書，只這麼一個簡單的理由，他不但便可「減死」，並且還可以赦歸，後來還「詔除下為博士」。就這個事實，便足見「《詩》」和「諫書」的關係，在漢廷的意識中，是站著多麼重要的地位了！

　　不過造成漢廷這個意識自然也是漢儒的成績。案：秦火以後，惟《詩》之傳，最為完整。〈藝文志〉云：「《詩》三百五篇，遭秦而全

者，以其諷誦不獨在竹帛也。」且自秦火至漢興，中間不過二十年。《史記》〈儒林傳〉稱高帝過魯，申公即已以弟子身分從師入謁於魯南宮，自是以至漢武帝立五經博士，《詩》始終沒有和漢廷絕過緣。即使從文、景之治起算，到王式下獄，漢廷受三家《詩》說的薰陶，最少也已有了一百年的歷史；這一百年間，不用說，正是《詩經》的「諫書」思想最好的醞釀階段。這一百年間，《魯詩》最突出的人物，前後有申公、楚元王，孔安國、司馬遷、王式；《齊詩》有轅固生、董仲舒；《韓詩》有韓嬰等，三家不下數十百人，都是在政教地位最有影響力的人物。宣帝以後，至於東都之末二百年間，《魯詩》更有劉向、王符、王逸、蔡邕、徐幹、高誘；《齊詩》有蕭望之、匡衡、桓寬、班固；《韓詩》有薛漢、鄭玄等，總之，亙兩漢四百年間，一直是三家並行時代，是到了魏、晉以後，毛、鄭才逐漸代替了三家，到了隋唐，才真是毛鄭的天下。

毛鄭之學，雖與三家大有出入，例如：《詩譜》的世次，與其所謂正、變、美、刺的標準，甚至三百篇所以發生的觀念之懸殊等等；但其不外以「諫書」思想為歸，則是一致的！

所以《詩經》到了漢代，已經沒有詩人自由的意志，卻成了漢儒有組織的集體思想了。孟子主張「以意逆志」，但漢人所「逆」的「志」，就是漢儒清一色的「諫書」思想！

不過這也是環境使然。

（乙）諫書思想的醞釀

孔子的時代是個東周環境，周室雖衰，禮樂猶存，無詩可說，孔子自然只好拿〈駉〉來作象徵的斷章。孟子的時候，還有「王道」可以假設，詩還有辭令上的邊際價值可以利用，所以孟子才拿周的世系詩來作個案的引證。司馬遷說孟子「序《詩》《書》，述仲尼之意」，其

實孟子才不序《詩》《書》呢！其述仲尼之意，也正像他的「以意逆志」來逆詩志一樣。荀子的時代又不同了，那是個最表露人性醜惡方面的時代，所以戰國根本沒有詩（《戰國策》沒有詩）！而荀子所引周代之詩，也就偏重教導作用。

漢儒說《詩》，在淵源上，可能於荀卿為近。《漢書》〈楚元王傳〉：「王⋯⋯少時嘗與魯穆生、白生、申公俱受《詩》於浮邱伯，伯者，孫卿門人也。」劉向校錄《孫卿書》，亦云「浮邱伯受業於孫卿，為名儒」。是申公之學出自荀卿。這是《魯詩》之學。

陸璣《毛詩草木疏》云：「孔子刪《詩》授卜商，卜商為之序以授魯人曾申，申授魏人李克，克授魯人孟仲子，孟仲子授根牟子，根牟子授趙人荀卿。」唐陸德明《經典釋文》〈序錄〉載徐整述《毛詩》之傳「一云」即引陸璣之說，故清人汪中據以證《毛詩》之傳也出荀卿。陸璣為漢末人，所言授受，是否可靠，陸德明已有存疑之意，茲姑置不論；但「諫書」思想之與荀卿之傳有關，自也非無可能。

話雖如此，漢儒「諫書」思想最直接的酵素，仍在於炎漢大一統的局面所給予漢儒的憧憬。他們要藉六藝的思想系統來塑造一個漢世的堯舜時代，《詩》自然是最重要的一環。這是前此二千年所沒有過的環境！夏商是個未成形的時代，那時儒也還未起來；周確乎很像了，但東周的走下坡，連孔子自己都已無能為力；戰國是無望的——所以孟子也只能作個唯心論的政論家（孟子的求放心和操存哲學和養氣功夫都是他的心學），連最崇信他、也最具野心和熱心的齊宣王、梁惠王都不免「以為迂遠而闊於事情」。秦的一統，倒是儒者的好對象，偏偏秦始皇對儒的成見那麼深——當然也是李斯搞出來的——所以造成了一段《詩》的真空時代。現在漢興起來了，這才道道地地是個「普天之下，莫非王土；率土之濱，莫非王臣」的真時代！拿這個時代來作漢儒「大學」理想的實驗場合，還有一個環境比這個更教人

見獵心喜的麼？所以三家之士，一直跟踪著這個憧憬至於四百年之久！而鄭玄以《魯》、《韓詩》的內行人改治《毛詩》，自然更欲罷不能了，試看鄭氏的《詩譜》，又是何等的神氣！

不用說，到這個階段，漢儒的想法是成功了：最少《三家詩》說已經成為兩漢部分經傳、部分史傳、和漢魏晉數十百部私人著作主要思想的一部分；而最少《毛詩》《序》、《傳》和鄭氏《詩箋》、鄭氏《詩譜》也都寫出來了：這都是漢儒「諫書」思想所建構起來的《詩經》學。自從有了這個《詩經》學，三百篇也就再不容易見到本來面目了。

（丙）諫書思想的建構

現在讓我們來研究一下「諫書」思想的問題。諷諫觀念，雖也可視為《詩》的氣質之一，但總是「變」而非「常」，是後起而非本始的。所以鄭玄的「正變」之說，觀念上不錯，問題是在解釋上（鄭氏硬性照世代分類最要不得。真正出於諷諫之詩，當然是變詩；但變詩不必都屬於諷諫。諷諫並不是詩人必要的要求。所以三百篇中真正出於諷諫之詩也不多。例如：

(1)《大雅》〈民勞〉云：「王欲玉女，是用大諫。」
(2)《大雅》〈板〉云：「猶之未遠，是用大諫。」
(3)《小雅》〈節南山〉云：「家父作誦，以究王訩，式訛爾心，以畜萬邦。」
(4)《小雅》〈何人斯〉云：「作此好歌，以極反側。」
(5)《魏詩》〈葛屨〉云：「維是褊心，是以為刺。」
(6)《陳詩》〈墓門〉云：「夫也不良，歌以訊之，訊予不顧，顛倒思予！」

這些詩，除了（1）（2）已明用「諫」字，（5）用「刺」字外，其
（3）「以究王訩」句，《集傳》云「以窮究王政昏亂之所由也」，故解
下文「式訛爾心」二句云：「冀其改心易慮，以畜萬邦也。」可見此
詩有諫諍之意。（4）「以極反側」句，《箋》云「反側，不正直也」；
「極」字無註。案：「極」即（3）「以究王訩」的「究」，全句意也相
似。（6）毛云：「訊，告也。」詩意本文自明，無須解釋。

　　以上這些例子都是顯明的諷諫詩。其實諷諫也可分二類：諷消極
而諫積極，故上文六例皆可屬於後者。至於諷詩，如《大雅》〈桑
柔〉云：

　　　　雖曰匪予，既作爾歌。

《箋》云：「女雖抵距已言此政非我所為，我已作女所行之歌，女當
受而改悔。」所謂「改悔」，語雖為康成所加，但詩人也可能有此微
諷之意。又《小雅》〈四月〉云：

　　　　君子作歌，維以告哀。

也可以說是消極的諷詩。《小雅》這一類的詩倒很多，所以《荀子》
〈大略〉篇云：

　　　　《小雅》不以（用也）於汙上自引而居下，疾今之政，以思往
　　　　者，其言有文焉，其聲有哀焉。

這話顯然是淮南王〈離騷傳〉「《小雅》怨悱而不亂」一語之所祖。其
實魯襄公二十九年季札觀周樂時已提到這一點。《左傳》文云：

> 為之歌《小雅》。曰：美哉，思而不貳，怨而不言，其周德之
> 衰乎！

這類的詩，照漢人的想法，即屬於《國語》所謂「獻詩」一類。〈周
語〉載屬王虐，國人謗王，王怒，得衛巫使監謗者，邵公曰：

> 天子聽政，使公卿至於列士獻詩，瞽獻曲，史獻書，師箴，瞍
> 賦，矇誦，百工諫，庶人傳語，近臣盡規，親戚補察，瞽史教
> 誨，耆艾修之，而後王斟酌焉。

這裏是「公卿至於列士獻詩」。《左傳》也有類似的說法，如襄十四年
晉侯曰：衛人出其君，不亦甚乎？師曠對曰：

> 自王以下，各有父兄子弟以補察其政：史為書，瞽為詩，工誦
> 箴諫，大夫規誨，士傳言，庶人謗，商旅於市，百工獻藝：故
> 《夏書》曰：遒人以木鐸徇於路，官師相規，工執藝事以諫，
> 正月孟春，於是乎有諫失常也。天之愛民甚矣，豈其使一人肆
> 於民上！⋯⋯

文中「瞽為詩」的「為」字頗不明白，但若相當於《國語》的「瞽獻
曲」，那麼，「為詩」也可能是「歌詩」的意思。我們比較這兩段談
話，其中人物、項目雖參差不齊，但其為傳布有組織的「諷諫」思想
則一。前者所描繪的，可能是指天子內外廷的諷諫作用；後者最少須
是個公侯之國的整個組織。像這種「諷諫」關係，若真當為事實來推
行，前者倒有點像《史記》〈滑稽列傳〉的故事，後者則根本就沒有
可能！韓非把仁義比方為嬰兒的「塵飯塗羹，可以戲而不可以食」

（〈外儲說〉），但我倒覺得《國語》、《左傳》那個諷諫思想體系，纔真的是「塵飯塗羹」，只是一種天真思想的「烏托邦」，沒有真實性。

所以這些稱述，即使不是《國語》、《左傳》作者借邵公、師曠的身分來發揮其「浮誇」之文；也必是邵公、師曠個人的幻想，絕不會是古代發生過的史實！況且，邵公的話是針對周厲王的監謗政策而發；師曠則是借衛人出其君之事，來乘機向晉侯進其「豈其使一人肆於民上」的警告，兩者都發生於變態的局面，儒者卻會嚴氣正性的拿來當一般正常的方法來宣傳，這是漢儒「諫書」思想的根苗。所以《國語》、《左傳》所謂誰獻什麼，誰做什麼，都不過是漢儒（或戰國之儒）思想的具象化，或欲使三百篇的用法理想化而已。又如《大雅》〈抑〉之篇，〈楚語〉也有一段來歷云：

> 左史倚相曰：「……昔衛武公年數九十五矣，猶箴儆於國曰：『自卿以下，至于師長士，苟在朝者，無謂我老耄而舍我，必恭恪於朝，朝夕以交戒我；……。』在輿有旅賁之規，位宁有官師之典，倚几有誦訓之諫，居寢有褻御之箴，臨事有瞽史之導，宴居有師工之誦，史不失書，矇不失誦，以訓御之，於是作〈懿戒〉以自儆也。及其沒也，謂之睿聖武公。」

漢人認為文中的〈懿戒〉就是指《大雅》〈抑〉之篇，而《詩序》乃以為「刺厲王亦以自警」，充分表露漢人牽扯附會的心理。其實此詩若真出於衛武公自警之作，倒還有幾分道理，若說「刺」厲王便沒有多少真實價值了。話雖如此，但漢人最大的興趣卻就在「刺」上！據近人的統計，「美刺詩占《風》、《雅》詩全數的百分之五十九」，「美」詩才二十八篇，而「刺」詩便有一百二十九篇，《毛詩》的數字如此；若照三家的態度，比率的差額一定還要大——也就是說，三

家的「諫書」思想，比毛鄭還要徹底！茲以〈關雎〉一詩為例以見其端。

（丁）〈關雎〉諫書素質的構成

就詩論詩，〈關雎〉雖然是一篇有關婚姻之詩，卻很不像原始的製作（《二南》中惟〈桃夭〉、〈鵲巢〉可信為昏禮製作）。在《儀禮》中，它是〈鄉射禮〉唯一的正樂的首章。依一般正常樂次，典禮的第一樂節是「升歌」，但〈關雎〉在〈鄉射〉中仍是「合樂」，跟〈鄉飲酒禮〉和〈燕禮〉的樂次一樣，這是什麼道理呢？鄭玄把「不歌、不笙、不間，志在射，略於樂也」來作勉強的解釋，實在也是比照〈鄉飲〉和〈燕禮〉說的。〈關雎〉明明被稱為「四始」之一：我們知道〈清廟〉是祭祀的升歌，因為它是祭祀的樂章；〈文王〉為視朝時的升歌，因為它是視朝的樂章；〈鹿鳴〉是〈燕禮〉的升歌，因為它是〈燕禮〉的樂章；但〈關雎〉是什麼禮的樂章呢？除了〈鄉射〉、〈鄉飲酒〉和〈燕禮〉的「合樂」外，它所表達的是什麼樂章呢？凡正樂都是為禮製作，但〈關雎〉能為〈鄉射〉、〈鄉飲酒〉和〈燕禮〉而製作嗎？當然不能（雖則〈燕禮〉、〈鄉飲酒〉、〈鄉射禮〉於《周官》五禮都屬嘉禮）！然則〈關雎〉是什麼樂呢？

本來這問題也不難解答，因為它實在也不必專為什麼而製作，它根本就只是散樂之一，其本始並非正歌。只因孔子曾一再欣賞過它的樂音，才使漢儒傷透了腦筋，雖虧鄭玄從〈燕禮〉最末一句抓住個不著邊際的「房中之樂」，但，豈不依然是個變相的「無算樂」？所以鄭玄的說法，實質上仍沒有解決〈關雎〉的問題。何況鄭玄出來的時候，〈關雎〉的問題，就已存在四百年了。

所以〈關雎〉和樂章的關係，實在是一個矛盾的存在。〈關雎〉詩文，根本不適宜於典禮的正歌；所以〈大學〉論到齊家與治國關係

時，寧可引證〈桃夭〉，因為「宜其家人，而后可以教國人」！這是〈桃夭〉在典禮上的意義。至於〈關雎〉就不同了。〈關雎〉一詩的特色是在二章三章，今乃列于「正歌」，則二章三章也就是問題的所在。三家之儒，恐怕也正是在這上面發動了「諫書」的靈感，於是《史記》〈外戚世家〉云：

> 自古受命帝王及繼體守文之君，非獨內德茂也，蓋亦有外戚之助焉。夏之興也以塗山，而桀之亡也以妹喜；殷之興也以有娀，紂之殺也嬖妲己；周之興也以姜原及大任，而幽王之禽也，淫於褒姒。……故《詩》始〈關雎〉，……。夫婦之際，人道之大倫也。

這段文字乍看好像沒有問題，但要注意，這裏所列舉的全是君王最好和最壞的對象，而〈關雎〉正代表這類對象的未知數，也許好，也許壞，也許是塗山，也許是褒姒，誰知道呢？所以漢儒說，這裏面有問題！我們也許會很天真的問：首章不已明說「窈窕淑女，君子好逑」了嗎？「淑女」和「好逑」，不都很「好」嗎？而且從「寤寐求之」到「鍾鼓樂之」，那個追求的過程，不也是很正常嗎？有什麼不好？但漢儒說，就是因為太正常，所以有問題！儘管追求者是「君子」，所追者是「淑女」，但追求而至於「寤寐思服」，思服而至於「輾轉反側」，這就得當心。〈中庸〉曰：「知遠之近，知風之自，知微之顯，可與入德矣！」別看〈關雎〉寫得那樣好，可是太刻劃入理了！裏面就有諷諫的成分！劉向便是根據這個（〈中庸〉）哲學來寫《列女傳》的。其實，劉向那裏是在寫《列女傳》，他是在說《詩》，他要說〈關雎〉；他用〈外戚世家〉的底子，稍稍變換點首尾云：

> 自古聖王必正妃（配）匹，妃匹正則興，不正則亂。……周之
> 康王夫人晏出朝，〈關雎〉豫見，思得淑女，以配君子……。

康王晏出朝事，不知出於何典。《史記》〈十二諸侯年表〉也涉及〈關
雎〉云：

> 周道缺，詩人本之衽席，〈關雎〉作。

〈儒林傳敍〉也說：「周室衰而〈關雎〉作。」但這裏都沒有提及康
王。案：〈周本紀〉記康王在位始末云：

> 康王即位，徧告諸侯。……成康之際，天下安寧，刑錯四十餘
> 年不用。

成王在位三十七年，康王二十六年，二王在位總年數是六十三年，而
「成康之際」刑錯就已「四十餘年」，西周之盛，無逾於此，可是上
面所謂「周道缺」、「周室衰」當然不會是周康王時代。但劉向既欲使
〈關雎〉成為諫詩，又不敢把《二南》擺到康王以後，就只好硬說是
康王晏出朝了。王晏出朝，罪首自然是夫人，因此不但「〈關雎〉豫
見」，接著還是個「思得淑女以配君子」！這個邏輯雖然不好懂，但
知微之顯的哲學，究竟是使〈關雎〉成了諫詩了！有了這個起頭，於
是熱心的漢人都來了。《漢書》〈杜欽傳〉：

> 欽上疏曰：「是以佩玉晏鳴，〈關雎〉歎之：知好色之伐性短
> 年，離制度之生無厭，天下將蒙化，陵夷而成俗也，故詠淑
> 女，冀以配上仁孝之篤，仁厚之作也。」

李奇曰：

> 后夫人，雞鳴佩玉去君所，周康王后不然，故詩人歌而傷之。

應邵《風俗通義》云：

> 昔周康王一旦晏起，詩人以為深刺。

《後漢書》〈楊賜傳〉：

> 康王一朝晏起，〈關雎〉見幾而作。

又袁宏《後漢紀》楊賜上書曰：

> 昔周康王承文王之盛，一朝晏起，夫人不鳴璜，宮門不擊柝，〈關雎〉之人，見幾而作。

最妙的是張超〈誚青衣賦〉云：

> 周漸將衰，康王晏起，畢公喟然，深思古道，感彼關雎，性不雙侶，願得周公，配以窈窕，防微消漸，諷喻君父，孔氏大之，列冠篇首。

張文於康王之外，又拉進個畢公來，這還無關宏恉，不去管他。最妙是「感彼關雎」的「關雎」，雖不知是指詩還是指鳥，而「願得周公，配以窈窕」，尤不知所云，但他究竟要歸結出個「防微消漸，諷

喻君父」的主題來：這是漢人的思路，會不得此意，便懂不得漢人的
《詩經》學！故《春秋緯》云「人主不正，應門失守，故歌〈關雎〉
以感之」，這就是所謂「願得周公，配以窈窕」吧？

上面康王晏起而〈關雎〉作的《魯詩》說，到了《齊詩》（如上引
《春秋緯》說）和《韓詩》，又成了汎稱了。《後漢書》〈明帝紀〉
云：

> 應門失守，〈關雎〉刺世。

又《後漢書》馮衍〈顯志賦〉云：

> 美〈關雎〉之識微兮，愍王道之將崩。

又《韓詩章句》云：

> 故人君退朝，入於私宮，后妃御見，去留有度，應門擊柝，鼓
> 人上堂，退反晏處，體安志明。今時大人，內傾於色，賢人見
> 其萌，故詠〈關雎〉、說淑女、正容儀以刺時。

《魯詩》所刺的是康王，《齊詩》只汎指人主，到了《韓詩》，卻又成
為刺時了。說法儘管不同，但以〈關雎〉為刺詩，則三家是一致的。

〈關雎〉可為刺詩，於是無詩不可為刺詩，三百篇自然都可作
「諫書」了。故《淮南子》又直以《詩》為衰世之作。〈氾論訓〉云：

> 王道缺而《詩》作，周室廢、禮義壞而《春秋》作。《詩》、
> 《春秋》，學之美者也，皆衰世之造也。

而王充《論衡》的〈謝短〉篇也說：

> 《詩》家曰：……周衰而《詩》作，蓋康王時也。康王之德缺
> 於房，大臣刺晏，故《詩》作。

淮南以《詩》為「衰世之造」，顯然把三百篇都作「諫書」看；而王充之引「《詩》家曰」，尤足以反映三百篇之為「諫書」，乃兩漢儒者一般的意識了。

三家之學，魯最早顯，《魯詩》之傳，原出荀卿，荀卿引詩，最近於客觀合理化，故於戰國之儒，也最近古；乃自荀卿至漢武才百許年，至元成之際也不過二百年，而三百篇已面目全非，一葉知秋，〈關雎〉可為最好抽樣。至於《史記》〈十二諸侯年表〉所謂「仁義陵遲，〈鹿鳴〉刺焉」，既為勢所必至，而蔡邕《琴操》述〈鹿鳴〉所以刺的理由，根本就無足觀了！

至於毛鄭，於三家雖多異義：如以〈關雎〉為美后妃之德，以《二南》為正風，以《大雅》〈卷阿〉以上十八篇，《小雅》〈菁菁者莪〉以上十六篇皆為西周盛世之詩，一反三家「衰世之造」的說法，都是最顯著的地方；但其以三百篇為「諫書」的基本觀念，和其曲解詩文以就主觀意向的方法，則是與三家毫無二致的。

《詩經》的復始問題
（《詩經今論》卷二）

目錄

（13）歌謠表現法之最重要者

（14）古代的歌謠與舞蹈

五、起興問題

（15）起興

（16）關於興詩的意見

（17）六義

（18）關於詩的起興

六、《詩》解舉例

（1）《邶風》〈靜女〉

（2）《召南》〈野有死麕〉

（3）《召南》〈小星〉

（4）《鄭風》〈野有蔓草〉

（5）其他

本文提要[*]

　　《詩經》在春秋以前可分為兩大類：（一）是「正歌」，即典禮的主要節次之所歌。（二）是散樂，即燕飲時的「無算樂」，又「房中樂」，或國子之所弦歌。前者是專為禮儀製作的樂章，內容與儀式相表裏；後者是采錄入樂的詩歌，與禮節無直接關係，其來源則為：（1）詩人吟咏之作，（2）民間歌謠。這個分類（即「正歌」和「無算樂」），可以說明將近二百篇漢人所謂「《變風》《變雅》」──尤其是宋儒所稱為「淫詩」的三十多篇《國風》──之所以能夠和百多篇「《詩》之正經」收集在一起成為《詩經》原始底本的原因。因為漢人所謂《變詩》實際上即古代「無算樂」之所歌，既與禮節無直接關係，自不能用典禮的尺度來加以衡量。周樂亡後，樂歌失其原始用途，漢人對於詩文既只能從辭義上求解釋，又欲使三百五篇詩皆可為「諫書」，於是不得不附會「正、變、美、刺」之曲說，以求合於漢儒的義理思想，而三百篇的原始面目都被掩埋了。宋、清學人對於漢儒的附會──如《詩序》，《詩》世次，《詩》的故實等，雖也頗有爭持（例如朱子、崔述），然其在「諫書」思想的基本觀念上，仍然寧願與漢儒站著同一的立場；因此，今日研究《詩經》，若非從漢、宋、清學解放出來以復於春秋以前之古，而欲期其獲得真相，那是不可能的。民國初期，由於新文化運動的激盪，像其他的古史問題一樣，《詩經》的復古解放問題也曾被熱烈討論，雖當日的主要觀念不夠鮮明，但在方法上確也曾經就禮樂觀點來尋求問題的客觀解釋。所

---

[*] 〔編案〕此提要原係何定生獲國家長期發展科學委員會54學年度研究補助費（人文及社會科學甲種）之研究報告摘要，除收錄於《詩經今論》卷二外，又刊載於《國家長期發展科學委員會年報》（臺北：國家長期發展科學委員會，1966年6月），頁135-136。

以留下來不下三十萬字的幾十篇論文，仍然不失其為「啟明期」重要文獻的意義與價值，為二千年來《詩經》問題一次徹底的總提出。

本編的目的，即在於將前述的討論作重點的「文摘」，並加以批評，尤寄意於新解題的問題（如本編最後部份的「《詩》解舉例」），來提供今後研究《詩經》的新方向和實例。

序論

　　《詩經》在春秋以前，原只是典禮上的樂章，用途始終離不了禮樂，這是可徵之於《儀禮》、《周禮》、《禮記》、《左傳》、《國語》而若合符節的（儘管《三禮》是後出之書）。故就禮樂的觀點看來，《詩經》可分為兩大類：（一）正歌正樂，即典禮上主要的節次（如祭祀和饗禮）之所歌。（二）散歌散樂，如燕飲時的，「無算樂」，或「房中樂」，矇瞍常樂，或國子之所弦歌。前者是專為典禮製作的樂章，內容與禮儀相表裏；後者是采錄入樂的詩歌，與儀節原無直接關係。這類詩歌的來源有二：（1）出於詩人吟咏之作。（2）民間歌謠。這是《詩經》的原始分類。從這個分類，可以解釋三百篇中為什麼有那麼多無關禮節的詩篇（可相當於漢人所謂《變詩》）的原因——尤其所謂「淫詩」的問題——因為這不過是「無算樂」一類的散歌散樂，既不關儀節，但取娛賓，如今日的餘興節目一樣，自不能用禮儀的尺度來加以衡量：這是散歌散樂的用途，也是詩人吟詠和民間歌謠所以能采錄入樂的理由。周樂亡後，樂章失其憑藉，漢人對於原來用於「無算樂」的詩篇，既無法獲得義理上的根據，乃不得不用所謂「正、變」的曲說，來虛衍詩文，以附會其「修身及家，平均天下」的思想系統（其實這個思想體系也是漢人所創造），而三百篇的真面目大半被掩埋了。這是《詩經》發生問題的基因。宋、清學人，對於漢人的說法，雖曾有過若干澄清工作，如鄭樵、朱子之於《詩序》，朱子之於《詩》世次和「淫詩」，程大昌之於《國風》、《二南》，姚際恆、崔述之於《詩》木事，魏源、馬瑞辰之於《詩》樂關係等；但一涉及義理（事實上亦無不涉及義理者）問題，即又擺脫不了漢儒思想的陰霾。故二千年來，儘管文字、訓詁之學由《爾雅》、《說文》發展到

戴、段、二王，而其有助於三百篇之本始解釋者仍不多；而朱子說
《詩》之通達近情，馬瑞辰、魏源論樂之親切得間，姚際恆，方玉潤
之欲超越漢、宋門戶，乃至最突出如崔述謹嚴物觀之近於科學精神，
但這些成績的綜合意義之與漢人的固蔽間，也不過五十步之與百步而
已。換言之，二千年來《詩經》學的流變，無論宋人如何優於漢人、
清人又如何優於宋人（胡適說），但在基本觀念上他們實在是一鼻孔
出氣的，都是埋沒《詩經》的原始面目的。故吾人今日而果欲尋求三
百篇的本真，第一步工作，終非從漢、宋、清學，乃至戰國之儒如
孟、荀、〈學〉、〈庸〉之學解放出來，以復於春秋以前之古不可！蓋
三百篇必須回到春秋以前之古而後可覘其本始地位 —— 例如禮樂上的
原始用法 ——，而詩人之意，乃可從原始的解釋得解放。這是我們研
究《詩經》最終的目標，也就是在文字、聲音、訓詁、名物、制度、
故實等問題之外所必須尋求的解答。

　　民國初年，由於「新文化運動」的激盪，從十年代到三十年代的
十餘年間，曾經掀起過一陣關於《詩經》問題的討論熱潮，那正是一
個朝著復古解放方向走的運動。這個熱流，原為古史問題所引起，而
古史問題之產生，則完全由於辨偽工作發其端，說也有趣，事情似乎
純然出於偶然。

　　事實是這樣的：當民九年的冬天，胡適在養病中寫信給顧頡剛詢
問有關姚際恆《九經通論》版本事。顧氏是胡氏在北大時的學生，精
於目錄、版本之學，因此胡氏拿這事來問他。胡氏並且叫他將姚氏的
《古今偽書考》標點印行。此書顧氏在民三年就已用過功，並曾做了
一篇〈跋〉，那時他還是北大本科一年生，胡氏還未歸國呢。為了標
點偽書，顧氏又把計劃擴大為《辨偽叢刊》，因此又由姚際恆轉到了
崔東壁遺書的搜求，這是胡顧師弟民九民十年間主要的工作。這時又
加入了一位北大教授的錢玄同。接著，顧氏又著手於鄭樵《詩辨妄》

的輯佚工作，他從《浹漈遺稿》和《莆田縣志》中鈎稽了好些資料，將《宋史》三百餘字的鄭樵本傳的內容擴展到萬字上下，把《詩辨妄》和鄭樵的《詩》學和《六經奧論》中的《詩經》，都從《通志》和《遺稿》中輯了出來，工作至此事實上已進入了《詩經》問題的本身。顧氏又因為過去曾因病中研究歌謠和吳歌以為消遣，發見歌謠與《詩經》的樂歌關係，以故對於《詩經》的看法有了新的觀念。

到了民十二年，顧氏在上海，為商務印書館編輯歷史課本，因《小說月報》編輯鄭振鐸的要求，在《小說月報》上連續發表其〈詩經的厄運與幸運〉的長文，這是新文化運動以來有關《詩經》問題第一篇最具爆炸性的文字。這篇文在《小說月報》上連續發表了三個月號，寫了二萬幾千字，從春秋時期寫到了孟子就停了下來，後來也沒有再接下去，所以到了編入《古史辨》的時候，才又改署了「詩經在春秋戰國間的地位」的今題。雖然如此，但這二萬多字的文章，在實質上也就已經提供了攻擊漢人的《詩經》學一個全面性的戰略了。

不用說，這是作者以一個現代歷史學者的態度和方法來寫的文章，所以此文的發表，使大家的意識為之一新。於是對於詩文的再估價很自然的便成為一時的新風氣，例如《國風》中若干詩篇像〈野有死麕〉、〈碩人〉、〈靜女〉、〈褰裳〉、〈雞鳴〉、〈卷耳〉、〈小星〉、〈行露〉、〈谷風〉、〈柏舟〉等的討論都是大家最感興趣的事。其中尤以〈靜女〉一詩的討論最為突出：為了詩中的「彤管」和「荑」的關係，董作賓氏還作了一個「茅的家譜」來證明其必為一物。為了這首短短的三章十二行詩，討論竟達兩萬字上下，也足見大家趣味之濃了。

這個時期，對於《詩經》問題作一般提出的還有胡適氏的〈談談詩經〉一文。此文原是民十四年九月氏在武昌大學的演講紀錄，長約四千餘字，曾刊登於《晨報》的「藝林旬刊」上。六年後——即民國二十年九月，又由胡氏修改過，收入《古史辨》第三冊。

　　胡文的重點是：（一）謂《詩經》沒有楚風，《二南》就是楚風。
（二）謂二千年來的《詩經》研究，一代比一代高明。（三）用社會
學的觀念釋《詩》。（四）強調文法觀念。他將辛亥年在美國用文言寫
的〈三百篇言字解〉的「言」字重新在這裏提出來，又提出個「于」
字和「維」字來作文法研究的例證。至於用社會學的眼光來說
《詩》，如引《老殘遊記》來證明《召南》〈小星〉之篇是描寫妓女生
活，卻招來北大某教授的反響。平心而論，前人把〈小星〉一詩牽引
到女人身上去，已附會得可笑，何況說是妓女？胡氏顯然仍擺脫不了
鄭玄的影響（諸妾抱衾帳進御於君），想替鄭玄找個合理的解釋，所
以才有此失。但姚際恆就直斥鄭為「邪說」，真不愧為姚際恆！胡氏
是很推崇姚氏的人，卻仍不免把姚氏的意見輕輕放過，可見單憑一個
新觀念來說《詩》仍然是不夠。

　　論到《詩經》的成書問題的，有顧氏的〈詩經的輯集〉和張壽林
的〈詩經是不是孔子所刪定的〉二篇。專論《商頌》的有俞平伯的
〈論商頌年代〉；說《二南》的有陳槃的〈周南召南與文王之化〉。張
文和俞文，都是舊事重提，無甚新的見解；顧文證據薄弱，惟陳文較
近事實。

　　關於《詩序》的問題有鄭振鐸的〈讀毛序〉一文，不用說這是一
篇專為攻擊《詩序》而作的文章。此文在觀點上自然是與顧氏的反漢
人態度一致的，其中有一部份材料還是顧先生所供給，可惜文筆軟
弱，論證常不能切中肯綮，雖文長不下萬言，還遠不如顧先生的〈毛
詩序之背景與旨趣〉一文（不過千言）的精警切要。

　　論《詩》專著引起討論的，有顧氏的〈重刻詩疑序〉和何定生的
〈關于詩經通論〉二文。顧文對於王柏的價值，雖有意加以渲染，但
若僅就其黜「淫詩」一事而論，則也不過朱子之緒餘，無甚新意，所
不同者，朱子存「淫詩」，而王柏則欲放之而已。故《詩疑》一書若

果真有價值，仍當在其讀《詩》的態度和方法上；顧文對於此點，頗有詳盡的發揮；又對於王柏的功罪，也有持平之論。

何定生的〈關于詩經通論〉一文，乃屬急就之作。那時他在國立中山大學一年級，是顧氏的學生。在當時的讀《詩》風氣下，顧氏把姚際恆的《詩經通論》介紹給他（此書是因胡、顧二氏的提倡才被注意的），還叫他寫批評，結果便是這篇文了。此文專就姚氏的反朱及辨偽的獨特精神作重點的提出，但發揮仍嫌不夠。其論朱晦庵之反《序》原委反佔頗重篇幅，不無喧賓奪主之嫌。又論姚氏見解不比朱晦庵高明處，所引例證，亦嫌不足。

歌謠與《詩經》的關係，也是此次討論中一重要的主題。主要論文有顧先生的〈從詩經整理出歌謠的意見〉和〈論詩經所錄全為樂歌〉二文。前者大意可分兩點：（一）風、雅、頌之分在聲音而不在意義。（二）《詩經》裏面的歌謠，都已成了樂章，不是歌謠的本相，其往復重踏處乃樂工所申述。這文發表後，因為有魏建功的〈歌謠表現法之最要緊者──重奏復沓〉一文持相反意見，顧氏為答復魏文，兼論程大昌、顧炎武謂《詩經》中有部份為徒歌之說，才寫了〈論詩經所錄全為樂歌〉那篇一萬五千字的長文。該文討論歌謠部分，都是以後世的歌謠形式來證《詩經》，所以證驗價值不高。其用《左傳》、《國語》所載的徒歌形式來反證《詩經》之為樂歌，及從《詩經》的形式來判斷其成為樂歌的痕跡二點，也只有部份的理由，而且還有解釋上的問題，所以論據並不強固。至於末段反駁程大昌、顧炎武的地方，頗多精到見解；惟其論歌誦之分，仍有問題。

魏建功的〈歌謠表現法之最要緊者──重奏復沓〉一文，乃針對顧文的「《詩經》中的歌謠皆為已成樂章的歌謠」一點而發。其主要觀念是：歌謠的重奏復沓，是詩人內心的要求，非他人所能強為申述，並引用《鄘》〈柏舟〉、〈牆茨〉、〈桑中〉、〈鵲巢〉、〈甘棠〉等

詩，以證其復沓處都是有意義的變化，並非純在聲音。案：此問題尚有曲折，另詳正文案語中，茲不復贅。

魏文之外，又有張天廬的〈古代的歌謠與舞蹈〉一篇，也是為批評顧文而發。它的主要觀念是：歌謠的迴環復沓與舞蹈的節奏有關，《詩經》中復沓的篇章，皆有其情緒上的要求，非職業樂工所能鋪張，且《詩經》時代樂器簡陋，音樂幼稚，樂工無製譜可能云。

詩的起興也是一個相當被注意的問題。討論這個問題的文字有：顧頡剛的〈起興〉，朱自清的〈關于興詩的意見〉、劉大白的〈六義〉、何定生的〈關于詩的起興〉等篇，總篇幅不下萬言。顧文完全主鄭樵「詩在於聲，不在於義」的見解，說起興就是借聲起句。朱自清則以為「從當前習見事物指指點點地說起，便是起興」。劉大白的說法近於朱自清，何定生也淵源於鄭樵，卻說得更簡單了。

上文所引述的十八個論題，即民國二十年代前後那個《詩經》復古解放問題的主要論點。這個討論，雖時間推移十餘年，空間從上海延伸到北平、廣州等地的二十餘種誌刊，包括了北京大學、中山大學的研究刊物，統計大小論文五十餘篇，總篇幅不下三十萬字；但事實上只是古史問題的一個流波，所以除了顧先生的〈詩經在春秋戰國間的地位〉和〈論詩經所錄全為樂歌〉那兩篇長文具有全面性的重要意義外，其餘便大都是支節或個案的討論。即如顧文從典禮上樂歌應用的觀點來尋求《詩》樂的原始關係，而對於（一）《變詩》入樂的原因，和（二）鄭玄對於「無算樂」的說法，都沒有積極的論述，可見它還沒有抓住重點，故對於整個問題的解釋，終不免仍有扞格的地方。顧文如此，其餘自更無論。不過話說回來，在五四的黎明運動中，本論集到底不失其為先驅者的意義和價值，足以提供《詩經》研究一個新方向的實例。

本編是根據《古史辨》的材料來作「文摘」式的輯錄，並略仿方

東樹《漢學商兌》之例，引述各文，並加以批評。文摘專取重點，刪
削繁冗，卻盡可能保留原文。批評則採取案語方式。各篇正文皆依常
式，案語及附註則低二格。至於各文編次，大約分屬下列各類：
（一）一般綜合問題。（二）《詩序》問題。（三）專書討論。（四）歌
謠問題。（五）起興問題。（六）《詩》解舉例。上列各類，雖不盡依
《古史辨》次序排列，但也無法按照文字內容作有系統的安排，因為
一篇文中往往所牽涉的不止一個問題，而文字又無法分割，雖分類也
就沒有清楚的界限了。

五五、四、十七、在臺大

一 《詩經》的一般綜合問題

（1）顧氏[1]：《詩經》在春秋戰國間的地位

　　《詩經》問題的討論，以顧頡剛的〈詩經在春秋戰國間的地位〉一文為最具全面的重要性[2]，原題「《詩經》的厄運與幸運」，後來因全文未作完（僅寫到孟子部份），故在編入《古史辨》時改署今題。首章論傳說中的詩人與詩本事云：

　　　　古人喜歡唱歌，那時音樂又很普及，所唱的歌，入樂的自然不少，三百篇詩的《詩經》，就是入樂的詩的一部總集，但沒有收入《詩經》的真不知有多少。試看隱公元年《左傳》鄭莊公的賦〈大隧〉，宣二年宋城者的謳，襄四年魯國人之誦，襄三十年鄭輿人之誦，昭十二年晉侯以齊侯宴的投壺，又南蒯鄉人之歌，又〈晉語〉，晉輿人之誦，《論語》〈微子〉篇的楚狂接輿之歌，《孟子》〈離婁〉篇孺子滄浪之歌等，這一類的「徒歌」，當時不知有多少。《詩經》中一半就是這類的歌，樂工替牠們製了譜使變成「樂歌」，可以複奏，這才會傳到各處去。假使當時沒有樂工采去，不久也就自然會消滅了。

1　〔原註〕顧頡剛，江蘇吳縣人，北京大學畢業，曾任廈門大學、中山大學、北平燕京大學教授。

2　〔原註〕〈詩經的厄運與幸運〉一文，原載民十二年《小說月報》十四卷三、四、五月號。後來又編入商務印書館所出版的《百科小叢書》中，民二十四年編入《古史辨》時改署今名。內容分五章：一、傳說中的詩人與詩本事。二、周代人的用詩。三、孔子對于詩樂的態度。四、戰國的詩樂。五、孟子說詩。又正文前原有解題，長約千餘言，用六號字排印，略述作此文的動機和命題的理由，並所根據的幾部書如《左傳》、《國語》、《尚書》、《禮記》、《周禮》、《儀禮》、《論語》等的可靠程度等，以冗辭甚多，現在概行刪削。又原文長約二萬五、六千字，今節取萬餘字。

　　要問《詩經》上許多詩篇做的人是誰，這可是沒法回答。《詩經》裏在詩中自己說出作者姓名的只有：

　　家父作誦，以究王訩。（《小雅》〈節南山〉）
　　寺人孟子，作為此詩。（《小雅》〈巷伯〉）
　　吉甫作誦，其詩孔碩。（《大雅》〈崧高〉）
　　吉甫作誦，穆如清風。（《大雅》〈烝民〉）

　　又不說出作者，但把作詩的緣故說出來的有：

　　維是褊心，是以為刺。（《魏風》〈葛屨〉）
　　作此好歌，以極反側。（《小雅》〈何人斯〉）
　　君子作歌，維以告哀。（《小雅》〈四月〉）
　　王欲玉女，是用大諫。（《大雅》〈民勞〉）

　　又紀念人的，如：

　　蔽芾甘棠，勿翦勿敗，召伯所憩。（《召南》〈甘棠〉）

　　以上三類自然最靠得住。次之就是古書的記載。如《尚書》〈金縢〉篇云：「周公居東二年，則罪人斯得。于後，公乃為詩以貽王，名之曰〈鴟鴞〉。」這裏說〈鴟鴞〉是周公做的。但《孟子》〈公孫丑〉篇稱引這詩「迨天之未陰雨」幾句，便連引孔子的話道：「為此詩者其知道乎？」為什麼不說是周公，好像他們並沒有讀過〈金縢〉篇的樣子呢？所以〈鴟鴞〉的作者依然不能指定。
　　《左傳》閔公二年載「許穆夫人賦〈載馳〉」，看詩文，這記載

可算可靠。又文公六年《傳》，「秦伯任好卒，以子車氏之三子為殉，國人哀之，為之賦〈黃鳥〉」。這事在詩上已經寫得很明白，可以無疑。又如隱三年《傳》，「衛莊公娶于齊東宮得臣之妹，曰莊姜，美而無子，衛人所為賦〈碩人〉也」。這首詩的來源也可信。但閔二年《傳》的「高克奔陳，鄭人為之賦〈清人〉」，卻只能作為一個懸案。又如〈周語〉周襄王十三年，將以狄伐鄭，富辰引〈常棣〉詩中句子諫王，稱為「周文公之詩」，但僖公二十四年《左傳》記此事，則富辰又說是「召穆公作詩曰」云云。所以〈常棣〉一詩到底是誰作，是不明白的。

所以三百篇的作者和本事，並不能希望有一個完滿的回答的。

〔案〕本章就樂歌的觀點來述說《詩經》的起源，這是最近事實的，因為春秋以前的客觀情形就是如此，我們看今日《左傳》、《國語》的記載都可以證明這一點。春秋以前的《詩經》，離了禮樂就沒有作用，所以那時說詩就等於說樂。至於詩的作者和本事，原則上是沒法知道的，一方面固然因為缺乏史料，一方面恐怕也是客觀的情形。所以三百篇中，著明作者的不過四篇，比率是百分之二。至於作詩的本事，就《左傳》所記，確實可信的只有〈黃鳥〉一篇；〈載馳〉和〈碩人〉，尤其是後者，便只有相對的可靠性了（姚際恆和崔述對〈碩人〉都有辨說）。〈清人〉篇是很靠不住的，〈常棣〉也是如此，因為《左傳》和《國語》的說法兩歧。至於《周書》〈金縢〉篇所說的〈鴟鴞〉作者和本事更是可疑。〈金縢〉根本就有問題，清代的袁枚有詳細的辨說（見《隨園文集》）。其實《孟子》〈公孫丑篇〉引〈鴟鴞〉的口氣就足夠反證〈金縢〉篇的記載了。又文元年《左傳》，秦穆公引〈桑柔〉篇，稱之為周「芮良夫之詩」

（此為《詩序》所本）；宣十二年《傳》，楚子引〈時邁〉、〈武〉、〈桓〉、〈賚〉等篇以為「武王克商作」：這都是從諸侯口中引述的作者，是否真如此，當然都有問題。尤其是〈時邁〉等篇，所謂「武王作」也不過表示作於武王之世的意思，所以〈周語〉蔡公謀父又稱〈時邁〉為「周文公之頌」，恐怕當時一般意識都以為《周頌》是周公作的了，而漢人的看法也即以此為根據。但我們就詩文的本身看，則前面的說法，都是靠不住的。

顧文在第二章「周代人的用詩」上說：

我們要看出《詩經》的真相，最應該研究的是周代人對於詩的態度。《詩經》裏有許多祝神敬祖的詩，有許多燕樂嘉賓的詩，有許多男女言情的詩，又有許多流離疾苦的詩，這許多詩為什麼會聚集在一起？又如何會流傳下來？又何以周代人很看重牠？要解釋這些問題，就不得不研究那時人用詩的方法。

先說作詩的緣故。詩有兩種：一種是平民唱出來的，一種是貴族做出來的，平民唱出來的，只要發洩自己的感情，不管牠的用處；貴族做出來的，是為了各方面的應用。《國風》裏面大部份是采取平民的歌謠；《大》、《小雅》裏采民謠的是少數，而為了應用去做的占多數。《頌》裏便沒有民謠了。凡定做出來的詩，如《小雅》〈鹿鳴〉是為宴賓而做的詩，《周頌》的〈有客〉，《小雅》〈白駒〉，也是如此。又《大雅》〈崧高〉是為慶賀而做的詩，《小雅》〈出車〉是述說功績而做的詩，這都是應用而做的詩。

為了應用而做的詩，和采來的詩而應用的，大概可分為四種用法：一是典禮，二是諷諫，三是賦詩，四是言語。典禮的種類很多，

最寬廣的分類可以分成兩種：對於神的是祭祀，對於人的是宴會。

祭祀的詩，如《小雅》〈楚茨〉、《周頌》〈有瞽〉、《商頌》〈那〉，把樂器和祭祀的樣子和次序都說出來了，在這上，可見祭祀用詩，是「樂」、「歌」、「舞」三事同時合作的。所以阮元說頌字即「容」字。「容」、「羕」一聲之轉，今世俗之樣字，從「頌、容、羕」轉變而來。所謂商頌、周頌、魯頌者，若曰「商之樣子」、「周之樣子」、「魯之樣子」而已。何以《三頌》有樣而《風》、《雅》無樣，《風》、《雅》但弦歌笙間，賓主及歌者皆不必因此而為舞容；惟《三頌》各有舞容，故稱為「頌」。

大概《頌》是樂詩中用得最鄭重的，不是很大的典禮不輕易用。最大的典禮莫過於祭祀，所以《頌》幾乎全用在祭祀上。

用在宴會的各種典禮上的詩，像上面所舉的〈鹿鳴〉、〈白駒〉、〈有客〉、〈崧高〉都是。《儀禮》上〈鄉飲酒禮〉、〈燕禮〉、〈鄉射禮〉，〈大射僕〉，又都有樂工歌詩的記載。宴會時各種游藝也是用樂做節制的，如《禮記》〈投壺〉的「奏〈貍首〉，間若一」。又如《禮記》〈射義〉的「天子以〈騶虞〉為節，諸侯以〈貍首〉為節，卿大夫以〈采蘋〉為節，士以〈采繁〉為節」。又曰，詩曰：「曾孫侯氏，四正具舉。大夫君子，凡以庶士，小人莫處，御于君所：以燕以射，則燕則譽。」今〈貍首〉一詩已亡，或謂曾孫侯氏一首即是〈貍首〉。

諷諫方面，《左傳》、《國語》都屢次說起。如襄十四年《左傳》：師曠曰：「自王以下，各有父兄子弟以補察其政：史為書，瞽為詩，工誦箴諫，大夫規誨，士傳言，庶人謗。」

〈周語〉，邵公諫厲王云：「故天子聽政，使公卿至於列士獻詩，瞽獻曲，史獻書，師箴，瞍賦，矇誦，百工諫，庶人傳語，近臣盡規，親戚補察，……而王斟酌焉。」

〈晉語〉范文子戒趙文子曰：「古之王者……使工誦諫於朝，在列者獻詩，使勿兜，風聽臚言於市，辨袄祥於謠……問謗譽於路。」我們看《詩經》，也有這些事的痕跡，如上文所舉的《魏風》〈葛屨〉、《小雅》〈何人斯〉，可以為例。所可怪的，《左傳》記了二百六十年的事，不曾見過「獻詩、獻曲、師箴、瞍賦」的記載。只有楚國左史倚相口語過這類的事，卻是西周的：「昔穆王欲肆其心，周行天下……祭公謀父作〈祈招〉之詩以止王心，王是以獲沒於祗宮。……其詩曰：祈招之愔愔，式昭德音。思我王度，式如玉，式如金，形民之力，而無醉飽之心。」

又〈楚語〉也有一段故事云：「昔衛武公年數九十五矣，猶箴儆於國曰：『自卿以下，至於師長士，苟在朝者，無謂老耄而舍我，必恭恪於朝，朝夕以交戒我。聞一二之言，必誦志而納之以訓導我。』在輿有旅賁之規，位宁有官師之典，倚几有誦訓之諫，居寢有褻御之箴，臨事有瞽史之導，宴居有師工之誦，史不失書，矇不失誦，以訓御之，於是作〈懿戒〉以自儆也。」

又如《小雅》〈正月〉、《小雅》〈雨無正〉，可斷定是士大夫為諷諫而做的。詩中有「宗周既滅」一類的字樣，當然是東周的士大夫做的。可見東周時這類的《風》還沒有歇絕。但這類詩都在《大》《小雅》中，《大》《小雅》是王朝的詩，或者獻詩誦諫的事是王朝所獨有也未可知。《左傳》不注意王朝的事，自然沒有這類的記載。至於列國，本只有「庶人謗」的徒歌，所以《左傳》、《國語》所記輿人之誦都是很簡短的，又沒有給樂工收入樂府，三百篇中就見不到了。

〔案〕《詩經》的諷諫作用甚為微小，在禮樂關係上，充其量也不過是燕饗之禮後半部中「無算樂」節次的一部分；因為除了諷諫

的詩歌外，還有男女私情、民生疾苦、或吟詠情性一類的詩歌，也都是藉著「無算樂」的存在才入樂的──要不然，則所有「正歌」以外佔《詩經》半數詩篇以上的樂歌，便沒有用場了。但無算樂最大的意義還是在於賓主盡歡一點上，因此諷諫作用可發揮的機會就更少了，這是諷諫作用和樂歌的客觀關係。本文不從這個關係的本身來認識諷諫作用的客觀效果，卻去相信《左傳》和《國語》上那些和三百篇毫不相干的「獻詩、獻曲」一類的傳說，無怪其反以「《左傳》記了二百六十年的事而不曾見過獻詩、獻曲的記載」為可怪，卻不悟《左傳》之沒有這種記載，正足證明其根本沒有那回事也！至於師曠、邵公等的故事，那只是一種託古的浮說，說不定也正是左氏所以「浮誇」的地方。不過筆者仍認為最可能還怕是出於漢人的竄亂，因為這正是漢人所憧憬的諷諫理想。關於這個問題，別詳拙作〈從樂章到諫書看詩經〉一文中，茲不具引。

顧文又云：

　　賦詩是交換情意的一件事。他們在宴會中揀了一首樂詩叫樂工唱，使得自己的情意在詩裏表出，對方也這等的回答。這事那時的士大夫看的很重。往往因為一個人不合禮節，就會給別人瞧不起，凶一點就鬧起來。例如昭十二《傳》：宋華定來聘……公享之，為賦〈蓼蕭〉，弗知，又不答賦。昭子罵其「必亡」。又襄十六年，晉侯與諸侯宴於溫，使諸大夫舞，曰：「歌詩必類。」齊高厚之詩不類。荀偃怒，且曰：「諸侯有異志矣！」使諸大夫盟高厚，高厚逃歸。於是叔孫豹、荀偃、宋向戌、衛甯殖、衛公孫蠆、小邾之大夫盟曰：「同討不庭。」這是因賦詩鬧出了大禍。所以賦詩要注意人

選。例如僖二十三年，秦穆公享公子重耳，子犯便推薦了趙衰陪公子出席，結果都藉賦詩表達了彼此的好意。又昭二年，韓宣子聘魯，季武子與韓宣子藉著詩章的對答來表示俯仰揖讓的樣子真是活現。又襄二十七年，鄭伯享趙孟于垂隴，子展、伯有、子西、子產、子太叔、二子石從。趙孟曰：「七子從君以寵武也，請皆賦以卒君貺，武亦以觀七子之志。」子產賦〈草蟲〉。趙孟曰：「善哉，民之主也！抑武也不足以當之。」伯有賦〈鶉之奔奔〉。趙孟曰：「床第之言不踰閾，況在野乎！非使臣之所得聞也！」子西賦〈黍苗〉之四章。趙孟曰：「寡君在，武何能焉！」子產賦〈隰桑〉。趙孟曰：「武請受其卒章。」子太叔賦〈野有蔓草〉。趙孟曰：「吾子之惠也！」印段賦〈蟋蟀〉。趙孟曰：「善哉，保家之主也！吾有望矣。」公孫段賦〈桑扈〉。趙孟曰：「匪交匪敖，福將焉往！若保是言也，欲辭福祿得乎！」卒享。文子告叔向曰：「伯有將為戮矣。詩以言志，志誣其上，而公怨之，以為賓榮，其能久乎！」

〔案〕此段因牽涉伯有賦〈鶉之奔奔〉一詩問題，原文辭極繁冗，茲
　　櫽括如下。

從這個賦詩的經過可以看出賦詩於「言志」之外，仍有態度的問題。如伯有賦〈鶉之奔奔〉，便引起了趙孟的反感和拒絕，甚至於「享」後還向叔向論伯有「將為戮」；但子太叔賦〈野有蔓草〉，趙孟卻甚滿意。趙孟拒絕伯有的理由是「床第之言不踰閾」，這裏「床第」只是「私室」，卻無淫褻之意。所以下文才說「況在野乎」，以「在野」和「床第」對舉，一公一私，意甚明顯；而卒享後又說「志誣其上而公怨之以為賓榮」，謂伯有用〈鶉之奔奔〉的「人之無良，我以為兄」、「我以為君」是「志誣其上」，這是私室

之事；但拿來公開（公怨之）作為恭維賓客的手段（以為賓榮），這種態度卻要不得，故罵他「將為戮」。子太叔賦〈野有蔓草〉，是一篇「淫詩」，趙孟卻十分滿意的說：「吾子之惠也。」這是什麼道理？原來賦詩的「言志」只是言賦詩的人的志，卻不是作詩者的志，所以言情的詩，賦詩的人儘可「斷章取義」，來作為宴賓之用。

《左傳》上有解釋章取義的兩段文字。一是襄公二十八年《傳》云：

> 慶舍之士謂盧蒲癸曰：「男女辨姓，子不辟宗，何也？」曰：「賦詩斷章，余取所求焉，惡識宗！」

又定九年《傳》：

> 鄭駟顓殺鄧析而用其竹刑。君子謂子然於是不忠。苟有可以加於國家者，弃其邪可也。〈靜女〉之三章取彤管焉，〈竿旄〉「何以告之」，取其忠也。故用其道，不弃其人。

盧蒲癸的意思是說：賦詩只取自己要的東西，不必還出牠的娘家。君子批評駟顓的話是說：〈靜女〉的詩義並不好，只是「彤管」是一個好名目就可取了。〈竿旄〉詩中有「何以告之」一句，有「忠告」的意思，就可算忠了。「惡識宗」是不管作者的本義；「弃其邪」是弃掉不可用而取可用的。所以那時的「賦詩」很可稱做象徵主義。

至於〈野有蔓草〉若是私情詩，如何會收到樂章裏去供給宴會的應用呢？其實無論什麼時候的樂章都離不了言情之作，何況春秋時淫風很盛，如何情詩入不得樂章？

〔案〕君子論駉頏一段，並非論「賦詩」，充其量只能入言語用詩例
　　中。至於〈靜女〉之取彤管，〈竿旄〉之何以告之，都是漢人
　　的見解。且《左傳》中凡「君子曰」的話都有漢人竄亂的嫌
　　疑，所以很靠不住。

〔又案〕情詩之所以入樂，完全由於散歌散樂（無算樂）自然之要
　　求。有「正歌」自然不能沒有散歌，猶之乎有饗禮之不能無
　　燕，正是一樣的道理。我們從饗禮那些繁縟的儀節，即可充分
　　了解散歌散樂的重要。正歌重在行禮，而無算樂卻專主娛賓，
　　故內容能愈輕鬆愈好；三百五篇詩之不能不有半數以上的散歌
　　（可相當於漢人所謂《變詩》），也就是這個道理。本文對於這
　　一點似乎沒有把握著，可以說是一個大弱點。又關於這個問
　　題，另詳拙著〈從樂章到諫書看詩經〉文中。

顧文又說：

　　鄭六卿餞宣子於郊。宣子曰：「二三君子請皆賦，起亦以知鄭
　志。」子齹賦〈野有蔓草〉，……子太叔賦〈褰裳〉，……子游賦
　〈風雨〉，子旗賦〈有女同車〉……，子柳賦〈蘀兮〉。……宣子皆
　獻馬焉，而賦〈我將〉。

　　這一次因為韓宣子要「知鄭志」，所以鄭六卿所賦的都是鄭
　詩，而且差不多（除了〈羔裘〉）都是情詩。其中尤以〈褰裳〉一
　詩最為淫蕩，云：

　　　子惠思我，褰裳涉溱。子不我思，豈無他人？狂童之狂也且！
　　　子惠思我，褰裳涉洧。子不我思，豈無他士？狂童之狂也且！

這是蕩婦罵惡少的口吻，但子太叔卻「斷章取義」來比喻鄭和晉的關係，謂晉如拒鄭，鄭也可以拉攏別的國家。所以宣子回答說：「起在此，敢勤子至於他人乎？」最好笑的是當子太叔起來拜謝他時，他又說：「善哉！子之言是，不有是事，其能終乎！」意思是：要沒有你的警告，那能有始有終呢？可見斷章取義的用處，可以不嫌字句的淫褻，不顧得作詩人的本義。

賦詩又可用於請求。如襄二十六年《傳》，齊侯鄭伯為衛侯故如晉，國子賦〈轡之柔矣〉，子展賦〈將仲子〉，晉侯乃許歸衛侯。賦詩又可表示允許，如定四年，申包胥如秦乞師，秦哀公為之賦〈無衣〉，秦師乃出。至於用賦詩來當笑罵的，如襄二十七年《傳》，（魯）叔孫與慶封食，不敬，為賦〈相鼠〉，亦不知。

從這許多賦詩的故事，可以歸納出一條通則來，即：自己要對人說的話，借了賦詩說出來。所賦的詩，只要達出賦詩的人的志，不希望合於作詩的人的志，所以說「賦詩言志」。

還有一種用詩，是雜在言語中說的。例如襄三十一年叔向引《大雅》〈板〉的句子來稱讚子產有辭。宣二年《傳》，趙宣子引《邶》〈雄雉〉詩句來發揮自己情感。又如襄二十五年《傳》，太叔文子引〈谷風〉來評論甯喜。又襄二十九年裨諶之評鄭大夫盟於伯有氏。又用詩句做辯論根據的，如成二年賓媚人之引《大雅》〈既醉〉篇、《小雅》〈信南山〉、《商頌》〈長發〉篇的句子來和晉人爭辯，又如成十二年晉郤至之引〈兔罝〉和楚子反爭論都是。又用詩句作成語的，如襄十年《傳》孟獻子引《邶風》〈簡兮〉的「有力如虎」以稱叔梁紇。又有用詩句當歇後語的，如〈魯語〉叔孫穆子之稱〈匏有苦葉〉以表示其要渡涇水。又定十年《傳》，工師駟赤謂「臣之業在〈揚水〉卒章之四言矣」來暗示其秘密計劃。案：《唐風》〈揚之水〉的卒章是說：

揚之水，白石粼粼。我聞有命，不敢以告人。

駟赤不加明說，故只說「卒章之四言」。

那時詩中常用的詩句，概括起來也不過一百句，有贊美的，如：淑人君子，其儀不忒；布政優優，百祿是遒；樂只君子，邦家之基等。有罵詈的，如：人而無禮，胡不遄死；人之無良，我以為君；誰生厲階，至今為梗等。有悲歎的，如：我之懷矣，自詒伊慼；人之云亡，邦國殄瘁；我躬不閱，皇恤我後等。有勸誡陳述的，如：兄弟鬩于牆，外禦其侮；民之多辟，無自立辟；無念爾祖，聿修厥德；他人有心，予忖度之；禮義不愆，何恤於人言等。[3]

春秋時三百篇的流傳很廣，如季武子與韓宣子賦詩，武子先賦的是《大雅》，宣子答賦的是《小雅》。武子又答的是《召南》。又七子的賦詩，子展賦的是《召南》，伯有賦的是《鄘風》，子西、子產、公孫段賦的是《小雅》，子太叔賦的是《鄭風》，印段賦的是《唐風》。一時賦詩，樂聲就各不同。又言語中的引詩也是如此。可見樂聲雖分多少國，而引用卻沒有國界，則用詩也是無階級的。如襄四年《傳》：

> 穆叔如晉，……晉侯享之。金奏〈肆夏〉之三，不拜。工歌〈文王〉之三。又不拜。歌〈鹿鳴〉之三，三拜。韓獻子使行人子員問之。……對曰：「〈三夏〉，天子所以享元侯也，使臣不敢與聞。〈文王〉，兩君相見之樂也，臣不敢及。〈鹿鳴〉，君所以嘉寡君也，敢不拜嘉！〈四牡〉，君所以勞使臣也，敢不重拜！」

3　〔編案〕「禮義」句，何文原作「禮義之不愆，何恤人之言」，顧頡剛原文據《左傳》昭四年作「禮義不愆，何恤於人言」，今依顧文校改之。

這只是宴享一個諸侯的大夫，而天子的樂詩已經搬了出來，可見（1）階級制度的破壞，（2）各種階級的樂詩，一個階級（諸侯）都能完備，真成人生的日用品了。

〔案〕《左傳》這段記載是很可疑的。照春秋以前的樂次，最隆重的禮是「升歌〈清廟〉」，其次〈文王〉，再次是〈鹿鳴〉。〈三夏〉原屬「金奏」，照《儀禮》的節次還可以和「升歌」兼行；但依《左傳》此文，則〈三夏〉顯然是指鄭玄所謂「頌的族類」；杜子春注《周禮》引呂叔玉又以為即指今之〈時邁〉、〈執競〉、〈思文〉。鄭、杜之說，當然是附會，絕不可信。因為「金奏」若指用頌，在意義上即無異「升歌〈清廟〉」，則一個國君接待一個異國的大夫，當然不會用此重禮。若說那是僭越用樂（即孔子所謂失所，如三家之以〈雍〉徹），則一個典禮也決不能既升歌〈清廟〉，又歌〈文王〉和〈鹿鳴〉！《儀禮》的樂次是升歌之後繼以間歌，終以合樂，如〈燕禮〉或〈鄉飲酒〉，都是升歌《小雅》（〈鹿鳴〉），間歌《小雅》（〈魚麗〉），而合《二南》（〈關雎〉、〈鵲巢〉），所以諸侯之禮，通常也只升歌《小雅》。照〈祭統〉所載，禘禮才能升歌〈清廟〉，也就是說，只有天子之禮才能升歌〈清廟〉，其次諸侯可以借歌〈文王〉。決不能三種樂節同時兼用，何況享一個鄰國大夫？這還成個什麼禮？即使是僭用禮樂也決不能亂用至此！所以《左傳》這段記載，恐怕正是漢人竄亂的地方，很靠不住的。又照漢人的想法，以為升歌〈清廟〉可以合〈文王〉，升歌〈文王〉可以合〈鹿鳴〉，所以編造這個故事，卻不想升合也不能如此合法。

顧文又曰：

在此，我又覺得傳說中的「太史采詩」一事是可疑的。第一，三百多篇詩有的是西周傳下來的，有的是春秋加進去的，六、七百年僅僅有三百多篇，若有采詩之官，真是太不管事了。第二，《左傳》上有許多徒詩，都合「觀風」宗旨的，都沒有入樂，可見入樂全是碰機會，並沒有人操甄錄之權。所以三百篇之成為一部經書，固是出於漢人（或戰國人），但《詩經》的雛形已經在春秋時大略固定。采詩之官即使有，也只是「使公卿列士獻詩，瞽獻曲」的一類，不必定為專職，且在春秋時也見不到這痕跡了。

看上面的敘述，可以作一個結論：

《詩經》是為了種種的應用而產生的，有的是向民間采來的，有的是定做出來的。牠是一部入樂的詩集，大家對於這些入樂的詩都是唱在口裏，聽在耳裏，記得熟了，所以能隨意使用牠。他們對於詩的態度，只是一種享用的態度，要怎麼用就怎麼用。但他們無論如何把詩篇亂用，卻不豫備在詩上推考古人的歷史，又不希望推考作詩人的事實。所以雖是亂用，卻沒有傷損《詩經》的真相。

〔案〕本章對於「無算樂」與《變詩》的關係（即《變詩》所以入樂的原因）並無明確的認識。其於春秋時「賦詩斷章」的認識卻很深透，尤以結論所說「他們無論如何把詩篇亂用，卻沒有傷損《詩經》的真相」的話最為得間。

顧文的第三章論「孔子對於詩樂的態度」云：

孔子是和《詩經》有大關係的人。他所處的時勢，真是詩樂存

亡之交，他以前樂詩何等的盛行，他以後就一步一步的衰下去了。再看他的生性，對於樂詩是何等的深嗜篤好。《論語》上記的：

> 子在齊聞〈韶〉，三月不知肉味，曰：「不圖為樂之至於斯也！」（〈述而〉）
> 子與人歌而善，必使反之而後和之。（〈述而〉）
> 子曰：「興於詩，立於禮，成於樂。」（〈泰伯〉）

他這等的喜歡樂詩，恰恰當著了樂詩衰頹的時勢，使他永遠在社會的逆流之中，勉力作一個「中流砥柱」，他的地位的重要也可見了。

孔子喜歡說詩，也喜歡勸人學詩。《論語》上說：

> 子所雅（常）言，《詩》《書》執禮，皆雅言也。（〈述而〉）
> 陳亢問於伯魚曰：「子亦有異聞乎？」對曰：「未也。嘗獨立，鯉趨而過庭，曰：『學詩乎？』對曰：『未也。』『不學詩，無以言。』」（〈季氏〉）
> 子謂伯魚曰：「女為《周南》、《召南》矣乎？人而不為《周南》、《召南》，其猶正牆面而立也與！」（〈陽貨〉）
> 子曰：「小子何莫學夫詩！詩可以興，可以觀，可以群，可以怨；邇之事父，遠之事君，多識於鳥獸草木之名。」（〈陽貨〉）

他說的「不學詩，無以言」，即是用詩到言語中。他說的興、觀、群、怨以至事父事君，即是要用詩去實施典禮、諷諫、賦詩等方面的社會倫理。惟「多識於鳥獸草木之名」一個意思，《左傳》等書

上沒有說起。《漢書》〈藝文志〉說:「登高能賦,可以為大夫」,恐怕古代也有這個應用。這些都是春秋時《詩》學的傳統觀念。所以他又說:

> 誦《詩》三百,授之以政,不達;使於四方,不能專對,雖多亦奚以為?(〈子路〉)

他較為特殊的用詩,是說詩的象徵。如《論語》上記子貢問曰:「貧而無諂,富而無驕,何如?」子曰:「可也,未若貧而樂,富而好禮者也。」子貢曰:「詩云:如切如磋,如琢如磨,其斯之謂與?」子曰:「賜也始可與言詩已矣,告諸往而知來者!」(〈學而〉)又,子夏問曰:「巧笑倩兮,美目盼兮,素以為絢兮,何謂也?」子曰:「繪事後素。」曰:「禮後乎?」子曰:「啟予者商也,始可與言詩已矣!」(〈八佾〉)子貢、子夏不過會用類推的方法,用詩句做近似的推測,孔子已不勝其稱贊,似乎他最歡喜這樣用詩。這樣的用詩,替牠立一個題目叫「觸類旁通」。春秋時人的賦詩已經會得觸類旁通了。在言語裏觸類旁通的,別地方似乎沒有見過,或者是他開端。經他一提倡,後來的儒家就很會這樣用了。〈中庸〉說:

> 《詩》云:「潛雖伏矣,亦孔之昭。」故君子內省不疚,無惡於志。君子之所不可及者,其唯人之所不見乎!

〈中庸〉作者是引這句詩去講慎獨的工夫的。這樣詩到言語中雖比春秋時人深了一層,走的依然是春秋時人的原路。總之,孔子對於詩也只是一個自己享用的態度。他看詩的作用,對於自己是修養品

性，對於社會是會得周旋上下，推論事物。

那時的音樂界，可就大改變了。有三個趨向：

第一個趨向是僭越。《論語》上記著：

> 子謂：「季氏八佾舞於庭，是可忍也，孰不可忍也！」（〈八
> 佾〉）
> 三家者以〈雍〉徹。子曰：「相維辟公，天子穆穆。」奚取
> 於三家之堂？（〈八佾〉）

第二個趨向是新聲流行。《國語》上說：

> 晉平公說新聲。師曠曰：「公室其將卑乎！君之明兆於衰
> 矣。夫樂，……修詩以詠之，修禮以節之。……」

師曠說舊樂是「修詩以詠之，修禮以節之」，可見新聲不合於詩，
不合於禮，可以專當音樂聽，不做別的應用。孔子與晉平公同時。
新聲是否即《論語》裏的鄭聲，現在未能解決，但新聲和鄭聲都不
是為奏三百篇而作的音樂是可以斷言的。我們可以說新聲的興起，
是音樂界的進步，因為雅樂是不能獨立的，只做歌舞的幫助，而新
聲則可以脫離歌舞而獨立了。但孔子是一面提倡雅樂，一面主張禁
絕鄭聲。他說：

> 樂則〈韶〉舞。放鄭聲。（〈衛靈公〉）
> 惡鄭聲之亂雅樂也！（〈陽貨〉）

從他這話，便可見新聲已經有「亂雅樂」的趨勢了。

　　第三個趨向是雅樂的敗壞。禮樂的僭越在當時已成了風氣，則雅樂的敗壞也是可以想像的，所以孔子才有「正樂」之事。《論語》上說：

　　　　子曰：「吾自衛反魯，然後樂正，雅頌各得其所。」（〈子罕〉）

他把雅樂在鄭聲攪亂之中重新整理一番，回復了牠的真相，可惜實際的效果如何，卻沒有記載，到了戰國時，連雅樂都沒有人說起了。我們看《論語》上有一段記魯國樂官四散的事說：

　　　　大師摯適齊，亞飯干適楚，三飯繚適蔡，四飯缺適秦，鼓方叔入於河，播鼗武入於漢，少師陽、擊磬襄入於海。（〈微子〉）

看了這記載，可見雅樂沒落的慘象。總之，雅樂在孔子時就已不能維持牠的原來的地位了。

〔案〕本章論孔子（一）是「鄭聲亂雅」時代的「中流砥柱」人物，和（二）用詩的態度和方法也是自己享用和斷章取義的，這都是對的。又把孔子的「興、觀、群、怨」解為「要用詩去實施典禮、諷諫、賦詩等方面的社會倫理」，也很得間。但既知道孔子用詩的方法和春秋時人一路，而無一語涉及「思無邪」的問題，可見其於孔子之對詩樂態度，認識仍嫌不足。關於思無邪問題予別有說，詳拙作〈從樂章到諫書看詩經〉文中，茲不具引。

〔又案〕文中對於〈微子〉篇所記樂官四散的事認為「很不可靠」，
理由是「新聲的流行決不會獨盛於魯，而齊楚河漢的人一點沒
有受到影響，可以容得師摯一班人去行道」。其實樂官失業何
能說是「行道」，這樣來判斷其不可靠，似乎不成理由。

顧文的第四章言「戰國的詩樂」云：

孔子的時候，只批評過鄭聲淫，可是到了戰國，又加上了一個
衛國，還有比鄭聲更壞的「亡國之音」。像《禮記》〈樂記篇〉云：
「鄭衛之音，亂世之音也……桑間濮上之音，亡國之音也。」這個
「亡國之音」，也是從「新詩」來。《韓非子》上就有這個記載，
云：

衛靈公將之晉，至濮水之上，……設舍以宿。夜分而聞鼓新
聲者而說之。使人問左右，盡報弗聞，乃召師涓而告之曰：
「有鼓新聲者，使人問左右，盡報弗聞，其狀似鬼神，子為
聽而寫之。」……師涓因靜坐撫琴而寫之。……遂去之晉。
晉平公觴之於施夷之臺，……靈公起，公曰：「有新聲，願
請以示。」平公曰：「善。」乃召師涓，令坐師曠之旁，援
琴鼓之。未終，師曠撫止之，曰：「此亡國之聲，不可遂
也。」平公曰：「此道奚出？」師曠曰：「此師延之所作，與
紂為靡靡之樂也。及武王伐紂，師延東走，至於濮水而自
投，故聞此聲者必於濮水之上。先聞此聲者，其國必削，不
可遂。」……

這一段固是戰國時人依附「晉平公說新聲」的故事造出來的，但也

可見新聲也就是「靡靡之樂」了。

再看戰國時的樂，是器樂脫離詩歌而獨立。所以澠池之會，趙王「鼓瑟」，秦王「擊缻」（《史記》）。又齊宣王使人吹竽，必三百人（《韓非子》）。這都是重器樂不重「歌樂」的明證。

又雅樂既亡，戰國時人也與《詩經》斷絕了關係。他們說話時引詩也不像詩。像范雎說秦王引詩曰：

> 木實繁者披其枝，披其枝者傷其心。大其都者危其國，尊其臣者卑其主。（〈秦策〉三）

趙王立周紹為傅引詩云：

> 服難以勇，治亂以知，事之計也。立傅以行，教少以學，義之經也。循計之，事失而累訪；議之，行窮而不憂。（〈趙策〉二）

我們看這兩處引的詩，全像說話，那裏像詩！戰國的樂、詩既然如此劇變，他們把春秋的樂也喚作「古樂」。如魏文侯對子夏說：

> 吾端冕而聽古樂，則唯恐臥；聽鄭衛之音則不知倦。（《樂記》）

連孟子見到齊宣王，宣王說他「非能好先生之樂也，直好世俗之樂耳」，孟子也說：「今之樂由（猶）古之樂也。」可見孟子對古樂與新樂的真相也是不明瞭的。再看孟子的書除了講詩義，沒有一回講到詩的音樂的。恐怕孟子看《詩經》已和現時人看元曲差不多了。

孟子對於「先王之樂」既然隔膜，講詩便不能不偏於意義和歷史一方面。詩的意義和歷史是春秋時人所不講的，到這時，因為脫離了（禮樂的）實用，自然漸漸講起來了。

〔案〕戰國是個無詩時代，「新樂」也只是些器樂，「雅樂」既已失傳，三百篇無所憑藉，戰國時代之儒，自然只好借詩文來講義理了。所以就時代言，這是個詩樂的變形時期，就儒術言，卻是《詩經》學的胚胎時代；而萌芽、成長，卻要等到秦以後了。

顧文的末章論「孟子說詩」云：

孟子是孔子以後最大儒者，又最喜歡講詩，後人受他的影響不小，所以有提出討論的必要。

孟子是主張王道的人，他說詩的宗旨，就是把詩句牽引到王道上去。例如梁惠王才在沼上提到鴻雁麋鹿，他便立刻引《大雅》〈靈臺〉之詩，來說文王如何藉著靈臺與民同樂；齊宣王才說他好勇，孟子便引《大雅》〈皇矣〉篇的「王赫斯怒」云云說是文王之勇，「一怒而安天下之民」；宣王說好貨好色，孟子便引〈公劉〉篇的「乃積乃倉」云云說是公劉的好貨；引〈緜〉之篇的「爰及姜女」說是古公的好色。別人以為自己有毛病，但孟總牽引《詩經》來說到好的方面去，這固然是他的苦心，卻造出許多流弊來。

第一壞處是，沒有時代觀念。孟子曾說道：

以友天下之士為未足，又尚論古之人。頌其詩，讀其書，不知其人可乎！是以論其世也。是尚友也。（〈萬章〉）

這話本來是很好的讀書方法。可惜他自己就最不會論世！他說：
「文武興則民好善，幽厲興則民好暴。」（〈告子〉）又說：「王者之
跡熄而《詩》亡，《詩》亡然後《春秋》作。」（〈離婁〉）前者是認
為時代好壞，是幾個人做出來的；後者則《詩經》與《春秋》便代
表兩個時代了。這都是講不通的，不合事實的。所以後人終不能不
用「《詩》亡，謂〈黍離〉降為《國風》而《雅》亡也」（《孟子》
朱《註》）來替他曲解，但依然不能說通何以《國風》便不在
《詩》之內的問題。又〈閟宮〉明明是春秋魯僖公時候的詩，但孟
引來駁斥陳相時卻說：「《魯頌》曰：戎狄是膺，荊舒是懲，周公方
且膺之。」引來罵楊墨時也說：「《詩》云：戎狄是膺，荊舒是懲，
則莫我敢承；無父無君，是周公所膺也！」（並見〈滕文公〉篇）可
見孟子硬說這詩是周公作的了。這樣看來，孟子無異硬派定《詩
經》都是西周的詩。

　　第二項壞處，是沒有真確的研究宗旨。孟子曾對咸丘蒙提出說
詩的方法說：「故說詩者不以文害辭，不以辭害志，以意逆志，是為
得之。」他這一番話實在很對。春秋時人的「賦詩言志」是主觀的
態度；他改為「以意逆志」是客觀的態度。有了客觀的態度才可以
做學問，所以他這句話是詩學的發端。不幸他的「以意逆志」，卻
是亂斷詩人的志。所以〈閟宮〉的時代還沒有弄清楚，他便斷出周
公的志來了；〈緜〉的詩只說公亶父娶了姜女，好色的志便被斷出
來了。又如〈伐檀〉明明是一首罵君子不勞而食的詩，公孫丑拿來
一問，他便說是「其君用之則安富尊榮，其子弟從之則孝弟忠信」，
故「不素餐兮」是不白吃飯，以證明詩人是在替「君子」解釋，則
這首詩成為稱美的詩了。孟子一個人胡亂說不要緊，影響後人，遺
毒可就不小。因為亂斷詩就是「以意逆志」，於是〈野有蔓草〉不
是淫詩了！於是〈鶉之奔奔〉是淫詩了！於是〈伐檀〉是仕有功乃

肯受祿了！於是《小雅》的〈楚茨〉明是說「神嗜飲食，使君壽考」，《詩序》卻說是「祭祀不饗」了，孟子還知道「尚友論世」，知道「以意逆志」，確是比春秋時人進步多了。但既有了「論世」的需求，便應該對於歷史作深切的研究，然後再去引詩，才是道理。他竟不然！他亂說〈閟宮〉所頌的人，他亂說《詩》亡的年代，他造出春秋時人所未有的附會，下開漢人「信口開河」與「割裂時代」的先聲，他對於詩學的流毒，到了這地步，我們能不討論嗎？

從上文所說，我們可得一個結論：

從西周到春秋中葉，詩與樂是合一的，樂與禮是合一的。春秋末業，新聲起來了。新聲是獨立的音樂，可以不必附於歌詞，也脫離了禮節的束縛。因為這種音樂受一般人歡迎，結果把雅樂打倒。戰國儒者雖極力支持古樂，卻不會講聲律，只能講一點詩義和歷史。不幸大家又沒有歷史的智識，結果只造成了許多附會。

十二、二、三

〔案〕文中說孟子所謂「王者之跡熄而《詩》亡」是「硬派定」《詩經》都是西周詩，這是不準確的。因為「王者跡熄」若指東遷，《春秋》作」為「共和以前無編年書」（章炳麟），則隱公元年距孔子之生尚一百六十餘年，此必非孟子言《春秋》之意。孟子言《春秋》是專指孔子筆削，陳靈止于定王之世，東周之詩多矣，孟子何能說三百篇皆西周之作？必不然矣。故謂「跡熄」為采詩之官廢（何焯）是可以的，謂為「遒熄」也無不可（朱駿聲）。若必謂《詩》亡」為《詩》盡於西周，而《春秋》作乃在《詩》亡二百年之後，則孟子又如何能把「《詩》亡」和「《春秋》作」二事連在一起呢？這分明是講不通的。

〔又案〕本篇為此次《詩經》討論中最有分量之作，因其所涉及的範圍，已包括了我們今日所應提出《詩經》問題的主要部分，如：三百篇何以能集合在一起，又何以能流傳下來，漢人的《詩經》學又如何形成等。作者就原始禮樂的觀點——即周人用詩的方法，來尋求問題的答案。他把周人用詩的方法分為「《詩經》本身固有的應用」和「引伸出來的應用」二類：前者如「典禮」與「諷諫」，後者如「賦詩」與言語中的引詩。這個觀點，誠然很好，足以答應若干重要事實解釋上的要求，這是本文成功的地方。不過，作者知「典禮」與「諷諫」之屬於三百篇本身固有的應用，卻不知諷諫作用之為依存於散歌散樂（即無算樂），因而對於歌謠與言情一類的詩所以能入樂的原因，仍缺乏真切的認識，遂謂情詩入樂為由於春秋的淫風；又對於漢人《詩經》學，認為乃導源於孟子的「亂斷詩」，卻不知其另有匪伊朝夕的累積因素，不能專歸責於孟子。且漢人的《詩經》學，與其說是受孟子影響的「信口開河」，毋寧說是戰國、秦、漢之儒對於《詩經》一種有目的的綜合解釋。又關于春秋時「賦詩」之引用「淫詩」問題，文中也無積極的見解，所以對於孔子的「思無邪」之義，也無一語涉及，僅於答朱鴻壽詢及子太叔等賦〈野有蔓草〉「取什麼義」的信中說了一句：「這也不過是好德如好色的意思。」（《小說月報》十四卷十一月號）這都是本文美中不足的地方。

（2）胡適：談談《詩經》

胡適論《詩經》的文字不多，所以民十四年九月他在武昌大學關于《詩經》的演講紀錄〈談談詩經〉，便成為他論《詩》的僅見專文

了。此文對於《詩經》和禮樂的原始關係一概不談，而專從漢以後的
《詩經》談起，這是它和顧文最大的差別。胡文云：

　　《詩經》有十三國的《國風》，只沒有《楚風》。在表面上看
來，湖北這個地方，在《詩經》裏似乎不能佔一個地位。但近來一
些學者的主張，《詩經》裏面有《楚風》，不過沒有把牠叫做《楚
風》，叫牠做《周南》《召南》罷了。所以我們可以說，《周南》《召
南》就是《詩經》裏面的《楚風》。

　　我們說《周南》《召南》就是《楚風》，這是有證據的。我們試
看看《周南》《召南》，有許多提及江水、漢水、汝水的地方，像
「漢之廣矣」、「江之永矣」、「遵彼汝墳」這類的句子。漢水、江水、
汝水的流域不是後來所謂「楚」的疆域嗎？所以我們可以說《周
南》《召南》大半是《詩經》裏面的《楚風》了。

　　我覺得用新的科學方法來研究古代的東西，確能得著很有趣味
的效果。在今日研究古書，方法最要緊。我今天講《詩經》，也是
貢獻一點我個人研究古書的方法。在我未講研究《詩經》的方法以
前，先講對於《詩經》的幾個基本概念。

　　（1）《詩經》不是一部經典。《詩經》不是一部聖經，確實是
一部古代歌謠的總集，可以做社會史的材料，可以做政治史的材
料，可以做文化史的材料。萬不可以說牠是一部神聖經典。

　　（2）孔子並沒有刪詩，「詩三百篇」本是一個成語。

　　（3）《詩經》不是一個時代輯成的。《詩經》裏面的詩是慢慢
收集起來的：最古的是《周頌》，次古的是《大雅》，再遲一點是
《小雅》，最遲的就是《商頌》、《魯頌》、《國風》了。《大雅》、《小
雅》大半是後來的文人做的，真的幾首並有作者的姓名。《國風》
是各地散傳的歌謠，由古人收集起來的。《詩經》裏包含的時期，

約在六七百年的上下。所以《詩經》不是那一個人輯的,也不是那一個人做的。

（4）《詩經》的解釋。《詩經》到了漢朝,真變成了一部經典。漢朝的齊、魯、韓三家對於《詩經》都加上許多的附會,講得非常的神秘。《詩經》到了這個時代,簡直變成一部神聖的經典。後起的毛公對於《詩經》的解釋,又把從前的推翻了,另找一些歷史上的——《左傳》裏面的事情——證據做一種新的解釋。他研究《詩經》的見解比齊、魯、韓三家確實是要高明一點。到了東漢,鄭康成讀《詩》的見解比毛公又要高明。所以到了唐朝,大凡研究《詩經》的人都拿《毛傳》《鄭箋》做底子。到了宋朝,出了鄭樵和朱子,他們研究《詩經》又打破了毛公的附會,由他們自己作解釋。他們這種態度,另外成了一種宋代的體裁。清朝講學的人都是崇拜漢學,反對宋學的,他們對於考據訓詁是有特別的研究,但是沒有什麼特殊的見解。但在那個時候研究《詩經》的人,確實出了幾個比漢、宋都要高明的,如著《詩經通論》的姚際恆,著《讀風偶識》的崔述,著《詩經原始》的方玉潤,他們都大膽地推翻漢、宋腐舊的見解,研究《詩經》裏面的字句和內容。照這樣看起來,二千年來《詩經》的研究確實一代比一代進步的了。

《詩經》的研究雖說是進步的,但是都不徹底,大半是推翻這部,附會那部;推翻那部,附會這部。我們應該拿起我們新的眼光,好的方法,多的材料,去大膽地細心地研究。這是我們應取的態度,也是我們應盡的責任。

上面把我對於《詩經》的概念說了一個大概,現在要談到《詩經》具體的研究了。研究《詩經》大約不外下面這兩條路:

（第一）訓詁　用小心的精密的科學的方法,來做一種新的訓詁工夫,對於《詩經》的文字和文法上都從新下註解。

　　（第二）解題　大膽地推翻二千年來積下來的附會的見解；完全用社會學的、歷史的、文學的眼光從新給每一首詩下個解釋。所以我們研究《詩經》，關於一句一字，都要用小心的科學的方法去研究；關於一首詩的用意，要大膽地推翻前人的附會，自己有一種新的見解。

　　現在讓我先講方法，再來講訓詁罷。

　　清朝學者最注意訓詁，如戴震、胡承珙、陳奐、馬瑞辰等等，凡他們關於《詩經》的訓詁著作，我們都應該看的。戴震兩個高足弟子，一是金壇段玉裁，一是高郵王念孫及其子引之，都有很重要的著作，可為我們參考的。

　　前人研究《詩經》都不講文法。清代學者，對於文法，就曉得用比較式來研究。

　　如「終風且暴」，前人註是──終風，終日風也。但王念孫父子把「終風且暴」來比較「終溫且惠」，就可知這樣解是不通了。

　　又如「言」字，漢人解作「我」字，自是不通的。我也用比較歸納的方法，把《詩經》中含有「言」字的句子抄集起來，便知「言」字究竟是如何的用法了。（看我的〈三百篇言字解〉）

　　上面是把虛字當作代名字的（案〔編案：此為何定生所加案語〕：即謂漢人把虛字的「言」字當作代名字的「我」字解，下仿此）。再把地名當作動詞的，如「胥」本是一個地名。宋人解為「胥，相也」，誤認做「相度」的意思，這也是錯了。《大雅》〈篤公劉篇〉有「于胥斯原」一句，《毛傳》說：「胥，相也。」《鄭箋》說：「相此原地以居民。」但此詩寫公劉經營的三個地方，寫法是一致的：

　　（1）于胥斯原。

（2）于京斯依。

（3）于豳斯館。

我們比較這三句的文法就可以明白「胥」是地名了。〈緜〉篇中說太王「爰及姜女，聿來胥宇」，胥就是這個地名。

　　還有那個「于」字在《詩經》裏面是一個很發生問題的東西。漢人也把牠解錯了，他們解為「于，往也」。例如《周南》〈桃夭〉的「之子于歸」，若和別的句子來比較解釋，如〈葛覃〉的「黃鳥于飛」，《大雅》〈卷阿〉的「鳳凰于飛」，《邶風》的「燕燕于飛」，解為「往飛」，這不是不通嗎？所以，我可以說，「于」字等於「焉」字，作「於是」解。但在上古文法裏，這種文法是倒裝的。「歸焉」成了「于歸」；「飛焉」成了「于飛」。「黃鳥于飛」解為「黃鳥在那兒飛」就可通了。

　　又「以」字也有問題。如《召南》〈采蘩〉說：

于以采蘩？于沼于沚。于以用之，公侯之事。

「以」字等于「何」字，作「那兒」解就通順了。

　　《詩經》中的「維」字也很費解。這個「維」字，在《詩經》裏面約有兩百多個。從前的人都把牠解錯了。我覺得這個「維」有好幾種用法。最普通的一種是應作「呵！呀」的感嘆詞解。如《召南》〈鵲巢〉的：

維鵲有巢，維鳩居之。維鵲有巢，維鳩方之。

若拿「呵」字來解釋這一個「維」字，就是「呵，鵲有巢！呵，鳩去住了！」

　　我希望大家對於《詩經》的文法細心地做一番精密的研究。清朝的學者費了不少的時間，終究得不著圓滿的結果，也就是他們缺少文法上的知識和虛字的研究。

　　現在要談談《詩經》每首詩的用意如何，應怎樣解釋才對，便到第二條路的解題了。

　　《詩經》的《國風》裏多是男女感情的描寫，一般經學家多把這種普遍真摯的作品勉強拿來安到什麼文王武王的歷史上去。譬如《鄭風》二十一篇，有四分之三是愛情詩，《毛詩》卻認《鄭風》與男女問題有關的只有五、六篇。〈關雎〉明明是男性思戀女性不得的詩，朱子卻胡說八道，在《詩集傳》裏說什麼「文王生有聖德，聖女姒氏以為之配」。

　　好多人說〈關雎〉是新婚詩，也不對。〈關雎〉完全是一首求愛詩。他用了種種勾引女子的手段，友以琴瑟，樂以鍾鼓，這完全是初民時代的社會風俗，並沒有什麼希奇。意大利西班牙有幾個地方，至今男子在女子的窗下彈琴唱歌，取歡於女子。中國的苗民，還保存這種風俗。

　　〈野有死麕〉也同樣是男子勾引女子的詩。初民社會的女子多喜歡男子有力能打野獸，故第一章「野有死麕，白茅包之」，寫出男子打死野鹿，包以獻女子的情形。「有女懷春，吉士誘之」，便寫他的用意了。此種求婚獻野獸的風俗，至今有許多地方的蠻族還保存著。

　　「嘒彼小星」一詩，是寫妓女生活最古的記載。我們試看《老殘遊記》，可見黃河流域的妓女送鋪蓋上店陪客人的情形。〈茉莒〉沒有多深的意思，是一首民歌。〈著〉詩是一個新婚的女子出來的時候叫男子暫候，看看她自己裝飾好了沒有，顯出了一種很艷麗細膩的情景。

　　總而言之，你要懂得《詩經》的文字和文法，必須要用歸納比較的方法。你要懂得三百篇中每一首的題旨，必須撇開《毛傳》、《鄭箋》、《朱注》等等，自己去細細涵咏原文。但你必須多備參考比較的材料，你必須多研究民俗學、社會學、文學、史學。你的比較材料越多，你就覺得《詩經》越有趣味了。

〔案〕胡文談《詩經》雖是從漢代談起，有一個觀念卻是有原始意義的，那就是說「《詩經》不是那一個人輯的，也不是那一個人做的」。這是一個很重要的觀念，根據這個觀念，於是孔子刪詩之說，便不足辨了。又文中強調研究《詩經》要講文法，這也是很切要的，應該提倡的。至於用社會學的眼光來解詩，如說「〈關雎〉完全是一首求愛的詩」，這自然是可以的；但若想像著意大利人、西班牙人到女子窗口彈吉他，來解釋「琴瑟友之」或「鍾鼓樂之」為我們「初民社會」的「吉士」勾引女子的手段，那恐怕便不免要跟「〈葛覃〉詩是描寫女工人放假急忙要歸的情景」的說法一樣好笑了（胡文於民十四年初次發表時原有〈葛覃〉一條的，後來於編入《古史辨》時才刪去）。又解「野有死麕，白茅包之」為初民社會「男子打死野麕，包以獻女子的情形」，也是很有問題的。因為照文法講，既然拿了死鹿來獻給女子，便已是公開的事，則下文何能說是「吉士誘之」？所以朱子釋此二句為「興」是有道理的。毛鄭的錯誤就在把它作「賦」看，所以毛說「野有死麕」是「群田之獲而分其肉」；鄭玄看出破綻來才又說「貞女欲吉士裹束田者所分鹿肉為禮而來」[4]，不但文字條理不通，且小終無法說通下文

4　〔編案〕《鄭箋》原文為：「貞女之情，欲令人以白茅裹束野中田者所分麕肉，為禮而來。」何氏所引文句，略有刪節。

的「誘」字；不想胡氏仍欲蹈毛鄭的覆轍！至於解〈小星〉一
詩為描寫古代妓女生活，更不妥，理由已詳「導言」中。且
「夙夜在公」又如何能解作「狹邪遊」呢？

〔又案〕《二南》為楚詩，此意宋人已前發之。王應麟引林光朝云：
「詩之萌芽，自楚人發之，故云江漢之域，詩一變而為楚
詞」。[5]梁啟超謂《二南》為「春秋後半期的南方民族作品」，
也是此意。[6]

（3）顧氏、錢氏[7]：論《詩經》的輯集

顧氏在他的〈讀詩隨筆〉中論《詩經》的輯集云[8]：

今本《詩經》的輯集，必在孔子之後。觀《論語》所引詩並不
多，「而素以為絢兮」之句已不存，「唐棣之華」全首已不載。「唐
棣之華」一首尚可說是孔子不以為然，所以刪去；至於「素以為
絢」正是「繪事後素」的好證據，子夏因此悟於「禮後」之說，孔
子更是極口稱道他的，這為什麼要刪去呢？《論語》輯集已在孔子
後多時，而與今本《詩經》尚不同，可見今本《詩經》的輯集必更
在《論語》之後了。《孟子》引詩與今本無異同，則《詩經》輯集
必在《孟子》以前。我們可以假定這書是戰國中期的出品。

5　〔原註〕宋・王應麟：《困學紀聞》《詩》「艾軒」條。

6　〔原註〕梁啟超：《古書真偽及其年代》卷二第三章。

7　〔原註〕錢玄同，河北人（編案：錢氏為浙江吳興〔今湖州市〕人），北京大學、
北平師範大學教授，嘗師事章太炎、崔適。

8　〔原註〕本隨筆原載民十二年《小說月報》十四卷一月號至三月號。這裏所錄是隨
筆的第一則。

錢玄同與顧氏論此事云：[9]

　　《詩》是一部最古的總集。其中小部分是西周底詩，大部分是東周（孔丘以前）底詩。什麼人輯集的，當然無可考徵了。至於輯集的時代，我卻以為在孔丘以前，孔丘說「《詩》三百」、「誦《詩》三百」，則他所見的已是編成的本子了。先生說「《詩經》的輯集必在孔子以後，孟子以前」，引今本無「素以為絢兮」一句，又無「唐棣之華」全首，為輯集於《論語》之後之證。我看似未必然。子夏所問並非〈碩人〉之詩。〈碩人〉第二章，句句都是描寫莊姜底身體之美，末了決不能有「素以為絢兮」一句。這一定是別一首詩，但「巧笑」二句與〈碩人〉偶同罷了。此詩後來全首亡逸。「唐棣」一詩也是全首亡逸。「素絢」為孔丘所稱道，固不應刪去；即「唐棣」雖為孔丘所不取，然今本無有，亦非有意刪去。乃是偶然亡逸的。有亡逸，也許還有增竄。例如〈都人士〉底首章，惟《毛詩》有之；不知是本有而三家亡逸呢，還是本無而三家據《左傳》（襄十四）、《禮記》（〈緇衣〉）、賈誼《新書》（〈等齊〉篇）增竄呢。但雖有亡逸或增竄，總是原本子的變相，不能說它們是兩個本子。

〔案〕顧氏棄《論語》「《詩》三百」、「誦《詩》三百」的強固證據不用，卻專取「素以為絢兮」和「唐棣之華」的單薄論據，來作反面的假設，無形中為刪詩說張目，這個選擇證據的態度和心理，也是很可怪的。錢氏的方法就健全多了，但論二詩之亡

9　〔原註〕錢氏此論見十二年五月二十五日〈答顧頡剛先生書〉中，原載民十二《讀書雜志》第十期，十五年編入《古史辨》第一冊中編中。

逸，也只有可能性而無必然性。又錢氏論〈都人士〉乃取自魏
源《詩古微》〈齊魯韓毛異同論〉篇。

（4）張氏：《詩經》是孔子所刪定的嗎[10]

孔子刪《詩》問題，二千年來，已迭有討論，張文乃屬舊事重
提。惟原文辭極繁冗，茲照原舉六條，隱括大意如下：

（一）刪《詩》說倡始於司馬遷，謂「古者詩三千餘篇，孔子取
可施於禮義者……三百五篇」。

（二）孔穎達最先表示反對，他說：書傳所引之詩，見在者多，
亡逸者少，則孔子所刪，不容十分去九。司馬遷古詩三千餘篇，未可
信也。

（三）清儒江永〔以〕為：詩中既有淫詩，可見孔子未嘗刪《詩》。

（四）崔述以為舊說列國之風，皆周太史所采，采詩至陳靈五百
年，何以前三百年所采殊少，後二百年所采獨多？又何以獨九國有
風，餘皆無之？若曰孔子所刪，則成康盛世，孔子何以盡刪其盛而存
其衰？

（五）宋儒葉適云：「《論語》稱《詩》三百，本謂古人已具之
詩，不應指其自定者言之。然則詩不因孔子而後刪矣。」

（六）《左傳》季札觀樂所歌風詩，無出十三國之外者，時孔子
尚不滿十歲，自然不能刪《詩》。

不用說，作者是站在反刪《詩》立場的，理由則取（五）、（六）兩條。

〔案〕觀上述六條，除（一）說外，其餘五條，皆屬反說──雖反說

---

10 〔原註〕本文原載十五年《北京大學研究所國學門月刊》第一卷第二期，作者張壽
林。（編案：此文原題作〈詩經是不是孔子刪定的？〉）。

意見還不盡于此[11]，但就儘夠否定（一）說的存在了。但奇怪就在這裏：儘管（一）說不足信，而二千年來學者之篤信（一）說者仍佔絕大多數。足見一般心理，寧可信假託的孔子，也不願支持後人的真理由。這正和明知《詩序》是東漢的衛宏所作，卻仍然甘心去相信什麼出于子夏或孔子的假託一樣。所以刪《詩》雖然是個古老的問題，事實上仍然值得提出來。

（5）俞氏：論《商頌》年代[12]

俞文也是個舊題新論。《國語》及《毛詩序》皆以《商頌》為商詩，而《史記》（《魯詩》說）和《韓詩》說都以《商頌》為宋詩，這是二千年前已經存在的看法。俞文就其：（一）與《周頌》繁簡的差異，（二）與《魯頌》一樣的舖張，和（三）「奮伐荊楚」一事與宋襄的關係來下結論云：「說這詩為頌宋襄公，總比較近似。」文末又有顧氏的案語，略以《左傳》僖四年齊宋等七國伐楚事，《史記》〈十二諸侯年表〉為宋桓公二十六年，越五年而桓公薨，襄公立，就時間看來，《魯頌》的〈閟宮〉與《商頌》的〈殷武〉，可能即為「同記追隨齊桓公伐楚事」云。

〔案〕《商頌》之為宋詩，王國維曾舉出三證云：（一）〈殷武〉詩中「陟彼景山」的「景山」，即在宋都。（二）稱「殷」，稱「湯」，稱「烈祖」，稱「武王」，皆與卜辭不同。（三）詩中語句多與商詩相襲，如〈那〉之「猗那」即《檜風》〈萇楚〉之

---

11 〔原註〕魏源論逸詩問題：「今考《國語》引詩三十一條，逸者僅一條；《左傳》引詩二百十七條，逸詩不過二條；列國公卿引詩百有一條，而逸詩不過五條；列國宴享歌詩贈答七十餘條，而逸詩不過三條。」其詳見《詩古微》〈夫子正樂論中〉。

12 〔原註〕此文原載俞平伯的《雜拌兒》一書中，民二十年編入《古史辨》第三冊。（編案：此文原題作〈論商頌的年代〉。）

「猗儺」、《小雅》〈隰桑〉之「阿難」;〈長發〉之「昭假」,即
〈雲漢〉之「昭假」、〈烝民〉之「昭假」;〈殷武〉之「有截其
所」,即〈常武〉之「截彼淮浦,王師之所也」。又如〈烈祖〉
之「時靡有爭」與〈江漢〉句同;「約軝錯衡,八鸞瑲瑲」與
〈采芑〉句同。凡所同者,皆宗周中葉以後之詩。案:王氏後
二證,傅孟真師也認為「精確不移之論」(〈魯頌商頌說〉)。故
《商頌》之為宋詩,早有強固論據,俞文便轉覺空疏了。不過
王氏據揚雄「正考父睎吉甫」的話,故謂《商頌》為「宗周
時」詩(《古史新證》),則又由於誤信《韓詩薛君章句》所謂
《商頌》為正考父所作之故。故孟真師云:「《史記》、《韓詩》
以《商頌》為襄公時者則是,以為即正考父作者則非。」師說
是也。又魏源〈商頌魯韓發微〉有詳瞻論證。

(6) 陳槃[13]:《周南》《召南》與文王之化[14]

陳文論《二南》與所謂文王之化的關係為純然是漢人所造出來,
實際並不如此。它這樣寫道:

《二南》二十五篇,除〈關雎〉與〈汝墳〉兩篇是河南北部的
「土產」,和〈何彼襛矣〉一篇為東都近畿的作品外,其餘大部分都
可信為江漢民族的文學。在古史上,據我所知道的,似乎荊楚民族
在春秋中葉以前並沒有和周室發生「親密」的關係:
　　(甲)《詩》〈殷武〉:「奮伐荊楚,深入其阻。」

---

13 〔原註〕陳槃,廣東人,時在國立中山大學肄業。

14 〔原註〕本文原載民十七年七月《國立中山大學語言歷史研究所週刊》第四集第卅
　　七期,文長約六千餘言,茲節取千餘言。(編案:此文原題作〈周召二南與文王之
　　化〉。)

（乙）《小雅》〈采芑〉：「蠢爾荊蠻，大邦為仇。」

（丙）《魯頌》：「荊舒是懲。」

（丁）周昭王南征不返。

（戊）《孟子》：「南蠻鴃舌之人，非先王之道。」

（己）《史記》載西周時楚子熊渠及春秋初楚武王之言曰：「我蠻夷也！」

從這種史上，兩下民族關係之惡劣已然如此，則其沒有「親被文王之化」，不言可喻了。只有鄭獸子要彌縫《二南》王化之說，所以造下了一段謠言云：「至紂，又命文王典治南國，江、漢、汝旁之諸侯，〔於時，〕三分天下有其二，……故雍、梁、荊、豫、徐、揚之人，被其化而從之。」（〈周南召南譜〉）不知何所據而云然！現在存在的周初史料，只有《尚書》的《周書》比較可靠，但也真偽參半，大約〈康誥〉是可信的：「我西土惟時怙冒。」這是武王的自白，我們可信以為真。可見其統領的不過鎬京附近的幾個諸侯。〈牧誓〉則於「西土之人」外，加入「庸、蜀、羌、髳、微、盧、彭、濮人」了。〈牧誓〉平淺，不似西周初年作品。而「盧、濮」兩族，俱係苗蠻種。據梁任公先生考定，以湖南、江西、廣西、貴州、雲南等省為出沒之地（見梁著：《中國歷史上民族之研究》）。據以上的關係看，可見《二南》和什麼「文王之德」、「后妃之化」等絕不發生關係。這關係是什麼人「造」成的？是「毛學究、鄭獸子」造成的。至於他們為什麼會誤會《二南》為文王時詩，親被文王之化呢？原因是：

（一）《二南》二十五篇中，〈關雎〉、〈葛覃〉、〈卷耳〉、〈鵲巢〉、〈采蘋〉、〈采蘩〉，〈騶虞〉諸篇見於《儀禮》〈鄉飲〉、〈燕〉〈射〉等篇；他們相信《儀禮》是周公作的，所以也就相信《二南》之詩不當是周公以後之作了。

（二）孔子刪詩（《史記》）。

（三）孔子定四始（《史記》）。

卻不知《儀禮》是戰國時人偽託（《讀風偶識》），孔子刪《詩》定詩的話也是他老不虞之譽。陸奎勳說得好：

> 雅言之教，以《詩》為首。舉其數曰三百，揭其要曰「思無邪」，備其功用曰「興、觀、群、怨、事父、事君、多識鳥、獸、草、木。其散于《孝經》、戴記、諸子百家者，不可殫述。能知聖人言詩之妙，雖廢史遷刪詩之說可也（《詩學總論》）。

陳文論《二南》來源和性質云：

> 《二南》是東遷以後的詩，那時江漢民族與東都洛邑，南北遙遙相對。周自西周以來，競尚「雅」樂，荊楚民族自成風氣，周公把它採輯起來，譜入樂章，成為一種「南」樂。周公採的，冠以周字；召公採的，冠以召字，這就成功《周南》、《召南》了。不過采詩的周公、召公，非西周時的周公、召公，乃春秋時的周公、召公耳。
>
> 現在讓我們試用民間文藝的眼光，把這二十幾篇東西清理一下，分成下列各組，每組為一類：
> 甲組，戀歌——〈關雎〉、〈漢廣〉和〈野有死麕〉屬之。
> 乙組，勞人思婦，怨女曠夫遣情之作——〈卷耳〉、〈汝墳〉、〈草蟲〉、〈殷其雷〉、〈摽有梅〉和〈江有汜〉等屬之。
> 丙組，社會文學——〈葛覃〉、〈桃夭〉、〈麟趾〉、〈兔罝〉、〈鵲巢〉、〈甘棠〉、〈行露〉、〈羔羊〉、〈小星〉等屬之。

丁組，勞工之歌——以〈芣苢〉、〈采蘋〉、〈采蘩〉三篇屬之。

此類歌謠，做工的人一邊做著，一邊唱著。

戊組，應用的文學——以〈樛木〉和〈螽斯〉屬之。

最後陳文論解《詩》云：

我最佩服鄭樵解《詩》。因為鄭氏能用文藝的眼光，擺脫一切傳、箋、注、疏的束縛，所以對於《詩經》有獨到的見解。胡適之先生說《詩》，也往往新穎可喜。如解〈小星〉為妓女求歡的描寫，解〈葛覃〉為女工人放假急忙要歸的情景，〈麟趾〉是譏誚當時一班少爺公子等是。顧頡剛師解〈騶虞〉篇為「詩人看見射者之一射而殺五犯，以為殘忍之道，所以作詩以傷之」，謂《鄭箋》的「戰禽獸之命，仁心之至」和「于嗟者，美之也」，真是夢話。可謂痛快。

〔案〕本文重點，顯然是調和宋、清學人之說，謂《二南》為荊楚文學，周人譜入樂章，以為南樂，以今日的眼光看來，自然是近於事實的。惟解《詩》態度，雖脫盡傳統束縛，卻未必便得真際。例如對於胡適氏解〈葛覃〉、〈小星〉等詩表示欣賞，便無異方從漢人的附會陰影中出來，卻又進入另一種新的附會裏去；這也許是今日解《詩》新風氣的一般趨向了。

二 《詩序》問題

（7）鄭氏：讀《毛詩序》[15]

鄭振鐸的〈讀毛詩序〉一文，是專為攻擊《毛詩序》而作。它的主要論點是：

> 在重重疊疊壓蓋在《詩經》上面的註解的瓦礫裏，《毛詩序》是一堆最沉重，最難掃除，而又必須最先掃除的瓦礫。雖然齊、魯、韓三家所說的詩不比《毛詩序》所說的更好些，然而《三家詩》的勢力究竟不大；到了《毛詩》專行，《三家傳》漸漸逸亡，更是無人注意他們了。朱熹是一個攻擊《毛詩序》最力的，而且是第一個敢把《毛詩序》從《詩經》裏分別出來的人，而實際上除了把《國風》的「風」字解作「風謠」，認為《鄭風》是淫詩，與《詩序》大相違背外，其餘許多見解，仍然是被《詩序》所範圍。所以我們要攻《詩集傳》，仍然須先攻擊《毛詩序》。

鄭文又說：

> 《毛詩序》最大的壞處就是在於他的附會詩意，穿鑿不通。三百五篇序中，幾乎百分之九十以上是附會的，是與詩意相違背的。

他引朱子云：

---

15 〔原註〕本文原載民十二年一月《小說月報》十四卷一號。

　　朱子說：「《詩序》實不足信。……詩人假物興辭，大率將上句引下句，如〈行葦〉『勿踐履，戚戚兄弟，莫遠具爾』，行葦是比兄弟，勿字乃興莫字。此詩自是飲酒會賓之意。序者卻牽合作周家忠厚之詩，遂以行葦為仁及草木。如云『酌以大斗，以祈黃耇』，亦是歡合之時，祝壽之意。序者遂以為養老乞言。豈知祈字只是祝頌其高壽，無乞言意也。」（《朱子語類》卷八十）

又論《詩序》美刺之矛盾云：

　　《詩序》所謂美刺是沒有一定的標準的。譬如兩篇同意思甚至詞句相似的詩，在《周南》裏是美，在《鄭風》裏卻會變成是刺。或同在《衛風》或《小雅》裏的詩，歸之武公或宣王是美，歸之幽王厲王便是刺。例如同為祭祀之歌，〈楚茨〉在《小雅》裏，不幸被《序》派定作幽王時的詩，便是刺詩。〈鳧鷖〉因為是在《大雅》裏，《序》便美之曰「守成也」。又如〈關雎〉和〈月出〉、〈澤陂〉都是情詩，但〈關雎〉因為在《周南》就是「后妃之德」，〈月出〉、〈澤陂〉因為在《陳風》，便是「刺好色」、「刺時」了。還有很可笑的，下面八首詩字句很相似：《召南》〈草蟲〉、《王風》〈采葛〉、《鄭風》〈風雨〉、《秦風》〈晨風〉、《小雅》〈菁菁者莪〉、《小雅》〈裳裳者華〉、《小雅》〈都人士〉、《小雅》〈隰桑〉，這八首詩的意思也差不多都是很相同的。但〈草蟲〉因為是在《召南》，《序》便釋之為「大夫妻能以禮自防」，〈晨風〉本在《秦風》，便說是「刺康公」了。〈菁菁者莪〉則釋之為「樂育材也」；〈裳裳者華〉和〈隰桑〉便都是「刺幽王」，「小人在位」了。尤好笑的是，說〈采葛〉的「一日不見，如三月兮」是「懼讒也」，而〈都人士〉也都是「我不見兮，我心不說」，卻成為「周人刺衣服無常」了。

又〈風雨〉一詩，明明白白的說「既見君子，云胡不喜」，而《詩序》卻故意轉灣釋為「亂世則思君子不改其度焉」。《詩序》的精神在美刺，不料美刺卻是如此的無標準，如此的互相矛盾，如此不顧詩文，隨意亂說！

《詩序》這種矛盾，也有人替為辯護說是《序》的由來已久，其說必有所據，所以鄭文又云：

> 《詩序》決非古已有之。《詩序》作者為何人，自漢迄宋，議論紛紜，莫衷一是。比較有根據的有三說：（一）是子夏作，（二）是衛宏作，（三）是子夏毛公衛宏合作。但最可靠的還是第二說。因為《後漢書》〈儒林傳〉明明白白的說：「衛宏從謝曼卿受學，作《毛詩序》，善得風雅之旨，至今傳於世。」范蔚宗離衛敬仲不遠，所說不至無據。且即使《詩序》不是衛宏作，其作者也決不會在毛公衛宏以前。有許多證據都可以判定《詩序》是後漢的產物。所以總括起來，《毛詩序》是後漢的人雜採經傳，以附會詩文，與明豐坊之偽作《子貢詩傳》，以己意釋《詩》是一樣的。

〔案〕本文見解，大致是和顧頡剛的見解一致的，所以其中有一部分的舉例，還是顧先生供給的。原文長近萬言，而文筆軟弱，還遠不如顧氏〈毛詩序之背景與旨趣〉一文的精警深切，另詳顧文中。

（8）顧氏：《毛詩序》之背景與旨趣[16]

顧先生論《詩序》云：

《詩序》者，確定《詩》三百篇的時代，使其可合于史事者也。以詩證史，本無不可；特如《詩序》之以詩證史之方法則大不可耳。《詩序》之方法如何？曰：彼以政治盛衰，道德優劣，時代早晚，篇第先後之四事納之於一軌。凡詩篇之在先者，其時代必早，其道德必優，其政治必盛。反之，則一切皆反。在善人之朝，不許有一夫之愁苦；在惡人之朝，亦不容有一人之歡樂。善與惡之界畫若是其明且清也。夫惟被之善惡不繫于詩之本文而繫于詩篇之地位，故《二南》，彼以為文王周召時詩，文王周召則聖人也，是以雖有〈行露〉之獄訟而亦說為「貞信之教興」，雖有〈野有死麕〉之男女相誘，而亦說為「被文王之化而惡無禮」。《小雅》之後半，彼以為幽王時詩。幽王則暴主也，故雖有「以饗以祀」之〈楚茨〉而亦說為「祭祀不饗」；雖有「兄弟具來」之〈頍弁〉而亦說為「不能宴樂同姓」。其指鹿為馬，掩耳盜鈴之狀至為滑稽。二千年來，儒者乃日誦而不悟。鄭玄為作《毛詩譜》，何楷為作《詩經世本古義》，凡此《序》之所定，悉信為實錄，且為之作更清楚之年代表。雖有鄭樵、朱熹之徒痛加捶擊，終不為人所信，皆曰「彼必有所傳」焉。夫彼何傳之有！《詩序》者，東漢初衛宏所作，明著于《後漢書》。當東漢之時，《左傳》已行矣，故〈碩人〉、〈載馳〉、〈清人〉、〈新臺〉諸篇之義悉取于《左傳》。《史記》亦已行

---

16 〔原註〕本文原載《國立中山大學語言歷史研究所週刊》第十集第一百二十期，為顧先生在該校所編《上古史講義》之一段，研究所編輯劉君錄出發表，為加標題成為單篇，後來又編入《古史辨》第三冊。

矣，故《秦》、《陳》、《曹》諸國風詩得以《史記》所載之世家立說。若《檜》、《魏》等風，無復可以依傍者，遂惟有懸空立說而不實指其詩中之人，學者不察《後漢書》明著之文，反益推而上之，或謂（《序》）為子夏所作，或謂孔子所作，或謂國史所作，或謂詩人所自作，遂使臆測之誤竟成事實，登之史冊，如〈黍離〉之篇，孰不以為周大夫過故宮而傷感者，而不知其全無此事也。然此例亦非衛宏所開，西漢時《魯詩》、《韓詩》亦時有短序，衛宏承其流而擴大於《毛詩》耳。漢代人最無歷史常識，最敢以己意改變歷史，而其受後世之信仰乃獨深，亦可歎也。

〔案〕顧文論點是：（一）《毛詩序》的方法是以「篇第先後」為「時代早晚、道德優劣、政治盛衰」的標準，「凡詩篇之在先者，其時代必早，其道德必優，其政治必盛。反之，則一切皆反」。（二）《毛詩序》乃東漢初衛宏所作，已明著於《後漢書》，即漢以來人乃必欲推而上之謂為子夏所作，或孔子所作，或國史所作，或詩人所自作。就上述兩點，即足以道出《毛詩序》背景的隱微，也充分說明了二千年來尊《序》者篤於信古以致甘於自欺的心理。這種心理可能也就是漢人託古改制思想的另一種表現吧。

三　專書討論

（9）顧氏：重刻《詩疑》序

這是顧氏為了把王柏的《詩疑》一書編入《辨偽叢刊》而寫的序

文。[17]前半篇泛論淫詩問題及王氏「放淫詩」的功罪，後半篇才專就《詩經》一書作分析的研究。這裏所著錄自偏重後半部。顧序云：

> 我對于這本書的見解，以為他敢赤裸裸地看《詩經》，使久已土蝕塵封的古籍顯現些真相，這是他的功。但因為顯現了真相，他便以為有若干篇是應當早被聖人放絕的，就要代行孔子的職權，將《詩經》刪掉許多，這是他的罪。幸而宋代的理學家還未操著極大的權威，王柏還不是理學家中的正統人物，他僅有這一個擬議而已，否則這幾十篇詩已不再見於《詩經》了。

> 王柏這部著作，不信毛鄭的《傳》《箋》，不信衛宏的《詩序》，也不信《左傳》中的記事，甚至連他太老師朱熹的話也不服從，而單就《詩經》的白文致力，這是在過去的學術界中很不易見到的。因為這樣，所以他會得使用以下的幾種方法：

> 第一，他能把經中各篇相互比較，尋出其變遷和脫落的痕跡。例如：〈泉水〉與〈竹竿〉有甚多相同或相似字句，疑出於一婦人之手。今分為二國風（今案：〈泉水〉在《邶》，〈竹竿〉在《衛》）甚可疑。又〈下泉〉（《曹》）末章，全與上三章不類，乃與《小雅》中〈黍苗〉相似，疑錯簡。〈谷風〉夫婦相棄，故有「毋逝我梁」等四句。〈小弁〉亦有此四句，既與前意不貫，亦非所以戒父也，疑漢儒妄補。

> 第二，雖在本經中得不到比較材料，但其他古書中有引用《詩經》的文字的，也可利用這些間接材料以推求今本的竄亂的痕跡。例如〈行露〉前章與下二章全不貫，句法體格亦異，每竊疑之。後

---

17 〔原註〕顧氏於民十一年校讀《詩疑》。至十九年始將該書編入所編的《辨偽叢刊》中，這篇序文就是那時候寫的。文長約六千字。民二十年又把它編入《古史辨》。

見劉向《列女傳》申人之女以夫家禮不備而欲娶之，女子不可，訟之於理，遂作二章，而無前一章，乃知前章亂入無疑。

這也是一個可以成立的假設。〈都人士〉的首章，《毛詩》獨有，三家皆無。〈般〉詩三家均有「於繹思」一句而《毛詩》獨無，也是同樣的道理。

第三，雖在本經和其他古書中得不到比較材料，但在本篇的文義上可以推知其次序的歷亂的，亦可試為整比的工作。例如（〈閟宮〉）「土田附庸」之下當以「公車」以下九句接此為一章，繼以「泰山巖巖」以下二章，倫序方整。

這是疑原文有錯簡，因以意重定其次第的。雖未必確是如此，也是學術界應有的一件事。

第四，從本經的題目的類例上，可推知其有許多錯誤的題目，又可以推知其有逸句。例如：諸詩多以篇首字為題，獨〈巧言〉於後章提兩字為題。尋他類例，則知又有〈桑中〉當曰〈采唐〉，〈權輿〉當曰〈夏屋〉，〈雨無極〉當添兩句，〈大東〉當曰〈小東〉。「小東」二字既在上，又以《小雅》之例比之，亦當曰〈小東〉，如〈小旻〉、〈小弁〉、〈小宛〉、〈小明〉是也。若以〈小東〉為題，則「有饛簋飧」當為第二章矣。〈常武〉之詩亦無「常武」二字，但有「王奮厥武」之句，恐如〈雨無正〉或逸句。又如〈酌〉，如〈賚〉，如〈般〉之頌，並無題字，恐是〈大武〉詩內之章也。

我們看了〈雨無正〉篇，《韓詩》有「雨其無極，傷我稼穡」二句，而《毛詩》無之，足見詩有逸句自是可有的事。〈雨無正〉的逸句既可在題目上推出，為什麼〈常武〉等篇就不能這樣呢？〈賚〉之「鋪時繹思，我徂維求定」，左氏宣十二年《傳》既說是〈武〉的第三章，〈桓〉之「綏萬邦，屢豐年」又說是〈武〉的第六章，則〈酌〉與〈般〉既無題字，又誇周功，自有同出於〈大武〉一篇的可能了。

這種方法，我相信以後研究《詩經》或其他古書的人是要充分地使用的。雖然不該把相傳的本子用己意改變，但是把自己研究的結果列為假設，供學術界的討論，這是極需要的。否則我們對於學問只是作古人的奴隸，那裏說得上研究呢？

這本書的著作，距今已七百年了。所以我們看來還有許多缺點：

第一，他對於《詩經》的歷史仍信孟子的話。孟子的話是最不顧客觀的真實的。如說公劉好貨，說公亶父好色，說荊舒是懲是周公，說「王者之跡熄而《詩》亡，《詩》亡然後《春秋》作」，用了《詩》與《春秋》兩書劃分兩個時代。本書〈魯頌辨〉和〈詩亡辨〉中設法為孟子圓謊，實在還不能跳出崇拜偶像的範圍。

第二，他雖有意打破《詩序》，但還免不了受《詩序》的影響。他一方面雖不信《詩序》，一方面還是提倡正變之說，屢以《正風》《正雅》為周公時詩，《變風》《變雅》為周公以後之詩。甚至《詩序》中還沒有分正變的《頌》，他也分起正變來了。

第三，他研究《詩經》，毫不理會歌聲方面而單注意於義理方面。他駁鄭樵說詩主聲不主義將使鄭衛之聲與〈天作〉〈清廟〉相混。他不知道鄭衛之聲自有它演奏的地方，〈天作〉〈清廟〉又另有它演奏的地方，不會一講聲歌就把界限消滅的。他論聲義完全是沒有經驗的臆說。他要打破《南》、《風》、《雅》、《頌》的舊次，以〈何彼襛〉、〈甘棠〉入《王風》，以《風》入《變雅》，以《變雅》入《王風》，全不知《南》、《風》、《雅》、《頌》的分別只是一個音樂的分別。

這本書不見於《宋史》本傳的著述目錄。目錄中有《書疑》，又有《詩辨說》。不知何時被人改為「詩疑」。

現在我們看得見的最早的本子，只能推通志堂本（清初刻本）。《金華叢書》本即出于通志堂本，故此書也可謂只有一個本子了。

　　王柏的學問，從來不曾給他一個確當的估量。只有黃百家能了解他。黃氏在《宋元學案》中說：

> 魯齋之宗信紫陽，可謂篤矣。……其於《詩》《書》，莫不有所更定。豈有心與紫陽異哉！歐陽子曰：「經非一世之書，傳之謬非一人之失，刊正補緝非一人之能也。學者各極其所見而明者擇焉，以俟聖人之復生也。」……然則魯齋亦攻紫陽者乎？甚矣，今人之不學也！

他惟其篤信朱熹，纔能用朱熹的方法作比朱熹進一步的研究。這纔是真正研究學問的態度。這纔是真正繼續大師工作的態度。我現在把這本書放在《辨偽叢刊》裏，是要使大家知道：宋代人的傳道，其是非雖不可知，但宋代人的治學，其方法確沒有錯。我們正應該照這個方向再向前走。所謂「學者各極其所見而明者擇焉，以俟聖人之復生也」，必須這樣做，才有聖人復生的希望。聖人不是超人，乃是承受一代一代層積的智慧的人。只要我們肯把智慧層積起來，將來的聖人正多著呢！

〔案〕顧先生此文，對於王柏《詩疑》一書的價值雖有意加以渲染，但若僅就其黜「淫詩」一事立論，則亦無甚新意，因為此義乃朱子之緒餘，所不同者，朱子存淫詩，而王柏則欲放之而已。故《詩疑》一書若果真有價值，仍在其讀《詩》的態度和方法上。前者誠如該序所說的：「王柏這一部著作，不信毛鄭的《傳》《箋》，不信衛宏的《詩序》，也不信《左傳》中的記事，甚至連他的太老師朱熹的話也不服從，而單就《詩經》的白文致力，這是在過去的學術界中很不易見到的。」至於方法

方面，〈序〉中也歸納出四點來：（一）他用詩文相比較來求其
變遷和脫落。（二）與他書比較以求其可能竄亂的痕跡。（三）
就詩文的意義求其可能的錯簡。（四）從題目類推可能錯誤的
題目。以上四種方法，〈序〉認為是以後研究《詩經》的人所
要充分利用的。這是《詩疑》一書的價值。至於王柏說《詩》
的基本觀念之離不了「衛道」，不信《詩序》而仍惑於「正
變」之說，那已是二千年來《詩經》學的傳統意識，不能專怪
王柏了。

（10）何定生[18]：關於《詩經通論》[19]

姚際恆《詩經通論》在清代《詩經》學中是一部具有獨特精神的
著作。此書頗有超越漢宋學的要求，何文似也著眼于這一點，但事實
上卻側重于其反朱態度。原文這樣寫道：

從新估價的話，在《詩》學史上，在《詩經》研究上，姚際恆
的《詩經通論》是一部難得的重要著作。姚氏的冀圖，不但要推翻
《詩序》，還想推翻反《詩序》的《集傳》。本來，自南宋以後，元
代以至明代，差不多是《集傳》勢力的清一色，而且可說是《詩》
學的革命派。但姚氏仍不滿意。他要澈底革命。他要倒朱。倒朱運
動，在清代本是時髦的。這是清代的學風，是漢學對於宋學的反
動。所以對於《詩》，就據毛鄭以倒朱。但他們倒朱之後，仍要依三
家以倒毛的。所以清代的倒朱運動，並不是《詩經》學的獨特貢

---

18 〔原註〕何定生，廣東人，時在國立中山大學肄業。
19 〔原註〕本文原載《國立中山大學語言歷史研究所週刊》第九集第九十七期，後來
編入《古史辨》第三冊。

獻，而是漢學家學問主義的表現。姚氏的倒朱不是這樣。他罵朱以
理學說《詩》，他並不要毛鄭。他罵鄭以《禮》說《詩》，他並不要
三家。換句話說，姚氏是各家中超然的一派。他要自己去敲《詩
經》的門。《詩經》的門被掩久了，大家都在家法中翻筋斗，所以
姚氏的精神的確難能而可貴。後來的崔述同方玉潤會有那樣有價值
的著作，也可以說，是繼姚氏的風氣。

　　雖然，姚氏實在也只有這樣一種可貴的精神，在事實上，他並
不比朱晦庵高明。就講《詩序》，疑《序》固然不是啟自朱熹；歐陽
修、蘇轍已不盡信《序》。且朱熹是承鄭樵、王質之緒，其膽氣尤
其是得自鄭樵。像《朱子語類》卷八十上就有這樣的話：「舊有一
老儒鄭漁仲，更不信《小序》，依古本與疊在後面。某今也只如
此。」這還是說他依鄭樵的樣子，將《序》合為一卷；重要的是：
「向見鄭漁仲有《詩辨妄》，力詆《詩序》。其間言語太甚，以為
『皆是村野妄人所作』。始亦疑之，後來仔細看一兩篇，因質之
《史記》、《國語》，然後知《序》之果不足信。」這樣，分明他是因
鄭氏的提醒才去反《序》。此外，像朱德潤題鄭夾漈《詩辨妄》
云：「文公朱氏因雪山王公質、夾漈鄭公樵，去美刺以言《詩》；又
嘗于鄭《傳》取其切于《詩》之要者以備《集傳》」；馬端臨《通
考》《經籍考》云：「按夾漈專詆《詩序》，晦庵從其說」；《四庫提
要》「毛詩正義」條：「鄭樵恃其才辨，無故而發難端，南渡諸儒，
始以掊擊毛鄭為能事。……然朱熹從鄭樵之說，不過攻《小序》
耳」；《四庫簡明目錄》云：「自朱子用鄭樵之說攻擊《詩序》，毛鄭
之學遂微。」從上面這些資料，可灼見《集傳》的淵源。所以《集
傳》之所以成為反《序》派的中心，也就是機緣好；不然，人家只
知《集傳》，不知《詩總聞》；《詩辨妄》尤其早已散佚；而朱子在
《集傳》〈序〉上，居然謂「某之病此（《序》）也久矣」，而無一語

及鄭氏，也分明有點兒掠美。但，他還會很透闢的說：「《詩
序》……有不得詩人之本意，而肆為妄說者矣。……其後三家之傳
絕而《詩說》孤行，則其牴牾之跡無可復見，故此《序》者遂若詩
人所先命題，而詩文反為因《序》以作……。」所以，在這上面，
姚氏是決不能再贊一辭的。但姚氏想徹底。他罵《集傳》「佞
《序》」。這也的確，《集傳》有許多從《序》說的。《集傳》明從
《序》，姚明駁它；《集傳》暗合《序》，姚氏暗譏它。但姚氏自己
也仍然用《序》說。例如《曹風》〈蜉蝣〉篇，《序》明謂「刺奢
也。昭公國小而迫……好奢而任小人」。姚氏去「奢」字而引為：
「〈大序〉謂刺昭公」而論之曰「第以下篇刺共公，此在共公前
也。或謂刺共公，或謂刺曹羈，皆臆測」，然後自斷曰：「大抵是刺
曹君奢慢，愛國之詞也。」明明偷了《序》的「奢」字。又《周
頌》〈小毖〉篇，他說：「〈小序〉謂嗣王求助，《集傳》謂亦〈訪
落〉之意，皆近混。」

〔案〕《集傳》〈訪落〉云：「成王……以道延訪群臣之意。」而姚氏
云：「此為成王既誅管、蔡之後，自懲以求助群臣之詩。」明
明用《序》，且兼取《集傳》！這是姚氏暗用《序》處，其明
用《序》處，更不勝枚舉了。

其次是所謂「淫詩」問題，朱子對於「淫詩」，以為只是吟詠
性情的表現，並非什麼譏刺人，所以他也不贊成美刺之說。他說：
「古人作詩，與今人作詩一般，其間也有感物道情，吟詠情性，幾
時盡是譏刺他人！只緣序者立例篇篇要作美刺說，將詩人意思盡穿
鑿壞了。且如今人見人纔做事，便作一詩歌美之，或譏刺之，是甚
麼道理！」最有趣的是：曾與東萊辨論淫奔之詩，「……若是詩人

所作譏刺淫奔，則斃州人如有淫奔，東萊何不作一詩刺之？」因為
朱子主張三百篇中有「淫詩」，故姚氏盡反之，必謂有刺淫詩而無
淫詩。其言曰：「夫子之言曰：《詩》三百，一言以蔽之，曰：思無
邪。如謂淫詩，則思之邪甚矣，曷為以此一言蔽之耶？蓋其時，間
有淫風，詩人舉其事與其言以為刺，此正思無邪之確證。何也？淫
者，邪也；惡而刺之，思無邪矣。今尚以為淫詩，得無大背聖人之
訓乎？」（〈詩經論旨〉）故《鄭風》之詩，朱子以為「淫」者十二
篇，而姚氏則以為僅〈將仲子〉與〈溱洧〉二篇「類淫詩」而已，
後者還是「刺淫者也」。又《陳風》之詩十篇，《集傳》以為淫詩者
六，姚氏卻說：「既誤解鄭聲淫，豈陳聲亦淫耶？」[20]

　　姚氏對於《集傳》，笑罵無不極至，但有時卻出于意氣。例如
〈七月〉詩「猗彼女桑」句，《孔疏》云：「猗束彼女桑而采之，謂
柔穉之桑，不枝落者，以繩猗束而采之也。」姚氏卻變其文曰：
「猗，孔氏曰『掎也，低小之桑，不斬其條，但就樹以採其葉』，
是也。」這和《集傳》的「取葉存條曰猗」又有什麼分別！但姚一
定要說：「《集傳》謂取葉存條曰猗，本蘇氏，謬！」又如《小雅》
〈魚麗〉篇，他說：「此王者燕饗臣工之樂歌。」而其罵《集傳》
則云：「《集傳》謂宴饗通用之樂歌，謬。」又如《小雅》〈車攻〉，
他說：「鄭氏謂甫草者，甫田之草也。鄭有圃田。按：甫圃同。鄭
說是田必芟草為防，故有取于圃田之草也。《集傳》直以甫草為圃
田，謬。」所以我們即說姚氏作《詩經通論》是專為罵《集傳》，
也無不可。所以此書編首的〈論旨〉謂：「愚謂遵《序》者莫若
《集傳》，蓋深刺其隱也。……要而論之，《集傳》只是反《序》中

諸詩為淫詩一著耳，其他更無勝《序》處。夫兩書角立，互有得失，則可並存；今如此，則《詩序》固當存，《集傳》直可廢也。」這纔是姚氏的真意。他的目的是在打倒《集傳》。

打倒《集傳》也好，為要打倒它，就不惜反對淫詩之說，就不惜替美刺張目，所以我說姚氏的見解不會比朱熹高明也。然則姚氏可貴的精神在那裏呢？我說，就是在他那嚴刻不輕信處。他罵《集傳》，對《集傳》刻薄，都沒有多少價值。他處處知有己，他一壁罵《集傳》，像前面所舉各例，分明和《集傳》一樣推測，推測結果也相差不多遠，但他就必抑人從己，這也沒有多少意義。惟下面一例，就真的有趣。《大雅》〈皇矣〉「度其鮮原，居歧之陽」，「鮮原」一詞，他既不從《毛傳》的「小山別大山曰鮮」和《鄭箋》的「鮮，善也」，自己又謂：「鮮原必是地名，今無考。」乃接著卻說：「或據《竹書紀年》為地名以證，此書不可信。」自己疑是地名，有人給他證明是地名，卻仍以為「不可信」。這看來雖然有點好笑，但我們可以承認這正是做學問的最高精神。因為《竹書紀年》可以是偽書，像他常常必推翻鄭玄巧合的證詩，因為鄭玄所根據的是《周禮》《儀禮》，《周禮》《儀禮》是偽書和後世之書（姚氏的話）一樣。

〔案〕姚氏以一個辨偽者的態度來面對漢以來的《詩經》學，這在背景上就已是一個真偽混淆的局面，自然處處見到真偽問題的存在，他對於傳統《詩》說之所以必兼反漢宋，原因也在于此。他最反對鄭玄以《禮》說《詩》，至謂：「人謂鄭康成長于《禮》，康成……苟使真長於《禮》，必不以《禮》釋《詩》矣！」論朱子也是如此。他說：「說《詩》不可據《禮》，《集傳》每蹈此病。」他所以如此，因為他既認為《周禮》是偽

書，固不足信；即《儀禮》也是「後世之書」，其中有許多東西根本就是從《詩經》中脫胎而來，自不足以證《詩》。《禮記》根本就是漢人著作，更不足論。所以鄭玄三分〈七月〉之詩以當《周禮》〈籥章〉的豳詩、豳雅、豳頌；朱子以〈七月〉當豳詩，疑〈楚茨〉以下四篇為豳雅，〈臣工〉、〈噫嘻〉、〈豐年〉、〈載芟〉、〈良耜〉為豳頌，姚氏並斥為「邪說」。他對於六笙詩，也認為乃漢人依《儀禮》所妄入，必為三百篇所無。他以為《儀禮》周末之書，去三百篇已遠，其歌〈鹿鳴〉諸篇，就已無關詩旨，何況六笙詩？又如《周禮》鍾師《九夏》，乃襲《左傳》〈肆夏〉及〈三夏〉，「以三作九」所附會杜撰；「祴夏」乃襲〈燕禮〉的「奏〈陔〉」，因音近增「夏」字所杜撰。故春秋時僅有一〈夏〉（即〈肆夏〉），且亦與三百篇無涉也。這樣一來，三禮所建構的《詩經》關係，差不多都被姚氏推翻，同時，《詩序》中若干禮制的憑藉，也連帶被摧毀了。又《詩序》有許多故實皆襲取《左傳》，也被姚氏一一揭穿，這是《詩經通論》在辨偽觀點上最鮮明的表現。又姚氏反駁正變之說，語也甚新。他在論及《小雅》時引「《集傳》云：雅者正也，是已。然又曰《正小雅》、《正大雅》；若是，則正小正，雅小雅，可通乎」？我稱此說為姚氏的邏輯觀點，為他人所未及，都可以說是獨特的精神，也是何文所未積極指出的。不過姚氏對於《國語》《左傳》卻無保留的相信，又為了有反朱成見有時不惜轉而從《序》。

　　再舉一例，如《小雅》〈正月〉「赫赫宗周，褒姒威之」句，《集傳》云：「蓋傷之也。時宗周未滅，以褒姒淫妬讒諂，而王惑之，知其必滅周也。或曰：此東遷後詩，時宗周已滅矣，其言『褒姒威之』，有鑑戒之意，而無憂懼之情，似亦道已然之事

而非慮其將然之辭,今亦未能必其然否也。」《集傳》之文明明先言「宗周未滅……知其必滅」,而姚乃必專據其「或曰」之文駁之,其預存成見,躍然紙上。姚氏以詩中「明有褒姒」來證其非東周詩,不知正以其「明有褒姒」才足證其為東周詩!《集傳》兼著二說,尚見其無成見;姚氏乃必欲使其為西周詩,故不惜反《集傳》以復歸於〈小序〉之固蔽,這是姚氏自與其精神相違的地方。故《詩經通論》的綜合價值,不但不會像其理論和我們所想像那麼高,事實上也並不比《集傳》高。

四　歌謠問題

（11）顧氏：從《詩經》中整理歌謠的意見[21]

歌謠與非歌謠的關係,也是《詩經》一個有意義的問題。向來把《國風》歸屬歌謠一類,而《雅》《頌》則認為非歌謠。但事實上《風》固不盡為歌謠,《雅》中也不無歌謠。所以《風》、《雅》、《頌》之分,實在音樂而不在形式,其與歌謠成分之有無是沒有因果關係的;至於有歌謠成分之詩,其重沓部分則皆樂工所加、或變奏:這是本文的主要論點。現在來看它的原文:

> 《詩經》三百零五篇中,到底有幾篇歌謠,這是很難說定的。在這個問題上,大家都說《風》、《雅》、《頌》的分類,即是歌謠與非歌謠的分類,所以《風》是歌謠,《雅》《頌》不是歌謠。這就大體上看固然不錯,而不是確當的解釋。

---

21 〔原註〕本文原載《歌謠週刊》第三十九期,後編入《古史辨》第三冊。

《國風》中固然有不少的歌謠，但非歌謠的部分也不少。如《召南》的〈何彼襛矣〉，與《大雅》的〈韓奕〉的性質是相同的——牠們都是祇頌結婚的詩。《鄘風》的〈定之方中〉，如放在《雅》裏，豈不是〈斯干〉；如放在《頌》裏，豈不是〈閟宮〉？——牠們都是建國家、聚生息的詩。至于〈采蘩〉、〈采蘋〉，更和《雅》中的〈楚茨〉、〈鳧鷖〉沒有分別了——牠們都是祭祀的詩。〈樛木〉、〈螽斯〉，更和《雅》中的〈天保〉、〈蓼蕭〉沒有分別了——牠們都是祝頌的詩。這一類的詩，雖是在《國風》裏，我們不能認為歌謠，因為這是為應用而做的。

反看《小雅》中，非歌謠的部分固然多，但歌謠也是不少。如〈采薇〉、〈出車〉，不是與《豳風》的〈東山〉相同嗎？——牠們都是征夫懷歸的詩。〈苕之華〉，不是和《檜風》的〈隰有萇楚〉相同嗎？——牠們都是不願有生的詩。〈蓼莪〉，不是和《唐風》的〈鴇羽〉相同嗎？——牠們都是哀念父母的詩。〈何草不黃〉不是與《豳風》的〈破斧〉相同嗎？——牠們都是怨恨出征的詩。如〈黃鳥〉，不是與《魏風》的〈碩鼠〉相同嗎？——牠們都是欲棄去一地而他適的詩。〈我行其野〉不是與《邶風》的〈谷風〉相同嗎？——牠們都是棄婦的詩。說到了《邶風》的〈谷風〉，更是想到了《小雅》的〈谷風〉：它們的意思是一致的（始厚而終棄之），怨恨是一致的，即起興也是一致的，《小雅》〈谷風〉的為歌謠，是很明顯的了。所以這一類的詩，我們不得不認為是歌謠，因為這都是平民的心底裏的話。

《大雅》和《頌》，可以說沒有歌謠（《國風》與《小雅》的界限分不清，《小雅》與《大雅》的界限分不清，《大雅》和《頌》的界限分不清，而《國風》與《大雅》和《頌》的界限是易分清的）。其故，大約因為樂聲的遲重不適于譜歌謠，奏樂地方的尊嚴

不適用于歌謠。《小雅》的樂聲，可以奏非歌謠，也可以奏歌謠，故二者都占了一部分。這是我的假定。

我始終以為《詩》的分為《風》、《雅》、《頌》是聲音上的關係，態度上的關係，而不是意義上的關係。聲音上的關係，如《左傳》所記的「頌琴」，章太炎先生說的「雅」同「烏」，「雅聲」即「鳴鳴之聲」。態度上的關係，如阮元說的「頌」即容貌之「容」，以形容表所歌之義，有類今之戲劇。音樂表演的分類，不能即認為意義的分類，所以要從《詩經》中整理出歌謠來，應就意義看：一首詩含有歌謠成分的，就可以說是歌謠，《風》、《雅》的界限可以不管，否則在《國風》裏也得剔出。

再有一個意思，我以為《詩經》裏的歌謠都是已經成為樂章的歌謠，不是歌謠的本相。凡是歌謠，只要唱完就算，無取乎往復重沓。惟樂章則因奏樂的關係，太短了覺得無味，一定要往復重沓了好幾遍。《詩經》中的詩，往往一篇中有好幾章都是意義一樣的，章數的不同只是換去了幾個字。我們這裏可以假定其中的一章是原來的歌謠，其他數章是樂師申述的樂章。如：

> 月出皎兮。佼人僚兮。舒窈糾兮，勞心悄兮。
> 月出皓兮。佼人懰兮。舒懮受兮，勞心慅兮。
> 月出照兮。佼人燎兮。舒夭紹兮，勞心慘兮。

這裏的「皎，皓，照」、「僚，懰，燎」、「窈糾，懮受，夭紹」、「悄，慅，慘」，完全是聲音的不同，借來多做出幾章，並沒有意義上的關係（文義上即有不同，亦非譜曲者所重）。在這篇詩中，任何一章都可獨立成為一首歌謠，但聯合了三章則便是樂章的面目不是歌謠的面目了。

我們在這裏要從樂章中指責某一章是原始的歌謠，固然不可能，但要知道那一篇樂章是把歌謠作底子的，便不妨從意義上著眼而加以推測。雖則有了歌謠的成分的未必即為歌謠，也許是樂師模仿歌謠而做出來的，但我們的研究之力所可到的境界是止于此了，我們只可以盡這一點的職責了。

〔案〕照本文的觀點：歌謠與非歌謠之分，既不在聲音（《風》、《雅》、《頌》之分），也不在形式（重沓不重沓），而在詩本身的意義（發洩感情和心底裏的話），則不但《詩譜》所謂「《變風》《變雅》」的二〇六篇詩中，最少有一百二十五篇以上可作「歌謠」看；即《詩譜》所列入「《詩》之正經」的五十九篇《風》《雅》中（《二南》二十五篇，《正小雅》十六篇，《正大雅》十八篇），也有十幾篇是屬於「歌謠」的；這樣一來，則《風》既不盡出平民，《二雅》也不一定皆出貴族了。話雖如此，但文中對於詩章重沓的現象，又認為是樂工申述的結果，非原始歌謠形式，因此疑到詩篇「雖有歌謠成分未必即為歌謠，也許是樂師模仿歌謠做出來的」。這話卻無形中把上文一首詩含有歌謠成分的，我們就可說是歌謠的界說推翻了。

（12）顧氏：論《詩經》所錄全為樂歌[22]

顧文云：

《詩經》所錄是否全為樂歌，這在宋代以前是不成問題的。《墨子》書中言「弦詩三百，歌詩三百，舞詩三百」（〈公孟〉

---

22 〔原註〕本文原載十四年《北京大學研究所國學門週刊》第十、十一、十二期。

篇）。司馬遷在《史記》〈孔子世家〉中也曾說過「三百五篇，孔子皆弦歌之，以求合於〈韶〉〈武〉《雅》《頌》之音」。他的話是否確實（三百五篇是否皆孔子所弦歌？三百五篇是否皆可合〈韶〉〈武〉《雅》《頌》之音？）是另一問題，但他以為《詩經》所錄的詩全是樂歌這一個意思是很明顯的。自宋以來，始有人懷疑內有一部分詩是徒歌。我以為徒歌是民眾為了發洩內心情緒而作的；他並不為聽眾計，所以沒有一定的形式。他如因情緒的不得已而再三咏歎以至有複沓的章句時，也沒有整齊的格調。樂歌是樂工為了職業而編製的，他看樂譜的規律比內心的情緒更重要，他為聽者計，所以需要整齊的歌詞而奏複沓的樂調。他的複沓並不是他的內心情緒必要再三咏歎，乃出於奏樂時的不得已。

　　《詩經》中一大部分是為奏樂而創作的樂歌，一小部分是由徒歌變成的樂歌。當改變時，樂工為牠編製若工複沓之章。這些複沓之章，有的似有一點深淺遠近的分別，有的竟沒有，但這是無關重要的。至于《詩經》裏面的徒歌和樂歌的分別，我們現在雖可用了許多旁證而看出一個大概，但已不能作清楚明白的分析了。

　　第一，我們看春秋時的徒歌可以證明《詩經》是樂歌。

　　今就《左傳》、《國語》、《論語》、《莊子》、《孟子》等書所記錄的抄出若干條于下：

（1）《左傳》僖公二十八年晉輿人之誦：
　　　原田每每，舍其舊而新是謀。

（2）《左傳》宣公二年宋城者謳及華元答謳：
　　　（甲）睅其目，皤其腹，棄甲而復。
　　　（乙）牛則有皮，犀兕尚多，棄甲則那！
　　　（丙）從其有皮，丹漆若何？

（3）《左傳》成公十七年聲伯夢歌：

　　濟洹之水，贈我以瓊瑰。歸乎歸乎，瓊瑰盈吾懷乎！

（4）《左傳》襄公四年魯國人之誦：

　　臧之狐裘，敗我於狐駘。我君小子，朱儒是使。朱儒朱
　　儒！使我敗于邾！

（5）《左傳》襄公十七年宋謳：

　　澤門之晳，實興我役。邑中之黔，實獲我心。

（6）《左傳》襄公三十年鄭輿人之誦：

　　（甲）取我衣冠而褚之。取我田疇而伍之。孰殺子產，
　　我其與之！
　　（乙）我有子弟，子產誨之。我有田疇，子產殖之。子
　　產而死，誰其嗣之。

（7）《左傳》昭公十二年南蒯鄉人歌：

　　我有圃，生之杞乎。從我者子乎。去我者鄙乎。倍其鄰
　　者恥乎。已乎已乎，非吾黨之士乎！

（8）《左傳》定公十四年宋野人歌：

　　既定爾婁豬，盍歸我艾豭？

（9）《左傳》哀公五年萊人歌：景公死乎不與埋。三軍之士
　　乎不與謀。師乎師乎，何黨之乎！

（10）《左傳》哀公十三年申叔儀歌：

佩玉綦兮，余無所繫之。旨酒一盛兮，余與褐之父睨之。

（11）《左傳》哀公二十一年齊人歌：

魯人之皋，數年不覺，使我高蹈。惟其儒書，以為二國憂！

（12）《國語》〈晉語三〉輿人誦惠公：

佞之見佞，果喪其田。詐之見詐，果喪其賂。得國而狃，終逢其咎。喪田不懲，禍亂其興！

（13）《國語》〈晉語三〉國人誦共世子：

貞之無報也，孰是人斯而有斯臭也！貞為不聽，信為不誠。國斯無倖，偷居倖生。不更厥貞，大命其傾！威兮懷兮，各聚爾有以待所歸兮。猗兮違兮，心之哀兮。歲之二七，其靡有徵兮，若狄公子，吾是之依兮。鎮撫國家，為王妃兮。

（14）《論語》〈微子〉篇楚狂接輿歌：

鳳兮鳳兮，何德之衰！往者不可諫，來者猶可追。已而已而，今之從政者殆而！

（15）《莊子》〈人間世〉篇楚狂接輿歌：

鳳兮鳳兮，何如德之衰也！來世不可待，往世不可追也！天下有道，聖人成焉。天下無道，聖人生焉。方今之時，僅免刑焉。福輕乎羽，莫之知載。禍重乎地，莫

之知避。已乎已乎，臨人以德。殆乎殆乎，畫地而趨，
迷陽迷陽，無傷我行！吾行郤曲，無傷我足！

（16）《孟子》〈離婁篇〉孔子聽孺子歌：

滄浪之水清兮，可以濯我纓。滄浪之水濁兮，可以濯我
足。

這些歌雖未必一定可靠（例如《莊子》的接輿歌詞與《論語》上的
大不相同，又如國人誦共世子的說了許多應驗的預言）。但總可以
窺見一點當時徒歌的面目。這些徒歌的形式，我們可以綜括成下列
諸點：

（1）篇幅長短不等，但總沒有整齊的章段。長的如《國語》
共世子，《莊子》接輿歌，但並不像《詩經》所錄的一般分成若干
章。短的如《左傳》晉輿人誦，宋野人歌，僅僅有兩句，也是《詩
經》裏所沒有的。

（2）篇末多用複沓語作結。如聲伯夢歌的「歸乎歸乎，瓊瑰
盈吾懷乎」，魯國人誦的「朱儒朱儒，使我敗于邾」，南蒯鄉人歌的
「已乎已乎，非吾黨之士乎」，萊人歌的「師乎師乎，何黨之乎」，
《論語》接輿歌的「已而已而，今之從政者殆而」，皆是。

（3）篇末如不用複沓語作結，亦多變調。如鄭輿人誦甲篇首
二句皆云「取我」，末一句變為「孰殺」；乙篇首二句皆以「我有」
起，末一句變為「子產而死」。

（4）篇中對偶的很多。如宋築者謳的以「澤門之晢」與「邑
中之黔」對，輿人誦惠公的以「佞之見佞」與「詐之見詐」對，又
以「得國而狃」與「喪田不懲」對，孔子聽孺子歌的以「水清濯

纓」與「水濁濯足」對,皆是。若莊子接輿歌,則幾乎全篇是對偶了。但無論如何對偶,卻沒有整齊的章段改去數字而另成一章或數章的。我很疑心徒歌裏的對偶,到了樂歌裏就用來分章了。

（5）《孟子》所載孺子歌是反覆說正反兩個意思的。

《左傳》也有類似《詩經》格式的歌詞,如隱公元年的鄭莊公母子的賦和昭公十二年的晉侯、齊侯的投壺詞:

（甲）大隧之中,其樂也融融。

大隧之外,其樂也洩洩。

（乙）有酒如淮,有肉如坻。寡君中此,為諸侯師。

有酒如澠,有肉如陵,寡人中此,與君代興。

如果牠們確是徒歌,牠們的性質也等于「對山歌」。若是一個人獨唱的徒歌,把一個意思用同樣的話改去數字而複沓為數章的,實很不經見。

當時的樂工採得了徒歌,如何把牠變為樂歌,我們現在固然無法知道,但不妨做上一點推測。假如我做了樂工,收得了南蒯鄉人的一歌,要動筆替牠加上兩章,便為下式:

（一）我有圃,生之杞乎。從我者子乎。去我者鄙乎。倍其鄰者恥乎。已乎已乎,非吾黨之士乎!

（二）我有圃,生之榛乎。從我者賢乎。去我者瘖乎。倍其鄰者顛乎,已乎已乎,非吾黨之人乎!

（三）我有圃,生之桑乎。從我者臧乎。去我者狂乎。倍其鄰者亡乎。已乎已乎,非吾黨之良乎!

這是最老實的疊章法，文辭的形式全沒有改變。倘使不老實一點，也可改成下列的方式：

> 我有圃，生之杞。子之從我，寧爾婦子。
> 我有圃，生之鞠。子之去我，自詒顛覆。
> 我有圃，生之李。子之倍鄰，實維爾恥。
> 予口諄諄，乃不我信。已乎已乎，非吾黨之人！

這樣一來，便把這首徒歌的意思融化在四章樂歌之內，樂歌的形式也與〈綠衣〉、〈燕燕〉、〈新臺〉、〈大車〉等詩相似了。後人雖是知道牠是從徒歌變來的，但如何在這篇樂歌之中再理出一首原來的徒歌來呢？所以我們固然知道《詩經》中有若干篇是富有歌謠的成分的詩，但原始的歌謠的本相如何，我們已見不到了，我們已無從把牠理析出來了。

第二，我們從《詩經》的本身上看，可以證明《詩經》是樂歌。

徒歌因不分章段，所以只要作一方面的敘述。樂歌則不能，牠因為遷就章段之故，往往把一方面舖張到多方面。例如《鄘風》〈桑中〉篇的三章，即可看出從徒歌的一方面變為樂歌的多方面痕跡：

> （1）爰采唐兮，沬之鄉矣。云誰之思？美孟姜矣。
> 　　 期我乎桑中，要我乎上宮，送我乎淇之上矣。
> （2）爰采麥兮，沬之北矣。云誰之思？美孟弋矣。
> 　　 期我乎桑中，要我乎上宮，送我乎淇之上矣。
> （3）爰采葑矣，沬之東矣。云誰之思？美孟庸矣。
> 　　 期我乎桑中，要我乎上宮，送我乎淇之上矣。

這是一首情歌，但三章分屬三個女子——孟姜、孟弋、孟庸——而所期、所要、所送的地點乃是完全一致的，我很不解，是否這三個女子是一個男子同時所戀，而這四角戀愛是同時得到她們的諒解，並且組成一個迎送的團體的？這似乎很不近情理。這種境界，在徒歌裏是沒有的。唯在樂歌中則此例甚多（例如紹興思義堂刻本的〈時調三翻十二郎〉之類）。在徒歌裏的一隻茶碗，到樂歌裏往往要說七隻茶碗了。在徒歌裏一把扇子，到樂歌裏往往要說十把扇子了。在徒歌裏只要說一個情人，到樂歌裏要說十二個情人了。因此我們可以把〈桑中篇〉下一個假設：這詩在徒歌中原只有一章，詩中戀人原只有一個（以地望看來，或許「是美孟庸」，又「孟庸」與「桑中」、「上宮」均同韻）；惟自徒歌變成樂歌時，才給樂工加上了前兩章。

《鄭風》的〈山有扶蘇〉與〈桑中〉的意味略同。〈桑中〉是一男三女，〈山有扶蘇〉則是一女二男。其實「子都」為美男子的稱謂是確的，「子充」則不過借來湊「狡童」的韻腳而已。我們對此，可以假定上一章（言子都的）是原來的徒歌，下一章（言子充的）是樂工加上的樂章。

又如《王風》的〈揚之水〉篇，假使這詩確是征夫懷家的徒歌，則作歌的征夫，決不會分成三身而同時戍申、戍甫、又戍許。這也是樂歌的從一方面鋪張到多方面的表徵。

又如《秦風》的〈權輿〉：

（1）於我乎夏屋渠渠，今也每食無餘。于嗟乎，不承權輿！

（2）於我乎每食四簋，今也每食不飽。于嗟乎，不承權輿！

下章先言「每食四簋」，下接言「每食不飽」，著眼點都在飯食，是前後相呼應的。上章先言「夏屋渠渠」，著眼點在居住上了，下卻接言「每食無餘」，改說到飯食上，前後就很不相稱。所以我假設這詩原來在徒歌中只有下一章，上章是樂工為了要重沓一章而硬湊上去的。

也許有人說，《詩經》所錄的既全為樂歌，安知不全是樂工做出來的，何以見得必是從徒歌變到樂歌的呢？我對此說，也表同情。我所以說《詩經》裏有一部分詩是從徒歌變為樂歌之故，因為〈王制〉說「命太師陳詩以觀民風」，《漢書》〈食貨志〉說「孟春之月，群居者將散，行人振木鐸徇于路以采詩，獻之太師，比其音律，以聞于天子」，在這些話裏是說《詩經》中一部分詩是從徒歌變為樂歌的。但這些話都是漢代人說的，未必一定可靠。所以我還敢信牠們之故，是因為漢以後的樂府也有把民間的徒歌變為樂歌的。假使這些話真是無據之談，我所說的徒歌變為樂歌之說當然可以推翻；但所推翻的只是徒歌變為樂歌之說，而不是《詩經》所錄全為樂歌之說。

〔案〕本段所謂「《詩經》所錄既為樂歌，安知不全是樂工做出來的」的假設若真，則《詩經》中有歌謠成分之說便不能成立，作者的〈從詩經中整理出歌謠的意見〉一文也完全推翻了，甚至連三百篇的來源有一部分出自平民發洩感情的說法都根本動搖，還有什麼徒歌不徒歌的問題足以討論呢！所以這個假設和作者對於《詩經》的整個見解根本不能並存，作者的提出，實在是無必要的。

顧文又云：

第三，我們從漢代以來的樂府看，可以證明《詩經》是樂歌。

〔案〕本條係欲以漢代樂府採歌謠入樂的情形來作類比的推論。文中引證了《漢書》〈藝文志〉「詩賦略」的歌詩書目《吳楚汝南歌詩》等十五種，又引《隋書》〈經籍志〉「總集類」中《吳聲歌辭曲》等書目六種，隱括了「徒歌變為樂歌是由簡變繁由少變多」的情形，認為「《詩經》中一部分詩帶著徒歌的色彩的，牠的變為樂歌也許照了這個程序，牠的列入《詩經》，與兩漢六朝的樂歌列入〈漢志〉、〈隋志〉的歌詩集中也許是一樣的」。案：自周樂之亡，到漢武之立，就已三百餘年，中間又經戰國「新樂」的劇變，這時的音樂決不能再和春秋以前的樂歌等量齊觀，拿來證《詩經》的入樂程序，自很不妥當，無怪連作者自己也不敢作肯定的語氣了。原文茲不備引。

顧文又說：

第四，我們從古代流傳下來的無名氏詩篇看，可以證明《詩經》是樂歌。

〔案〕本條所引證資料最古者無過《玉臺新詠》對於古詩的記載，《玉臺新詠》而下自更無論了，這種資料之無甚佐證價值與前條同，故內容不復具引。

顧义論徒歌問題云：

主張《詩經》中有一部分是徒歌的，南宋有程大昌，清代有顧

炎武。程大昌《詩論》（《藝海珠塵》本，《荊川稗編》本題《詩議》）中〈南雅頌為樂詩諸國為徒詩〉篇云：

> 春秋戰國以來，諸侯卿大夫士賦詩道志者，凡詩雜取無擇。至考其入樂，則自《邶》至《豳》無一詩在數。享之用〈鹿鳴〉，鄉飲酒之笙〈由庚〉、〈鵲巢〉，射之奏〈騶虞〉、〈采蘋〉，諸如此類，未有出《南》《雅》之外者。然後知《南》《雅》《頌》之為樂詩而諸國之為徒詩也。
>
> 〈鼓鐘〉之詩曰：「以《雅》以《南》，以籥不僭。」季札觀樂，「有舞象箾南籥者」。詳而推之，「南籥」，《二南》之籥也；「箾」，《雅》也；「象舞」，《頌》之〈維清〉也。其在當時親見古樂者，凡舉雅、頌，率參以南。其後〈文王世子〉又有所謂「胥鼓南」者，則南之為樂古矣。
>
> 《詩》更秦火，簡篇殘缺。學者不能自求之古，但從世傳訓故第第相受，於是叛命古來所無者以為「國風」，參匹雅頌，而文王南樂遂包統于國風部彙之內。雖有卓見，亦莫敢出眾擬議也。

顧炎武《日知錄》（卷三）「四詩」條云：

> 《周南》、《召南》，南也，非風也。《豳》謂之「豳詩」，亦謂之「雅」，亦謂之「頌」（據《周禮》〈籥章〉），而非風也。《南》、《豳》、《雅》、《頌》為四詩，而列國之風附焉。此詩之本序也（宋程大昌《詩論》謂無「國風」之目。然《禮記》〈王制〉言「太師陳詩以觀民風」，即謂自《邶》至《曹》十二國為風無害）。

又「詩有入樂不入樂之分」條云：

〈鼓鐘〉之詩曰：「以《雅》以《南》。」子曰：「《雅》《頌》各得其所。」夫《二南》也，《豳》之〈七月〉也，《小雅》正十六篇，《大雅》正十八篇（《詩譜》：「《小雅》十六篇，《大雅》十八篇，為正經」），《頌》也，詩之入樂者也。《邶》以下十二國之附於《二南》之後而謂之《風》，〈鴟鴞〉以下六篇之附于《豳》而亦謂之《豳》，〈六月〉以下五十八篇之附于《小雅》，〈民勞〉以下十三篇之附于《大雅》而謂之《變雅》，詩之不入樂者也。（《釋文》云：「從〈六月〉至〈無羊〉十四篇，是宣王之《變小雅》；從〈節南山〉至〈何草不黃〉四十四篇，前儒申公、毛公皆以為幽王之《變小雅》。從〈民勞〉至〈桑柔〉五篇，是厲王之《變大雅》；從〈雲漢〉至〈常武〉六篇，是宣王之《變大雅》；〈瞻卬〉及〈召旻〉二篇，是幽王之《變大雅》。《正義》曰：「變者雖亦播於樂，或無算之節所用，或隨事類而歌；又在制禮之後，樂不常用。」今按：以《變雅》而播之於樂，如衛獻公使大師歌〈巧言〉之卒章是也。）

從上面許多話看來，可歸納如下：

(1)「南」為樂名；「國風」之名為秦以後人所叛。
(2)《南》、《雅》、《頌》為樂詩；《邶》以下諸國為徒詩。（以上程說）
(3)《南》、《豳》、《雅》、《頌》為「四詩」。
(4)「國風」之名可存，但列國詩只附于四詩。

（5）《二南》、《豳》之〈七月〉、《正小雅》、《正大雅》、
《頌》，為入樂之詩；《邶》以下十二國、《豳》〈鴟鴞〉
以下、《變小雅》、《變大雅》，為不入樂之詩。（以上顧
說）

我對他們的主張，有十分贊成的，有可備一說的，有以為可商的。
有以為必不能的，今依次敘述于下。

第一，《南》為樂名，這是愜心屢理的見解。因為《周南》《召
南》的「南」，正如《周頌》《商頌》的「頌」；頌既為樂名，南亦當
然是樂名。「以《雅》以《南》」，確是一個極好的證據。「胥鼓南」
一證也是重要的。從前人因為要維持一個「國風」的總名，不得不
把「南」字解作「南夷之樂」（《毛傳》），又把《周南》《召南》的
「南」，解為「王化自北而南」（《毛詩序》），實在是極謬妄的。

第二，《豳》為四詩之一，並無確證。因為《豳》是以地名
（《大雅》〈公劉〉「于豳斯館」）名樂聲的，與《邶》《鄘》諸名一
律。獨把《豳》詩示異于諸國，未見其必然。《周官》雖有「《豳
詩》、《豳雅》、《豳頌》」諸名，但《周官》這書的可信的價值原不
很高，我們終不能據此一言便視為定論。（就使可信，也許牠說的
《豳雅》是指《小雅》中的〈大田〉、〈甫田〉諸篇；《豳頌》是指
《周頌》中的〈載芟〉、〈良耜〉諸篇。因為〈籥章〉說的「祈年于
田祖，吹《豳雅》，擊土鼓，以樂田畯」，分明是從〈甫田〉篇的
「琴瑟擊鼓，以御田祖……田畯至喜」等話套來的。牠既以《小
雅》為《豳雅》，則以《周頌》為《豳頌》亦屬可能；〈豐年〉和
〈載芟〉都說「為酒為醴，以洽百禮」，和「吹《豳頌》」而為「合
聚萬物而索饗之」的蜡祭意義亦差同。）

第三，「國風」確是後起之名，但似不是秦以後人題的。《荀子》〈儒效〉篇中有「《風》之所以為不逐者，取是以節之也」的話，是和《小雅》的「取是而文之」，《大雅》的「取是而光之」，《頌》的「取是而通之」並列的。〈樂記〉記師乙的話，有「正直而靜，廉而謙者宜歌《風》」，是和「寬而靜，柔而正者宜歌《頌》；廣大而靜，疏達而信者宜歌《大雅》；恭儉而好禮者宜歌《小雅》」連著說的。《荀子》〈大略〉篇中又有「《國風》之好色也」是和「《小雅》不以於汙上，自引而居下」並列的。如果〈儒效〉、〈大略〉諸篇與〈樂記〉均不出于漢人手筆，則「風」或「國風」之名想來在戰國時就成立了。看《大雅》〈崧高〉篇說「吉甫作誦」，「其風肆好」，又看《左傳》成九年說鍾儀「操南音」，范文子說他「樂操土風」，則風字的意義似乎就是聲調。聲調不僅諸國之樂所具，《雅》、《頌》也是有的。所以「風」的一名大概是把通名用成專名的。所謂「國風」猶之乎說土樂。

較前於《荀子》和〈樂記〉的有《左傳》，裏面沒有把「風」字概稱諸國詩的（隱公三年《傳》的「《風》有〈采蘩〉〈采蘋〉」的君子的話，是漢人加上去的）。又較前的有《論語》，裏面說及《周南》《召南》，又說及《雅》、《頌》，但也沒有說國風。但牠雖沒有說「國風」，沒有說「諸國詩」，卻曾說了兩次「鄭聲」。〈衛靈公〉篇云：「樂則〈韶〉舞，放鄭聲……鄭聲淫。」〈陽貨〉篇云：「惡鄭聲之亂雅樂也。」孔子是正《雅》《頌》的人，他說「鄭聲亂雅樂」，「正」和「亂」正是對立之詞，雅樂既即是指《雅》《頌》，則別鄭聲於雅樂之外，似乎他是把「鄭聲」一名泛指一般土樂（國風）。國風亂雅是可能的事，我們只要看《小雅》中〈谷風〉、〈黃鳥〉、〈采綠〉、〈都人士〉、〈我行其野〉等篇，牠們的風格婉變輕逸，與《國風》極近，而與《雅》體頗遠，就不免引起了這

個懷疑。牠們如果確是從《國風》亂至《小雅》裏的，則牠們的所以致亂的緣故不出二端：一是由于音調的相近，一是由于用為奏雅樂時的穿插。這是我暫時下的假設。

我所以有此假設，因為《漢書》〈禮樂志〉中的紀事也是把燕代秦楚各地的音樂都喚做「鄭聲」的。〈禮樂志〉云：

> 河間獻王有雅材，……因獻所集雅樂。天子下大樂官，常存肄之，歲時以備數，然不常御。常御及郊廟皆非雅聲。……至成帝時，……鄭聲尤甚。黃門名倡丙彊、景武之屬富顯于世。貴戚五侯、定陵、富平外戚之家，淫侈過度，至與人主爭女樂。哀帝……即位，下詔曰：「惟世俗奢泰文巧而鄭衛之音興。……鄭衛之音興則淫僻之化流。……孔子不云乎：『放鄭聲，鄭聲淫。』其罷樂府及郊祭樂及古兵法武樂。在經非鄭衛之樂者，條奏，別屬他官。」丞相孔光、大司空何武奏：「……楚鼓員六人，……秦倡員二十九人，……楚四會員十七人，巴四會員十二人，……齊四會員十九人，蔡謳員六人，……皆鄭聲，可罷。……」奏可。然百姓漸漬日久，……富豪吏民湛沔自若。

讀此篇，可見當時把楚、秦、巴、齊、蔡等地方的樂曲都喚作「鄭聲」，而真正的鄭地的樂工，在西漢樂府中反倒沒有。又可見此類樂調，單言則為「鄭聲」，疊舉則為「鄭衛之音」。「鄭聲」一名如此用法，成了一個很普汎的樂調的名字，正像現在所說的小調。〈禮樂志〉中又說到「貴戚與人主爭女樂」，可見那時的鄭聲中有一部分是女樂。說起女樂，使我聯想到《論語》上的「齊人歸女樂，孔子行」的故事，又想起〈招魂〉所寫的女樂：「起鄭舞，發

激楚、吳歈、蔡謳」的詞句。恐怕孔子所說的「鄭聲」即是這類女樂，她們是混合了各地的樂歌而成立的班子。因為其中的音樂以鄭國為最著名，所以總稱為「鄭聲」。正如現在無論那地的戲班子總喜歡寫「京都名班」，有一個新出道的小戲子上臺，總喜歡寫「北京新到」，其實裏面儘多土調，或與北平全不相干。

話說得太長了，今把我對於「國風」一名的由來立下一假設如下。各國的土樂原是很散亂的，最先只是用國名為其樂調之名，沒有總名；後來同冒於「鄭聲」一名之下；最後乃取「風」的一個普通名詞算做牠們的共名，而加「國」字而成「國風」。

第四，《南》《雅》《頌》固然是樂詩，但《邶》以下諸國及《變雅》卻非徒詩。這個問題很複雜，現在分為下列三點作解答：

（1）春秋時賦詩與樂歌。

（2）宗廟燕享所用的樂歌與樂歌的全部。

（3）正變之說的由來。

對於第（1）點，我以為春秋時人所賦的詩都是樂歌。

在《春秋傳》上，有下列諸證據：

> 文公四年《傳》：衛甯武子來聘，公與之宴，為賦〈湛露〉及〈彤弓〉。不辭，又不答賦。使行人私焉。對曰：「臣以為肄業及之也。」
> 襄十四年《傳》：孫文子如戚，孫蒯入使。公飲之酒，使大師歌〈巧言〉之卒章。太師辭。師曹請為之。……公使歌之，遂誦之。
> 襄公二十八年《傳》：叔孫穆子食慶封。慶封氾祭。穆子不說，使工為之誦〈茅鴟〉。

從以上諸故事中，甯武子所說的「肆業」，「業」即版，紀樂譜的
（《周頌》〈有瞽〉篇云：「有瞽有瞽，在周之庭，設業設虡，崇牙
樹羽」）。師曹的「誦」〈巧言〉，穆子的工的「誦」〈茅鴟〉，也許有
人據了班固所說的「不歌而誦謂之賦」（〈藝文志序〉）和韋昭的
「不歌曰誦」（〈魯語注〉）來證明賦詩是徒歌不是樂歌。但「歌」
與「誦」原是互文。先就動詞方面看：襄十四年《傳》說「公使歌
之，遂誦之」；襄二十八年《傳》說「使工為之誦」，襄二十九年
《傳》「使工為之歌」，可見是同義的。再就名詞方面看：《小雅》
〈節南山〉說「家父作誦」，〈四月〉說「君子作歌」，《大雅》〈崧
高〉和〈烝民〉說「吉甫作誦」，〈桑柔〉說「既作爾歌」，可見也
是同義的。誦與頌通。即《周頌》、《魯頌》的頌，也即歌頌的頌
（嘗疑頌名即歌義，也即由通名變專名的，與「風」同）。班固、
韋昭的說話，實是漢人妄生分別的曲解。

我們既知道賦詩為樂歌，試再看下列許多賦詩的故事：

> 襄二十年：季武子如宋，……受享，賦〈棠棣〉之七章以
> 卒。……歸，復命，公享之，賦〈魚麗〉之卒章。公賦〈南
> 山有臺〉。……
> 襄二十六年：齊侯鄭伯為衛侯故如晉，晉人兼享之。晉侯賦
> 〈嘉樂〉。國景子相齊侯，賦〈蓼蕭〉。子展相鄭伯，賦〈緇
> 衣〉。
> 襄二十七年：鄭伯享趙孟于垂隴。……子展賦〈草
> 蟲〉。……伯有賦〈鶉之賁賁〉。……子西賦〈黍苗〉之四
> 章。……子產賦〈隰桑〉。……子太叔賦〈野有蔓草〉。……
> 印段賦〈蟋蟀〉。……公孫段賦〈桑扈〉。……

在第一例裏，〈常棣〉、〈魚麗〉、〈南山有臺〉都是在他們所謂《正小雅》之內。第二例裏，〈嘉樂〉在所謂《正大雅》，〈蓼蕭〉在所謂《正小雅》，〈緇衣〉在《鄭》。在第三例裏，〈草蟲〉在《召南》，〈鶉之賁賁〉在《鄘》，〈黍苗〉、〈隰桑〉、〈桑扈〉在所謂《變小雅》，〈野有蔓草〉在《鄭》，〈蟋蟀〉在《唐》。程大昌說：「春秋戰國以來，諸侯卿大夫士賦詩道志者，凡詩雜取無擇。」這句話是對的。但他接說：「至考其入樂，則自《邶》至《豳》，無一詩在數。」又說：「然後知《南》、《雅》、《頌》之為樂詩，而諸國之為徒詩。」那就錯了！照他所說，不知何以解于賦詩的「使太師歌」和「使工為之誦」？要是諸國詩為徒詩，不知道是否賦〈魚麗〉〈草蟲〉時則奏樂，賦〈緇衣〉〈蟋蟀〉時則止樂？要是賦詩時不用樂，又不知道是否在賦《南》、《雅》時悉當改為徒歌？顧炎武以正變分別入樂與否，不知是否同一《小雅》，在賦〈蓼蕭〉時則奏樂，在賦〈桑扈〉時則止樂？反覆推證，覺得他們的話實在太牴牾了。

總括以上四條，可得如下結論：

春秋時的徒歌是不分章段的，詞句的複沓也是不整齊的；《詩經》不然，所以《詩經》是樂歌。凡是樂歌，因為樂調的複奏，容易把歌詞舖張到多方面；《詩經》亦然，所以《詩經》是樂歌。兩漢六朝的樂歌很多從徒歌變來的，那時樂歌集又是分地著錄，承接著《國風》，所以《詩經》是樂歌。徒歌向來是不受人注意的，流傳下來的無名氏詩歌亦皆為樂歌；春秋時的徒歌不會特使人注意而入《詩經》，故《詩經》是樂歌。

〔案〕本文主題，認為《詩經》所錄全為樂歌，這是可信的，但所提出的四個論點，卻並不堅強。如第二條引〈桑中篇〉認為「三章分屬三個女子──孟姜、孟弋、孟庸……是否這三個女子是

一個男子所戀，而這四角戀愛是同時得到她們的諒解，並且組成一個迎送的團體的」？又引《王風》〈揚之水篇〉，認為「征夫決不會分成三身而同時戍申、戍甫、戍許」；因而斷定前者三個女子之二人，後者三個地方之二地，都是樂工為申述重沓而加上去的。實則原詩的三女、三地，都只是象徵的用法，並不必落實，女子之美，以孟姜等等為最有代表性，而申、甫、許也無非最足以代表戍地而已，都不足以構成樂工舖張的理由。若謂《詩經》所錄全為樂歌的理由，必待所有重沓的篇章皆出於樂工之所加然後建立得起來，則三百五篇詩不幾乎都成為樂工的製作了麼！無此可能吧。至於第三、第四條理由之不愜，已具見前文案語，茲不復贅。

〔又案〕顧文「列國土樂同冒於鄭聲一名之下」的假設，只有消極的理由，沒有積極的證據。至於〈禮樂志〉所引丞相孔光等奏楚、秦、巴、齊、蔡等地鼓員、倡員、四會員、謳員等八十九人「皆鄭聲，可罷」，恐怕是說：這些人都是鄭聲的樂人，卻不是這些人原代表楚秦巴齊蔡的地方樂而稱之為鄭聲也。哀帝詔中明有「在經非鄭衛之樂者，條奏，別屬他官」，可見鄭聲之外，固仍然有「非鄭衛之樂」在，更不能說鄭聲即成普汎樂調之名稱。所以顧文對於《漢書》〈禮樂志〉的解釋，恐怕事實上已發生偏差，倘若把這個觀念來推想春秋的情形，因而假定春秋時列國之樂都冒於鄭聲一名之下，那自然是不符事實的；何況說「鄭聲」一名後來又為「國風」二字所代替呢！

又文中釋《左傳》文四年「臣以為肄業及之」的「業」字為「樂譜」，襄十四年的「歌、誦」為互文，二說皆甚可疑，茲分別論之。案：《大雅》〈靈臺〉篇「虡業維樅」句，《毛傳》云：「虡，橫者曰栒，業，大版也。」《箋》云：「虡也，栒

也，所以懸鍾鼓也，設大版於上，刻畫以為飾。」馬瑞辰引
《說文注》云：「『捷業如鋸齒，以白畫之』，則鉅業當即以白
畫之之謂。《說文》引《詩》曰：『巨業維樅。』……巨業，即
所謂大版謂之業也。」依上引漢人的解釋，則「虡業」無論為
二物（有簨）抑為一物（〈靈臺〉《傳》《箋》），皆以「業」為
裝飾之物，無「樂譜」之義—且以樂譜安置在樂器（鍾鼓等）
間，亦是於禮無徵的。

　　至關於襄十四年衛獻公使師曹歌〈巧言〉之卒章，師曹
「誦」之及襄公二十八年叔孫豹使工「誦」〈茅鴟〉二事的
「歌、誦」問題。前舉二個用「誦」的例，是《左傳》六十餘
次的賦詩記載中僅有二次不用「賦」字的變例，並且都是有原
因的。前一例，衛獻公使師曹「歌」，師曹臨時改為「誦」，為
的是要用〈巧言〉卒章的話來激怒孫文子（孫蒯之父）使為亂
來報前此受鞭之恨（故事具見傳文）；叔孫豹之所以使工誦
〈茅鴟〉，是因為過去（襄二十七年）「叔孫與慶封食，不敬，
為賦〈相鼠〉，亦不知」。「賦詩」就是「歌詩」，「歌」詩而慶
封不知，故這次慶封「氾祭」（不以禮食），叔孫不再歌，卻使
工「誦」了。不論有樂無樂，歌詩到底仍是吟咏，聲長，總不
若「誦」（即「倍文」—逐字念出）明白易曉，所以《左傳》
在這二例上不用「賦」也不用「歌」而用「誦」，決不是互
文。關於這個問題，筆者別有辨說，詳拙作〈從樂章到諫書看
詩經〉一文中，茲不具引。

顧文又云：

　　對於（乙）的問題（編案：即頁203的第（2）點），我以為宗

廟燕享所用的樂歌決不足以包括樂歌的全部。這一件事是程、顧二氏誤解的根源。本來賓祭二事是重大的典禮，所以魯要用禘樂，宋要用〈桑林〉（見《左傳》襄公十年）。程、顧在〈鄉飲〉〈鄉射〉的禮節單，看到他們行禮時的樂歌總是《風》和《雅》的頭幾篇，就以為《二南》與《正雅》是樂歌，其餘是徒歌。他們的理由實在太不充分了。〈鄉飲〉〈鄉射〉之外，難道就沒有別的典禮嗎？典禮中不用的詩，難道就不能入樂嗎？孔穎達說：「變者雖亦播于樂，或無算之節所用，或隨事類而歌，又在制禮之後，樂不常用。」他用了正變之說及周公制禮之說來分別詩篇，雖是謬誤，但他把《變風》《變雅》看作典禮以外的樂歌，則固有一部分的合理。

現在我們用了《儀禮》所記在典禮中的樂詩的樣子，來看詩樂的關係。〈鄉飲酒〉篇（〈鄉射〉、〈燕禮〉等略同，不備舉）

> 眾賓序升，……樂正先升。……工入，升自西階，北面坐。……工歌〈鹿鳴〉、〈四牡〉、〈皇皇者華〉。……笙入，……樂〈南陔〉、〈白華〉、〈華黍〉。……乃間歌〈魚麗〉，笙〈由庚〉；歌〈南有嘉魚〉，笙〈崇丘〉；歌〈南山有臺〉，笙〈由儀〉。……工告于樂正曰：「正歌備。」……主人請徹俎，……說屨，揖讓如初，升，坐，乃羞。無算爵。無算樂。賓出，奏〈陔〉。……明日，……乃息司正。……不殺，薦脯醢，羞唯所有，……鄉樂唯欲。

讀了這文，可以知道典禮中所用樂歌有三種：（1）正歌，（2）無算樂，（3）鄉樂。正歌是在行禮時用的；無算樂是在禮畢坐燕時用的，鄉樂是在慰勞司正時用的。「正歌」取嚴重，「無算樂」取多量演奏，期于盡歡，猶之「無算爵」的期于「無不醉」；鄉樂則隨

便，猶之乎「羞唯所有」，有什麼是什麼了。鄉樂，鄭玄注道：「《周南》《召南》六篇之中唯所欲作，不從次也。」他為什麼這樣說呢？賈公彥疏道：「上註以《二南》為卿大夫之樂，《小雅》為諸侯之樂，故知《二南》也。」他這話若確，則鄉飲酒是卿大夫之禮，為什麼要奏諸侯之樂的〈鹿鳴〉呢？為什麼要奏天子出賓用的〈陔〉呢？所以我以為鄉樂一名就是鄉土之樂。因為慰勞司正是一件不嚴重的禮節，所以吃的東西也是有什麼吃什麼，聽的東西也是點什麼聽什麼了。鄉土之樂是最不嚴重的，便在那時奏了（《周禮》〈旄人〉的「散樂」也是這類東西，鄭玄註道「野人為樂之善者，若今黃門倡」矣，是不錯的）。

所以我們若因《儀禮》所記的樂歌篇名只有《二南》和《正雅》，便以為《邶》以下諸國和《變雅》不是樂歌，這無異于因今禮（可惜沒有成書，不能徵引）把蘇州攤簧的〈前攤〉為正歌，清宮昇平署曲本的〈壽山福海〉、〈大賜福〉等為正劇，便說〈後攤〉不是樂歌，〈姜女哭城〉、〈打櫻桃〉等不是戲劇。程、顧二氏的誤點正在此處。

對於第（3）點，我以為正變之說是絕對不成立的分類。漢儒愚笨到了極點，以為「政治盛衰」、「道德優劣」、「時代早晚」、「詩篇先後」這四件事是完全一致的。他們以為《詩經》《周南》《召南》的「周召」二字，是兩個了不得的聖相，這風一定是「正風」。《邶》《鄘》《衛》以下，沒有什麼名人，〔就〕斷定為「變風」了（《豳》之所以見于〈篇章〉，恐怕即因有了周公之故）。他們見《小雅》〈鹿鳴〉的禼皇典麗，想是文王時作，便是「正小雅」。〈六月〉有「文武吉甫」一語，想尹吉甫是宣土時人，從這一篇起，一定是宣王以後詩了。宣王居西周之末，時代已晚，政治必衰，道德必劣，當然是「變小雅」了。〈六月〉以後，直到〈節南

山〉，裏面有「喪亂弘多」之句，便定為刺幽王詩。他們看《大雅》
〈文王〉、〈大明〉等篇，言周初立業的事，當然是「正大雅」。〈民
勞〉有「無良」、「寇虐」等壞字眼，從此就是「變大雅」了。《小
雅》中何以刺幽王詩特多，而刺厲王則沒有？《大雅》中何以刺厲
王詩特多，而刺幽王詩則特少？這可以說是由於「吉甫」一名的作
梗。這全是閉著眼睛的胡說，不近人情的妄為，而竟支配了二千餘
年的經學家的心，中國學者的不用思想於此可見了！

　　顧炎武是主張從正變的篇第去分樂詩非樂詩的人，但他並不是
根本相信正變之說的，因為正變之說的基礎建立在世次上，但他已經
把世次之說打倒了。《日知錄》卷三「詩序」條云：

　　《詩》之世次必不可信，今詩未必皆孔子所正。且如「褒姒
　　威之」，幽王之詩也，而次于前；「召伯營之」，宣王之詩
　　也，而次于後。序者不得其說，遂并〈楚茨〉，〈信南山〉、
　　〈甫田〉……十詩皆為刺幽王之作，恐不然也。又如〈碩
　　人〉，莊姜初歸事也，而次于後；〈綠衣〉、〈日月〉、〈終
　　風〉，莊姜失位而作，〈燕燕〉，送歸妾作，〈擊鼓〉，國人怨
　　州吁而作也，而次于前。〈渭陽〉，秦康公為太子時作也，而
　　次于後；〈黃鳥〉，穆公薨後事也，而次于前。此皆經有明文
　　可據。故鄭氏謂〈十月之交〉、〈雨無正〉、〈小旻〉、〈小宛〉
　　皆刺厲王之詩，漢興之初，師移其篇第耳。而《左氏傳》楚
　　莊王之言曰：「武王作〈武〉，其卒章曰『耆定爾功』，其三
　　曰『敷時繹思，我徂維求定』，其六曰『綏萬邦，屢豐
　　年』。」今詩但以「耆定爾功」一章為〈武〉，而其三為
　　〈賚〉，其六為〈桓〉；章次復相隔越，《儀禮》歌《召南》
　　三篇，越〈草蟲〉而歌〈采蘋〉。《正義》以為〈采蘋〉舊在

〈草蟲〉之前。知今日之詩已失古人之次,非夫子所謂
「《雅》《頌》各得其所」者矣。

他這一段話雖未必完全正確(因為相傳的詩本事不確實的太多,例
如〈武〉言「於皇武王」,〈桓〉言「桓桓武王」,而《左傳》紀楚
莊王言,竟以為武王自作),但詩篇次第的不可信,他說得已很明
白。他不信詩篇的次第,又以為〈楚茨〉以下十詩不是刺詩,那
麼,《正雅》《變雅》的次第是如何分別出來的呢?他的「《正雅》
為樂詩,《變雅》為徒詩」之說,又如何建立起來的呢?這實在是
矛盾得可詫了!

顧炎武在「詩有入樂不入樂之分」條說,「以《變雅》而播之
于樂,如衛獻公使太師歌〈巧言〉之卒章是也」。是他明知《變
雅》也是入樂的。他又引朱熹的話云:

> 《二南》正風,房中之樂也,鄉樂也。《二雅》之《正雅》,
> 朝廷之樂也。《商》《周》之頌,宗廟之樂也。至《變雅》則
> 衰周卿士之作,以言時政之得失,而《邶》《鄘》以下,則
> 太師所陳以觀民風者耳,非宗廟燕享之所用也。

這幾句話雖猶為正變之說所牽纏,但朱熹的意思以為有典禮所用之
樂,有非典禮所用之樂,義甚明顯。我則以為:我們不能分樂詩為
典禮所用與非典禮所用,我們只能分樂詩為典禮中規定應用的與典
禮中不規定應用的。例如《儀禮》中所舉〈鹿鳴〉、〈南陔〉諸篇,
以及《左傳》所引王宴樂諸侯用〈湛露〉、〈彤弓〉,這是典禮中規
定應用的;至於「無算樂」與「鄉樂」,以及《左傳》中所記雜取
無擇的賦詩,這是典禮中不規定應用的。規定應用的大都是喬皇典

麗的篇章；不規定應用的，不妨有愁思和諷刺的作品。這正如今日
的堂會戲，除了正式的幾個喜劇之外，也不妨有悲劇和滑稽劇。愁
思諷刺的詩，因為出于臨時點唱，沒有正式的規定，故用不著寫在
禮書上。《邶》《鄘》以下和《雅》中的一部分詩所以特少見于禮
書，即因此故。前人把不見于禮書的算做不入樂的，又把正變之說
硬分出牠們的界限來，所以鬧得觸處牴牾。實際看來，他們所謂入
樂的何嘗盡是典禮所規定應用的，所謂不入樂的又何嘗盡是典禮所
不規定應用的！例如《二南》的〈汝墳〉、〈行露〉、〈小星〉、〈野有
死麕〉，決不會是典禮所規定應用的。所謂《變雅》的〈信南山〉、
〈甫田〉，倒確是應用於祭祀的；〈采菽〉和〈白駒〉也必應用于宴
享的。至于《變大雅》的〈崧高〉、〈烝民〉、〈韓奕〉諸篇是為燕享
而特製，更是明白。所以用典禮應用來分別樂詩，即有謬誤，還有
理由；若用正變之說，便全盤錯亂了。

　　總合以上的話，可作一結論，是：

　　程、顧二氏之說，《南》、《雅》、《頌》並立是可贊同的。「《國
風》」是後起的（我以為未有《國風》之名時，諸國樂歌，同冒于
「鄭聲」一名之下）。至《豳》與《南》、《雅》、《頌》並立為四詩
之說，並未有確證。

　　他們的「《邶》以下諸國及《變雅》為徒詩」之說是極謬誤的。
他們的癥結在于誤認樂歌盡于正歌，而不知正歌以外樂歌儘多。賦
詩雜取正歌以外的詩即是一個明證。他們又用正變之說來分別樂詩
與徒詩，但正變之說是漢人妄造出來的，全沒有可信的價值。

〔案〕《詩經》所錄全為樂歌，《儀禮》本身即具內證。程大昌所謂
　　　「享之用〈鹿鳴〉，鄉飲酒之笙〈由庚〉、〈鵲巢〉，射之奏〈騶
　　　虞〉、〈采蘋〉，諸如此類，未有出《南》、《雅》之外者」，這只

是指「正歌」而言；但正歌之外，仍有「無算樂」和「鄉樂」在。正歌皆在《南》、《雅》之內，則無算樂和其他鄉樂之必在《二南》之外可知。鄭玄釋無算樂為「升歌、間、合、無數，其樂章亦同」；釋鄉樂為「不歌《雅》《頌》，《周南》《召南》之詩在所欲」，這些話最為無理。蓋「升歌、間、合」若可用於無算樂，鄉樂又止于《二南》，便無異說：正歌的樂章即無算樂之所歌，而《二南》之外便無所謂鄉樂了。這是何等違背事實的胡說！案：《儀禮》〈鄉飲酒禮〉和〈燕禮〉的「正歌」，雖皆兼歌《小雅》（一部分正樂）和《二南》（一部分鄉樂），但在樂次上其與無算樂和鄉樂的關係，仍然是不同性質的。照《儀禮》的節次，正歌的過程屬於「饗」——即典禮的儀式部分，也是一個最繁縟的程序，鄭玄至謂「賓主百拜，強有力者猶倦焉」；同時，陳設也只有象徵的意義，故「體薦而不食，爵盈而不飲」，這都充分表現「饗」的專重行禮的氣氛。這個程序，直到「大師告于樂正曰：正歌備」才算結束。接著是「燕」的開始，意味就不同了。「燕」的涵義，其實就是坐下來休息吃喝。故〈燕禮〉於「旅酬」之後，司正受命曰「君曰以我安」，皆對曰「敢不安」，「安」即坐也。賓主至此才「說履升堂」——真正坐下來。於是「庶羞」（各種食物），「無算爵」（隨便喝酒）都來了。大家可歇歇行禮的疲勞，又可開懷暢飲，而「無算樂」也就在這時進行。可見無算樂的意義剛好和正歌相反。正歌是典禮的樂章，而無算樂則是娛賓的樂節，前者嚴肅，後者輕鬆，不但意義不同，氣氛也兩樣。在這種輕鬆娛樂的氣（圍）〔氛〕中，若說再拿典禮的樂章來當無算樂用，不但為禮制所必無（還像個什麼禮！），且也決非人情所有。故無算樂必為正歌以外的樂詩，乃當然的道理，無

可置疑者。若典禮之樂章相當於《詩譜》所謂「《詩》之正經」的詩篇，則無算樂之必屬於「《變風》《變雅》」也是顯然的事。我以為若漢人正變之說果真有所授，則其一部分理由當即在此。換言之，正詩若為樂製作，則變詩所以入樂的理由，也即在於無算樂的要求。顧文謂《詩經》固有應用之一為諷諫，這也當是從變詩來，且也必藉無算樂而後能發揮其作用。所以就無算樂在樂次的作用看來，三百篇中的變詩也必然皆為樂詩。鄉樂也是如此。鄉樂是「息司正」所用之樂，因為息司正已屬於禮節的尾聲，故其為《變風》自更無論。顧文謂鄉樂一名應作鄉土之樂解，並認為是「散樂」一類的東西，一若無算樂、鄉樂之外，還有所謂散樂者；其實這都是惑於鄭玄的曲說。鄭玄把無算樂的樂歌都解為正詩，故變詩根本沒有地位。鄉樂也在無算樂之內，故鄉樂中自然也沒有《變風》的地位。這樣一來，則散樂到底指什麼，便不可想像了。鄭玄知《周禮》旄人散樂之相當於漢世的黃門倡（〈旄人〉「散樂」注），而不知《儀禮》無算樂之即等於散樂，這是由於有一個漢儒的思想背景在作祟。他要把《儀禮》上的樂章都說成西周盛世（或周公制作）的正經，所以不敢（也不願）以「黃門倡」的意識帶進無算樂去，因而自陷於矛盾而不惜。顧文明明是反漢人傳統的，但終也不免入於鄭氏玄中而不覺，也足見掙脫一個思想桎梏之不易。

〔又案〕《詩》三百五篇皆為樂歌，清人如馬瑞辰、魏源、范家相皆主張之，而尤以魏源對於詩樂關係的認識最為精確。他用正樂、散樂之名來分別「正歌」和「無算樂」的性質，謂正歌皆為為樂作的樂章，無算樂則非為樂作而入樂者：前者可相當於《正雅》、諸《頌》；後者則《變風》、《變雅》皆屬之，這是很

對的。馬瑞辰論樂章與詩文的關係也極得間,他說:「古詩入樂,類皆有散聲疊字,以協音律,即後世漢魏詩入樂,其字數亦與本詩不同,則古詩之入樂,未必即今人誦讀之文一無增損,蓋可知也。」馬氏這話,與顧文謂詩文重沓乃樂工所申述觀念同而解釋相反。蓋馬氏所謂「散聲疊字」是用於樂譜「以協音律」,卻不是增減詩文;顧文則直以今日詩文為樂工增減的結果。按音樂進化的道理,馬說自較顧說為長。總之,《詩經》所錄皆為樂歌,《儀禮》本身即足以證之;顧文欲從歌謠關係上求其證驗,便轉多凝滯,觀馬氏之論而益信(漢魏樂工尚且只能在散聲疊字上求協音律,何況數百千年前的詩樂!所以說今日《詩經》的重沓是樂工所申述,實在是不可想像的)。

(13)魏氏:歌謠表現法之最要緊者往復重沓[23]

魏文是針對顧氏〈從詩經整理出歌謠的意見〉一文中《詩經》裏的歌謠「非歌謠本相」一點而發。顧文以為歌謠無取乎往復重沓,故《詩經》裏的往復重沓,是樂師申述的樂章。魏文即針對這一點提出反證。它舉出〈碩鼠〉、《鄘》〈柏舟〉、〈牆茨〉,來證明各章中改換的字,有意義的差別──程度的淺深,並非單純聲音的改變。他又舉出〈桑中〉、〈苤苢〉、〈麟之趾〉、〈鵲巢〉、〈甘棠〉等詩,來加以分析說明。他從《二南》到《豳風》列舉八九十篇詩來加強他的看法。他這樣寫道:

---

23 〔原註〕本文原載《歌謠週刊》第四十一號,長約四千字。作者魏建功。(編案:此文原題作〈歌謠表現法之最要緊者──重奏複沓〉。)

我們雖然不能分別《詩》中何者是歌謠，何者不是，卻要相信由歌謠而成的詩本相不能定是只有一個原來歌謠，其他是樂師申述的樂章。他們重沓復奏，不能不說有意義的關係，而作者以聲音改換的復奏，不能不說是內心非再三詠歎不足以寫懷的緣故，顧先生引的〈月出〉就是。

魏文又引證了十幾首歌謠重奏復沓的例子來推定一條假設云：

歌謠是很注重重奏複沓的；重奏復沓是人工所不能強為的。

又說：

唱歌謠的人，不是詩人一樣的絞腦汁，他們大都用一樣的語調，隨口改換字句唱出來，所以重奏復沓是歌謠表現最要緊的方法之一。

（14）張氏：古代的歌謠與舞蹈[24]

張文也是專為批評顧文而發。他認為歌謠的迴環複沓與舞蹈有關。他說：

古人歌與舞是離不開的，一邊歌唱之際，同時也就乘興而舞，這種證據在《楚辭》《詩經》裏很容易找到。例如《楚辭》〈九歌〉：「展詩兮會舞。傳巴兮代舞，姱女倡兮容與。」〈招魂〉云：「起鄭舞些，……發〈激楚〉些。」又《詩經》《齊風》

---

24 〔原註〕本文原載北平《世界日報》「副刊」一卷九-十四號。

〈猗嗟〉云：「猗嗟孌兮，清揚婉兮，舞則選兮。」這種話很
多，足見舞與歌一樣均是內心情緒不得已的要求，於是口中所
唱的歌聲也因舞的節奏起落而迴環複沓，歌章或有前後意思深
淺不同，或換上不同音的字以便迴環響應舞的節奏。

所以《詩經》中的迴環決非樂工所能申述，他說：

> 顧先生把樂工的能力看得太高了。我們就《詩經》裏許多有深
> 淺不同的迴環的篇章看，覺得只有作詩的人內心情湧現時才會
> 自然吐露出來，樂工決無此種「神工鬼斧」的能力去申述舖張
> 到如此盡情畢肖。

張文以為《詩經》的時代音樂還很幼稚，樂工絕無申述律歌配譜
之事。他說：

> 《詩經》歌謠時代至遲也得在東周之際，那時中國文化還出不
> 了石器時代。據胡適之先生說，也是在石器金器文化過度之
> 間。這時間斷不會產生精細的樂器。我推測「鼓」「鐘」之類
> 或係當時粗陋的樂器。至於「管」「弦」，產生總要晚點。《周
> 禮》、《儀禮》及《詩》〈鹿鳴〉所載「鼓瑟吹笙」的話，大約
> 是後世推測前代的。我們決不應再信仰我國古代有過音樂的黃
> 金時代了。古代樂器既尚在萌芽幼稚時代，那裏會有樂工去配
> 製複雜的樂譜呢？更怎見得樂工申述徒歌以牽配樂譜呢？

末了張文又批評顧文所舉徒歌之例云：

顧先生列舉十六條古代徒歌不迴環的形式，以證《詩經》中徒歌本相也多如此。其實這種例在《詩經》中亦有。如《衛風》〈氓〉及〈伯兮〉……等均係不迴環複沓的徒歌。且就十六條中看，不曰歌而曰誦與謳者凡七條，內中皆非抒情的徒歌，多係諷刺或稱頌時事的，祇有孟子所引的孺子歌還略帶抒情的意味，但也是疊複的句子。我認這些歌也許徒歌中的別體。

又論〈桑中〉詩云：

其實此詩並不是說某一男子真結識了某一女子，特約在某地幽會。乃是男子發抒渴想女子的熱情，孟姜孟弋孟庸只是汎代一切美貌的女子。〈揚之水〉並未帶有「同時戍申戍甫又戍許」的意思，怎見得一年之中不會遷戍幾個地方呢？

又論顧文的論證方法云：

「從漢代以來的樂府看，可以證明《詩經》是樂歌」，這話就不可靠；因為漢代以後音樂發展之世，樂府的確可以采收民間徒歌，由樂工配以樂譜，或加以申改；但絕不可說後來樂府如此，前代的徒歌便也受過如此待遇，音樂幼稚時代與進化後的情況是絕對不相同的。

最後的結論是：

以現今的歌謠之例證古代歌謠之例，不求其演變的關係，結論是不可靠的。古代歌與舞有密切關係，徒歌很有迴環複沓的可

能。從《詩經》中歌謠的內容觀察，其描寫情緒之深淺與動作之程序，非職業的樂工所能申述舖張而成。由音樂的發展看來，《詩經》中歌謠時代尚在音樂萌芽幼稚之期，絕無樂工配調樂譜申述徒歌的可能。十五，七，一。

〔案〕張文論顧文十六徒歌例、論〈桑中〉詩及以漢樂府例《詩經》之不可靠，均甚得間；論歌舞的關係也不無理由。至謂《儀禮》的「管、弦」為後人所推測，還可說《儀禮》是後出之書；惟以〈鹿鳴〉的「鼓瑟吹笙」為後人所加入，便是沒有常識的話了。至於疑樂工不能製譜，也不一定，只是申述樂章非出自樂工而出自詩人耳。竊以為三百五篇詩之有歌謠形式者，即使出自民間，恐怕也少不了詩人的潤色，其純粹原始歌謠必不多。至於樂工所加，但在求協音律的散聲疊字，也必非詩文的本身，所以顧先生的說法，確是很可疑的。

五　起興問題

（15）顧氏：起興[25]

顧頡剛在《吳歌甲集》〈寫歌雜記〉之八論到詩的起興云：

> 朱子所下的賦興比的界說是：「賦者，敷陳其事而直言之者也。興者，先言他物以引起所詠之詞也。比者，以彼物比此物也。」賦和比都容易明白，惟獨興卻不懂得是怎麼一回事。看

---

25 〔原註〕此文原載民十四年《歌謠週刊》第九十四號。文長一千八百字，節取七百字。

《集傳》中他所定為興詩的許多篇，還是一個茫然，如〈桃夭〉篇云：

> 桃之夭夭，灼灼其華。之子于歸，宜其室家。

他解釋道：「《周禮》仲春令會男女，然則桃之有華，正婚姻之時也。」那麼，這詩是說在桃花盛開時她嫁了。詠桃花以著嫁時，乃是直陳其事的賦詩。又如〈麟趾〉篇云：

> 麟之趾，振振公子。

他解釋道：「麟之足不踐生草。……振振，仁厚貌。」這詩既說仁厚的公子同麟趾一樣的愛物，又是一首以彼物比此物的比詩了。朱熹自己審定的許多興詩，不但不足以證成他的界說，反與其他的兩類相混，這如何可以使得我們明白呢？

顧氏接著又說：

數年來，我輯集了些歌謠，忽然在無意中悟出興詩的意義，於是「關關雎鳩」的興起淑女與君子便不難解了。作詩的人原只要說「窈窕淑女，君子好逑」，但嫌太單調了，太率直了，所以先說一句「關關雎鳩，在河之洲」。牠的最重要的意義，只在「洲」與「逑」的協韻。至於雎鳩的情摯而有別，淑女與君子的和樂而恭敬，原是作詩的人所絕沒有想到的。八百年前的鄭樵，他早已見到這一層。他在〈讀詩易法〉（《六經奧論》卷首）中說：「關關雎鳩，……是作詩者一時之興，所見在是，

不謀而感于心也。凡興者,所見在此,所得在彼,不可以事類推,不可以理義求也。興在鴛鴦,則『鴛鴦在梁』可以美后妃也。興在鳲鳩,則『鳲鳩在桑』,可以美后妃也。興在黃鳥、在桑扈,則『緜蠻黃鳥』、『交交桑扈』,可以美后妃也。如必曰關關雎鳩然後可以美后妃,他無與焉,不可以語《詩》也」。他這段話雖仍不能屏除「后妃」的成見,但他的解釋興義是極確切的。

末了,顧文還借了蘇州唱本的兩句話來作結云:山歌好唱起頭難,起仔頭來便不難。

〔案〕顧文對於起興的解釋,仍是淵源於鄭樵的「詩在於聲不在於義」的見解,所以他以為「關關雎鳩,在河之洲」之與「窈窕淑女,君子好逑」間,只在求個「洲」和「逑」的協韻;借這個協韻來起頭,就是起興了。這在原則上自然是對的,最少《詩經》一百十六篇興詩(陳奐引吳氏說)就是如此起頭的。所以顧氏的起興說,也可以說是個協韻起頭說。

(16) 朱自清:關於興詩的意見[26]

本篇原為朱氏致顧氏的一封信,內容分為三點,茲摘錄如下:

一、〈詩大序〉及《毛詩傳》所謂「興」,似皆本於《論語》中「詩可以興」一語。《毛詩傳》說興詩太確切,太沾滯,簡直與比無異。《鄭箋》卻變本加厲了。早期的歌謠若有藝術可言,兄所說

---

26 〔原註〕朱氏之文載《古史辨》第三冊。

的「起興」必是最主要的。說「起興」一名可借以說明古今歌謠的
起句的確切的價值與地位則可，說所謂興詩的本義應該如此也可；
說「興」之一名原文應該如此，那就還待商榷了。

二、兄以「山歌好唱起頭難」來說明「起興」的必要，是不錯
的。弟以為由近及遠是一個重要的原則。所詠的情事往往非當前所
見所聞，這在初民許是不容易驟然領受的，於是乎從當前習見習聞
的事指指點點地說起，這便是「起興」。初民心理不重思想連繫而
重感覺的聯繫，所以起興的句子與下文常是意義不相屬，卻在音
韻上相關連著。

三、詩有賦比興之分，其實比興原都是賦，因與下文或涵蘊的
本義的關係，才有此種區別。賦是直說，比是直說此事以譬彼事，
而彼事或見於文或否（如《詩經》中的〈鴟鴞〉,〈黃鳥〉），興是直
說此事以象徵彼事——或用兄說，直說此事，任意引起他事。

〔案〕朱氏此論，顯然較顧說多了一個「象徵」的觀念，不單純是聲
音的問題，這一點是相當重要的。漢宋人把這個關連說得太重
了，因此比興分不清；但鄭（樵）顧（頡剛）又把聲音以外的
關係看得太輕了，對有些詩篇也不能解得妥帖，所以朱說是對
的，最少是興詩應有之義。

（17）劉大白：六義[27]

劉文雖題六義之名，實際上是專論賦比興而以興為中心。他先給
「六義」作了一個解題，然後說：

---

27 〔原註〕原文載劉著《白屋說詩》〈說毛詩〉之一，文長二千字。

　　賦是敷陳，比是譬喻，這是不很發生問題的。至於興，似乎比
較地費解了。其實簡單地講，興就是起一個頭，借著合詩人的眼耳
鼻舌身意相接構的色聲香味觸法起一個頭。換句話講，就是把看到
聽到嗅到嚐到碰到想到的事物借來起一個頭。這個起頭，也許合下
文似乎有關係，也許完全沒有關係。總之，這個借來起頭的事物是
詩人的一個實感而曾經打動詩人底心靈的。因為是實感，所以有時
候有點像賦；因為曾經打動詩人底心靈而詩人的情緒思想受到它的
影響，所以有時候有點像比。例如遵汝墳伐條枚伐條肄，好像是
賦；但是合君子底未見既見毫無關係，所以只是興而不是賦。又如
燕燕于飛合之子于歸似乎有點相類似，好像是比，但它們實在不
同，所以是興而不是比。

〔案〕劉文無一語及聲音，顯然和鄭、顧觀念不同；但論賦比興的關
　　　係處卻近於朱（自清）說。

（18）何定生：關於詩的起興[28]

　　何文對於起興的積極見解，完全是個鄭樵主義的。他引鄭樵云：

　　鄭樵有幾句話最好，他說：「詩之本在聲，而聲之本在興；鳥
獸草木乃發興之本。」又鄭氏《通志》《樂略》〈正聲序論〉云：
「嗚呼！詩在於聲，不在於義。」故我們要是下個「興」的定義，
就是：「歌謠與本意沒有干係的趁聲。」亂七八糟，什麼東西，撞
到眼，逗上心，或是鼓動耳朵，而適碰著詩興，於是就胡亂湊出個
起句來，這就是所謂興詩的秘密。

---

28 〔原註〕本文原載《國立中山大學語言歷史學研究所週刊》九集第九十七期。全文
　　長約四千字，今節錄百餘字。

〔案〕何文雖也是主張鄭樵的唯聲主義，卻也和顧氏的協韻起頭說有
點兒暗合。但起興之與聲音和意義間的關係也是相對的。詩人
用起興的句子固然常是出於聲音（無意），但有時也可能出於
有意。所以有意與無意間，不一定是偶然的巧合。例如「桃之
夭夭，灼灼其華」，和下文的「之子于歸，宜其室家」，桃華固
然可以象徵青春或婚嫁，但春天用桃華起興，顯然是事實上的
巧合。又如「燕燕于飛，差池其羽」和下文的「之子于歸，遠
送于野」，也仍然可能有送別意味的巧合，卻不必出於有意的
安排。但若〈摽有梅〉、〈牆茨〉、〈鵲巢〉等詩，便不能說沒有
意識上的關連了。《詩經》中一百十六篇興詩，恐怕這類的詩
仍不少。

所以興詩主要的方法雖在聲音的變換，有時也有詩意的暗
示或象徵的作用。

六　《詩》解舉例

詩旨的客觀觀釋，不用說，是此次《詩經》問題的討論所追求的
最終目標。《毛詩序》的解釋固然要不得，即朱子在許多主要觀念上
也仍然掙脫不了漢儒思想的藩籬。清儒尤其如此。清儒在文字聲音和
訓詁上卓越的成就，對於詩旨的客觀解釋並沒有多少關連，佞《序》
卻仍然不失為清學的特色，連姚際恆和崔述都算在內。表面的攻
《序》是沒有多少作用的，實際的用《序》才是宋、清《詩經》學的
致命傷。所以我們今日要給原始的《詩經》一個客觀的解題，若非著
實從漢宋清學的基本觀念上解放出來，結果也會一樣的徒然。還有，
舊解釋丟棄了，新觀念的引入是不是就一定合於客觀的要求呢？這也
是一個很重要的問題。現在讓我們就下面的舉例來作抽樣的檢討吧。

　　此次討論中詩篇個別的解釋被提出的只有〈碩人〉、〈鴟鴞〉、〈小星〉、〈野有死麕〉、〈葛覃〉、〈雞鳴〉、〈卷耳〉、〈行露〉、《邶》〈柏舟〉、〈谷風〉、〈野有蔓草〉、〈靜女〉、〈騶虞〉、〈麟趾〉、〈伐檀〉等十幾篇，而以〈靜女〉一篇為最熱烈，〈野有死麕〉次之。茲以〈靜女〉為首，引述如下：

（1）《邶風》：〈靜女〉

　　關於〈靜女〉一詩的解釋，以「彤管」的關係為最重要，故討論的重點，即在「彤管」和「荑」的關係上。「荑」就是「茅」，本可無問題。惟《毛傳》釋「彤管」云：「古者后夫人必有女史彤管之法：史不記過，其罪殺之。后妃群妾以禮御於君所，女史書其日月，授之以環以進退之，生子月辰則以金環退之。當御者以銀環進之，著于左手，既御，著于右手。」《箋》云：「彤管，筆赤管也。」又《毛傳》釋「彤管有煒」云：「煒，赤貌，彤管以赤心正人也。」《毛傳》的荒唐，當然沒有討論的價值。鄭玄根據《毛傳》，解「彤管」為「筆赤管」，自然也好笑，我們都可以不去管它。但彤管到底是什麼呢？看大家的意見：

（1）顧頡剛說是「硃漆的管子」（不知何物）。
（2）劉大白說是「紅色的管子」——與「荑」為一物，即「一桿紅色的茅苗兒」。
（3）董作賓說是「紅色的管兒」，就是「從野地帶回來的茅芽」。
　　（其穰甜可吃）

　　「彤管」從「赤心正人」的「女史」之「管」、或「史」的「筆赤管」變到成為「紅色的茅苗兒」或好吃的「茅芽」，〈靜女〉一詩的解題自然也跟著轉了一百八十度的大彎。所以顧氏說它是「一首兒女

的情詩」，這是無須爭論的，因為朱子早就在七百多年前說它是一首
「淫奔期會之詩」了。既是一首「兒女的情詩」或「淫奔期會之
詩」，於是「愛而不見」的解釋也值得討論了。《毛傳》的「志往而行
止」和《鄭箋》的「愛之而不往見」似乎不切實際，可置不論。

顧頡剛云：「我愛她，但又見不到她」或「尋不見她」。

董作賓云：「可憎的意中人，怎麼還不來？」

劉大白云：「為什麼彷彿看不見？」

劉氏這個解釋其實也是根據馬瑞辰的。連外國漢學家像英國的魏理
（A. Waley）在他那本一九三七年（民十六年）出版的《詩經》譯本
上，也是根據馬瑞辰來翻譯這行詩的。[29]不過他稍變其意為「她藏起來
教人看不見」[30]，大有和對方捉迷藏的意味。這自然也是中西頭腦所
以不同的地方，他總得替「不見」找個著落，單用《說文》的「僾，
彷彿也」或《字林》的「彷彿見而不審也」，他是不能滿意的；結果
果然從《爾雅》〈釋言〉的「薆，隱也」，抓來一個曲折。這是「愛而
不見」最新的解釋。不過魏氏這個解釋，我總覺得太「洋派」，不是
《詩經》的。因為《爾雅》的「隱也」仍是從郭璞所見《詩經》本子
的「薆而不見」來，即使照《方言》的「掩翳」[31]或「蔽薆」解[32]，

---

29 〔原註〕馬瑞辰《毛詩傳箋通釋》云：「愛者，薆及僾之消借。《爾雅》〈釋言〉：
　　『薆，隱也。』《方言》：『掩翳，薆也。』郭《注》『謂蔽薆也』，引《詩》『薆而
　　不見』。又通作『僾』。《說文》『僾，彷彿也』，引《詩》『僾而不見』。《禮記》〈祭義〉
　　『僾然必有見乎其位』，《正義》亦引《詩》『僾而不見』。『愛而』猶『僾然』也，
　　故《廣雅》云：『愛，僾也。』〈離騷〉『眾薆然而蔽之』，義與《詩》同。愛又通
　　僾，《字林》：『僾，彷彿見而不審也。』《玉篇》：『僾，愛也。』薆、隱、僾，俱雙
　　聲，故同義而通用。詩設言有靜女俟我於城隅，又薆然不可得見。《箋》讀愛為愛
　　惡之愛，失之。」清儒如胡承珙、陳奐等都主此說。

30 〔原註〕魏譯："But she hides and will not show herself." p.60, *The Book of Songs*。

31 〔原註〕並詳註29中。

32 〔原註〕並詳註29中。

也只能是「彷彿」或「看不清」的客觀描寫，決不能解作主觀的「藏起來」。說三千年前一個中國少女和一位男士約會卻故意藏起來逗他，我總認為是一件不可想像的事。這裏我所以要引用魏理的譯例，為的是要證明給予《詩經》一個客觀的解題，單憑一個求新的觀念是不夠的。讓我們再看下面的例子吧。

（2）《召南》:〈野有死麕〉

〈野有死麕〉一詩之為男女秘密約會，詩文第一章既已明言之，末章又刻劃描寫之，全詩脈絡清楚，意思顯豁，要非漢儒故意違悖事實，硬唱反調，相信必無置疑之理。所以大家討論此詩，重點都在末章。顧頡剛說:「這明明是一個女子為要得到性的滿足，對于異性說出的懇摯的叮囑。」[33]顧氏的話，當然說得唐突點，所以胡適批評道:「你……用『女子為要得到性的滿足』字樣，……讀者〔就〕容易誤解你的意思是像×××（編案:胡適原文此三字為「肉蒲團」）裏說的『幹啞事』了。」[34]但有趣就在這裏，顧氏的解釋並不是新話，姚際恆在三百多年前就已經如此主張過。姚際恆說:「定情之夕，女屬其舒徐而無使帨感尨吠，亦情慾之感所不諱也與?」[35]最妙的還是魏理的說法。他解釋這首詩云:「人們在林子裏發見一隻死鹿，便要誠懇地用白茅把牠遮蓋起來。但男子若誘姦（seduce）了一個女子卻不娶她來遮蓋她的損害，那就無異把她殺了。這是本詩的題旨;末章即歷述誘姦一幕的約略情景。」[36]魏氏對末章的看法幾乎是和姚、顧完全一致自不在話下。奇怪的是他對「白茅純束」的講法不

---

33 〔原註〕並載民十四年《語絲》三十一期，顧、胡氏〈論野有死麕書〉。

34 〔原註〕同上註。

35 〔原註〕姚際恆:《詩經通論》。

36 〔原註〕魏譯解云: "Its last three lines calling up elliptically the scene of the seduction."

知何據，也許是出於想像也說不定，但無論如何，拿白茅裹死鹿來象
徵這個誘姦事件，最少在思路上是合乎原詩的章法的──無論是興或
是比。胡適之要用社會學的觀點來說這首詩[37]，反而發生問題了。他
說：「〈野有死麕〉一詩最有社會學上的意味。初民社會中男子求婚于
女子，往往獵取野獸獻予女子。女子若收其所獻，即是允許的表
示。……此詩第一第二章說那用白茅包著的死鹿，正是吉士誘佳人的
贄禮也。」照胡先生的說法，則白茅純束是寫實，那麼，這首詩是屬
於賦體的了，這是不可以的。漢人之所以失敗就是把這詩作賦詩講。
《毛傳》解首章第一第二句云：「群田之獲而分其肉」，正是上文「凶
荒則殺禮猶有以將之」的具體說明。可是《毛傳》是以死麕為吉士所
送之禮。但這和下文的第三第四二句──尤其是第三章全章的意思是
矛盾的，因為既然送禮，事情就公開了，自然談不到「誘」，更犯不
著再做那怕狗吠的事了。鄭玄似乎也看出這個破綻，所以才轉了個
彎，說：「貞女之情，欲令人以白茅裹束野中田者所分麕肉為禮而
來」；但究不若朱子之以第一第二兩〔章〕皆為興詩，使鹿與情節無
實際關係，而全詩情節的發展乃毫無凝滯了（魏理的解釋也合此原
則）。現在胡先生為要證明其社會學觀點，反重蹈《毛傳》的覆轍而
不自覺。無怪北大某教授調侃他說：[38]

> （胡先生）說此詩有社會學的意味，引求婚用獸肉作證，其實
> 這是《鄭箋》的老話。照舊說，貞女希望男子以禮來求婚，這
> 纔說得通。若作私情講，似乎可笑，吉士既然照例挈了鹿肉
> 來，女家都是知道，當然是公然的了，還怕什麼狗叫？

---

37 〔原註〕胡適：〈談談詩經〉，見前。

38 〔原註〕俞平伯：《雜拌兒》，〈××先生與俞平伯書〉。（編案：此二字原文為「豈
明」。）

又說：[39]

> 若是送禮，照中國古代以及現代野蠻的風習，也是送給他將來
> 的丈人的，然而這篇詩裏「因家庭社會環境不良」而至於使
> 「那個懷春的女子對吉士附耳輕輕細語」，叫他慢慢能來噓，則
> 老頭子之不答應已極了然。倘若男子抗了一隻鹿來，那只好讓
> 她藏在綉房裏獨自啃了喫。喔，雖說是初民社會，這也未免不
> 大雅觀吧？

所以胡氏的社會學觀點是講不通的，因為《毛傳》的說法是講不通
的，也就是說把死麕死鹿作寫實講或把〈野有死麕〉的第一第二章作
賦來講是講不通的。像某教授說的：

> 第一章的死麕既係寫實，那麼第二章也應是寫實，為什麼「白
> 茅純束，有女如玉」會連在一起去描寫女子的美呢？

這又是一個多麼有力的反證！所以他接著又說：

> 我想這兩章的上半只是想像林野，以及鹿與白茅，順便借了白
> 茅的潔與美說出女子來，這種說法在原始的詩上恐怕是平常
> 的。我們要指實一點，也只能說這是獵人家的女兒，其實已經
> 稍嫌穿鑿，似乎不能說真有白茅包裹一隻鹿，是男子親自抗來
> 送給他的情人的。

---

39 〔原註〕某氏（編案：即周作人）：〈談「談談詩經」〉，十四，十二，《京報》副刊。

這些話都是對的。反正死麕和白茅都只有象徵的意義，在詩法上，屬於興，最多是比（例如魏理說）。又毛鄭以為賦之不通，姚際恆亦已言之，他說：

> 以為凶荒禮殺，以死麕死鹿之肉為禮而來，……總于「女懷春」、「吉士誘」及末章之辭皆說不去，難以通解。

所以〈野有死麕〉一詩的解題，原則上仍以姚說為近。

（3）《召南》：〈小星〉

〈小星〉一詩，《韓詩外傳》以為是「不逢時而仕」，《齊詩》說《易林》云「早夜晨行，勞苦無功」，即《毛傳》也說「命不得同於列位」，都顯然認為是寫下位官吏的勞苦，所以姚際恆引章（駿）〔俊〕卿謂為「此小臣行役之詩」，這是沒有什麼可疑的。可是鄭玄便偏偏要把「小星」說成「諸妾」。他說：「眾無名之星，隨心噣在天，猶諸妾隨夫人以次序進御於君也。凡妾御於君不當夕。」但這話分明太可笑了，所以姚際恆駁之云：「妾御莫敢當夕，……要不離宮寢之地，必謂見星往還，則來于何處，往于何所，不知幾許道里，露行見星，如是之疾速征行，不可通一也；據鄭氏邪說，謂八十一御女，九人一夜，……乃於黑夜群行，豈成景象，不可通二也；……進御于君，君豈無衾裯，豈必待其衾裯乎，……不可通三也。」鄭玄錯誤的根苗，在於硬要把這首詩牽扯到女子身上去：一方面固然是《詩序》害了他（《序》云「夫人無妒忌之行，惠及賤妾」），一方面是所謂「正風」思想在作祟，所以《二南》二十五篇，不是后妃之德，便是夫人之惠，反正總不離「齊家」的大道理。鄭玄和《詩序》不足怪（《毛傳》的「命不同於列位」明指小臣，鄭玄用「眾妾」輕輕瞞

過，而清人陳奐乃又附會《周禮》和《左傳》把「列位」說成貴妾的
「班」次，所以毛鄭實在並不一致）；可怪的是鄭玄的潛力竟這樣
大，連所謂不用毛鄭《傳》《箋》的魏理，也居然未能免俗的把這些
「肅肅宵征」的人兒釋為「女僕」（handmaids）[40]，而〈小星〉一詩
也被列入「婚姻類」了。魏理仍不足奇，最突出的還是胡適的解釋。
他說：

> 「嘒彼小星」一詩，是寫妓女生活的最古記載。我們試看《老
> 殘遊記》，可見黃河流域的妓女送舖蓋上店陪客人的情形。[41]

胡先生顯然因為看出《鄭箋》的牽強，想替他找個合理的解釋，卻不
想自己已站著鄭玄一樣錯誤的立場（把這詩解釋為寫女子的詩）；何
況在詩文上把「夙夜在公」一句作妓女陪客人講，終是和上下文不調
和的。我們看上面的例子，鄭玄的解釋固然離題，但胡、魏欲用舊皮
袋裝新酒，顯然也不成功。可見解釋之是否近乎客觀，問題並不專在
新舊之爭，這裏又可獲到例證。

（4）《鄭風》:〈野有蔓草〉

〈野有蔓草〉一詩，《序》說是「思遇時也」，這當然是衛宏的謠
言。清人陳奐引曾釗《詩異同辨》附會《左傳》若干故實以證其「非
言男女會合之詩」，尤其極淆亂黑白的能事。這些都沒有討論的價
值。《鄭箋》引《周禮》「仲春之月令會男女之無夫家者」，已明指此
詩為男女會合；宋儒遂以列於「淫詩」篇目中，自也是很自然合理之
事。不過從來解此詩末了「與子偕臧」句，因「臧」字皆訓「善」，

---

40 〔原註〕魏理:《詩經》英譯，Grove Press, Inc. N.Y.本，一〇八頁。
41 〔原註〕胡適:〈談談詩經〉，《古史辨》第三冊，五八五頁。

故文意含混而不好懂。惟朱子解此句，才能推陳出新。他說：「與子偕臧，言各得其所欲也。」以「偕臧」為「各得其所欲」，也可謂刻劃盡致了。但最突出的還有顧頡剛氏的說法。顧先生說：[42]

> 「臧」就是「藏」，「適我願」就是「達到目的」。男女二人在野裏碰見，到隱僻的地方藏著，成就他們的好事，這個意思是很顯明的。

不過話說回來，我總覺得解釋「與子偕臧」像朱子的說法就儘夠了，是不是一定要像顧先生那樣落實呢？而且，詩文的原意，這裏是不是真的需要一個「藏」的行為呢？是不是像顧先生那樣的說法會比朱子的解釋更表達「邂逅相遇」的情意呢？這是值得體味的。又，魏理把這首詩的「有美一人」譯為「可愛的男人」[43]，那麼詩中的「我」自然是女子了；他為什麼要把這首詩解為女子之作，並且置於編首為愛情詩類的第一篇？[44]這都是有趣的問題。

（5）其他

胡適解〈麟趾〉詩云：[45]

---

42 〔原註〕顧頡剛：〈詩經在春秋戰國間的地位〉第二章。

43 〔原註〕魏譯《詩經》作："There was a man so lovely."。

44 〔原註〕魏氏把三百五篇詩分為十七類，第一類為「求愛類」（Courtship），共錄詩六十九首。

45 〔原註〕民十四年九月胡適在武昌大學〈談談詩經〉演講筆錄，載《晨報》〈藝林旬刊〉二十期。（編案：此段引文見於《古史辨》第三冊中收錄的胡適〈談談詩經〉文中，何氏轉引自同書所載陳槃〈周召二南與文王之化〉文中所引胡適原文，見頁438。）

〈麟趾〉是譏誚當時一班少爺公子。……以麟趾來比擬那班振振公子們，很可為麟痛惜，所以說「吁嗟麟兮！」譏誚之意，見于言外，不問可知了。

〔案〕從來學者皆以〈麟趾〉為美詩，胡先生獨以為「譏誚」，此意甚新。若照胡先生的說法，則《二南》中，又少一篇正歌了。

顧頡剛論〈騶虞〉篇云：[46]

〈騶虞〉之「吁嗟乎」明明是「一發五豝」的悲歎詞，詩人看見射者之一射而殺五豝，以為殘忍之道，所以作詩以傷之。《鄭箋》乃云：「戰禽獸之命……仁心之至」。又云：「吁嗟者，美之也」，真是夢話。

〔案〕《詩序》、《毛傳》並以騶虞為獸名，還說什麼「不履生草」，「不食生物」，自是一片囈語，而朱子從之，亦殊可怪。實則騶虞只是一種與田獵和鳥獸有關的官，並且《三家詩》都曾說過，而毛、鄭、朱不用罷了。姚際恆反毛鄭而取三家，所以他說：「此為詩人美騶虞之官克稱其職也；若為美文王仁心之至，一發五豝，何以見其仁心之至耶？」姚氏論一發五豝非仁與顧先生意同而觀點不同，故美刺相反。但若就〈射儀〉以〈騶虞〉為節一點觀之，則姚說自較顧先生之意為長。

---

46 〔原註〕見〈詩經的厄運與幸運〉。（編案：顧氏此文後略加修改，改題作〈詩經在春秋戰國間的地位〉，收入《古史辨》第三冊下編，然《古史辨》所載文中未見何氏所引此段文字，何氏當轉引自《古史辨》第三冊下編所載陳槃〈周召二南與文王之化〉文中所引顧氏〈詩經的厄運與幸運〉原稿，見頁438。）

又胡適論〈關雎〉云:[47]

> 好多人說〈關雎〉是新婚詩,亦不對。〈關雎〉完全是一首求愛
> 詩,他求之不得,便寤寐思服,輾轉反側,這是描寫他的相思
> 苦情;他用了一種種勾引女子的手段,友以琴瑟,樂以鍾鼓,
> 這完全是初民時代的社會風俗,並沒有什麼希奇。

〔案〕胡說之不愜,已見〈談談詩經〉案語,茲不贅引。又此詩魏理
卻以入「婚姻類」[48],可見他也不當它求愛詩;實在也不像求
愛詩,因為「琴瑟友之」和「鍾鼓樂之」在修辭和章法上都不
像求愛詩。

王伯祥論〈雞鳴〉說:[49]

> 《齊風》〈雞鳴〉詩明明是一首很好的情詩。……簡直與後來
> 〈讀曲歌〉中的「打殺長鳴雞,彈去烏臼鳥,願得連冥不復
> 曙,一年都一曉」……有同樣的風趣。我們因事無佐證,固然
> 不能強派他們是私情,但也至多不過是新婦恐怕被堂上譴責,
> 或受旁人訕笑而有這種對她丈夫的說話。

〔案〕王氏謂此詩不能強派他們是私情,但魏理解末章的「會且歸
矣」為「快點回家去吧」[50],卻顯然把他們當「私情」看,這
也可說是中西最新的共同看法了。

---

47 〔原註〕胡適:〈談談詩經〉,民二十年九月修正稿。

48 〔原註〕〈關雎〉一詩,魏理把它列入《詩經》譯本的第八十七篇,也即Marriage類
之第十七篇,Grove Press, Inc. N.Y.本,頁八十一。

49 〔原註〕見《小說月報》十四卷第六號。

50 〔原註〕魏理將〈雞鳴〉一詩歸入「求愛類」Courtship之第十七篇(編案:當為第
二十六篇),「會且歸矣」句譯為:Quick! Go home! Lest I have cause to hate you!

前述詩解舉例，雖篇數不多，而頗具品樣（編案：似當做「樣品」）價值，足資新解題之參考。此外尚有僅提出單純觀念，卻未作進一步的討論，如顧先生致錢玄同論《唐風》信云：「我想做一篇〈歌謠的轉變〉說明《唐風》中的〈杕杜〉和〈有杕之杜〉同是一首乞人之歌，⋯⋯只是一首的分化，不是各別的兩首。」[51]他這個意思，甚得錢玄同的激賞，所以錢氏說：「您說《唐風》中的〈杕杜〉和〈有杕之杜〉是兩首叫花子底詩，極新穎，極確切！我讀來信後將它們默誦一過，逼真是叫花子底口吻，不禁失笑。我想這一類新解您一定還很多，我很希望您陸續發表出來。」[52]話雖如此，但顧先生終也沒有繼續發表什麼。今案：顧氏的話固然新穎，但若當真解釋起來，恐怕就會成問題的。猶之乎胡適氏在武大解〈葛覃〉一詩為女工人放假歸家，當時未曾不覺得十分新穎（陳槃就曾經如此說過）[53]，但後來經某教授一檢討，胡先生也就把原意放棄了。[54]

又解《詩》為掙脫舊傳統的狂熱，有時不覺會走極端。例如魏建功把《魏風》〈伐檀〉的「彼君子兮，不素餐兮」譯成「唉！那些混賬王八旦，無菜不下飯！」這譯文發表後，劉大白在《白屋詩話》裏批評道：「那時候的所謂君子，本來有三種解釋：第一種是仁人君子

---

51 〔原註〕顧頡剛：〈論詩經歌詞轉變書〉，載《古史辨》第一冊上編。

52 〔原註〕錢玄同：〈論詩經真相書〉，載《古史辨》第一冊上編。

53 〔原註〕陳槃：〈周南召南與文王之化〉，載《古史辨》第三冊。原文云：「胡適之先生說《詩》，也往往新穎可喜。如解〈小星〉云云，解〈葛覃〉云云。」

54 〔原註〕胡文於十四年九月發表後，北大某教授批評他道：「胡先生說，〈葛覃〉詩是描寫女工放假急忙要歸的情景。我猜想這里胡先生是在講笑話，不然恐怕這與初民社會有點不合。⋯⋯照胡先生用社會學說《詩》的方法，我們所能想到的只是這樣一種情狀：婦女都關在家裏，⋯⋯所以更無所歸。她們是終年勞碌的，所以沒有什麼放假。胡先生只見漢口有些紗廠的女工的情形，卻忘記這是二千年前的詩了。」到了民二十年九月胡氏把〈談談詩經〉的修正稿送給顧頡剛編入《古史辨》時，便把〈葛覃〉一條刪去了。

的君子，就是所謂好人；第二種是指在位者，就是所謂官僚或紳士；第三種是女人稱她底丈夫。……〈伐檀〉篇中的君子卻是屬於第二種的。……把君子當作好人講固然不對，把君子譯成『混賬王八旦』，那尤其不對了。」劉氏的話自然是很正確的，不過他並沒有說出魏譯所以「尤其不對」的所在。案：魏譯最大的錯誤在詞、意兩方面都和原詩無關。第一，「君子」一名在詞彙上無論如何講都不能發生「混賬王八旦」的義訓。第二，詩人即使有諷刺之意，「君子」一詞，也絕不會被意識為「混賬王八旦」。第三，詩的語言，絕對不會用「混賬王八旦」這樣粗獷的詞彙，因為和詩的氣質衝突。詩人當時所以挑選「君子」一詞，也可以判斷其即出於這個原因。總一句話，既謂之詩，便絕對不會說及「混賬王八旦」的。孔子之所以說「《詩》三百」只有一個「思無邪」，猶之乎〈中庸〉之論明德云：「德輶如毛，毛猶有倫；上天之載，無聲無臭，至矣！」這段話，可以類比孔子之言《詩》。但魏氏自不足以語此了。

《詩經》的解釋問題發凡

（《詩經今論》卷三）

目錄

本文提要[*]

　　自周樂亡而《詩經》發生了解釋（解題）的問題。

　　但二千年來，自漢人而下，儘管有關解釋的方面是那麼多：例如訓詁、名物、制度、故實、地理、山川等等，而主題卻只有一個，那就是都訴之於義理的教訓。是故兩漢的前期是三家之學的以三百篇為「諫書」；後來又是毛、鄭之學的《詩》教思想系統化，而總之，都無非要替每一篇詩尋求一個倫理的解釋而已。到了宋代，朱子雖以其懷疑與求真的精神，發為「淫詩」、「美刺」和「世次」的問題，甚至於廢棄漢人《序》說，但終也不能盡去其依違兩可的態度。至於清人為要反朱而不惜為申毛的逆轉，連姚際恆之以超越姿態出現，也還是排朱甚於反漢，這都足以說明傳統解釋深固的力量。方玉潤有意求新，也是如此。惟崔述的歷史觀點，確具有客觀的意義和價值。歸納起來，二千年來《詩經》解釋的總值是：（一）義理觀點的解釋，充其量只有極小部分合於事實。（二）「淫詩」和「美刺」等問題所表現的意義，由於仍擺脫不了義理的影響，故其有助於客觀解釋的效果仍不大。（三）崔述的歷史觀點，確能使三百篇中若干為漢人所歪曲的解釋得以改正，而比例不大。所以總一句話說，《詩經》的解釋問題，直到今日仍然沒有解決。這是個很值得注意的事實，因為它無形中已提供了我們今後《詩經》解釋的新方向。

---

* 〔編案〕此提要原係何定生獲國家長期發展科學委員會55學年度研究補助費（人文及社會科學甲種）之研究報告摘要，載於《國家長期發展科學委員會年報（55年7月-56年6月）》（臺北：國家長期發展科學委員會，未載出版年月），頁83-84。

一　前論

　　自周樂亡，而《詩經》乃發生解釋的問題。

　　春秋以前，《詩經》是不需要解釋的。因為原始的詩篇，都是些樂章，專為禮樂製作。故禮樂節次的進行，即象徵了樂章的意義，樂章之用已盡，自不再發生解釋的要求。例如《儀禮》上〈燕禮〉、〈鄉飲酒禮〉、〈鄉射禮〉、〈大射儀〉的「正歌」節次之所歌，即可代表這一類的樂章。這是饗禮（即儀式部分）上所用的詩篇，原則上可相當於漢人所謂「《詩》之正經」。

　　其次是采錄入樂的詩歌。這類樂歌，既非為禮樂製作，自然無關儀節，內容也甚龐雜，不相關聯。例如《儀禮》上的「無算樂」之所歌，便是屬於這一類。「無算樂」原是燕飲時最後的節次，專在娛賓，只要能使賓主盡歡，便已達目的，如今日盛會的遊藝節目一樣，自也無須解釋。這類樂歌，可相當於漢人所謂「《變風》《變雅》」。

　　這是《詩經》與禮樂的原始關係。

　　但自周樂亡後，樂歌的原始用途既不復存在，原有詩篇的意義，遂不能不從文辭上來尋求理解，這是《詩經》所以發生解釋問題的原因；而「變詩」的問題自然更為重要。因為「變詩」在「無算樂」時期，只有娛樂的作用，無義理上的要求，雖美醜雜陳卻無傷大雅。今無算樂之用既失，義理解釋上乃處處有問題：如淫佚有問題，喪亂有問題，棄婦有問題，暴政有問題，戰禍有問題，苦役有問題，顛播有問題……總之，自王室興替，政教隆汙，民生疾苦，以至於人間百態等等之所以具備於三百篇內容的原因，都無不成為問題，這是《詩經》之所以發生解釋問題的外在原因。

　　自然，只有外在的原因是不夠的，事實上還有主觀的因素，那就是漢儒對於《詩經》教育作用——即「諫書」思想的要求，實質上也

就是《六經》思想中《詩》教思想的建構作用的要求。這是孔子歿後，自七十子以至於兩漢之儒，七百年間，儒者思想所建構的《詩經》傳統，而尤以兩漢四百年間的醞釀作用為具決定性。這個思想傳統，不但是漢儒《詩經》解釋的主觀因素，實在也就是中國二千年來《詩經》解釋傳統的主觀因素。

二　漢儒對於《詩經》解釋的異同

漢儒對於《詩經》的解釋，三家為一類型，毛、鄭為一類型。三家之學，魯最早顯，傳《魯詩》的申公，在漢文帝時已立為博士，故《魯詩》之傳最廣，有：孔安國、司馬遷、王式、劉向、包咸、王逸、王符、蔡邕、高誘等六十餘家，影響漢人的《詩經》思想也最大。其次為《齊詩》。《齊詩》傳於齊人轅固生，為孝景博士，言陰陽五行之說，業者有夏侯始昌、董仲舒、翼奉、匡衡、桓寬、班固等二十餘家。最後為《韓詩》，為燕人韓嬰所傳，與魯、齊學並立學官，於三家為最後亡，傳者有薛漢、鄭玄等五十餘家。三家之學，一直支配了兩漢四百年間漢儒對於《詩經》的解釋。

至於毛鄭之學，是魏、晉間才漸流行的。傳《毛詩》的毛公，雖在景帝時曾經做了河間獻王的博士，但因不在漢廷，故《毛詩》不得立為官學。東漢時，九江人謝曼卿善《毛詩》，東海衛宏從曼卿受學，因作《毛詩序》，後來鄭玄放棄《韓詩》，改從馬融攻《毛詩》，作了《毛詩箋》，專發揮《毛》、《序》義，是為毛鄭之學。三家亡後，毛鄭代興，到了隋唐，《毛詩》才成為《詩經》唯一的解釋。

這是西漢《詩經》學演變的軌跡。今三家遺文大致亡佚；僅存的《韓詩外傳》，乃合理化的斷章說詩，非詩義直接解釋，且分量也太少，關涉全詩恐不過百什。宋、清學人，雖有輯佚之作，如陳喬樅的

《三家詩遺說考》最稱詳贍，但所存總量，恐怕也不及十之二三，和《毛詩》比起來，簡直不可同日而語，尤其在解題上，材料實在太少了。所以《三家詩》的解釋，我們可見到的仍然不多。

儘管如此，在現存的遺文中，我們仍然可以看到三家與《毛詩》重大差異的所在——例如〈關雎〉一詩的解釋。〈關雎〉在漢儒的共同意識上謂之「風始」，意思是代表風詩整個的意義。《毛詩》又把它從一百六十篇《國風》中分別出來，以為二十五篇《正風》之首，所以《毛序》又稱之為「正始」之基，認為是文、武時代的作品，故〈關雎〉是一篇美詩。但三家卻以〈關雎〉為「衰世之造」，認為是刺詩。這是一個何等可驚的差異！大家所傳的明明是同一傳統的同一詩篇，解釋何以能如此不同？這不但是一個有趣的問題，實在也是一個很有意義的問題。因為這裏面有思想觀點上的因素。是故同為「諫書」的思想，三家是把《詩經》作三百諫書看；而《毛詩》則是把諫書思想建築在夫婦、父子、君臣、朝廷、王化的系統上（《毛傳》）。這是〈關雎〉一詩所以有這樣極端不同的解釋的基因。所以為探源之論，為了思想上的需要而必須給予某篇詩以某個解題，而至於有時不得不歪曲事實以求合於其理想，這正是漢人思想對於《詩經》解釋一個很自然的要求；換言之，這裏只有思想上的是非，卻沒有觀點上的是非。所以同為〈關雎〉之詩，三家可以解為刺詩，而毛鄭可解為美詩。不但如此，同一刺詩，《魯詩》可解為「詩人本之衽席」（《史記》〈儒林傳〉），或「知好色之伐性短年」（《漢書》〈杜欽傳〉）；《韓詩》可解為「賢人說淑女正儀容以刺時」（《薛君章句》）；而《齊詩》便汎言「哀周道而不傷」（班固），或「應門失守，歌〈關雎〉以感之」了（《春秋緯》）。這都是最好的例證。再進一步言之，三家之所謂「刺」，其實也和毛鄭的觀念不同。照《詩譜》的原則，成王以前的盛世之作為「《詩》之正經」，懿王以後的衰世之詩為「《變風》《變

雅》」，盛世無刺詩，故〈關雎〉當然為美詩。但三家則不但以〈關雎〉為刺詩；《淮南子》甚至認為三百篇都是「衰世之造」；王充也說：「周衰而《詩》作。」可見《魯詩》之人，根本就不承認《詩》有所謂「正、變」。所以《詩經》由三家類型的解釋，到毛、鄭類型的解釋，顯然有著蛻變的軌跡。三家之人，不過欲達到〈關雎〉的「諫書」作用而以為刺詩，故一部《詩經》等於三百諫書，而〈關雎〉不過為其個案之一。毛、鄭則是將「諫書」思想作成體系化的《詩》教，故用「正、變、美、刺」的排比，來使〈關雎〉成為美詩，以發揮其教化的作用。所以《毛詩》的解釋方式，顯然是較三家為有組織有方法，但也就更主觀更不重視事實了。

還有更值得注意的一點，就是《詩》世次的問題。前面說到《淮南子》認為《詩》是「衰世之造」，這事和「世次」問題有密切的關係。按：《淮南》〈氾論訓〉的原文是：

> 王道缺而《詩》作，周室廢、禮義壞而《春秋》作。《詩》、《春秋》，學之美者也，皆衰世之造也。

劉安把《詩》和《春秋》相提並論，其實《詩》比《春秋》的總年代最少要早五百年，《春秋》是東遷以後的作品，當然可以說是「衰世之造」，但《詩》最少有一部分是盛周之作，何能以「衰世之造」一語概括之呢？我們再看王充《論衡》的〈謝短〉篇云：

> 《詩》家曰：周衰而《詩》作，蓋康王時也。康王德缺於房，大臣刺晏，故《詩》作。

照《論衡》的話，則所謂「衰世」是指康王的時候。康王去成王、周公才二十年，按理不應該便衰下去；何況《史記》〈周本紀〉明明曾這樣寫道：

　　成康之際，天下安寧，刑錯四十餘年不用。

「天下安寧」而至於「刑錯四十餘年不用」，這是西周僅見的盛世，如何忽然說得到「衰世」呢？所以這裏我有一個感覺，《魯詩》之人所以要把康王說到衰世上去，可能有如下兩個原因：（一）《風》《雅》是康王以後才產生的。（二）為要使《風》《雅》都成為「諫書」，就只好都說成衰世之作了。試看他們對於康王所提的控訴，不是「一旦晏起」（《風俗通》），「一朝晏起」（《後漢書》〈楊賜傳〉），便是「德缺於房」（王充），總不外一個「詩人本之衽席」（《史記》）的看法。並且，這個控訴也正是針對〈關雎〉而發，故〈關雎〉成為「刺詩」；這是多麼有趣的事。甚且，〈關雎〉在這裏也只是象徵的，它可以象徵《國風》，也可以象徵《風》、《雅》，像《淮南》〈詮言訓〉「《詩》之失僻」句，高誘便注云「《詩》者，衰世之風也」一樣，這裏的「風」字，既是《詩》的同義字，自然於代表《國風》一義之外，也可以象徵《風》和《雅》（只有「《頌》」不在內）了。例如《史記》〈十二諸侯年表〉的「仁義陵遲，〈鹿鳴〉刺焉」，則《魯詩》明明把《小雅》也認為是刺詩了。不過這個思想也不始於漢人。《荀子》〈大略〉篇云：

　　《小雅》不以於汙上，自引而居下，疾今之政，以思往者，其言有文焉，其聲有哀焉。

可見荀子在戰國後期，就已把《小雅》當衰世的詩看了。所以為探源之論，則把〈關雎〉解釋為刺詩，雖發自三家，其淵源仍然是出於《荀子》。〈大略〉篇云：

> 《國風》之好色也，傳曰：盈其欲而不愆其止；其誠可比於金石，其聲可內於宗廟。

這顯然是從孔子「〈關雎〉樂而不淫，哀而不傷」的話繹繹而來；所不同者，孔子只說〈關雎〉，而荀子則把「哀而不傷」又用到《小雅》去了。從荀子這個對「哀而不傷」的用法看來，則他解釋孔子的話也是把〈關雎〉作「刺」詩看的。

其實何止《荀子》，襄二十九年《左傳》，季札觀於周樂云：

> 為之歌《小雅》，曰：「美哉，思而不貳，怨而不言，其周德之衰乎！」

這樣看來，則《小雅》之為衰世之造，季札已前發之，則三家這個思想，真是由來已久了。

從前面的脈絡看來，則除了《周頌》外，《風》和《雅》（最多除了一部分《大雅》）都可以說是周康王以後的作品了。換個說法，在康王以前周室只有《頌》而無《風》、《雅》──《風》和《雅》是到了康王時代才逐漸產生的。依我們今日的意識，這個推論是否完全準確，或三家的說法是否果然可以如此解釋，當然還不能無問題；但無論如何，《風》、《雅》之入《詩經》，較《周頌》晚，則是可以斷言的。所以《詩譜》的世次，顯然違背事實，尤其是以《二南》為文武時代的作品為最難以置信，因為那完全是毛、鄭依據他們的思想體系

安排出來的。當然，《詩》世次的問題直到現在仍然難以論定，但若照《詩譜》那樣的說法，則朱子最少就已經指出其中不止一半是沒有根據的了。這樣看來，則單從《詩》世次的觀點而論，三家當然是較毛鄭為近於事實的。

《周頌》之為盛周制作，四家沒有異議。《國語》上稱「周文公之詩」或「周文公之頌」，似乎和《禮記》〈明堂位〉周公「制禮作樂」的話，有互相發明的意義，所以四家對此可以不發生解釋上的懸殊。至於《魯》、《商》二頌，《魯》之為僖公時詩，也不待論；惟《商頌》卻又發生問題。《商頌》之為春秋時宋人美宋襄公的詩，《魯》、《韓詩》皆已言之。《史記》〈宋世家〉云：

> 宋襄公之時，修行仁義，欲為盟主，其大夫正考甫美之，故追道契、湯、高宗、殷所以興，作《商頌》。

《後漢書》〈曹褒傳〉《注》引《韓詩章句》，也是如此。但《毛詩》便非把它拉回六百年以置之於殷高宗時不可。即此一端也足見毛、鄭對於《詩經》解釋的主觀程度了。

現在將三家與毛異義的詩篇（有解題者）列舉於下，以見梗概。至於比較研究，另詳下文論述專篇。又所列詩篇，皆依照《毛詩》次序，並於篇名上標明數字，以便檢查。

（1）《魯詩》解題遺說

1.〈關雎〉　　康王晏出朝，〈關雎〉預見。（《列女傳》）

2.〈葛覃〉　　〈葛覃〉恐其失時。（蔡邕〈協和婚賦〉）何休以為大夫妻。（《公羊傳解詁》）

8.〈苤苢〉　　蔡人之妻作。（《列女傳》）

9.〈漢廣〉　鄭交甫遇江妃二女故事。（劉向《列仙傳》）

10.〈汝墳〉　周大夫之妻匡夫之作。（《列女傳》）

13.〈采蘩〉　背宗族而〈采蘩〉怨。（《潛夫論》〈班祿〉篇）

17.〈行露〉　召南申女許嫁於酆，夫家禮不備，女持義不往而作。（《列女傳》）

25.〈騶虞〉　邵國之女所作也。（蔡邕《琴操》）案：解中有「古者……役不踰時，不失嘉會，內無怨女，外無曠夫。及周道衰微，禮義廢弛，……男怨於外，女傷於內，……歎傷所說，而不逢時」等語，不知所謂，殊為可怪。

26.〈柏舟〉　衛宣夫人為衛君守節事。（《列女傳》）

28.〈燕燕〉　衛姑定姜送歸婦詩。（《列女傳》）

32.〈凱風〉　孝子之詩。（趙岐《孟子章句》）

36.〈式微〉　黎莊夫人傅母勸去及夫人答詩。（《列女傳》）案：本解將〈式微〉一詩分屬二人作，殊不合理而又不通。大概《列女傳》解《詩》常如此。

40.〈北門〉　不憂貧也。（《潛夫論》〈讚學〉篇）

41.〈北風〉　樂〈北風〉之同車。（張衡〈西京賦〉）

42.〈靜女〉　傷時之不可遇也。（《說苑》〈辨物〉篇）案：此乃斷章用法，非本義。

52.〈相鼠〉　此妻諫夫之詩也。（《白虎通》〈諫諍〉篇）

57.〈碩人〉　齊女傅母悟衛莊姜詩。（《列女傳》）案：此解之欲以〈碩人〉為諫詩，肺肝如見。

64.〈木瓜〉　古之蓄其卜者，其施報如此。（《新書》〈禮〉篇）

65.〈黍離〉　衛宣公子壽閔其兄伋而作。（《新序》〈節士〉篇）

70.〈兔爰〉　桓王失信，禮義陵遲，男女淫奔，讒偽並作，九

族不親，故詩人刺之：〈兔爰〉、〈葛藟〉、〈采葛〉、〈大車〉四篇是也。（皇甫謐）

71.〈葛藟〉

72.〈采葛〉

73.〈大車〉　　　息君夫人訣別息君而自殺詩。（《列女傳》）

100.〈東方未明〉　君召其臣〔，臣〕不俟駕，顛倒衣裳而走，禮也。（《荀子》〈大略〉篇）

141.〈墓門〉　　　陳國採桑女折晉大夫故事。（《列女傳》）

146.〈羔裘〉　　　會君貪嗇，減爵損祿，詩人憂之，故作〈羔裘〉。（《潛夫論》〈志姓氏〉篇）

147.〈素冠〉　　　周室陵遲，喪禮銷亡，是以要絰即戎，〈素冠〉作刺。（《魏書》〈李彪傳〉）

149.〈匪風〉　　　〈匪風〉，冀君先教也。會仲不悟重氏伐之，上下不能相使，遂以見亡。（《潛夫論》〈志姓氏〉篇）

以上二十八篇為《國風》。

161.〈鹿鳴〉　仁義陵遲，〈鹿鳴〉刺焉。（《史記》〈十二諸侯年表〉）

164.〈常棣〉　召穆公思周德之不類，故糾合宗族於成周而作〈常棣〉。（僖二十四年《左傳》）

165.〈伐木〉　周德始衰，〈伐木〉有鳥鳴之刺，〈谷風〉有棄予之怨。（蔡邕〈正交論〉）

167.〈采薇〉　家有〈采薇〉之思。（蔡邕〈和熹鄧后諡議〉）

201.〈谷風〉　見165〈伐木〉解。

205.〈北山〉　勞逸無別，善惡同流，〈北山〉之詩，所為訓作。（《後漢書》楊賜疏）

以上五（編案：應為六）篇為《小雅》。

（2）《齊詩》解題遺說

1.〈關雎〉 　人主不正，應門失守，故歌〈關雎〉以感之。
　　　　　（〈春秋說題辭〉——《太平御覽》「學部三」引）

2.〈葛覃〉 　大夫妻歸寧。（何休《公羊傳解詁》）

7.〈兔罝〉 　此〈兔罝〉之所刺。（《鹽鐵論》〈備胡〉篇）今
　　　　　案：此似依據《左傳》成公十二年晉郤至如楚
　　　　　聘，引〈兔罝〉事為說。原文云：賓曰：百官承
　　　　　事，朝而不夕，此公侯所以扞城其民也，故
　　　　　《詩》曰「赳赳武夫，公侯干城」；及其亂也，諸
　　　　　侯貪冒，略其武夫，以為己腹心、股肱、爪牙，
　　　　　故《詩》曰「赳赳武夫，公侯腹心」。但這已是詩
　　　　　義的斷章了。

9.〈漢廣〉 　二女寶珠，誤鄭大夫。（《易林》〈噬嗑之困〉）
　　　　　案：劉向《列仙傳》載江妃二女遇鄭交甫故事及
　　　　　《韓詩內傳》遇二女故事，與此處所謂「鄭大
　　　　　夫」顯然為一事，真所謂「齊東野人之語」也。

25.〈騶虞〉 　樂官備也。（《禮記》〈射義〉）案：鄭《注》云：
　　　　　「樂官備者，謂〈騶虞〉曰壹發五犯，喻得賢者
　　　　　眾多也。」鄭玄之附會曲解，往往類此。

28.〈燕燕〉 　此衛夫人定姜之詩也。（《禮記》〈坊記〉）

42.〈靜女〉 　季姬踟躕，結衿待時，終日至暮，百兩不來。
　　　　　（《易林》〈帥之同人〉）又〈同人之隨〉云：李姬
　　　　　踟躕，望我城隅，終日至暮，不見齊侯。

43.〈新臺〉 　陰陽隔塞，許嫁不答。（《易林》〈歸妹之蠱〉）

48.〈桑中〉　　　失期不會，憂思忡忡。（《易林》〈蠱之謙〉）

51.〈蝃蝀〉　　　〈蝃蝀〉充側，佞人傾惑，女謁橫行，正道壅塞。（《易林》〈蠱之復〉）

63.〈有狐〉　　　長女三嫁，進退無羞。（《易林》〈觀之蠱〉）案：朱子《集傳》云：有婦人見鰥夫而欲嫁之，似取此意。

78.〈大叔于田〉　鄭伯好勇。（《漢書》匡衡疏）

136.〈宛丘〉　　　陳夫人好巫而民淫祀。（《漢書》匡衡疏）

137.〈東門之枌〉　陳大夫子仲氏歌舞以娛神也。（《漢書》〈地理志〉《集注》）

153.〈下泉〉　　　曹人美荀躒納敬王作。（何楷《詩經世本古義》）

156.〈東山〉　　　處婦思夫。（《易林》〈屯之升〉）

160.〈狼跋〉　　　君子之路，行止之道，固狹耳。（《鹽鐵論》〈鍼石〉篇）

以上十七篇為《國風》。

167.〈采薇〉　　　上下促急，君子懷憂。（《易林》〈睽之小過〉）

169.〈杕杜〉　　　古者無過年之繇，無逾時之役，今……歷二期，長子不還，父母愁憂，妻子詠嘆，憤懣之恨，發動于心，慕積之思，痛于骨髓，此〈杕杜〉、〈采薇〉之所為作也。（《鹽鐵論》〈繇役〉篇）

191.〈節〉　　　周室之衰，其卿大夫緩於誼而急於利，亡推讓之風，而有爭田之訟，故詩人疾而刺之。（董仲舒〈對策〉）

以上三篇為《小雅》。

（3）《韓詩》解題遺說

1.〈關雎〉 應門失守，〈關雎〉刺世。（《後漢書》〈明帝紀〉）

8.〈芣苢〉 傷夫有惡疾也。（《太平御覽》七百四十二）

9.〈漢廣〉 悅人也。（《韓詩序》）案：即鄭交甫遇二女故事，與劉向《列仙傳》所載同為一事。

10.〈汝墳〉 辭家也。（《後漢書》〈周磐傳〉《注》）案：〈周磐傳〉曰：磐居貧，養母儉薄不充。嘗誦《詩》至〈汝墳〉之章，慨然而歎。乃解韋帶就孝廉之舉。觀此，卻與《詩》解無關了。

25.〈騶虞〉 〈騶虞〉，天子掌鳥獸官。（《周禮》〈鍾師〉《疏》引）

28.〈燕燕〉 定姜歸其娣，送之而作。（王氏《詩考》）

65.〈黍離〉 伯封作也。（王氏《詩考》引）案：曹植〈令禽惡鳥論〉云：尹吉甫信後妻之讒而殺孝子伯奇。伯封求而不得，作〈黍離〉之詩。

196.〈雞鳴〉 〈雞鳴〉，讒人也。（《太平御覽》九百四十〔四〕）

以上《國風》八篇。

200.〈賓之初筵〉 衛武公飲酒悔過也。

以上《小雅》一篇。

右列《三家詩》五十篇（編案：當為四十九）——六十二（編案：當為六十三）個解題，最少有 半以上是以故事作背景的。這些故事，很可能都出於有意的編造，如《列女傳》便是如此。《列女傳》有時為要編織解題，甚至牽扯割裂，如說〈式微〉是黎莊夫人傅母勸夫人

離去，夫人不肯，將一詩分屬二人，最為可笑而不通。又〈碩人〉之詩，說是齊女傅母教導莊姜，使之改其冶容淫心，其厚誣原文，必欲製造〈碩人〉成諫詩，真是肺肝如見。所以《列女傳》的故事，幾乎沒有一篇具有史實價值。《齊》、《韓詩》當然也是如此。不過《列女傳》的故事也有的是從民間傳說加以改變的。例如孔子遇阿谷處女的故事（〈漢廣〉），顯然是從《列仙傳》鄭交甫遇江妃二女的民間傳說改變而成。《韓詩》則和《列仙傳》幾乎全同。《齊詩》因《易林》用於卜筮，故改鄭交甫為「鄭大夫」。像這樣說《詩》，真可謂「齊東野人之語」了。又如《韓詩》以〈黍離〉為「伯封作」，也是一個毫無疑義的民間故事。不過《齊詩》以〈宛丘〉為陳夫人好巫而民淫祀，〈東門之枌〉為陳大夫子仲歌舞以娛神，都很有社會學的價值，可能也是這五十篇詩解中最近事實的二篇。

總上所述，《三家詩》與《毛詩》最大的差異，除前文說過的（一）以《風》、《雅》為「衰世之造」——即周康王時才產生的，所以（二）〈關雎〉（代表《風》）和〈鹿鳴〉（代表《小雅》）都是「刺詩」外，其另一特徵，即為：（三）以故事方式說《詩》。此皆足以說明三家對於《詩經》的解釋，都是較毛、鄭為原始的，近於客觀環境的；即其解題的內容，也仍然脫不了戰國時代的斷章意味（即詩義的斷章）。換個講法，三家是以具體的個案解《詩》，而毛鄭則是以抽象的觀念釋《詩》；三家是近於現實的，毛鄭是傾向於理想的。故三家除《周頌》（或者有一部分《大雅》）外，都以《風》、《雅》為周康王以後的作品；但毛、鄭剛好相反，必以一部分《風》（即〈關雎〉所代表的《二南》）、《雅》（即〈鹿鳴〉所代表的《小雅》）為成王（《周頌》）以前的作品。這是個何等有趣的對比。從這個思想演變的軌跡，愈足證三家的解釋為屬於前期思想的，淵源於戰國時期的荀卿乃至於春秋後期的意識的（季札以《小雅》為周德之衰）；而毛、鄭的

解釋，則明明是欲把《詩經》建築在《詩》教理想的抽象體系上，是後期思想的；因為是後期思想的，所以纔會把《風》、《雅》說得愈古，而毛公才會說他是直接淵源於子夏！而《毛詩》的後出也證明這個事實，無論其不得與三家並立學官是否是因為不在漢廷，但事實上《毛詩》是《三家詩》亡後才起來的。

毛鄭與三家解釋《風》《雅》的殊異既如上述，對於《三頌》，除《商頌》仍一依其古文學的心理必欲釋為殷詩已見前文外，其對於《周頌》的解釋，大致上卻是一本《魯詩》的。茲將蔡邕《獨斷》所引《周頌》解題抄錄於后，以見《毛詩》所本。

（4）《魯詩》《周頌》解題

266.〈清廟〉	一章八句，洛邑既成，諸侯朝見宗廟，祀文王之所歌也。
267.〈維天之命〉	一章八句，告太平于文王之所歌也。
268.〈維清〉	一章五句，奏〈象武〉之所歌也。
269.〈烈文〉	一章十三句，成王即政，諸侯助祭之所歌也。
270.〈天作〉	一章七句，祀先王之所歌也。
271.〈昊天有成命〉	一章七句，郊祀天地之所歌也。
272.〈我將〉	一章十句，祀文王於明堂之所歌也。
273.〈時邁〉	一章十五句，巡狩告祭柴望之所歌也。
274.〈執競〉	一章十四句，祀武王之所歌也。
275.〈思文〉	一章八句，祀后稷配天之所歌也。
276.〈臣工〉	一章十五句，諸侯助祭，遣之于廟之所歌也。
277.〈噫嘻〉	一章八句，春〔夏〕祈穀于上帝之所歌也。
278.〈振鷺〉	一章八句，二王之後來助祭者之所歌也。
279.〈豐年〉	一章七句，烝嘗秋冬之所歌也。

280.〈有瞽〉　　　　　一章十三句，始作樂合諸侯而奏之所歌也。

281.〈潛〉　　　　　　一章六句，季冬薦魚、春薦鮪之所歌也。

282.〈雍〉　　　　　　一章十六句，禘太祖之所歌也。

283.〈載見〉　　　　　一章十四句，諸侯始見于武王廟之所歌也。

284.〈有客〉　　　　　一章十二句，微子來見祖廟之所作也。

285.〈武〉　　　　　　一章七句，奏〈大武〉，周武所定一代之樂之所
　　　　　　　　　　　歌也。

286.〈閔予小子〉　　　一章十一句，成王除武王之喪，將欲即政，朝于
　　　　　　　　　　　廟之所歌也。

287.〈訪落〉　　　　　一章十二句，成王謀政于廟之所歌也。

288.〈敬之〉　　　　　一章十二句　群臣進戒嗣王之歌也。

289.〈小毖〉　　　　　一章八句，嗣王求忠臣助己之所歌也。

290.〈載芟〉　　　　　一章三十一句，春藉田祈社稷之所歌也。

291.〈良耜〉　　　　　一章二十三句〔，秋報社稷之所歌也〕。

292.〈絲衣〉　　　　　一章八句，繹賓尸之所歌也。

293.〈酌〉　　　　　　一章八句，告成大武，言能酌先祖之道以養天
　　　　　　　　　　　下之所歌也。

294.〈桓〉　　　　　　一章九句，師祭講武，類禡之所歌也。

295.〈賚〉　　　　　　一章六句，大封于廟，賜有德之所歌也。

296.〈般〉　　　　　　一章七句，巡狩四嶽之所歌也。

右詩三十一章，皆天子之禮樂也。

　　案：《毛詩序》對於《周頌》三十一章的解題，幾於全部採用
《魯詩》說，惟於〈天作〉篇加「先公」，閔予字小子（編案：此五
字似有闕誤），〈訪落〉篇，改「成王」為「嗣王」，又把〈賚〉篇的
「有德」改為「善人」罷了。

三　宋儒對於《詩經》的解釋態度

（1）反《毛詩序》問題

　　宋人說《詩》的特徵是反毛鄭的風氣，例如歐陽修（《毛詩本義》），說《詩》雖主毛鄭，卻已開了新解之端。蘇轍也是如此。蘇氏對於《詩序》，只取首句，以為乃毛公之學，為衛宏所集錄。這已顯然與鄭氏《詩譜》（謂《序》為子夏、毛公合作）持異了。到了南宋，鄭樵（《詩辨妄》）、王質（《詩總聞》）乃直以《序》說為「村野妄作」，廢棄不講。朱子又附和鄭樵之說以作《集傳》，遂為反毛派的主流，並且支配了宋以後七百年的《詩經》學。案：朱子《詩》說，初時也承毛鄭之舊，所以當時和他來往最密的呂祖謙在他的《呂氏家塾讀詩記》中，還常引述朱子的話。後來朱子改從鄭樵，而呂氏仍堅守原來立場；又有嚴粲的《詩緝》，是支持呂氏《讀詩記》的，這可說是宋人《詩經》學中僅存的毛鄭壁壘了。

（2）鄭樵論《詩》

　　鄭樵說《詩》有二點最得古意，就是：（一）以樂說《詩》，故主聲而不主義。（二）以《國風》為「風土之歌」。如《詩辨妄》論風、雅、頌云：

> 凡制文字必依形依象而立，風、雅、頌皆聲，無形與象，故無其文，皆取他文而借用。如風本風雨之風，雅本烏鴉之鴉，頌本頌容，奈何敘《詩》者於錯字中求義也？

案：觀此文，則清代阮元的頌說，章炳麟之說雅，皆成餘唾了。

又《通志》《樂略》〈正聲〉序云：

嗚呼，《詩》在於聲，不在於義。

又曰：

臣之序《詩》，專為聲歌，欲以明仲尼之正樂。

又曰：

漢儒說《詩》，既不論聲，又不知興，故鳥獸草木之學廢矣。

又說〈關雎〉云：

其曰「師摯之始，〈關雎〉之亂，洋洋乎盈耳哉」，此言其聲之
盛也。又曰「〈關雎〉樂而不淫，哀而不傷」，此言其聲之和也。
……緣漢人立學官，講《詩》專以義理相是，致衛宏序《詩》
以樂為樂得淑女之樂，淫為不淫其色之淫；哀為哀窈窕之哀，
傷為無傷善之傷。如此說〈關雎〉，則洋洋盈耳之旨安在乎？

又《詩辨妄》〈論王風〉云：

言《王》〈黍離〉者，亦猶言《衛》〈淇奧〉、《豳》〈七月〉
也。王城即東周也。《豳國》七篇為關中人風土之歌也，《王
國》十篇洛人風土之歌也。豈諸國皆風土，而洛獨無之乎？以
〈黍離〉降為國風，何理哉？

以上所論，皆漢人所不能言，也所不敢言者。

又論「后妃」一詞云：

> 〈關雎〉言后妃便無義。三代之後，天子之耦曰皇后，太子之
> 耦曰妃，奈何合後世二人之號而以為古之一人也？

此語甚有趣。然漢儒明明欲以三百篇為諫書，為大漢皇帝說教，自不能不用漢時詞彙，但也足以證《毛詩序》之決不出於子夏了。又案：照鄭氏的分析，則「后妃」應為泛稱，指太姒便不通了。

（3）朱子對《詩經》的分類

朱子於《詩經》的解釋，除廢《序》和去美刺二事直接受鄭樵的影響外，其對風、雅、頌也以「歌」「樂」來分類，如以《國風》為「民俗歌謠」而「列於樂官」；以《正小雅》為「燕饗之樂」，《正大雅》為「會朝之樂，受釐陳戒之辭」。《變雅》則「事未必同，而各以其聲附之」（《集傳》）。作《集傳》後二十年，他說得更清楚。他說：

> 《風》則閭巷、風土、男女、情思之詞；《雅》則燕享、朝會、
> 公卿、大夫之作；《頌》則鬼神、宗廟、祭祀、歌舞之樂。（王
> 柏《詩疑》引）

這也是漢人所不能言的地方。漢人只知《頌》為祭祀之樂，充其量也只知《正風》、《正雅》為「房中樂」，《大》、《小雅》為燕饗之樂；但決不知《風》之為民間歌謠，更不知《變風》、《變雅》之同樣是入樂之詩。這是朱子所以優於漢人的地方。

雖然，朱子雖知《變風》、《變雅》之同為入樂之詩，卻不知《變

風》、《變雅》之即為「無算樂」。故其說《詩》雖主廢《序》，而終不能盡脫《序》說窠臼。

　　茲將《集傳》用《序》說或用《序》意之詩統計如下：

　　《三頌》：與《序》說同或逕用《序》者一四篇

　　《大雅》：與《序》說同或逕用《序》者一七篇

　　《小雅》：與《序》說同或逕用《序》者二三篇

　　《國風》：與《序》說同或逕用《序》者八九篇

　　　　　　共計一百四十二篇（編案：當為一百四十三篇）

其中《二南》二十五篇，而《集傳》與《序》說同者二十三篇。《變風》一百三十五篇，而與《序》說同者八十九篇。這兩個比例，可以看出朱子對於《正風》的見解幾乎完全與《毛詩》一致；而對《變風》也過半數相同，比率是百分之六十二弱。（編案：當為百分之六十六弱）這一點正說明了朱子對於《變風》的認識並不優於毛鄭。除了「淫詩」一點與漢人有出入，為另一問題外；其樂歌觀點（朱子承認《變風》亦為樂詩）也並不比漢人優多少。因為漢人只知《正風》、《正雅》之為樂章，故對於《變風》、《變雅》發生疑義；朱子雖知《變風》、《變雅》也為入樂之詩，而不知其即為「無算樂」。故對於「變詩」仍然發生疑義；對「變詩」發生疑義，（自）〔只〕好從空文尋求解釋，結果當然不能不又走漢人的老路了。案：朱子對於《詩經》的樂歌解釋，除六笙詩外，其餘完全和《儀禮》的鄭《注》相一致。但鄭《注》對於《儀禮》的禮樂觀念，始終是離不了《詩譜》的，所以注釋的對象雖是《儀禮》的樂章，骨子裏仍然是一個有詩無樂的義理思想。這樣一來，不但一部《儀禮》的樂歌關係被曲解了，即《周禮》、《禮記》所有的樂歌關係也無不在同一原則下被曲解，這是鄭氏（也可以說是漢人）的《詩》教思想體系。朱子既依據《儀

禮》來解釋《詩經》的樂歌關係，自不能不入鄭氏的玄中而不自覺，這也是朱子雖反《序》而也終於掙不了《序》說的基本原因。要之，義理思想是《詩經》解釋所以不能不受《序》說影響的宿命因素，只要離開原始的禮樂關係來解釋《詩經》，便不能不陷入漢人義理思想的網羅，一旦陷入漢人義理思想的網羅，則漢、宋解釋的優劣，便所差無幾了。

（四）淫詩問題——與朱子及王柏

論到「淫詩」問題本是宋學對於漢學一大反動，同時也是對所謂「美刺」之義一重大打擊。案：「淫詩」一觀念，為漢人所諱言，故《毛詩》《變風》七十五篇刺詩中，「刺淫」之詩僅十一篇，且其中五篇為個案——如〈南山〉、〈載驅〉二篇之為刺齊襄公，〈敝笱〉之為刺文姜，〈宛丘〉之為刺陳幽公，〈株林〉之為刺陳靈公——故一般刺淫之詩實際只有六篇，如下表。

	小序	大序
〈谷風〉	刺夫婦失道也。	淫於新昏。（《邶》）
〈桑中〉	刺奔也。	公室淫亂。（《鄘》）
〈氓〉	刺時也。	刺淫佚也。（《衛》）
〈溱洧〉	刺亂也。	淫風大行。（《鄭》）
〈東方之日〉	刺衰也。	男女淫奔。（《齊》）
〈澤陂〉	刺時也。	淫於其國。（《陳》）

觀上表，直接稱「刺——淫」者僅·見於〈氓〉之篇的〈大序〉；若〈小序〉則不但無一語及刺淫，且並「淫」字而也無之。且「刺」淫之詩，連上述的個案之詩算在內，也不及「刺詩」十分之一。還有一個有趣的現象，就是漢人所列為「刺淫」之詩中，鄭詩僅佔一篇，而

齊詩反有四篇，陳詩也有三篇。這個現象，分明反映了漢人有意諱言
「鄭詩淫」的心理——因為孔子曾言「鄭聲淫」，又欲「放鄭聲」；無
論這個「鄭聲」是指樂還是指詩，總之還是把「淫」字隔離為妙，所
以才把《鄭風》刺淫的詩減到了最低限度。但宋人則剛好相反。宋儒
為要盡反漢人「美、刺」之說，不但只承認有「淫詩」而無「刺淫」
詩，且擴大「淫詩」的範圍，有很多漢人所不列為「刺淫」者，也都
列為「淫詩」，於是朱子《集傳》所列的「淫詩」，自《邶風》〈靜
女〉以下，竟有二十七篇之多，茲列表以明之。

《集傳》淫詩表（二十七篇）

〈靜女〉	此淫奔期會之詩也。（《邶》）
〈桑中〉	衛俗淫亂，相竊妻妾。（《鄘》）
〈氓〉	淫婦為人所棄，自敘其事。（《衛》）
〈有狐〉	有寡婦見鰥夫而欲嫁之。（《衛》）
〈木瓜〉	亦〈靜女〉之類。（《衛》）
〈大車〉	淫奔者相命之辭。（《王》）
〈丘中有麻〉	婦人望其所私者而不來。（《王》）
〈將仲子〉	此淫奔者之辭。（《鄭》）
〈遵大路〉	淫婦為人所棄。（《鄭》）
〈有女同車〉	淫奔之詩。（《鄭》）
〈山有扶蘇〉	淫女戲其所私者。（《鄭》）
〈蘀兮〉	淫女之辭。（《鄭》）
〈狡童〉	淫女見絕而戲其人之辭。（《鄭》）
〈褰裳〉	淫女語其所私者。（《鄭》）
〈東門之墠〉	其所與淫者之居。（《鄭》）
〈丰〉	婦人對所期之男有異志而作是詩。（《鄭》）

〈風雨〉	淫女見所期之人而心悅。(《鄭》)
〈子衿〉	淫奔之詩。(《鄭》)
〈野有蔓草〉	男女相遇於田野草露之間。(《鄭》)
〈溱洧〉	淫奔者自敘之辭。(《鄭》)
〈東門之池〉	此男女會遇之辭。(《陳》)
〈東門之枌〉	此亦男女聚會歌舞以相樂。(《陳》)
〈東門之楊〉	此亦男女期會而有負約不至者。(《陳》)
〈防有鵲巢〉	此男女之有私而憂或間之之辭。(《陳》)
〈月出〉	此亦男女相悅相念之辭。(《陳》)
〈澤陂〉	此詩與〈月出〉相類。(《陳》)
〈株林〉	蓋淫乎夏姬。(《陳》)

朱子這個態度所獲得的效果,自然較漢之諱淫或刺淫的態度所造成的附會為接近事實;但因其仍惑於《儀禮》的樂次必皆為「雅聲」的曲說,遂認為此二十六篇(編案:當為二十七篇)乃「里巷狹邪之所歌」,不足以用於朝廷賓客之間(〈詩序辨說〉),於是《詩經》用於「無算樂」的原始意義和事實都被抹煞,而宋人的主張「淫詩」與漢人的諱言淫詩之優劣間,也就沒有多少差別了。

又朱子雖以〈氓〉以下二十七篇(包括《邶》、《鄘》、《衛》、《王》、《鄭》、《陳》)「淫詩」為「里巷狹邪之所歌」,但他對於《召南》的〈野有死麕〉一詩,則一反其反「美刺」的態度而稱為美詩,更顯然是與漢人一鼻孔出氣了。所以然者,皆緣朱子始終沒有脫離鄭氏《詩譜》思想體系的影響,以〈氓〉等二十六(編案:當為二十七)詩為《變風》,而〈野有死麕〉則在《二南》,屬於「《詩》之正經」,自不敢作「淫詩」來解釋也。

朱子如此,朱子的三傳弟子王柏尤其如此(朱子──黃榦──何

基——王柏，見《四庫存目》「詩疑」條）。王柏對於「淫詩」觀念雖較朱子更為澈底，範圍也更擴大，但其受漢人思想的影響也更深。在表面上他好像較朱子為進步，他敢於將《召南》的〈野有死麕〉從「《詩》之正經」的寶座上拉下來以置於「淫詩」族類中，但他不是為修正漢人「正變」的觀念，而是要根絕「淫詩」的存在，使《詩經》更成為「聖經」（《詩疑》卷二〈詩辨序〉）。所以他一面還將〈晨風〉（《秦》）、〈葛生〉（《唐》）和〈綢繆〉（《唐》）三詩，從朱子所解為「夫婦」之詩的正常關係上改判為「淫詩」，再加上朱子所未解釋的〈東方之日〉（《齊》）一篇，擴充朱子「淫詩」的數量，使淫詩增到三十二篇；一面又宣佈這三十二篇當予「放絕」。[1]他引論序說云：

> 《序》者於此三十餘詩多曰「刺時也」，或曰「刺亂也」，曰「刺周大夫也」，「刺莊公、刺康公、刺忽、刺衰，刺晉亂，刺好色，刺學校廢」，亦曰「刺奔也，止奔也，惡無禮也」，否則曰「憂讒也，懼讒也」，或曰「思遇時也，思見君子也」，未嘗指為淫詩也。正以為目曰淫詩，則在所當放故也。

看王氏的話，則宋人的言淫，還不是和漢人的諱淫同一心理，都緣對於這類詩篇（自然絕大部分是「變詩」）既不得其所以列於三百篇中的真正理由，遂只好或為曲說以隱諱之（如漢人）；或逕自為狹邪，

---

1 〔原註〕王柏《詩疑》論「淫詩」當放的理由云：「聖人放鄭聲之一語終不可磨滅；且又復言其所以放之之意曰『鄭聲淫』，又曰『惡鄭聲之亂雅樂也』。愚是以敢謂淫奔之詩，聖人之所必削，決不存於雅樂也審矣！妄意以……男女自相悅之詞如〈桑中〉、〈溱洧〉之類，悉削之以遵聖人之至戒，無可疑者；所去者亦不過三十有二篇，使不得淆穢《雅》、《頌》，殽亂《二南》，初不害其為全經也。……愚敢記其目，以俟有力者請於朝而再放黜之，一洗千古之蕪穢云。」

排斥於雅聲之外（如朱子）；或竟欲放之於三百篇之外，不與同聖經（如王柏）。總之，都是基於《詩譜》的義理思想體系，而與《詩經》原始禮樂關係的事實無關的。

（5）《國風》及徒詩問題

宋人反漢學的又一重要思想為程大昌的反《國風》說。程氏謂《詩經》原有「南、雅、頌」而無「風」，「國風」之名，乃漢人所附會。漢人附會之說雖仍有討論的餘地，但「風」為後起之名自無可疑；同時，「南」與雅、頌之同為樂名，似也得實。惟氏又因《二南》而論及列國之詩云：

> 享之用〈鹿鳴〉，鄉飲酒之笙〈由庚〉、〈鵲巢〉，射之奏〈騶虞〉、〈采蘋〉，諸如此類，未有出《南》、《雅》之外者，然後知《雅》、《頌》之為樂詩，諸國之為徒歌也。

程氏只根據〈鄉飲酒禮〉的「合樂」及〈鄉射禮〉的射節之奏《二南》，遂以概列國之皆為徒詩，則其對於《詩經》的看法，顯然仍離不了漢儒的思想系統。蓋漢人以為燕饗之禮所用之樂，皆不出《正風》、《正雅》，則列國之詩不在數，自是很顯然的事──惟漢人未言「徒詩」，而程氏則以其為徒詩罷了。但《左傳》載襄公二十九年季札觀周樂於魯，樂工明明為之兼歌《二南》、《雅》、《頌》及列國之詩，則徒詩之說已不攻自破。鄭玄《儀禮注》引此事尚勉強稱其為「此國君之無算」，語雖不的，而終也不能不承認列國詩之皆為樂歌，則又較大昌為有眼光了。

（6）頌的問題

朱子對於頌的解釋，《三頌》當然不同。他對於魯之有《頌》，終認為是「僭」；但於其世次，則和《毛詩》大同。他說：

> 成王以周公有大勳勞於天下，故賜伯禽以天子之禮樂，魯於是乎有《頌》以為廟樂，其後又自作詩以美其君，亦謂之《頌》，舊說皆以為伯禽十九世孫僖公申之詩，今無所考；獨〈閟宮〉一篇為僖公之詩無疑耳。夫以其詩之僭如此，然夫子猶錄之者，蓋其體固列國之《風》，而所歌者乃當時之事，則猶未純於天子之《頌》。若其所歌之事，又皆有先王禮樂教化之遺意焉，則其文疑若猶可予也（《集傳》）。

其次是《商頌》。朱子對於《商頌》的見解，雖本之《毛詩》，但也頗有存疑之意。他說：

> 武王封……微子啟於宋，脩其禮樂以奉商後。……其後政衰，商之禮樂日以放失；七世至戴公時，大夫正考父得《商頌》十二篇於周大師，歸以祀其先王；至孔子編《詩》而又亡其七篇。然其存者，亦多闕文疑義，今不敢強通也。

又論〈殷武〉的卒章云：

> 此章與〈閟宮〉之卒章文意略同，未詳何謂。

看朱的話，可見其於《商頌》的年代，非不置疑，但終也不慮其為宋詩。朱子非不熟《韓》、《魯詩》，而竟見不及此，亦可怪也。

　　朱子不疑《商頌》，但其對於《周頌》，卻頗有特殊見解。計《周頌》三十一篇中，而朱子解釋之與《序》說不同者，便佔一半以上。茲列表如下：

《周頌》朱《傳》表

〈清廟〉	（用《序》意。）
〈維天之命〉	此亦祭文王之詩，詩中未見有告太平之意。
〈維清〉	此亦祭文王之詩。
〈烈文〉	（與《序》大同。）
〈天作〉	此祭太王之詩。
〈昊天有成命〉	此祀成王之詩。又云：此詩詳考經文而以《國語》證之，其為康王以後祀成王之詩無疑。而毛鄭舊說，定以《頌》為成王之時周公所作，故凡《頌》中有「成王」及「成康」字者，例皆曲為之說，以附己意，其迂滯僻澀，不成文理，甚不難見。
〈我將〉	（用《序》意。）
〈時邁〉	（同《序》。）
〈執競〉	此祭武王、成王、康王之詩，《序》誤。
〈思文〉	（用《序》意。）
〈臣工〉	此戒農官之辭，《序》誤。
〈噫嘻〉	示戒農官之辭（成王始置田官），《序》誤。
〈振鷺〉	（同《序》。）
〈豐年〉	此秋冬報賽田事之樂歌。
〈有瞽〉	（用《序》。）
〈潛〉	（用《序》意——本〈月令〉。）
〈雝〉	此武王祭文王而徹俎之詩，而後通用於他廟耳。

〈載見〉	（同《序》。）又云：《序》以「載」訓「始」，故云「始見」，恐未必然也。
〈有客〉	（同《序》。）
〈武〉	（同《序》。）
〈閔予小子〉	（同《序》。）
〈訪落〉	（同《序》。）
〈敬之〉	（用《序》意。）
〈小毖〉	此亦〈訪落〉之意。（用《序》意。）
〈載芟〉	未詳，惟與〈豐年〉相似。
〈良耜〉	或以為《豳頌》，不知是否。兩篇未見其有「祈」、「報」之異。
〈絲衣〉	此亦祭而飲酒之詩，《序》誤。
〈酌〉	此亦頌武王之詩。
〈桓〉	此亦頌武王之詩。
〈賚〉	此頌文武之功。
〈般〉	未詳。

在這些不同《序》說的解釋中，以〈昊天有成命〉及〈執競〉二篇為最具特別意義。按：〈昊天有成命〉云：

> 昊天有成命，二后受之。
> 成王不敢康，
> 夙夜基命宥密。
> 於緝熙，單厥心，
> 肆其靖之！

案：「成王」二字，《毛傳》無釋。鄭玄為要使此詩成為成王以前的作

品，於是把「成王誦」的謚號解成普通形容詞來造成一個「成王」的複詞，說是「成此王功」，方法雖然巧妙，但明明是曲說。所以朱子把它恢復了「成王誦」的謚，並且證明這正是一首祀成王的詩。這樣一來，不但詩的對象改變了，年代也往後移了，過去認為是成王以前的詩，現在最少是康王時的作品了。這是一件關係何等重要的事！且朱子的解釋也不只是憑一個成王誦的謚號，他還有旁證。他引〈（晉）〔周〕語〉云：

> 「〈昊天有成命〉，是道成王之德也。成王能明文昭、定武烈者也。」以此證之，其為祀成王之詩無疑矣。[2]

又〈執競〉，前七句云：

> 執競武王，無競維烈；
> 不顯成、康，上帝是皇；
> 自彼成、康，奄有四方，斤斤其明。

案：這詩首二句言武王的功烈，次二句言成王、康王之功；末三句言成王，康王時代之盛，詩文條理清楚，沒有什麼難懂的地方。但《毛傳》解「不顯成康」句云：「不顯乎，其成大功而安之也！」《鄭箋》云：「不顯乎，其成安祖考之道！」前句才說「無競維烈」，這句又忽歎其成大功，明明不成文理，且鄭的「成安祖道」尤雜湊可笑。又下文「自彼成康」句，毛、鄭知道「自」字若照原義便不好講，於是改

2　〔編案〕朱子《詩集傳》的原文作：「《國語》叔向引此詩而言曰：『是道成王之德也。成王能明文昭、定武烈者也。』以此證之，則其為祀成王之詩無疑矣。」（北京：中華書局點校本〔2017年〕，頁341。）何氏原文原作〈晉語〉，實出自《國語》〈周語下〉，今併據以校改。

「自」為「用」，說什麼「武王用成安祖考之道」——「彼」字又不能不故意漏去，真是捉襟見肘，窘態畢露。他們之所以必欲如此歪曲原文，也無非要把〈執競〉一詩，解成成王以前的作品而已。但朱子一把「成康」恢復其「成王、康王」的原來地位，於是〈執競〉一詩，便成為昭王以後的製作了。大概朱子對於《詩》的世次，最具客觀精神，他一點都不遷就。他這個態度，也剛好和毛，鄭成一個強烈的對比；這也是他所以優於毛，鄭的地方。又朱子解《詩》，懂就懂，不懂就不懂（正是孔子「知之為知之，不知之為不知」的精神），他從不勉強解釋，所以《集傳》中常有「未詳」，或「不敢強解」一類的話。

四　清儒對於《詩經》的見解

清代學者對於《詩經》的解釋，剛好和元明兩代相反。元、明二代，《集傳》已定為官學，為科舉標準解釋，故異說甚少。但物極則反，到了清代，反朱宗毛，頓成一時風氣。例如陳啟源《毛詩稽古編》、陳奐《詩毛氏傳疏》、胡承珙《毛詩後箋》、馬瑞辰《毛詩傳箋通釋》等書之專標《毛詩》者，固無論已；即如兼反漢、宋，欲別樹一幟如姚際恆的《詩經通論》，事實上也即為反朱最激烈之作。魏源的《詩古微》，表面上似在張三家之學，實際專為溝通齊、魯、韓、毛。范家相的《詩瀋》，雖也頗斟酌於三家、朱子之間，但原則上仍是專主《序》說的。方玉潤的《詩經原始》，則又於毛、朱之外，有意引入姚氏新說；這是清代《詩經》學的一般趨向。此外還有一突起的異軍，那就是崔述的《讀風偶識》了。此書相當支持三家，排斥毛、鄭，卻也不專附和朱子，這是一部具有客觀精神，實事求是的著作。

茲就清人對於詩、樂關係及對詩文義理解釋的主要見解分述如後。

（1）《詩》樂的原始關係問題

清代學者論及《詩》、樂的原始關係者，可分二說：（一）《詩》樂分教說，（二）《詩》樂合一說。前者如陳啟源，後者有馬瑞辰、范家相、魏源。茲分述之。

1. 陳啟源說

陳啟源《毛詩稽古編》〈詩樂〉云：

> 詩篇皆樂章也，然詩與樂實為二教。〈經解〉云：詩之教溫柔敦厚，樂之教廣博易良，是教詩教樂，其旨不同也。〈王制〉云：樂正立四教以造士，春秋教以禮、樂，冬夏教以《詩》、《書》，故教詩教樂，其時不同也。

陳氏雖承認詩為樂章，而實際仍主漢儒的義理思想，故其所引〈經解〉的話，根本就是漢人見解。案：《禮記》〈經解〉原文是：

> 溫柔敦厚，詩教也；疏通知遠，書教也；廣博易良，樂教也；絜靜精微，易教也；恭儉莊敬，禮教也；屬辭比事，春秋教也。

我們看〈經解〉的篇題，和《六經》分疏的說法，即知此篇所言，乃純粹的漢人思想，必非春秋以前作品。「經」之名，見於儒者著作者，最早也不能早於戰國末期，何況《六經》？故《莊子》的〈天運篇〉決然為戰國以後作品，最少其稱述《六經》是漢人事，全與戰國以前人無涉；《禮記》的〈經解〉也是如此。再說，〈經解〉這種「詩教」，孔子也未曾說過。孔子言詩，只用來教言。所以孔子時倘若有

「詩教」的話，這個詩教也定規就是個「言教」。又春秋時《詩經》用途，於樂歌之外，另一用法就是「賦詩」。若說「賦詩」就是春秋時的「詩教」，那麼這個「詩教」也仍然是一個「言教」。因為「賦詩」的最大作用就是「交際」的辭令，這個教導，除了「專對」的訓練之外，和三百篇的本義是毫無關係的。（關於此點已詳見本書卷一〈從樂章到諫書看詩經〉文中）。

又〈王制〉云：

> 樂正崇四術立四教，順先王《詩》、《書》禮樂以造士。春秋教以禮樂，冬夏教以《詩》、《書》。

照「春秋冬夏」的排列，若不是無意的錯縱為文，那麼，似乎是：春教禮，而秋教樂，冬教《詩》，而夏教《書》。但鄭《注》則認為：春、夏，陽也，《詩》、樂，亦陽也；秋冬，陰也，《書》、禮亦陰也；故春夏教《詩》、樂，而秋冬教《書》、禮。姑無論古人教《詩》、《書》、禮、樂是否必真的分春夏秋冬；但這四件事明明是由「樂正」來負責，可見詩究竟仍是樂章，並不離樂而獨立存在。而且春秋以前的事實也明明如此。陳啟源只依據漢人的思想，自然和原始關係不一致了。

2. 范家相說

范家相的「樂因詩作說」云：

> 古之樂不可得聞矣。然觀四詩之中，短長參差，體製不一，明是因詩而合樂，非必因樂以作詩也（〈聲樂一〉）。

范氏這話，很像朱子。朱子云：

> 詩之作，本為言志而已。方其詩也，未有歌也；及其歌也，
> 未有樂也；以聲依永，以律和聲，則樂乃為詩而作，非詩為樂
> 作也。

但實際上，朱子是側重義理，而范氏則傾向詩樂合一。朱子曰：

> 是以聖賢之言詩，主於聲者少，發其義者多：得其志而不得其
> 聲有矣，未有不得其志而能通其聲者也。

又曰：

> 詩，出乎志者也；樂，出乎詩者也，志者詩之本，而樂其末也。

朱子把詩、樂的輕重分得如此清楚；但范氏卻說：

> 聲樂之教與誦詩並舉，學詩即可以知聲，聲具於器，其事顯而
> 易明，故聖人言之也略；若詩之義理，小子未可卒曉，故聖人
> 言之也詳。

又曰：

> 詩乃樂之章，舍聲不可以言詩，古之學者罔不先習其數而施之
> 管絃。豈有得其志而不得其聲音歟？（〈聲樂三〉）

觀上文所引，顯然是針對朱子的話說的。所以范氏雖承認「樂因詩
作」，卻也是相信古代是「以詩入樂，以樂合詩，而樂與詩，乃並之
為一」的（〈聲教一〉）。

3. 馬瑞辰說

馬瑞辰「詩入樂說」云：

《周官》大師教六詩，而云「以德為之本，以六律為之音」，是六詩皆可調以六律也。《墨子》〈公孟〉篇曰：「誦《詩》三百，弦《詩》三百，歌《詩》三百，舞《詩》三百。」。《鄭風》〈子衿〉云「古者教以詩樂，誦之、歌之、弦之、舞之」，其說正本《墨子》，是三百篇皆可誦、歌、弦、舞也。若非詩皆入樂，則何以六詩皆以六律為音？又何以同是三百篇而可誦者，即可弦、可歌、可舞乎？

又曰：

《史記》言《詩》三百五篇，孔子皆弦歌之，以求合於〈韶〉、〈武〉、《雅》、《頌》也；若非入樂，則《詩》三百五篇，不得皆求合於〈韶〉、〈武〉、《雅》、《頌》也。《六藝論》云：「詩，弦歌諷諭之聲也。」《鄭志》答張逸云：「國史采眾詩時，明其好惡，令瞽矇歌之。其無所主，皆國史主之，令可歌。」據此，則鄭君亦謂詩皆可入樂矣。

又曰：

或疑《詩》皆入樂，則《詩》即為樂，何以孔子有刪《詩》訂樂之殊。不知《詩》者載其正、變、貞、淫之詞，樂者訂其清濁高下之節。古詩入樂，類皆有散聲疊字，以協音律；即後世

漢魏詩入樂，其字數亦與本詩不同，則古詩之入樂，未必即今
人誦讀之文一無增（益）〔損〕，蓋可知也。

看馬氏這些話，可見他對於「詩」與「樂」的原始關係，是主張「詩
樂合一」的。尤其於「散聲疊字以協於音律」一點，說得最清楚。他
因為相信詩皆入樂，才注意到「散聲疊字」的問題。關於此事，近人
顧頡剛氏也曾有專文加以討論。但顧氏則以為今日《詩經》中複沓的
字句，可能都是樂工申述的結果；這個看法，恐怕就不如馬氏之說較
近事實了（顧文見本書卷二）。

4. 魏源說

馬氏對於《詩》、樂合一關係的認識，原則上是對了，但還不如
魏源見解的精到。魏氏在〈夫子正樂論上〉上寫道：

> 古者樂以詩為體，夫子自衛反魯而樂正，《雅》、《頌》各得其
> 所，則正樂即正《詩》也。

又曰：

> 《詩》有為樂作不為樂作之分，且同一入樂，而有正歌、散歌
> 之別，古聖人因禮作樂、因樂作《詩》之始也，欲為房中之
> 樂，則必為房中之詩，而〈關雎〉、〈鵲巢〉等篇作焉。欲吹豳
> 樂，則必為農事之詩，而《豳詩》、《豳雅》、《豳頌》作焉。欲
> 為燕享、祭祀之樂，則必為燕享、祭祀之詩，而《正雅》及諸
> 《頌》作焉。三篇連奏，一詩一終，條理井然，不可增易。此
> 外則諸詩各以類附，不特《變風》、《變雅》采於下陳於下者與

樂章迥殊，即《二南》之〈殷其雷〉、〈汝墳〉、〈行露〉、〈甘棠〉，《豳》之〈破斧〉、〈伐柯〉，《頌》之〈訪落〉、〈閔予小子〉、〈小毖〉、〈敬之〉，凡因事抒情，不為樂作者，皆不得謂之樂章矣。然謂皆徒詩而皆不入樂乎？則師瞽肄習之何為？然則其用之奈何？曰：一用於賓祭無算樂，再用於矇瞍常樂，三用於國子絃樂。

觀上文，魏氏對於詩的製作及詩、樂的原始關係，可謂說得再清楚不過了。又魏氏力主：（一）孔子不刪樂章（《詩》），（二）《九夏》是樂而非詩，（三）〈貍首〉非詩非樂。此皆卓見，為前人所不能道。惟以《豳詩》別為一部，此固由於篤信《周禮》，說不定也本之顧炎武。案：《日知錄》「四詩」條云：

　　《周南》、《召南》，南也，非風也。《豳》，謂之《豳詩》，亦謂之雅而非風也。《南》、《豳》、《雅》、《頌》為四詩，而列國之風附焉。

但今日的《詩經》中，事實上也只有《豳風》而沒有《豳詩》或《豳雅》、《豳頌》。若以《豳風》的〈七月〉一篇為《豳詩》，或更分別以《小雅》的〈甫田〉、〈大田〉，以當《豳雅》，以《周頌》的〈豐年〉、〈載芟〉、〈良耜〉，當《豳頌》，則用意不外在說明其為特製的樂章，那麼，〈七月〉、〈甫田〉、〈大田〉、〈豐年〉、〈載芟〉、〈良耜〉等詩之為原始樂章，自是無可懷疑的。吳縣顧氏懷疑《周禮》〈籥章〉的《豳雅》等是從〈甫田〉等詩套來，也很有道理。他說：

　　《周官》雖有「《豳詩》、《豳雅》、《豳頌》」諸名，但《周官》

> 這書的可信的價值原不很高，……就使可信，……〈籥章〉的
> 「祈年于田祖，吹《豳雅》，擊土鼓，以樂田畯」，分明是從
> 〈甫田〉的「琴瑟擊鼓以御田祖……田畯至喜」等篇套來的。
> 〈豐年〉和〈載芟〉都說「為酒為醴，以洽百禮」，和「吹
> 《豳頌》」而為「合聚萬物而索饗之」的蜡祭意義亦差同。
> （《古史辨》第三冊）

不過這些疑《周禮》的話，自然不能拿來作衡量二百多年前學者的依據了。

綜上所述，則清人對於「《詩》樂合一」的原始關係，所見已非不深，然其有助《詩經》的原始解釋者仍不多。這話怎麼講？讓我們來看清人在義理關係上對《詩經》作何解釋。

（2）《毛詩》對於清儒的影響

1. 魏源的解〈關雎〉

清人對《詩經》義理上的解釋，始終沒有脫離毛、鄭的藩籬。像前文說過，標榜《毛詩》諸家無論已；即魏源之所以欲溝通四家，又何曾非以《毛詩》的解釋為基礎？例如〈關雎〉、〈鹿鳴〉，三家皆以為衰世之詩，魏氏欲使其合於毛義，於是他在〈四始義例〉篇中如此寫道：

> 嗚呼！〈關雎〉、〈鹿鳴〉之作，其當殷之末世，周之盛德
> 耶——當文王與紂之時耶！〈關雎〉刺時，所刺何時？豈非思
> 賢妃之淑德，正以傷牝雞之司晨耶！故慎固幽深，摯而有別，
> 傾城巧笑之反也；求之不得，寤寐反側，〈車舝〉令德之思

也；鍾鼓琴瑟，傷斷棄先祖之正聲、變亂新聲、怡說婦人也。
靡靡之樂作於北，〈鼓鍾〉之化行於南，其時〈汝墳〉詩人，
懷父母之孔邇，則傷王室之如燬；〈關雎〉詩人，歎窈窕之好
逑，則念傾宮而反側：故其詞危；危者使平，哀而不傷也；易
者使傾，樂而不淫也。其刺時歟？其思后妃之德歟？詩人不
言，而夫子知之，曰：「為是詩者，其有憂患乎！樂而不淫，
哀而不傷。」鄭注《論語》時用《韓詩》，其釋「哀而不傷」
云「哀世夫婦不得此人，不為減傷其愛」，正與〈車舝〉同
旨。不然，〈樛木〉、〈螽斯〉、〈麟趾〉、〈鵲巢〉，彼專美文王后
妃者，夫何哀也？夫何傷不傷也？夫何求之不得，憂勞反側
也？文王求之歟？詩人求之歟？文王之憂哀歟？詩人之憂哀
歟？宜百世之泯泯棼棼也。七十子傳其微言，故其序《詩》，
則止曰「后妃之德」，而不言美后妃之德焉；止曰「刺時」，而
不言刺何時焉。周公播諸禮樂，以風化臣庶，覺悟後嗣，於是
佩玉晏鳴則歌之，衽席有缺則歌之。……周以一妃興，殷以一
妃亡，美、戒、勸、懲，莫爍於斯。故《韓詩序》則曰「〈關
雎〉，刺時也」；《毛詩序》則曰「風，風也」，「所以風天下而
正夫婦也」。

讀魏氏此文，其關合四家《序》說之巧，真所謂無縫天衣，與〈中
庸〉的「衣錦尚絅」章有異曲同工之妙。不過文章巧妙儘管巧妙，而
把一篇亡國之詩，又拿來作盛世之樂，這如何說得過去呢？但魏氏的
思路確是如此。所以他下文又說：

漢儒以三百五篇當諫書。《二南》二十餘篇，亦可以當殷紂時
諫書矣。太史公讀《春秋歷譜牒》廢書而歎曰：「師摯見之

矣，紂為象箸而箕子唏；周道缺，詩人本之衽席，〈關雎〉
作；仁義凌遲，〈鹿鳴〉刺焉。」西漢今古文說，皆謂師摯以
商紂樂官而歸周。《韓詩外傳》曰：「有瞽有瞽，在周之庭，言
殷紂之餘民也。」故師摯作樂之始，甫聞〈關雎〉之亂，蓋以
〈關雎〉樂章，作於師摯，洋洋盈耳之日，正靡靡溺音之時。

上引文中「周道缺」句，原注云：「周當作商，……此後人妄改《史
記》也。」可見魏氏以《史記》所謂「周道缺，詩人本之衽席，〈關
雎〉作」，是說〈關雎〉乃商詩而非周詩；而《論語》的「師摯之
始，〈關雎〉之亂」，則是師摯以商紂的樂官，拿〈關雎〉為周作樂章
也。果照魏說，則〈關雎〉洋洋盈耳之時，商紂已亡，又如何能說是
「正靡靡溺音之時」呢？

　　本來師摯一名，無論今古文學家如何說法，但照《論語》「師摯
之始」句的條理，終當作「師摯的升歌」解，然後下文的「〈關雎〉
之亂」才有著落。所以這個「師摯」，當然是孔子同時的魯樂師，無
法附會到殷周之際去。即舍此不論，但拿一篇〈關雎〉，來負擔二代
的興亡關係，無論如何講法都是不可理解，無法想像的。故魏源之所
以必如此作，惟一可以解釋的理由，就是擺脫不了毛鄭思想的魅力而
已。魏氏在〈毛詩大序義〉篇中述其作意云：「〈毛詩大序〉（案：指
〈關雎序〉），與《三家詩》如出一口，自來無有得其本旨者，故注而
申之。」文中並譏「陳氏啟源一生自命述毛」而多違毛義，則魏氏尊
毛之意，固已躍然紙上了。

2. 姚際恆、方玉潤釋〈關雎〉

　　清人對於〈關雎〉一詩的解釋，方玉潤頗有新意。他以〈關雎〉
為民間歌咏，非宮闈之詩。他說：

此詩蓋周邑之咏初昏者，故以為房中之樂，用之鄉人，用之邦
國而無不宜焉。

話雖如此，但他究竟仍脫離不了《詩序》的影響，因此他又說：

然非文王、太姒之德之盛，有以化民成俗，使之咸歸於正，則
民間歌謠，亦何從而得此中正和平之音耶？聖人取之以冠三百
篇首，非獨以其為夫婦之始，可以風天下而厚人倫也；蓋將見
周家發祥之兆，未嘗不自宮闈始耳。故讀是詩者，以為咏文
王、太姒也可，即以為文王、太姒之德化及民，而因以成此翔
洽之風也亦無不可，何必定考其為誰氏作歟？

案：方氏此說，實啟自姚際恆。姚氏列舉了許多理由來反駁《毛序》
和《集傳》，以為決非后妃或太姒之詩。他說：「此詩只是詩人美世子
娶妃初昏之作。」但他這個解題，表面上像一反漢、宋傳統的見解，
而骨子裏仍沒有離開文王的宮闈，所以他接著又說是「周家發祥之
兆，可以正邦國，風天下」，明明又回到毛、朱的老路了。所以方氏
譏其「仍不離世子娶妃之說」，「仍不能脫前人窠臼」，而遂以為民間
之詩。雖然如此，但方氏終亦無以易其為文王時詩的思想，則方、姚
之於漢儒間，也不過五十步之與百步了。

（3）崔述論十五《國風》

在《毛詩》深厚的魅力之下，清儒中著實脫離毛、鄭窠臼之人，
只有一個崔述。崔述解《詩》最卓越的成就，在於有歷史的觀念。他
以歷史的觀點來看漢人的《詩》說，所以他能於接受三家的啟示，以
《二南》為康、昭以後之詩。治三家之勤，莫若魏源了，然魏源事實

上是受《毛詩》思想的影響最深的人，所以離《詩經》的歷史背景也最遠，如前述的解釋〈關雎〉，即為明驗。又范家相也是治《三家詩》的人（范氏有《三家詩拾遺》十卷），但范氏也最尊信《毛序》。所以然者，皆緣沒有歷史觀念之故。崔述剛好相反。崔述站著歷史立場，故能重視三家的異義，也能以歷史的眼光來讀《二南》，把《二南》的年代從文王移到康王以後，而他的說法，也就成為近代《詩》說最近於客觀事實的見解。崔氏論毛、鄭、朱子所以曲解《二南》之故云：

> 《詩序》云：「〈關雎〉、〈麟趾〉之化，王者之風，故繫之周公。〈鵲巢〉、〈騶虞〉之德，諸侯之風，故繫之召公。」今按：江、漢、汝墳，皆非周地，何以獨為王者之風？〈殷其雷〉稱「南山之下」，〈何彼襛矣〉詠「王姬之車」，明明周人之所作，不應反目為諸侯之風也。鄭氏蓋已覺其不合，故改其說云：「得聖人之化者謂之《周南》，得賢人之化者謂之《召南》。」然〈漢廣〉、〈汝墳〉之詩，初不在〈鵲巢〉、〈騶虞〉之上，何所見此為聖人之化，而彼為賢人之化乎？朱子蓋又覺其不合，故又改其說云：「得之國中者，雜以南國之詩而謂之《周南》；得之南國者則直謂之《召南》。」然均之南國詩也，何所見〈漢廣〉、〈汝墳〉二篇之當雜之國中，而〈殷其雷〉、〈何彼襛矣〉，周人之詩又何以反得之南國乎？此無他，皆由誤以《二南》為文王時詩，苦於其說難通，故不得不輾轉曲為之解耳。不知《周南》、《召南》原不以內外分，亦不在文王之世。蓋成王之世周公與召公分治，各采風謠以入樂章，周公所采則謂之《周南》，召公所采則謂之《召南》耳。其後周公之子世為周公，召公之子世為召公，蓋亦各率舊職而采其風，是以昭、穆以後，下逮東遷之初詩皆有之。由是言之，《二南》不但非文王時詩，而亦不盡係成，康時詩矣。

這是何等的卓識！讀了這段文字，便覺得鄭樵、朱子之反《序》，仍不無拘虛之見。尤其是朱子！朱子是說《詩》以來最具「世次」觀念的人。三百篇詩，足有一半上下是朱子所認為「未詳其世」的。但朱子一面看見那麼多「未詳其世」的事實，一面仍然寧願曲解事實來遷就毛、鄭的思想；可見朱子的「世次」觀念，依然沒有構成歷史的眼光。朱子如此，魏源如此，即議論最橫如姚際恆，和追蹤姚際恆的方玉潤又何曾不如此？其實何止姚、方，所有清代的《詩經》學者，那個有歷史觀念來解釋《詩經》呢？除了崔述！

　　不過這到底仍是個思想的問題。像前文說過的，漢儒（當然宋、清之儒都應該包括在裏面）的解釋《詩經》，只有思想上的爭持，無時間（或史實）上的是非，所以歷史觀念對他們是沒有意義的。他們只要〈關雎〉足以建構「風天下而正夫婦」的思想體系，而這思想體系，又以能夠因跟文王和后妃的觀念結合而更能獲致理想的效果，〈關雎〉便應該安排為歌詠文王、太姒或文王時代之時詩，此外任何曲解附會，就都無關宏恉了。這是二千年來《詩經》解釋的傳統哲學，連朱子、姚際恆、方玉潤都包括在內，但崔述便不如此。崔述有他的理性，他不能盲目跟著漢、宋傳統走，更不能抹煞詩人（也就是所有讀《詩》的人）那份性情，所以他給〈關雎〉作解題云：

　　　　細玩此篇，乃君子自求良配，而他人代寫其哀樂之情耳。

他接著又加以解釋云：

　　　　先儒誤以為夫婦之情為私，是以曲為之解。不知情之所發，五篇為最；五倫始於夫婦，故十五《國風》中男女夫婦之言尤多。其好德者則為貞，好色者則為淫，非夫婦之情即為淫也。

魏文侯曰：「家貧則思良妻，國亂則思良相。」上承宗廟，下
啟子孫，如之何其可以苟！如之何不慎重以求之也？知好色之
非義，遂以夫婦之情為諱，並德亦不敢好，過矣。

這又是如何合乎情性要求的見解！

　案：〈關雎〉一詩，三家僅言「好色」，言「衽席」；到了毛、
鄭，始言「后妃」，遂形成婚姻之詩，故朱子謂宮中人於太姒始至，
而作是詩，而姚際恆遂直謂「詩人美世子初昏之作」，方玉潤因之，
也說是「咏初昏」者。實則這已不是〈關雎〉本義。《二南》中詠初
昏的詩只有二篇，一是〈桃夭〉，一是〈鵲巢〉。所以〈大學〉言齊家
引〈桃夭〉而不引〈關雎〉，就是因為〈關雎〉不是婚姻的詩。我們
讀〈關雎〉本文，也只言男女關係，故三家專標出「好色」而不言婚
姻。崔述之解為「君子自求良配，而他人代寫其哀樂之情」，也可以
說是自漢以來說〈關雎〉一詩最近於詩意的了。

　茲將崔述對於《二南》所持異義列下：

〈關雎〉	言夫婦也，君子自求良配，他人代寫其哀樂之情也。（成康以後詩）
〈葛覃〉	婦敬夫也，兼採朱子之說。（同上）
〈卷耳〉	婦愛夫也。（同上）
〈樛木〉	未有以見其必為女子而非男子之詩。
〈螽斯〉	此二詩，皆上惠恤其下而下敬愛其上之詩。
〈桃夭〉	謂婚姻以時，猶恐未盡此詩之旨。（同上）
〈兔罝〉	此乃由盛而之衰之詩。
〈芣苢〉	謂朱子之說，於理為近。

〈漢廣〉		此詩乃周衰時作。（周衰世之詩）
〈汝墳〉		此乃東遷後詩。（東遷以後詩）
〈麟趾〉		盛世讚美之詩。
〈鵲巢〉		教女子使不自私也。（康王以前詩）
〈采蘩〉	〈采蘋〉	教女子使重宗廟也。（同上）
〈草蟲〉		謂朱子為近，但未見其當為大夫妻，亦未見必為妻之思夫也。（同上）
〈甘棠〉		用朱子《集傳》。又云：召公沒於康王之世，則此詩作於康、昭之際明甚。（昭王以前詩）
〈行露〉		不必定為女子之詩。
〈羔羊〉		謂朱子為近。以上二篇，為周道衰，穆王以後所作。（穆王以後詩）
〈殷其雷〉		用朱子。距成康之世猶未甚遠。
〈摽有梅〉		以女求男，無恥甚矣。
〈野有死麕〉		懷春則心固已蕩矣。二詩不作文王之世。
〈小星〉	〈江有汜〉	二詩皆在上者不能惠恤其下，而在下者能以義命自安之詩。
〈何彼襛矣〉		明言「平王之孫」，其為東遷後詩無疑。
〈騶虞〉		掌鳥獸之官。（用魯、韓說）

崔述反毛之又一重要觀念為排斥「正變」之說。他說：

說《毛詩》者以為《二南》為《正風》，十三國為《變風》。余按：〈七月〉一詩，乃周王業之所自基；〈東山〉、〈破斧〉，敵王所愾，勞而不怨，非盛治之世，安能有此，此固不得謂之變

也。〈淇澳〉以睿聖得民,〈淄衣〉以好賢開國,〈雞鳴〉之勤昧
爽,〈蟋蟀〉之戒逸遊,皆足以見君德民風之美,何所見其當為
《變風》也者?蓋……周初方尚《大雅》,故《風》與《小雅》
皆不甚流傳。《雅》音漸衰而《風》始著,是故衰世詩多,盛
世詩少,初未嘗以正變分也。惟《二南》中〈關雎〉、〈鵲巢〉
之三,與〈麟趾〉、〈騶虞〉為燕射時所歌,不至於逸。安得因
此數篇,遂斷以《二南》為《正風》,十三國為《變風》也哉?
且即衰世亦未嘗無頌美之詩。若〈定之方中〉紀衛文之新政,
〈鳲鳩〉美淑人之正國,以及〈干旄〉之下賢,〈羔裘〉之直
節,〈無衣〉之勤王,較之〈行露〉、〈死麕〉,果孰優孰劣?即
〈君子于役〉之「苟無飢渴」,亦何異於〈卷耳〉之「寘彼周
行」?〈出其東門〉之「匪我思存」,豈不勝於〈漢廣〉之
「言秣其馬」?何所見而彼當為正,此當為變乎?

所以《毛詩》最講不通處,就是以《詩》的世次來定「正變」的標
準。他們硬性規定成王以前者為「正詩」,懿王以後者為「變詩」。但
奇怪的是,為什麼「正詩」都必集中在文王到成王的七八十年間,而
康、昭以後以至共王一百多年,便連一篇都沒有,成為《詩經》的真
空時代?康、昭時代沒有一篇「正詩」已屬可怪(其實三家便以《二
南》為康、昭時代的詩),為什麼穆、共六十餘年間也連一篇「變
詩」都沒有,而必等到懿王才開始「變詩」的世代呢?單就這一點,
即足以證明《毛詩》用世次來分別「正變」之不合理了。因為三百篇
即使可以用「正變」來分類,也只是個案的分類,決不能用世次來硬
性劃分,一硬性劃分,便顯然有主觀的作用,不符事實了。

　　其實《毛詩》之所以必以《詩》的世次來劃分「正變」亦自有原
因。他既不願接受三家的見解,把《二南》歸之康、昭時代,自然只

能依照他們的理想，以之放在成王以前，來作為文武時代的「正詩」。同時為要利用《春秋傳》和《史記》來附會《邶風》以下各詩的故實，又只能從懿王算起（鄭氏以《齊詩》〈雞鳴〉為懿王時詩），而康王至共王一百四十餘年間，因為沒有載籍可以附會，便不能不讓它成真空了。可見以世次來劃分「正變」，以「正變」來定美、刺，分明是和客觀事實不符的。顧炎武就已看出這破綻了。他在《日知錄》「《詩序》」條上云：

> 《詩》之世次必不可信。今《詩》未必皆孔子所正。且如「褒姒威之」，幽王之詩也，而次于前；「召伯營之」，宣王之詩也，而次于後。序者不得其說，遂並〈楚茨〉、〈信南山〉、〈甫田〉、〈大田〉、〈瞻彼洛矣〉、〈裳裳者華〉、〈桑扈〉、〈鴛鴦〉、〈魚藻〉、〈采菽〉十詩，皆為刺幽王之作，恐不然也。又如〈碩人〉，莊姜初歸事也，而次于後；〈綠衣〉、〈日月〉、〈終風〉，莊姜失位而作；〈燕燕〉，送歸妾作；〈擊鼓〉，國人怨州吁而作也，而次于前。〈渭陽〉，秦康公為太子時作也，而次于後；〈黃鳥〉，穆公薨後事也，而次于前。此皆經有明文可據。故鄭氏謂〈十月之交〉、〈雨無正〉、〈小旻〉、〈小宛〉皆刺厲王之詩，漢興之初，師移其篇第耳。

但顧氏的觀念還不甚清楚，故不信世次而猶信《詩序》所附會的故實，可見他對於世次之所以不可信的真因還沒有抓著。但崔述就看得最清楚。他說：

> 世儒皆謂《詩序》近古，其說必有所傳。十二國之中，稱為美某公、刺某公者，必某公之事無疑也。雖然，余細核之矣。

《邶》、《鄘》、《衛》三十九篇，直指為某君者十有七。《王風》十篇，直指為某王者五。《鄭風》二十一篇而直指者十有一。《齊》則十一篇而直指者六。《唐》則十二篇而直指者九。《陳》則十篇而直指者七。乃至《秦》止十篇而得九，《曹》止四篇而得三。惟其事與君無涉則已耳，苟事涉於其君，不舉其謚則稱其名與字（如秦仲、衛州吁之類），徒稱君者百不三、四焉。可謂言之鑿鑿也。而獨《魏風》七篇，《檜風》四篇，則無一篇直指為某君者。……此何以說焉？既果真有所傳，何以此二國獨不知其為某公？況檜亡於魯惠之世，魏亡於魯閔之世，且在齊哀、陳幽之後二百年，何以遠者知之歷歷，而近者反皆不之知乎？蓋周、齊、秦、晉、鄭、衛、陳、曹之君之謚，皆載於《春秋傳》及《史記》世家，年表，故得以採而附會之；此二國者，《春秋》、《史記》之所不載，故無從憑空而撰為某君耳。然則彼八國者，亦非果有所傳，而但就詩詞揣度言之，因取《春秋傳》之事附會之也彰彰明矣。

崔述既看透了《毛詩》世次與「正變」（乃至「美刺」）關係間的秘密，因此他對於揭去《詩》本事外衣的工作也做得最好。也可以說，自朱子以來，解十五《國風》者，當以崔述為最近實，連朱子的說「淫詩」，疑《詩》世次，都沒有他的成就，最少在《詩》本事上是如此。

（4）反朱反鄭最橫的姚際恆

上文嘗論到姚際恆，姚氏原也是個反毛鄭傳統的人。但因為他反朱甚於反毛鄭（他以為「《毛傳》惟事訓詁，與《爾雅》略同，無關經旨，雖有得失，可備觀而弗論」）。故姚氏所反目標，專在《詩序》

和《鄭箋》），故有時不惜轉而從《序》。他罵朱子「佞《序》」，但他自己解《國風》，最少就有三分之一的詩篇是用《序》說的。他極力詆朱，但他用《集傳》處也多至二十餘篇。所以姚氏雖然反毛反朱，實際上他有一半以上的《國風》解題是採自毛、朱的。他為要反朱子「淫詩」之說，凡朱子所認為「淫」者，除〈將仲子〉和〈溱洧〉二詩外，皆反之。且謂〈將仲子〉詩：「此雖屬淫，然……大有廉恥，豈得為淫哉？」對於〈東門之墠〉則謂：「吾以為貞詩亦奚不可！」其反朱之情，真是如聞其聲。所以嚴格說，姚氏表面上雖兼反毛、朱，實在他的目的只在倒朱。他在《詩經通論》的〈論旨〉中已經表示過了，他說：「愚謂遵《序》者莫若《集傳》，蓋深刺其隱也。……要而論之，《集傳》只是反《序》中諸詩為淫詩一著耳，其他更無勝《序》處。夫兩書角立，互有得失，則可並存；今如此，則《詩序》固當存，《集傳》直可廢也。」姚氏的態度如此，無怪他對《詩經》的解釋，仍始終出入於毛、朱思想間而沒有明確的立場。如上述解〈關雎〉仍不離文王之宮闈無論已。即如其解〈葛覃〉也仍不離〈小序〉的「后妃」觀念。他說：「此亦詩人指后妃治葛之事而詠之，以見后妃富貴不忘勤儉也。」大概姚氏釋《二南》之詩，始終不離《詩序》文王之化的觀念，故〈樛木〉雖不用《序》說的「后妃逮下」，卻用偽《傳》的「南國諸侯，慕文王之化，歸心於周」。〈螽斯〉直用《序》，並云：「但兼文王言亦可，何必單言后妃乎？」〈漢廣〉亦用《序》意，謂「大抵謂男女皆守以正為得」。〈汝墳〉則依違〈大序〉與偽《序》之間，云：「〈大序〉以為婦人作，則君子指其夫，父母指其夫之父母。偽〈序〉為商人苦紂之虐，歸心文王，則君子、父母皆指文王，二說皆若可通。」又〈鵲巢〉雖不用「夫人之德」，然不離文王之族。他說：「大抵為文王公族之女，往嫁于諸大夫之家，詩人見而美之，與〈桃夭〉略同。」〈江有汜〉則直用《序》說。

　　觀上述諸例，則姚氏之釋《二南》，原則上仍守著毛鄭的基本觀念是很顯然的。他譏朱子「凜遵《序》說，寸尺不移」，就朱子對《二南》的態度言之，確有不脫《序》說窠臼的嫌疑，觀其力主「淫詩」之說而不敢以〈野有死麕〉為「淫詩」，即可為明證。但姚氏又何曾不如此？姚氏以〈野有死麕〉為「山野之民，相與及時為婚姻之詩」。他把鄭玄的「凶荒禮殺，以死鹿死麕之肉為禮而來」，和偽《傳》的「野人求昏而不能具禮」，及歐陽修、朱子的說法亂駁一陣，認為「總于女懷春、吉士誘皆說不去」之後，自己卻又說死鹿「以當儷皮」，白茅「以當束帛」，則他所駁的便等於無的放矢了。最有趣的是，他論到這詩的末章云：「定情之夕，女屬其舒徐而無使帨感、犬吠，亦情慾之感所不諱歟！」則明明也已承認男女幽會的事實了，則其諱言〈野有死麕〉為淫詩，豈不與毛、鄭、朱正同一心理麼？

　　姚際恆對於《二南》（包括《國風》）的解釋態度如此，對於《雅》、《頌》也是一樣。例如為了要反朱主毛，於是他對於「赫赫宗周，褒姒威之」句《集傳》之同於《序》說者（原文云：「時宗周未滅，以褒姒淫妬讒諂而王惑之，知其必滅周也。」），故意略而不談，卻專引其「或曰：此東遷後之詩」而駁之曰：「詩中明有褒姒，而《集傳》猶疑之，……不知此詩刺時也，非感舊也。」實則正因為詩中有「褒姒」之名，才足證其為東遷以後詩，而姚乃必欲證其為西周詩，以符《序》說，這也足證姚氏之如何信《序》而排朱了。又朱子於《商頌》〈殷武〉的末章云：「此章與〈閟宮〉之卒章文意略同，未詳何謂？」而姚乃駁之云：「按商在前，魯在後，明是《魯》以《商》為藍本，何疑焉？無故自疑，以啟人之疑，何也？且不疑《魯》而獨疑《商》，又何也？其多云未詳者，無非欲實其《商頌》多疑義之說耳。」案：《商頌》原為宋詩，不但現在已成定論，即《魯》、《韓詩》亦已早言之，惟毛鄭才認為是商詩。朱子疑之是也；而姚乃以為

無可疑，則其尊信毛鄭有多深呢！綜觀姚氏對於《詩經》的見解，在世次上，信《二南》為文王時詩，信〈正月〉為西周詩，信《商頌》為商詩；在見解上，必諱言淫詩。這都是毛鄭的思想。而姚氏乃欲訾朱佞《序》，豈非適以證其為夫子自道，而其真意只在反朱而已！方玉潤論姚氏最得間，他說：

> 自來說《詩》，唐以前悉遵古《序》，宋以後獨宗朱《傳》，近又將反而趨《序》，均兩失道也。故姚氏起而論之。其排《傳》（《集傳》）也，尤甚於排《序》（《毛序》），而其所論，又未能盡與古合。

又曰：

> 自來說《詩》諸儒，攻《序》者必宗朱，攻朱者必從《序》，非不知其兩有所失也，蓋不能獨抒己見，即不得不借人以為依歸耳。姚氏起而兩排之，可謂膽識俱優。獨惜其所見未真，往往發其端而不能竟其委。迨思意窮盡，無可說時，則又故為高論以欺世而文其短。是以其於詩人本義固未有所發明，亦由於胸中智慧有餘而義理不足故也。（以上並見方著《詩經原始》卷首）

前文我曾說過，方氏原是有意稱引姚氏新說的人，他對於姚氏的批評如此，也足見姚氏議論之橫到什麼程度了。不過話說回來，姚氏對於《詩經》，也非一無建樹，例如（一）不信六笙詩，認為乃漢人偽託。（二）認為《九夏》乃《周禮》襲《左傳》所附會杜撰，春秋時僅有一〈肆夏〉，但亦與《詩經》無涉。這樣一來，凡《三禮》所建

構與《詩經》的關係，都認為沒有實際價值。（三）《詩序》所言的故
實，姚氏皆認為是附會《春秋傳》而來，並非事實。此點可與崔述相
發明，同時亦是姚氏說《詩》一較有價值的貢獻。

（5）思想最雜的方玉潤

　　清人說《詩》，可以方玉潤的《詩經原始》為最後一部具有新傾
向卻也是思想最亂雜的書。他雖曾痛論姚際恆以為「所見未真，往往
發其端而不能竟其委，迨思意窮盡，無可說時，則又故為高論以欺世
而文其短」，但他卻也是受姚氏影響頗深的人。從毛鄭、朱《傳》，到
《詩經通論》，方氏都把他們的思想揉合到他的《詩》說裏去，卻不
必問其客觀關係，所以他的解釋也最支離破碎，剛好和崔述《讀風偶
識》的歷史客觀精神相反。就以《二南》為例吧。方氏一面接受了毛
鄭的文王之化的思想，同時也採用了朱子的民謠見解，再加上姚氏用
比喻說《詩》的方法，像前文所引述過〈關雎〉一詩的解釋無論已。
即如〈葛覃〉，為要使「后妃之本」得到合理化的解釋，於是改「后
妃之本」為「敦婦本」，並加以註解云：「愚謂后縱勤勞，豈必親手是
刈是濩？后即節儉，亦不至歸寧尚服澣衣？縱或有之，亦屬矯強，非
情之正，豈得為一國母儀乎？蓋此亦采之民間，與〈關雎〉同為房中
樂，前咏初昏，此賦歸寧耳。」又曰：「可見周家王業，勤儉為本，
以故民間婦道，亦觀感成風，聖人取之以次〈關雎〉，亦欲為萬世婦
德立之範耳。」〈關雎〉、〈葛覃〉還說得巧。有趣的是解〈漢廣〉
為：「江干樵唱，驗德化之廣被也。」雖說是當風謠解，但起興的
「翹翹錯薪，言刈其楚」，如何能落實說成樵夫呢？最特別的還有
〈汝墳〉、〈草蟲〉、〈摽梅〉等篇。〈汝墳〉一反過去婦人喜見其夫的
說法，說是「南國歸心」西伯，而託言為婦人思夫耳。〈草蟲〉也是
如此，謂為「託男女情以寫君臣念」。〈摽梅〉則用姚氏之意，解為：

「諷君相求賢也。」這種以夫婦喻君臣，以求偶喻求賢，分明是後起的思想，決非《詩經》原始，即漢、宋人說《詩》也還不至此，而方氏乃自以為獨知，無怪其愈說愈離題也。方氏最妙的是解〈野有死麕〉為「拒招隱」之詩。他說：「此必高人逸士，抱璞懷貞，不肯出而用世，故託言以謝當世求才之賢也。」他描寫末章之意云：「爾吉士縱欲誘我，我其能禁爾以無誘哉？亦惟望爾入山招隱時，姑徐徐以云來，勿勞我衣冠，勿引我吠尨，不至使山中猿鶴共相驚訝也。」真是想入非非，使人啼笑不得！又〈行露〉以為是「貧士卻昏以遠嫌」之詩：謂「速訟」是指詩中女子，而「不從」者卻是男方，也可謂妙不可方物了。茲附方氏《二南》解題如下：

〈關雎〉	周邑之咏初昏者。
〈葛覃〉	因歸寧而敦婦本也。
〈卷耳〉	念行役而知婦情之篤也。
〈樛木〉	祝所天也。
〈螽斯〉	美多男也。
〈桃夭〉	此亦咏新昏詩。
〈兔罝〉	美獵士為王氣所特鍾也。
〈芣苢〉	拾菜謳歌，欣仁風之和豈也。
〈漢廣〉	江干樵唱，驗德化之廣被也。
〈汝墳〉	南國歸心也。
〈麟之趾〉	美公族龍種盡非常人也。
〈鵲巢〉	昏禮告廟詞也。（案：此如何能為告廟詞？）
〈采蘩〉	夫人親蠶事于公宮也。
〈草蟲〉	思君念切也。
〈采蘋〉	女將嫁而教之，以告於其先也。

〈甘棠〉　　　　思召伯也。（案：思召伯則為康王後詩矣。）

〈行露〉　　　　貧士卻昏以遠嫌也。

〈羔羊〉　　　　美召伯儉而能久也。

〈殷其雷〉　　　諷眾士歸周也。

〈摽有梅〉　　　諷君相求賢也。

〈小星〉　　　　小臣行役自甘也。

〈江有汜〉　　　商婦為夫所棄而無懟也。

〈野有死麕〉　　拒招隱也。

〈何彼襛矣〉　　諷王姬車服漸侈也。

〈騶虞〉　　　　獵不盡殺也。

五　《詩經》的傳統解題概述

漢以來《詩經》義理解釋問題的演變既如上述，而《國風》問題之爭，較《雅》、《頌》尤為顯著。現在依照《毛詩》的次序，將漢、宋、清人對十五《國風》主要的解題論述如下文。毛、朱《周頌》異同已見「《魯詩》《周頌》解題」，二《雅》暫缺。

又宋清兩代學人對於《詩經》的解題，大都出入於毛、鄭、朱子之間（清儒如陳啟源、胡承珙、陳奐、馬瑞辰、范家相皆主毛義。魏源雖標榜三家，實欲貫穿毛、鄭。魏氏且然，他更無論。故本篇於《毛詩序》、《集傳》之外，清儒專取崔述、姚際恆、方玉潤三家以代表毛、朱異義。惟崔述自《邶風》以下，類多汎論，故不能每篇皆有解題云。

（1）《周南》、《召南》

1.〈關雎〉

《毛詩序》（以下簡稱《序》）云：「〈關雎〉，后妃之德也，《風》之始也，所以風天下而正夫婦也。故用之鄉人焉。用之邦國焉。」《毛傳》釋首二句云：「后妃說樂君子之德無不和諧，又不淫其色，慎固幽深，若雎鳩之有別焉，然後可以風化天下：夫婦有別，則父子親，父子親，則君臣敬，君臣敬，則朝廷正，朝廷正，則王化成。」《序》若果出衛宏，必本之《毛傳》。但無論如何，這是漢人的思想。所謂「后妃之德」，也即《毛傳》「夫婦有別」以下一思想體系的綜合解釋。但詩中的「淑女」何以必為「后妃」，那自是「諫書」思想的當然要求，《詩經》既立於學官，第一個學生當然是漢朝皇帝，〈關雎〉的「淑女」若不是「后妃」，將如何發揮「諫書」最大的作用呢？何況「君子」一詞，原又有國君之義呢？

三家對於〈關雎〉，前文已經說過，是與《毛詩》異義的。毛是「美」詩，而三家則是「刺」詩，且三家觀點也不一致。如《魯詩》是著眼在「壽夭」。故《漢書》〈杜欽傳〉云：「后妃之制，壽夭、治亂、存亡之端也。是以佩玉晏鳴，〈關雎〉歎之，知好色之伐性短年、離制度之生無厭，天下將蒙化陵夷而成俗也。」別的都是假話，惟「好色之伐性短年」才是對帝王一個最有力的警告。所以司馬遷也說：「周道缺，詩人本之衽席，〈關雎〉作。」《齊詩》似乎著重在制度，故《春秋緯》云：「人主不正，應門失守，故歌〈關雎〉以感之。」《韓詩》說在「儀容」。故《薛君章句》云：「人君退朝，入於私宮，后妃御見，去留有度；應門擊柝，鼓人上堂。今時大人，內傾於色，賢人見其萌，故詠〈關雎〉說淑女正儀容以刺時。」《後漢書》〈明帝紀〉也說：「應門失守，〈關雎〉刺世。」

　　觀上述魯、齊、韓、毛四家對〈關雎〉的解釋，雖有美、刺和觀點的不同，而其為針對漢代帝王的實際生活，出於有意的「諫書」思想則是一樣的。故明知其解釋常非詩文原意，而仍必附會以曲解之。所以然者，正是《詩經》義理解釋的宿命地位。要不然──〈關雎〉若僅僅以一首戀詩的面目來備置於《詩經》博士的職掌中，試問這事將對漢廷立《詩經》博士的本意作何交代？何況又是第一首《國風》？〈關雎〉如此，其他三百四篇詩都應作如是觀。

　　朱子於《三家詩》論〈關雎〉為康王時作，也頗取存疑態度；但以問題牽連太多，故終從毛義。他在〈詩序辨說〉上寫道：

> 說者以為古者后夫人雞鳴佩玉去君所，周康后不然，故詩人歎而傷之，此《魯詩》說也，與毛異矣；但以哀而不傷之意推之，恐其有此理也。曰：此不可知矣。但《儀禮》以〈關雎〉為鄉樂，又為房中之樂，則是周公制作之時已有此詩矣。若如魯說，則《儀禮》不得為周公之書，《儀禮》不得為周公之書，則周之盛時乃無鄉射、燕飲、房中之樂，而必有待乎後世之刺詩也，其不然也明矣。且為人子孫，無故而播其先祖之失於天下，如此而尚可以為風化之首乎？

　　惟朱子直以此詩為詠文王、太姒之作。他頗以《序》之專言「后妃」為非。他說：

> 序者徒以后妃為主而不復知有文王，是固已失之矣；至於化行國中，三分天下，亦皆以為后妃之所致，則是禮樂征伐皆出於婦人之手，而文王者徒擁虛器，以為寄生之君也，失之甚矣。

但他又引曾南豐的話以解釋之云：

> 惟南豐曾氏之言曰：「先王之政必自內始，故其閨門之治所以
> 施之家人者，必為之師傅、保姆之助，《詩》《書》圖史之戒，
> 珩璜琚瑀之節，威儀動作之度，其教之者有此具。然古之君
> 子，未嘗不以身化也。故家人之義，歸於反身，《二南》之
> 業，本於文王，豈自外至哉？世皆知文王之所以興能得內助，
> 而不知其所以然者，蓋本於文王之躬化：故內則后妃有〈關
> 雎〉之行，外則群臣有《二南》之美與之相成；其推而及遠，
> 則商辛之昏俗，江漢之小國，〈兔罝〉之野人，莫不好善而不
> 自知，此所謂身修故國家天下治者也。」竊謂此說庶幾得之。

曾氏這段話，不但可以代表宋儒對於〈關雎〉、《二南》的見解，也可
以代表毛鄭以來傳統的綜合解釋，換言之，這個解釋是無間漢、宋學
的，連清學之宗毛者都包括在內。

清人說〈關雎〉持異解者有二家。姚際恆無新意，故不具引。

崔述云：「此乃君子自求良配，而他人代寫其哀樂之情耳。」又
曰：「言夫婦也。」

方玉潤云：「此詩蓋周邑之詠初昏者。」論已見前。

2.〈葛覃〉

《序》云：「后妃之本也。后妃在父母家則志在於女工之事，躬
儉節用，服澣濯之衣，尊敬師傅，則可以歸安父母，化天下以婦道
也。」

朱子云：「此詩之〈序〉，首尾皆是。」但以為既「在父母家」，
便不應言「歸寧」。所以又說：「《序》之淺拙，大率類此。」

崔述云：「婦敬夫也。」氏以為女必待葛成衣而後敢言歸寧，且必問「害澣害否」而後歸，皆敬夫之表現云。

3.〈卷耳〉

《序》云：「后妃之志也，又當輔佐君子求賢審官，……至於憂勤也。」

朱子云：「后妃以君子不在而思念之，故賦此詩。」

姚際恆云：「且當依《左傳》，謂文王求賢官人，以其道遠未至，閔其在途勞苦而作。」

崔述云：「婦愛夫也。」

4.〈樛木〉

《序》云：「后妃逮下也。言能逮下而無嫉妒之心焉。」

朱子用《序》說。

姚際恆云：「南國諸侯……，歸心於周也。」案：姚用偽《傳》（明人豐道生偽《子貢詩傳》）。

崔述云：「此上惠恤其下而下愛敬其上之詩。」下篇〈螽斯〉同。

5.〈螽斯〉

《序》：「后妃子孫眾多也。」朱子同。

6.〈桃夭〉

《序》云：「后妃之所致也。不妒忌則男女以正，婚姻以時，國無鰥民也。」

朱子云：「《序》首句非是。」

方玉潤云：「此亦咏新昏詩。」

7.〈兔罝〉

《序》云：「后妃之化也。〈關雎〉之化行則莫不好德，賢人眾多也。」

朱子曰：「《序》首句非是。」姚際恆以為必有所指。崔述以為乃一篇「由盛而之衰之詩。」（衰世之詩）

8.〈茉苢〉

《序》云：「后妃之美也。和平則婦人樂有子矣。」朱子同。

9.〈漢廣〉

《序》云：「德廣所及也。文王之道，被於南國，美化行乎江漢之域，無思犯禮，求而不可得也。」

朱子云：「文王之化，自近而遠，先及於江漢之間。」

又曰：「此詩以篇內有『漢之廣矣』一句得名，而序者謬誤，乃以『德廣所及』為言，失之遠矣。然其下文又得詩意。……先儒嘗謂《序》非出於一人之手，此其一驗。」

崔述云：「此詩乃周衰時作，……以為文王之世，失之遠矣。」

10.〈汝墳〉

《序》云：「道化行也。文王之化，行乎〈汝墳〉之國，婦人能閔其君子，猶勉之以正也。」朱子用《序》意。

姚際恆云：「偽說為商人苦紂之虐，歸心文王，作是詩。」（偽說指偽《傳》）

崔述云：「此東遷後詩。」

11.〈麟趾〉

《序》云:「〈關雎〉之應也。〈關雎〉之化行,則天下無犯非禮,雖衰世之公子,皆信厚如〈麟趾〉之時也。」朱子謂「之時」二字可刪。

12.〈鵲巢〉

《序》云:「夫人之德也。國君積行累功以致爵位,夫人起家而居有之,德如鳲鳩,乃可以配焉。」

朱子云:南國諸侯被文王之化,嫁女於諸侯,而家人美之。

姚際恆云:「文王公族之女,往嫁于諸大夫之家。」

13.〈采蘩〉

《序》云:「夫人不失職也。夫人可以奉祭祀則不失職矣。」朱子用《序》意。又曰:「古者后夫人有親蠶之禮,此詩亦猶《周南》之有〈葛覃〉也。」

崔述云:「教女子使重宗廟也。」

14.〈草蟲〉

《序》云:「大夫妻能以禮自防也。」

朱子云:南國大夫妻思其君子若《周南》之〈卷耳〉也。

方玉潤云:「思君念切也。」又云:「此蓋詩人託男女情以寫君臣念耳。」

15.〈采蘋〉

《序》云:「丈夫妻能循法度也。能循法度則可以承先祖共祭祀矣。」

朱子云：「南國被文王之化，大夫妻能奉祭祀。」

16.〈甘棠〉

《序》云：「美召伯也。召伯之教明於南國。」

朱子云：召伯循行南國以布文王之政，後人思其樹。

17.〈行露〉

《序》：「召伯聽訟也。衰亂之俗微，貞信之教興，強暴之男，不能侵陵貞女也。」

朱子用《序》意。

方玉潤云：「貧士欲昏以遠嫌也。」案：方又云：「當時必有勢家巨族，以女強妻貧士，或前已許字於人，中復自悔，另圖別嫁者。士既以禮自守，豈肯違制相從，則不免有速訟相迫之事，故作此詩以見志。」直是囈語。

18.〈羔羊〉

《序》云：「〈鵲巢〉之功致也。召南之國，化文王之政，在位者皆節儉正直，德如羔羊也。」朱子同《序》。崔述以為穆王後詩，故次於〈甘棠〉之後。方玉潤云：「美召伯儉而能久也。」

19.〈殷其雷〉

《序》云：「勸以義也。召南之大夫，遠行從政，不遑寧處，其室家能閔其勤勞，勸以義也。」

朱子云：「南國被文王之化，婦人以其君子從役在外而思念之故，故作此詩。」方玉潤云：「諷眾士以歸周也。」用偽《傳》。

20.〈摽有梅〉

《序》云：「男女及時也。」朱子云：「南國被文王之化，女子知以貞信自守，懼其嫁不及時而有強暴之辱也。」方玉潤：「諷君相求賢也。」案：此解取自姚際恆。

21.〈小星〉

《序》云：「惠及下也。夫人無妒忌之行，惠及賤妾，進御於君，知其命有貴賤，能盡其心矣。」朱子同《序》。

姚際恆云：「此詩章俊卿以為小臣行役之作，是也。」

22.〈江有汜〉

《序》：「美媵也。……媵遇勞而無怨，嫡亦自悔也。」朱子用《序》意，不過認為「詩中未見勤勞無怨之意」。

23.〈野有死麕〉

《序》：「惡無禮也。天下大亂，強暴相陵，遂成淫風，被文王之化，雖當亂世，猶惡無禮也。」朱子以為《序》得之。又謂：「所謂無禮者，言淫亂之非禮耳，不謂無聘幣之禮也。」姚云：「此是山野之民相與及時為昏姻之詩。」方玉潤云：「拒招隱也。」其想入非非已詳前文。

24.〈何彼襛矣〉

《序》：「美王姬也。」朱子用《序》意。又曰：「或曰：平王即平王宜臼，齊侯即齊襄公諸兒。」姚、崔皆主此詩為東周詩，皆斥「平王」為「文王」說之不通。姚又引章俊卿釋東周詩何以入《二南》之故云：「為詩之時則東周也，採詩之地則召南也。于召南所得

之詩而列于東周，此不可也。」

　　方玉潤引章潢云：「若必指為文王時，……而太公尚未封齊，則齊（侯）將誰指乎？」今案：即此一證，即足破《毛傳》之不的。

25.〈騶虞〉

　　《序》：「〈鵲巢〉之應也。〈鵲巢〉之化行，人倫既正，朝廷既治，天下純被文王之化，則庶類蕃殖，蒐田以時，仁如騶虞，則王道成也。」

　　朱子引歐陽公曰：「賈誼《新書》曰：騶者，文王之囿名，虞者，囿之司獸也。」又引陳氏曰：「《禮記》〈射義〉云：天子以騶虞為節，樂官備也。」此與舊說不同，今存於此。

（2）《邶》

26.〈柏舟〉

　　《序》：「言仁而不遇也。衛頃公之時，仁人不遇，小人在側。」

　　朱子云：「〈柏舟〉，不知其出於婦人而以為男子，不知其不得於其夫，而以為不遇於君，此則失矣；然有所不及而不自欺，則亦未至於大害理也。今乃斷然以為衛頃公之時，則其故為欺罔以誤後人之罪不可揜矣。」案：朱子以此篇為「婦人不得於其夫」之作。又疑其為莊姜詩。

　　姚際恆用〈小序〉，方玉潤稍變其辭為「賢臣憂讒憫亂而莫能自遠也」，而皆不以為婦人詩，與朱子之說剛好相反。今案：《孟子》〈盡心〉篇引此詩「憂心悄悄」二句以當孔子，乃戰國時斷章用法，非詩正義，不足證不得於其君問題。劉向《列女傳》以此詩為衛宣姜作，更無證驗價值，蓋《列女傳》根本就出於杜撰，說已具見前文「漢儒說《詩》異同」章。惟就詩論詩，則此篇固未見其必非婦人詩

或為婦人作；但亦未見其必非男人詩也。

27.〈綠衣〉

《序》：「衛莊傷己也。妾上僭，夫人失位而作是詩也。」朱子曰：「此詩下至〈終風〉四篇，《序》皆以為莊姜之詩，今姑從之。然唯〈燕燕〉一篇詩文略可據耳。」

28.〈燕燕〉

《序》：「衛莊姜送歸妾也。」《列女傳》謂定姜詩。

29.〈日月〉

《序》：「衛莊姜傷己也。遭州吁之難，傷己不見答於先君以至困窮之詩也。」但朱子謂「遭州吁之難」作則未然。

30.〈終風〉

《序》：「衛莊姜傷己也。遭州吁之暴，見侮慢而不能正也。」朱子曰：「莊公之為人，狂蕩暴疾，莊姜蓋不忍斥言之，故但以『終風且暴』為比。」

自〈綠衣〉以下至〈終風〉，姚際恆皆信為莊姜詩，且譏朱子之作疑辭。崔述則力斥《序》說之無據，語皆切實。又如辨〈燕燕〉的「之子于歸」句不能解作「大歸」，最為得間。但毛鄭、朱、姚必欲附會為《左傳》戴媯事，遂不惜如此歪曲詩文，亦可歎也。方玉潤亦完全從《序》。

31.〈擊鼓〉

《序》：「怨州吁也。衛州吁用兵暴亂，使公孫文仲將而平陳與

宋，國人怨其勇而無禮也。」朱子云：「衛人從軍者自言其所為。」
姚際恆以為衛穆公時事。崔述亦謂其決非州吁事。方玉潤云：「衛戍
卒思歸不得也。」

32.〈凱風〉

《序》：「美孝子也。衛之淫風流行，雖有七子之母，猶不能安其
室，故美七子能盡其孝道，以慰其母心，而成其志爾。」

朱子曰：「以《孟子》之說證之，《序》說亦是。但此乃七子自責
之辭，非美七子之作也。」姚、方二氏皆從朱子。

33.〈雄雉〉

《序》：「刺衛宣公也。」朱子以為「此詩亦婦人作」，姚際恆謂
此詩無刺意。方玉潤以為朋友之詩。

34.〈匏有苦葉〉

《序》：「刺衛宣公也。公與夫人並為淫亂。」

朱子以為「刺淫」，然謂「未有以見其為刺宣公夫人之詩」。姚際
恆從〈序〉說。

35.〈谷風〉

《序》：「刺夫婦失道也。衛人化其上，淫於新昏而棄其舊室，夫
婦離絕，國俗傷敗焉。」朱子以為「未有以見化其上之意」。又曰：
「婦人為夫所棄，故作此詩。」方玉潤以為「逐臣自傷」。

36.〈式微〉

《序》：「黎侯寓于衛，其臣勸以歸也。」朱子並下篇皆存疑，

姚、方皆用《序》說。崔述則並下篇力斥其妄。

37.〈旄丘〉

《序》:「責衛伯也。」

38.〈簡兮〉

《序》:「刺不用賢也。衛之賢者仕於伶官。」
朱子用《序》意,姚、方皆然。

39.〈泉水〉

《序》:「衛女思歸也。嫁於諸侯,父母終,思歸寧而不得,故作
是詩以自見也。」
朱子用《序》說。姚際恆以為「媵」作。方玉潤又以為「衛媵女
和〈載馳〉作也」。

40.〈北門〉

《序》:「刺仕不得志也。」朱子用《序》意。

41.〈北風〉

《序》:「刺虐也。衛國並為威虐,百姓不親,莫不相攜持而去
焉。」朱子曰:「衛以淫亂亡國,未聞其有威虐之政如《序》所云
者,此恐非是。」

42.〈靜女〉

《序》:「刺時也,衛君無道,夫人無德。」朱子論「此《序》全
然不似詩意」。又曰:「此淫奔期會之詩也。」朱子之言「淫詩」,始

於此篇。姚際恆以為「刺淫之詩」。惟方玉潤乃以為「刺衛宣公納伋妻」，真可為噴飯。

43.〈新臺〉

《序》：「刺衛宣公也。納伋之妻，作新臺於河上而要之，國人惡之而作是詩也。」

44.〈二子乘舟〉

《序》：「思伋、壽也。衛宣公之二子，爭相為死，國人傷而思之，作是詩也。」朱子云：「凡宣姜事，首末見《春秋傳》，然於《詩》則皆未有考也，諸篇放此。」崔述不但力斥《序》說之非，且就史實也證明了《左傳》宣公烝夷姜為必無之事。今案：《左傳》孔《疏》已疑及此，又明沈起元《左燈》亦已辨之。

（3）《鄘》

45.〈柏舟〉

《序》：「共姜自誓也。」朱子存疑，崔述以為必有所傳，姚際恆以為不當以事實之，「當是貞婦有夫蚤死，其母欲嫁之而誓死不願之作」。方玉潤從姚說。

46.〈牆有茨〉

《序》云：「衛人刺其上也。公子頑通乎君母，國人疾之而不可道也。」

47.〈君子偕老〉

《序》：「刺衛夫人也。夫人淫亂，失事君子之道，故陳人君之

德、服飾之盛，宜與君子偕老也。」朱子以此詩所以作，亦未可考，〈鶉之奔奔〉放此。

48.〈桑中〉

《序》：「刺奔也。衛之公室淫亂，男女相奔，至于世族在位相竊妻妾，期於幽遠，政散民流而不可止。」

朱子曰：「此詩乃淫奔者所自作，《序》……以為刺奔，誤矣。」崔述以為詩無刺意。姚際恆是《序》而駁朱。方玉潤云：「刺淫也。」

49.〈鶉之奔奔〉

《序》：「刺衛宣姜也。」

50.〈定之方中〉

《序》：「美衛文公也。」朱子、姚際恆、方玉潤皆用《序》說。

51.〈蝃蝀〉

《序》：「止奔也。衛文公能以道化其民，淫奔之恥，國人不齒也。」朱子曰：「此刺淫奔之詩。」方玉潤云「代衛宣姜答〈新臺〉也」，殊可笑。

52.〈相鼠〉

《序》：「刺無禮也。」

53〈干旄〉

《序》：「美好善也。」案：自〈定之方中〉以下，《序》皆以為文公詩，除〈定〉詩外，朱子皆以為文公詩，但又皆以為「未有考」。

54.〈載馳〉

《序》：「許穆夫人作也。」案：此〈序〉根據《春秋內外傳》，故各家無異說。又崔述謂「《詩序》惟《鄘風》多得實」。

（4）《衛》

55.〈淇奧〉

《序》：「美武公之德也。」朱子用《序》。

56.〈考槃〉

《序》：「刺莊公也。不能繼先公之業，使賢者退而窮處。」朱子曰：「此為美賢者窮處而能安其樂之詩。……然詩文未有見棄於君之意，則亦不得為刺莊公矣。」

57.〈碩人〉

《序》：「閔莊姜也。莊公惑於嬖妾，使驕上僭，莊姜賢而不答，終以無子，國人閔而憂之。」朱子從《序》。姚際恆以為「詩中無閔意」。崔述亦曰：「〈碩人〉非閔莊姜詩。」又謂詩僅言莊姜之美，與無子無關，《春秋傳》所記亦無莊公不答之事。方玉潤謂「頌衛莊姜美而賢也」，得之。

58.〈氓〉

《序》：「刺時也。宣公之時，禮義消亡，淫風大行，男女無別，遂相奔誘，華落色衰，復相棄背，或乃困而自悔喪其妃耦，故序其事以風焉，美反正、刺淫佚也。」朱子謂非刺詩，宣公事無考。又曰：

「曰美反正者尤無理。」皆說得好。又曰:「此淫婦為人所棄,而自敘其事,以道其悔恨之意也。」

59.〈竹竿〉

《序》:「衛女思歸也。」

60.〈芄蘭〉

《序》:「刺惠公也。」朱子謂不可考。

61.〈河廣〉

《序》:「宋襄公母歸於衛,思而不止,故作是詩也。」崔述駁之云:「按:《春秋》閔公二年狄滅衛,衛人渡河而廬於曹。僖公九年,宋桓公乃卒。則襄公之世,衛已在河南,不待杭河而後渡也。」故崔氏斷其非宋襄公出母詩。今案:此說最好。崔述論有故實詩多類此。

62.〈伯兮〉

《序》:「刺時也。」朱子曰:「婦人以夫久從征役而作是詩。」

63.〈有狐〉

《序》:「刺時也。」朱子謂:「有寡婦見鰥夫而欲嫁之。」姚、崔皆以為婦人憂夫,方玉潤從之。

64.〈木瓜〉

《序》:「美齊桓公也。」朱子云:「疑小男女相贈答之辭,如〈靜女〉之類。」姚際恆力駁《序》說,然亦不取朱說,以為乃朋友相贈答之作。崔述同。

（5）《王》

65.〈黍離〉

《序》：「閔宗周也。周大夫行役至于宗周，過故宗廟，宮室盡為禾黍，閔周室之顛覆，彷徨不忍去而作是詩也。」朱子從之。崔述以為「乃憂未來之患，不似傷已往之事」。

66.〈君子于役〉

《序》：「刺平王也。」朱子以為「此國人行役而室家念之之辭。其曰刺平王亦未有考」。姚、方並同朱說。

67.〈君子陽陽〉

《序》：「閔周也。君子遭亂，相招為祿仕，全身遠害而已。」朱子曰：「此詩疑亦前篇婦人所作。」方玉潤以為「賢者自樂仕於伶官」。

68.〈揚之水〉

《序》：「刺平王也，不撫其民而遠戍于母家，周人怨思焉。」崔述力斥《序》說，以戍申、戍甫、戍許為備楚，非私舅；此意朱子亦已發之。但朱子以為「申侯與弒幽王，法所必誅，平王知有母而不知有父，至使復讎討賊之師，反為報施酬恩之舉，則其得罪於天甚矣」，故仍主《序》說，而崔則辨申侯無與弒幽王事。姚際恆以為不必實指平王，故方玉潤但謂「戍卒怨也」。

69.〈中谷有蓷〉

《序》：「閔周也。夫婦日以衰薄，凶年饑饉，室家相棄爾。」

70.〈兔爰〉

《序》:「閔周也。桓王失信,諸侯背叛……,王師傷敗,君子不樂其生焉。」朱子以為桓王事與詩無關。

71.〈葛藟〉

《序》:「王族刺平王也。周室道衰,棄其九族焉。」朱子、姚、崔皆以為「無據」。崔述以〈中谷〉以下三詩,皆自鎬遷洛者之作。

72.〈采葛〉

《序》:「懼讒也。」朱子曰:「此淫奔之詩。其篇與〈大車〉相屬,其事與采唐(〈桑中〉)、采葑、采麥相似,其詞與《鄭》〈子衿〉正同。」姚際恆罵朱「可恨」,以為「當作懷友之詩」,方玉潤從之。

73.〈大車〉

《序》:「刺周大夫也。……男女淫奔,故陳古以刺今大夫不能聽男女之訟焉。」朱子用幽默的口吻云:「非刺大夫之詩,乃畏大夫之詩。」他認為是「淫奔者相命之辭(,非望賢之意)」。[3]方用姚意解為「征夫歎也」。然並不通。

74.〈丘中有麻〉

《序》:「思賢也。」朱子曰:「此亦淫奔者之詞。」又曰:「婦人望其所私者而不來。」姚從《序》。方玉潤變其意為「招賢偕隱」。大概姚際恆必反朱,而方好從姚,又必以男女為詩人比喻,故離詩義愈遠。

---

3 〔編案〕「非望賢之意」五字係下篇〈丘中有麻〉之《詩序辨說》文,原文誤植於此,當刪。

（6）《鄭》

75.〈緇衣〉

《序》：「美武公也。」朱子曰：「此未有據，今姑從之。」姚際恆引季明德謂為「武公好賢之詩」。方玉潤改為「美鄭武公好賢也」。崔述云：「言好賢也。」

76.〈將仲子〉

《序》：「刺莊公也。不勝其母，以害其弟。」朱子引鄭樵云：「此淫奔之詩，無與於莊公、叔段之事。」姚際恆云：「此雖屬淫，然⋯⋯大有廉恥，又豈得為淫者哉！」方玉潤曰：「諷世以禮自持也。」崔述以為既肯以父母、諸兄、人言自防閑，便不得謂之淫奔。

77.〈叔于田〉

《序》：「刺莊公也。叔處于京，繕治甲兵，以出于田，國人說而歸之。」朱子曰：「段不義而得眾，國人愛之，故作此詩。」又引或曰：「此詩恐亦民間男女相說之詞。」崔述謂取二詩而求其義，無一言合於共叔者。

78.〈大叔于田〉

《序》：「刺莊公也。叔多才而好勇，不義而得眾也。」朱子曰：「此詩與上篇意同，非刺莊公也。」姚際恆引匡衡曰：「鄭伯好勇而國人暴虎。」「匡衡稱善說《詩》者，不曰叔段而曰國人，然則此兩篇亦未必為叔段矣。」今案：匡衡為《齊詩》說，則西漢人固不解〈叔于田〉二詩為叔段事也。

79.〈清人〉

　　《序》:「刺文公也。」朱子曰:「此《序》蓋本《春秋傳》而以他說廣之,未詳所據。」然姚際恆則篤信《序》說。

80.〈羔裘〉

　　《序》:「刺朝也。言古之君子以風其朝焉。」

　　朱子曰:「《序》以《變風》不應有美,故以此為言古以刺今之詩……,恐未必然。且當時鄭之大夫如子皮、子產之徒,豈無可以當此詩者?但今不可考耳。」姚際恆竊朱子之意云:「此鄭人美其大夫之詩。」方玉潤取之,曰:「美鄭大夫也。」

81.〈遵大路〉

　　《序》:「思君子也。莊公失道,君子去之,國人思望焉。」朱子曰:「此亦淫亂之詩,《序》說誤矣。」

82.〈女曰雞鳴〉

　　《序》:「刺不說德也。陳古義以刺今不說德而好色也。」朱子曰:「此詩人述賢夫婦相警戒之辭。」姚際恆云:「只是夫婦幃房之詩,然而見此士、女之賢矣。」崔述曰:雞鳴而起,而所為者弋鳧雁,飲酒交遊,所謂賢者固如是乎?惟能體其夫之所好,則亦自有可取云。

83.〈有女同車〉

　　《序》:「刺忽也。鄭人刺忽之不昏乎齊。」案:《序》說據《左傳》之文而附會之,甚鄙劣而無理,朱子已詳辨之。崔述也支持朱說。姚際恆以〈小序〉為「必不是」。方玉潤乃必欲解為「諷鄭太子忽以昏齊」,真嗜痂之癖也。

朱子曰：「此疑亦淫奔之詩。」

84.〈山有扶蘇〉

《序》：「刺忽也，所美非美然。」

朱子曰：「此下四詩及〈揚之水〉，皆男女戲謔之詞，《序》之者不得其說而例以為刺忽，殊無情理。」姚駁《序》而非朱云：「以為淫詩，則更妄矣。」崔述則謂此篇以下三詩是否為淫奔雖不可知，然非刺忽則斷無可疑云。

85.〈蘀兮〉

《序》：「刺忽也。君弱臣強，不倡而和也。」

86.〈狡童〉

《序》：「刺忽也，不能與賢人圖事，權臣擅命也。」朱子辨昭公之不狡、非童，及《序》說之舛失云：「一則使昭公無辜而被謗，二則使詩人脫其淫謔之實罪，而麗於訕上悖理之虛惡，三則厚誣聖人刪述之意，以為實踐昭公之守正，而深與詩人之無理。」語極切到。姚際恆卻說（〈蘀兮〉）「〈小序〉謂刺忽，無據；《集傳》謂淫詩，尤可恨」，而無解。方玉潤取嚴粲意釋〈蘀兮〉為：「諷朝臣共扶危也。」又以〈狡童〉為「憂君為群小所弄」，皆牽強可笑不合詩意。

87.〈褰裳〉

《序》：「思見正也。狡童恣行，國人思大國之正己也。」朱子曰：「淫女語其所私者。」姚駁《序》而反朱，然亦無說。方解為「思見正於益友」，極可笑。

88.〈丰〉

　　《序》：「刺亂也，……男行而女不隨。」朱子云：「此淫奔之詩。」姚云：「此女子于歸自詠之詩。」方玉潤好以寓言說《詩》，謂為「悔仕進不以禮」。不但此種詩法乃古人所無，即其比喻，也如癡人說夢，與詩文全不相應。

89.〈東門之墠〉

　　《序》：「刺亂也。男女有不待禮而相奔者也。」朱子云：「識其所與淫者之居也。」姚際恆云：「吾以為貞詩，亦奚不可？」

90.〈風雨〉

　　《序》：「思君子也。亂世則思君子不改其度焉。」朱子曰：「淫奔之女言……見其所期之人而心悅也。」姚際恆專主《序》說。崔述亦云：「〈風雨〉之見君子，擬諸〈草蟲〉、〈隰桑〉之詩初無大異，即〈揚之水〉、〈東門之墠〉施諸朋友之間亦無不可，不必以淫詞目之，可也。」方玉潤云：「懷友也。」

91.〈子衿〉

　　《序》：「刺學校廢也。」朱子曰：「此亦淫奔之詩。」姚際恆云：「此疑亦思友之詩。」方玉潤從《序》。

92.〈揚之水〉

　　《序》：「閔無臣也。君子閔忽之無忠臣良士，終以死亡也。」朱子曰：「此男女要結之詞。」

93.〈出其東門〉

《序》：「閔亂也。」朱子曰：「人見淫奔之女而作此詩。」姚際恆云：「按鄭國春月，士女出遊，士人見之，自言無所繫思，而室家聊足與娛樂也。男固貞矣，女不必淫。」方玉潤云：「不慕非禮色也。」

94.〈野有蔓草〉

《序》：「思遇時也。君之澤不下流，民窮於兵革，男女失時，思不期而會焉。」朱子曰：「男女相遇於野田草露之間……，言各得其所欲也。」姚際恆云：「此似男女及時昏姻之詩。」今案：以野田邂逅為「及時昏姻」，則和淫奔又有什麼分別呢？又和漢儒之諱言淫詩又有什麼分別呢？

95.〈溱洧〉

《序》：「刺亂也。兵革不息，男女相棄，淫風大行，莫之能救焉。」朱子曰：「此淫奔者自敘之辭。」姚際恆云：「此刺淫詩也。」方用姚解。

（7）《齊》

96.〈雞鳴〉

《序》：「思賢妃也。哀公荒淫怠慢，故陳賢妃貞女，夙夜警戒相成之道焉。」朱子曰：「此《序》得之。但哀公未有所考。」崔述云：「〈雞鳴〉，美勤政也。」

97.〈還〉

《序》：「刺荒也。哀公好田獵，從禽獸……，國人化之。」

98.〈著〉

　　《序》:「刺時也。時不親迎也。」

99.〈東方之日〉

　　《序》:「刺衰也。君臣失道,男女淫奔,不能以禮化也。」朱子曰:「此男女淫奔者所自作,非有刺也。」姚際恆云:「此刺淫之詩。」崔述於上三詩缺疑。

100.〈東方未明〉

　　《序》:「刺無節也。朝廷興居無節,號令不時,挈壺氏不能掌其職焉。」朱用《序》。姚笑《序》而無解。

101.〈南山〉

　　《序》:「刺襄公也,鳥獸之行,淫乎其妹。」

102.〈甫田〉

　　《序》:「大夫刺襄公也。」朱子以此篇與下篇為刺桓公。

103.〈盧令〉

　　《序》:「刺荒也。襄公好田獵。」

104.〈敝笱〉

　　《序》:「刺文姜也。齊人惡魯桓公微弱,不能防閑文姜,使至淫亂,為二國患焉。」朱子以為「桓」當作「莊」。

105.〈載驅〉

《序》：「齊人刺襄公也。……與文姜淫，播其惡於萬民焉。」
朱子曰：「此亦刺文姜之詩。」

106.〈猗嗟〉

《序》：「刺魯莊公也，……不能以禮防閑其母，失子之道，人以
為齊侯之子焉。」朱子用《序》。姚同。方以為美莊公材藝。

（8）《魏》

107.〈葛屨〉

《序》：「刺褊也。魏地狹隘，其民機巧趨利，其君儉嗇褊急而無
德以將之。」朱子疑此詩即縫裳之女所作。姚際恆疑此詩為妾媵所作
以刺夫人者。崔述以為非刺詩。

108.〈汾沮洳〉

《序》：「刺儉也。其君儉以能勤，刺不得禮也。」朱子本之。姚
以為乃「詩人贊其公族大夫之詩」。

109.〈園有桃〉

《序》：「刺時也。」朱子與《序》意大同。姚際恆易為憂時。

110.〈陟岵〉

《序》：「孝子行役，思念父母也。」朱子同《序》意。姚、方並
用《序》。

111.〈十畝之間〉

《序》:「刺時也。言其國削小,民無所居焉。」

朱子云:「政亂國危,賢者不樂仕於其朝,而思與其友歸於農圃。」姚際恆云:「此類刺淫之詩。」方玉潤云:「夫婦偕隱也。」

112.〈伐檀〉

《序》:「刺貪也。在位貪鄙,無功而受祿,君子不得進仕爾。」朱子云:「此詩專美君子之不素餐。」姚際恆全竊朱子之說。崔述以為兼二義,方玉潤以為傷不見用而恥無功受祿,殊不通。

113.〈碩鼠〉

《序》:「刺重斂也。國人刺其君重斂……若大鼠也。」朱子曰:「此亦託於碩鼠以刺其有司之辭,未必直以碩鼠比其君也。」

(9)《唐》

114.〈蟋蟀〉

《序》:「刺晉僖公也,儉不中禮。……此晉也而謂之唐,本其風俗……乃有堯之遺風焉。」朱子曰:「謂之唐,蓋仍其始封之舊號耳。唐叔所都在今太原府。」朱子又以為「民間終歲勞苦」之詩。姚際恆以為士大夫之詩。方玉潤以為歲暮述懷。

115.〈山有樞〉

《序》:「刺晉昭公也·」朱子以為答前篇之意而解其憂。姚際恆兼駁毛、朱而無解。方玉潤謂「刺唐人儉不中禮」。

116.〈揚之水〉

《序》：「刺晉昭公也。」

117.〈椒聊〉

《序》：「刺晉昭公也。君子見沃之盛彊，……將有晉國焉。」朱子謂「此詩未見其必為沃作也」。姚、方並從《序》說。

118.〈綢繆〉

《序》：「刺晉亂也，國亂則昏姻不得其時焉。」朱子曰：「此但為婚姻者相得而喜之詞，未必為刺晉國之亂也。」姚際恆謂「如今人賀人作花燭詩，亦無不可」。方玉潤謂賀新婚詩。

119.〈杕杜〉

《序》：「刺時也。君不能親其宗族，……將為沃所並爾。」朱子曰：「此乃人無兄弟而自歎之詞。」姚際恆論朱子解「人無兄弟胡不佽焉」為「何不……憐我之無兄弟而見助乎」，云：「若是則乞人耳。」案：古吳顧氏即祖此說。

120.〈羔裘〉

《序》：「刺時也。晉人刺其在位不恤其民也。」朱子云：「此詩不知所謂。」姚、方並從《序》。

121.〈鴇羽〉

《序》：「刺時也。昭公之後，大亂五世，君子下從征役，不得養其父母而作是詩也。」朱子以為時世未可知。

122.〈無衣〉

《序》：「美晉武公也。武公初并晉國，其大夫為之請命乎天子之使而作是詩也。」朱子極論武公弒篡之罪，以為詩實為刺，而《序》乃以為美，其顛倒順逆、亂倫悖理，未有如是之甚者。姚譏朱無謂，其忌朱之情，如見肺肝。

123.〈有杕之杜〉

《序》：「刺晉武公也。」朱子云：「此《序》全非詩意。」又曰：「此人好賢而恐不足以致之也。」姚竊朱意。

124.〈葛生〉

《序》：「刺晉獻公也。好攻戰，則國人多喪矣。」朱子以為婦人思念久役之夫。姚際恆亦以為「思存」之詩。

125.〈采苓〉

《序》：「刺晉獻公也。獻公好聽讒焉。」朱子存疑。

（10）《秦》

126.〈車鄰〉

《序》：「美秦仲也。秦仲始大，有車馬禮樂侍御之好焉。」朱子云：「未見其必為秦仲之詩。大率《秦風》唯〈黃鳥〉、〈渭陽〉為有據，其他諸詩皆不可考。」

127.〈駟鐵〉

《序》：「美襄公也。始命有田狩之事，園囿之樂焉。」

128.〈小戎〉

《序》：「美襄公也，備其兵甲，以討西戎，……婦人能閔其君子焉。」朱子謂：「此詩時世未必然，而義則得之。」

129〈蒹葭〉

《序》：「刺襄公也，未能用周禮，將無以固其國焉。」朱子云：「此詩未詳所謂。然《序》說之鑿，則必不然矣。」姚際恆以為「賢人隱居水濱而人慕而思見之詩」。方玉潤謂惜招隱難致。

130.〈終南〉

《序》：「戒襄公也，能取周地，始為諸侯受顯服，大夫美之，故作是詩以戒勸之。」朱子曰：「此秦人美其君之辭。」案：〈小序〉非，〈大序〉不通，〈大序〉常如此。

131.〈黃鳥〉

《序》：「哀三良也。國人刺穆公以人從死而作是詩也。」

132.〈晨風〉

《序》：「刺康公也。」朱曰：「此婦人念其君子之辭。」姚際恆引偽說云：「秦君遇賢，始勤終怠。」

133.〈無衣〉

《序》：「刺用兵也。秦人刺其君好攻戰，……而不與民同欲焉。」朱子曰：「秦俗強悍，樂於戰鬥，……足以相死如此。」

134.〈渭陽〉

《序》：「康公念母也。」

135.〈權輿〉

《序》：「刺康公也。」方玉潤云：「刺康公待賢禮殺也。」

（11）《陳》

136.〈宛丘〉

《序》：「刺幽公也，淫荒昏亂，游蕩無度焉。」朱子以無事實不敢信為幽公。方玉潤乃曰：「刺上位游蕩無度也。」

137.〈東門之枌〉

《序》：「疾亂也。幽公淫荒，風化之所行，男女棄其舊業，亟會於道路，舞於市井爾。」朱子曰：「此男女聚會歌舞，⋯⋯以相樂也。」方玉潤云：「巫覡盛行也。」此蓋從姚氏引何楷據《三家詩》說。《漢書》匡衡疏亦嘗及此，見前文。

138.〈衡門〉

《序》：「誘僖公也。」朱子曰：「僖者，小心畏忌之名，故以為願無立志，而配以此詩，不知其為賢者自樂而無求之意也。」姚際恆竊朱意而稍變之。方玉潤用朱子。

139〈東門之池〉

《序》：「刺時也。疾其君之淫昏，而思賢女以配君子也。」朱子曰：「此淫奔之詩。」姚際恆無說，故方玉潤亦以為未詳。

140.〈東門之楊〉

《序》：「刺時也。昏姻失時，男女多違親迎，女猶有不至者也。」朱子以為男女期會負約之詩。

141.〈墓門〉

《序》：「刺陳佗也。」朱子存疑。

142.〈防有鵲巢〉

《序》：「憂讒賊也。」朱子以為乃男女有私之辭。

143.〈月出〉

《序》：「刺好色也。」朱子曰：「此不得為刺詩。」又曰：「此亦男女相悅而相念之辭。」

144.〈株林〉

《序》：「刺靈公也，淫乎夏姬，馳驅而往，……不休息焉。」朱子曰：「《陳風》獨此篇為有據。」

145.〈澤陂〉

《序》：「刺時也。言靈公君臣淫於其國，男女相說，憂思感傷焉。」朱子曰：「此詩之旨與〈月出〉相類。」

（12）《檜》

146.〈羔裘〉

《序》：「大夫以道去其君也。」方玉潤以為傷檜君也。

147.〈素冠〉

《序》:「刺不能三年也。」朱子用《序》。姚際恆力非《序》說。

148.〈隰有萇楚〉

《序》:「疾恣也。國人疾其君之淫恣而思無情慾者也。」朱子曰:「政煩賦重,人不堪其苦,歎其不如草木之無知而無憂也。」姚際恆以為貧窶不能贍其妻子之詩。方玉潤以為傷亂離。

149.〈匪風〉

《序》:「思周道也。」朱子謂詩中「周道」應作「適周之路」解。

(13)《曹》

150.〈蜉蝣〉

《序》:「刺奢也。昭公國小……,好奢而任小人,將無所依焉。」朱子謂「言昭公未有考」;又以為刺時之詩。

151.〈候人〉

《序》:「刺近小人也。共公遠君子而好近小人焉。」朱子用《序》。

152.〈鳲鳩〉

《序》:「刺不壹也。」朱子曰:「此美詩,非刺詩。」

153.〈下泉〉

《序》:「思治也。曹人疾共公……而思明王賢伯也。」

（14）《豳》

154.〈七月〉

《序》：「陳王業也。周公遭變故，陳后稷先公風化之所由致、王業之艱難也。」朱子因之，姚際恆以為與周公無關。崔述云：「此詩當為太王以前豳之舊詩，蓋周公述之以戒成王，而後世因誤為周公所作耳。」見《豐鎬考信錄》。

155.〈鴟鴞〉

《序》：「周公救亂也。成王未知周公之志，公乃為詩以遺王，名之曰〈鴟鴞〉焉。」今案：此乃本《尚書》〈金縢篇〉。

156.〈東山〉

《序》：「周公東征也，三年而歸勞歸士，大夫美之，故作是詩也。」朱子曰：「此周公勞歸士之詞，非大夫美之而作也。」姚主《序》而非朱。崔述則謂：「〈七月〉非周公作，〈鴟鴞〉非東征時作，〈東山〉、〈破斧〉非大夫美周公，亦非周公勞歸士而歸士答勞之詩，皆已詳於《豐鎬考信錄》中。」今案：《豐鎬考信錄》謂〈東山〉詩「乃歸士自敘其離合之情耳」。

157.〈破斧〉

《序》：「美周公也。周大夫以惡四國焉。」朱子以為「此歸士美周公之詞」。姚際恆以為「四國之民美周公之詩」。崔述謂此詩「乃東征之士自述其勞苦」，見《豐鎬考信錄》。

158.〈伐柯〉

　　《序》：「美周公也。周大夫刺朝廷之不知也。」朱子以為東人之詩。姚際恆以為「周人喜周公還歸之詩」。方玉潤以為東人送周公西歸。[4]

159.〈九罭〉

　　《序》：「美周公也。周大夫刺朝廷之不知也。」朱子曰：「二詩東人喜周公之至而願其留之詞。」《序》說皆非。

160.〈狼跋〉

　　《序》：「美周公也。」朱子曰：「周公雖遭疑謗，然所以處之不失其常，故詩人美之。」姚、方無異說。

六　結論

　　前文已將二千年來《詩經》的傳統解釋，作了一綜合的剖視，很顯然的，這個傳統解釋是始終沒有離開儒家倫理思想的教育觀點的。但單拿倫理、教育的觀點來解釋《詩經》是不夠的，不能解答《詩經》解釋問題的客觀要求的，因為倫理、教育之外，還有（客觀的）歷史、社會、文學、藝術、觀點等等的要求。但二千年來傳統的解釋卻把倫理、教育以外的觀點都抹煞了，所以時至今日，《詩經》大部分詩篇的問題依然存在。清代的崔述，雖也曾在客觀歷史的立場上解答了若干詩篇的故實問題，但傳統倫理觀念的影響仍限制了他解釋工作的成果。其實何止崔述。現代英人魏理（A. Waley）的《詩經譯

4　〔編案〕此為方氏釋〈九罭〉詩旨之語。

本》（*The Book of Songs*），又何曾不如此？魏氏把三百五篇詩分為十七類[5]，把歷史、社會和純文學的觀點都放到解釋的觀點上去了，但他的譯文之仍然還沒有擺脫漢以來傳統解釋的影響，也正和清人姚際恆和方玉潤之不能擺脫毛鄭思想一樣。其實何止魏理，近世國人之解釋《詩經》又如何呢？筆者在〈詩經的復始運動〉[6]中曾引證胡適氏幾個《詩經》解題，就幾乎沒有一篇不仍然成為問題。要是胡氏的解

5　〔原註〕魏理把三百五篇重新分類，把原來《風》、《雅》、《頌》的詩篇次序都變動了，例如《鄭風》〈野有蔓草〉成了三百五篇的第一篇，屬「戀愛」類；〈關雎〉卻列於第八十七篇，屬「婚姻」類。〈樛木〉入「祝頌」類，列第一百六十三篇了。茲將魏氏譯本的分類及各類篇數列如下表：

一、戀愛（Courtship）	六十九篇
二、婚姻（Marriage）	四十七篇
三、戰士和戰爭（Warriors & Battles）	三十六篇
四、農事（Agriculture）	十篇
五、祝頌（Blessings on Gentle Folk）	十四篇
六、歡迎（Welcome）	十二篇
七、賽會（Feasting）	五篇
八、鄉黨（The Clan Feast）	五篇
九、祭祀（Sacrifice）	六篇
十、樂舞（Music and Dancing）	九篇
十一、君王之歌（Dynastic Songs）	二十四篇
十二、君王事蹟（Dynastic Legends）	十八篇
十三、建造（Building）	二篇
十四、田獵（Hunting）	五篇
十五、友情（Friendship）	三篇
十六、教訓（Moral Pieces）	六篇
十七、哀悼（Lamentations）	十九篇

6　〔原註〕見本書卷二。（編案：即收入本書之〈詩經的復始問題〉一文。）

釋是由於思想的今古之分，猶可說也；最有趣的是思想雖然跟毛鄭懸隔二千年，而其解釋的錯誤仍然沒有脫離他所反對的毛鄭同一的錯誤，像他的解釋〈小星〉和〈野有死麕〉（詳見〈詩經的復始運動〉第六篇「《詩》解舉例」）。看了魏理（並見「《詩》解舉例」）和胡適的例子，我們有理由相信：直到目前，《詩經》的解釋問題仍然是個處女問題。

《詩經》與樂歌的原始關係

摘要[*]

從《詩經》的篇什本身，我們即可以得到詩篇在禮樂中的樂歌地位的內證，有「正歌」，有「無算樂」。這個原始地位，徵之於禮書的紀錄，如《儀禮》、《禮記》等而若合符節。首先是《儀禮》，我們看到禮樂節次中詳細的程序，「正歌」與「無算樂」的客觀關係就更清楚了。所以「正歌」和「無算樂」可以說是禮樂的變軌，缺一不可。其次是二《禮記》和《周禮》三書中仍然有好些記載，足以補充說明《儀禮》紀錄所未盡的地方。總之，從「正歌」與「無算樂」的正常關係中，我們可以充分認識《詩經》的原始樂歌地位。

鄭玄因囿於漢儒的《六經》思想體系傳統，以《禮》說《詩》，同時亦以《詩》說《禮》，因此其注《儀禮》及《周禮》、《禮記》等的詩樂關係，遂牽強附會，穿鑿武斷，務求合於其主觀的曲說而後已，而《詩經》與「正歌」及「無算樂」間的原始關係，也就暗昧不明了。

《左傳》、《國語》二書的紀錄，可說是《詩經》禮樂關係的轉形期：故其所記之禮，皆屬於「享」後的「宴」；而其樂次也即相當於「無算樂」。故春秋時代的「賦詩」風氣，也可視為「無算樂」的一種轉形活動，或與樂歌兼行，有時也代替了「無算樂」的樂次。

---

* 〔編案〕此摘要係何定生獲國家科學委員會56學年度研究補助費（人文及社會科學甲種）之研究報告摘要，載於《國家科學委員會年報（56年7月-57年6月）》（臺北：國家科學委員會，未載出版年月），頁84。研究報告原題為〈詩經的樂歌關係的檢討〉，刊載於《臺大文史哲學報》第18期（1969年5月）時改題作〈詩經與樂歌的原始關係〉，收錄於《定生論學集──詩經與孔學研究》時亦然，二者皆未附此摘要。

一 導言——若干重要資料的檢討

《詩經》和樂歌的原始關係，今日可資考據的材料已經不多，我們若就現有的載籍依（甲）直接資料和（乙）間接資料來加以分類，則《詩經》本身，當然是（甲）類中第一部重要的著作。雖說拿三百五篇中佔比例很小的那些涉及樂歌關係的篇什，來作為探求原始關係的根據，幅度顯然不夠，但在證驗價值上仍然是居首要地位的。

其次屬於（甲）類的重要文籍是《儀禮》。《儀禮》在漢以前，宋以後，不用說是《禮》類經典中一部最受尊信的書。歷來儒者，大都承認它為周公的制作。到了清代的今文學家，尤其是康有為始力言制禮者是孔子而非周公[1]，而梁啟超遂認為孔子可能是編《儀禮》的人了。梁氏說：「《儀禮》的一部分，許是西周已有，因為禮是由社會習慣積成的，不是平空由聖人想出來。西周習慣的禮，寫成文字，成為固定的儀節，許是比較的很晚。今十七篇許是出於孔子之手。」[2]梁氏的話，自然不無道理，尤其說「禮是由社會習慣積成，非平空由聖人想出來」，是很對的。不過康、梁的見解，實在也是淵源於清儒邵懿辰的。邵氏不否認周公制禮之說，卻相信孔子是最後「定禮樂」的人。他論禮不必盡出周公云：「禮本非一時一世而成，積久服習，漸次修整，而後臻於大備，旁皇周浹，而曲得其次序；大體固周公為之也，其愈久而增多，則非盡周公為之也。」[3]他一反前人所謂今《儀禮》殘闕不完，及劉歆傳魯共王壁中得三十九篇古文《逸禮》的說法，謂「本經十七篇固未嘗不完」，三十九篇為「劉歆之誣說」，十七篇乃孔子「所手定之經」。又說：「《儀禮》，所謂『經禮』也，周公所

---

1 〔原註〕康有為：《孔子改制考》卷十。

2 〔原註〕梁啟超：《古書真偽及其年代》卷二，第四章，「《儀禮》」條。

3 〔原註〕邵懿辰：《禮經通論》。

制，本有三百之多，至孔子時，即禮文廢闕，必不止此十七篇，亦必不止如〈漢志〉所云五十六篇而已，而孔子所為定禮樂者，獨取此十七篇以為教。」[4]邵氏認為〈禮運〉的「冠、昏、喪、祭、射、鄉、朝、聘」八禮，即是「約十七篇而言之」者（邵氏考證〈禮運〉「射御」之「御」字為「鄉」字之譌，極精確）。故邵氏甚疑《周禮》「五禮」的說法。他說：「吉、凶、軍、賓、嘉五者，特作《周官》者創此目以括王朝之禮，而非所語於天下之達禮也，……不可以釋孔子之《禮經》。」他又主張樂本無經，他說：「樂之原在《詩》三百篇之中，樂之用在《禮》十七篇之中。」這也是康有為《詩》樂合一觀念與梁啟超信孔子定禮樂的根苗。

雖然，清儒中亦多有以《儀禮》為晚周作品的，如姚際恆、顧棟高、袁枚、崔述等，而尤以崔述的辨說為最信而有徵。他列舉書中許多事實，以見其為「春秋以降之禮」，因而證「此書之作在春秋後」，或「為春秋、戰國間學者所記」；連〈士喪禮〉他都認為「未必即孔子之所書」，自無論出於周公了。[5]姚際恆雖然謂「《儀禮》作於周末」[6]，或「是春秋以後儒者所作」[7]，但未舉論據，和崔述便不可同日而語了。至於袁枚，雖亦列出若干疑義[8]，加以辯析，但多屬空文，無裨於結論，雖置之可也。

歸納諸家見解，則《儀禮》雖非周公、孔子之書，終亦不失其為春秋以前的制度。就史料的觀點看來，其內容可能有西周和東周的不同，但以證驗雅樂未亡時期《詩經》的樂歌關係，仍然是具有和《詩經》一樣的同等價值的。

1　〔原註〕同上。

5　〔原註〕崔述：《豐鎬考信錄》。

6　〔原註〕姚際恆：《儀禮通論》——顧氏杭州鈔本。

7　〔原註〕《詩經通論》。

8　〔原註〕袁枚：《小倉山房文集》，〈答李穆堂先生論三禮書〉。

與《儀禮》有若干連帶關係的另一部書是《禮記》。這書原是合《大戴記》、《小戴記》而言，故《漢書》〈藝文志〉說它是「七十子後學者所記」，但語意不甚清楚；《隋書》〈經籍志〉說是「仲尼弟子及後學者所記」，則顯然是包括了孔子的弟子和後來的學者了。故今日《大戴記》有〈曾子〉十篇，說是曾子所作；《小戴記》中的〈中庸〉，說是子思所作；〈緇衣〉說是公孫尼子所作。但這些話都不一定可靠。至其中之出漢儒編綴而成者，如〈王制〉、〈樂記〉等，那是周知的事實，即如《大戴記》的〈禮三本〉、〈哀公問五義〉和〈勸學〉篇，明是抄《荀子》的；《小戴記》的〈月令〉是取自《呂氏春秋》。所以康有為以為《禮記》只是「禮家附記之類書」，「既非孔子制作」，「孔門所傳，亦無一書謂之《禮記》者」。[9]梁啟超卻認為是「孔門論禮叢書。他是儒家思想，尤其是禮教思想最發達到細密時的產品。他是七十子的後學，尤其是荀子一派，……由后倉、戴聖、戴德、慶普等湊集而成的。他的大部分是戰國中葉和末葉……，小部分是西漢前半儒者又陸續綴加的」。又說：《禮記》全是西漢以前的，而沒有東漢以後的東西。」[10]又說：「此書似未經劉歆、王肅之徒所竄亂，在古書中較為克葆其真者。」（《要籍解題及其讀法》）錢玄同則根據陸德明的《釋文》相信今《禮記》為盧植、馬融所編定之本，非戴聖原本，故認為「二《戴記》都是東漢人所編成的」。但這話與《禮記》材料的古近卻無因果關係。故《禮記》無論其為西漢人抑東漢人所編，其為「禮家所附記之類書」，固不成問題，即其史料價值，亦相當的高，因為裏面相信有很多是出於古《記》的，所以梁啟超說它沒有真偽的問題，它的內容「大部分是解釋《儀禮》的」，可屬於（乙）類資料。

---

9 〔原註〕梁啟超：《古書真偽及其年代》卷二，「《禮記》」條。

10 〔原註〕同上。

　　禮書中還有一部《周禮》。這書在〈漢志〉原稱《周官》，而且是
到了東漢才得立於學官，鄭玄作了注，列為《禮經》第一部書，居
《三禮》之首，故《隋書》〈經籍志〉乃稱為《周官禮》，所以唐朝的
賈公彥說：「《周禮》起於成帝、劉歆，而成於鄭玄。」雖然如此，但
自漢以來，懷疑此書的人仍然很多，如林孝存謂「武帝知《周官》為
末世瀆亂不驗之書」，何休亦以為「六國陰謀之書」，而今文家——尤
其是康有為則強調為劉歆所偽造。清儒邵懿辰雖不信《周官》為《禮
經》，不應溷入《三禮》，但亦以為非偽作。他說：「何休以為六國陰
謀之書，固未必然；而漢武以為末世瀆亂不驗之書，則未始不然也。
末世瀆亂，謂為後王所附益修改，又推之諸經而禮制官名多不相符驗
耳。」[11]是邵氏也信其為周末作品。至劉歆偽造之說，《四庫目錄》亦
已辯之，略謂以《儀禮》、《禮記》中名物制度之多與《周禮》矛盾，
歆果作偽，不難牽就其文，以與經傳相合，何必留此異同以啟後人攻
擊？故《周禮》雖不盡為原文，亦當非出依託云。這話是很有道理
的。所以梁啟超說：「相信《周禮》是周公致太平之書，我們帶今文
家色彩的人卻總是否認的。」至於說《周禮》是劉歆偽造的話，梁氏
卻說：「我們可以公平點說，非歆自造，也許有所憑藉。……我說這
書總是戰國、秦、漢之間一二人或多數人根據從前短篇講制度的書，
借來發表個人的主張，……也不是平空造出來的。」[12]話雖如此，但
我們若單取其中和禮樂有關的資料來解釋《儀禮》中的若干事實，也
正可以和《禮記》一樣，列於（乙）類材料的。

　　其實，從史料的觀點來看《三禮》，儘管各書著作的年代有先
後，材料的性質有直接、間接之分，但在證驗價值上仍然可能是一致
的。所以我很贊成朱了處理《二禮》的方法。他把《三禮》綜合起

11　〔原註〕邵懿辰：《禮經通論》。
12　〔原註〕梁啟超：見前。

來，都當作素材來加以排比，而以《儀禮》為經，以二《戴記》和
《周禮》及其他有關經傳古記為緯，來編織成《儀禮經傳通解》九十
篇六十九卷那樣有系統的鉅著。朱子的作法，雖然也可以說是一種創
作，是否全合於客觀的事實，當然不無問題（例如邵懿辰便以為「不
能盡愜學者之心」，見《禮經通論》），但無形中卻也解決了經傳上不
少最容易發生的真偽問題。換言之，史料的素材，只要能擺在相當的
地位上便無所謂真偽了。

以上所論，是關於春秋以前的資料。

《左傳》一書，今為《春秋三傳》之一。但其得立學官，已經在
西漢末造，且因劉歆所稱古文，來歷曖昧，初時曾遭受了博士們劇烈
的反對，造成經學史上所謂今古文學之爭一有名的公案。東漢以後，
古文學雖盛行，可是到了清代的今文學家，如劉逢祿、康有為、崔適
等，終認為左氏不傳《春秋》，其成為《春秋傳》的形式，如編年、
書法等，完全是出於劉歆有計劃的竄易，決非左氏本來面目。對於此
事，尤以劉氏所著《春秋左氏傳考證》的辨析為最精覈，故近代學人
如錢玄同氏至稱劉氏一書的價值，可媲美閻若璩的《古文尚書疏證》
之辨偽《古文尚書》。儘管如此，但《左傳》仍不失其為戰國以前記
春秋史實的真書，其中即使有劉歆或他人的竄亂依託，也必不至完全
憑空捏造或在比例上影響到其為春秋史的價值，尤其在詩、樂關係
上，可視為春秋時期的直接資料。

其次為《國語》。《國語》一書可以說是《左傳》的姊妹篇，所以
東漢人又把它作《春秋》的「外傳」看。不過今文家仍認其原為《左
氏春秋》（《左傳》）的一部分。康有為又根據《漢書》〈藝文志〉《國
語》有二種本子──一為今本二十一篇本，一為劉向所分新《國語》
五十四篇本──的事實，認為五十四篇本即《左氏春秋》的原本，
「（劉）歆既分其大半，凡三十篇，以為《春秋傳》；於是留其殘剩，

掇拾雜書，加以附益，而為今本之《國語》，故僅得二十一篇也」。[13]
康氏的說法，錢玄同也認為是「郅塙不易之論」。[14]至於「左氏《國
語》」作者的問題，宋、清以來學人，多謂其必非《論語》中的左丘
明，也決非孔子同時的魯人或孔子弟子，而是孔子歿後百年後戰國時
期的魏人，而且也恐怕不稱為左丘明。[15]

依上述清代今文學家劉、康、崔三氏的意見，則《左傳》《國
語》原為一書（高本漢亦說《左傳》、《國語》是周、秦和漢初唯一在
文法上最為相近的二部書[16]）。故其史料價值，在邏輯上應該是一致
的。不過就內容而論，我總覺得《國語》之文，不及《左傳》。韓昌
黎說「左氏浮誇」，我覺得，《國語》比起《左傳》來才真叫「浮誇」
呢。也許《國語》真是經過後人竄亂，或本來就是兩部書也說不定。
（吾友屈翼鵬先生亦力主《左傳》《國語》確為二書之說。屈氏對於
《禮記》、《周禮》二書的來歷亦多有精闢之論。又謂《周禮》著成年
代，上不及春秋，下亦不至於秦漢；對於《禮記》，大致支持梁任公
的看法。屈氏所論，俱見所著《古籍導讀》六、七、八篇）。

以上所述為春秋時期的史料。

復次為戰國時期的間接資料。第一是《論語》。《論語》所記涉及
詩樂關係的不多，但皆為春秋末期弟子所聞見的事，故甚有史料價
值。《墨子》、《荀子》、《呂氏春秋》，皆可為戰國時期所聞知的間接史
料。《史記》、〈漢志〉也可屬於這一類。此外如《詩毛傳》、《鄭箋》，
《禮鄭注》等，也多出於漢人之所受，乃因儒者義理思想的影響深，
有意無意的曲解事實，為附會之談，而詩樂關係的本源，遂暗昧而不
明了。

---

13 〔原註〕康有為：《新學偽經考》。
14 〔原註〕錢玄同：〈重論經今古文學問題〉（〈重印新學偽經考序〉）。
15 〔原註〕梁啟超：《古書真偽及其年代》。
16 〔原註〕陸譯高本漢：《左傳真偽考》。

漢以前《詩經》原始樂歌關係可資考證的資料，大致略如上述。
對於這些資料，宋人有發明意義的著述，如朱子的《詩集傳》、〈詩序
辨說〉、《儀禮經傳通解》，都有參考價值。可惜的是，這些書對於三
百篇之與「無算樂」原始關係的幅度，了解終嫌不夠，故對《詩經》
樂歌關係的真際，仍有一間未達，清儒也是如此。清儒如魏源的《詩
古微》一書對於詩、樂的認識，可謂遠較朱子為深到了。但朱子在鄭
玄的《儀禮注》——同時是《三禮注》——上所熟視無睹的錯誤，魏
源一樣加以承受。換句話說，魏源和朱子一樣，仍然繼承著漢人在詩
樂上部分的錯誤；並且這種錯誤，對於樂歌關係的客觀認識，是有很
重要的影響。

近代學者，對於有關詩樂關係的見解，如康有為是淵源於魏源；
王國維則一本諸漢儒傳統；梁啟超間有創見，仍然沒有足夠的深度。
惟近人吳縣顧先生，曾嘗試對此事，作全面的探討，已觸及問題的核
心，乃以依然不能掙脫鄭玄見解的網羅，故有足夠的破壞力而缺少建
設性的結論。總結一句，顧氏仍沒有掃清漢以來《儀禮注》所加於詩
樂關係的玄談，還原《詩經》在禮樂用場中（即樂次）的本來面目。
作個比喻，顧氏已經走到百尺竿頭，就是缺少更進的一步。所以本文
之作，也可以說是《詩經》樂歌關係的再檢討。

二　從《詩經》本身看樂歌關係

在《詩經》的原始用途中，詩、歌、樂、舞的關係原是不可分
的。所謂詩，本就是要作為歌用的樂章，所以必須用樂伴奏（比于琴
瑟）；同時，有歌就當有舞，有舞就必有歌。所以詩、歌、樂、舞在
原始關係上幾乎是分不開的。

現在讓我們從《詩經》的篇什本身來看上述的關係。《邶風》〈簡

兮〉（38）云：

> 簡兮簡兮
> 方將萬舞
>
> 左手執籥
> 右手秉翟

這裏有兩件事很明顯（一）是「舞」，（二）是「樂」。詩中第二句的
「萬舞」：《毛傳》以為「干羽」，係包括「干」、「羽」二物言之；干
指「干戚」，羽即鳥羽，故朱子解為「舞之總名」，謂包括文武二舞
也。鄭玄卻釋為「干舞」，顯違詩文本意，自以朱注為是。「翟」是雉
羽，也為舞用。「籥」是管樂器之一種，如笛，有六孔，或謂三孔。

　　就詩文所表現，則舞和樂顯然是並行的。注經家泥於《小雅》的
〈賓之初筵〉篇「籥舞笙鼓」的句子，遂謂「籥雖吹器，舞時與羽並
執，故得舞名」，遂以「左手執籥」和「右手秉翟」等量齊觀，都作
「舞」解，失卻詩意了。其實舞是離不開樂的。所以〈賓之初筵〉
（220）云：

> 籥舞笙鼓
> 樂既和奏

先說出舞和樂的關係，下文才漸次描出失態的舞來，云：

> 曰既醉止
> 威儀幡幡

舍其坐遷

屢舞僛僛

賓既醉止

載號載呶

亂我籩豆

屢舞傲傲

是曰既醉

不知其郵

側弁之俄

屢舞傞傞

像上面所謂「屢舞」當然是伴著音樂的。

　　前面的舞樂是「簫」或「笙鼓」，但通常也單用鼓或缶，《陳風》
〈宛丘〉（136）云：

坎其擊鼓

宛丘之下

無冬無夏

值其鷺羽

坎其擊缶

宛丘之道

無冬無夏

值其鷺翿

詩中的「鷺羽」和「鷺翿」，當然是指舞者手中所執的鳥羽，所以也

是代表舞的動作說的。又《小雅》〈伐木〉（165）云：

　　有酒湑我
　　無酒酤我
　　坎坎鼓我
　　蹲蹲舞我

這也是用鼓為舞樂最好的例子。又《商頌》〈那〉（301）云：

　　猗與那與
　　置我鞉鼓
　　奏鼓簡簡
　　衎我烈祖
　　湯孫奏假
　　綏我思成
　　鞉鼓淵淵
　　嘒嘒管聲
　　既和且平
　　依我磬聲
　　於赫湯孫
　　穆穆厥聲
　　庸鼓有斁
　　萬舞有奕

這詩對於鼓的描寫特別突出。詩中兩次提到鞉鼓，《毛傳》云：「鞉鼓，樂之所成也。」意思顯然是說鞉鼓是用來節樂的，所以下文的

「鞉鼓淵淵，嘒嘒管聲」，也正是描寫鞉鼓在「嘒嘒管聲」中如何表現那「淵淵」的節奏。這種節奏，一面固然是樂歌進行中的拍子，一面也就是舞蹈時所必需的節拍，所以鼓在禮樂中總佔著重要的地位，尤其是祀典。就再說〈那〉吧。〈那〉之詩，不用說是一個隆重的祀典所用的樂章，它全文的內容也正是一個祀典的過程。在這個祀典中，鼓——當也即鞉鼓——之外，雖然還有其他的樂器，像「管」、「庸」和「磬」，但第一件事還是先「置我鞉鼓」。鄭玄讀「置」為「植」，訓為樹立的「樹」。其實依原義作設置的設解也是一樣的。如〈賓之初筵〉、〈彤弓〉的「鍾鼓既設」都是很好的例子。又〈有瞽〉（280）的「設業設虡，崇牙樹羽，應、田、縣鼓」，都是指「設鼓」說的。一個祀典應先設置的是鼓。甚而象徵一個典禮的過程也是鼓。所以〈那〉又云：「奏鼓簡簡，衎我烈祖。」一若「奏鼓簡簡」，就代表了所有的樂節似的；當然，這裏也自包括樂次的作用。鼓也象徵了「金奏」，所以鄭云：「以金奏堂下諸縣，其聲和大簡簡然」，這是第一樂節。接著是「湯孫奏假，綏我思成」。鄭訓「假」為「升」云：「又奏升堂之樂，弦歌之，乃安我心所思而成之，謂神明來格也。」朱子訓「假」為「格」，謂「奏假」為「奏樂以格於祖考」，殊牽強。案：《儀禮》於金奏之後，第二樂節即為「升歌」，自當以鄭解為長。且朱子既以「奏假」兼釋下句，則「綏我思成」句便無著落，無怪其「未詳」思成之義也。上文的「奏假」既為「升歌」，於是下面又緊接著「下管」的「鞉鼓淵淵，嘒嘒管聲」，這是第三節。這時堂下諸縣與堂上之磬，眾聲交作，不相奪倫，以成樂節，末了又繼之以萬舞。故曰：「既和且平，依我磬聲，於赫湯孫，穆穆厥聲。庸鼓有斁，萬舞有奕，我有嘉客，亦不夷懌。」這是一個大祀典的樂次。三百篇有關樂次的篇什中。這篇可謂惟一具有具體而微意義的了。其次是〈有瞽〉，云：

有瞽有瞽

在周之庭

設業設虡

崇牙樹羽

應田縣鼓

鞉磬柷圉

既備乃奏

簫管備舉

喤喤厥聲

肅雝和鳴

先祖是聽

我客戾止

永觀厥成

這詩一共舉出了九種樂器，那就是「應」、「田」、「縣鼓」、「鞉」、
「磬」、「柷」、「圉」、「簫」、「管」。《毛傳》：「應，小鞞也；田，大鼓
也；縣鼓，周鼓也；鞉，鞉鼓也；柷，木椌也，圉，楬也。」鄭謂
「田當作朄，朄，小鼓，在大鼓傍，應，鞞之屬也」，與毛說剛相
反。但應、田、鼓、鞉之皆屬鼓類自無可疑。至於磬，朱子說是「石
磬」，以別於〈那〉篇的玉磬，在堂下。又釋柷、圉云：「柷狀如漆
桶，以木為之，中有椎連底撞之，令左右擊，以起樂者也。」又曰：
「圉亦作敔，狀如伏虎，⋯⋯以木長尺櫟之以止樂者也。」陳奐謂
「柷、敔皆止樂之器」，與朱子起止之說微異。案：注經家對樂器的
歧見甚多，殊難確定，如上文應、田與這裏的柷、圉可為範例。大概
所謂「柷、圉」即拍節之器，像後代所謂「拍板」一類東西，可起
樂，也可以止樂，不過古人或有分別，故朱子的話是近實的（朱子係

根據《爾雅》郭《注》）。最後是簫、管。簫，《說文》謂：「參差管
樂，象鳳之翼。」《通典》：「簫編竹有底，大者二十三管，小者十六
管。」「管」，如篪，即笛之類。樂器大致如上述。這詩敍樂器和設樂
的情形雖比〈那〉詳細、述樂次卻比〈那〉簡略。起六句敍述樂官設
縣建鼓的過程，接著「既備乃奏」句，鄭云：「既備者，縣也、楝
也，皆畢已也；乃奏，謂樂作也。」陳奐引「樂作」作「金作」（或
陳奐所見本作「金作」），這在樂次上和《儀禮》是相合的。不過下文
「簫管備舉」，有「下管」而無「升歌」，故鄭作「樂作」顯有渾言升
歌之意。而下文的「喤喤厥聲，肅雝和鳴」，自是描寫下管的情景
了。此詩雖為祭祀之樂，卻沒有舞，這是和〈那〉最大的差異。但無
論如何，此詩和〈那〉都可作為祀典樂次的範例。又二詩並在《頌》
中，皆屬王樂，故自諸侯以下，皆不能用。

　　隆重祀典的樂次既如上述，現在再從另一角度來看一般祭祀的禮
節。例如《小雅》〈楚茨〉（209）云：

　　楚楚者茨　　言抽其棘
　　　自昔何為　　我蓺黍稷
　　　　我黍與與　　我稷翼翼
　　我倉既盈　　我庾維億
　　　以為酒食　　以享以祀
　　　　以妥以侑　　以介景福

　　濟濟蹌蹌　　絜爾牛羊
　　　以往烝嘗　　或剝或亨
　　　　或肆或將　　祝祭于祊
　　祀事孔明　　先祖是皇

神保是饗　孝孫有慶
　報以介福　萬壽無疆

執爨踖踖　為俎孔碩
　或燔或炙　君婦莫莫
　　為豆孔庶　為賓為客
獻醻交錯　禮儀卒度
　笑語卒獲　神保是格
　　報以介福　萬壽攸酢

我孔熯矣　式禮莫愆
　工祝致告　徂賚孝孫
　　苾芬孝祀　神嗜飲食
卜爾百福　如幾如式
　既齊既稷　既匡既勑
　　永錫爾極　時萬時億

禮儀既備　鍾鼓既戒
　孝孫徂位　工祝致告
　　神具醉止　皇尸載起
鼓鐘送尸　神保聿歸
　諸宰君婦　廢徹不遲
　　諸父兄弟　備言燕私

樂具入奏　以綏後祿
　爾殽既將　莫怨具慶
　　既醉既飽　小大稽首
神嗜飲食　使君壽考

孔惠孔時　維其盡之

子子孫孫　勿替引之

這詩和前述二詩最明顯的差異是：前兩詩歷敘樂次之進行，而本詩則專言祭祀的禮節。它將不同的禮節，分章錯綜描寫出來：第一章言黍稷之享，第二章言牛羊之祭，第三章言享賓，第四章言皇尸祝福，第五章言樂備送尸，第六章言祭畢燕於寢。全詩僅於末後五、六兩章言樂兩次，而樂器也僅有「鍾鼓」，不用說都是指尸出入時奏〈夏〉說的。故此六章詩大概都是於一定樂節進行時所歌的樂章，因重在禮節的進行，故略於樂次的敘述。

　　從上舉的篇什中，可以看出舞與樂的關係及祀典的樂次和禮節程序的概要。現在再來看「歌」與「樂」的關係，在〈那〉之詩中，我們雖然可以看到「升歌」（奏假）在樂次中的地位，但「歌」和「樂」的關係仍然沒有涉及。現在讓我們來看《大雅》的〈行葦〉（246）云：

敦彼行葦　牛羊勿踐履

方苞方體　維葉泥泥

戚戚兄弟　莫遠具爾

或肆之筵　或授之几

肆筵設席　授几有緝御

或獻或酢　洗爵奠斝

醓醢以薦　或燔或炙

嘉殽脾臄　或歌或咢

敦弓既堅　四鍭既鈞

舍矢既均　序賓以賢

敦弓既句　既挾四鍭

> 四鍭如樹 序賓以不侮

> 曾孫維主 酒醴維醹
> 酌以大斗 以祈黃耇
> 黃耇台背 以引以翼
> 壽考維祺 以介景福

這是一篇專言燕射歌樂之詩，前半篇言燕，後半篇言射，而中間言樂歌。言樂歌僅有一句，即第二章末句的：「或歌或咢。」《毛傳》云：「歌者，比於琴瑟也；徒擊鼓曰咢。」《釋文》引《爾雅》云：「徒擊鼓曰咢。」又《魏風》〈園有桃〉篇「我歌且謠」句《毛傳》云：「曲合樂曰歌，徒歌曰謠。」是則「或歌或咢」者，即有的倚著樂──琴瑟──唱歌，有的敲著鼓伴奏。陳奐根據〈燕禮〉的樂次加以推繹云：「《傳》云歌者比於琴瑟，此即指升歌、聞歌言也。《傳》既或歌，又引《爾雅》以釋或咢，則經義已兼及無算樂矣。」今案：陳說以《儀禮》的樂次釋此詩，遂分「或歌」為「正歌」，「或咢」為「無算樂」。實則〈行葦〉一詩所述節次，似可當〈大射儀〉的燕飲部分，不當為〈燕禮〉的全程。故其「或歌或咢」，最多可視為一種相當於「間歌」的樂節，卻不當於「升歌」。我們讀詩文的「或」字，即可見其在修辭上和〈那〉與〈有瞽〉顯著的差異。〈那〉和〈有瞽〉二詩對於樂次的敘述皆極有層次，但〈行葦〉全詩皆述燕飲及燕射，言樂節僅有的四字中，即二用「或」字，其節次及氣氛決不似「升歌」。所以〈行葦〉一詩，雖為「正歌」的樂章，但必已在饗禮之末。

　　〈行葦〉言「歌」為比於琴瑟，故反過來說，詩中言「琴瑟」的，也即為指「樂歌」言，這是很顯然的。例如《小雅》〈鹿鳴〉（160）云：

呦呦鹿鳴　食野之苹
我有嘉賓　鼓瑟吹笙
吹笙鼓簧　承筐是將

呦呦鹿鳴　食野之芩
我有嘉賓　鼓瑟鼓琴
鼓瑟鼓琴　和樂且湛

這裏所謂「鼓瑟吹笙」、「吹笙鼓簧」、「鼓瑟鼓琴」，都是指樂歌說
的。若照樂器的地位劃分，則琴瑟是在堂上，故琴瑟通常是指「升
歌」；若「笙、簧」則在堂下，故笙、簧是指「間歌」。案：《儀禮》
〈大射儀〉、〈燕禮〉、〈鄉飲酒禮〉的「升歌」之一即為〈鹿鳴〉。可
見〈鹿鳴〉之篇，即堂上比於琴瑟之樂歌。又如〈甫田〉（211）云：

琴瑟擊鼓　以御田祖

這是以〈甫田〉之詩為「樂歌」，並擊鼓為節，以迎田祖也。又〈鼓
鐘〉（208）之詩云：

鼓鐘欽欽　鼓瑟鼓琴
笙磬同音　以雅以南
以籥不僭

依此詩的條理，則「鼓鐘」可當「金奏」，琴瑟為「升歌」，笙、磬為
「間歌」。末二句或可能是「合樂」，但此詩之義何在？朱子以為「有
不可知者」。今案：就詩中「憂心且傷」、「憂心且悲」、「憂心且妯」

的氣氛及其被置於《變雅》的事實觀之，則此詩當為「無算樂」之所歌。若然，則詩中所云云，也就不必以金奏、升、間、合樂一類的樂次來解釋了。

　　以上所說樂歌及樂器，類皆專屬祭祀及燕饗之禮之所用，故觀其歌可以知其樂，觀其樂器亦可以知其樂節、樂次。但在其他場合中，這類名物，卻仍當依一般常義解釋，不必與前例一致。如《大雅》〈靈臺〉（242）之篇云：

> 虡業維樅　　賁鼓維鏞
> 於論鼓鐘　　於樂辟廱
>
> 於論鍾鼓　　於樂辟廱
> 鼉鼓逢逢　　矇瞍奏公

這裏，前章雖敘及設懸及建鼓的情形，卻只汎言其為禮樂所在之地，與禮節之進行無關；後章只汎言此即為樂工肄業之所在，不必指其為什麼禮，故詩中的鐘、鏞和賁鼓、鼉鼓都無特殊意義。又如《小雅》〈彤弓〉（175）云：

> 彤弓弨兮　　受言藏之
> 我有嘉賓　　中心貺之
> 鍾鼓既設　　一朝饗之
>
> 彤弓弨兮　　受言載之
> 我有嘉賓　　中心喜之
> 鍾鼓既設　　一朝右之

彤弓弨兮　受言櫜之
我有嘉賓　中心好之
鍾鼓既設　一朝醻之

此詩雖顯然是錫弓的樂章，但詩中所謂鍾鼓，也只是象徵其為報宴的禮樂而已，不必與鍾鼓的本義有關。又如〈車舝〉（218）第三章云：

雖無旨酒　式飲庶幾
雖無嘉殽　式食庶幾
雖無德與女　式歌且舞

朱子以為：「此燕樂其新昏之詩。」案：此詩雖在《小雅》，卻極似《國風》，顯然是一首戀歌，朱子以為「燕樂新昏」，甚是；但也是一種散樂，而不是正歌的樂章，故文中所謂「歌舞」，皆與禮儀無關。又如《秦風》〈車鄰〉（126）云：

既見君子　並坐鼓瑟
今者不樂　逝者其耋

既見君子　並坐鼓簧
今者不樂　逝者其亡

這也顯然是一章散樂，故詩中所謂「鼓瑟鼓簧」，只指日常之所弦歌，卻與禮儀無關。又《唐風》〈山有樞〉（115）云：

山有栲　隰有杻
子有廷內　弗洒弗埽

　　　　子有鍾鼓　弗鼓弗考
　　　　宛其死矣　他人是保

　　　　山有漆　隰有栗
　　　　子有酒食　何不日鼓瑟
　　　　且以喜樂　且以永日
　　　　宛其死矣　他人入室

這裏的「鍾鼓、琴瑟」，都是象徵娛樂的意思。和樂器在禮儀中的意
義都無關係。又如《周南》的〈關雎〉云：

　　　　參差荇菜　左右采之
　　　　窈窕淑女　琴瑟友之

　　　　參差荇菜　左右芼之
　　　　窈窕淑女　鍾鼓樂之

此詩辭氣很像〈車舝〉，知其原始用途也必屬於燕樂新昏一類的散
樂；故其在〈鄉飲酒禮〉中雖也用於正歌的亂章（實則〈鄉飲酒禮〉
的樂次乃借自〈燕禮〉，鄭玄所謂「禮盛者可以進取」者也），而終也
用於房中散樂。案：〈燕禮〉「房中之樂」句鄭《注》云：「弦歌《周
南》、《召南》之詩，不用鐘磬之節也。謂之房中者，后、夫人之所諷
誦以事其君子。」可見〈關雎〉之詩，原為散樂。鄭《注》之「不用
鐘磬」，也可以明其不用正樂之意。鄭泥於詩中「鍾鼓」之文，故作
此解釋。實則詩中的「琴瑟」、「鍾鼓」，都是和樂次的意義無關的。
　　茲將《詩經》中有關樂歌的篇什及其在《儀禮》中的地位，列表
以明之。

《詩經》中有關樂歌篇什分類表

篇名	類別	樂器	所象徵意義	詩歌舞	所象徵意義	本篇在《儀禮》中地位
1〈關雎〉	《國風》《周南》	琴瑟鍾鼓	常樂——與儀式無關			鄉樂正歌房中散樂
38〈簡兮〉	《邶風》	籥翟	一般舞樂	萬舞	一般常舞	
56〈考槃〉	《衛風》	槃	一般娛樂	歌	喜樂	
136〈宛丘〉	《陳風》	鼓羽翿	一般舞樂			
126〈車鄰〉	《秦風》	瑟簧	一般歌樂			
141〈墓門〉	《陳風》			歌	一般樂歌	
161〈鹿鳴〉	《小雅》	琴瑟笙簧				饗禮升歌
165〈伐木〉	《小雅》	鼓	一般舞樂	舞		
175〈彤弓〉	《小雅》	鍾鼓				饗樂
211〈甫田〉	《小雅》	琴瑟鼓				
218〈車舝〉	《小雅》			歌、舞	一般娛樂	
220〈賓之初筵〉	《小雅》	鍾鼓籥笙鼓	燕射之樂	舞		
242〈靈臺〉	《大雅》	賁鼓鏞鼉鼓	汎言樂縣			

篇名	類別	樂器	所象徵意義	詩歌舞	所象徵意義	本篇在《儀禮》中地位
246〈行葦〉	《大雅》	咢	徒擊鼓	歌	樂歌—比于琴瑟	燕飲中無算樂
252〈卷阿〉	《大雅》			歌、詩	樂歌樂章	
280〈有瞽〉	《周頌》	應田縣鼓鞀磬柷圉簫管	設縣——皆堂下所用樂器，為金奏、下管、合樂等樂次所必需。 下管			祀典樂次
301〈那〉	《商頌》	鞀鼓奏假管磬庸鼓	金奏升歌下管合樂萬舞			隆重祀典樂次

　　觀上表，《詩經》有關樂歌篇什所表現的樂歌關係，可分為三類：（一）用於典禮的樂歌，這是主要部分。差不多凡與祭祀、燕饗之禮有關的詩篇所表現的樂節，如「升歌」、「下管」、「間歌」、「無算樂」等樂次，以至鍾鼓、笙磬等樂縣、和琴瑟、簫管等樂器與歌舞的關係，幾於無不可徵之於《儀禮》、二《戴記》等而得其證驗。這類詩篇，如《周頌》的〈有瞽〉、《商頌》的〈那〉、《大雅》的〈靈臺〉、《小雅》的〈鹿鳴〉、〈賓之初筵〉、《小雅》的〈行葦〉、《國風》的〈關雎〉屬之。（二）歌詠一般歌舞之詩，如《邶風》的〈簡兮〉、《陳風》的〈宛丘〉、《小雅》的〈伐木〉、〈甫田〉、〈車舝〉等。（三）只象

徵享樂之意者，如《邶風》的〈考槃〉、《秦風》的〈車鄰〉等。

上面除了（一）類外，（二）、（三）兩類都可用於典禮中的「無算樂」。

三　《儀禮》所載《詩經》的樂歌關係

《儀禮》一書的實質和背景，前文導言中已略有論列。鄭玄因受劉歆古文學說深固的影響，尊信《周官》，以為乃周公的制作，欲以之當《春秋緯》、《漢書》〈藝文志〉、《禮緯》、〈禮器〉所謂「禮經」，而以高堂生所傳十七篇當「威儀」、「曲禮」，遂易《周官》為《周禮》，稱十七篇為《儀禮》。[17]實則這都是東漢儒學主觀的託古思想所編織出來的禮經傳統，沒有客觀的歷史根據。故清儒自邵懿辰以下，至於康有為、崔適等人，皆欲廢《周禮》而恢復《儀禮》的「禮經」地位。此事雖可能有今古文學之爭的成分存在，但畢竟較漢儒的說法合理多了。故《儀禮》一書，雖不必即為孔子所編定（梁啟超說）[18]，而其內容之終不失為春秋以前的資料，則大概是可信的。所以書中所記燕饗之禮的樂次，即使不必為原始儀節，但其為春秋以前《詩經》在《儀禮》中的樂歌地位，卻是可以無疑的。茲將〈鄉飲酒禮〉、〈鄉射禮〉、〈燕禮〉和〈大射儀〉各樂次的紀錄加以研討。惟在入本題以前，先把《儀禮》的編次問題，討論一下。案：《儀禮》的編次，原有三種傳本：大戴本列：〈鄉飲酒禮〉第十，〈鄉射禮〉第十一，〈燕禮〉第十二，〈大射儀〉第十三。小戴本：〈鄉飲

---

17 〔原註〕邵懿辰《禮經通論》云：「〈儒林傳〉：鄭眾傳《周官經》。後馬融作《周官傳》，授鄭元。元作《周官注》。元本習《小戴禮》，後以古經校之，取其義長者為鄭氏學；又取小戴所傳《禮記》四十九篇，通為《三禮》焉。是後世所傳《三禮》之名，自鄭氏始也。」

18 〔原註〕梁啟超，《古書真偽及其年代》，〈三禮篇〉。

酒禮〉第四，〈鄉射禮〉第五，〈燕禮〉第六，〈大射儀〉第七。劉向
《別錄》本——也即今《儀禮》本，雖大部分與二戴本不同，但上述
四禮的編次卻和小戴本一致。朱子擴充《儀禮》的節目[19]，列：〈鄉飲
酒禮〉第十二、〈鄉射禮〉第十四，〈燕禮〉第三十三，〈大射儀〉三
十五，而其從鄉到國的原則仍然是一樣的。所以四禮的次序，終是
（1）〈鄉飲酒禮〉、（2）〈鄉射禮〉、（3）〈燕禮〉、（4）〈大射儀〉——
前兩者是鄉禮，而後兩者為諸侯以上之禮，也即王禮，都是照先賤後
貴，從卑到尊的原則排列的。其實這個程序，和禮樂制作的原始程序
剛好相反。禮樂的制作是先有王樂而後才有鄉樂的，也就是說，必先
有了〈大射儀〉和〈燕禮〉，然後才有〈鄉飲酒〉和〈鄉射禮〉的。
現在就依照這個原則，從敘述樂器最詳的〈大射儀〉說起，而以〈鄉
射禮〉為比較；再以〈燕禮〉和〈鄉飲酒禮〉的對比，來尋求禮樂發
展的痕跡。

（1）〈大射儀〉

〈大射儀〉是一個諸侯之禮，朱子列於邦國禮。鄭玄云：「名曰
大射者，諸侯將有祭祀之事，與其群臣射以觀其禮：數中者得與於
祭，不數中者不得與於祭。」所以也是一個隆重的禮，《釋文》云：
「不言禮言儀者，以射禮盛威儀多，故以儀言之。」[20]（朱子引）敖氏
云：「他篇於此言禮，是乃言儀者，以其儀多於他篇。今案：敖氏謂
儀多者，謂繁細威儀也。」[21]我們看行禮前那戒百官、張侯、設樂、陳

19　〔原註〕朱子將《儀禮》十七篇、五十卷擴充為九十篇、六十九卷，稱為「《儀禮
　　經傳通解》」。

20　〔編案〕此段為賈公彥《儀禮疏》的疏語，何氏誤作《經典釋文》的文句。

21　〔編案〕「朱子引敖氏」云云，當有誤，下同。「他篇於此言禮……以其儀多於他篇」
　　為元儒敖繼公《儀禮集說》卷七語，「今案」云云，不知為何人之語，對照頁361，
　　何氏於「惟朱子則引敖氏」云云，下加「今案」之例，可知此「今案」云云，疑亦
　　為何氏之案語。

器、設位、具饌，一連串的程序，甚至有的還要預備了十多天，那隆
重的氣氛，確是其餘諸禮所沒有的。尤其是設樂一項，《儀禮》文云：

> 樂人宿縣於阼階東，笙磬西面，其南笙鐘，其南鑮，皆南陳。
> 建鼓在阼階西，南鼓，應鼙在其東，南鼓。西階之西，頌磬東
> 面，其南鐘，其南鑮，皆南陳。一建鼓在其南，東鼓，朔鼙在
> 其北。一建鼓在西階之東，南面，簜在建鼓之間。鼗倚于頌
> 磬，西紘。

這是一個軒縣的樂器位置，故闕其南面。又因避射位與主君之位，故
又闕其北面。所謂笙磬、笙鐘，即《周禮》所謂編磬、編鐘。朔鼙亦
曰鼙，奏樂先擊西鼙。簜，鄭《注》：「竹也，謂笙籥之屬。」案：這
裏的樂器一共有十種：

1.笙磬　　2.笙鐘　　3.鑮　　　4.建鼓　　5.應鼙
6.頌磬　　7.鐘　　　8.朔鼙　　9.簜　　　10.鼗

這是《儀禮》中惟一敘述樂器最為完備的禮。在《詩經》中只有《周
頌》的〈有瞽〉和《商頌》的〈那〉可以相比。〈有瞽〉也詳敘設樂
的次第，並舉出了九種樂器，即：

1.應　　　2.田　　　3.縣鼓　　4.鞉　　　5.磬
6.柷　　　7.圉　　　8.簫　　　9.管

〈那〉之詩，則描寫樂次的動態，也舉出了五種樂器，即：

1.鞉鼓　　2.磬　　　3.管　　　4.庸　　　5.鼓

不過，這裏有一個共通的特點，就是：不在於樂器的多少，而是在於設樂的隆重。〈有瞽〉僅短短的十三句詩，而敘述設樂及樂次的進行，便佔去了十句。〈那〉之詩二十二句，而描述樂節進行的便用去了十四句。又《大雅》的〈靈臺〉之篇，也是如此。〈靈臺〉全詩四個章，而後半篇兩個章，便專敘述設樂的作用；雖每章僅短短的四句，並且都只是象徵性的寫法，但它把樂節和樂次的意義，都表達無遺了。像第三章前二句的「虞業維樅，賁鼓維鏞」，不就已儼然〈有瞽〉「設業設虡，崇牙樹羽，應田縣鼓，鞉磬柷圉」的翻版麼？這決不是個偶然的巧合。〈大射儀〉也是如此。〈大射儀〉是一個射禮，它的最大目標是射，但它對於設樂一事，卻必須這樣詳細的敘述，成為諸禮中唯一特例，而又和〈有瞽〉、〈那〉、〈靈臺〉同一類型。從這一點，也足證〈大射儀〉和《詩》的《雅》《頌》都是同一禮樂背景的產物了。

　　設樂的情形既如上述，現在讓我們再來看樂節的進行。〈大射儀〉樂節的第一特色為第一樂次的「金奏再作」。這是一個不常見的樂節，並且是鄉禮所沒有的。《儀禮》文云：

> 擯者（案：即導賓之人）納賓。賓及庭，……奏〈肆夏〉，賓升，……主人……獻賓，……賓……，拜受爵，……主人答拜，樂闋。

這是「金奏一作」。又云：

> 主人……獻于公，公拜受爵，乃奏〈肆夏〉，……主人答拜，樂闋。

這是「金再作」。案：上文的「納賓……奏〈肆夏〉」，即指「金奏」。《周禮》〈鍾師〉云：「鍾師掌金奏。」鄭《注》：「金奏，擊金以為奏樂之節，金謂鍾及鎛。」〈鍾師〉又云：「凡樂事以鍾鼓奏《九夏》：〈王夏〉、〈肆夏〉、〈昭夏〉、〈納夏〉、〈章夏〉、〈齊夏〉、〈族夏〉、〈祴夏〉、〈驁夏〉。」故〈大射儀〉的第一樂節即是奏鍾鼓之樂納賓，故謂為「金奏」。不過照儀節主君並不直接迎賓，而以宰夫為主人，故主人的納賓，卻有兩重手續。第一次是向賓敬酒，即前文的「獻賓」，這是一個相當繁縟的程序，而金奏也即跟著進行，直到獻禮完畢，這是「金一作」。這時主人雖然把賓迎進來，因為還有一個位尊的真主人——主君在，所以只一個「獻賓」的手續是不夠的，因此緊接著不能不又來一個第二手續的「獻公」儀節，照樣自然不能不有個「金奏」，於是又是奏〈肆夏〉，直到公飲畢才樂闋。這是一個「納賓」樂次中所以有兩個「金奏」的原因。

　　「金奏」雖是個開始典禮的樂節，卻是個無歌的節次。鄭玄因惑於呂叔玉「〈肆夏〉，〈時邁〉也」的話，遂謂「《九夏》皆詩篇名，亦《頌》之族類，此歌之大者，載在樂章，樂崩亦從而亡，是以《頌》不能具」。故其釋〈肆夏〉云：「樂章也，今亡。」實則「金奏」之為有聲無詩的樂次，有二客觀事實可為佐證。（一）納賓時工（歌者）尚未入。（二）歌比琴瑟，不用鍾鼓。反過來說，即金奏只有鍾鼓而無歌。故〈仲尼燕居〉云：「入門而縣興，揖讓而升堂，升堂而樂闋」，即指納賓時金奏的過程，「縣」就是指「鍾鼓」說的。所以從《周禮》的「樂師教樂儀，行以〈肆夏〉」，〈大司樂〉的「王出入則令奏〈王夏〉，尸出入則令奏〈肆夏〉，牲出入則令奏〈昭夏〉」，到杜子春的「四方賓來奏〈納夏〉，臣有功奏〈章夏〉，夫人祭奏〈齊夏〉，族人侍奏〈族夏〉，客醉而出奏〈祴夏〉，公出入奏〈驁夏〉」，都是指有聲無詩的樂節說的。故清儒魏源說：「金奏之屬，是樂非

詩」。這話最為得間。[22]

　　納賓的節次用了兩次金奏，既如上述，接著就是賓主的獻酬活動，不用說這也是典禮中最繁縟的部分，鄭玄所謂「賓主百拜，強有力者猶倦焉」的。[23]過了這個節次這才開始「正歌」的樂節。《儀禮》文云：

> 納工，工六人，四瑟，……升自西階，北面，東上坐。……乃歌〈鹿鳴〉三終。

這是一個歌於堂上的樂節。擔任這個樂節的是一個六人組成的樂隊，工是指這些隊員。關於隊員的成分，據鄭《注》云：「工，謂瞽矇善歌諷誦詩者也，六人，大師、少師各一人，上工四人。四瑟者，禮大樂眾也。」因為是個大的樂隊，所以要歌詩二人，瑟四人，這個樂隊升堂之後，「乃歌〈鹿鳴〉三終」。鄭玄云：「歌〈鹿鳴〉三終而不歌〈四牡〉、〈皇皇者華〉，主于講道，略于勞苦與諮事。」今案：〈鹿鳴〉為燕饗之禮的升歌樂章，前章已略論及。鄭玄這裏釋「〈鹿鳴〉三終」為專歌〈鹿鳴〉而不歌〈四牡〉和〈皇皇者華〉，這是不無問題的。因為「歌〈鹿鳴〉三終」若解為專歌〈鹿鳴〉一詩，則謂「三終」為反覆三遍，既無此例，謂一終為一章，更無可能。所以鄭玄所謂「主于講道」[24]，恐終不免為惑於義理的曲說。故敖繼公[25]《集說》云：「三終謂歌〈鹿鳴之什〉三篇，篇各一終，如《春秋傳》所謂工歌〈鹿鳴〉之三是也。」又引〈鄉飲酒禮〉「工歌〈鹿鳴〉、〈四

22　〔原註〕魏源：《詩古微》卷一，〈夫子正樂論下〉。

23　〔原註〕《儀禮》〈鄉飲酒禮〉：「賓辭以俎」鄭《注》。

24　〔原註〕鄭《注》所謂「講道」，即指《禮記》〈射義〉文。

25　〔編案〕何氏原文作「朱子」，然《儀禮集說》實為敖繼公所作，今逕校改，下同。

牡〉、〈皇皇者華〉」。據〈鄉飲酒義〉云：「工入，升歌三終」之文以
證之，則「乃歌〈鹿鳴〉三終」為歌〈鹿鳴〉、〈四牡〉、〈皇皇者華〉
三詩，是很顯然的。這是〈大射儀〉「正歌」的第一節。及至主人
「獻工」——即以酒飲樂隊——之後，接著的樂次是：

　　　乃管〈新宮〉三終。

這是「正歌」的第二節。鄭《注》云：「管，謂吹籥以播〈新宮〉之
樂，其篇亡，其義未聞。笙從工而入。既管不獻，略下樂也，立於東
縣之中。」《疏》根據〈燕禮〉有「笙入立縣中」之文、及〈燕禮
記〉的「下管〈新宮〉，笙入三成」，來解釋「笙從工而入」為「笙管
相將入立于東縣之中」。朱子則疑「乃管〈新宮〉三終」為脫「笙
入」二字——謂《儀禮》之文應作「乃管〈新宮〉，笙入三終」。也就
是說，這個「笙入」即代表像〈燕禮〉「歌〈魚麗〉、笙〈由庚〉，歌
〈南山有臺〉、笙〈由儀〉」的「間歌」樂次。這個推論是否正確，現
在也沒有更好的佐證。倒是禮節中始終沒有「獻笙」之文，卻反而有
否定「間歌」存在的可能。

　　「正歌」第二樂次之後，大射之禮這才開始，因為是個主要的禮
節，所以儀式也比「獻酬」還要繁縟；而且直到「三射」的節次，才
正式用射樂，《儀禮》文云：

　　　司射……命樂正曰：「命用樂。」樂正曰：「諾。」……上射命
　　　曰：「不鼓不釋。」上射揖司射退，反位。樂正命大師曰：「奏
　　　〈狸首〉，間若一。」大師不興，許諾，樂正反位，奏〈狸
　　　首〉以射，三耦卒射。

這裏有二處論到射節：一是「不鼓不釋」。鄭《注》：「不與鼓節相
應，不釋算也。鼓亦樂之節。」意謂射時不合鼓的拍子的便不算分。
一是奏〈貍首〉，間若一，三耦卒射。〈貍首〉，鄭《注》謂「大射之
樂章」。又曰：「〈貍首〉，逸詩〈曾孫〉也。貍之言，不來也。其詩有
射諸侯首不朝者之言，因以名篇，後世失之，謂之〈曾孫〉。〈曾孫〉
者，其章頭也。〈射儀〉所載詩曰曾孫侯氏是也。」又釋「間若一」
云：「間若一者，調其聲之疏數，重節。」鄭謂「調其聲之疏數」，是
說每個射節樂聲的疏密，必前後一致，也就是指拍子必須相同，所以
又說「重節」。因為射禮有比賽的作用，不一致便不公平也。我們再
看下文的「三耦卒射」，便可明白。「三耦」，這裏鄭無注。今案：在
三射之前，一切進行都是比賽的預備程序。為恐怕參加的人（賓）有
什麼地方不明白，又不好直說，因此先選定一些年輕子弟以為射耦，
每二人（上射一人，下射一人，為一耦）三耦即六人為一組，來作示
範表演，使參加的人有所觀摩。這樣，到了正式比賽（即「三射」）
時，便總以「三耦」為一組，直到「卒射」。大射的程序和樂節的關
係，大致如此。但關於〈貍首〉的樂章，這裏卻有了問題。案：鄭
《注》既以〈貍首〉為「逸詩」，卻又承認它就是〈射義〉所引的
「曾孫侯氏」。同時，他既依據《大戴禮》〈投壺篇〉之文，來解釋
「貍首」一詞的語源，卻又說「後世失之」，充分表現其疑信不定的
矛盾心理。今〈射義〉所載〈貍首〉之文云：

　　曾孫侯氏　　四正具舉　　大夫君子　　凡以庶士

　　小大莫處　　御于君所　　以燕以射　　則燕則譽

這詩顯然是約取《大戴禮》〈投壺〉篇第一章之文為之。案：〈投壺〉
篇原文云：

曾孫侯氏　　今日泰射　　干一張　　侯參之
今日泰射　　四正具舉　　大夫君子　　凡以庶士
小大莫處　　御于君所　　以燕以射　　則燕則譽

質參既設　　執旌既載　　大侯既亢　　中獲既置
弓既平張　　四侯且良　　決拾有常　　既順乃讓
乃揖乃讓　　乃隮其堂　　乃節其行　　既志乃張

射夫命射　　射者之聲　　獲者之旌　　既獲卒莫
嗟爾不寧侯　　為爾不朝于王所　　故亢而射女
強食食爾　　曾孫侯氏百福

但鄭《注》所謂「貍之言，不來也」，乃取自《史記》〈封禪書〉；其謂「其詩有射諸侯首不朝者之言，因以名篇」，雖則隱括末章之意為之，而末章實即取自《考工記》「祭侯之禮」的祭辭略變其文而成者。《考工記》原辭云：

惟若寧侯　　毋或若女不寧侯
不屬於王所　　故抗而射女
強飲強食　　詒女曾孫　　諸侯百福

讀此辭，顯然是矢鵠所以稱為射侯的由來，而借「不來侯之首」的諧聲以為「貍首」，尤為射侯之所祖，故凡侯皆畫獸。魏源釋鄭《注》謂「考全詩無貍首字，而篇名〈貍首〉，則是畫貍首為鵠而射之」是也。鄭玄明知其為祭侯之辭，而其注《儀禮》乃故意於祭侯之意略而不言，亦無非欲解其為「有樂以時會君之意」而已。

　　照這樣的說法，則〈貍首〉之為原始射樂，似亦非無可能；最少

也不比〈騶虞〉、〈采蘋〉、〈采蘩〉之為射樂為不合乎「歌詩必類」的原則。但魏源則力反此意，以為〈貍首〉「非詩非樂」。他說：

> 歌詩以為發矢之節，詩不容長。故〈騶虞〉、〈采蘋〉諸篇，皆章三、四句，而《大戴禮》〈投壺〉篇載〈貍首〉詩……不類風體，煩而不可為節。……後鄭《儀禮注》：「貍之言，不來也。其詩有射諸侯不來朝者之言，因以名篇，後世失之。」考全詩無「貍首」字而篇名〈貍首〉，則是畫貍首為鵠而射之，故詩有「亢而射女」之言，豈先王建萬國親諸侯之義？且武王克商，散軍郊射，「右射騶虞，左射貍首，而貫革之射息」。[26] 若射貍以威諸侯，其不仁甚於貫革，安得與〈騶虞〉歎仁人之詩為左右節乎？且〈射義〉當云：諸侯以〈貍首〉為節，畏失時矣，安得云「樂會時」乎？

魏源的論據是：（一）〈騶虞〉、〈采蘋〉、〈采蘩〉皆《國風》（《二南》），而〈貍首〉不類風體故甚可疑。（二）射貍首以威諸侯，不仁，不能與〈騶虞〉同列。（三）《大戴禮》〈投壺〉有此詩，而《小戴記》無之。魏氏又據《史記》〈封禪書〉，以為〈貍首〉乃萇弘所作，非周公樂章。他說：

> 《史記》〈封禪書〉：周靈王時，諸侯不朝。萇弘乃明鬼神事，設射〈貍首〉。〈貍首〉者，諸侯之不來者也。依物怪，欲以致諸侯，諸侯不從，而晉人執殺萇弘。《漢書》〈郊祀志〉亦載此文。……則是詩出萇弘明矣。

---

26 〔原註〕語見《禮記》〈樂記〉。

魏氏既以〈貍首〉非周公樂章，然則諸侯射節，應該是那首詩呢？魏氏認為「貍首」二字應為「鵲巢」之訛。他說：

> 漢初，《周官》、《儀禮》初出屋壁，皆古文科斗。儒者習聞俗射有〈貍首〉之詩，而求諸《禮經》，見「鵲巢」篆文與「貍眢」形近，遂舉〈樂師〉、〈大射儀〉之「諸侯以〈鵲巢〉為節」者，一切讀為「貍眢」。後儒遂載其詩於〈射義〉、〈投壺〉之記。……〈射義〉所云「樂會時」者，蓋取〈鵲巢〉嘉禮會合之得時，以寓諸侯賓禮朝會之及時；若奏〈貍首〉而射之，諸侯何樂之有乎？

魏氏之說如此，故他以為「貍首非詩非樂」，意謂既非樂章也非射節。可是〈鵲巢〉又如何呢？〈鵲巢〉可能是婚禮的樂章，又何能為射節呢？若說為了〈鵲巢〉是嘉禮的樂章，便可以從嘉禮拐了彎說成「樂會時」，自然也可以作射樂，則這個彎恐怕也拐得太大了！漢儒的說《詩》方法，還不都是如此麼？

三射之後，司正請徹俎，於是進入「燕」的節次。《儀禮》文云：

> 司正升賓，賓、諸公、卿、大夫皆說屨升就席。公以賓及卿、大夫皆坐，乃安（坐也）。羞庶羞。……司正升受命，皆命：「公曰，眾無不醉。」賓及諸公、卿，大夫皆興，對曰：「諾，敢不醉。」……司射命射唯欲。……
> 無算爵。……
> 無算樂。

案：依《儀禮》的節次，三射以前——即「正歌」階段的程序，屬

「饗」，是一個典禮的「行禮」部分。過此以後，即進入「燕」的階段，這時賓主才得坐下來宴飲。所以經文特別敘到賓主「皆說屨，升，就席」，以表明其坐下來的經過。「說屨」即脫下鞋子，以見其在此以前總是站著也。這時有興頭的還可以隨意再射射箭，過過癮（射唯欲）。飲酒也沒有限制。酒量好的可以盡量飲（無算爵）。而最特別的一個節目，就是「無算樂」了。這是古人燕饗之禮中調劑「饗」的嚴肅氣氛一個最重要的節次。有了這個節次，於是燕饗之禮纔得以維持下來，而三百篇之所以皆成為樂歌，理由也在於此，因為三百篇之用，除了「正歌」的樂章如「升歌」、「間歌」等外，其餘詩篇，便都是為了「無算樂」之需要而入樂的。所以「無算樂」是《詩經》在禮樂中最具現實意義的節目。鄭玄注「無算樂」為「升歌、間、合、無次數。唯意所樂」。實在太荒謬了。因了這個謬誤，後世諸儒也都跟著錯。此事下文〈燕禮〉中將特別提出討論。

典禮到了「無算樂」，已經近於尾聲。所以接著，《儀禮》的文是：

> 賓醉，北面坐，取其薦脯以降。奏〈陔〉。賓所執脯以賜鍾人于門內霤，遂出。……
> 公入，〈驁〉。

這裏有「奏〈陔〉」和「〈驁〉」二樂節。鄭《注》：「〈陔夏〉，樂章也。其歌，《頌》類也，以鍾鼓奏之。其篇今亡。」又〈燕禮〉《注》：「賓出奏〈陔夏〉，以為行節也，凡〈夏〉，以鍾鼓奏之。」又《周禮》作「〈祴夏〉」。鄭玄引杜子春云：「客醉而出，奏〈陔夏〉。」可見〈陔夏〉是送賓的金奏。但〈大射儀〉還有一個附加的金奏，那就是〈驁〉——即〈驁夏〉。鄭《注》：「〈驁夏〉，亦樂章也，以鍾鼓奏之。」經文「公入，〈驁〉」，鄭云：「此公出而言入者，

射宮在郊，以將還為入。」敖繼公《集說》云：「入，謂降而入於內也。……鷩上似脫奏字。」，這是〈大射儀〉最後一個額外的金奏。現在將〈大射儀〉的樂次——包括「金奏」和「正歌」作一統計表。射節和「無算樂」皆無法計算，姑作一節計算。

樂次	樂節	樂名
1	納賓　獻賓	金奏　〈肆夏〉一作
2	獻公	金奏　〈肆夏〉再作
3	正歌　（Ⅰ）	工歌　〈鹿鳴〉三終
4	正歌　（Ⅱ）	乃管　〈新宮〉三終
5	正歌　（Ⅲ）	笙入　間歌？
6	射　節	奏〈貍首〉以射
7	無算樂	（樂無次數）
8	出賓	金奏　〈陔〉
9	公入	金奏　〈鷩〉

（2）〈鄉射禮〉

〈鄉射禮〉是一個地方禮——州長習射之禮。但因為州屬於鄉，若鄉大夫所在之州，則舉行此禮時，雖事實上的主人仍然是州長，而鄉大夫卻為名義上當然的主人，因此這個地方禮便稱「鄉射禮」了。

因為〈鄉射禮〉是一個地方禮，比起邦國禮的〈大射儀〉來，背景既然不同，禮樂也自處處表現其尊、卑、輕、重的懸殊。現在讓我們來看〈鄉射禮〉的儀節和樂次的內容吧。

〈鄉射禮〉和〈大射儀〉儀式最大的差別是準備程序輕重的懸殊。大射之儀，宮宰於十一日前即以君命戒百官，前射三日宰夫戒宰、司馬、射人於前一日掃除射宮，這個隆重的準備，當然是〈鄉射

禮〉所沒有的。尤其是設樂一事,更為明顯。《儀禮》文云:

> 縣于洗東北,西面。

〈鄉射禮〉設樂的程序就是這麼短短的一句話。鄭《注》:「北縣,謂磬也。……縣磬者,半天子之士,無鐘。」《疏》以為即「特縣」。案:《周禮》〈小胥職〉云:「王宮縣,諸侯軒縣,卿大夫判縣,士特縣。」〈鄉射禮〉州長為士,故特縣。但〈鄉射禮〉既因於鄉大夫,當為判縣,而亦用特縣者,則以其「方以禮化民,雖大夫亦同士特縣也」。惟(朱子則引)敖氏云:「凡縣鐘、磬半為堵,全為肆。……然則凡為士者之樂,皆得縣鐘與磬。……〈大射儀〉言國君西方之縣先磬,次鐘,次鎛,鼓鼗在其南。下經云:不鼓不釋。〈鍾師職〉曰:掌以鍾鼓奏《九夏》。〈鎛師職〉曰:掌金奏之鼓。此與上篇皆賓出奏〈陔〉,〈陔夏〉,金奏之一也。然則是禮亦有鐘、鼓、鎛明矣。」[27]今案:敖氏的話甚是。然則鄉射之縣,終為宮縣四分之一也是很顯然的。

〈鄉射禮〉的樂器這樣簡單,樂節自然也就不多。最顯著的是沒有納賓的金奏。又經過一連串的賓主獻酬之後,才開始樂節。《儀禮》文記其程序云:

> 工四人,二瑟,……入,升自西階,北面東上,工坐。……笙入,立于縣中,西面。
>
> 乃合樂《周南》:〈關雎〉、〈葛覃〉、〈卷耳〉;《召南》:〈鵲巢〉、〈采蘩〉、〈采蘋〉。工不興,告于樂正曰:正歌備。

---

27 〔編案〕此段話為敖繼公《儀禮集說》卷五之語,何氏引此文略有脫闕,今據原文校補之。

這是〈鄉射禮〉中唯一的「正歌」節次，鄭《注》：「不歌、不笙、不間，志在射，略於樂也。不略合樂者，《周南》、《召南》之風，鄉樂也，不可略其正也。」這裏鄭《注》所謂「志在射略於樂」的說法，卻是十分牽強的。因為他所謂「不歌、不笙、不間」，顯然是比照著〈鄉飲酒禮〉的「升歌、笙入、間歌」說的。但〈鄉飲酒禮〉的樂次，全取自〈燕禮〉，而〈燕禮〉是個諸侯之禮（朱子稱為「邦國禮」），所用是王樂，故其升、笙、間之樂節，都是歌《小雅》之詩。〈鄉飲酒禮〉以一個鄉禮，而用邦國禮的樂次，根本就已脫離了鄉禮的本位，又如何能再用來跟鄉禮作類比呢？用〈鄉飲酒禮〉的樂次來比況〈鄉射禮〉，不是跟用〈燕禮〉的樂次來比況〈鄉射禮〉一樣的不倫嗎？不但如此，鄭玄又謂「不略合樂者，不能略其正也」，是鄭氏已承認「合樂」為〈鄉射禮〉的「正樂」了。然則〈鄉射禮〉既已有了「正歌」，如何能再用其他「升歌」的樂次呢？這是根本講不通的。案：鄭玄論「升、笙、間、合」等樂次，最和禮意相違，下文將再加討論，茲不贅。

　　〈鄉射禮〉只有一個「合樂」，同時也就是鄉禮的正樂，所以在形式上雖不能用王樂來相比，但實際上已包含了「升歌」的意義——因為樂工四人：二歌詩，二瑟，明明是歌于堂上的（於此即足證鄭玄所謂「不歌」——（即「不升」）之不確。同時，堂下也仍然是有笙歌的——不過不是「間歌」；所以經文才有「笙入立于縣中」的話。所以「合樂」一詞的意義，顯然有包括「升歌和下管」的意味，像〈大射儀〉的工歌〈鹿鳴〉三終和管〈新宮〉三終一樣。今案：鄭《注》：「合樂……是以合金、石、絲、竹而歌之。」這只說樂音的種類。又〈鄉飲酒〉《注》「合樂，謂歌樂與眾聲俱作」，語更含混。惟孔《疏》稍明白，云：「堂上有歌瑟，堂下有笙磬合奏此詩也。」最清楚是〈鄉飲酒義〉《疏》云：「合樂三終者，謂堂上下歌瑟及笙並作

也。若工歌〈關雎〉，則笙吹〈鵲巢〉合之；若工歌〈葛覃〉，則笙吹〈采蘩〉合之；若工歌〈卷耳〉，則笙吹〈采蘋〉合之。」又朱子《通解》則以為「孔《疏》非是，當從……賈《疏》之說，謂堂上歌瑟，堂下笙磬合奏此六詩也。言『三終』者，《二南》各三終也」。依孔《疏》，兩詩不能同時並歌，當是堂上瑟歌〈關雎〉一終，然後堂下笙吹〈鵲巢〉一終以應之，如是——一瑟一笙相應，以至三終。朱子引賈《疏》，則是堂上瑟與堂下笙合奏《周南》三終後，再奏《召南》三終，此說自較孔《疏》為長。但我則以為堂上瑟先歌《周南》三終，然後堂下瑟乃管《召南》三終；也就是說堂上歌〈關雎〉三終為升歌，而堂下笙〈鵲巢〉三終為下管；所以我認為「合樂」在樂節的性質上即有包括「升歌」和「下管」的意味，只是在王樂則分言，鄉樂則合稱「合樂」罷了。再說，「合樂」可能原是為別於〈燕禮〉的王樂而言的鄉樂統稱，〈燕禮記〉：「若以樂納賓，……升歌〈鹿鳴〉、下管〈新宮〉、笙入三成，遂合鄉樂。」這是王禮引用鄉樂最明白的原始敘述。後來〈鄉飲酒禮〉借用〈燕禮〉的樂次脫離鄉禮本位，照樣稱已樂為「合樂」，於是「合樂」居然成了鄉禮正樂之名，而用於〈鄉射禮〉了。我這個推測若不誤，則鄭玄之稱〈鄉射禮〉「不歌、不笙、不間」，可以說是倒果為因了。對於「合樂」的問題，下文還要討論。

〈鄉射禮〉正歌之後，跟〈大射儀〉一樣，也是一連串的預習過程，到了「三射」，才用射樂，這也是〈鄉射禮〉的第二個樂節。《儀禮》文云：

> 司射……命曰：「不鼓不釋。」……
> 樂正東面，命大師曰：「奏〈騶虞〉，間若一。」……
> 乃奏〈騶虞〉以射，三耦卒射。

這裏的射節，和〈大射儀〉相似；惟射樂則用〈騶虞〉。案：《周禮》：「凡射，王以〈騶虞〉為節，諸侯以〈貍首〉為節，大夫以〈采蘋〉為節，士以〈采蘩〉為節。」此大夫、士之禮也，而不用〈采蘋〉、〈采蘩〉，故鄭玄解釋云：「〈騶虞〉者，樂官備也，其詩有一發五豝、五豵，于嗟騶虞之言，樂得賢者眾多，嘆思至仁之人以充其官，此天子之射節也而用之者，方有樂賢之志，取其宜也。其他賓客、鄉大夫，則歌〈采蘋〉。」《疏》亦云：「〈采蘋〉是鄉大夫樂節，其他，謂賓射與燕射，若州長、他賓客，自奏〈采蘩〉。……此篇有鄉大夫、州長，射法則同用〈騶虞〉，以其同有樂賢之志也。」話雖如此，奏〈騶虞〉之外，仍有奏〈采蘋〉、〈采蘩〉的可能。故下文「禮射」云：

> 歌〈騶虞〉，若〈采蘋〉，皆五終，射無算。

朱子移此條於〈三射〉章下，恐怕也就是這個意思。鄭《注》云：「謂眾賓繼射者，眾賓無數也；每一耦射，歌五終也。」《疏》：「皆五終者，大夫、士皆五節，一節一終，故云五終也。……堂下眾賓繼射者故無數，若堂上眾賓則三人。」今案：五終，是指射時用樂的次數，每一射為一節，通常每射共發四矢，發前先奏樂一終，按著每發一矢，樂一終，故卒射為五終。

「三射」既畢，便是燕飲的預備。《儀禮》文云：

> 主人以賓揖讓，說屨，乃升。大夫及眾賓皆說屨，升坐。
>
> 乃羞。無算爵。……
>
> 無算樂。
>
> 賓興，樂正命奏〈陔〉。賓降及階，〈陔〉作，賓出。

〈鄉射禮〉燕饗全程的節次如上述，因為它是一個純粹的鄉禮，故其樂節的輕重跟邦國禮的〈大射儀〉差別很大。如〈大射儀〉有納賓的金再作，而〈鄉射〉根本沒有納賓的樂。〈大射儀〉的正歌有升、管之分，而〈鄉射〉僅有一合樂。至於〈騶虞〉之章，或本即為鄉禮原始射樂，後來才制定為天子射箭的；〈采蘋〉、〈采蘩〉恐怕都是如此，不過現在都已無可考了。

　　最後，〈鄉射禮〉還有一個儀節，就是射之明日的「息司正」，這是〈大射儀〉所沒有的。《儀禮》文云：

> 明日，……乃息司正。……
>
> 無算爵。……
>
> 徵唯所欲。……
>
> 羞唯所有。
>
> 鄉樂唯欲。

《注》：「息猶勞也。勞司正，謂賓之，與之飲酒，以其昨日尤勞倦也。」案：「司正」即行燕時的監察人員。〈鄉飲酒禮〉：「作相為司正。」鄭《注》：「將留賓，為有解惰，立司正以監之。」《疏》釋「監」為「監察賓主之事」是也。又〈鄉飲酒禮〉「息司正」《注》：「勞賜昨日贊事者；獨云司正，司正，庭長也。」所以「息司正」即是慰勞昨日宴飲席上贊禮執事的人員。這是一個相當輕鬆的場面，有三點表現得最突出：

　　一是「徵唯所欲」，鄭《注》：「徵，召也，謂所欲請呼。」〈鄉飲酒禮〉《疏》：「昨日正行飲酒，不得喚親友，故今禮食之餘，別召知友，故言徵唯所欲也。」依《注》、《疏》，則名義為「息司止」，而事實上則所「息」人員，都可以呼喚朋友來參加，這到是個別具風味的場面。

一是「羞唯所有」，〈鄉飲酒〉《注》：「在有何物。」《疏》云：「在有何物，雜物皆是也。」今案：「在」即「見在」──現成的意思，即指現成的「羞」。〈大射儀〉「羞庶羞」《注》：「所進眾羞，謂膷、肝、脊、狗、胾、醢也。或有炮鱉、膾鯉、雉、兔、鶉、鴽。」射鄉為大夫之禮，自然無比豐盛。不過，「息司正」和正禮食物的差異，只在於「不殺」：不殺則無俎，俎指牲體。〈燕禮〉「折俎」《注》云：「牲體枝解、節折在俎，乃謂折俎。」息司正既無俎，故〈鄉飲酒禮〉「羞唯所有」《注》云：「市買若因所有可也。」[28]可見「羞唯所有」也就是市上有甚麼就買甚麼的意思了。

至於最後一點就是「鄉樂唯欲」，鄭《注》：「不歌《雅》、《頌》，取《周》、《召》之詩在所好。」既謂「《周》、《召》之詩」，則當汎指《二南》二十五篇了。但〈鄉飲酒禮〉《注》又云：「鄉樂，《周南》、《召南》六篇之中唯所欲作，不從次也。」所謂「六篇」即指「〈關雎〉、〈葛覃〉、〈卷耳〉、〈鵲巢〉、〈采蘩〉、〈采蘋〉」。今案：鄭氏二注皆不確，下文將於無算樂章詳論之。

茲將〈鄉射禮〉的樂次，作成下表，以供參考。

〈鄉射禮〉樂次表

樂次	樂節	樂名
1	正歌（正樂）	合樂　《周南》：〈關雎〉、〈葛覃〉、〈卷耳〉 《召南》：〈鵲巢〉、〈采蘩〉、〈采蘋〉
2	射節	奏〈騶虞〉以射──三耦卒射
3	禮射（射無算）	奏〈騶虞〉若〈采蘋〉皆五終
4	無算樂	（樂無次數）

28　〔編案〕此注語為「羞唯所有」句上，「不殺，薦脯醢」之「不殺」句下注。

樂次	樂節	樂名
5	出賓	奏〈陔〉——〈陔夏〉（《周禮》〈祴夏〉）
6	息司正	鄉樂唯欲

表中「正歌」節可能為一節，也可能為二節。為一節，則《二南》皆為〈鄉射禮〉正樂；為二節，則《周南》為升歌，而《召南》為下管之樂。又第三節和第二節可能分開，也可能合一，經文和鄭《注》都不明白。所以鄉射的樂次，歸納起來，可能為：（甲）四節：（1）堂上堂下合歌《二南》，各三終（這是合樂的由來）。（2）射節是：奏〈騶虞〉以射，五終。（3）燕——無算樂。（4）出賓，奏〈陔〉——〈陔夏〉。（乙）五節：（1）堂上歌《周南》（正樂）。（2）堂下歌《召南》。（3）射節——奏〈騶虞〉若〈采蘋〉，皆五終。（4）燕——無算樂。（5）出賓——奏〈陔〉。至於「息司正」，那是明日的事，似可以作為〈鄉射禮〉的餘波。其唯一的樂節，也就是「鄉樂唯欲」。不過這仍是個屬於無算樂的問題，要在無算樂中去討論。

（3）〈燕禮〉

〈燕禮〉是諸侯與群臣燕飲之禮，所以屬於邦國禮。不過，在儀式上卻沒有〈大射儀〉那樣鄭重，最明顯的是設樂程序很簡略。《儀禮》之文就只這麼簡單的一句：

> 樂人縣。

鄭《注》云：「縣，鍾磬也，國君無故不徹縣，言縣者，為燕新之。」朱子以為「〈燕禮〉輕於〈大射儀〉，故不備樂，且于其日乃縣之，……此經未詳所縣，即不備樂，然以國君燕卿大夫，亦當用判縣」。今案：

邦國禮當用軒縣，今以燕群臣為輕禮，故朱子以為用判縣，大夫禮
也。又程序中「納賓」也沒有樂，恐怕也是設樂簡略的原因。

於是於「請賓」、「即位」及賓主一連串的獻酬程序之後，《儀
禮》文云：

> 小臣納工。工四人，二瑟。……入，升自西階。……
> 工歌〈鹿鳴〉、〈四牡〉、〈皇皇者華〉。

〈鄉飲酒禮〉《疏》云：「凡歌詩之法，皆歌其類，此時貢賢能，擬為
卿大夫：或為君所燕食，以〈鹿鳴〉詩也；或為君出聘，以〈皇皇者
華〉詩也；或使反為君勞來，以〈四牡〉詩也。故賓賢能而預歌此三
篇，使習之也。」朱子曰：「今按：〈鹿鳴〉，即謂今日燕飲之事，所
以導達主人之誠意而美嘉賓之德也。〈四牡〉，言其去家而仕於朝，辭
親而從王事於此乎始也。〈皇皇者華〉，言其將為君使而賦政於外也。
〈學記〉曰：『《宵雅》肆三，官其始也。』正謂此也。蓋此三詩，先
王所制以為燕飲之樂，用之鄉人，用之邦國，各取其象而歌之也。」
這是〈燕禮〉的升歌，也是第一樂次。及「獻工」（向樂隊敬酒）及
「旅酬」（眾賓普徧互相敬酒）之後，《儀禮》文云：

> 笙入，立于縣中。
> 奏〈南陔〉、〈白華〉、〈華黍〉。

鄭《注》：「以笙播此三篇之詩。」又鄉飲酒禮《注》云：「笙，吹笙者
也。以笙吹此詩以為樂也。〈南陔〉、〈白華〉、〈華黍〉，《小雅》篇
也。今亡，其義未聞。」這是〈燕禮〉第二樂節，皆在堂下。「獻
笙」之後，接著是：

乃間歌〈魚麗〉、笙〈由庚〉；歌〈南有嘉魚〉、笙〈崇丘〉；歌〈南山有臺〉，笙〈由儀〉。

〈鄉飲酒〉鄭《注》云：「間，代也，謂一歌則一吹也，六者皆《小雅》篇也。」朱子引劉敞論三笙云：「此三篇皆笙也。《小序》云有其義而亡其辭。亡謂本無，非亡逸之亡也。……然曰笙、曰樂、曰奏而不言歌，則有聲而無詞明矣。下〈由庚〉、〈崇丘〉、〈由儀〉放此。」今案：鄭謂「笙入」為「以笙播此三篇之詩」。又曰：「以笙吹此詩以為樂。」既謂之「播」，謂之「吹」，又曰「今亡」，則有樂而無詩明矣。又《序》既謂「亡辭」，何能有義？故今文學家謂「六笙詩」乃古文學家劉歆等所偽託，本無其詩。姚際恆則謂為「作《序》者所妄入」（見《詩經通論》──〈論儀禮六笙詩〉）。惟魏源仍信其為逸篇。這是〈燕禮〉第三樂節。接著是：

遂歌鄉樂，《周南》：〈關雎〉、〈葛覃〉、〈卷耳〉；《召南》：〈鵲巢〉、〈采蘩〉、〈采蘋〉。大師告于樂正曰：正歌備。

「合樂」本是〈鄉射禮〉的正樂，但〈燕禮〉卻用它來作一部分的「正歌」，這是跟〈大射儀〉又一不同的地方（〈大射儀〉全部用王樂沒有鄉樂的樂節。但〈大射儀〉和〈燕禮〉同樣是屬於邦國禮）。鄭玄在〈鄉飲酒〉中解釋這個現象為：「禮輕者可以逮下」，意謂〈燕禮〉雖屬邦國禮，但因為是個輕禮，故可以兼用鄉樂。其實，這跟他說〈鄉飲酒禮〉之「升歌」《小雅》為「禮盛者可以進取」一樣是附會的說法，事實上是沒有根據的。例如〈大射儀〉是個盛禮，它的射節「〈貍首〉」，今不見於《詩經》，無法證其來源。惟〈樂記〉載武王克商，「散軍而郊射，左射〈貍首〉，右射〈騶虞〉」。武王之射，當然

是一個重禮，但「〈騶虞〉」卻是個鄉樂。再說，《周禮》：「凡射，王
以〈騶虞〉為節，諸侯以〈貍首〉為節，大夫以〈采蘋〉為節，士以
〈采蘩〉為節。」〈貍首〉今姑缺疑，但天子、鄉大夫、士之射節，
何以皆取鄉樂，必另有原因，決不是所謂「進取、逮下」所能解釋
的。要不然，以天子之射而用鄉樂，終不能說是禮輕可以逮下也。所
以〈燕禮〉的兼用鄉樂，和〈燕禮〉的樂節之所以和〈鄉飲酒禮〉的
樂節相同，乃別一問題，或者就是王樂與鄉樂的消長問題，決不是鄭
玄所謂什麼進取或逮下的問題。不但「合樂」的問題，即如鄭氏所謂
「升、笙、間、合」的樂次的說法，也仍然是有問題的，這不能支節
討論，下文於〈鄉飲酒禮〉之後，將與「無算樂」的問題，分別提出
討論，茲不再贅。

　　以上是〈燕禮〉的第四樂節。雖然，這是常燕的樂次。若以大夫
有王事之勞，則「以樂納賓」。〈燕禮記〉文云：

> 　　若以樂納賓，則賓及庭奏〈肆夏〉，賓拜酒，主人答拜而樂
> 闋。公拜受爵而奏〈肆夏〉，公卒爵，主人升，受爵以下，而
> 樂闋。升歌〈鹿鳴〉，下管〈新宮〉，笙入三成。遂合鄉樂。若
> 舞則〈勺〉。

鄭《注》：「〈新宮〉，《小雅》逸篇也。管之入三成，謂三終也。」
《疏》曰：「〈鹿鳴〉不言工歌，〈新宮〉不言笙奏，而言升歌、下管
者，欲明笙奏異於常燕。」今案：到了「合樂」，已是「正歌」的亂
章。儀式至此，才結束了饗禮，而為正式〈燕禮〉的開始。但這裏還
有一段程序，重要的如「立司正」、「徹俎」、「說屨」、「就席」等等，
直到賓主真正的「坐」下來，這才開懷燕飲。

　　但這個時候，還有所謂「燕射」之節。因為古人到底是重射的，

是男子就應該會射，所以雖在燕的時候（當然也是男子的燕），仍然忘不了射（孔子謂君子無所爭，必也射乎，也可充分證明此意）。不過，這種射也和燕一樣輕鬆，不再有繁文縟節的約束，只要大家技癢就可顯顯身手。接著是：

> 無算爵。
> 無算樂。

鄭《注》：「升歌、間、合無數也，取歡而已，其樂章亦然。」鄭玄只有「取歡而已」一句是對的。其餘的話，便無事實的根據。此事將於下文論樂次及無算樂時詳論之。這是〈燕禮〉的第五樂節。

> 賓醉，……降，奏〈陔〉。

這是〈燕禮〉最後的樂節。

〈燕禮〉雖是個邦國禮，但在儀式上卻因事實而有出入。如（一）設樂比較簡單（孔《疏》以為是用縣）。（二）常燕沒有「納賓」之樂。（三）兼用鄉樂。不過兼用鄉樂，卻不是因為禮輕的緣故。此點將於下文詳論之。現在將〈燕禮〉樂次列表如下：

〈燕禮〉樂次表（甲）

樂次	樂節	樂名及所用詩篇
1	正歌（Ⅰ）	升歌：〈鹿鳴〉、〈四牡〉、〈皇皇者華〉
2	正歌（Ⅱ）	笙 ：〈南陔〉、〈白華〉、〈華黍〉
3	正歌（Ⅲ）	間歌：〈魚麗〉、笙〈由庚〉；歌〈南有嘉魚〉、笙〈崇丘〉；歌〈南山有臺〉、笙〈由儀〉

樂次	樂節	樂名及所用詩篇
4	正歌（Ⅳ）	合樂：《周南》：〈關雎〉、〈葛覃〉、〈卷耳〉 《召南》：〈鵲巢〉、〈采蘩〉、〈采蘋〉
5	無算樂	無樂次數
6	出賓	奏〈陔〉

〈燕禮〉樂次表（乙）（若有王事之勞、君燕之）

樂次	樂節	樂名及所用詩篇
1	納賓　獻賓	金奏　　〈肆夏〉　　（金一作）
2	獻公	金奏　　〈肆夏〉　　（金再作）
3	正歌（Ⅰ）	升歌　　〈鹿鳴〉
4	正歌（Ⅱ）	下管　　〈新宮〉　笙入三成
5	正歌（Ⅲ）	合鄉樂
6	正歌（Ⅳ）	舞〈勺〉（或謂即《周頌》〈酌〉之篇）
7	無算樂	樂無次數
8	出賓	奏〈陔〉

觀上表，則有王事之勞或四方聘客而行〈燕禮〉者，其樂節乃與〈大射儀〉相似。又因燕在寢，故無「入鷔」之奏。

又案：〈燕禮記〉「以樂納賓」的樂節，顯然是〈燕禮〉的原始樂次，故其禮重；其諸侯無事而燕者，所燕者皆其群臣，故其禮輕。

（4）〈鄉飲酒禮〉

〈鄉飲酒禮〉是一個純粹的鄉禮，故鄭玄以為《周禮》〈鄉大夫職〉的鄉大夫「三年大比」，與賢者能者以禮賓之，而與之飲酒之禮。今案：《周禮》〈大司徒〉：「以鄉三物教萬民而賓興之。一曰六

德：『知、仁、聖、義、忠、和。』二曰六行：『孝、友、睦、婣（親於外親）、任（信於朋友）、恤（振愛貧者）。』三曰六藝：『禮、樂、射、御、書、數。』」故鄉飲酒者，即鄉大夫就上述「鄉三物」的標準，以考察賢者能者的德、行、藝而「賓興之」之禮。但這已經是一種考察得到結果後的儀式，像今日的畢業典禮一樣。所不同者，今日的畢業典禮有儀式而無宴飲，而古人則有儀式（饗），也有宴飲（燕），故屬燕饗之禮。不用說〈鄉飲酒禮〉是一個相當盛大的燕饗之禮。

　　〈鄉飲酒禮〉雖為盛禮，但究竟是個地方禮，故禮樂總和邦國禮（也即王朝禮）不同，最明顯的差別就是沒有「納賓」之樂，故儀式的程序中也無「設樂」之節。惟其「正歌」卻大部份是用王樂，這是很特別的。《儀禮》記其「正歌」程序云：

　　　　工四人，二瑟。……工入，升自西階。……
　　　　工歌〈鹿鳴〉、〈四牡〉、〈皇皇者華〉。

這是燕禮的正樂，故所歌都是《小雅》之詩。但〈鄉飲酒禮〉居然也用這個樂節，這分明是很特別。〈鄉飲酒禮〉明明是一個鄉禮，鄉禮有鄉禮的正樂，何能舍己樂不用而用王樂呢？這不是很奇怪嗎？但鄭玄卻解釋道：「〈鄉飲酒〉升歌《小雅》，禮盛者可以進取也。」鄭《注》顯然很勉強。賈《疏》卻說得更妙。他說：「凡歌詩之法，皆歌其類。此時貢賢能，擬為卿大夫；或為君所燕食，以〈鹿鳴〉詩也；或為君出聘，以〈皇皇者華〉詩也；或使反為君勞來，以〈四牡〉詩也。故賓賢能而預歌此三篇使習之也。」他用一個「擬」字來假想這個大夫之禮像國君之禮一樣，既是國君之禮，自然可以用王樂、歌《小雅》了。這是〈鄉飲酒禮〉的第一樂節。主人獻工（向樂正敬酒）之後，經文云：

　　笙入堂下磬南，北面立。樂〈南陔〉、〈白華〉、〈華黍〉。

這是第二樂節，也跟〈燕禮〉一樣。主人獻磬之後。

　　乃間歌〈魚麗〉、笙〈由庚〉；歌〈南有嘉魚〉，笙〈崇丘〉；歌
　　〈南山有臺〉，笙〈由儀〉。

這是正歌第三節，也就是〈燕禮〉的「間歌」，都是《小雅》之詩。

　　乃合樂《周南》：〈關雎〉、〈葛覃〉、〈卷耳〉；《召南》：〈鵲
　　巢〉、〈采蘩〉、〈采蘋〉。工告于樂正曰：正歌備。

這是第四樂節。這四個樂節所構成的「正歌」程序，剛好和〈燕禮〉
的樂次一樣。但一個是邦國禮，一個是鄉禮，卻從樂次上完全看不出
分別來，這是何等奇怪的事呢？鄭玄解釋這個現象為「禮盛者可以進
取」，意思是說〈鄉飲酒〉因為是個盛禮，所以即使是個鄉禮也可以
使用王樂（即邦國禮的樂節）。賈《疏》望風承旨，也便說鄉士「擬
為卿大夫」，故預習此樂，這是多麼巧妙的附會！此事將併入下文專
題去討論，茲不具。
　　合樂之後，也像〈燕禮〉一樣，經過一連串程序如「旅酬」、「徹
俎」、「說屨」、「升坐」等，然後進入正式的飲酒（即燕）之禮。經文
云：

　　無算爵。
　　無算樂。

「無算樂」是「正樂」以外之樂，其樂無次數，故謂之無算樂。這也是「燕」中最重要樂次，歷來儒者，都以無足輕重而忽略了它，故下文將在專題中來討論它。

> 賓出，奏〈陔〉。

這是禮終的樂節，賓既散去，主人也該休息了。但話雖如此，可是明日還有個「息司正」的節目。《儀禮》文云：

> 乃息司正，……不殺，……羞唯所有，徵唯所欲。……鄉樂唯欲。

這是〈鄉飲酒禮〉所以跟〈燕禮〉不同的節目，也是唯一和〈鄉射禮〉相同的地方。換句話說，「息司正」的節目是鄉禮的特徵，為邦國禮（如〈大射儀〉、〈燕禮〉）所沒有的。

茲將〈鄉飲酒禮〉的樂次列表如下。

〈鄉飲酒禮〉樂次表

樂次	樂節	樂節內容及詩篇
1	正歌（Ⅰ）	工歌 〈鹿鳴〉、〈四牡〉、〈皇皇者華〉
2	正歌（Ⅱ）	笙入 樂〈南陔〉、〈白華〉、〈華黍〉
3	正歌（Ⅲ）	間歌 〈魚麗〉、笙〈由庚〉；歌〈南有嘉魚〉、笙〈崇丘〉；歌〈南山有臺〉、笙〈由儀〉
4	正歌（Ⅳ）	合樂 《周南》：〈關雎〉、〈葛覃〉、〈卷耳〉。《召南》：〈鵲巢〉、〈采蘩〉、〈采蘋〉。
5	無算樂	樂無次數

樂次	樂節	樂節內容及詩篇
6	賓出	奏〈陔〉
7	息司正	鄉樂唯欲

綜觀上述各禮──〈大射儀〉、〈鄉射禮〉、〈燕禮〉及〈鄉飲酒禮〉的樂次，顯然是兩個不同的系統：（甲）王樂系統。（乙）鄉樂系統。前者所用是《小雅》的樂章，後者則用《二南》（即《國風》）。這是《儀禮》用《詩》（經）的基本原則。故〈大射儀〉不用《國風》之詩，而〈鄉射禮〉無《小雅》的樂章。尤其顯明者，〈大射儀〉的下管和射節皆不見於今《詩經》。注經家也有疑〈新宮〉為〈斯干〉者，果為〈斯干〉，仍屬《小雅》之詩。至於〈貍首〉，多以為即《大戴記》的「曾孫侯氏」，但也是和今《國風》無關的。至於〈鄉射禮〉，則徹頭徹尾是個鄉本位禮的樂次，所以所用樂章，無論其為歌於堂上或歌於堂下，和所用射樂是借用天子射節抑或大夫射節，都仍然是《國風》的樂章。這是個最明確的事實。惟〈燕禮〉和〈鄉飲酒禮〉有混淆的現象，因為二禮的樂次相同，這是很奇怪的。鄭玄解釋「〈鄉飲酒〉升歌《小雅》，禮盛者可進取也；〈燕〉合鄉樂，禮輕者可以逮下也」。真是極油腔滑調的能事。其實，〈燕禮〉自是邦國禮，逮下不逮下，就與輕重無關；同樣，〈鄉飲酒〉無論如何盛，到底也變不了鄉禮的本質。試看國君對於有王事之勞或異國大夫聘者之〈燕〉，其節次便不同了。〈燕禮記〉云：

> 若以樂納賓，則賓及庭，奏〈肆夏〉。賓拜酒，主人答拜而樂闋。公拜受爵而奏〈肆夏〉，公卒爵，主人升，受爵以下，而樂闋。升歌〈鹿鳴〉，下管〈新宮〉，笙入三成。遂合鄉樂。

我們讀這段經記，除了一個「合鄉樂」外，不儼然是〈大射儀〉的樂

次麼？至於〈鄉飲酒〉，它以一個鄉禮而以王樂的樂章為正樂（升歌〈鹿鳴〉），甚至連「笙、間」的樂次都和〈燕禮〉一樣，這明明已脫離了鄉樂的本位，不成其為鄉禮了。儘管如此。但〈鄉飲酒禮〉仍然有一個儀節是邦國禮所沒有的，那就是行禮明日的「息司正」。這是鄉禮的特質，為鄉禮所以異於邦國禮的地方。所以今日若仍有人說〈燕禮〉之合鄉樂是因為「禮輕可以逮下」，我要請他讀讀〈燕禮記〉以樂納賓的樂次，便可知其說（禮輕可以逮下）之不確。因〈燕禮記〉以樂納賓的樂次，決不是禮輕的儀節。若說「鄉飲酒之升歌《小雅》」是「禮盛者可以進取」，我要請他讀讀〈鄉飲酒禮〉明日的息司正節目，便可知「鄉飲酒之升歌《小雅》」，最多也只是後世一種踵事增華的借歌現象，必不是鄉禮的正常狀態。因為它究竟仍然要回到「息司正」的鄉本位禮的立場來。〈鄉射禮〉更是如此。〈大射儀〉和〈鄉射禮〉實在是較原始而嚴肅的禮，所以也比較保持它們本位禮樂的原始面目。故〈大射儀〉既不「逮下」鄉樂，而〈鄉射〉也不「進取」王樂。我們認清了〈大射儀〉和〈鄉射禮〉的樂次，也就足見鄭玄所謂「禮盛可以進取，禮輕可以逮下」說之出於附會了。

又鄭玄論〈大射儀〉之「歌〈鹿鳴〉三終」為「主於講道而略於勞苦」（鄭說恐有誤解，已見前辨）；又謂〈鄉射禮〉之「不歌、不笙、不間」（案：鄭謂「不歌」是指「不升歌〈鹿鳴〉」說的，此尤離題）為「志在射而略于樂」，也是一種錯誤的曲解，就不說〈大射儀〉的「〈鹿鳴〉三終」不應作專歌〈鹿鳴〉三個章解。即讓說是單歌〈鹿鳴〉三章，又何必便是「主于講道」呢？這不是義理思想在作崇的望文生義嗎？至於說〈鄉射禮〉的「不歌、不笙、不間」為「略于樂」，這更是無理的亂說。照鄭玄語氣的邏輯，若不略于樂，是不是就應該「升、笙、間」呢？但鄭氏又已承認〈鄉射禮〉之合鄉樂為「不略其正」，也就是承認「合樂」就是〈鄉射禮〉的正樂了，正樂

就是升歌，然則〈鄉射禮〉既已以「合樂」為升歌，又要用什麼樂節來作為「笙、間」呢？真是毫無道理。「正歌」樂次的問題如此，「無算樂」更是一個嚴重的問題。「無算樂」在禮樂中，最少應該和「正歌」處於對等的地位。但自鄭玄以來，包括宋、清學人，尤其像朱子《儀禮經傳通解》那樣有巨大眼光的著作，都無視於這一點。他們對於《儀禮》中的「無算樂」一事，除照例盲目地承受鄭玄《三禮注》武斷的曲說外，就再沒有其他的自由意識。換個說法，二千年來儒者對於《儀禮》中的「無算樂」，除了下意識地讓鄭玄牽著鼻子走外，是宿命地不願加以理解的。所以注經家對於「無算樂」的注釋也最少。這是一個多麼嚴重而〔奇〕怪的事實。故下文對於「正歌」的樂次和「無算樂」的問題，特予分別提出而加以討論。

四　正歌的樂次問題

　　前文於邦國禮和鄉禮兩個系統樂次的異同，雖已有詳細的敘述；但鄭玄《三禮注》對於〈鄉飲酒禮〉、〈燕禮〉和〈鄉射禮〉「升、笙、間、合」等樂次的歪曲解釋，和對於《春秋內外傳》所提出的「升、合」公式的毫無根據，都仍然有予以澄清之必要。

　　就再從〈鄉射禮〉的樂次問題說起吧。案：〈鄉射禮〉的正樂，照《儀禮》之文是：「合樂《周南》：〈關雎〉、〈葛覃〉、〈卷耳〉，《召南》：〈鵲巢〉、〈采蘩〉、〈采蘋〉。」射樂則「奏〈騶虞〉以射」，或「歌〈騶虞〉，若〈采蘋〉皆五終」。這是〈鄉射禮〉最繁縟的程序。《周禮》〈樂師〉云：「凡射，王以〈騶虞〉為節，諸侯以〈貍首〉為節，大夫以〈采蘋〉為節，士以〈采蘩〉為節。」〈鍾師〉和《禮記》義同。觀上例，可知〈關雎〉、〈葛覃〉、〈卷耳〉、〈鵲巢〉、〈采蘩〉、〈采蘋〉、〈騶虞〉七詩，都是〈鄉射禮〉的樂章，都是為表達

〈鄉射禮〉的意義而存在。反過來說，〈鄉射禮〉的禮樂本身也就是這些詩篇一個具體的解釋。再進一步分析，既謂之「鄉射」，當然必有射節。所以〈騶虞〉之為射樂是不待辨的（〈騶虞〉詩云：「彼茁者葭，一發五豝。」）。〈貍首〉之詩，今不見於《詩經》，鄭玄以為即《禮記》〈射義〉所引的「曾孫侯氏」之詩。至其所以稱「貍首」的原因，照《儀禮》的鄭《注》是：「貍之言，不來也。其詩有射諸侯首不朝者之言，因以名篇，後世失之，謂之曾孫。」鄭玄的話是取自《史記》〈封禪書〉，後來《漢書》〈郊祀志〉也載其文。《史記》的故事是否真確，姑置不論（關於〈貍首〉事已具見前面〈大射儀〉篇，可參考）。但一個樂章而至於公然宣稱「射諸侯之首不朝者」，則無禮已甚，何能用於《儀禮》？所以鄭《注》是否正確，自值得懷疑。至於〈貍首〉之為射樂，卻顯然是個事實，最少《儀禮》、《周禮》、《禮記》的記載是符合的。但《禮記》和《周禮》所謂大夫以〈采蘋〉為節，士以〈采蘩〉為節，卻依然很奇怪。士以〈采蘩〉為節，於《儀禮》無徵，大夫以〈采蘋〉為節，止一見於〈鄉射禮〉「禮射」。我很懷疑此二詩之用於射樂，是一種錯誤的沿用或借用。試看〈鄉射禮〉在進行三射時只奏〈騶虞〉而無〈采蘋〉、〈采蘩〉；禮射也只加了個〈采蘋〉而仍然無〈采蘩〉，便可微窺此中沿誤的痕跡。換言之，射樂原只有〈騶虞〉之詩——〈貍首〉姑且缺疑，至於〈采蘋〉、〈采蘩〉，只是饗禮的樂章（鄉禮的正歌部分）被誤用或借用來作射節罷了。這是〈鄉射禮〉四射樂的解釋。

其次是〈關雎〉、〈葛覃〉、〈卷耳〉、〈鵲巢〉、〈采蘩〉、〈采蘋〉六詩之所以用於〈鄉射禮〉的問題。我們單就其以〈關雎〉等為鄉禮的正樂一點觀之，即足證其全在於饗禮的關係。鄭《注》．「射禮於五禮屬嘉禮。」案：《周禮》〈大宗伯〉云：「以嘉禮親萬民，……，以賓射之禮親故舊朋友。」這就是鄭《注》「射禮於五禮屬嘉禮」的根據；

而〈關雎〉等詩之可為射禮的正樂，理由也在於此。但鄭玄狃於〈鄉飲酒禮〉「升歌」、「笙入」和「間歌」的樂次，遂謂〈鄉射禮〉的「不歌、不笙、不間」為「志在射而略於樂也」，一若〈鄉射禮〉只有射禮的節次而無饗禮的正樂似的。這是多麼乖違禮意的說法！且〈鄉飲酒禮〉的用〈燕禮〉樂次，原只是一個王樂與鄉樂的消長問題，一方面是王樂鄉化的傾向——，一方面也是鄉禮的僭用王樂，所以〈鄉飲酒禮〉事實上已失卻鄉本位禮的本來面目。鄭玄既以「禮盛者可以進取」的理由來加以曲解、遂反以〈鄉射禮〉為「志在射而略於樂」了。所以〈鄉射禮〉之所以「合樂」〈關雎〉等六詩，完全由於饗禮的正常樂次必須如此一也，即以「合樂」相當於鄉射饗禮的「升歌、下管」；——猶之乎〈大射儀〉之以「升歌〈鹿鳴〉、下管〈新宮〉」為其邦國禮的樂節一樣，問題的核心是在其正樂的樂章是甚麼（〈大射儀〉是邦國禮，其正樂自是《小雅》，而〈鄉射禮〉是個鄉禮，故其正樂當然為《國風》），根本和樂節的詳略是沒有關係的。且若依鄭氏的說法，〈燕禮〉是諸侯之禮，故用《小雅》的「升、笙、間」來合鄉樂；但〈鄉飲酒禮〉是個大夫之禮，既以〈關雎〉為正樂（即升歌），更能用甚麼樂節來作為「升、笙、間」呢？這明明是無法講通的。又鄭玄在〈鄉飲酒〉「合樂」注上，只根據《國語》一個唯一的例子云：「〈肆夏〉、〈繁遏〉、〈渠〉，天子所以享元侯也；〈文王〉、〈大明〉、〈緜〉，兩君相見之樂也」，遂謂「諸侯相與燕，升歌《大雅》，合《小雅》；天子……與大國之君燕，升歌《頌》，合《大雅》」。這顯然是一種武斷。案：鄭氏所引，乃〈魯語〉穆叔（叔孫豹）對答韓獻子的話。穆叔聘晉事也載於襄四年《左傳》，但《左傳》文作「〈肆夏〉之三」或「《三夏》」而無「〈繁遏〉、〈渠〉」。又案：《周禮》〈鍾師〉「《九夏》」《注》引呂叔玉云：「〈肆夏〉、〈繁遏〉、〈渠〉，皆《周頌》也；〈肆夏〉，〈時邁〉也；〈繁遏〉，〈執競〉

也；〈渠〉，〈思文〉。」鄭氏不從《三夏》即〈時邁〉、〈執競〉、〈思文〉之說，卻仍然承認其為《頌》的族類。他說：「《九夏》（包括《三夏》──〈繁遏〉、〈渠〉），皆《詩》篇名，《頌》之族類也，此歌之大者，載在樂章，樂崩亦從而亡，是以《頌》不能具。」鄭玄既承認《三夏》為《頌》，遂謂《左傳》之奏《三夏》為「升歌頌」，以「〈文王〉之三」為「合樂」，如此類推，遂謂諸侯相與燕，自然是（升）歌《大雅》而合《小雅》了。但事實上襄四年《左傳》的享禮是「〈肆夏〉之三」、「〈文王〉之三」、「〈鹿鳴〉之三」三個樂節連奏的。如依鄭玄的邏輯，既謂《三夏》為「升歌」，〈文王〉之三為「合樂」，然則〈鹿鳴〉之三又是甚麼樂次呢？從《三禮》中，我們固然讀不出「升歌《頌》、合《大雅》」的理論來；即在《儀禮》中，我們也找不到「升歌〈文王〉、合《小雅》」的實例。鄭玄所謂（升）歌、笙、間（歌）、合（樂）的樂次，只見於〈燕禮〉和〈鄉飲酒禮〉；此外，〈大射儀〉則有升而無合，〈鄉射禮〉則有合而無升。《儀禮》專言燕饗而無祭祀，故也無「升歌〈清廟〉」的實例。言「升歌〈清廟〉」的只有《禮記》。〈仲尼燕居〉論兩君相見的樂次云：「入門而縣興，揖讓而升堂，升堂而樂闋。下管〈象〉〈武〉，〈夏〉籥序興。……入門而金作，示情也；升歌〈清廟〉，示德也：下而管〈象〉，示事也。」這是大饗之禮的樂次：有升歌，有下管，但無合樂。又〈祭統〉云：「夫大嘗、禘，升歌〈清廟〉，下而管〈象〉，朱干玉戚以舞〈大武〉，八佾以舞〈大夏〉。」這是唯一見於祭祀之禮的正樂。但其節次卻和大饗之禮同樣是一升歌，一下管，都無所謂合樂的節次。唯〈明堂位〉記祀周公的禮樂云：「夏六月，以禘禮祀周公於大廟，……升歌〈清廟〉，下管〈象〉，朱干玉戚，冕而舞〈大武〉，皮弁素積裼而舞〈大夏〉。〈昧〉，東夷之樂也；〈任〉，南蠻之樂也：納夷蠻之樂於大廟，言廣魯於天下也。」所謂「納夷蠻之樂」云

云，頗有合樂的意味，但也與「合《大雅》」的話不相侔。可見鄭玄所謂「歌《頌》，合《大雅》；歌《大雅》，合《小雅》」的公式是沒有根據的。「升歌《小雅》，合鄉樂」，雖見於〈燕禮〉和〈鄉飲酒禮〉；但〈鄉飲酒禮〉的樂次，事實上已成為變相的〈燕禮〉卻又不是諸侯正樂，且於合樂之外，中間還有「笙、間」等樂節，所以更不成為禮樂的通則。然則《左傳》襄四年（〈魯語〉同）的故事，應該作甚麼解釋呢？那顯然是春秋末世禮樂紊亂的一種現象，即孔子時代「《雅》《頌》失所」的事實。試看叔孫豹對韓起的對答，豈非已明明指出那個享禮的不成節次了麼？他用很風趣的口吻，形容樂工的奏《三夏》和〈文王〉之三為樂工「肄業及之」，這是個何等尷尬的局面！我們細讀《三禮》那樣繁縟的禮樂節次，真沒有理由可以相信一個享禮的過程，可以像襄四年晉侯享魯叔孫豹那樣僭越、失禮，而雜湊、無理的！但鄭玄竟然也可以拿來作為注《三禮》樂次公式的根據，也足見漢儒解經的牽強附會到甚麼程度了。

　　至於《左傳》的「〈肆夏〉之三」或「《三夏》」，無論其為《周禮》的《九夏》之三，抑或為《國語》所謂「〈肆夏〉、〈繁遏〉、〈渠〉」，事實上明明都屬〈鍾師〉的「金奏」，這是無法曲解的。所以鄭玄《注》云：「擊金以為奏樂之節。」又曰：「金謂鍾及鎛。」故〈仲尼燕居〉「大饗有四」《注》云：「四者，謂金再作，升歌〈清廟〉，下管〈象〉也。」案：鄭《注》所謂金再作即指「升歌」前的兩次金奏，這種「納賓」的金奏，只有諸侯之禮才有資格舉行，如前面所引述過的〈大射儀〉，賓及庭奏〈肆夏〉是金一作，主人獻主君又奏〈肆夏〉為金再作。〈燕禮〉若燕四方之使也是大致如此（具已見前文）。但若尋常燕飲，則雖屬邦國禮，也跟鄉禮一樣都無納賓的金奏。故依《左傳》襄四年叔孫豹聘晉的故事，那只是晉侯燕異國使者「以樂納賓」的金奏，決不能解釋為〈燕禮〉的「升歌」。且《左傳》之文既

已明言「金奏〈肆夏〉」，又何能釋為《周頌》之詩呢？再考《周禮》《九夏》的用法，只是一種出入之樂及行動之節，無作升歌者。「《九夏》」《注》引杜子春云：「王出入奏〈王夏〉，尸出入奏〈肆夏〉，牲出入奏〈昭夏〉，四方賓來奏〈納夏〉，臣有功奏〈章夏〉，夫人祭奏〈齊夏〉，族人侍奏〈族夏〉，客醉而出奏〈祴夏〉，公出入奏〈驁夏〉。」這裏只有〈肆夏〉、〈陔夏〉、〈驁夏〉可徵於《儀禮》，其餘《六夏》，恐怕不無望文生義的地方；但無論如何，事實總離不了一個「金奏」。要不是「〈肆夏〉」可因「肆于時夏」的聯想鈎起了漢儒的靈感，何至於造出所謂「《頌》的族類」的迷宮來？至於晉侯之以《三夏》來和〈文王〉之三及〈鹿鳴〉連奏以享魯賓，那只是春秋末世禮樂失所的當然結果，並不是不可理解的。依常理，晉侯自然可以以金奏納賓，然後升歌〈鹿鳴〉。其用〈文王〉之三，可說是一種不知禮的亂用。但也無非為表示其對於叔孫豹的寵異之意。試看韓獻子問穆叔何以「舍其大而重拜其細」，顯然還不自以為失禮呢。大概在春秋以前，諸侯納賓總有金奏。惟鄉禮則否。所以鄭玄所稱為盛禮的〈鄉飲酒禮〉，雖僭用〈燕禮〉之樂，也仍然沒有納賓的樂次。惟出賓則無間鄉、國，都一樣「奏〈陔〉」——杜子春以為即《周禮》的「〈祴夏〉」。

五　無算樂論

「無算樂」在原始的禮樂關係上，原與「正歌」一樣有著同等的重要性的（事實上恐怕比正歌還有更重要的作用）。乃注經家自鄭玄以下，由於主觀義理思想片面的看法，既不惜附會武斷，歪曲了「無算樂」的解釋和內容，同時也遮蔽了禮樂的真相，並抹煞了《詩經》在禮樂上的原始地位。這種有組織的錯誤，當然難予容忍，故本篇特別將《儀禮》有關的節次提出來作一次徹底的檢討。

「無算樂」是燕飲時唯一的散歌樂節，為燕饗之禮的亂章。《周禮》〈大宗伯〉嘉禮之三曰賓射之禮，其四曰饗燕之禮。故〈鄉飲酒禮〉、〈鄉射禮〉、〈燕禮〉、〈大射儀〉諸禮，鄭《注》皆以之屬嘉禮，實則也都是饗燕之禮。因為這類的禮，實際上都包括「饗」、「燕」的程序。就禮節而言，則「旅酬」以前屬「饗」，「徹俎」以後為「燕」；就樂節言，則前者屬「正歌」部分；而後者唯一的樂次便是「無算樂」。故從禮樂節次的劃分，我們可以看出當初創制的意義，兩種樂節是一樣重要的。〈樂記〉說得明白：「禮者，殊事合敬者也。」故既謂之禮就必先有其「合敬」的程序來表達其禮意，這就是「饗」。但只有合敬的「禮」是不合人情的，故又必和之以「樂」。故〈樂記〉又曰：「樂者，異文合愛者也。」是故一個禮儀於表達其饗禮之後，又必繼之以「合愛」的程序，來發揮其「相親之心」，這就是「燕」。故前者則用其特製的樂章，以宣其敬而謂之「正歌」；後者則寄其情於樂歌以盡其歡，而稱之曰「無算樂」。而燕饗之禮的意義，至此才真能發揮出來。現在依《儀禮》的程序分別論之。

（1）饗的繁縟程序

「饗」的意義既在於「合敬」，故饗的程序實際就是一個行禮的程序，同時也就是禮節最繁縟的部分。茲先言行禮節次的比數。諸禮中以〈鄉飲酒禮〉的節次比較最少，共二十一節，而饗的程序便佔了十七節。〈燕禮〉較多，共二十七節，而饗佔其十九節乃至二十一節。〈鄉射禮〉節次更多，是三十四節，而饗乃居三十二。最繁縟是〈大射儀〉，共四十五個節次，而饗的程序達三十七節。單看這個數字的比例，已儘夠看出「饗」在一個典禮中所佔的分量有多重！何況實際上每一個節次還包括著一連串不同的動作呢？現在再進一步來看各饗禮節次的內容。

（甲）〈鄉飲酒禮〉的饗禮節目

1.謀賓介　2.戒賓　3.設席　4.速賓　5.迎賓　6.獻賓

7.賓酢主人　8.主人酬賓　9.主人獻介　10.介酢主人

11.主人獻眾賓　12.一人舉觶　13.樂章升、笙、間、合

14.立司正　15.旅酬　16.二人舉觶　17.徹俎

（乙）〈燕禮〉的饗禮

1.戒群臣　2.陳饌器　3.即位　4.主人獻賓　5.賓酢主人

6.主人獻公　7.主人受公酢　8.主人酬賓　9.媵爵于公

10.公為賓舉旅　11.主人獻孤卿　12.再媵爵　13.公為卿舉旅

14.主人獻大夫　15.樂章升歌　16.公為大夫舉旅

17.樂章笙間合　18.立司正　19.徹俎

若燕異國之賓，則有「以樂納賓」之節。以上兩種，都屬「饗燕之禮」的「饗」。至於「賓射之禮」便更繁縟了。例如一個地方禮的州長習射之禮，卻比邦國禮的〈燕禮〉還要繁縟。如下例：

（丙）〈鄉射禮〉的饗禮

1.戒賓　2.設位　3.張侯　4.速賓　5.迎賓　6.主人獻賓

7.賓酢主人　8.主人酢賓　9.獻眾賓　10.一人舉觶　11.獻大夫

12.大夫酢　13.樂章合《周南》《召南》　14.立司正　15.請射

16.誘射　17.初射獲未釋獲　18.取矢　19.再請射

20.再射釋獲　21.賓主大夫眾賓射　22.取矢視算　23.飲不勝者

24.獻獲者　25.三請射　26.用樂　歌〈騶虞〉若〈采蘋〉皆五終

27.取矢視算　28.飲不勝者　29.三射畢　30.旅酬

31.二人舉觶　32.徹俎

〈大射儀〉是個邦國禮，節次自然更繁。如下：

（丁）〈大射儀〉的饗禮

1.戒百官　2.張侯設樂　3.陳器設位具饌　4.即位

5.請主賓及執事　6.納賓　7.主人獻賓　8.賓酢主人

9.主人獻公　10.主人受公酢　11.主人酬賓　12.媵爵于公

13.公為賓舉旅　14.主人獻孤卿　15.再媵爵　16.公為孤卿舉旅

17.主人獻大夫　18.樂章歌管三　19.立司正　20.請射

21.誘射　22.初射獲未釋　23.取矢　24.再請射　25.再射釋獲

26.公及諸公卿大夫射　27.取矢視算　28.飲不勝者

29.獻服不（官名）　30.獻釋獲　31.三請射

32.用樂奏〈貍首〉以射　33.取矢視　34.飲不勝者　35.三射畢

36.公為大夫舉旅　37.徹俎

　　看上述節次，雖有的只屬於事物的安排，但只要有人與人接觸的可能，便有附帶著行禮的動作，茲舉例如下。如〈鄉飲酒禮〉的第2節戒賓云：

　　　　主人戒賓，賓拜辱，主人答拜。乃請賓，賓禮辭，許。主人再
　　　　拜，賓答拜。主人退，賓拜辱。介亦如之。

這不過是個預備的節次，這時還未「速賓」、「迎賓」，賓還沒有來到行禮的場地，但賓、介、眾賓與主人之間，實際上就已發生行禮的現象了：這裏有拜辱、有答拜，賓主之間，每人至少要拜了四次。「速賓」每人要拜兩拜。「迎賓」節中，賓主都要拜四拜。到了第6節的「獻賓」，這是賓主互相敬酒的開始，也是饗禮中主要的禮節。這裏

自主人洗爵起，而賓「拜洗」，而主人「獻賓」，而賓「拜受」，而主人「拜送」，到賓「奠、爵、拜、告旨」，主人「答拜」，賓「卒爵、拜」，主人「答拜」等等，拿這個活動的程序，也足可當行禮的抽樣。在射禮中，雖加入了許多射節，但賓主的酬酢仍不失其在「饗」中的重要地位。樂節也是如此。例如〈燕禮〉的第15節文云：

> 工歌〈鹿鳴〉、〈四牡〉、〈皇皇者華〉，卒歌。主人洗，升，獻工。工不興，左瑟一人拜受爵。主人西階上拜送爵。

這是在樂節中的獻酬。接著還有16節的「公為大夫舉旅」（更大規模的敬酒），這才又回來繼續17節的「笙奏、間歌、合樂」，都是〈燕禮〉的「正歌」樂次。所以歸納起來，「饗」的主要行為總離不了獻酢，也就離不了「拜」。〈鄉飲酒義〉云：「拜至、拜洗、拜受、拜送、拜既，所以致敬也。」這話正可以作為「饗」的公式。也就是說，一個饗的程序，實在就是一個「拜」的程序。我們若就前面所舉各例中拜次的數字來假定賓主各人在每個節次中的平均拜次為四拜，則〈鄉飲酒禮〉徹俎前共十七節，當為六十八拜。〈燕禮〉在無算爵以前不能少於二十節，當為八十拜。〈鄉射禮〉除去射節，為六十四拜。〈大射儀〉除十七個射節不計，也當在八十拜以上。這是個相當保守的估計。實際上一個饗禮的拜次必不止此數。所以鄭玄在〈鄉飲酒禮〉「主人曰請坐于賓，賓辭以俎」句《注》云：「至此盛禮俱成，酒清肴乾，賓主百拜，強有力者猶倦焉。」鄭《注》的「百拜」，自然不一定是實數，但也必和事實差不了多少。案：鄭《注》乃取自〈聘義〉。〈聘義〉原文是：

> 聘射之禮，至大禮也。質明而始行事，日幾中而後禮成，非強

> 有力者弗能行也。故強有力者，將以行禮也。酒清人渴而不敢
> 飲也；肉乾人飢而不敢食也。

這是〈聘義〉所描寫的「饗」。最沉痛無過於「酒清人渴而不敢飲，
肉乾人飢而不敢食」！但也是〈鄉飲酒禮〉、〈燕禮〉、〈鄉射禮〉、〈大
射儀〉的實況。如賓於「祭脯醢」後，只撕了一點點送到牙縫去，謂
之「齊」。又敬酒時，也只是用唇輕輕一呷，叫做「啐酒」。鄭於
「嚌」、「啐」皆訓「嘗」。《疏》云：「嚌是至齒為嘗；啐謂入口為嘗
也。」照〈聘義〉的描寫，就不「百拜」也受不了，無怪文中說「非
強有力者弗能行也」。

（2）燕的迫切要求

「饗」的行禮，既然這樣繁重，所以賓主對於「燕」的要求就尤
其迫切——這已經不止是人情的問題，而是體力的問題。案：上文曾
說過，饗的程序就是一個拜的程序，既然時時要拜，因此賓主一直站
著，這自然也是最吃不消的，所以「燕」的需要就尤其迫切。古人早
已想到這一點，才會在「饗」後接上個「燕」。其實燕就是坐的意
思，也有「安」義，「安」也訓「坐」，所以《爾雅》云：「安，坐
也。」〈燕禮〉描寫得最妙。「立司正」章云：

> 司正……受命，……命卿大夫曰：「君曰：以我安。」卿大夫
> 皆對曰：「諾，敢不安？」

從立司正到「燕」，中間還要經過一個「徹俎」的手續（已見前節次
表）。所以立司正這個節次只能說是一個「徹俎」的預備。但只聽這
麼一句「君曰：以我安」（君說，為我的緣故，大家坐坐吧），也就教

人預感到坐的輕鬆了。更妙的是他的語法，不說「請大家坐坐吧」而說「為我的緣故坐」，則大家不應該謙讓，自然可以痛快的說「諾，敢不安」了。這是多妙的辭令！所以一徹俎，便是「賓及卿大夫皆說（脫）屨，升就席」。今案：自天亮開始行禮，到了這時，賓主這才真正的坐下來。這是「燕」的開始。「燕」在整個禮的全程中通常只佔一節，所包含的重要行為卻最豐富，像「坐」不消說了；其次是進「庶羞」（即各種食物），再就是「無算爵」（沒有一定規矩喝酒），最後就是「無算樂」，這也就是「燕」中最開懷的節目，為注經家所漠視的。到了「賓醉」的時候，整個燕饗之禮也就此結束了。

從上文「燕」的輕鬆與「饗」緊張的強烈對比，我們才可以更充分的看出「無算樂」的重要和意義來。尤其是要以一個單一的節次來解除十七至二十個禮節以上所壓積下來的疲勞，這中間是需要多麼大的作用啊？而燕的作用也就是處處針對著這一點。最能解疲乏的當然無過於「說屨」，差不多所有身體和心情的約束，無形中都一下子解除了。而「庶羞」和「無算爵」，也正是個開懷的吃喝，而最順理成章的，自然是「無算樂」的成為這時娛樂的頂點了。我覺得當初制禮的人之所以對於「爵」和「樂」而必採用「無算」的名號，顯然也是和整個「燕」的要求配合的。因為「無算」實在就是沒有約束的意思。所以《詩經》中所有被漢儒謚為「變詩」的篇什，當初也便很自然的成為這一節目（無算樂）所要求的樂歌。漢儒不達此意：他們既一面不甚了解「正歌」與「饗禮」確切的關係；自然更不能對「無算樂」有真切的認識。所以鄭玄對於「無算樂」的注釋，幾乎完全乖違事實。茲將鄭《注》的謬誤，論述如下。

〈鄉飲酒禮〉「無算樂」《注》云：「燕樂，亦無數，或間或合，盡歡而止也。春秋襄二十九年吳公子季札來聘，請觀于周樂，此國君之無算。」案：鄭云「燕樂，亦無數」，是承上文「無算爵」《注》

「算，數也」句來。彼注「爵行無數」，故此注謂「燕樂，亦無數」
也。又〈燕禮〉《注》云：「升歌、間、合無數也，……其樂章亦
然。」〈大射儀〉亦云：「升歌、間、合無次數，唯意所樂。」鄭氏引
「升歌、間、合」是指「正歌」的樂次說的。「正歌」有「升歌、
間、合」（其實〈大射儀〉並沒有合樂）等樂次，所以有次數，現在
既是「無算樂」，便當然是無「升歌、間、合」。但鄭氏這話是不確實
的。案：「正歌」之所以有「升歌、間、合」的節次，因為那是「正
樂」的樂章，這類樂章，都是為禮特製，《左傳》的「歌詩必類」便
指此意。所以這類樂章，只能用於「饗」禮來表達禮意，其樂章本身
是嚴肅的。「無算樂」便不然了。「無算樂」所歌之詩，只在娛賓，並
無行禮意義。其所謂「無算」，也只是「無行禮上的節次」，何能釋為
「升歌、間、合」可以隨便用呢？且既稱「無算樂」，即表示其非
「正歌」，正歌為「饗」禮的樂節，「無算樂」為「燕」的樂節，性質
迥殊，則「無算樂」如何又能隨意再歌「正歌」（即饗禮）的樂章
呢？這顯然是講不通的。以今日的儀式來比喻，一個大禮必唱國歌或
國旗歌（這可比饗禮的正樂），可是到了游藝程序，如何又能拿國歌
或國旗歌來當游藝節目呢？「無算樂」和游藝節目就是一樣的道理。
所以鄭玄的話，顯然是違背事實的。由於上述「正歌」不能用作「無
算樂」的原則，鄭玄又說襄二十九年吳季札觀周樂是「國君之無
算」，這話也不對。季札明明是「請觀于周樂」，王樂要觀，列國之樂
也自然要觀，如何能把這件事和他的聘魯混為一談呢？更如何能把它
當為一個〈燕禮〉的「無算樂」呢？相反的，我倒覺得季札所觀的都
是王朝和列國的正樂樂章，而不是「無算樂」，因為一時或一天來聽
完三百篇詩必不可能，也無必要。

　　又鄭《注》以「無算樂」為「燕樂」，這是根據《周禮》〈鍾師〉
「凡祭祀饗食奏燕樂」為說。今案：《周禮》之文既祭祀饗食並舉，

則其行禮在廟，故賈《疏》云：「諸侯行饗食之禮在廟，故與祭祀同樂，故連言之。」可知此「燕樂」亦是一種饗禮所用之樂，不能因其有「燕」字，便解成燕飲的「燕」，而遂認其為「無算樂」。故「無算樂」如必求《周禮》的根據，似當即為〈旄人〉的「散樂」。鄭《注》：「散樂，野人為樂之善者，若今黃門倡矣。」（《釋文》）〔賈《疏》〕：「以其不在官之員內，謂之為散，故以為野人。」又曰：「若今黃門倡矣者，漢倡優之人，亦非官樂之內，故舉以為說。」鄭玄把「散樂」解為漢時的「黃門倡」，根本已不把「無算樂」當「散樂」看。但這分明是鄭玄觀念上的錯誤。反正鄭氏對於《儀禮》的樂次，都限制在所謂「《詩》之正經」範圍之內，這也就罷了。程大昌不正也是如此麼？但鄭最不可恕的是不能把「正歌」和「無算樂」的「饗」、「燕」性質分開，只這一點就已違悖了禮制的原則。不想以朱子的通達，竟也默認了鄭氏的說法！大概朱子之所以如此，仍由於漢儒偏差的禮樂觀念的影響，所以他在《儀禮經傳通解》中，「正歌」之節則稱為「樂賓」，對「無算樂」則略而不著，也可見其輕視「無算樂」的心理了。

二千年來信「變詩」可用於「無算樂」，又敢於將「散歌散樂」與「正歌正樂」相提並論者，惟清代有一魏默深。魏氏在他的〈夫子正樂論〉中云：「《詩》有為樂作不為樂作之分，且同一入樂而有正歌散歌之別。」又曰：「凡因事抒情，不能樂作者，皆不得謂之樂章矣。……其用之奈何？曰：一用於賓祭無算樂，再用於矇瞍常樂，三用於國子絃歌。」這些話都是對「無算樂」最確切的詮釋。可惜魏氏於燕饗之分，終不甚措意，故結果對於《儀禮》鄭《注》，也不能有所是正，這也是很可惋惜的。

又〈鄉飲酒〉和〈鄉射禮〉都有「明日息司止」的禮節，這也是變相的〈燕禮〉而更輕鬆。其「鄉樂唯欲」，自也就是指「無算樂」的散歌。

總之，「無算樂」就是詩篇之出於詩人吟咏或民間歌謠，而用於燕飲最後的樂次，藉以娛賓的散歌，凡三百篇中不用於正歌之詩篇皆屬之。

六　《左傳》《國語》所載《詩》樂關係

《左傳》、《國語》所載《詩經》與樂歌的關係，以有關燕饗之禮者為最多。此二書所記，什九皆為春秋時代「賦詩」的節次，言禮樂者甚少；且於燕饗所用字多非本文，即其禮樂亦常與《儀禮》有間，足反映其時世演變的跡象。例如《儀禮》「燕饗」二字，《左傳》幾皆假為「享」（同亯）「宴」。茲分別論之。

（1）享宴與饗燕的關係

《說文》亯部云：「亯，獻也。」段《注》云：「下進上之詞也。按《周禮》用字之例，凡祭亯用亯字，凡饗燕用饗字。如〈大宗伯〉吉禮下六言『亯先王』；嘉禮下言『以饗燕之禮親四方賓客』，尤其明證也。《禮經》十七篇用字之例，〈聘禮〉內臣亯君字作『亯』；〈士虞禮〉、〈少牢饋食禮〉尚饗字作『饗』。《小戴記》用字之例，凡祭亯、饗燕字皆作『饗』，無作『亯』者。《左傳》則皆作『亯』，無作『饗』者。《毛詩》之例，則獻於神曰亯，神食其所亯曰饗。如〈楚茨〉『以亯以祀』，下云『神保是饗』。《周頌》『我將我亯』，下云『既右饗之』。《魯頌》『亯祀不忒，亯以騂犧』，下云『是饗是宜』。《商頌》『以假以亯』，下云『來假來饗』。皆其明證也。鬼神來食曰饗，即《禮經》尚饗之例也。獻於神曰亯，即《周禮》祭亯作亯之例也。各經用字，自各有例，《周禮》之『饗燕』，《左傳》皆作『亯宴』，此等蓋本書固爾，非由後人改竄。」今案：《左傳》「饗燕」字多作「享

宴」，誠如段《注》所言，但間也仍有例外。如文三年：「公如晉，及
晉侯盟，晉侯饗公，賦〈菁菁者莪〉。」又成十四年云：「衛侯饗苦成
叔，寧惠子相，苦成叔傲。寧子曰：……古之為享食也以觀威儀。」
這都是用饗。此種例外，不過比例不大。又昭十年《傳》：「始用人於
亳社。臧武仲在齊聞之曰：周公其不饗魯祭乎。周公饗義，魯無義。」
也是用饗。這是《左傳》用「饗」字之例。至於「燕」皆用「宴」，段
《注》已言之。但也有一例外。如昭十七年《傳》：「小邾穆公來朝，
公與之燕。」《國語》用「燕饗」例雖不多，亦兼《左傳》、《儀禮》之
例。如〈周語下〉：「晉羊舌肸聘于周，……靖公享之。」又〈晉語〉：
「秦伯享公子，……明日宴。」以上二條凡四用「享」字，一用「宴」
字。但亦有例外。〈魯語下〉：「叔孫穆子聘于晉，晉悼公饗之。」又，
「公父文伯之母欲室文伯，饗其宗老。」二例皆作「饗」。《左傳》、
《國語》用「饗燕」字所以有上述的例外，雖「非由後人改竄」（段
《注》），但與其資料來源或不無關係，也說不定。

　　《左傳》，《國語》「饗燕」字，原則上作「享、宴」既如上述，
但其「享」字亦不必皆相當於《三禮》的「饗」。《儀禮》於「饗燕之
禮」，先「饗」後「燕」，節次分明，無有例外。但《左傳》凡言
「享」者，卻絕大多數可以當「燕」講，而不再用「宴」字。惟「享
宴」分言時，則「享」可當「饗」，「宴」字可當「燕」。例如〈晉語
四〉：「他日，秦伯將享公子，……子犯曰：吾不如衰之文也。……秦
伯享公子如享國君之禮。……明日宴。」又昭元年《左傳》：「趙孟、
叔孫豹、曹大夫入于鄭，鄭伯兼享之。……趙孟為客，禮終乃宴。」
皆其例。

　　歸納上引各例，《左傳》所謂「享」，既多相當於《儀禮》之
「燕」，則春秋時「賦詩」之為屬於「無算樂」的節次自可無疑。又
如昭二年《傳》：「韓宣子來聘，……公享之。季武子賦〈緜〉之卒

章，韓子賦〈角弓〉，……武子賦〈節〉之卒章。既享，宴于季
氏。」這裏的「既享」以前仍為「宴」禮。其「宴」于季氏乃別為一
燕，與「宴」前「享」無關。又昭二十五年《傳》：「宋公享昭子，賦
〈新宮〉，昭子賦〈車轄〉，明日宴，飲酒樂，宋公使昭子右坐，語相
泣也。」此條所謂賦〈新宮〉，若指下管，則〈車轄〉也不當為「正
歌」。這恐也為春秋時禮樂失所的現象。

歸納上文所述，可見《左傳》、《國語》之所謂「享」，幾全為
「燕」。其所以如此，無非皆為「賦詩」之故。竹添光鴻謂〈鄉射記〉
的「古者于旅也語，……即指賦詩一節」。[29]這話是對的。不過春秋時
的「賦詩」，實在就是「無算樂」的擴充作用，且由於純樂節而演變為
半樂歌狀態，即歌詠也。拙著《詩經今論》卷一別有說，茲不贅。

（2）春秋時代禮樂失所現象

《左傳》、《國語》有一樁公案，最足以證明春秋禮樂失所的情
形，那就是襄四年魯叔孫穆子聘晉受招待事。這是禮樂上一個有名的
故事，故《左傳》、《國語》都有記載。《左傳》文云：

> 穆叔如晉，報知武子之聘也，晉侯享之。金奏〈肆夏〉之三，
> 不拜。工歌〈文王〉之三，又不拜。歌〈鹿鳴〉之三，三拜。
> 韓獻子使行人子員問之，曰：「子以君命辱於敝邑，先君之
> 禮，藉之以樂，以辱吾子，吾子舍其大，而重拜其細，敢問何
> 禮也？」對曰：「《三夏》，天子所以享元侯也，使臣弗敢與
> 聞；〈文王〉，兩君相見之樂也，使臣不敢及。〈鹿鳴〉，君所以
> 嘉寡君也，敢不拜嘉？〈四牡〉，君所以勞使臣也，敢不重

---

29 〔原註〕竹添光鴻：《左傳會箋》。

拜？〈皇皇者華〉，君教使臣曰：『必諮於周。』臣聞之：『訪
問於善為，諮諮親為詢，諮禮為度，諮事為諏，諮難為謀。』
臣獲五善，敢不重拜？」

《國語》〈魯語〉記這事云：

叔孫穆子聘於晉，晉悼公饗之。樂及〈鹿鳴〉之三而後拜樂
三。晉侯使行人問焉。曰：「子以君命鎮撫弊邑，不腆先君之
禮以辱從者，不腆之樂以節之。吾子舍其大而加禮於其細，敢
問何禮也？」對曰：「……夫先樂金奏，〈肆夏〉〈樊遏〉
〈渠〉，天子所以饗元侯也；夫歌〈文王〉、〈大明〉、〈緜〉，則
兩君相見之樂也；皆昭令德以合好也，皆非使臣之所敢聞也，
臣以為肄業及之，故不敢拜。今伶簫詠歌及〈鹿鳴〉之三，君
之所以貺使臣，臣敢不拜貺？夫〈鹿鳴〉，君之所以嘉先君之
好也，敢不拜嘉？〈四牡〉，君之所以章使臣之勤也，敢不拜
章？〈皇皇者華〉，君教使臣曰：每懷靡及，諏謀度詢，必咨
於周，敢不拜教？臣聞之曰：懷和（鄭司農云，和當為私）為
每懷，咨才為諏，咨事為謀，咨義為度，咨親為詢，忠信為
周，君貺使臣以大禮，重之以六德，敢不重拜？」

此一禮樂公案，《左傳》和《國語》記載詳略不同，卻教我們可以看
出一些重要的事實。其最成問題的，就是「金奏」。《左傳》只言「金
奏之三」，但《國語》卻云：「金奏〈肆夏〉〈樊遏〉〈渠〉」。這就造成
注經家沒法解決的困擾了。第一，此謂「金奏之三」，這個文法，又
與「〈文王〉之三，〈鹿鳴〉之三」一例，則都是三篇連奏是很顯然
的。所以《國語》是以「金奏」「〈肆夏〉〈樊遏〉〈渠〉」、和「〈文

王〉、〈大明〉、〈緜〉」、「〈鹿鳴〉、〈四牡〉、〈皇皇者華〉」並列，可是「〈肆夏〉之三」為甚麼不是《周禮》的「〈肆夏〉、〈昭夏〉、〈納夏〉」呢？「樊遏渠」又是三個字而不是四個字，很不均稱，自然令人費解。所以鄭玄不敢注，只好借杜子春間接引來呂叔玉云「〈肆夏〉，〈時邁〉也；〈樊遏〉，〈執競〉也，〈渠〉，〈思文〉也」來代替。後來杜預注《左傳》，總覺得這樣不妥，又乾脆說是：「〈肆夏〉一名〈樊〉，〈昭夏〉一名〈遏〉，〈納夏〉一名〈渠〉。」以求符合《周禮》。但這分明不合文例，所以劉炫駁他道：「〈文王〉之三，即〈文王〉是其一，〈大明〉、〈緜〉是其二；……然則〈肆夏〉之三亦當〈肆夏〉是其一，〈樊遏〉、〈渠〉是其二，安得復以〈樊〉為〈肆夏〉之別名也？」實則劉炫之駁杜，也正是這個問題所以沒法解決的所在。第二，既謂之「金奏」，便是鍾鼓之樂，但註解家仍必欲證為「《頌》之族類」，其謬妄已具見上文「正歌樂歌問題」章，茲不贅。第三，所謂「金奏〈肆夏〉之三」，或《三夏》，《儀禮》並無金三作之例。〈燕禮〉「以樂納賓」及〈大射儀〉納賓之節，皆兩言「樂闋」，是金只有再作而無三作明甚。第四，享一異國之卿，而至用諸侯之禮，已屬僭越；乃復三金、三《大雅》、三《小雅》連奏，可謂混亂已極，不成禮節，無怪叔孫穆子風趣地形容其為「肄業及之」也。所以從這一次享禮，我們即可充分相信春秋時代的《雅》《頌》失所，由來已久，不想漢儒乃欲以此證《儀禮》的樂次，亦可歎！

又案：春秋時晉國是一個新起的霸主，所以很好排場，卻也最不懂禮。例如宣十六年《左傳》，士會朝見周天子，定王用「殽烝」招待他，士會便覺意外，以為排場不夠，向相禮的原襄公打聽。後來定王把他叫了去，對他說：「季氏，而弗聞乎？王享有體薦，宴有折俎，公當享，卿當宴，王室之禮也。」照定王的話，是招待國君才有「體薦」的享，至於卿，就只有「折俎」的宴了。受了這場教訓，士

會「歸而講求典禮，以脩晉國之法」。可見直到宣十六年，晉人對於燕饗之禮仍是不明白的。又如昭公元年，晉趙孟、魯叔孫、曹大夫入于鄭，鄭伯兼享之，其享宴的程序頗近於《儀禮》。惟《左傳》文記其事云：「子皮戒趙孟，禮終（案：即戒賓，賓拜辱之節），趙孟賦〈瓠葉〉，子皮遂戒穆叔，且告之。穆叔曰：『趙孟欲一獻，子其從之。』子皮曰：『敢乎？』穆叔曰：『夫人之所欲也，又何不敢？』及享，具五獻之籩豆於幕下。趙孟辭。私於子產曰：『武請於冢宰矣。』乃用一獻。」今案：《周禮》享公九獻，侯、伯七獻，子、男五獻，故享列國之卿決無五獻之禮。但鄭伯享趙孟，因其為晉卿，居然預備了五獻，可見用僭禮在春秋已成常事了。至於「戒賓」時何以能「賦詩」，也很可怪。

七 結語

從《詩經》的篇什本身，我們可以看到詩篇在禮樂中的樂歌地位：有「正歌」，有「無算樂」。這個原始地位，徵之於禮書的記錄，如《儀禮》、《禮記》等而若合符節。首先是《儀禮》，我們看那禮樂節次中詳細的程序和「正歌」與「無算樂」的客觀關係，就很清楚了。所以「正歌」和「無算樂」也可以說是禮樂的雙軌，缺一不可。其次是二《禮記》和《周禮》三書中仍然有好些記載，足以補充說明《儀禮》所未盡的地方。總之，從「正歌」與「無算樂」的正常關係，我們可以充分了解或認識《詩經》的原始樂歌地位。

鄭玄因囿於漢儒的《六經》思想傳統，以《禮》說《詩》，同時亦以《詩》說《禮》，因此其注《儀禮》及《周禮》、《禮記》等的《詩》樂關係，遂牽強附會，穿鑿武斷，務求合其主觀的曲說而後已。而《詩經》與「正歌」及「無算樂」間的原始關係，遂暗昧而不明了。

《左傳》、《國語》二書的記錄，可說是《詩經》在禮樂用途中的轉形期。故其所記之禮，皆屬「享」後的「宴」；而其樂次也即相當於「無算樂」。故春秋時代的「賦詩」風氣，也可視為「無算樂」的一種轉形活動，或與樂歌兼行，有時也代替了「無算樂」的節次。

五七、六、在臺大。

八　後記

本文之作，原由於吳縣顧氏〈論詩經所錄全為樂歌〉一文所引起（《詩經今論》卷一）。但顧文積極方面的論證遠不及其消極方面能觸及問題的核心。換個講法，即顧文較有力的論據，仍在於欲就春秋時代的燕享之禮的用樂情形來推論《詩經》之必沒有所謂「樂歌與徒歌」或「入樂不入樂」之分像宋儒程大昌和清儒顧炎武所說的。就這個方向而論，則除了從三百篇本身在禮制（如《儀禮》）的原始地位上來加以探求外，是別無更好的途徑的。但顧文對於這一點，似乎仍沒有明確地把握住，所以本文的論點遂集中在《詩經》和禮樂的原始關係上，自第二章起，一直到「結語」止，都專發揮這個論點；而「導言」中所檢討的有關春秋時期的資料，也就是這個論點的主要根據。

雖然，戰國時期的間接資料，為前文中所未論及者，似仍有補充的價值，茲補記如下。

《論語》記孔子之言云：「〈關雎〉樂而不淫，哀而不傷。」（〈八佾〉）這顯然是指樂歌說的。又曰：「師摯之始，〈關雎〉之亂，洋洋乎盈耳哉！」（〈泰伯〉）案：「師摯之始」，顯然是指樂工在典禮進行中的「升歌」（如〈燕禮〉、〈鄉飲酒禮〉等）說的，也即《周禮》大祭祀中〈大師職〉的「率瞽登歌」，是樂次中「正歌」的第一節。至

於「〈關雎〉之亂」，是指〈燕禮〉和〈鄉飲酒禮〉中的「合樂」，因為是「正歌」最後的樂章，故曰「亂」。所以《論語》這段話，可能也是孔子自己參加〈燕禮〉或〈鄉飲酒禮〉的經歷。又孔子所謂「惡鄭聲之亂雅樂也」（〈陽貨〉）和「放鄭聲，鄭聲淫」（〈衛靈公〉）的說法，其為指鄭樂歌自是無容置疑的。

再看下段的記載：

> 大師摯適齊，亞飯干適楚，三飯繚適蔡，四飯缺適秦，鼓方叔
> 入於河，播鼗武入於漢，少師陽、擊磬襄入於海。（〈微子〉）

這是一個多麼具史料價值的報導！這裏我們可以看出春秋時代雅樂崩潰的痕跡。且魯樂工既有「亞飯」、「三飯」、「四飯」的名稱，可見其每食都有樂。其餘各人員都有專職，就更不消說了。

又，孔子正樂而不刪《詩》，所以他說：「吾自衛反魯，然後樂正，《雅》、《頌》各得其所。」（〈子罕〉）他顯然是以《雅》、樂代表《詩經》，所以司馬遷才說：「三百五篇，孔子皆弦歌之。」（〈世家〉）所以《論語》的記載，都足以證《詩經》皆為樂歌。

其次，最有趣的是《墨子》。墨家是最反對儒家的禮樂的。所以，那個寫〈公孟篇〉的人把「三百篇」形容為「誦《詩》三百，弦《詩》三百，歌《詩》三百，舞《詩》三百」。這也就無異說，《詩經》除了本文外，不是弦，就是歌，再不就是舞；綜之，總離不了賓祭正樂和房中散樂之所歌。這是禮樂節次上三百五篇詩原始用法何等明切的描述！所以在墨者的眼中，《詩經》是樂歌，那是毫無疑義的。

《荀子》也是如此，它給《詩經》卜的定義是：「《詩》者，中聲之所止也。」

看上文所引戰國時的間接資料，也足證《詩經》原都是作樂歌用的。

又本文為《詩經》論文之第四篇，題「《詩經今論》卷四」。

又本文之作，曾受國家科學委員會之補助。

五八、四、二八

從《儀禮》樂次的分類覘三百篇 原始的解題*

摘要

　　欲明《儀禮》樂次的分類，宜先明禮的分類。《周禮》〈大宗伯〉將禮分為五類，曰吉禮、凶禮、軍禮、賓禮、嘉禮。但〈禮運〉則分禮為八目，曰冠、昏、喪、祭、射、鄉、朝、聘。且疑「射鄉」為「射御」。朱子雖明知其為「燕射」、「鄉飲」而不言。至清儒邵懿辰始據《家語》以正〈禮運〉之譌。又據《大戴禮》篇目以證《儀禮》十七篇之編次，而〈禮運〉之八目與《大戴禮》、《儀禮》之分類遂若合符節。故邵懿辰以為《周官》〈大宗伯〉的五禮必非原始分類。同時，《儀禮》於五禮無「軍禮」，正因為「射鄉」之「射」即「軍禮」也。此說甚辨，應無庸疑。

　　禮之分類既明，於是樂的分類及樂次乃可得而言。《儀禮》僅有「燕饗之禮」的樂次而無「祭祀之禮」的樂次。故（宋）〔元〕儒敖繼公以為《儀禮》乃周公所作之侯國禮，非為王朝作。但祭祀之禮，仍可於《周禮》、《禮記》見其片斷。而綜合《三禮》所載，祭祀之禮的樂次，總不離堂上之樂與堂下之樂的分作、間作、合作。故《儀

* 〔編案〕此文為何定生獲得國家科學委員會58學年度研究補助費（人文及社會科學甲種）之研究報告，未曾公開發表。原稿藏於臺灣大學圖書館，本集據報告複印本排印。原報告附有摘要，此摘要又載於《國家科學委員會年報（58年7月-59年6月）》（臺北：國家科學委員會，未載出版年月），頁63。

禮》鄭《注》之「升、笙、間、合」的公式，也可作祭祀之禮的公
式。例如就王朝樂言之，無論在廟，在寢，是祭，是饗，其主要樂
次，必皆為「正歌」（即正詩樂章）。而在「燕饗」中則僅有一節次，
即「無算樂」。在鄉樂中也是如此。鄉禮，他可能借用王樂節次以為
「正樂」，例如〈鄉飲酒禮〉，而其「無算樂」之皆屬「變詩」之篇，
自更不待論了。

是故從「正歌」樂次中，我們固仍可以瞭然於九十六篇樂章的原
始內容（從《周頌》到《國風》）。即其餘二百零九篇屬於「無算樂」
的「變詩」，也皆可以逐一微窺詩人之志而無所遮蔽。因為這正是
「無算樂」的基本要求，而「變詩」（包括所謂「淫詩」的觀念）之
所以能與「正詩」並存，不被摒於三百篇之外的基本理由也。

一　禮的分類

自鄭玄注《周官禮》成為漢朝的官學，五禮的分類遂成為中國二千年來禮樂制度的基本觀念，為儒者所尊信。茲隳括《周禮》《春官》〈大宗伯〉之文如左：

一、以吉禮事邦周之鬼、神、示。吉禮之別十有二：1.禋祀、2.實柴、3.槱燎、4.血祭、5.貍沈、6.疈辜、7.肆獻祼、8.饋食、9.祠、10.禴、11.嘗、12.烝。

二、以凶禮哀邦國之憂。凶禮之別有五：1.喪、2.荒、3.弔、4.禬、5.恤。

三、以賓禮親邦國。賓禮之別有八：1.朝、2.宗、3.覲、4.遇、5.會、6.同、7.問、8.視。

四、以軍禮同邦國。軍禮之別有五：1.大師、2.大均、3.大田、4.大役、5.大封。

五、以嘉禮親萬民。嘉禮之別有六：1.飲食、2.昏冠、3.賓射、4.饗燕、5.脤膰、6.賀慶。[1]

上面這個五類三十六目的「周官禮」，不用說漢儒差不多都是認為古已有之的。所以《尚書》上的「修五禮」句，馬融曰：「五禮，吉、凶、軍、賓、嘉也。」這是馬氏《傳》語，也是根據〈大宗伯〉之文說的。但為馬氏《周官傳》作注的鄭玄，卻沒有接受他老師的說法。他注道：「五禮，公、侯、伯、子、男，朝聘之禮矣。」鄭氏之所以如此解釋，因為他認為「唐虞時未有五禮」，所以他注〈皋陶

1　〔編案〕「一、以吉禮事邦周之鬼神示」為《周禮》經文，「吉禮之別十有二」為鄭玄注語，以下為何氏對經文的約括。二至五類皆同。

謨〉的「天秩有禮，自我五禮有庸哉」云：「五禮，天子也，諸侯
也，卿大夫也，士也，庶民也。」又〈堯典〉「有能典朕三禮」，馬融
曰：「天神、地祇、人鬼之禮。」此〈大宗伯〉之文，而鄭乃曰：「天
事、地事、人事之禮也。」此上三例，鄭玄皆以「爵次尊卑」為解。
鄭玄既不主「五禮」始於唐虞，然則是否始於夏、殷呢？當然也是個
疑問。孔子曰：

> 殷因於夏禮，所損益可知也；周因於殷禮，所損益可知也；其
> 或繼周者，雖百世可知也。

照孔子的語氣，不但三代之禮，再遠也是可以知道的。但〈八佾〉篇
上卻又是：

> 子曰：夏禮吾能言之，杞不足徵也；殷禮吾能言之，宋不足徵
> 也，文獻不足故也，足則吾能徵之矣。

（〈中庸〉變其文云：「子曰：吾說夏禮，杞不足徵也。吾學殷禮，有
宋存焉。吾學周禮，今用之，吾從周。」顯然是出於漢儒或戰國之儒
所拼湊而成。）孔子明明說杞不足以徵夏禮，宋不足以徵殷禮，杞、
宋之近，且不足徵，自更無論唐、虞之遠了。所以鄭玄到底有眼光。
最少孔子沒有一句話足以發明夏、殷二代與《周官》五禮的關係是個
鐵的事實。無怪朱子終信《周禮》為「周公遺典」，又謂「《周禮》乃
周家盛時聖賢制作之書」。又曰：「說制度之書，唯《周禮》、《儀禮》
可信。《禮記》便不可深信。《周禮》畢竟出于一家。謂是周公親筆做
成固不可；然大綱卻是周公意思。」（《語類》）可見朱子顯然以五禮
為周家一代所制之禮，與夏、殷無關。鄭康成恐怕也正是這樣的看

法。果然如此，則杜佑《通典》「自伏羲以來，五禮始彰；堯、舜之時，五禮咸備」的話便不準確了。

　　雖然，禮的分類，仍有異說。《禮記》〈王制〉云：「司徒修六禮以節民性。」又曰：「六禮：冠、昏、喪、祭、鄉、相見。」鄭玄於此句無注。案：《周禮》《地官》〈大司徒〉「以五禮防萬民之偽而教之中」，似即為〈王制〉所祖。但既易「五禮」為「六禮」，故鄭無注。鄭氏又謂〈王制〉之作在《孟子》後。盧植則謂漢文帝令博士、諸生作此〈王制〉之書，故孔穎達以為作於秦漢之際。若然，則「五禮」觀念，到了周末是否仍和《周官》一樣，便成疑問了。〈禮運〉載孔子對言偃之言云：

> 是故夫禮，必本於天，殽於地，列於鬼神，達於喪、祭、射、
> 御、冠、昏、朝、聘。

又曰：

> 其行之以貨力、辭讓、飲食、冠、昏、喪、祭、射、御、朝、
> 聘。

鄭玄於「冠、昏、喪、祭、射、御、朝、聘」無注，跟他對〈王制〉的「司徒修六禮以節民性」條下的「六禮」無注一樣。可見鄭氏直以為〈禮運〉的八目與「五禮」無關。但〈禮運〉既為孔子對言「極言禮」之文，如何能跟《周官》的分類不一致呢？又宋儒呂大臨論到《周官》和《儀禮》時云：「冠、昏、射、鄉、燕、聘」天下之達禮也，似約舉〈禮運〉之文而又與〈王制〉微異，卻對於〈禮運〉八目，甚有發明作用。所以清儒邵懿辰才據《家語》以正〈禮運〉「射

御」之「御」字為「鄉」字之〔譌〕。並引《大戴禮》之篇次，以證
〈禮運〉之八目，也就是《儀禮》十七篇的分類。邵氏〈禮論〉篇云：

> 〈禮運〉「達之喪、祭、射、御、冠、昏、朝、聘」，又「冠、
> 昏、喪、祭、射、御、朝、聘」，二「御」字皆「鄉」字形近而
> 譌。《家語》「達之喪、祭、鄉、射、冠、昏、朝、聘」正作
> 「鄉」字。疏家以「五射、五御」解之，……豈與〔冠、昏〕
> 喪、祭、朝、聘為類乎？〈樂記〉曰：「射鄉食饗，所以正交
> 接也。」〈仲尼燕居〉曰：「射鄉之禮，所以仁鄉黨也。」此
> 「射鄉」二字連文之證也。

又曰：

> 一則曰「達於喪、祭、射、鄉、冠、昏、朝、聘」。再則曰
> 「其行之以貨力、辭讓、飲食、冠、昏、喪、祭、射、鄉、
> 朝、聘」。「貨、力、辭、讓、飲、食」六者，禮之緯也。非貨
> 財、強力不能舉其事；非文辭、揖讓不能達其情；非酒醴、牢
> 羞不能隆其養，冠、昏、喪、祭、射、鄉、朝、聘，八者，禮
> 之經也。冠以明成人，昏以合男女，喪以仁父子，祭以嚴鬼
> 神，鄉飲以合鄉里，燕射以成賓主，聘食以睦邦交，朝覲以辨
> 上下，天下之人事盡於此矣。而證之以《大戴》十七篇之次序
> 尤為明確。[2] 按：《大戴》〈士冠禮〉一，〈昏禮〉二，〈士相見
> 禮〉三，〈士喪禮〉四，〈既夕〉五，〈士虞禮〉六，〈特牲饋食

2　〔編案〕「天下之人事……尤為明確」，邵氏《禮經通論》原文作「天下之人盡於此
　　矣，天下之事亦盡於此矣。而其證之尤為明確而可指者，適合於《大戴》十七篇之
　　次序。」(《皇清經解續編》，卷1277，頁1b-2a。)

禮〉七，〈少牢饋食禮〉八，〈有司徹〉九，〈鄉飲酒禮〉十，〈鄉射禮〉十一，〈燕禮〉十二，〈大射儀〉十三，〈聘禮〉十四，〈公食大夫禮〉十五，〈覲禮〉十六，〈喪禮〉十七。是一、二、三篇冠昏也，四、五、六、七、八、九篇喪祭也，十、十一、十二、十三篇射鄉也，十四、十五、十六篇朝聘也，而喪服之通乎上下者附焉。

邵氏之說，可以說是對〈禮運〉八禮及《儀禮》十七篇次之關係，一重大的發明，無怪他自矜為：「自幸為天牖其衷，是乃二千年儒先未發之覆也。」邵氏又論「五禮」的分類為作《周官》者所創，也甚得間。他說：

> 前漢諸儒，不見《周官》之書，未有以五禮為「吉、凶、賓、軍、嘉」者。……曾子曰：「聖人立五禮以為民望，豈以冠昏為夫婦之禮，喪祭為父子之禮，射鄉為長幼之禮，朝聘為君臣之禮，而以士相見為朋友之禮歟？」若如《周官》五禮之目，則喪祭分吉凶二禮，冠昏射鄉合為嘉禮，朝覲為賓禮，而相見、燕食不知於賓、嘉奚屬？且劉向不見《周官》，固以〈射鄉〉諸禮同屬於吉禮矣；實則《禮經》以射鄉為賓禮也。故「吉、凶、賓、軍、嘉」五者，特作《周官》者創此目以括王朝之禮，而非所語於天下之達禮也：不可以釋〈皋謨〉、〈舜典〉，亦不可以釋孔子之《禮經》。然則禮有五經，亦依乎五倫，五典而已矣。

雖然，邵氏之說，實在也啟自宋儒。宋儒對於禮的分類，早取模稜態度。如前引呂大臨之舉「冠、昏、射，鄉、燕、聘」，已顯然據《儀

禮》為說。敖繼公於〈禮運〉八目的「射御」雖無所是正，但其意
（因）〔固〕已異於《周官》鄭說了。至朱子論為「禮經大目」，遂以
「燕射」逕易〈禮運〉的「射御」了。所以邵氏所矜為二千年未發之
覆者。亦尚未盡為獨知之見也。

　　歸納前引各家之所稱述，禮制的分類，一、《周官》「五禮」說：
（甲）以為古已有之者（最少肇自有虞氏）者，馬融注之。（乙）以
為周始有之者，鄭玄主之，宋儒信為周公致太平之書。二、〈禮運〉
八目說：（甲）朱子未專言《周官》五禮，卻稱《儀禮》之「冠、
昏、喪、祭、燕、射、朝、聘」為「禮經大目」，則朱子明用「燕
射」代替〈禮運〉的「射御」，已隱然以「燕」字易「御」字了。故
發明〈禮運〉八目最早者當推朱子。（乙）以〈禮運〉於「冠、昏、
喪、祭、射、御、朝、聘」為禮之八目，而〔「御」字為〕「鄉」字之
（偽）〔譌〕者，清儒邵懿辰主之。三、〈王制〉六禮：「冠、昏、
喪、祭、鄉、相見」，和宋儒呂大臨的「冠、昏、射、鄉、燕、聘」，
皆可屬〈禮運〉類。

　　對前述分類，鄭玄雖壹以《周官》為根據來注《儀禮》。但《儀
禮》中「吉、凶、賓、嘉」之不能完全與其無軍禮，卻是事實。所以
宋儒王應麟引《三禮義宗》云：「《儀禮》十七篇，吉禮三，凶禮四，
賓禮三，嘉禮七，軍禮皆亡。」明儒汪克寬亦謂《儀禮》之存者，
吉、凶、賓、嘉中「如朝覲、會同、郊祀、大饗、帝大喪之禮，蓋皆
亡逸，況軍禮無存。……由是知周公叔世禮典，已多散逸，蓋不特火
于秦而亡于漢也」。又劉向《別錄》之以射禮入吉禮，明與《周官》
異。而唐《開元禮》之以射禮入軍禮，杜佑《通典》因之其不以《周
官》為然，又是很顯明的事實。此事無形中又予清代今文學家以有力
的佐證，故邵懿辰得以發抒其十七篇中射禮即軍禮之新論，以完成其
《儀禮》十七篇原不殘缺之斷案。邵氏云：

崔靈恩《三禮義宗》曰：「《儀禮》者，周公所制吉禮，惟得臣
禮三篇，凶禮四篇，喪服上自天子，下至庶人，餘三篇皆臣
禮，賓禮惟存三篇，軍禮亡失，嘉禮得七篇。」按：孔子定十
七篇，……軍禮非所宜習。抑所謂俎豆之事嘗聞，軍旅之事未
學者也。然〈鄉射〉、〈大射〉亦寓軍禮之意。男子有事四方，
桑弧蓬矢，初生而有志焉。《易》曰：「弦木為弧，剡木為
矢。」弧矢之利，以威天下，五兵莫長於弓矢也。故射御列於
六藝，而言聘射之義者，以為勇敢強有力，天下無事則用之於
禮義，天下有事，則用之於戰勝。澤宮選士，各射己鵠，有文
事必有武備也。而遂以為軍禮亡失，亦未識聖人定禮之意矣。

這樣看來，宋、清學人，尤其清代今文學家顯然是主張〈禮運〉的
分類的。而《儀禮》，《大戴禮》和〈禮運〉正屬同一系統。我人即捨
今古文學的家法問題不談，則宋、清儒的解釋，似乎是較漢儒更為合
理的。

二 樂次分類

（宋）〔元〕儒敖繼公謂《儀禮》乃周公為「侯國而作」之書，
而「王禮不與」，故《儀禮》有鄉飲、鄉射、食燕，而無朝覲。今
案：《儀禮》無王禮，故僅有燕饗、射、鄉的樂節而無祭祀之樂。蓋
諸侯不能祭天地，故郊祀之樂，甚至廟祀之樂而亦無之。至於〈大射
儀〉、〈燕禮〉、〈鄉射禮〉、〈鄉飲酒禮〉，也不過《詩序》所謂「用之
鄉人焉，用之邦國焉」的禮樂而已。這是《儀禮》僅有的樂次紀錄。
雖然，《周禮》和《禮記》仍有其片斷的郊、廟祭祀的樂次紀錄。
茲仍就祭祀、燕饗、賓射一般樂次分類之可見於《三禮》者列舉如次。

（1）王朝祭祀之禮

（甲）廟祀樂次

天子祭祀之禮，《周官》以入吉禮，已詳前文五禮三十六目中。茲引《尚書》〈皋陶謨〉之文，以為「廟祀」範例，亦可跟周代禮樂相發明也。〈皋陶謨〉篇云：

> 夔曰：「戛擊鳴球，搏拊琴瑟以詠。祖考來格。……下管鼗鼓，合止柷敔；笙鏞以間；鳥獸蹌蹌，簫〈韶〉九成，鳳皇來儀。」

蔡《傳》：

> 戛擊，考擊也。鳴球，玉磬名也。搏至拊，循也。樂之始作，升歌于堂上，則堂上之樂，惟取其聲之輕清者，與人聲相比，故曰以詠。蓋戛擊鳴球，搏拊琴瑟，以合詠歌之聲也。……下，堂下之樂也。管猶《周禮》所謂陰竹之管，孤竹之管，孫竹之管也。……鏞，大鐘也。

葉氏曰：

> 鐘與笙相應者曰笙鐘，與歌相應者曰頌鐘。頌或謂之鏞，《詩》「賁鼓維鏞」是也。……鐘即鏞鐘也。上言以詠，此言以間，相對而言，蓋與詠歌遞奏也。……簫，古文作箾，舞者所執之物……。九成者，樂之九成也。……戛擊鳴球，搏拊琴瑟以詠，堂上之樂也。下管鼗鼓，合止柷敔；笙鏞以間，堂下之樂也。……或曰：笙之形如鳥翼，鏞之虡為獸形，故于笙鏞之間

言鳥獸蹌蹌。《風俗通》曰：「舜作簫笙以象鳳，蓋因其形聲之似，以狀其聲樂之和。」

以上所引為蔡氏、葉氏對於書文之註釋。李氏光地曰：

據《儀禮》，作樂凡四節。升歌，一也。笙入，二也。間歌，三也。合樂，四也。蓋堂上之樂工，鼓琴瑟而歌。堂下之樂，或主笙，或主管，各以所宜，故曰：歌者在上，匏竹在下，匏竹即笙管之謂。上下迭作，故謂之間。上下竝作，則謂之合。準此以求，則戛擊鳴球，搏拊琴瑟以詠，升歌之樂也。下管鼗鼓，合止柷敔，下管之樂也。笙鏞以閒，間歌之樂也。簫〈韶〉九成，合作之樂也。蓋鐘與笙相應者曰笙鐘；與歌相應者曰鏞鐘。今曰笙鏞以間，則為歌笙迭作明矣。合樂之時，則舞入。故《春秋傳》曰：「見舞〈韶〉箾者。」然則簫〈韶〉九成之為合樂又明矣。此舜享于宗廟之樂也。

今案：《尚書》之文，既與《儀禮》一致，可見《儀禮》的「升歌、笙入、間歌、合樂」也正是天子祭祀的樂次。這裡《尚書》文中「鳥獸蹌蹌」以馬融的解釋為最新穎。今文家說以為「鳥獸感樂而馴舞」。但古文家則以象樂形、聲。《呂氏春秋》〈古樂〉篇云：「顓頊效八風之音，淒淒鏘鏘。」是「蹌蹌」為樂聲。馬融以「鳥獸」為「筍簴」。《考工記》云：「梓人為筍簴。天下之大獸五，臝者，羽者，鱗者以為筍簴。小蟲之屬以為雕琢。擊其所縣，而由其虞鳴。」〈明堂位〉：「夏后氏之龍簨虡。」《注》云：「簨虡，所以縣鐘磬也：橫曰簨，……飾之以臝屬，羽屬。簨以大版為之，謂之業。」《說文》：「業，大版也，所以飾縣鍾鼓。捷業如鋸齒，以白畫之，象其鉏鋙相

承也。」「虡，鍾鼓之柎也。飾為猛獸，从虍，異象其下足，或作
鐻。篆文作虡。」是笋一名業，為橫版。虡為樂縣之柎，飾為猛獸，
擊之由其虡鳴。故馬氏以為「鳥獸蹌蹌」即此也（以上古文學家說採
自孫星衍《尚書今古文注疏》）。照馬融的說法，則〈皋陶謨〉的「鳥
獸蹌蹌」乃笙鐘、頌鍾之樂縣上所飾之鳥獸形，擊之使發聲以為舞樂
者也，故曰「鳥獸蹌蹌」者，形容「笙鏞以間」到「鳳凰來儀」間的
舞樂，是樂縣上所飾之鳥獸形，非真鳥獸也：是枸（笋）虡所發出之
「鏘鏘」（上文《呂氏春秋》文）的樂聲，非「鳥獸率舞」之「蹌
蹌」的舞形也。《周頌》的〈有瞽〉所言也是此物。〈有瞽〉云：

> 有瞽有瞽，在周之庭。
> 設業設虡，崇牙樹羽。

「設業設虡」（「業」即「笋」）即與《尚書》「鳥獸蹌蹌」同為一事。
又《大雅》〈靈臺〉云：

> 虡業維樅，賁鼓維鏞。

都是此物。綜合上文所引，則《尚書》之文，雖與《儀禮》的樂次相
同。但若驗之以《詩經》文章，則《尚書》的象徵寫法，到不如詩章
的近古了（於此亦可證《虞書》必較《周頌》、《大雅》後出）。《儀
禮》雖無王朝祭祀的直接紀錄，卻仍有其他經傳的資料。如《禮記》
〈祭統〉云：

> 聲莫重於升歌，……此周道也。

又曰：

　　　　大嘗禘，升歌〈清廟〉。

又〈明堂位〉云：

　　　　升歌〈清廟〉。

又《大戴禮》〈三本〉云：

　　　　〈清廟〉之歌，一倡而歎也。縣一磬而尚搏拊，朱弦而通越。

又《禮記》〈樂記〉云：

　　　　〈清廟〉之瑟，朱弦而疏越，一唱而三歎，有遺音者矣。

又《尚書大傳》云：

　　　　古者帝王升歌〈清廟〉，大琴練弦達越，大瑟朱弦達越。……
　　　　周公升歌文王之功烈德澤，茍在廟中嘗見文王者，愀然如復見
　　　　文王，故《書》曰：「搏拊琴瑟以詠，祖考來格。」此之謂也。

是故王者祭祀之樂，都是「升歌〈清廟〉」。「升歌」又作「登歌」。如
《周禮》《春官》〈大師〉云：

　　　　大祭祀，帥瞽登歌，令奏擊拊。

鄭《注》云：「登歌者，在堂也。」又〈小師〉云：

　　　　大祭祀，登歌擊拊。

又〈禮運〉：

　　　　列其琴瑟。

（鄭《注》）〔孔《疏》〕云：「列其琴瑟者，琴瑟在堂，而登歌，故
《書》云搏拊琴瑟以詠是也。」又〈郊特牲〉云：

　　　　歌者在上，……貴人聲也。

以上是堂上之樂，即「升歌」。又《周禮》《春官》〈大師〉云：

　　　　下管播樂器，令奏鼓鞶。

李光地曰：「下，堂下也。堂下之樂以管為主，而樂器從之。下管之
時，樂器既播，亦令奏鼓鞶，管乃作也。……鞶，小鼓也。即《虞
書》之『下管鼗鼓』。」又〈小師〉云：

　　　　下管擊應鼓。

〈禮運〉云：

　　　　列其琴瑟管磬鍾鼓。

案：即《虞書》「下管鼗鼓，……笙鏞以間」。又〈祭統〉云：

夫大嘗、禘，下而管〈象〉，朱干玉戚以舞〈大武〉，八佾以舞〈大夏〉，此天子之樂也。

鄭《注》：「管〈象〉，吹管而舞〈武象〉之樂也。朱干，赤盾。戚，斧也，此〈武象〉之舞所執也。佾猶列也。⋯⋯執羽、籥文武之舞，皆八列也。」陳氏《樂書》曰：「大嘗禘用天子禮樂如此，則郊社可知矣。」又〈明堂位〉云：

下管〈象〉，朱干玉戚，冕而舞〈大武〉，皮弁素積，裼而舞〈大夏〉。

又〈郊特牲〉：

匏竹在下。

案：以上皆下管與舞，周廟享堂下之樂。又《周禮》〈笙師〉云：

凡祭祀⋯⋯共其鍾笙之樂。

又〈眡瞭〉云：

凡樂事播鼗擊頌磬笙磬。

鄭云：「鍾笙，與鍾聲相應之笙。」李光地曰：「頌即庸也。與歌聲相應者曰頌磬〔頌鐘〕，與笙聲相應者曰笙磬。」案：即《虞書》所謂「笙鏞以間」也。此周廟享間歌之樂。又〈大司樂〉云：

> 以六律、六同、五聲、八音、六舞、大合樂以致鬼、神、示。……
> 乃奏夷則、歌小呂、舞〈大濩〉以享先妣。
> 乃奏舞射、歌夾鍾，舞〈大武〉以享先祖。

以上周廟享分用之樂。又〈磬師〉云：

> 鍾師掌金奏。凡樂事以鍾鼓奏《九夏》。

李氏光地曰：「金謂大鍾及鎛，不編者也。鎛比大鍾為小，比編鍾則大也。金奏，擊此鍾鎛以為奏樂之節也。鍾師擊鍾鎛，鎛師擊鼓。」〈鎛師〉云：

> 凡祭祀鼓其金奏之樂。

又〈大司樂〉云：

> 王出入則令奏〈王夏〉。尸出入則令奏〈肆夏〉。牲出入則令奏〈昭夏〉。

案：以上為周宗廟金奏之樂。歸納上文所載，則周天子廟享的樂次可如下列：

> 1.升歌〈清廟〉（堂上擊玉磬、搏拊琴瑟以詠之樂）
> 2.下管（堂下管、鍾、鼓、笙、相應之樂）
> 3.間歌（堂上、堂下歌、樂間作）

4.萬舞（包括文舞、武舞，如象舞、羽舞等）

5.合樂（堂上、堂下合奏之樂）

6.金奏（王出入、尸出入、牲出入金奏之樂）

（乙）郊祀樂次

關於郊祀樂次，大致可比照廟祀樂次，因禮書無明確紀錄也。茲就經傳片斷材料採輯郊祀所用樂類如下。《周禮》〈大司樂〉云：

> 乃奏黃鐘、歌大呂、舞〈雲門〉，以祀天神。
> 乃奏大蔟、歌應鐘、舞〈咸池〉、以祭地示。
> 乃奏姑洗、歌南呂、舞〈大磬〉、以祀四望。
> 乃奏蕤賓、歌函鐘、舞〈大夏〉，以祭山川。
> ……
> 凡六樂者，文之以五聲，播之以八音。
> 凡六樂者，……六變而致象物及天神。

朱子曰：「象物當是日、月、星、辰之屬。天神如風師雨師之類。」今案：此處「天神」，與上文之天神不同。上文之「天神」，朱子以為乃指「昊天上帝」。

> 凡樂：圜鐘為宮，黃鐘為角，大蔟為徵，姑洗為羽，靁鼓靁鼗，孤竹之管，雲和之琴瑟，〈雲門〉之舞。冬日至於地上之圜丘奏之。若樂六變，則天神皆降，可得而禮矣。
> 凡樂：函鐘為宮，大蔟為角，姑洗為徵，南呂為羽，靈鼓靈鼗，孫竹之管，空桑之琴瑟，〈咸池〉之舞。夏日至於澤中之方丘奏之。若樂八變，則地示皆出，可得而禮矣。

案：天子巡守，觀諸侯，觀民風，必先行「類」、「柴」，以及「望祀山川」一類的祭，這些都是「郊祀」之禮，也皆有其樂歌，其樂次也大致相同。樂歌大致是祭祀用《周頌》，朝會（如觀諸侯等）則用《大雅》。

（2）燕饗之禮

前文所述是王朝郊廟祭祀之樂的樂次。現在說燕饗之禮的樂次。燕饗之禮，凡天子朝諸侯，諸侯相朝，及諸侯燕異國之卿，或燕女其臣子皆行之，故包括王朝禮和邦國禮的禮樂。《儀禮》為邦國禮（（宋）〔元〕儒敖繼公以為乃周公為侯國所依之禮，說見前），故於王朝禮無記載。茲就《周官》及《左傳》取其片斷以資參證。

（甲）大饗禮樂

大饗之禮，凡天子享元侯，或其上卿，及兩君相見之禮皆屬之。如襄公四年《左傳》：

> 穆叔……曰：「《三夏》，天子所以享元侯也。……〈文王〉，兩君相見之樂也。」

又《禮記》〈仲尼燕居〉云：

> 大饗有四焉，……兩君相見，揖讓而入門，入門而縣興。揖讓而升堂，升堂而樂闋。下管〈象舞〉，〈夏〉籥序興。陳其薦俎，序其禮樂。

又僖十二年《左傳》：

　　齊侯使管夷吾平戎於王，……王以上卿之禮饗管仲。

又襄二十九年，范獻子來聘，公享之。又昭二年，韓宣子來聘，公享之。以上所列，都屬於「大饗之禮」的場合。故其禮樂隆重，有金奏，有升歌、下管和象舞等樂次。兩君相見而借歌〈文王〉之三，自也是很自然的事。若天子享元侯之用《大雅》，自更不在話下，惟《國語》稱「金奏〈肆夏〉、〈繁〉〈遏〉〈渠〉」，杜子春遂謂為「《三夏》之別名」，恐不可信，又成公十二年《左傳》，郤至曰：「世之治也，諸侯間於天子之事，則相朝也，於是乎有饗宴之禮。」這恐怕又是邦國禮用《大雅》的一種解釋了。

　　關於大饗用樂情形，無甚具體紀錄。《禮記》〈郊特牲〉云：

　　奠酬而工升歌，發德也。歌者在上，匏竹在下，貴人聲也。

《春官》〈大師〉云：「大祭祀帥瞽登歌，令奏擊拊；下管播樂器，令奏鼓鞞。大饗亦如之。」又〈小師〉云：「大祭祀登歌擊拊，下管擊應鼓。大饗亦如之。」〈韎師〉云：「祭祀則帥其屬而舞之。（鄭《注》：「舞之以東夷之樂。」）大饗亦如之。」〈旄人〉云：「凡祭祀、賓客，舞其燕樂。」〈籥師〉云：「掌教國子舞羽，龡籥。祭祀則鼓羽籥之舞。賓客、饗食則亦如之。」〈鞮鞻氏〉：「掌四夷之樂與其聲歌，祭祀則龡而歌之，燕亦如之。」

　　綜上所引，則大饗之禮，有如下樂節：

1. 金奏
2. 升歌
3. 下管
4. 象舞或羽舞
5. 合樂

所用詩有《周頌》（如〈清廟〉、〈肆夏〉），有《大雅》（〈文王〉、〈大明〉、〈緜〉等），加下管、合樂自不止此。實則大饗之樂，既和大祭祀沒有什麼兩樣，經文已明言之，則其樂次，也可比照郊、廟之禮而推知了。

雖然，大饗之禮，雖有燕食之義，與祭祀性質不同，但行之在廟，總以行禮為重。故大饗（《春秋》謂之享）之燕食大概都是屬於所謂「體薦」的場面。「體薦」（鄭《注》）〔杜《注》（編案：見《左傳》宣公十六年）〕：「半解其體而薦之，所以示共儉。」案：「半解其體」，是說所薦之牲，雖然已經煮熟，可是只剖成兩半，沒有法子可以取食，所以下注說「所以示其儉」者，謂此時只重在行禮（恭），不重在燕食（儉）也。既重在「共儉」，故昭公五年《左傳》云：「設機而不倚，爵盈而不飲。」這話實在是從《禮記》〈聘義〉來，〈聘義〉云：「酒清人渴而不敢飲也，肉乾人饑而不敢食也。」正就是對於饗禮最妙的描寫。所以總一句話，大饗雖屬燕饗之禮，到底是偏於嚴肅的，儀式的，因此它的樂節樂次也和祭祀之禮一樣，只有「正歌」而沒有「無算樂」。我們看前文廟享和郊祀的樂次，便可證明這一點。這是很值得注意的。

（乙）邦國燕禮

《儀禮》一書，所載幾乎會是邦國禮，所以（宋）〔元〕儒敖繼公直認為是周公專為侯國所寫之書。因為是邦國禮的專書，故所記禮樂節次，也就特別具體而詳盡，這是和《周官》、《禮記》最大的差別所在。現在先抄〈燕禮〉的樂次。

> 樂正先升，北面……。
> 小臣納工。工四人，二瑟。小臣左何瑟，面鼓，執越內弦，右

手相。入，升自西階，北面東上坐。小臣坐授瑟，乃降。

工歌：〈鹿鳴〉、〈四牡〉、〈皇皇者華〉，卒歌。

主人洗，升，獻工。工不興。左瑟一人拜受爵。主人西階上拜送爵。⋯⋯

笙入，立於縣中。奏〈南陔〉、〈白華〉、〈華黍〉。

主人洗，升獻笙於西階上。一人拜，盡階，不升堂，受爵，降。主人拜送爵。⋯⋯眾笙不拜，受爵。⋯⋯

乃間歌：〈魚麗〉，笙〈由庚〉。歌〈南有嘉魚〉，笙〈崇丘〉。歌〈南山有臺〉，笙〈由儀〉。

遂歌鄉樂：《周南》：〈關雎〉、〈葛覃〉、〈卷耳〉。《召南》：〈鵲巢〉、〈采蘩〉、〈采蘋〉。

大師告於樂正曰：「正歌備。」

以上是「燕禮」的「正歌」主要程序。

射人自阼階下請立司正。

公許。射人遂為司正。

司正⋯⋯命卿大夫曰：「君曰：以我安。」

卿大夫皆對曰：「諾，敢不安？」

司正⋯⋯請徹俎。⋯⋯公許，告于賓。賓北面取俎以出，⋯⋯降⋯⋯賓反入，及卿大夫皆說屨，升，就席。

公以賓及卿大夫皆坐，乃安。⋯⋯

司正升受命。皆命：「君曰：無不醉！」

賓及卿大夫皆興，對曰：「諾，敢不醉？」皆反坐。⋯⋯

無算爵。⋯⋯

無算樂。

　　　宵則庶子執燭於阼階上。司宮執燭於西階上。……

　　　賓醉，……降。

　　　奏〈陔〉。

以上是「無算樂」的程序。這是依照樂次的分類說的。若照「燕禮」
的合程講，則「正歌」部分在「燕饗之禮」的意義上卻屬「饗」——
即行禮。「立司正」以下至「無算樂」才屬「燕」——即燕食。所以
名稱雖然叫「燕禮」，實際仍然是「饗」與「燕」連在一起的綜合名
稱。《左傳》上稱呼這個場合為「享」，正可代表這個意思。不過《左
傳》上的「享」（按理說就是「饗」的古今字），表面是「享」，而實際
卻常是「宴」（即「燕」——也是古今字）。所以《左傳》的「享」，常
相當於「立司正」以後的那部樂次。

　　現在就《儀禮》經文將「燕禮」的樂次抄錄如下：

　　1. 升歌：〈鹿鳴〉、〈四牡〉、〈皇皇者華〉。

　　2. 笙入，奏：〈南陔〉、〈白華〉、〈華黍〉。

　　3. 間歌：〈魚麗〉，笙〈由庚〉。歌〈南有嘉魚〉，笙〈崇丘〉。
　　　　歌〈南山有臺〉，笙〈由儀〉。

　　4. 遂歌鄉樂：《周南》：〈關雎〉、〈葛覃〉、〈卷耳〉。《召南》：
　　　　〈鵲巢〉、〈采蘩〉、〈采蘋〉。

　　　　大師告于樂正曰：「正歌備。」

　　5. 無算樂。

　　　　賓出

　　6. 奏〈陔〉。

以上〈燕禮〉樂次全程，自升歌至賓出奏〈陔〉，共六節。鄭《注》：
「〈陔夏〉，以為行節也。凡《夏》以鍾鼓奏之。」（《釋文》）〔賈疏〕
云：「《周禮》〈鍾師〉云：以鍾鼓奏《九夏》，鄭《注》云：先奏鍾，

次擊鼓。足凡《夏》皆以鍾鼓奏之。」今案：奏〈陔〉即「金奏」之一種。

　　上述邦國燕禮，據《儀禮》賈《疏》引鄭《目錄》謂為「諸侯無事，若卿大夫有勤勞之功，與群臣燕飲以樂之」的一種。但若宴異國的賓，樂次卻頗有變動。《儀禮》文云：

> 若與四方之賓燕。……
> 若以樂納賓，則賓及庭，奏〈肆夏〉。賓拜酒，主人答拜而樂闋。
> 公拜受爵，而奏〈肆夏〉。公卒爵，主人升受爵以下而樂闋。
> 升歌〈鹿鳴〉。
> 下管〈新宮〉。笙入三成。
> 遂合鄉樂。
> 若舞則〈勺〉。

這裡樂次和常燕不同者，為納賓有二次金奏。升歌止言〈鹿鳴〉，下管卻言〈新宮〉，為樂章所無。「笙入三成」也和常燕不同。「合鄉樂」之後又有「舞〈勺〉」，則是〈象武〉。這個樂次顯然比常燕的禮樂隆重。如納賓之所以有兩次金奏。因為常燕是國君燕其群臣，群臣自不能自處「賓」位以與國君匹□。而禮節又不能不有「賓主」的關係，因此通常都是以宰夫作為象徵的「主人」來招待群臣（即眾賓）。既有賓主關係，自不能不有賓主的「獻酬」。故奏〈肆夏〉之後，自當有「賓拜酒」和「主人」答拜的必需禮貌。但，象徵主人的宰夫背後，還有個真主人的國君（即「公」）在。異國之「賓」，自不能不和真主人獻酬，這樣一來，當賓獻「公」時，自不能不再作一次「金奏」。這是燕異國之賓所以有兩次金作的原因。下管時言〈新

宮〉，「新宮」是什麼，三百篇中並沒有此樂章。鄭《注》說是「逸篇」，有人認為，就是〈斯干〉，皆出推測。又（《釋文》）〔賈《疏》〕釋「笙入三成」為「止謂笙奏〈新宮〉三終，申說下管之義。」語仍含混。綜之，〈燕禮〉燕異國之賓的樂次，和常燕樂次的輕重和差異是很顯然的。歸納全程，可如下表：

〈燕禮〉燕異國之賓樂次：

　　1 賓及庭，奏〈肆夏〉（金一作）

　　2 （賓獻公）公拜受爵，奏〈肆夏〉（金再作）

　　3 升歌〈鹿鳴〉。

　　4 下管〈新宮〉。

　　5 笙入三成。

　　6 逐合鄉樂。

　　7 舞〈勺〉。（正歌備）

　　8 無算樂。（無算樂）

　　9 奏〈陔〉。（出賓）

（丙）邦國禮〈大射儀〉樂次

賈《疏》引鄭《目錄》云：「名曰大射者，諸侯將有祭祀之事，與其群臣射以觀其禮，數中者得與於祭；不數中者，不得與於祭。〈射義〉於五禮屬嘉禮。」今案：這是依《周禮》〈大宗伯〉之文的分類。但清儒邵懿辰則以為照漢儒的說法，則《儀禮》無「軍禮」。但〈大射儀〉實即屬「軍禮」的範疇云。說已見前「禮的分類」章。茲將《儀禮》所載樂次引錄如左：

　　樂人宿縣於阼階東。笙磬西面。其南笙鍾。其南鑮。皆南陳。
　　建鼓在阼階西。南鼓。應鼙在其東，南鼓。西階之西頌磬，東

面。其南鍾。其南鎛。皆南陳。一建鼓在其南,東鼓。朔鼙在
其北。一建鼓在西階之東,南面。鼗在建鼓之間。鼗倚於頌磬
西紘。……

擯者納賓。……

公升即席,奏〈肆夏〉。……

主人……獻于公,公拜受爵,乃奏〈肆夏〉。……

小臣納工。工六人,四瑟。……

乃歌〈鹿鳴〉三終。……

乃管〈新宮〉三終。卒管。……

司射……請以樂于公,公許。

司射……命樂正曰:「命用樂。」樂正曰:「諾。」

司射遂適堂下,北面視上射,命曰:「不鼓不釋。」……

樂正命大師曰:「奏〈貍首〉,間若一。」

奏〈貍首〉以射。(射訖,舉旅。)……

司馬……請徹俎,公許。……

賓,諸公卿大夫皆說屨升就席。公以賓及卿大夫皆坐,乃
安。……

司正升受命,皆命:「公曰:眾無不醉。」

賓及諸公卿大夫皆興對曰:「諾,敢不醉!」……

無算爵。……

無算樂。……

賓……降,奏〈陔〉。

賓……出。……公不送,

公入,〈驁〉。

茲將〈大射儀〉樂次列左:

1 公即席，奏〈肆夏〉。（金一作）

2 公受爵，奏〈肆夏〉。（金再作）

3 乃歌：〈鹿鳴〉三終。（升歌）

4 乃管：〈新宮〉三終。（下管）

5 奏〈貍首〉，間若一。（射節）

　　射訖，就席。

　　無算爵。

6 無算樂。

7 奏〈陔〉。

8 公入〈驁〉。

看上表，〈大射儀〉的特點是無納賓之樂，卻有獻公的兩次金奏。又下管〈新宮〉，卻和〈燕禮〉燕異國之賓一樣，這一點是很可注意的。奏〈貍首〉是射樂，卻和《周禮》不同。又出賓之後，又有「公入〈驁〉」一樂次。這也是射禮的一特徵。因射宮在郊，故以將還為入也。

（丁）鄉禮——〈鄉飲酒禮〉樂次

鄉飲酒禮，是鄉大夫與鄉黨長老、賓賢能、序位的一種鄉禮。鄉大夫為主人，而以鄉黨賢者為「賓」（首席）、「介」（副賓），和「眾賓」。選定了「賓、介、眾、賓」之後，主人即予邀請（速賓），這樣，自「主人、一相，迎于門外」起，便是禮的開始。賓主拜到五十多拜之後。

> 工四人，二瑟。……樂正先升，立於西階東。工入升自西階。……
> 工歌：〈鹿鳴〉、〈四牡〉、〈皇皇者華〉。
> 卒歌，主人、獻工。……

笙入堂下。……樂:〈南陔〉、〈白華〉、〈華黍〉。……

乃間歌:〈魚麗〉,笙〈由庚〉。歌〈南有嘉魚〉,笙〈崇丘〉。

歌〈南山有臺〉,笙〈由儀〉。

乃合樂:《周南》:〈關雎〉、〈葛覃〉、〈卷耳〉。

　　　　《召南》:〈鵲巢〉、〈采蘩〉、〈采蘋〉。

工告於樂正曰:「正歌備。」

賓主拜到七十餘拜以後。

司正升自西階,受命于主人。主人曰請坐于賓。賓辭以俎。主

人請徹俎,賓許。……

說屨,揖讓,……升坐。……

無算爵。

無算樂。

賓出,奏〈陔〉。……

明日,……乃息司正。無介。不殺。薦脯醢。羞唯所有。徵唯

所欲。……賓、介、不與。

鄉樂唯欲。

今將〈鄉飲酒禮〉樂次列如下表:

1. 工歌:〈鹿鳴〉、〈四牡〉、〈皇皇者華〉。(升歌)

2. 笙入:〈南陔〉、〈白華〉、〈華黍〉。(下管)

3. 間歌:〈魚麗〉,笙〈由庚〉。歌〈南有嘉魚〉,笙〈崇丘〉。

　　 歌〈南山有臺〉,笙〈由儀〉。

4. 合樂:《周南》:〈關雎〉、〈葛覃〉、〈卷耳〉。

　　　　《召南》:〈鵲巢〉、〈采蘩〉、〈采蘋〉。

　　 正歌備

5. 無算樂。

6. 奏〈陔〉。

7. 鄉樂唯欲。

案：〈鄉飲酒〉樂次，除「息司正」的「鄉樂唯欲」外，其餘程序，都和邦國〈燕禮〉的常燕樂次一樣。這是很有意思的。鄭玄解這個現象為「禮盛者可以上取」，意謂「鄉飲酒」是盛禮，同時燕禮又是個輕禮，所以用〈燕禮〉的樂次是很自然的事。鄉樂無論如何，都比王朝樂簡單，讓我們再看〈鄉射禮〉就可以說明這一點。

（戊）鄉禮──〈鄉射禮〉樂次

《疏》引鄭《目錄》云：「州長春秋以禮會民而射於州序之禮。謂之鄉者，州、鄉之屬，鄉大夫或在焉，不改其禮。」春秋以前，州為鄉屬。《周禮》〈大司徒〉職云：「五州為鄉」是也。《注》又云「〈射禮〉於五禮屬嘉禮」，乃依〈大宗伯〉「以嘉禮親萬民」條下有「以賓射之禮親故舊朋友」語而云然。然清儒邵懿辰以為當屬「軍禮」，理由已詳前文。

> 縣于洗東北西面。⋯⋯
>
> 工四人，二瑟。⋯⋯
>
> 笙入，立於縣中，西面。
>
> 乃合樂：《周南》：〈關雎〉、〈葛覃〉、〈卷耳〉。
>
> 　　　　《召南》：〈鵲巢〉、〈采蘩〉、〈采蘋〉。
>
> 工不興，告於樂正曰：「正歌備。」⋯⋯
>
> 司射⋯⋯命樂正曰：「請以樂樂於賓。」賓許。
>
> 司射遂⋯⋯命曰：「不鼓不釋。」⋯⋯
>
> 樂正東面，命大師曰：「奏〈騶虞〉，間若一。」

大師不興，許諾。

樂正退反位。乃奏〈騶虞〉以射。……

賓、主人、大夫、眾賓繼射。……卒射，降。……

司正……受命于主人，……請坐於賓。賓辭以俎。……主人
曰：「請徹俎。」賓許，……取俎還授司正，……司正以俎出
授從者。……主人以賓揖讓說屨，乃升。大夫及眾賓皆說屨升
坐，乃羞。無算爵。……

無算樂。

賓興，樂正命奏〈陔〉。……賓出。……

明日，……乃息司正。無介。不殺。……既獻眾賓。一人舉
觶，遂無算爵。無司正。……徵唯所欲。……羞唯所有。鄉樂
唯欲。

以上為鄉射樂次。又有禮射，則為比於禮樂不主皮之射。

歌〈騶虞〉，若〈采蘋〉，皆五終。射無算。

歸納上引經文，可得〈鄉射禮〉之樂次如下表：

　　1 合樂：《周南》：〈關雎〉、〈葛覃〉、〈卷耳〉。
　　　　　　《召南》：〈鵲巢〉、〈采蘩〉、〈采蘋〉。（正歌）
　　2 乃奏〈騶虞〉以射。（射節）
　　3 無算樂。（燕飲）
　　4 奏〈陔〉。（出賓）
　　　息司正。
　　5 鄉樂唯欲。（無算樂）
　　6 禮射奏〈騶虞〉、若〈采蘋〉、皆五終。射無算。

今案：〈鄉射〉為最單純之鄉本位禮，故所用樂皆徹頭徹尾為鄉禮樂次。非如〈鄉飲酒禮〉之以鄉禮而借用王樂也。我們看〈燕禮〉燕異國之賓時的樂次和〈大射儀〉相似，即可見其為〈燕禮〉的原始樂次。其常燕樂次，必為〈鄉飲酒禮〉借用之樂次，後乃成為〈燕禮〉常樂者。再看〈鄉飲酒禮〉和〈鄉射禮〉皆有明日息司正之樂，也可覘〈鄉飲酒禮〉之原始樂次，必也和〈鄉射禮〉一樣簡單，後來才因借用王樂，而與〈燕禮〉混同者。然終不抹煞其息司正的本來面目。於此足證鄭玄所謂「禮盛者可以上取，禮輕者可以逮下」之說為出於附會也。

歸納上文樂節，可如下表。

春秋以前禮樂分類表

禮的分類	樂的分類								附註
	堂上樂				堂下樂				
	樂名	詩篇	樂器	樂次	樂名	樂器	詩篇	樂次	
祭祀之禮 （郊廟之祭）	升歌 （登歌）	清廟	琴瑟 玉磬 （鳴球）	I	下管	笙鏞 鼗鼓 笙鐘 頌磬	象 大武 大夏	II	凡下管皆指堂下之樂
甲、 郊廟祭祀之禮	升歌	清廟	琴瑟	I	下管 笙奏 間歌 合樂 萬舞	棘鼓 簴虡 干戚 羽簫 韶簫 （簫字異文有箛、椈、業等）	王夏 肆夏 昭夏 九夏	II III IV V	有笙奏、間歌、合樂、萬舞等，不能整齊劃分。以上皆屬正歌部分
郊廟之祀					金奏	鐘、鼓		不定	

禮的分類		樂的分類								附註
		堂上樂				堂下樂				
		樂名	詩篇	樂器	樂次	樂名	樂器	詩篇	樂次	
乙、燕饗之禮	(一)大饗	升歌（借歌）	文王大明緜	琴瑟玉磬	I	下管	吹籥東夷之樂、四夷之樂、羽、籥之舞	象舞夏籥	II	此據襄公四年《左傳》、《國語》文。以上皆屬正歌部分。
		金奏（？）	三夏（肆夏繁遏渠）		I				II	
		無算樂							III	
	(二)邦國燕禮	升歌	鹿鳴四牡皇皇者華	瑟	I	笙入	笙鐘頌磬	南陔白華華黍	II	以下皆為堂下與堂上間作之樂。
	邦國燕禮（常燕）	間歌	魚麗南有嘉魚南山有臺	瑟	III	間歌	笙	由庚崇丘由儀	III	燕飲之樂，此為金奏出賓之節。
		鄉樂（合樂）	周南：關雎葛覃卷耳	瑟	IV				IV	
			召南：鵲巢采蘩采蘋	瑟						
		無算樂			V	奏陔	鍾鼓		V	
									VI	
	邦國燕禮	金奏	肆夏肆夏	鍾鼓	I					
					II					
		升歌	鹿鳴	瑟	III	下管	笙	新宮	IV	
	（燕異國之賓）					笙入合樂舞	三成		V	燕禮原始樂次。
								ㄇ	VI	
								ㄅ	VII	
		無算			VIII	奏陔			IX	

禮的分類		樂的分類								附註
		堂上樂				堂下樂				
		樂名	詩篇	樂器	樂次	樂名	樂器	詩篇	樂次	
（三）邦國禮大射儀	金奏	肆夏	鍾鼓	I						清儒邵懿辰以為即軍禮。
			肆夏		II					
	升歌	鹿鳴三終			III	下管	笙	新宮三終	IV	
	射節	貍首							V	
	無算				VI	奏陔			VII	
						入鷔			VII	
（四）鄉禮—鄉飲酒禮	升歌	鹿鳴 四牡 皇皇者華		瑟	I	笙入	笙	南陔 白華 華黍 由庚 崇丘	II	樂次和〈燕禮〉同。
	間歌	魚麗 南有嘉魚 南山有臺		瑟	III III III			由儀		
	間歌合樂	關雎 葛覃 卷耳 鵲巢 采蘩 采蘋		瑟	III IV	間歌	笙		III III III	間歌是歌笙相間行，雖屬鄉禮卻已失去鄉本位禮的原始樂次。
	無算				V	奏陔			VI	
	鄉樂	唯欲			VII					
（五）鄉禮—鄉射禮	合樂（正歌）	關雎 葛覃 卷耳 鵲巢 采蘩 采蘋		瑟	I					此為《儀禮》中唯一保留著原始樂次的鄉本位禮。
	射節	乃奏騶虞以射							II	
	無算				III	奏陔			IV	
	鄉樂	唯欲			V					

三 三百篇的分類

鄭玄用「正、變」的觀念來分別《詩經》的內容原可說是一個大的發明，因為三百五篇詩確可以如此歸類，無論在義理上、音樂上確都可以用這兩個觀念來微窺詩篇旨趣的歸向。可惜的是鄭玄把「正、變」用世代來硬性地加以劃分，不從詩篇本身去別擇其「正、變」，卻以「正變」的殊異歸之於世代。於是「正」的世代所產生者為「正」詩，「變」的世代所產生者為「變」詩，而事實上便處處發生扞格矛盾了。

現在筆者將鄭玄「正、變」的觀念加以修正使用，來作三百篇的音樂分類，以「正詩」解釋「正樂」，而以「變詩」歸入「無算樂」，（卻）〔欲〕打破硬性劃分的世代觀念，將三百五篇的「正變」就詩篇內容重新分類，使「正歌」之與「無算樂」間確有其迥然不可混淆地意義在，則三百篇之解題，（里）〔思〕過半矣。

三百篇雖可以用「正、變」為「正歌」與「無算樂」的分類標準，但這裡所謂「正歌」，卻不一定全屬於《詩譜》的「《詩》之正經」；相反的，所謂「無算樂」也不一定全為《詩譜》的所謂「《變風》《變雅》」。換言之，本文只取鄭玄「正變」的觀念來分別「正歌」與「無算樂」在《儀禮》「樂次」中的地位及其詩篇應用的性質，卻與《詩譜》所謂「正變」的義理觀念並不相侔。例如《二南》二十五篇詩在《詩譜》中是「正詩」，但依我們的樂章標準，則其可為「正歌」的，恐怕就夠不上一半。同樣道理，在《詩譜》所謂「變詩」的標準中，《豳風》的〈七月〉之必為「正詩」固不待論；即如《鄭風》之〈緇衣〉，《衛風》中之〈淇奧〉，如何能謂之「變詩」呢？這是指《國風》。《小雅》、《大雅》中「正變」之混淆不清，更不可指數。所以嚴格說，《詩譜》所謂「正變」，事實上就是一筆胡塗

帳！而二千年來注經家總樂於苟信，鄭說亦殊可怪。

現在我們將三百五篇詩重新依「正變」分為兩大類：凡用於典禮上的「正歌」，必皆為「正詩」的樂章，而其餘所有「變詩」，則盡以歸入「無算樂」為樂歌。茲仍就《三頌》、《大雅》、《小雅》、《國風》四詩分別歸入「正歌」和「無算樂」二類如左。

（1）正歌

春秋以前凡典禮中在升、笙、間、合、舞及一部分金奏樂次以內所演出之樂節，都稱之為「正歌」。所以「正歌」的本質，也就等於表達禮意主題的樂章。《儀禮》中所列舉的「正歌」範例不多。鄭玄雖將這類「正歌」，擴充到九十九章（以樂章的章字代替詩篇的篇。下仿此）如下表。即：

> （1）《周南》十一章（自〈關雎〉至〈麟之趾〉）。
> （2）《召南》十四章（〈鵲巢〉至〈騶虞〉）。
> （3）《小雅》十六章（自〈鹿鳴〉至〈菁菁者莪〉）。
> （4）《大雅》十八章（自〈文王〉至〈卷阿〉）。
> （5）《周頌》三十一章（自〈清廟〉至〈般〉）。
> （6）《魯頌》四章（〈駉〉至〈閟宮〉）。
> （7）《商頌》五章（〈那〉至〈殷武〉）。

若加上《周禮》的「篇章」——一般註經家都說就是《豳風》的〈七月〉——，那麼，則鄭《譜》的「正歌」樂章正好是一百篇。這個數字自然是不正確的。茲參照三家及鄭玄、朱子諸家兼驗之於詩章內證，再加釐定如下。

1 《周頌》

《周頌》三十一章，即以章為單位，這是和《風》《雅》的分章

最大的差別。又多不用韻（其中惟〈烈文〉、〈我將〉、〈執競〉、〈振鷺〉、〈有瞽〉、〈雝〉、〈載見〉等章亦間用韻）。又皆為賦體。此三十一樂章，皆為祭祀時所奏「升歌」，「升歌〈清廟〉」幾成為象徵的句子。其所用場合，最早的今有《魯詩》說的解題，見漢儒的蔡邕《獨斷》，錄之如次。

〈清廟〉	一章八句，洛邑既成，諸侯朝見宗廟，祀文王之所歌也。
〈維天之命〉	一章八句，告太平于文王之所歌也。
〈維清〉	一章五句，奏〈象武〉之所歌也。
〈烈文〉	一章十三句，成王即政，諸侯助祭之所歌也。
〈天作〉	一章七句，祀先王公之所歌也。
〈昊天有成命〉	一章七句，郊祀天地之所歌也。
〈我將〉	一章十句，祀文王于明堂之所歌也。
〈時邁〉	一章十五句，巡狩告祭柴望之所歌也。
〈執競〉	一章十四句，祀武王之所歌也。
〈思文〉	一章八句，祀后稷配天之所歌也。
〈臣工〉	一章十五句，諸侯助祭遣之于廟之所歌也。
〈噫嘻〉	一章八句，春〔夏〕祈穀于上帝之所歌也。
〈振鷺〉	一章八句，二王之後來助祭者之所歌也。
〈豐年〉	一章七句，烝嘗秋冬之所歌也。
〈有瞽〉	一章十三句，始作樂合諸侯而奏之所歌也。
〈潛〉	一章六句，季冬薦魚、春薦鮪之所歌也。
〈雝〉	一章十六句，禘太祖之所歌也。
〈載見〉	一章十四句，諸侯始見于武王廟之所歌也。
〈有客〉	一章十二句，微子來見祖廟之所歌也。

〈武〉　　　　　一章七句，奏〈大武〉，周武所定一代之樂之所歌
　　　　　　　　也。

〈閔予小子〉　　一章十一句，成王除武王之喪，將欲即政，朝于廟
　　　　　　　　之所歌也。

〈訪落〉　　　　一章十二句，成王謀政于廟之所歌也。

〈敬之〉　　　　一章十二句，群臣進戒嗣王之所歌也。

〈小毖〉　　　　一章八句，嗣王求忠臣助己之所歌也。

〈載芟〉　　　　一章三十一句，春藉田祈社稷之所歌也。

〔〈良耜〉　　　一章二十三句，秋報社稷之所歌也。〕

〈絲衣〉　　　　一章九句，繹賓尸之所歌也。

〈酌〉　　　　　一章八句，告成大武，言能酌先祖之道以養天下之
　　　　　　　　所歌也。

〈桓〉　　　　　一章九句，師祭講武，類禡之所歌也。

〈賚〉　　　　　一章六句，大封于廟，賜有德之所歌也。

〈般〉　　　　　一章七句，巡狩四嶽之所歌也。

右詩三十一章，皆天子之禮樂也。

上面《周頌》三十一章解題，今《毛詩序》大致採用。朱子《集傳》
云：「頌者，宗廟之樂歌。」此語最的。至《毛詩序》所謂「美盛德
之形容」，朱子曰：「蓋頌與容古字通用。」又曰：「《周頌》三十一
篇，多周公所定，而亦或有康王以後之詩云。」又曰〈維清〉「之詩
疑有闕文焉」。又謂〈天作〉為「祭大王之詩」。又曰〔〈噫嘻〉〕〔〈昊
天有成命〉〕為「（禮）〔祀〕成王之詩無疑」。謂〈時邁〉之詩為「巡
狩而朝會祭告之樂歌」。《春秋外傳》以〈時邁〉為「金奏〈肆夏〉
〈樊遏〉〈渠〉」。韋昭注云：「〈肆夏〉一名〈樊〉，〈韶夏〉一名
〈遏〉，〈納夏〉一名〈渠〉，即《周禮》《九夏》之三也。」呂叔玉

云：「〈肆夏〉，〈時邁〉也。〈樊遏〉，〈執競〉也。〈渠〉，〈思文〉也。」朱子曰：〈執競〉，「此昭王以後之詩」。又曰：或謂〈思文〉之詩即所謂〈納夏〉者，以其有「時夏」之語而命之也。謂〈振鷺〉「此二王之後來助祭之詩」。謂〈有瞽〉「《序》以此為始作樂而合乎祖之詩」。又曰：《春秋傳》以〈武〉一章為〈大武〉之首章也。周公象武王武功之舞，歌以詩以奏之。然此詩章中既有武王之諡，不當謂為武王作。《毛詩序》大致採《獨斷》的《周頌》解題，朱子略加辯說如右。

2 《魯頌》

《魯頌》四篇，朱子云：「成王以周公有大勳勞於天下，故賜伯禽以天子之禮樂，魯於是乎有《頌》，以為廟樂。」舊說皆以為其十九世孫僖公申之詩。今無可考。獨〈閟宮〉一篇為僖公之詩無疑耳。案：朱子以魯之有《頌》，乃僭越之事。

《魯頌》〈駉〉一篇四章，為孔子「思無邪」一語所從出。故孔子解《詩》，明也沿春秋時代之「斷章」風氣。注經家必欲抹煞此一事實，遂捉襟見肘，無有是處。

〈有駜〉一篇三章，〈閟宮〉一篇九章，皆魯人廟頌其先人功德之詩。

3 《商頌》

商之無詩，鄭玄固已言之。然《詩譜》乃謂三百篇有《商頌》五篇，則鄭氏有意渲染之也。前人駁之已詳，而朱子似猶有意強調鄭說。惟清人王國維及近世傅孟真師均有專文證《商頌》之確為宋詩，殆已為不爭之論。《商頌》五章，朱子云：

〈那〉一章二十二句，祀成湯之樂。

〈烈祖〉一章二十二句，亦祀成湯之樂。

〈玄鳥〉一章二十二句，此亦祭祀宗廟之樂。

〈長發〉一篇，七章。《序》以此為大禘之詩。

〈殷武〉一篇，六章。此蓋特為百世不遷之廟，……始祔而祭之之詩也。然此章與〈閟宮〉之卒章文意略同，未詳何謂。

以上《周頌》等四十章，為用於祭祀之樂章，於樂次屬「正歌」一。

4　《大雅》

大饗之禮，或兩君相見，大概都是用《大雅》，前文已具言之。茲分列如下：

《文王之什》十篇，《生民之什》八篇。天子諸侯朝會之樂章。共十八章。

5　《小雅》

〈鹿鳴〉、〈皇皇者華〉、〈常棣〉、〈伐木〉、〈天保〉、〈出車〉、〈魚麗〉、〈南有嘉魚〉、〈南山有臺〉、〈蓼蕭〉、〈彤弓〉、〈菁莪〉等十二篇，為通常燕饗樂章。

以上《大》、《小雅》三十篇，為朝會、燕饗樂章，於樂次屬「正歌」二。

6　《國風》

《國風》中屬「正歌」者有〈葛覃〉、〈樛木〉、〈螽斯〉、〈桃夭〉、〈兔罝〉、〈芣苢〉、〈麟趾〉、〈鵲巢〉、〈采蘩〉、〈采蘋〉、〈草

蟲〉、〈甘棠〉、〈摽梅〉、〈何彼穠矣〉、〈騶虞〉、〈定之方中〉、〈淇奧〉、〈碩人〉、〈木瓜〉、〈緇衣〉、〈叔于田〉、〈大叔于田〉、〈無衣〉、〈鳲鳩〉、〈七月〉，等二十五篇，出民間歌謠或民俗之詩，被之管弦，以為鄉樂樂章。於樂次屬「正歌」三。

　　以上凡「正歌」之章九十五篇。此外尚有《風》、《雅》二百一十篇，於樂次屬於「無算樂」之所歌，茲不列舉。

　　　　　　　　　　　　五九年七月十七日于台大病榻

原學篇

　　在政教未分時代，道術（用《莊子》〈天下〉篇語）存於官守，以政為教。故仕宦為「學」：《說文》宦字訓仕，仕字訓學；《左傳》宣二年靈輒「宦三年矣」，服虔曰「宦，學也，是學執事為官也」，皆其證。而焦循引《詩》〈文王有聲〉《毛傳》云「仕，事也」，謂為「事其事」，又可發明仕宦皆有「學職事」之義，故宦、仕、學、事，義實相通，學也就等於官守職事的傳遞。這是古代原始的官學。

　　但好逸惡勞，無所用心，乃治者宿命的習氣。於是官守的末流，存職事而遺道術，而學的觀念遂無所附麗，為大人所不喜。故周原伯魯不悅學，閔子馬曰：「夫必多有是說，而後及其大人，大人患失而惑，又曰可以無學，無學不害。」（《左傳》昭十八年）這是春秋時代官學的頹勢。

　　簡策也是如此。簡策之於官學，似乎是到了周朝才興盛起來的。我人今日所能見到的甲骨文，似乎還無法尋出跟周朝一樣「郁郁乎文」的跡象。所以孔子歎夏殷之禮無徵，就是因為缺乏簡策。因此，我們可以想像到自殷而上的官學，必是史有職而無書。卜辭即使可稱為典策，那也去周太遠了。周朝雖以文勝，但也一樣因職事易於敷衍，簡策卻難於肄習的理由逐漸喪失。所以「文王既沒，文不在茲乎」的「文」，劉寶楠的《論語正義》作典籍解，這是對的。到了東周以後，簡策更會被治者階級故意丟棄，故周室班爵祿，連孟子那樣熟掌故的也會弄不清，原因就是：「諸侯惡其害己也而皆去其典籍。」這也是官學末流的一特徵。

　　春秋時的官學，就是這樣一個空架子，所以孔子一聽到郯子言官，見於郯子而學之，告人曰：「天子失官，學在四夷，猶信。」（《左傳》昭十七年）孔子這句話，與其認為是報導官學與私學的劃分，毋寧說是說明官守與「學」的分野。因為從這個時期起，官守所失去的東西，才成了獨立的「學」；而孔子也就是第一個講論這「學」而加以倡導的人。

　　孔子見郯子時是二十七歲。若說孔子這時就已授徒教學，恐怕言之過早。梁任公在其所著的《孔子》一書中謂孔子教學時二十四歲，這顯然是取〈檀弓〉孔子葬母的故事兼採《闕里志》〈年譜〉之文足成的。然〈年譜〉之不足據，崔述已前辨之（《洙泗考信錄》），故孔子葬母時的年歲，是無法證明的。就孔子晚年自述其「三十而立」的話看來（〈為政〉），孔子是「己欲立而立人」的人（〈雍也〉），很可能三十歲也正是他教人的時候。但無論如何，言學的事，不可能發生於孔子之前則是無可疑的。就不說從官學演變的軌跡看來，理論上言學的事不能很早發生；即就事實而論，載籍上也沒有很早的言學記載。我們試自春秋算起，百家之學，幾乎沒有一個流派不是孔子以後的東西，這既是駁不倒的事實；即以孔子自己所常稱述的《詩》《書》來說，也何嘗在真實的古書上有言學的記載呢？當然，這話自然要牽涉到現有的《詩》《書》或《六經》的問題。

　　先討論與言學有關的《書經》問題。

　　過去自漢至明的千餘年間（今日也許仍然有），學者確也認為「學」的思想（即以「學」字作為獨立思想範疇的原始術語。以下凡言「學」時皆仿此）是很早就有了的：像宋朝的王應麟的話就可作為代表，他說：「〈說命〉，言學之始也。」（《困學紀聞》）照這話，是說，言學的事，早在殷高宗時就有了的。按年代推算，比孔子還要提前七、八百年。我們姑且撇開理論的歷史科學不談，我們就書論書，

那麼，王氏這個報導，也是到了清初就被推翻了的，因為王氏所根據的〈說命〉是《偽古文尚書》（即現行本《尚書》的古文部分）。這個偽造文書的公案，從四世紀到十八世紀上半期，至少被隱瞞了一千三、四百年之久，才被梅鷟（明）、閻若璩、李紱和崔述等人陸續舉發破案的（此案最重要文獻有：閻若璩《古文尚書疏證》。崔述《古文尚書辨偽》。再就是惠棟的《古文尚書考》已足。此外便是梁任公所謂「打死老虎」的了）。毛奇齡雖力為偽書辯護（《古文尚書冤詞》），然其所提出反證，多不確實，其無採信價值，《四庫提要》殆已論定，偽書再無翻案餘地，故《尚書》的言學是不足據的。

有人以為偽書雖不足據，但《禮記》〈學記〉，及〈文王世子〉所引〈兌命〉言學之文，安知其非出真古文書？例如鄭玄注《禮》，便以為是逸《書》。實則西漢末劉歆所稱孔安國未得獻的《古文尚書》果否真有多出的十六篇，就已大成問題（參看梁任公的《古書真偽及其年代》第二章）。即便說十六篇是真古文，裏面根本也沒有〈兌命〉篇名！可見假想《禮記》引的是真古文也沒根據。況且，《禮記》本身就是「七十子後學者所記」（《漢書》〈藝文志〉），其最可靠材料，也不會出孔子前。例如學者最信〈檀弓〉，也是因其與孔子關係較切的緣故。像〈檀弓〉有孺悲學〈士喪禮〉於孔子的記載，因此梁任公便信《儀禮》為孔子所編（《古書真偽及其年代》）。胡適之也是如此。胡先生是相當推崇《考信錄》的；但他在民國二十五年所寫的〈崔東壁遺書序〉上便說，崔述「不信〈檀弓〉，終不能使人心服」。又說「〈檀弓〉決非後儒所能捏造」，理由是：「〈檀弓〉的語言完全是和《論語》同屬於魯國語的系統。」適之先生還用社會學的觀點，來證明孔子將死時「夢坐奠於兩楹間」是一個有價值的史料。這個「引孔子為斷」（借用袁枚語）來證〈檀弓〉之真的方法，也無異說明《禮記》可信的部分，仍然是孔子以後的東西，孔子以前的便有

問題了。所以在清代學術盛世的乾嘉學人中惟一不治經學的袁枚便根本不信《三禮》，並謂「《周禮》、《戴記》，較《儀禮》紕謬更甚」。他有一個基本觀念，認為：「子所雅言，《詩》《書》外惟禮加一執字。蓋《詩》《書》有簡策可考，而禮則重在躬行，非有章條禁約也。」因此，他認為周禮必無書——這個書自然是指「繁文縟節」說的。所以他引《左傳》韓宣子見魯《易》象與魯《春秋》，以為「周禮盡在魯」，以證明周禮之「非別有書」；又引太叔儀謂昭公之知禮「是儀也，非禮也」，以證明儀之不成其為禮。若《左傳》的話為真史料，則子才的判斷自亦不能不確。子才又舉《左氏》引古皆不見今書，以見今禮之非古（以上並見《隨園文集》〈答李穆堂先生問三禮書〉），這都可與顧棟高《春秋大事年表》〈左傳引經不及周官儀禮論〉相發明；同時，也可說是後來崔述辨《禮》（《豐鎬考信錄》）之先河了。按：崔述生時，袁枚已成進士。照胡適之先生所著《崔述年譜》，東壁三十歲始著手著書，《考信錄》成已七十歲，那時子才已歿十餘年了。至於《周禮》一書，東漢末已有人置疑，像林孝存便論它為「末世瀆亂不經之書」，何休說它是「六國陰謀書」。至清初萬斯大《周官辨非》始為辨《周禮》的專著。梁任公認為乃劉歆雜采戰國政書附以己意偽撰之書（見〈清代學者整理舊學之總成績〉）。歸納起來，關於《禮》或《禮記》的問題，無論袁枚也好，崔述也好，梁任公也好，胡適之先生也好，他們有一個態度是相同的，即：考信於孔子。換個說法，即關於《禮》的可信材料，都不是孔子以前的東西。

這是關於孔子所常言的「《詩》、《書》、《禮》」的問題。但後人卻加上《樂》、《易》、《春秋》而統稱之為《六經》，而皆認之為孔子所「述」，於是《六經》之與孔子有了不可分的關係；因此我人不能不又連帶討論一下《六經》的問題。

「經」之為晚出的東西，本來是極明顯的事實；不但孔子時無所

謂「經」，即孔子以後的儒家之書，亦不稱經。最服膺孔子之學的孟子亦無一語及經。倒是與儒家站在敵對狀態的墨家有經；道家的《老子》稱經，《莊子》稱經；法家的《韓非子》有經。可見以「經」稱載籍的有二特徵：一是墨、道、法家用語，一是戰國時才有的詞彙。所以老子、墨子、莊子都有晚出——即是和作者的時代不相符的書。《戴記》之有〈經解〉，亦正證明其為後人的想法。《荀子》有「經」一詞，顯然是墨、道、法影響的痕跡。至於「經」而稱「六」，更是尤晚的玩藝。司馬遷〈滑稽列傳〉只言「六藝」，不言「六經」。

「六經」這個集刊名詞無與於孔子不用說了。即以「詩書禮」以外的另外三藝言之；樂已失傳——恐怕原來就無書。孔子「自衛反魯，然後樂正，《雅》《頌》各得其所」，這當然是指音律說的。古書一點也沒有記音律符號的遺跡，故國學無樂。所謂《樂經》之所以亡得這樣澈底，關鍵也就在此。故偽造家也無法偽造《樂經》。《春秋》則是到了孟子才強調與《詩》《書》相提並論的，漢人的微言大義，也都是從此而出。至於易的問題，顯然是漢人給牽扯上的。原始的易，本來很簡單，正代表古代社會一種生活方式，純然是卜筮的東西。所以朱子到底是眼光如炬，他在漢人易學的迷魂陣下，他仍然能看穿易之「非為義理作」！要不然，秦燒《詩》《書》，不會獨不禁易（《漢書》〈儒林傳〉）。有了秦獨不禁易這個事實，我們便可證明易在秦以前之不與《詩》《書》同科；同時也就足證明原始易以外的東西明是秦以後才加上去的。秦以後的人們為了使這部卜筮之書跟《詩》《書》同等，就不得不加上像《詩》《書》一樣有關義理的東西。所以還是朱子說得得間，他說：「孔子之易，純以理言，已非羲、文本意。」（以上引朱子語見《語類》）朱子雖不公然「非聖」，實際上卻已把《十翼》出於孔子的論據從根拔出來了。而自歐陽以來的所有辨《易傳》之作，也等於贅說。我們看穿了這一點，於是《論語》上

「五十以學易」的「易」，無論其在鄭玄所見過的本子上是否作「亦」，也是無關宏旨的。原文是「亦」，那是說孔子未嘗言易，那麼話仍然跟上文說過〔的〕正好證明「易」根本不與「子所雅言」的《詩》《書》同科；若說是《周易》的易，則卜筮也不過是孔子的傳統生活上本來就有的一項，毫不足奇。甲骨文不就都是卜辭麼！只不過《周易》比殷卜辭稍為複雜罷了。但自殷卜辭演進而有周卜辭，不也是很自然的事麼？大家一落入漢人的義理障，便怎樣也轉不出來，於是經過崔述時代之後，聰明博學如梁任公，仍然不能忘情於〈彖〉、〈象辭〉。任公在民國九年所作的《孔子》一書上是十足信《易傳》的。作《中國近三百年學術史》時，他仍然不敢積極持反對論調。到了民國十六年的《古書真偽及其年代》上，雖《十翼》有八翼被認為出戰國以後，但〈彖〉〈象〉仍暫時歸之孔子的。這都說明任公受義理影響之深。

易的問題，本來可告一段落；但崔述的論法，仍值得一提，崔述論汲冢中有《易經》而無傳一事云：「魏文侯師子夏，孔子弟子能傳其學者莫如子夏，子夏不傳，魏人不知，則《易傳》不出於孔子無疑也。」又引證《論語》云：「曾子曰：『君子思不出其位。』今〈象傳〉亦載此文。……既采曾子之語，必曾子以後之人之所為，非孔子所作也。」所論甚愜，尤以後者為不刊（並見《豐鎬考信錄》）。

《六經》與孔子的關係略如上述。我們可以得個結論，就是：孔子以前，沒有言學的記載。

故孔子之學，實為學始。

孔子言學篇

　　孔子常言的「學」，照孔門弟子的解釋是指「讀書」說的。《論語》〈先進〉篇載子路使子羔為費宰。子曰：「賊夫人之子！」子路曰：「有民人焉，有社稷焉，何必讀書然後為學！」子路的反駁，孔子並沒有否認，可見「學」是指「讀書」。又《說苑》〈反質〉篇記曾子門人公明宣三年不讀書。曾子便說他「三年不學」。公明宣的故事，就「三年」一語的虛數用法看來，很可能出於一種設辭，但仍無害其為孔門的傳統思想——「學」的起碼條件，究竟就是「讀書」。所以一部《論語》，重複了六十餘次的「學」字，除了那些專用作外動詞（帶止詞）者外，都可當「讀書」一語的同義字看。

　　但「讀書」一語的原始用法，實不指學問。例舉之，約有四端：

　　（一）為古人占卜生活之讀繇。「繇」為「籀」之假借字，故《說文》〈竹部〉云：「籀，讀書也。」又《漢書》〈文帝紀〉「卜之，兆得大橫。占曰：大橫庚庚」云云。李奇曰：「庚庚，其繇文也。」師古曰：「繇音丈救反，本作籀，籀書也，謂讀卜詞。」今案：師古謂「籀書也」應作「讀書也」，蓋即引《說文》「籀」字繹文。可見古人謂讀卜辭曰「讀書」。

　　（二）古人識字曰讀書。《說文》〈言部〉云：「讀，籀書也。」段《注》引〈白敘〉云：「尉律，學僮十七已上始試，諷籀書九千字乃得為吏。」釋之曰：「諷籀連文，謂諷誦而抽繹之，滿九千字，皆得六書之怡，乃得為吏也。」案：《說文》「籀、讀」互訓，故「籀書」即「讀書」。這種「讀書」，也可以說就是公務員的識字考試。

（三）古代史官宣讀文件曰「讀書」。《周禮》〈春官〉：「凡四方之事書，內史讀之。」又〈聘禮〉：「誓于其竟，……史讀書。」是宣讀事書、命書、策書等文件曰「讀書」。僖九年《春秋穀梁傳》「葵丘之會，陳牲而不殺，讀書加于牲上，壹明天子之禁曰」云云。《傳》文「禁曰」以下，皆為盟約之文。可見「讀書」就是宣讀盟約。

（四）史官讀儀注，司儀，皆曰「讀書」。《周禮》「大祭祀」：「與群執事讀禮書而協事。」《疏》云：「恐事有失錯，物有不供故也。」這裏的「禮書」，即下文「執書以次位常」的「書」；《疏》謂「若今儀注」，與「大會同朝覲，以書協禮事」，都是一樣的事。故「讀禮書」就事言是「讀儀注」；就協事的地位言是司儀，都可稱為「讀書」。又〈聘禮〉：「夕幣，……史讀書展幣。」這是指使者出發前，檢查皮、馬、帛、玉一類禮物，一面念清單，一面點實物的過程。故念清單也叫「讀書」。

上舉（三）、（四）兩項各例，皆屬史官之事，故「讀書」也就是史官專職之一。又《逸周書》〈世俘解〉：「乃俾史佚繇書于天號。」又〈嘗麥解〉：「乃北繇書于內楹之門。」這裏的「繇書」即「讀書」。

「讀書」一語的原始意義如此，今乃被用以繹孔門之「學」，則其原始意義之被揚棄，固不待論；即其形式，似也已停留在口語狀態中，不屬於當日的儒者語言。今日保留著春秋時儒者語言最高形式的《論語》詞彙中，「學」字的單詞，重見至六十餘次，而以「讀書」的形式出現者僅一次，即為一最具證驗價值的事實。且《論語》此僅有的一次出現，而必出之於以「野」見稱的子路之口，也大可為其與儒者語言發生距離的佐證。傅孟真師在他的《中國古代文學史講義》上（《傅先生集》冊二），謂《論語》尚不至為「很修飾的文言」，此語已無異肯定了《論語》在語文上的文言地位，今若再以子路引用「讀書」一語之例觀之，則「學」字之為文言單詞，與「讀書」之為

口語（白話）翻譯，也就很明顯了。

其次，「讀書」一語雖可用以繹孔門的「學」字，但其所謂「書」，也仍然非孔門詞彙的「書」。換言之，所謂「讀書」者，並不相當於讀孔門的「書」。因為孔門詞彙的「書」，乃屬載籍類名（詳下），其範圍雖較漢人意識的《尚書》為廣，但也不至於為載籍的泛名。例如司馬貞的「書者五經六籍總名」，和孔穎達所謂「百氏六經總曰書」，皆為繼承漢人文化遺產所下的界說，當然不可能發生於春秋時代。

然則「讀書」一語的字面意義，應作何解釋呢？我們知道「讀書」既為口語成語，求其對當的文言片語，實應為《論語》詞彙的「學文」。嚴格講，「讀書」實在就是「學文」一語的直譯。或竟可以說，春秋時口語的「書」字，實即儒者語言的「文」字。「文」在孔門與「行」對待，屬知識範疇。知識欲其廣泛，故「君子」的重要條件之一是「博學於文」（《論語》〈雍也〉、〈顏淵〉篇）。顏淵也說：「夫子……博我以文。」（〈子罕〉）所以孔門的知識方法，也可以說是個「博文主義」。「博文」的另一相似片語是「博學」，故達巷黨人之稱譽孔子曰：「大哉孔子！博學而無所成名。」這個稱譽可以代表一般人對孔子的看法。按理論說，孔子之「學」的全稱深度，當然不會只相當於其知識方法。但「讀書」既為孔門起碼的要求，於是一般意識的「博學」，也就等於「博文」。這樣一來，「文」的寬度，儼然成了「學」的深度，因此，「學」與「讀書」和「博文」間的關係，遂可如下列各式：

（甲）（1）「學」＝「讀書」

（2）「讀書」＝「博文」

故 （3）「學」＝「博文」

因此：

（乙）「學」＝「讀書」＝「博文」

　　觀上列各式，（甲）式之（2）當然是不發生問題的，因為孔門的方法確實如此。但（3）卻有問題，因而（1）和（乙）式都連帶有問題，因為「學」字本身已有歧義。但在一般傳統觀念上既已承認了（甲）式（1）的事實，於是生活在（乙）式中以「野」見稱的子路，才會從「質勝」的下意識中，發出那個「何必讀書然後為學」的抗議來！而曾子門人公明宣的故意「三年不讀書」，也就可以說是這個抗議的無聲再宣告。孔門弟子的傳統看法如此，所以胡適之先生在他的《中國古代哲學史》（臺灣版今名）上，也只說「孔子之學只是讀書，只是文字上傳授來的學問」了。

　　孔子之「學」，是否只是「讀書」（即前文（甲）式之（1）和（3），或（乙）式問題），這是孔學本質上的問題，我將留在〈好學〉篇中去討論。本篇只專論「讀書」——即「博文」的問題。

　　孔門「博文」的「文」，當然是泛指當時可有的載籍。原始載籍，不外兩類，一有韻，一無韻。後者範圍遠比前者為廣，例如古代史官所記、所掌、所讀，都在這裏面。這是原始的文檔。到了孔子的時候。原始資料也就不多了，所以孔子曾說過「文獻不足」（〈八佾〉）。這時候，有韻的文檔以「詩」歸類，無韻的以「書」歸類。這是「詩」、「書」二名所以成為類名的客觀原因，也是「詩」、「書」二名所以不能成為專名的理由。故「詩書」連文也就很自然的成為孔門整個「文」的總名。

　　雖然，「詩書」只屬於「文」的總體，但「文」還有其存於行為和制度的東西，那就是「禮樂」。只求個「詩書」的博是不夠的，必須在「禮樂」上得其貫通，這才是「學」最終的要求。孔子是最重躬行的人，故言「禮樂」的時候，還要比言「詩書」來得多，來得迫切。一部《論語》載孔子連言「詩書」者僅一見，而連言「禮樂」則五見。「詩」、「書」、「禮」、「樂」分言者，「書」僅三見，最少；而

「禮」則四十四見。茲列表如下：

孔子言「詩書」概次		孔子言「禮樂」概次	
「詩書」連言	一次	「禮樂」連言	五次
「詩」單言	九次	「禮」單言	四十四次
「書」單言	三次	「樂」單言	九次
總計	十三次	總計	五十八次

　　觀上表，孔子言「詩書」的總次數與言「禮樂」總次數的比例為十三比五十八，即一比四強。若單言「書」與「禮」之比則為四比四十九，即一比十二強。「詩」和「樂」的比數是十比十四。

　　由上面的統計，可看出孔門之「學」與「詩書」、「禮樂」的關係。「樂」在孔門似乎是有器無文的一門，故一個「禮」字即足以統攝「禮樂」制度的全部，故孔門的「文」教最終的要求，都歸結在一個「禮」上。孔門懸「君子」的鵠的是「博學於文，約之以禮」。顏淵的自道是「夫子……博我以文，約我以禮」。而門弟子的客觀記載也是：「子所雅言，詩書、執禮。」這就是孔門「讀書」的總綱。孔門之傳，有得於這個「文」教的，先是子夏，後是荀卿。荀卿分「學」為「義」與「數」兩方面，後者即是指「讀書」的原則說的。〈勸學〉篇云：「學惡乎始？惡乎終？曰：其數則始乎誦經，終乎讀禮。……故書者，政事之紀也；詩者，中聲之所止也；禮者，法之大分，類之綱紀也。故學至乎禮而止矣！」上文以「誦經」與「讀禮」對舉；下文又「詩書」分疏，以與「禮」對舉。可見所謂「誦經」之為指「詩書」明甚。然則荀卿這個「學數」，豈不儼然「子所雅言，詩書、執禮」的翻版麼！孟子雖然也言「博學而詳說之，將以反說約也」。但孟子是不言「讀書」的。孟子所謂「學問」乃專指「求放

心」。故孟子所謂「博學」，雖可當孔子的「多學而識」，而不必為
「博文」；其所謂「說約」，可當孔子的「一以貫之」，而決非指
「禮」，皆已不在「讀書」的範圍。故孟子是不傳孔子言學之義的。

　　孔門「讀書」與「詩書」、「禮樂」的關係既如上述。茲就原始文
檔的範圍，將孔子所言有關「詩」、「書」、「禮」、「樂」的概略，及其
用法分述之。

一　詩

　　「詩」為整個文檔二大類名之一，前文已經說過。《國語》引
「詩」，即足以說明這個類名的原始痕跡。例如《周語》引〈棠棣〉
曰「周文公之詩」，〈晉語〉引〈皇皇者華〉、〈楚語〉引〈靈臺〉，皆
曰「周詩」，又〈晉語〉引〈將仲子〉曰「鄭詩」，引〈候人〉曰「曹
詩」等。所謂「周詩」或「周文公之詩」者，即今之《二雅》；曰
「鄭詩」、「曹詩」者，即今之《國風》。可見「詩三百」只是原始文
檔「詩」類名下的散篇，因其是以韻文的文體歸類，卻不以樂章分
類，故曰「詩」。是故「詩」者，於類名之外，實兼有「文辭」（韻
文）之義；而孔子言「詩」，所以始終不與樂名混用者以此（詳下文
詩、樂言例）。這是原始詩檔最顯著的特徵。

　　其次，「詩」只是周代的產品。鄭康成序《詩譜》，謂商代「不風
不雅」，意思是說商雖無詩，還有《商頌》五篇在。實則《商頌》雖
稱商，卻是周襄王時代的宋詩（王靜安〈說商頌〉、傅孟真師〈魯頌
商頌述〉均有考證，尤以後者為詳確不可易）。故三百篇實際都是周
代的「詩」。

　　「詩」的年代，照《詩譜》的說法，王室的詩（案：《詩譜》原
作「《小》、《大雅》」，今易之），始於殷周之際，歷武王、成王、懿

王、夷王、厲王、宣王，而止於幽王；並以懿王以前者為「正詩」，懿王以後者為「變詩」。列國之詩，則始於初周之《二南》，止於定王之世的陳詩〈株林〉之篇。《二南》二十五篇，無變詩，豳以下十三國無正詩。豳詩七篇，作於周公時。齊詩十一篇，始於懿王，止於莊王之世。邶詩十九篇，起夷王，止於平王。檜詩四篇，作於夷、厲之間。陳詩十篇，起於厲王，止於定王。唐詩十二篇，起於共和之世，止於惠王。鄘詩十篇，起宣王，止於惠王。衛詩十篇，起於平王，止於襄王。王詩十篇，始於平王，止於莊王。鄭詩二十一篇，起於平王，止於惠王。秦詩十篇，起平王之世，止於襄王。魏詩七篇，作於平王之世。曹詩四篇，起惠王，止於襄王。

這是周代五百餘年詩檔的世次。這個世次當然不完全可靠。像其中最少就有一百五十篇左右是被朱子歸入「不詳其世」之列的。但朱子對於整個詩檔總年代的觀念，仍然失之過早。照今日的眼光看來，大概自殷周之際至西周大部分時間的詩世次都得往後移。傅孟真師認為《周頌》當成於成王、康、昭之間，《頌》之末期，才為《雅》的開始（見《詩經學講義》），這當然是較為客觀的。

案：全部詩檔的年代，除詩辭中已明言者外，其餘大都是根據《詩序》或其他經傳來估定的。《詩序》問題，雖至今仍難論定，但全部詩篇之不出周公攝政以後至春秋以前則似無可疑。茲姑假定列國之詩終止于周定王末年，上推至周公時代，則首尾五百三十年間，儼然自成為「詩的世代」。因為這個世代以前無「詩」，這個世代以後也再沒有「詩」。這也是個值得注意的問題。這個世代以前無「詩」，我們知道「詩」之興，必與周之制禮作樂有關，孔子稱美周之「郁郁乎文」，恐怕正可說明這一點。但春秋中葉以後而「詩」忽然終止（列國最後之詩若果為陳詩〈株林〉之篇，此篇據《詩序》和《鄭箋》皆謂為刺陳靈之作，陳靈通於夏姬事載宣九年《左傳》，距哀公十四

年，恰為一百二十一年，適當春秋之半），又是什麼緣故呢？

關于這個問題，孟子本已說得明白，他說：「王者之跡熄而詩亡，詩亡然後《春秋》作。」可惜漢、宋學人如趙岐、朱子，近世如章炳麟，都沒有把孟子的話讀對。趙岐把「跡熄」解作「頌聲不作」最為離題。朱子則以「〈黍離〉降為國風而雅亡」釋「詩亡」，把「詩」當「雅」講，其意實仍取之鄭玄《詩譜》。范甯序《穀梁春秋》申鄭說云：「（孔子）就大師而正《雅》《頌》，因魯史而修《春秋》，列〈黍離〉於《國風》，齊王德於邦君，所以明其不能復《雅》，政化不足以群后也。」然鄭、范二氏直以〈黍離〉之為《國風》，乃孔子自降之，此語最為無理，充分表露漢人《詩經》學之支離。雖王應麟據襄二十九年《左傳》「為之歌《王》」之文以證其非（那時孔子才八歲），也已屬枝節問題，蓋朱子之謂「雅亡」，決不至謂孔子自亡之也！且若「詩亡」即為「雅亡」，則下句「詩亡然後《春秋》作」無異謂周室東遷而後《春秋》作，去孔子二百餘年，是「《春秋》作」等於春秋紀年自此始，孟子之文不應如此不通。

朱子之說不可通，不意章炳麟乃欲重申范甯之論。他在〈小疋大疋說〉中，謂「范甯以跡為雅」，故「跡熄者，謂正疋之治不用；詩亡者，謂自是《正風》《正雅》不復用」。在〈原經〉中他又說：「跡息者謂《小雅》廢，詩亡者謂《正雅》《正風》不作。」姑無論「跡」與「詩」同作「雅」解，則「跡息而詩亡」等於「雅息而雅亡」為無意義；即如章氏之說，上一「雅」（跡）為《正雅》，下一「雅」（詩）為「《正雅》《正風》」，則三百篇最多也只亡其一半耳，吾友陳槃先生論其「無異謂《變風》《變雅》不在《詩》三百之數」是也（見所著〈詩三百篇之采集問題〉）。然章氏之支離處猶不止此。他認為《小雅》廢為國史編年之始，故太史公敘〈十二諸侯年表〉始於共和，明前此無編年書。又根據《墨子》引《周春秋》記杜伯射宣

王事，以證明「始作《春秋》者為宣王大史」。這是章氏對「詩亡然後《春秋》作」的詮釋。照章氏之說，則《春秋》不必指「魯史」，不特與孟子不合，且也跟范甯合不來了！章氏之所以如此滅裂，皆緣其基本觀念始終在漢人《詩經》學的玄中而又過於自是，因此和他的不信甲骨文一樣，有朱駿聲之發明而亦予以排斥（他直以朱駿聲為改孟子之文），宜其終不能得孟子的真意也！

　　案：朱駿聲從字形上辨別「跡蓋迒之誤字」（見《說文通訓定聲》）。「迒」即「古之遒人」（《說文》）、或「行人」（《漢書》〈食貨志〉）、或「遒人使者」（《方言》〈劉歆與揚雄書〉），也叫「輶軒使者」（〈揚答書〉），都是古代采詩之官。故「王者之跡熄而詩亡」者，采詩之制廢，則詩的制作也就終止了也。（成左泉《詩說考略》引方氏云：「大一統之禮，莫大於巡狩述職之典，今周衰矣，天子不巡狩，故曰跡熄。不巡狩則大史不采詩獻俗，不采國風則詩亡矣。」又引范家相《詩瀋》云：「太史不采風，王朝無掌故，諸侯國史亦不紀錄以進，蓋四詩俱亡，非獨雅也。」又尹繼美《詩管見》〈論王篇〉云：「詩有美刺可以勸戒，詩亡則是非不行。且詩之亡，亦非謂民間不復作詩也，特其上不復采詩爾。」三氏之說，皆已得采詩之意，惟不知「跡熄」之為「遒熄」耳。）這是春秋中葉以後何以再沒有詩最明白的答案。

　　這樣看來，可見「詩」之興，與「禮樂」制度有連帶的關係，因為「詩」不憑空產生，必藉「禮樂」之制而用始存；於是用於「樂」者為樂章，用於「禮」者為言教（詩教）。故觀「禮樂」之創制，可覘「詩」年代的先後。漢儒述「詩」世次，首列《二南》，次為《二雅》，終乃為《頌》及變詩。這個程序，剛好和史跡相反。蓋「樂」實始於宗廟之祭，次乃及於朝廷燕、享、聘問，終乃用於鄉人、邦國：例如傅孟真師謂周詩以《頌》為最早，始於成、康之際，《頌》

的末期，才為《雅》的初期，就是最好的說明。大概創制之初，必先
完成《頌》和《雅》的樂章，以尊王室，然後自《二南》而下，以用
於鄉人、邦國；同時也藉這個制度和言教的推行，來建立其團結諸侯
和教育社會的理想，而采詩也就是這個制度的一部分了。

　　不過，這裏仍有問題。采詩既為一有目的的制度，但創制者當然
不能預料有一天周室會東遷以至於「跡熄詩亡」。這樣一來，則今日
這個三百篇，是原始的詩檔呢？還是經過整理或選擇編排過的呢？當
然，這個問題恐怕當日司馬遷就已問過了，因此他才會想像出一個
「孔子刪詩」的理由來，打算解答這個問題。但他這個想像是徒然
的。因為無論從理論和事實兩方面看來，孔子都不能，也沒有變動過
這三百篇詩。我們就不說從孔穎達到崔述等人差不多就已把孔子沒有
刪詩的理由說盡了，現在不必複述；我們單看孔子出生以前列國用
「詩」的情形（季札觀樂自然是一個綜合的例子），也就足夠證明原
始的三百篇不但篇數，連內容也是和孔子所拿來教弟子的沒有兩樣
的。換句話說，孔子不但沒有刪過詩，而且直到孔子的時候，這個五
百年的詩檔（先是王朝，後來是魯沾了周公的光有了副檔），仍然是
那個根據當初禮樂制度的計劃而存在的檔！原始制作的樂章，仍然是
那些原始樂章——如《頌》和《雅》或《二南》一類的「正詩」（漢
人稱之為「正」的大概都是王室初期的制作）。而五百年中根據采詩
制度陸續加進去的詩篇（懿王以後的稱「變詩」）也陸續加入直到
「跡熄」。因為這個理由，故孔子出生的前半個世紀間（約當春秋中
葉），周室雖然「跡熄詩亡」，而孔子所拿來教弟子的，仍然是那個到
「跡熄」時為止的原始詩檔。因為孔子對這個詩檔根本沒有變動過，
所以孟子才能在「王者之跡熄而詩亡」的句子下面，接著寫道：「詩
亡然後《春秋》作。」照孟子的語意，則顯然「詩亡」是因，「孔子
作《春秋》」是果。孔子對於「詩」所能作的，也就到此為止（他只

能用「詩」來教「言」)。因為周室根據原來的「禮樂」計劃而有的「采詩」制度,既然事實上不能不終止,孔子又沒有權力使它繼續下去,他自然只好「作《春秋》」從另一角度來作撥亂世的工作,這樣也就儘夠心安理得了。倒是那些過分熱心的漢朝學人(當然也有漢朝皇帝的影響因素),才真會想藉著體系化了的《詩經》學,來替孔子挽救那個已經過去了的「跡熄」局面,因此,他們才咬定那個詩檔是孔子有計劃地一手把它整理過的!卻不想這個想法根本就和孟子的話矛盾!

前面所述,是三百篇原始詩檔的背景。現在來看孔子對這個詩檔所做的工作。

當然,「詩」在孔門是一門最重要的功課,可以說,孔門四科,那一科都需要它,所以也是一門必修科。《論語》載孔子見到伯魚,第一句話就是問他:「學詩乎?」〈陽貨〉篇記他教弟子,也是說:「小子何莫學乎詩?」〈泰伯〉篇的「興於詩」,也放在「禮樂」之前。這都足以見孔子重視「學詩」的程度。孔門「學詩」的目的,不外二端:(一)是培養個人性情。(二)是訓練應對能力。前者如〈陽貨〉篇云:「詩可以興,可以觀,可以群,可以怨。」朱子解「興」為「感發意志」,「觀」為「考見得失」,「群」為「和而不流」,「怨」為「怨而不怒」。故這章可與〈泰伯〉篇的「興於詩,立於禮,成於樂」互相發明。「興於詩」之為「詩可以興」,無論已;「可以觀,可以群」,為「立於禮」;「可以怨」即「成於樂」。這都是有關個人性情修養的事情。至於應對方面,孔子說得更清楚,更具體。〈季氏〉篇云:「不學詩,無以言!」又〈子路〉篇云:「誦詩三百,授之以政,不達;使於四方,不能專對,雖多亦奚以為!」曰「言」曰「專對」,都是與人交際、接觸的重要行為,為孔門詩教的應用藝術。所以孔門之有「言語」、「政事」之料,也可以說就是專為詩教而設。

孔門教言的目的，既在「專對」，而「專對」的理想境界，就是以「詩」代「言」。故其最有效的直接方法，就是誦讀詩句。但徒誦詩句，也不一定便能「專對」；故誦詩還得學會說詩之法。其法約有二點：（一）引詩句以證我言。（二）借詩語以發新義。茲舉一例如下。

《論語》〈學而〉篇載：子貢曰：「貧而無諂，富而無驕，何如？」子曰：「未若貧而樂，富而好禮者也！」子貢曰：「詩云：如切如磋，如琢如磨，其斯之謂與？」子曰：「賜也，始可與言詩已矣！告諸往而知來者。」

上面的談話中，「告諸往而知來者」是孔子說詩之法。孔子才說個「未若貧而樂，富而好禮」，子貢便會引用「詩」的句子來說點東西，這便叫「告諸往而知來者」！

今案：子貢所引詩句，出今《衛風》〈淇奧〉之篇，全篇皆稱美「君子」的話。子貢所引兩句出第一章。因「切、磋、琢、磨」是指治骨、象、玉、石的方法，故引伸其義為「求精」。但「求精」和孔子所說「未若貧而樂，富而好禮」的話是沒有關係的。可見孔子所謂「告諸往而知來者」的意思，是指子貢懂得引用詩句來表明師弟間這段談話之為一種「切磋琢磨」而已。這是孔門說詩方法。前面所謂引詩句以證我言，也就是指這個方法說的。

再舉一例。《論語》〈八佾〉篇：子夏曰：「巧笑倩兮，美目盼兮，素以為絢兮，何謂也？」子曰：「繪事後素。」曰：「禮後乎？」子曰：「起予者商也，始可與言詩已矣！」案：子夏所引之詩，前二句見今《衛風》〈碩人〉之篇；後一句，朱子以為是「逸詩」。但孔子所答的，卻就在後一句。〈碩人〉全詩共四章，每章皆七句，而此章獨多出一句為八句，辭意也全然和上文無關。就文辭而論，此句必非原文，因為前二句全是形容碩人容態之美的描寫，而此處忽然加上一句不相干的話，道理上是講不通的。但有趣就在這裏，子貢竟然三句

連在一起拿來發問，而孔子也很自然的單就第三句加以解釋！注經家因為這事既然出自《論語》，當事人又是孔子和子夏，不敢懷疑，就只好想法曲解，來替孔門圓場了。（一部《十三經》的傳注，凡有不可解處，都可作如是觀！）我很懷疑這三句詩很可能是孔子寫在一片竹簡上──或者「素以為絢兮」就是孔子所添上去的，子夏看見了，有點奇怪，所以一發拿出來發問。子夏那個「何謂也」的口氣，可能就已有暗示著「素以為絢」何以要加上去的意思，孔子看出這一點，所以才回答得那樣自然。這當然只是許多可能假設的一個。但無論如何，孔子回答子夏的話之無關〈碩人〉之詩則是個事實。我們不管「素以為絢」一句是否為「逸詩」，但孔子的回答，明明只是個「繪事後素」，這是關乎「繪事」的術語。由於孔子這一句行話，倒引出子夏「禮後」的靈感來，這一點似乎連孔子都有點意外，所以他老人家才會那麼激動的說：「起予者商也！」孔子很欣賞這種靈感式的聯想，所以許子夏為「始可與言詩已矣！」可見借詩語以發新義，是孔門說詩之法。

就前舉二例，可見說詩並不是就詩義說詩，相反的，倒是拿詩句來作我的注腳，如子貢之言「切磋」。或本不必為詩中語句，只因被牽到詩上，便可藉以發新意，如子夏之言「禮後」。這是孔門說詩之法。懂得這個道理，然後誦詩能有效果，能以「詩」代「言」，以達到「專對」的要求。

再舉一例。〈大學〉引孔子之言詩云：「緡蠻黃鳥，止于丘隅。」子曰：「於止，知其所止，可以人而不如鳥乎！」

案：詩人以鳥起句，其所謂「止」，原無深意；即必謂為比體（自鄭玄以下都如此說），則「丘阿」、「丘隅」，亦非黃鳥所「止」之地；而孔子乃許為「知其所止」，則知孔子僅借詩中「止」字，以發其「知止」哲學而已！此為說詩之法又一典型之例，可與前舉二例相

發明。

　　孔門這個說詩之法，其實亦淵源於春秋時代的「賦詩」風氣。此種風氣，盛行於列國的交際場合。例如僖二十三年《左傳》，秦穆公享公子重耳，舅犯曰：「吾不如衰之文也，請使衰從。」舅犯所謂「文」，也就是指有「賦詩」的訓練說的。當時「賦詩」的方式，不外：（一）單純以詩代言。（二）附帶亦加注釋。所以到了秦伯享公子的時候，〈晉語〉記其經過云：「秦伯賦〈采菽〉，……公子賦〈黍苗〉；……秦伯賦〈鳩飛〉，公子賦〈河水〉；秦伯賦〈六月〉，子餘（即趙衰）使公子降拜。秦伯降辭。子餘曰：君稱所以佐天子匡王國者以命重耳，重耳敢有惰心，敢不從德！」

　　這可作為「賦詩」大場面的範例，但這種「賦詩」場面所引的「詩」，都不是整篇，常常是取其中的一章，或某章的幾句，甚至一句一語。例如襄十四年《左傳》，晉侯帥諸侯之師伐秦，「及涇，不濟。叔向見叔孫穆子，穆子賦〈匏有苦葉〉。叔向退而具舟，魯人、莒人先濟。」〈魯語〉對此事記得更具體，云：「穆子曰：豹之業及（疑當作「在」）〈匏有苦葉〉矣，不知其他！叔向退……曰：夫苦匏不材，於人共（即「供」）濟而已。魯叔孫賦〈匏有苦葉〉，必將涉矣！」可見穆叔「賦詩」，僅取首句一語而已。

　　此種「賦詩」風氣，不僅行於卿大夫，也及於婦女。〈魯語〉：「公父文伯之母欲室文伯，饗其宗老，而為賦〈綠衣〉之三章（按當作卒章）。……師亥聞之曰：……詩所以合意，……今詩以合室，……度於法矣。」

　　案：公父文伯之母要為文伯娶妻，而所賦之「詩」卻是《邶風》〈綠衣〉之卒章。此詩全文都帶憂傷氣氛，其卒章為尤甚，云：「絺兮綌兮，淒其以風！我思古人，實獲我心。」我們即不取〈小序〉所謂「莊姜傷己」之說，在文辭上，無論如何，也跟合婚的氣氛合不

來。但公父文伯之母竟然於此場合中賦之以「合意」，而師亥（魯樂師）又以此種「合室」為「度於法」，可見當時「賦詩」之法，就已迥然與詩旨辭義無關了。又《左傳》成八年，季文子致伯姬歸于宋，歸復命，公享之。穆姜（伯姬母）出於房，賦〈綠衣〉之卒章而入。則「我思古人，實獲我心」，已成嫁娶習用的句子了。

觀上述各例，可得一個原則，即「賦詩」從不用到章以上，所以當時有一個流行的成語，叫做「賦詩斷章」，而且這個成語，幾於人人知曉，成為一般常識。這確是周朝「詩世代」一個有趣的流風。有一個故事可以說明這個事實。襄二十八年《左傳》，齊大夫慶封的兒子慶舍，把女兒許配給家臣盧蒲癸。因為盧蒲氏跟慶氏是同姓，所以有人對盧蒲癸說：「子不辟宗，何也？」對曰：「賦詩斷章，余取所求焉，惡識宗乎！」拿「余取所求焉，惡識宗」一語來比喻「賦詩斷章」，可謂把「賦詩」的道理說到了家！而一個大夫的家臣，竟有此深刻的了解，也足見春秋時此種風氣的普遍了。所以《左傳》上關於「賦詩」的記載，實際上都是斷章。《左傳》「賦詩」的記載太多了，茲再舉一極端之例以概其餘。昭公元年，鄭伯享晉趙孟、魯叔孫豹及曹大夫。「穆叔賦〈鵲巢〉。趙孟曰：武不堪也；又賦〈采蘩〉。（穆叔）曰：小國為蘩，大國省穡而用之，其何實非命！子皮賦〈野有死麕〉之卒章。趙孟賦〈常棣〉，且曰：吾兄弟比以安，尨也可使無吠。」這個宴會中，凡引詩四篇：〈鵲巢〉、〈采蘩〉、〈野有死麕〉出《召南》；〈棠棣〉見《小雅》。最有趣的是〈野有死麕〉的用法。此詩凡三章，全文如下：

> 野有死麕，白茅包之。有女懷春，吉士誘之。
> 林有樸樕，野有死鹿。白茅純束，有女如玉。
> 舒而脫脫兮！無感我帨兮！無使尨也吠！

此篇之為男女相悅之詩，詩文已明言之。而其卒章之於女子的情態，尤為刻畫逾分。乃趙孟既賦〈常棣〉以答子展，又從而解之曰：「吾兄弟比以安，尨也可使無吠！」一男女私情之篇章耳（倘非幸而列於《二南》，其能免於《集傳》淫佚奔誘之惡諡者幾希），乃斷章賦之，遂成列國交際間一富於風趣的辭令！賦詩如此，其何實而非妙解！此蓋古人昇華言詩之法，孔子所有取焉者也。是以三百篇中存在著那麼多的男女相悅之詩，為後來漢宋人所不能得其解者，而孔子乃肯定之曰：「詩三百，一言以蔽之曰：思無邪！」孔子固言「鄭聲淫」者也，但孔子不言鄭詩淫。孔子言「放鄭聲」，卻不言放鄭詩。所以然者，「聲」在於「樂」，而「詩」之義存於「思」。「聲」成文謂之音，故〈樂記〉曰：「流辟邪散狄成滌濫之音作而民淫亂。」故「鄭聲淫」者，鄭樂淫也。「放鄭聲」者，放鄭樂也。以言乎「詩」，「思無邪」，則三百篇無淫詩。非無淫詩也，既謂之「詩」，則不能淫也。此孔子「思無邪」之精義，而斷章賦詩之由來遠矣！孔子之所以仍繼其統緒，以為孔門說詩之法者，理由即在於此。

「思無邪」的義法之確立，可謂為孔子對於「詩世代」五百年詩檔一偉大的成就。以言繼往，則「思無邪」實為三百篇的存在一合理的總評價（於是漢人宋人對於三百篇所發生的臆說和紛擾為之一掃）；而孔子以三百篇的原檔教弟子，乃一無扞格。以言開來，則「思無邪」遂為百世不易的昇華詩法，開中華二千年的古典詩統，統攝楚辭、漢賦、唐詩之崇高法則。

「詩」之義既經確立，於是孔子凡言詩義無不稱「詩」。不稱「詩」，必指為「樂」。此乃孔門「詩」、「樂」言例，不容混淆者。前文言關於「鄭聲」之為指鄭樂，兩見於《論語》。〈衛靈公〉篇云：顏淵問為邦。子曰：「行夏之時，乘殷之輅，服周之冕，樂則韶舞；放鄭聲，遠佞人；鄭聲淫，佞人殆。」孔子以「樂則韶舞」與「放鄭

聲」對舉，一積極，一消極。積極方面採用舜樂，消極方面禁止鄭聲，可見「鄭聲」之為鄭樂明甚。又〈陽貨〉篇「子曰：惡紫之奪朱也，惡鄭聲之亂雅樂也！」能亂雅樂，則知「鄭聲」之必非鄭樂不可！又孔子言詩逕稱詩篇篇名者亦為言「樂」而不言義。例如〈泰伯篇〉：「師摯之始，〈關雎〉之亂，洋洋乎盈耳哉！」這裏的「〈關雎〉之亂」，本就指合樂，故下文云「洋洋盈耳」，其為「樂」自不消說；即如〈八佾〉篇的「〈關雎〉樂而不淫，哀而不傷」，亦是指樂聲而非文義。因為此章正是「洋洋盈耳」章的注腳；同時，「不淫」一語，也正是「鄭聲淫」的對比。要之，孔子凡泛稱「詩」時，皆指文義——即詩義或詩體。故孔門的「詩」、「樂」顯然是分為二教的。

孔子言「詩」，泛舉曰「詩」，別舉則引詩句而不名篇。例如〈八佾〉篇云：「三家者以〈雍〉徹。子曰：『相維辟公，天子穆穆。』奚取於三家之堂？」這是孔子引《周頌》〈雍〉之篇的詩句，以識三家僭用天子禮樂之可笑——「三家之堂」，那一點能有「天子穆穆」的關係呢？又〈子罕〉篇：「唐棣之華，偏其反而！豈不爾思，室是遠而！」子曰：「未之思也，夫何遠之有！」此處孔子所引詩句，未見今三百篇。但孔子之有感而發，也是可見的。

歸納上文所述，可得孔門詩教的梗概如下：（一）孔門言詩的原則，是繼承斷章說詩的傳統的。（二）孔子建立「思無邪」的義法，以上結五百年的詩檔，下開二千年的新詩統。（三）言「詩」專主文辭，而「樂」主聲，故「詩」、「樂」分為二教。（四）「賦詩」風氣，與原始制度有關；一旦「迹熄詩亡」，這個風氣，自然逐漸消歇。然以「詩」教「言」，仍為儒士「專對」之所要求，故孔門有「言語」之科。

因前述事實，故「學詩」在孔門仍為熱門功課。而能含泳詩句的人，也就特別受到崇敬，獲得信賴，一若人格智慧都有了保證似的。

舉個有趣的例子。《論語》〈先進〉篇云：「南容三復白圭，孔子以其
兄之子妻之。」這裏所說的「白圭」，是指今日《毛詩》本子中《大
雅》〈抑〉之篇的句子。原文是：「白圭之玷，尚可磨也；斯言之玷，
不可為也。」南容，《史記》和《家語》姓、字同而名不同，《家語》
蓋根據《禮記》〈檀弓〉，朱子又誤以為即〈檀弓上〉的南宮敬叔。但
無論如何，他是孔子的弟子，自然是無問題的。「三復白圭」，朱子據
《家語》以為是「一日三復此言」。裴駰引孔安國曰：「南容讀詩至此
三復之。」南容對於詩言必有會心，故三復之。三復的結果，竟贏得
了孔子的賞識！賞識之不已，還得了一位妻子！只這一段佳話，就夠
足證明「詩」在當時的聲價有多高，孔子又如何的重視「學詩」了！

　　原始詩教的「賦詩」風氣，雖在孔門仍為「專對」的「言語」之
科，但事實上也已逐漸由從政的要求，轉而為儒者職業上的說詩，而
原始傳統的詩教，也就終於為戰國「游說」風氣所代替。而孟子、荀
卿之說詩，亦遂趨於詩義應用的合理化，為漢人體系化詩學的先河。
例如《孟子》〈梁惠王篇上〉引《大雅》〈靈臺〉之篇，一引就是兩個
章，這是過去引詩之法所絕對沒有的。即其他引詩，或一章，或數
句，也皆借篇旨或章旨來暢所言，甚少「斷章取義」的。有之，就是
〈滕文公〉篇之引《魯頌》曰：「戎狄是膺，荊舒是懲！」明是魯僖
公之詩，而孟子乃曰：「周公方且膺之！」故朱《注》以為是「斷章
取義」。但這種斷章法也已跟春秋時代和孔門有距離了。試再舉一例
以明之。〈盡心〉篇云：孟子曰：「士憎茲多口。詩云『憂心悄悄，慍
于群小』，孔子也！『肆不殄厥慍，亦不隕厥問』，文王也！」上引詩
句，前者出《邶風》〈柏舟〉，此詩當然和孔子無關，但孟子卻說「孔
子也」。後者句出《大雅》〈緜〉之篇，本為太王事昆夷事，而孟子卻
說「文王也」。孟子這個引詩法，並不是誤記，也不是像魏源所說的
「可以不計采詩之世」（魏源這句話要不是說滑了口，必然是沒有看

清春秋時代說詩法和戰國時代的所以不同來！），而實在就是一種修辭法，意即謂：「這就是孔子的處境！」或「這就是文王的處境！」以此法來例前面的「周公方且膺之」，就足見其「斷章取義」之所以和孔門不同了。要之，孟子說詩之法，最鮮明的一點，就是總顧到詩旨，即原作之意。所以他的口號是「不以辭害志，以意逆志。」孟子提出這個「志」字，即不說是漢人詩學的礎石，最少也已從孔門躍進了一大步；不止由任意的「斷章」，進到合理化的斷章，並且由斷章進到詩旨引用的合理化了。這是原始詩檔發展到漢人詩學的客觀軌跡，若可觸而知者的。所以我很懷疑〈虞書〉上「詩言志」的思想，因為它不是孔子之前所能發生的東西。孔子言詩的最高原則才不過是個「思無邪」，這是那個五百年的原始詩檔所僅能產生的「詩學」，因為他已經把三百篇的零星靈感，抽象而歸納到「思」上來，「思」總較零星的靈感具體，所以才能夠建立詩的原則，使成為學。有了這個原始的「思」，於是孟子才能更進一步的提出個更綜合更屬於體的「志」字來，使詩的哲學從此確立。所以「詩言志」的思想不能發生於孔子之前，卻又不能不產生於孟子之後，因為它確比孟子的「以意逆志」更為成熟。因此我相信今〈舜典〉果非孟子時的〈堯典〉，最少和孟子時代的〈堯典〉不同，或有漢人加入的成份，最少「詩言志」等幾句是如此。有了這個「詩言志」的思想，才有《詩序》的「詩者，志之所之也，在心為志，發言為詩」那樣流暢的文章，本來學問就應該是如此進化的！

　　話說得遠了，再回到本題上來。孟子「以意逆志」的說詩之法已和孔門的言詩有間，固不用說了。而如《戴記》中〈大學〉之篇引詩者十次，〈中庸〉引詩七次，除〈大學〉引孔子說「緡蠻黃鳥」一例外，其餘十六例之說詩，亦皆儼然孟、荀一路，非復孔門氣息，春秋以來之原始詩風，至此也就完全消失了。不過，今日所見漢人所傳

的《韓詩外傳》，仍保留著斷章引詩的意味，當為傳授孔門教言之法
而作。

二　書

　　孔子言「學」所涉及的文檔，包括「詩」、「書」二大類，前文既
略言之。然「書」為散文體，故其範圍，自較「詩」為廣泛。若以漢
人意識的「六藝」──即「六經」來作比較，則除了前文所述的
「詩」外（「樂」有器而無文，故亦無經，實際僅有五經），其餘四
經，都可歸入「書」類。由這個原始文檔的「詩書」二名，而逐漸分
立為漢人的「六經」，這個傾向，是否出於孔門有意（有計劃）的工
作，現在雖尚難徵驗；但孔子之只言「詩書」則是事實。孔子稱「詩
書」，若借用漢人術語，亦只是二經（荀子亦曾稱讀詩書為「誦經」
了，但那是孟子以後的事，連孟子也未曾稱經的）。至於孔子所言的
「禮樂」，實在只是指制度說的。其有關禮制的著錄，仍不失其為
「書」類。這是孔門文檔的客觀類別。西漢人把孔子歿後四百年間的
儒者載籍分隸六藝，而壹以歸於孔子刪削制作之功，而康有為尤篤信
「六經皆孔子所作」。事實上，從孔子到孟子的百餘年間，「詩書」的
觀念所代表的孔門文檔，也只在孟子的時候分出一個「春秋」而已；
並且這仍只是儒者的分類，所以荀卿亦繼承這個分法。至於客觀環
境，「書」的觀念，仍是包括著各國的「春秋」的──因為實際上
「春秋」也就是「史」的同義語。例如《墨子》書中的「周春秋」、
「燕之春秋」、「宋之春秋」、「齊之春秋」，又曰「百國春秋」，都也稱
為「書」（見〈明鬼〉篇）。《墨子》中最奇怪的是，有時「詩」也稱
「書」。例如同篇：子墨子曰：「周書《大雅》有之云云」。既「周書
《大雅》」連文，而所引卻為《大雅》之詩。又〈兼愛〉篇：「周詩

曰：王道蕩蕩，不偏不黨；王道平平，不黨不偏。其直如矢，其易如底，君子之所履，小人之所視！」既曰「周詩」，而前四句卻為《周書》〈洪範〉之文（且第一、二句、第三、四句和第五、六句都相互倒置），這是個頗為有趣的事實，但也似乎是個值得注意的問題。是不是《墨子》所引〈洪範〉之文，原來就是周詩呢？抑或〈洪範〉幾句既係詩體，便稱之為「詩」呢？要不然，說墨子的時代，「書」已成為泛名（即混一詩書之類稱），似乎是不可能的，最少「周書」、「周詩」等名稱的存在，就足見「書」之仍然是類名了。

關於「書」的問題，最可注意者，仍為《孟子》書中的引「書」。七篇中用「書」字約為十二次，而有關今《尚書》的十四次中，反而有六次不稱「書」而用篇名。茲列表如下：

（一）書曰：湯一征，自葛始云云。（〈梁惠王〉）

（二）書曰：徯我后，后來其蘇云云。（同上）

（三）書曰：天降下民云云。（同上）

（四）書曰：葛伯仇餉云云。（〈滕文公〉）

（五）書曰：丕顯哉文王謨云云。（同上）

（六）書曰：徯我后，后來其無罰云云。（同上）

（七）書曰：洚水警余云云。（同上）

（八）書曰：祗載見瞽瞍云云。（〈萬章〉）

（九）〈湯誓〉曰：時日害喪云云。（〈梁惠王〉）

（一〇）〈大誓〉曰：我武維揚云云。（〈滕文公〉）

（一一）〈大誓〉曰：天視自我民視云云。（同上）

（一二）〈堯典〉曰：二十有八載云云。（〈萬章〉）

（一三）〈伊訓〉曰：天誅造攻自牧宮云云。（同上）

（一四）吾於〈武成〉取其二三策云云。（〈盡心〉）

看上表「書」可與篇名互用，可見原始書檔也是以篇為單位的。

換句話說，即每篇都是以「書」的類名歸檔的。到了後來，篇數多了，才不得不以「虞書」、「商書」、「周書」等來分類，但事實上仍然屬於「書」類的大檔。這當然是受了工具限制的結果。我們看第十四例，孟子說：「吾於〈武成〉取二、三策而已。」「武成」是篇名，「二、三策」是〈武成〉篇中的兩三竹簡。簡策笨重，書寫和管理都不方便，若要編成為一有組織的東西，自然更麻煩，這是載籍成為專名的觀念所以不易產生的客觀原因。太多笨重的簡策編結不易，因此單篇便成為書寫和管理上比較最適宜的單位，每成一篇，便可依類相從地存起來。這就是「詩書」所以成為類名的理由了。

　　孟子時代的「書」既仍為類名，與孟子最有密切關係的是〈大學〉。〈大學〉有關引「書」的事凡七見（〈中庸〉無一語及「書」，亦可怪也）。茲統計如下：

　　「〈康誥〉曰」，四次

　　「〈帝典〉曰」，一次（案：即指〈堯典〉。）

　　「〈楚書〉曰」，一次

　　「〈秦誓〉曰」，一次

　　上表有數點較《孟子》更為特異。（一）無稱「書曰」者。（二）稱「〈堯典〉」曰「〈帝典〉」。（三）稱「〈楚語〉」曰「〈楚書〉」。觀上例，可證實前文「書」以篇為單位的推論。而〈堯典〉之所以稱「帝典」，因「典」本即為「書」類單位之一種。至稱「〈楚書〉」一條，原即今「〈楚語〉」王孫圉對趙簡子所說的話，大意謂楚國不以玉器為寶，而以賢人、物產等為寶；作〈大學〉者遂隱栝之謂「惟善為寶」。最有意義的一點是原稱「〈楚語〉」，而此處稱「〈楚書〉」，則知「語」即「書」之類，猶「典」之為「書」之類一樣。我們看〈大學〉之引「書」的方式，則確乎是較《孟子》為接近孔門的。

　　從《孟子》而上，我們又可以從《國語》、《左傳》的記載，略窺

春秋時代的所謂「書」。

　　〈楚語〉：莊王使士亹傅太子箴，問於申叔時。申叔時曰：「教之春秋，教之世，教之詩，教之禮，教之樂，教之令，教之語，教之故志，教之訓典，云云。」申叔時所舉的九事中，於「詩」、「禮」、「樂」之外，獨不稱「書」。然則「春秋」、「世」、「令」、「語」、「故志」、「訓典」六者之皆屬「書」類就很明顯了。「詩」不過三百篇，故範圍較小。「禮樂」則指制度。惟有「書」包含廣，故不能不列舉其單稱。當時最普遍的一種是春秋，所以墨子說「吾見百國春秋」。到後來儒者才特地把《魯春秋》從「書」類中分出來，則孔子也許真跟弟子講過「春秋」也說不定，而《論語》之沒有一語涉及也正因為它屬「書」。「春秋」以外最顯著的「書」之一種就是「語」，而最好的集證就是《國語》。前面說過〈大學〉所引的〈楚書〉，不正就是《國語》中的一「語」麼！可見列國的「語」也是和「春秋」一樣普遍的一種「書」體了。又「訓典」之名也見於〈周語〉。穆王將伐犬戎，祭公謀父諫曰：「修其訓典云云。」又〈楚語〉，王孫圉謂趙簡子曰：「楚有左史倚相，能道訓典以敘百物。」又〈鄭語〉有「訓語」，〈周語〉又有「遺訓」。大概「訓」、「語」、「典」都是同類的東西。例如《左傳》襄四年，魏絳曰：「《夏訓》有之曰云云」所述即有關少康故事，是《夏訓》顯然為「夏書」。又「故志」之外還有「志」。如〈楚語〉：「范無宇對子晳曰：其在志也云云。」又〈楚語〉，左史倚相曰：「我聞一二之言，必誦志而納之。」[1]上舉諸例，都是春秋時代「書」類名下的東西。又昭十二年《左傳》，楚靈王謂「左史倚相能讀《三墳》《五典》《八索》《九邱》」，也可相信都是屬於「書」的東西。

　　《左傳》昭公二年，韓宣子聘魯，觀書於太史氏，見易象與

1　〔編案〕此語出自《國語》〈楚語上〉，何文原作《左傳》，今據《國語》原文校改之。

《魯春秋》，曰：周禮盡在魯矣」。韓宣子「觀書」，而所見有「易象與《魯春秋》」，則後者之皆為「書」可知。至於所謂「周禮盡在」，恐怕是指禮制，當然不是一部書。若謂制度也應有文，那麼，這個文之屬「書」也就不待論了。

「易象」之為「書」，在這裏是個新鮮的資料。見「易象」而曰「周禮盡在」，則「易象」當然是指《周易》，不稱《周易》而曰「易象」，可見「易象」只是卜筮之書的通稱。《左傳》所載卜辭，多不是今日《易經》上的文辭，就是這個道理，因為那些「易」都不是《周易》。

說到《易經》也不一定就是原始的《周易》。例如《晉書》〈束晳傳〉所載汲冢中的「〈易繇〉、〈陰陽卦〉二篇，與《周易》略同，繇辭則異。卦下《易經》一篇，似〈說卦〉而異」。另外還有一最重要的事實，就是汲冢中沒有《十翼》。可見原始《易》除了卜筮外，根本不談義理。所以《漢書》〈儒林傳〉和〈藝文志〉才都說「《易》為卜筮之書，秦獨不禁」。這是最正確的報導。《易》是到了有《十翼》之後，才成為漢儒經典之一的。傅孟真師曰：「《易》之入儒，當為漢代事。」然則《十翼》也當然是到漢代才被從「書」類中分出來的了。

「書」檔在魯昭公二年的魯藏室中的現狀如此，並且可以代表整個周禮的制度（「周禮盡在」語已顯然），那麼，在理論上，要不是受周室或魯君的委託，孔子絕不會對這個書檔有所變動的。說孔子可以私自「改制」來教弟子，那只有生在漢武帝時代的漢朝人和受日本明治維新影響最深的康有為，才能夠有這個想法。那位「述而不作，信而好古」的老學人（〈世家〉記孔子刪詩書、贊《周易》、作《春秋》是在六十八至七十一歲間的事）當然是做不出來的。這是理論，事實上，孔子不言《易》和《春秋》，也可證前述的道理。《論語》中孔子

沒有一語及《易》和《春秋》（〈述而〉篇的「五十以學易」句，《魯論》「易」字作「亦」，下屬，是孔子未言《易》也），並不是孔門文檔中沒有這文籍，而是兩者本來就屬於「書」類，這是一點。其次，孔子言「書」的次數，比起「禮」來真差得太遠了（已見前比較表），禮為書之用，言「書」實際已為言「禮」所代替了。這個關係，也和韓宣子見「易象與《魯春秋》」而謂「周禮盡在」是一樣的觀念。可見孔子教弟子時的文檔，和昭公二年的文檔是沒有什麼兩樣的。

　　《論語》記孔子真實提到「書」的，和今日的《尚書》校對起來，幾乎不夠一次。我這話自然有點兒好笑，但我們可以驗之事實。〈為政〉篇云：「或謂孔子曰：子奚不為政？子曰：書云：孝乎惟孝，友於兄弟。施於有政，是亦為政。奚其為為政！」自「書云」以下，《書》文應止於何處，只能照文理以意為之，因為是無可對證的。（謂出〈君陳〉者亦不可靠，詳下。）這是一處。一處是出弟子所引。〈憲問〉篇：「子張曰：書云：高宗諒陰，三年不言，何謂也？子曰：何必高宗，古之人皆然。君薨，百官總己以聽於冢宰，三年。」子張所引，亦不知出於何處。《尚書大傳》引〈說命〉篇亦無此文。且《論語》所引，既發自子張，而孔子所答，亦純為言「禮」之事，其體裁甚似〈檀弓〉。然則子張所謂「書云」云者，只借古語以問禮罷了，不一定指今《尚書》的。也就是說，孔門所謂「書」，仍是原始的，廣義的。即如上一例，今雖見〈君陳〉篇，但〈君陳〉是偽書，是根據《論語》這幾句話假造出來的，而且改原文為「惟孝友于兄弟」也不通。作偽者的心理，不敢全抄原文，則故意易其一二字以示其非出偽造，其實正是欲蓋彌彰！所以我前面說，孔子引「書」而真出於今《尚書》者不足一次，就是這個緣故。

　　是故我們可以說，（一）孔門的「書」仍然屬於類名。（二）「書」的實際，幾已為「禮」（即制度、行為）所代替。

三　禮

　　孔子言「禮」，有二義：一指著於簡策的制度、儀文，屬「文」。
例如《論語》〈為政〉篇：「殷因於夏禮，所損益可知也；周因於殷
禮，所損益可知也。」又云：「夏禮吾能言之，杞不足徵也；殷禮吾
能言之，宋不足徵也。」都是。又〈八佾〉篇：「子曰：周監於二
代，郁郁乎文哉！」這個「文」也是指禮制說的。

　　「禮」的另一意義是個人的執守，屬「行」，故與「文」對稱。
例如〈述而〉篇：「子所雅言，詩書、執禮，皆雅言也。」「詩書」屬
文，「禮」指行，故曰「執」。故凡與「文」對舉的「禮」，都屬於這
個範疇。例如〈雍也〉篇：「君子博學於文，約之以禮，亦可以弗畔
矣夫！」又，〈子罕〉篇：「夫子循循然善誘人，博我以文，約我以
禮。」上舉這兩處的「禮」，即屬於前面所述的「執」，這也是「禮」
的本義。故嚴格說，孔子言「禮」，這個實際行為的「執」是重於一
切的！因為孔子言「學」的目的，不止在求知識，還要把學問表現在
具體行為上。具體的行為就是「禮」。故「博學於文」是不夠的，還
得「約之以禮」。

　　《論語》〈衛靈公〉篇記孔子有一次對子貢說：「賜也，女以予為
多學而識之者與？」對曰：「然，非與？」孔子曰：「非也！予一以貫
之。」〈里仁〉篇也記孔子對曾子說：「參乎！吾道一以貫之。」門人
不懂。曾子釋孔子的意思說：「夫子之道，忠恕而已矣。」胡適之先
生從知識論的觀點，為孔子這兩次的話作一綜合解釋，說這就是「孔
子的知識論」，「忠恕」就是孔子的「推論法」。（見《中國古代哲學
史》）胡先生這話，當然是孔子言「學」應有之義。但知識只是孔子
「知」一方面的事，孔子之「學」，畢竟不能不有個「行」。因此，朱
子把〈里仁〉篇的「一以貫之」和〈衛靈公〉篇的分開來說：「彼以

行言，此以知言。」把「忠恕」的「一貫」歸之於倫理，而「多學而識」的一貫則屬之知識。但這樣仍然是不清楚的。王念孫在《廣雅疏證》上直繹「一以貫之」為「一以行之」。阮元又把「多學而識」歸之「知」，「一以貫之」歸之「行」，這就穩當多了。所以我認為「多學而識」即是「博學於文」，而「一以貫之」是「約之以禮」。孔子的「學」，歸根是要歸結到「禮」上來的。而這個「禮」，實際上也就是「克己復禮」的「禮」。顏淵問仁。子曰：「克己復禮為仁。」曰：請問其目。子曰：「非禮勿視，非禮勿聽，非禮勿言，非禮勿動。」看孔子提出四個「勿」字所針對的都在「視、聽、言、行」之間，就可知這個「禮」與「行」的關係有多密切了。

「禮」既是視、聽、言、行間的行為，故孔子常從日常生活和待人、接物的瑣事或個案上來說「禮」。例如〈子罕〉篇：「子見齊衰者，冕衣裳者，與瞽者：見之，雖少必作；過之必趨」。又〈八佾〉篇：「子入太廟，每事問。……曰：是禮也。」又曰：「祭如在，祭神如神在。子曰：吾不與祭，如不祭。」又〈鄉黨〉全篇除末章外，全都是孔子日常生活與「禮」有關的行為和個案。這些行為，在個人的持守上，自然寓有「克己復禮」的功夫；但就社會觀點和立場，便另有批評和指導的作用。例如，〈八佾〉篇：「子曰：禘自既灌而往者，吾不欲觀之矣！」不用說，這是批評祭禮已走了樣，有禮如無禮了的。又同篇，「子謂季氏八佾舞於庭，是可忍也，孰不可忍也！」又，「三家者以〈雍〉徹。子曰：相維辟公，天子穆穆。奚取於三家之堂？」又，「季氏旅於泰山，子謂冉有曰：『女弗能救與？』對曰：『不能。』子曰：『嗚呼，曾謂泰山不如林放乎！』」上面三例，都是專批評季氏的僭禮的。孔子雖無奈季氏何，但他最少不能不在弟子面前表示他的態度。

〈陽貨〉篇：「子曰：禮云禮云，玉帛云乎哉？樂云樂云，鍾鼓

云乎哉？」從孔子這兩句話，可反映當日一般人對於「禮樂」的形式主義化，所以孔子慨乎言之。又〈雍也〉篇，子曰：「觚不觚，觚哉？觚哉？」這卻是連形式主義都走了樣了！又〈八佾〉篇，林放問禮之本。子曰：「大哉問！禮與其奢也，寧儉；喪與其易也，寧戚！」孔子這句話的「奢」、「儉」、「易」、「戚」是互相關聯的。「易」，朱《注》訓「治」，指「節文」。全章的意思是：「奢」的結果是「易」，倒不如「儉」而「戚」合乎喪之情。〈檀弓〉有一段記載可和此章相發明。子路曰：吾聞諸夫子，「喪禮與其哀不足而禮有餘也，不若禮不足而哀有餘也；祭禮與其敬不足而禮有餘也，不若禮不足而敬有餘也。」可見真的「禮」是在真情而不在形式。

又〈子罕〉篇，子曰：「麻冕，禮也，今也純，儉；吾從眾。拜下，禮也，今拜乎上，泰也；雖違眾，吾從下。」麻冕也叫「緇布冠」，是一種正規的冠。但因照規矩製造，價貴；所以好些人就用「純」──即較廉價的簡易製品。孔子因為這樣大家易從，所以贊成從儉。至於「拜下」，是指見君之禮說的：意謂拜於堂下是恭敬；若君讓升，也可拜於堂上，不過這樣就「泰」（不夠禮貌）。一般因拜於堂上有面子，總要等君「辭」（即讓）才在堂上成拜。孔子認為這樣和「禮」的原則違悖，所以他明知跟一般風氣相反，他仍然願意拜於堂下。這個理由，也可和前面所引〈檀弓〉的「禮有餘而敬不足，不如敬有餘而禮不足」的話比較著看。

我們從上面幾個例子，可以看出孔子「執禮」的原則，總離不了個中情──即合乎「仁」的要求。所以他的口號是「克己復禮」！「禮」雖離不了形式，卻不專在形式，形式是應乎人情的。所以制度應該遵守，卻並不是盲從。例如一般人重視玉帛的形式，於是玉帛的輕重成了禮的標準，根本就失去「禮」的真意了。喪禮若沒有真情，那些繁文縟節，也就成為騙人的東西了。這都是孔子所看不過去的

事。對於衣服，也是根據這個原則。凡大多數人客觀能力所做不到的事，勉強去做，便失卻禮意，所以他寧可從眾。又「禮」的原則是恭敬，若借來巴結貴人或撐持門面，他也寧願違眾。所以孔子言「禮」的特徵，是批評的！朝著「仁」的理想走的！因此，破壞的卻也是建設的！孔子是個「詩」一樣溫柔敦厚的人，他富於保守意味，但就對於言「禮」的態度而言，他是因時制宜的！

　　和孔子言「禮」有關的另一課題，就是屬於「道藝」的「六藝」問題。孔門並沒有「六藝」之名。孟子、荀卿也未言「六藝」。漢以前最早言「六藝」者為《呂氏春秋》。〈博志〉篇云：「養由基、尹儒，皆六藝之人也。」篇中專言養由基善射和尹儒善御的故事，可見「六藝」是指「射御」之事。孔子也言過「射御」。《論語》〈子罕〉篇云：「達巷黨人曰：大哉孔子！博學而無所成名。子聞之⋯⋯曰：吾何執？執御乎？執射乎？吾執御矣！」達巷黨人所稱孔子的是「博學」，而孔子乃拿「射御」作答，「射御」是不是就是「藝」呢？〈雍也〉篇：季康子問「求也可使從政也與？」子曰：「求也藝，於從政乎何有！」朱子釋「藝」為「多才能」。劉氏《正義》也引孔曰「多才藝」。朱、孔之注，當然是直接取自《尚書》的。〈金縢〉篇，周公自稱曰：「予仁若考能，多才多藝。」「藝」既是指才能，則「射御」當然可以屬「藝」。又〈子罕〉篇：大宰問於子貢曰：「孔子聖者與，何其多能也！」子貢曰：「固天縱之將聖，又多能也！」子聞之曰：「大宰知我乎？吾少也賤，故多能鄙事。君子多乎哉？不多也！」牢曰：「子云：吾不試，故藝。」照孔子的話，則「藝」也不過是些「鄙事」，能了也算不得什麼！這雖也是孔子的自謙，但畢竟不能和「禮樂」相持並論則是可見的。所以〈憲問〉篇子路問成人，子曰：「若臧武仲之知，公綽之不欲，卞莊子之勇，冉求之藝，文之以禮樂，亦可以為成人矣！」有前面「知、不欲、勇、藝」四條件還不

夠，得再以「禮樂」來「文」（裝飾）他，才算得「成人」，則知「藝」最少是不屬於「禮樂」了。

孔門的「藝」、「射御」與「禮樂」的關係如此。不知《周禮》何以把「禮樂」列入「六藝」，而又稱曰「道藝」？《周官》〈保氏〉云：「教之六藝：一曰五禮，二曰六樂，三曰五射，四曰五馭，五曰六書，六曰九數。」這個「六藝」，又是大司徒所掌「鄉三物」之一：〈大司徒〉云：「以鄉三物教萬民而賓興之：一曰六德，……二曰六行，……三曰六藝，禮、樂、射、御、書、數。」六藝又稱為「道藝」。〈司諫〉云：「以時書其德、行、道藝。」（即鄉三物）

吾人觀《周禮》「六藝」與「德、行」對舉，「六藝」已儼然代替了「禮樂」的「文」，這也許就是「禮樂」所以合於原始「射御」之「藝」以成「道藝」的原因。若果如此，則「六藝」已是很後出的東西了。

四　樂

孔子言「詩」，即指文辭，專主辭義，故不分類。然言樂章（樂器自無論），則專主聲，故以樂名分類。孔子言「樂」，最大的類稱為「雅頌」。《論語》〈子罕〉篇：「子曰：吾自衛反魯，然後樂正，雅頌各得其所。」這裏「雅」、「頌」之為「樂」之兩大類名，當然再明白不過了。但，「樂」所包類名實不止此。像前節所引「師摯之始，〈關雎〉之亂」和「〈關雎〉樂而不淫，哀而不傷」二例，雖明知為言「樂」，然「〈關雎〉」既非類名，則知其於「樂」必另有所屬。案：《論語》〈陽貨〉篇云：「子謂伯魚，女為《周南》、《召南》矣乎？人而不為《周南》、《召南》，其猶正牆面而立也與！」關於「周南、召南」之義，鄭玄以「周召」為岐國地名，後為周公旦、召公奭采地；

「南」為南國。故《詩》之「得聖人之化者為周南,得賢人之化者為召南,言二公之德教,自岐而行於南國也」。[2]依鄭玄之說,則「南」為地域上之方位,故作〈大序〉的人才接著說:「南,言化自北而南也。」但這話之不通,崔述已前駁之。他說:「江沱汝漢,皆在岐周之東,當云自西而東,豈得云自北而南乎!」崔述的話,其實亦無異針對鄭玄說的。蓋周召若為岐周,則南國之稱,總是連不上的。故傅孟真師以為「周」應指「成周」,即雒陽王畿;而「召」為方叔召虎所開南國之地:畿內曰「周南」,畿外曰「召南」,指自河以南、江北、淮西、漢東一帶(《詩經學講義》)。但這話僅解決了鄭玄之說的矛盾,我們仍不能於孔子所稱二南之故得到解答。崔述又以「南」為「詩之一體」,謂「其體本起於南方,北人效之,故名以南,若漢人效楚詞之體,亦名之為楚詞者然,故《小雅》云:『以雅以南。』」崔述用《小雅》的「以雅以南」來證二南之名,是矣。但崔氏知「南」為別於「雅」之一體,而不知其為「樂」之類名,則仍惑於漢人之以「雅」類「詩」,故終無助於「南」之名的正確解釋。今案:《小雅》〈鼓鐘〉篇,《毛傳》云「南夷之樂曰南」,蓋取之《孝經緯鈎命訣》,鄭玄注〈文王世子〉本此。但這個南夷之樂,何以和周召發生關係,當採《呂氏春秋》之說。〈音初〉篇云:「禹行功,……塗山氏之女乃令其妾待禹于塗山之陽。女乃作歌,……實始作為南音。周公及召公取風焉,以為《周南》《召南》。」禹會塗山之地,雖其說不一,要不離浙江、安徽一帶乃至四川,在上古眼光看來,其為南夷,說正相合。且既曰「周公、召公取風,以為《周南》《召南》」,則其為樂名,是很明白的。《二南》既為樂名,而〈關雎〉即《二南》之亂章,「亂」是指合樂說的。《儀禮》〈鄉飲酒〉及〈燕禮〉,皆於上歌

---

2 〔編案〕:此為鄭玄《詩譜》中之〈周南召南譜〉語。

「間歌」、「笙歌」之後，以合樂成樂，〈鄉射禮〉亦然。〈燕禮〉所稱「鄉樂」，與合樂實為一事。合樂所歌，即《周南》的〈關雎〉、〈卷耳〉、〈葛覃〉和《召南》的〈鵲巢〉、〈采蘩〉、〈采蘋〉等六篇。合樂為最後所歌，故《論語》曰「〈關雎〉之亂」，謂以〈關雎〉終也。又《儀禮注》合樂「謂歌與眾聲俱作」，故孔子稱其「洋洋盈耳」。

「南」之本原既明，「雅頌」所以稱「樂」，仍有詮釋之必要。「頌」之為言容也，頌皃與容貌為古今字，引伸之為舞容。故宗廟祭祀之「樂」稱「頌」，實在就是「舞樂」的意思。近世阮元及傅孟真師，皆強調這個解釋，自屬不易之論。（漢人《詩序》曰：「頌者，美盛德之形容，以其成功告於鬼神者也。」曰「形容」，曰「告於鬼神」，當得舞樂之意了，乃因其不能從詩義的網羅中解放出來，遂以「容」為「盛德之形容」，蔽於「詩」而不知「樂」。故我謂自漢人之《詩》學興而樂亡！此亦孔子之所不及料也。）惟「雅」之為「樂」，又果何取義呢？漢人《詩》學，既有詩而無樂，其「雅者正也」之無與於孔門之「雅」，無待辨已。清儒王引之釋《荀子》〈榮辱〉篇「君子安雅」之「雅」字云：「雅讀為夏，夏謂中國也。」又舉〈儒效〉篇之「居楚而楚，居越而越，居夏而夏」以證之；謂古「夏、雅」二字互通。王氏謂「雅」為「夏」，夏即「中國」，是也。然猶未足以證「雅」之為樂名。《荀子》〈王制〉篇云：「聲則凡非雅聲者舉廢。」又曰：「禁淫聲，……使夷俗邪音不敢亂雅。」荀子的話，儼然《論語》〈陽貨〉篇「惡鄭聲之亂雅樂也」一語的複述！於此可得「雅」與「樂」的關連，而「雅樂」實也無異即「夏聲」之互文。雖然，「雅樂」出於「夏聲」，而「夏聲」已不復為「雅」。是故襄二十九年季札觀於周樂，《左傳》文云：「為之歌〈秦〉，曰：此之謂夏聲；夫能夏則大，大之至也，其周之舊乎！」季札所觀，明為秦樂，乃曰「此之謂夏聲」，又曰「其周之舊」，可知「秦樂」、「夏聲」與「周之

舊」間必有一段因緣。杜《注》云:「秦本在西戎汧隴之西,秦仲始
有車馬禮樂,去戎狄之音而有諸夏之聲,故謂之夏聲。及襄公佐周平
王東遷而受其故地,故曰周之舊。」杜《注》把「夏」字說成「諸
夏」,已走了樣;又把「周之舊」解成「舊地」,把季札一段連貫的話
分成不相連續的兩截,當然是不對的。季札只在論「樂」,故「秦」、
「夏聲」和「周之舊」三個觀念當然是一致的。換個講法,秦今日的
樂,就是夏樂,就是周原來的樂。這是季札那段話的背景。不過,這
裏仍有問題。秦樂為夏聲,是不是秦樂也即為「雅樂」呢?若不是
(事實上當然不是),則「夏聲」之與「雅樂」間是什麼關係呢?
案:《呂氏春秋》〈音初〉篇云:「殷整甲徙宅西河,猶思故處,實始
作為西音。長公(周昭王臣)繼是音以處西山,秦繆公取風焉,實始
作為秦音。」高誘註云:「西音,周之音。(繆公)取西音以為秦國之
樂音。」觀此,則《呂氏春秋》之文,正可作為季札論秦樂的注腳。
季札所謂「夏聲」,原即為「西音」,亦即「周之音」——因秦繆公
「取風」於「周之音」以為「秦音」——即秦樂,故季札一面稱之為
「夏聲」,一面又謂為「周之舊」,皆溯源之論,非謂「秦」即可稱
「夏」也。依這個關係,我們可知「雅」之所以成為樂名的本原。
「雅」之名,必出於「夏」。「夏」原為西方民族之稱號,夏后氏居
之,其後又為周民族之所在。〈康誥〉曰:「惟乃丕顯考文王,克明德
慎罰,用肇造我區夏,以修我西土。」是周固亦自稱「區夏」。「雅」
之與「夏」,既為互文,故「夏聲」即「雅聲」,即周樂也。古人音樂
常即以代表一民族或一國之稱(音樂固可以代表一國的文化),故
「夏」可為樂名,以代表有夏氏;與季札之觀周樂,其歌列國,亦皆
逕稱國名,以代表樂名,都是這個道理。依上述理由,則周樂之稱
「雅」,亦猶「夏樂」之稱「夏」而已。乃自「夏」之名專作「中
國」以別於夷狄之稱,而周朝又別以「周」為國號,於是「夏」行,

而「雅」為「周舊地」之義遂廢，然「雅」尚為樂名，即孔子所稱「《雅》《頌》」者也。及漢人《雅》學興，「雅者正也」，於是「雅」並樂名之義而亦廢了。

「雅」為樂名之本原既明，於是孔門所言之「樂」，其類目乃可得而數：曰「雅」，即周樂，為當日王室之樂。曰「頌」，為舞樂，即宗廟祭祀之樂。曰「《周南》、《召南》」，蓋取自南夷之外國樂。（合樂特徵，恐出於此。）曰列國之樂，即藉以觀民風者，今《詩經》稱《風》本此。然此風實非類名，故孔子不言風。（說詳下）

《二南》之樂，因其原出夷狄，所以孔子特別注意。他提醒伯魚，「不為《周南》、《召南》，其猶正牆面而立！」所謂正牆面而立的比喻，意就是不開通。孔子是個最通達的人，在當時，他的思想已不局限於中國。《論語》〈子罕〉篇載，子欲居九夷。或曰：「陋，如之何！」子曰：「君子居之，何陋之有！」這是個何等開通的口氣！注經家不達此理，把這件事當作孔子發牢騷看，說什麼孔子道不行，才有這個想法；劉氏《正義》至以「九夷」為指朝鮮，「君子」為指箕子，真把孔子說得太陋了，也太不懂得孔子了。

孔子言「樂」的類名如此。然漢人《詩》學，既欲混一詩、樂的分類，又不得《二南》確解，於是合《二南》與列國而名之曰《風》，又分《二雅》，並《頌》而為「四詩」。梁任公駁之，是也。然任公亦不明孔子原始「詩」、「樂」分教的本原，故仍調停兩漢《詩》說，不特非可以語於孔子，且亦非真能得兩漢之實也。

又孔子不言「風」亦有故。「風」之名，最早見於〈晉語〉。平公說（悅）新聲。師曠曰：「夫樂，山川之風也。」可見「風」雖指「樂」，卻非類名。《史記》〈世家〉云：「〈關雎〉之亂，以為風始。」既曰「〈關雎〉之亂」矣，應有取於《二南》合樂之義，則「風」仍當為樂名。然〈世家〉之文，乃以「四詩」來隲括孔子所刪

定之「詩」，並以置於「正樂」之後，「三百五篇孔子皆絃歌之」之
前，則司馬遷固依然以詩義說「風」，非指樂了。故「風始」之說，
已非原始風義。原始之「風」，仍應推原之於《二南》及「夏聲」。前
引《呂氏春秋》，塗山女作歌，實始為南音，周公召公取風，以為
《周南》《召南》。又「秦穆公取風」於西音，以為秦音。「取風」即
為取其「樂」，不關詩義。不但《呂氏春秋》所言之「風」為指
「樂」，即漢時所傳的《三朝記》，言「風」也是如此。〈小辯〉篇
云：「循弦以觀樂，足以辨風矣。」綜上所述，則「風」之原義，僅
泛指音樂，而非類名。故孔子《二南》、列國分舉，而不言「風」。蓋
言「風」不特不足以別《二南》於列國，且亦無以別「《雅》《頌》」
也。這是孔門無「風」的理由。季札所觀之樂也是如此。季札《大》
《小雅》分舉，殆「雅」原固已如此；而孔子則概言之，故但稱
「雅」。如實論之，原始樂類，或為「五樂」（即二南、列國、小雅、
大雅、頌），漢人合《二南》、列國以為「風」，而「風」始為類名。
取季札所舉《二雅》及《頌》之名以為詩類，而「雅頌」成為詩名。
此曰「四詩」，實即「四樂」，皆非孔子時「詩」、「樂」原始關係之
實也。

孔子的傳記問題與六經

摘要[*]

　　《論語》是孔子傳原始素材的來源。從《論語》中，我們可以看到四十歲前後到暮年時期孔子行誼的片段，這些片段，雖不足以構成完整的孔子傳，但他們所代表的，大都是春秋時代的真孔子。所以要認識孔子的本來面目，《論語》可為最可靠的第一資料。但《論語》也有竄亂部分。如〈陽貨〉篇的「公山弗擾」章與「佛肸」章的召孔子，這都是絕對不可能的。故崔述因此兼疑到《論語》後五篇的來源及其真實性，這是值得注意的。

　　有關孔子傳記的第二資料來源是《左傳》。《左傳》載孔子的遠祖共及三世，介紹孔子的父親「鄹人紇」尤別具風格。這些世系資料，都是《論語》所無的。其次是孔子為魯司寇所作的幾件事，皆充分表現其為「鄹人之子」的本真；至於孔子的暮年和卒歲，也有重點的紀述。故《左傳》中有關孔子行誼的資料，可以說是另一角度的孔子傳，且自成為一圖構。將《左傳》和《論語》的素材相配合，正可完成一個有德性、有學問、有血性真男子的孔子！

　　但不幸的是，自有司馬遷的〈孔子世家〉出來，不但春秋時代真孔子的面目被歪曲了，即孔子與《六經》的關係也被捏造了，自此以

* 〔編案〕此摘要係何定生獲國家科學委員會57學年度研究補助費（人文及社會科學甲種）之研究報告摘要，載於《國家科學委員會年報（57年7月-58年6月）》（臺北：國家科學委員會，未載出版年月），頁101-102。

後，無窮盡的孔子的言行被人們任意的偽託贗造，而孔子與《六經》的關係，遂成了不可分解的幻方。是故時至今日，學者無問中外，仍承認《六經》為「孔子之典」：事實混淆，真偽莫辨，使後人無從認識孔子的本真，是則司馬遷之罪也。

一　資料問題

孔子傳記的原始資料，今日可依據的只有三部書：一是《論語》，一是《左傳》，再就是《國語》。茲分別論之。

（一）《論語》

《論語》之成書，鄭玄謂其為「仲弓、子游、子夏等撰」[1]，不知所本。唐朝的柳宗元根據《論語》曾子稱「子」，是為弟子稱師，遂以《論語》為曾子弟子樂正子春、子思之徒之所為。[2]宋程頤、朱子並依同一原則，卻認為乃有子、曾子門人所作，而不指名。陸象山又以為有子、曾子之所以稱「子」，乃由於二人為子夏等所尊，故仍主鄭玄之說，以《論語》為子夏等撰。[3]鄭樵《通志》有〈《論語》撰人名〉一卷[4]，不知誰作。翟灝以為《通志》所錄，恐即源於《論語崇爵讖》，謂撰人即「子夏等六十四人」。[5]今案：自鄭玄而下，凡漢、唐、宋人所云云，雖或不免出於臆測，但《論語》之為孔門弟子所記，應無可疑。所以《漢書》〈藝文志〉云：「《論語》者，孔子應答

1　〔原註〕鄭玄：〈論語序〉逸文，宋翔鳳輯。

2　〔原註〕柳宗元：〈論語辨〉，《柳宗元文集》。

3　〔原註〕陸九淵：《象山語錄》。

4　〔原註〕鄭樵：《通志》〈藝文略〉。

5　〔原註〕翟灝：《四書考異》。

弟子、時人及弟子相與言而接聞於夫子之語也。當時弟子各有所記。夫子既卒，門人相與輯而論纂，故謂之《論語》。」這段話最為可信，至於書中稱謂問題，清人劉寶楠云：「《論語》弟子之稱子者，自有子、曾子外，閔子騫皆書字，而〈先進〉篇一稱閔子。冉伯牛、冉仲弓、冉有皆書字，而〈雍也〉篇、〈子路〉篇各一稱冉子。則意書字者為弟子所記，書子者為三子之弟子所記也。」[6]又說：「要之，《論語》非出一人，故語多重見；而編輯成書，則由仲弓、子游、子夏首為商定。故傳《論語》者能知三子之名。鄭君習聞其說，故於〈序〉標明之也。」劉氏解釋鄭玄所以特著子夏等三撰人之名的理由，大致是可信從的，且和《漢書》〈藝文志〉的話也不衝突。所以我以為說《論語》是有關孔子傳記一部「見知」的原始紀錄也是可以的。即其成書，也當不會後於戰國初期。

雖然，若就這書的傳授來說，卻發生了若干問題。據東漢初期人王充（西元一世紀間，即紀元27-？年）在《論衡》上曾這樣寫道：「《論語》者，弟子共紀孔子之言行，勅記之時甚多，數十百篇，⋯⋯漢興失亡。至武帝發取孔子壁中古文得二十一篇，齊、魯二、河間九篇（疑有漏誤字）三十篇，至昭帝女讀二十一篇。宣帝下太常博士時尚稱書難曉，名之曰傳，後更隸寫以傳誦。初，孔子孫孔安國以教魯人扶卿，官至荊州刺史，始曰《論語》。今時稱《論語》二十篇，又失齊、魯、河間九篇。本三十篇，分布亡失。」[7]王充較鄭玄早生一百年（後孔子之歿五百年），所以這個報導，可以說是《論語》最早的傳授紀錄。不過仲任的根據，也只是古文學家的資料。但鄭玄所注《論語》卻是以當時今文學的《魯論》為根據的。那時所謂壁中古文本的古《論語》和另　今文本的《齊論》都已不存在。案，據近人的

6　〔原註〕劉寶楠：《論語正義》。

7　〔原註〕王充：《論衡》〈正說篇〉。

考證，孔安國以前稱引《論語》者，有〈坊記〉（或謂子思，或謂公孫尼子作），有陸賈《新語》，有賈誼《新書》，有鼂錯、鄒陽等的章奏，而以董仲舒《春秋繁露》所稱引為最多（凡四十餘條）。其時古文未出，則其為今文《論語》自不待論。故鄭玄就今文《魯論》篇章，兼考《齊論》《古論》而為之注。[8]事實上，魯共王的孔壁中是否真藏過一套用孔子時代的文字所書寫的「古文經」，根本就已成疑問。[9]所以清代的今文學家直以《漢書》〈藝文志〉所謂「古《論語》」者，不過是劉歆所偽造的古文學說的贗品之一而已。[10]故今《論語》中有許多地方確是很成問題的。我們再回到王充的〈正說篇〉。他說：「本三十篇，分布亡失，或二十一篇目或多或少，文讚或是或誤。說《論語》者但知以剝解之問，以纖微之難，不知存問本根篇數章目。」是王充就已感覺《論語》有問題？何況又有後來鄭玄的混淆今古文？隨便舉例如〈公冶長〉篇的「左丘明恥之，丘亦恥之」。康有為即以為乃劉歆所竄偽。又〈述而〉篇「加我數年，五十以學易」，「易」字《魯論》原作「亦」，「易」字是《古論語》所改。又〈子罕〉篇的「鳳鳥不至」，近人也疑心是劉歆所加。[11]此外清儒崔述對於〈季氏〉、〈陽貨〉、〈微子〉、〈堯曰〉四篇中亦認為有不少靠不住的成分。[12]這樣看來，《論語》在古籍中是學者公認為一部最可靠之書，但在史料價值上，也不是百分之百的真確了。

8　〔原註〕孫世楊：《論語考》，《古史辨》第四冊。

9　〔原註〕康有為：《新學偽經考》，〈史記經說足證偽經考第二〉。

10　〔原註〕同前。

11　〔原註〕錢玄同：〈重論今古文學問題〉，「論語」條云：「鳳鳥不至」一語，顧頡剛先生疑心也是劉歆所竄入的，因其在《左傳》昭公十七年「郯子來朝」傳中「我高祖少師摯之立也，鳳鳥適至」之語相契合，《左傳》中此類傳文必是劉歆所增竄，故《論語》此語亦大可疑。

12　〔原註〕崔述：《洙泗考信餘錄》卷三，〈論語源流附考〉。

（二）《左傳》

　　《左傳》是有關孔子傳記直接資料的另一重要來源。此書因為其本身原就是所謂「古文經」的要籍之一，所以也是今文學家所攻擊的一重大目標。清儒自劉逢祿而下，至康有為、崔適等，都確認此書為劉歆所偽造。劉氏謂「左氏不傳《春秋》」。故今日《左傳》的凡例、書法、編年等都是劉歆所竄偽，並非本來面目。[13]但劉氏雖證「左氏不傳《春秋》」，卻仍信《史記》〈十二諸侯年表〉的話，承認《左傳》即為《左氏春秋》。[14]康有為卻進一步揭發《史記》中《左氏春秋》之名亦為劉歆所竄入。案：《漢書》〈藝文志〉有二種《國語》本子：一為《新國語》五十四篇本。一為《國語》二十一篇本。此外又有《左氏傳》三十卷。康氏以為同一《國語》，不應有二種本子篇數如此懸殊！所以他認為〈漢志〉的五十四篇本乃《國語》原本，劉歆既偽分其三十篇以為《春秋傳》，於是留其殘剩，掇拾雜書，加以附益，以為今本之《國語》，即二十一篇本也。[15]崔適更列舉證據，以證明《史記》的話確為劉歆所竄偽。[16]所以依康氏等的看法，則左氏不但不傳《春秋》，事實上左丘明所著書，也只有《國語》一種，別無所謂《左氏春秋》的。向來說經家以《左氏傳》為《春秋內傳》，《國語》為《春秋外傳》，依今文家的說法，也可說都是受劉歆古文學說的欺騙了。

　　雖然，今古文學之爭，原是經學家的「家法」問題；到了末後，卻又成了學術、思想的方法問題。所以梁啟超把清代漢學的古今文之

13　〔原註〕劉逢祿：《左氏春秋考證》。
14　〔原註〕司馬遷：《史記》，〈十二諸侯年表〉：「魯君子左丘明懼弟子人人異端，各安其意，失其真，故因孔子史記，具論其語，成《左氏春秋》。」
15　〔原註〕《新學偽經考》，〈史記經說足證偽經考第二〉。
16　〔原註〕崔適：《史記探源》。

爭，比之於歐洲文藝復興的「以復古為解放」。[17]而民國以還，復從經學的主觀觀點，以歸元於史學的客觀觀點，如「五四」以後，吳縣顧先生致力於古史研究即為最顯著的事實。[18]所以歸結起來，今古文昔日的思想傳統之爭，到今天已成為純史料的真偽問題。即以《左傳》而論，說一部記載魯隱公以下二百五十三年（較《春秋經》多出十一年）間的魯國史，包括王朝和列國國際間所發生錯綜複雜的事蹟，總篇幅不下十九萬字，像這樣的巨著，而說是出劉歆一手的偽造，自然沒有可能。所以所謂《左氏傳》為劉歆偽造，事實也只是在這部書的體裁上加以變動，如編年、凡例、書法等。這些地方，劉歆固然可能在若干事實上加以竄亂，但原書的主要史蹟，是無法隨意捏造或抹煞的。大概《左傳》上與「君子曰」有關的事情多少可能為劉歆可以生情的地方，但也必不能全加竄易的。所以總括一句話說，《左傳》無論其為左氏原本抑為經過劉歆竄亂之本，其在孔子傳記素材的史料價值上，大致仍可信其為是一致的。

（三）《國語》

今日的《國語》，康有為以為即劉歆從〈漢志〉的「《新國語》五十四篇」本分出《左氏傳》所殘剩之本，加以掇拾附益而成者（見前文）。此說蔡元培時代的北京大學教授錢玄同深信其然。吾友屈翼鵬先生則仍主《左傳》、《國語》為二書。[19]今案：韓昌黎曾謂「左氏浮誇」。今觀《國語》之文，實較《左傳》尤為「浮誇」。所以我認為《左傳》、《國語》二書，若有漢人竄亂，則《國語》可能竄亂之處，恐怕較《左傳》還要多。就這個觀點而論，則謂《左傳》乃從《國

---

17 〔原註〕梁啟超：《清代學術概論》。

18 〔原註〕顧頡剛：《古史辨》第一、二、三、四、五冊。

19 〔原註〕屈萬里：《古籍導讀》七、八。

語》分出的可能性就不大了。關於《左傳》和《國語》文字上的關係，拙作《詩經今論》卷一中列有論列，茲不復具。

《國語》的史料價值，自不能與《左傳》等量齊觀。其可能為漢人增竄之處，當隨時加以辨析考定。

二　《論語》中有關孔子傳記素材及考證

《論語》全書二十篇所載有關孔子言、行總共四百六十餘條。其可確定或推知其發生的年月或近似的年代者，最多也不過五十餘事；其餘四百多條，便幾於全屬孔子的嘉言。無法考定其時間和先後了。不但如此，即所謂可推知其發生時間的五十餘則紀錄中，其可供給孔子傳記資料的幅度也仍然不大。因為這些資料本身，大多數都是彼此獨立，不相連繫，並且顯然也未經有意的分類或排列過。甚至連二十篇的次序也是如此。所以一部《論語》的紀錄，無論其對孔子的一生有著如何密切的關係，但充其量也只能視為孔子傳記的素材，不能直接構成孔子傳。

上述素材，可從有關的列國國君考證其時代先後者，《論語》上以與齊景公有關的記載為最早。魯定公時代，則為孔子仕魯時期。此後十餘年，孔子即奔走於宋、衛、陳、蔡之間，歸魯時已在哀公中葉。孔子也已進入暮年。其一生中較易考知的行誼，可屬於這時期的資料也就比較多。

歸納起來，《論語》上五十餘則較有時間性的紀錄中，大約最早者可能發生於孔子三十五歲至四十二歲之間。那段時間，孔子因魯亂到了齊國，在那裏住到定公立才回來。其次為魯定公時代，也是孔子仕魯時期。這段期間孔子大約是五十歲至五十五歲，《論語》上凡與定公及三桓有關的記載皆屬之。但孔子的政治生涯並不長，其政治生

命的顛峰狀態最多不過三年，並且一結束便離開魯國。此後自五十六
歲至六十八歲期間，孔子即一直淹留在國外。他先到衛國，在那裏大
約住到靈公死的那年，他離開了衛國，經過宋國，又到了陳國和蔡
國，在那裏又住上了幾年。孟子所謂「君子厄於陳蔡之間」，就是指
這段時期說的——這自然不是一時一地之事。到了六十三歲，孔子又
回到衛國——這是孔子第二次適衛。魯哀公十一年，季氏正式請孔子
回去，孔子乃歸魯，這時他已經六十八歲了。計孔子自定公十三年去
魯，至此總共在國外寄居了十四年。這段時間，可徵於《論語》紀錄
大約共有十九條。至於孔子歸魯後到他逝世的五年間的言行，《論
語》所保留的素材也較多，可得二十五條。以上是《論語》上可資考
證孔子傳記素材的概要。下文將依照齊、魯、衛等國君的有關世次，
將這些素材加以考證，以見其與孔子傳記的確切關係。

（一）孔子在齊時期（三五－四二歲）

照《論語》可考證素材所顯示，孔子最早見於紀錄的社會活動，
當在三十五歲前後。這一年正是魯昭公二十五年，也是魯國一大動盪
時期的開始。因為魯昭公要誅季氏，卻導致了三桓的聯合叛變，結果
昭公師敗，出奔齊國，此後七年間，昭公便一直作個流亡的國君，並
死在國外。孔子適齊，大致也就是在這段期間。他是到了昭公卒，定
公立，才回魯國來的。《論語》可列於這一時期的素材，約有五條。
茲考證如下文。

    1（1）　子入太廟，每事問。或曰：「孰謂鄹人之子知禮乎？
    入太廟，每事問。」子聞之曰：「是禮也。」（〈八佾〉第三）

【考證】此條所載，不知出於何年。就文中或人稱其為「鄹人之

子」的語氣看來，則其社會地位顯然不高。不過，既有資格入太廟助祭，自當也在成年之後，此以之附於至齊之前。

2（2）　孔子謂季氏八佾舞於庭：「是可忍也，孰不可忍也！」
（〈八佾〉第三）

【考證】關於八佾之舞，注經家頗有異說，但天子用「八佾」，卻是一致的。「佾」是指舞時執羽的行列。隱公五年《左傳》：「考仲子之宮，將萬焉。公問羽數於眾仲。對曰：天子用八，諸侯用六，大夫四，士二。」文中所謂「萬」是指舞說的。舞時以八羽為一佾，眾仲謂「天子用八」即謂「八佾」八八六十四羽也。故服虔《左氏傳解誼》云：「天子八八，諸侯六八，大夫四八，士二八」，即以一佾為羽的單位。天子八八為六十四羽，則諸侯六八為四十八羽，大夫三十二羽，而士為十六羽。季氏只不過是魯國的大夫，即用舞，也只能用四佾即三十二羽的舞。現在竟然舞起八佾來，僭越到諸侯以上，孔子如何看得過去？所以說：「是可忍也，孰不可忍也？」至於季氏所有八佾的由來，據註經家對於昭公二十五年《左傳》「將禘於襄公，萬者二人，其眾萬於季氏」的解釋，「萬者二人」的「二人」當作「二八」，即「二佾」也。魯本有六佾，季氏大夫得有四佾，至平子時，取公四佾以往，合為八佾。而公止有二佾，故左氏言「禘于襄公，萬者二八」。二八即二佾也。這個解釋倘若正確，則「季氏八佾舞於庭」可能即指昭公二十五年「眾萬於季氏」之事。故《漢書》〈劉向傳〉引《論語》此事謂「季氏卒逐昭公」。季氏逐昭公在此年，故此事應發生於孔子三十五歲，但卻在至齊之前。

3（3）　齊景公問政於孔子。孔子對曰：「君君，臣臣，父

　　父，子子。」公曰：「善哉！信如君不君，臣不臣，父不父，
　子不子，雖有粟，吾得而食諸？」(〈顏淵〉第十二)

　　【考證】案：昭公二十六年《左傳》載齊景公與晏子的對答云：
齊侯與晏子坐于路寢。公歎曰：「美哉室，其誰有此乎？」晏子曰：
「敢問何謂也？」公曰：「吾以為在德。」對曰：「如君之言，其陳氏
乎？陳氏雖無大德，而有施於民：豆、區、鍾、釜之數，其取之公也
薄，其施之民也厚。公厚斂焉，陳氏厚施焉，民歸之矣。《詩》曰：
『雖無德與女，式歌且舞。』陳氏之施，民歌舞之矣，後世若少惰，
陳氏而不亡，則國其國也已。」公曰：「善哉！是可若何？」對曰：
「唯禮可以已之。在禮，家施不及國，民不遷，農不移，工賈不變，
士不濫，官不滔，大夫不收公利。」公曰：「善哉！我不能矣。吾今
而後知禮之可以為國也。」對曰：「禮之可以為國也久矣。與天地
並，君令、臣共、父慈、子孝、兄愛、弟敬、夫和、妻柔、姑慈、婦
聽，禮也。君令而不違，臣共而不貳，父慈而教，子孝而箴，兄愛而
友，弟敬而順，夫和而義，妻柔而正，姑慈而從，婦聽而婉，禮之善
物也。」公曰：「善哉！寡人今而後聞此禮之上也。」對曰：「先王所
稟於天地以為其民也，是以先王上之。」案：《左傳》這記載，和
《論語》〈顏淵〉篇記孔子與景公對答的內容極相像。齊國君臣也和
魯國同樣有問題：齊的陳氏，正像魯的三桓。國君若不能善處於君、
臣、父、子之間，自不能善處其國家；尤以孔子正目擊魯昭公被逐居
外的悲劇，故不覺其言之深切。所以《論語》之文所載的對話，可能
而發生於齊景公三十二年，即孔子為魯亂適齊之次年，也即昭公二十
六年，那年孔子是三十六歲，我們讀《論語》的話，是何等精警切
要，深入淺出！但《左傳》之文，便顯得那樣浮誇、辭費而冗沓了。
從這一點，也可以看出春秋和戰國語文的演變，雖則《論語》亦當成

於戰國，但其材料到底是屬於春秋時代的（孔門師弟問難的紀錄），文格自然和戰國後期的游說風格不同了。

> 4（4）　子在齊，聞〈韶〉，三月不知肉味，曰：「不圖為樂之至於斯也！」（〈述而〉第七）

【考證】《史記》載孔子聞〈韶〉即在孔子適齊之年，並且把事情也歪曲了。《史記》的原文是這樣的：「魯亂，孔子適齊，為高昭子家臣，欲以通乎景公。與齊太師語樂，聞〈韶〉音，學之，三月不知肉味。」照《史記》之文，孔子是走了高昭子的門路，才得見齊景公；在齊聞〈韶〉卻是向齊太師學〈韶〉；兩者都是違背事實的。案：〈世家〉稱孔子年三十，齊景公與晏嬰來適魯，問孔子秦穆公何以霸，孔子對曰云云。景公說，是孔子於景公二十六年早已通於景公，何待四年後始藉高昭子以為主？更何至為要見景公而必為其大夫的家臣？商鞅以一縱橫家主於景監以通於秦孝公，趙良還責其「非所以為名」。若孔子為要干時君而至於卑膝奴顏以為其大夫之家臣，將何以為孔子？故崔述駁〈世家〉之文云：「余案《春秋傳》，高昭子名張，唱魯昭公，稱為主君；阿景公意，輔孺子荼，卒為陳氏所逐，其不肖如是。孟子曰：觀遠臣以其所主，況於為之臣乎？」而斷其為「必無之事」，其說甚是。

至於孔子在齊聞〈韶〉，三月不知肉味，明是形容〈韶〉樂之美，至於三月不知肉味，所以下文說，「不圖為樂之至於斯也」！「至於斯」猶今語「到了這個程度」也。《論語》〈八佾〉篇：「子謂〈韶〉，盡美矣，又盡善也！」正可以和此意相發明。司馬遷个達此意，為了聞〈韶〉，就必先捏造一個「齊太師」來作為語樂的對象。（《論語》〈八佾〉有「子語魯太師樂」），然後再編造了「學之三月」

以沖淡「不知肉味」的原意。這樣不但把原文的意境都破壞了，並且明明已經不是原文的事實！

《史記》的話既不可靠，所以孔子在齊聞〈韶〉之事，固然不必發生於初至齊之年（《說苑》描寫孔子至齊聞〈韶〉的經過最無道理，顯是漢人瞎造，其不足信，尤不待論），也不必發生於昭公二十六年，如《闕里志》〈年譜〉和江永《鄉黨圖考》所云，皆揣測之辭。孔子因魯亂適齊，直至定公立始歸國，七年之中，何日不可聞〈韶〉，但確在何年，卻無從考定了。

> 5（5）　齊景公待孔子，曰：「若季氏則吾不能，以季、孟之間待之。」曰：「吾老矣，不能用也。」孔子行。（〈微子〉第十八）

【考證】《論語》此條用二「曰」字，劉寶楠《正義》曰：「言非在一時，故《論語》用兩曰字別之。」但下曰字句末有「孔子行」語，則景公的話，與孔子之去齊歸魯時間必不甚相遠明甚。但景公第一次說話的時間卻不能和第二次說話的時間距離很近也是很顯然的。景公不能才說「以季孟之間待之」，忽又說「吾老矣，不能用也」。所以閻若璩《釋地》謂「孔子在齊為景公三十三年，時年已六十，故稱老」的說法不足據的。[20]閻氏所以說孔子在齊為景公三十三年，是根據《闕里志》〈年譜〉謂孔子三十七歲從齊歸魯，所以把《論語》的「孔子行」解釋為孔子在齊的第二次歸魯。但這個解釋不但不合理，且亦是毫無根據的。案：〈年譜〉稱孔子凡三次至齊：第一次在三十一歲，當年返魯；第二次在三十五歲，三十七歲返魯，當年又適齊，

20　〔編案〕何氏所引閻氏之語，係轉引自劉寶楠《論語正義》，與閻氏原文略有不同，乃劉氏概括閻氏之意而出之者。

這為第三次，到四十二歲，才是最後歸魯。但〈年譜〉的話是沒有理由的，尤以第二次最好笑，孔子老正因齊景公託辭老不能用他而離開魯國，何能忽又回來，到底有什麼冀圖呢？且孔子能如此做嗎？且景公此時託辭老也嫌太早，因為孔子明明在齊住到四十二歲的時候，那時景公已即屆七十，正是可以稱老的時候，所以《論語》之文若發生於此年，不是很順理成章麼？〈世家〉記孔子適齊，便只有一次。〈年譜〉欲與《史記》立異，便捉襟見肘，這也可作為歷來偽託經傳者的抽樣了。崔述《洙泗考信錄》有辨說。崔述仍以《史記》為近實，這是對的。

(二) 孔子在魯及見用（四三─五五歲）

孔子自齊反魯，正當昭、定之間。案：昭公三十二年卒於乾侯，孔子四十二歲。明年，定公立，孔子四十三歲。此時季氏正擅權，故孔子雖歸魯亦不欲仕。到了四十七歲，即定公五年，陽虎以季氏家臣而擅魯政，因季桓子而與之盟；是年六月以前，權在季氏，六月之後，權在陽虎，政局每況愈下。孔子自愈不欲立於犯上者之朝。所以孔子自歸魯以後，數年之間，一直過著修《詩》、《書》，教弟子的生活。到了定公八年，三桓攻陽虎，陽虎奔齊以後，孔子才漸用於魯，這時孔子是五十歲。所以五十歲以前，《論語》中沒有孔子從政的資料，這大概是可以無須懷疑的。〈世家〉孔子為中都宰和司空是在定公九年，也符合這原則。〈年譜〉乃謂：孔子「四十七歲，定公以為中都宰；四十八歲遷司空。」其捏造、不通，遂不值一駁。

定公十年，孔子為魯司寇，相定公與齊侯會於夾谷，齊人來歸汶陽之田。是年孔子是五十二歲。自此以至五十四歲的數年間，可說是孔子政治生命的巔峰時期。但到了定公十三年，孔子五十五歲，魯春郊膰肉不至，當局已顯然把孔子擺在一邊；同時，為了齊女樂，季桓

子居然可以不上班，孔子知道一切已沒有希望，也就只好下臺了。而孔子的政治生命，也就此結束。

在這段期間，《論語》上可考知有關孔子行誼的素材約有八條，茲分論之。

> 1（6）　或謂孔子曰：「子奚不為政？」子曰：「《書》云：孝乎惟孝，友于兄弟。施於有政，是亦為政。奚其為為政？」（〈為政〉第二）

【考證】此條無年月可考。崔述引《集註》以為在定公初年為近是。以定公八年以前，孔子不仕也。包慎言《論語溫故錄》則依《白虎通》因文中有「《書》云孝乎惟孝」語為孔子自衛反魯，知道之不行，故定《五經》以行其道以後事，謂《論語》對或人章當在哀公十一年以後，然定《五經》乃漢人思想，孔子時只言「詩書」，「書」只是類名，不必即為後來的《尚書》（拙作〈孔子言學篇〉別有說，載《孔孟學報》第六期）。故《論語》此條仍依《集註》說置於孔子自齊返魯之後。

> 2（7）　陽貨欲見孔子，孔子不見，歸孔子豚。孔子時其亡也而往拜之，遇諸塗，謂孔子曰：「來，予與爾言。曰懷其寶而迷其邦，可謂仁乎？」曰：「不可。」「好從事而亟失時，可謂知乎？」曰：「不可。」「日月逝矣，歲不我與！」孔子曰「諾，吾將仕矣。」（〈陽貨〉第十八）

【考證】案：朱子《集註》云：「陽貨，季氏家臣，名虎。嘗囚季桓子而專國政。」是朱子以為陽貨即《左傳》之陽虎。崔述《考信

錄》因《左傳》有陽虎而無陽貨，《論語》有陽貨而無陽虎，而《孟子》則有陽虎，也有陽貨，因疑陽虎與陽貨為二人。此事雖無佐證，以資論定；但若謂季氏家臣於一跋扈的陽虎外，還別有一足以與孔子交際之陽貨，事實上恐也不可能。所以謂《論語》中的陽貨，即《左傳》的陽虎，是很合理的。至於《孟子》之所以歧出，關係似不重要。況《孟子》記陽貨瞰亡饋豚和孔子的瞰亡往拜，也與《論語》合。所以《論語》此條可視為陽虎擅政三年間事，即定公五年以後，八年以前，那時孔子是四十七至五十歲。

> 3（8）　子路使子羔為費宰，子曰：「賊夫人之子！」子路
> 曰：「有民人焉，有社稷焉，何必讀書，然後為學？」子曰：
> 「是故惡夫佞者。」（〈先進〉第十一）

【考證】此條年月今雖無考，但其為孔子見用於定公九年以後似當無疑。案：〈世家〉稱定公九年以孔子為中都宰，一年，又由中都宰為司空，由司空為大司寇。崔述辨之云：「按：《左傳》魯之孟孫世為司空，未嘗失職；而都邑之宰其職甚卑，乃委吏乘田之流。孔子在定公世名益崇，望益重，是以或人有『奚不為政』之問，陽貨有『懷寶迷邦』之譏。魯人固欲得孔子為大夫，但孔子以魯亂故不仕耳。陽虎既去，召而用之，乃事之常，不當僅以為宰也。然則孔子固不能為司空；即有為中都宰之事，亦當在昭公之世，不得如〈世家〉之說也。」今案：崔說甚是。實則「即為中都宰亦當在昭公之世」的假說也無必要，因為照當時的情勢實無此可能。所以崔述以為自陽虎出奔後孔子見用於魯，乃以司寇始，亦以司寇終，這是對的。〈年譜〉將此事推衍為「五十歲遷司寇，五十一歲以司寇攝政，五十三歲為大司寇」。顯然是從〈世家〉的「會於夾谷，孔子攝行相事」和《家語》

的「為司寇攝行相事」和「為大司寇」二語抽繹而來，卻不知其並非事實，蓋定公十年《左傳》的「公會齊侯於夾谷，孔丘相」的「相」字，只是動詞，即「相禮」的「相」，而不是官職的名稱。春秋時根本就無以相名官者，故〈世家〉和《家語》所謂「攝行相事」根本就不通。至於孔子以司寇與聞國政，卻也是事實。因為夾谷之會，魯相當成功，故齊人歸魯侵地。《春秋》載此事云：「齊人來歸鄆、讙、龜陰田。」案：此三邑乃定公九年陽虎所據以叛魯奔齊者，夾谷之會，竟獲歸還。《左傳》記簽約的經過云：「將盟，齊人加於載書曰：『齊師出竟，而不以甲車三百乘從我者，有如此盟！』孔丘使茲無還揖對曰：『而不反我汶陽之田，吾以共命者亦如之！』」條約中所謂「汶陽之田」即指鄆、讙、龜陰三邑之地。而此地之得歸還，顯然是當時孔子在簽約時臨時加條款於約文上的功勞。此事使孔子的聲望自然大大的增高，獲得了季氏的信任。所以定公十二年的《公羊傳》云：「孔子行乎季孫，三月不違，曰：家不藏甲，邑無百雉之城。於是帥師墮郈，帥師墮費。」這個時期，也即五十二至五十四歲的三年間，可以說是孔子政治生命的顛峰狀態。《論語》〈先進〉篇載子路為了使子羔為費宰事與孔子的對答，當即發生於這個時期。

　　《論語》〈雍也〉篇又有一條云：「原思為之宰，與之粟九百，辭。子曰：『毋以與爾鄰里鄉黨乎！』」包《注》以為即孔子為司寇時事。原思〈仲尼弟子列傳〉作「原憲字子思」。鄭玄以為魯人。但《家語》卻說他是宋人。又說他少孔子三十六歲。今案：《家語》說不確。原憲若少孔子三十六歲，則孔子為司寇時，即使在最後一年，他還不到二十歲，如何能當邑宰呢？所以《家語》的年齡是不可信的。本條年月雖無可考，但以為在司寇時期，大概可以不成問題的。

　　4（9）　定公問：「君使臣，臣事君如之何？」孔子對曰：「君
　　　使臣以禮，臣事君以忠。」（〈八佾〉第三）

5（10）　定公問：「一言而可以興邦有諸？」孔子對曰：「言不
　　　　　可以若是其幾也。人之言曰：為君難，為臣不易。如知為君之
　　　　　難也，不幾乎一言而興邦乎！」曰：「一言而喪邦有諸？」孔
　　　　　子對曰：「言不可以若是其幾也。人之言曰：予無樂乎為君，
　　　　　唯其言而莫予違也。如其善而莫之違也，不亦善乎！如不善
　　　　　而莫之違也，不幾乎一言而喪邦乎！」（〈子路〉第十三）

　　【考證】劉氏《論語正義》云：「定公承昭公之後，公室益微
弱，時臣多失禮於君，故公患之，言如何君使臣臣事君，將欲求其說
以救正之。為此言者，其在孔子將仕時乎？」是以「君使臣臣事君」
之問在定公將用孔子之時。崔述則以為此條與「一言興邦一言喪邦」
之問條「無年可考，然皆當在為魯司寇之時」，其說近是。

6（11）　公山弗擾以費畔，召。子欲往，子路不說。曰：「末
　　　　　之也已！何必公山氏之之也？」子曰：「夫召我者而豈徒哉？
　　　　　如有用我者，吾其為東周乎！」（〈陽貨〉第十七）

　　【考證】此條與定公墮費事有關。但《論語》卻無墮費記載。定
公十二年《左傳》云：「仲由為季氏宰，將墮三都。於是叔孫氏墮
郈。季氏將墮費，公山不狃、叔孫輒帥費人以襲魯。公與三子入於季
氏之宮，登武子之臺。費人攻之，弗克；入及公側。仲尼命申句須、
樂碩下伐之，費人北。國人追之，敗諸姑蔑，二子奔齊。遂墮費。」
　　今案：公山弗擾即《左傳》的「公山不狃」，「不狃」是叚借字。
公山氏以季氏家臣為費宰，因不得志於季氏，故藉定公墮三都的機
會，與叔孫輒（不得志於叔孫氏）帥費人以畔。這個時候，孔子方為
季氏所信任，也是他在魯司寇任內最得志的時候。墮三都正就是最具

體的表現。故《春秋公羊傳》云：「孔子行乎季孫，三月不違。曰：
家不藏甲，邑無百雉之城。於是帥師墮郈，帥師墮費。」讀傳文，孔
子顯然是墮三都的主持人物。然則公山弗擾之畔，不正也是孔子墮三
都政策的正面敵人麼？公山弗擾何敢召孔子？且在地位上，一個叛國
的家臣，又如何配得上召一位方受信任的當政司寇呢？單從公山弗擾
方面看，召孔子就已不可能；乃孔子方面？反居然說「子欲往」，甚
至子路攔他，他還說：「如有用我者，吾其為東周乎！」說孔子如此
熱中！如此不辨是非！何以為孔子？可笑註家竟千方百計來替孔子辨
解，而其堅、僻、偽、辨，肺肝如見，皆孔子之所深惡者，亦大可憐
矣！故《論語》此條，崔述斷其為「必無之事」，真卓識也。茲撮其
大要如下。崔述云：「《左傳》，費之畔在定公十二年夏。是時孔子方
為魯司寇，聽國政。弗擾，季氏之家臣耳，何敢來召孔子！孔子方輔
定公以行周公之道，乃棄國君而佐叛夫，舍方興之業而圖未成之事，
豈近於人情耶？費可以為東周，魯之大，反不可以為東周乎？《公羊
傳》曰：『孔子行乎季孫，三月不違。……於是帥師墮郈，帥師墮
費。』然則是主墮費之議者孔子也。弗擾不肯墮費，至帥費人以襲
魯，其讎孔子也深矣，必不反召之。弗擾方沮孔子之新政，而孔子乃
欲輔弗擾以為東周，一何舛耶？」〈世家〉將此事分割為兩截：把
《論語》以費畔，使人召孔子事置於定公九年，加上一句「孔子卒不
行」，而又移《左傳》定公十二年之文於定公十三年。崔述論矛盾
云：「使費果以九年叛，魯何得不以兵討之？郈之叛也，數月而兩圍
之；成之叛也，伐不踰時焉。費之叛何以獨歷四年而無事耶？定十二
年《傳》云：『仲由為季氏宰，將墮三都。』使費果以九年叛，則費
已非季氏之邑，季氏安能墮之？子路當先謀討費，不當先謀墮都也。
《史記》既移費叛於九年，又採此文於十三年，不亦先後矛盾矣
乎？……由是言之，謂弗擾之召孔子在十二年亦不合，謂在九年亦不

合；總之，此乃必無之事也。」又論弗擾召孔子之出於偽託云：「苟可以為東周，則何為卒不往？苟往有害於義，則又何為欲往？蓋卒不往者，經傳無其事也；欲往者，縱橫之徒相傳有是說也。即此亦足以見其為偽託矣。」

> 7（12）　　公伯寮愬子路於季孫，子服景伯以告，曰：「夫子固有惑志於公伯寮，吾力猶能肆諸市朝。」子曰：「道之將行也與，命也。道之將廢也與，命也。公伯寮其如命何？」（〈憲問〉第十四）

【考證】案：〈世家〉採此條入〈仲尼弟子列傳〉，以公伯寮為孔子弟子（〈世家〉「寮」字作「僚」），不知何據。張守節《正義》引《古史考》：「疑公伯僚是讒愬之人，孔子不責而云命，非弟子之流也。」這話甚得間。朱子乃謂「愚謂言此以曉景伯，安子路，而警伯寮耳」。則依然迷信《史記》，亦殊可怪。

至於此事之發生時間，崔述《考信錄》與劉氏《論語正義》均有論列。劉氏《正義》云：「子路以忠信見知於人，不知寮何所得愬，而季孫且信之？朱子《或問》以為在墮三都出藏甲之時，說頗近理。當時必謂子路此舉是彊公室，弱私家，將不利於季氏，故季孫有惑志，夫子言道將行將廢者，子路墮都，是夫子使之。今子路被愬，是道之將廢，而己亦不能安於魯矣。」崔述云：「景伯之告，孔子以道之行廢言之，似不僅為子路發者。蓋孔子為魯司寇，子路為季氏宰，實相表裏，子路見疑，即孔子不用之由，然則伯寮之愬，當在孔子將去魯之前也。」崔、劉二氏，皆認為公伯寮之愬於墮三都之後，也可能即導致孔子去魯的原因。我們從孔了那「公伯寮其如命何」的口氣，最少也可以看出「行乎季孫三月不違」的時期已經過去。所以子服景伯的對答，可能發生於孔子五十四至五十五歲間。

8（13）　孟懿子問孝，子曰：「無違。」樊遲御，子告之曰：
「孟孫問孝於我，我對曰：無違。」樊遲曰：「何謂也？」子
曰：「生事之以禮，死葬之以禮，祭之以禮。」（〈為政〉第二）

【考證】孟懿子，魯大夫，姓孟孫，名何忌，是孟僖子的兒子。
關於他和孔子的淵源，昭公七年的《左傳》，曾有這樣的記載云：「公
至自楚，孟僖子病不能相禮，乃講學之，……。及其將死也，召其大
夫曰：……吾聞將有達者曰孔丘，聖人之後也，……。我若獲沒，必
屬說與何忌於夫子，使事之而學禮焉，……故孟懿子與南宮敬叔師事
仲尼。」《史記》誤以為孟僖子將死召大夫屬其二子事是發生於昭七
年，遂將《左傳》之文採入〈世家〉中，不知昭七年孔子才十七歲，
孟僖子不但未死，即其二子也尚未生，所謂「屬說與何忌於夫子」的
話，自然沒有可能。又〈世家〉將《左傳》「屬說與何忌」之文改為
「誡其嗣懿子」而不及南宮敬叔，卻又云：「及釐子卒，懿子與魯人
南宮敬叔往學禮焉。」是〈世家〉不以南宮敬叔為孟僖子之子了。今
案：孟僖子之卒，是在昭公二十四年，孔子是三十四歲。孟懿子和南
宮敬叔是昭十一年以後所生。《左傳》文云：「僖子反自禚祥、宿于遠
氏。」生懿子與敬叔皆僖子之子明甚。又《傳》文即云「生於泉丘
人」，是二人皆泉丘人所生，所謂「其僚無子，使字敬叔」，則懿子是
由泉丘人自己餵養，而敬叔則由其僚（隨泉丘人同奔僖子之女子）代
為乳養也是很顯然的。所以杜《註》謂二子似雙生。但竹添光鴻則以
為僖子會泉丘女不必止一宿，所以也不必拘於雙生（意謂敬叔也可能
為次年所生），亦可通。懿子若為昭公十一年生人，則至僖子卒年才
十四歲。此時即使孟懿子從孔子學禮，也必不是問孝的時候。因為依
〈仲尼弟子列傳〉樊遲少孔子三十六歲，孟懿子問孝時，樊遲已能為
孔子御車，最少也當在弱冠前後。若樊遲為孔子御車是十九歲，則孔

子五十五歲，那正是墮費的次年，三都唯孟氏之成不墮，甚至「公圍成弗克」，孟懿子與孔子的關係已變得很惡劣，必不於此時問孝。故問孝之事，必發生於墮三都之前。然也不能發生太早。茲假定樊遲為御時是在十六歲至十八歲之間，相當於孔子五十二歲至五十四歲之年，這段日子，也可以說是孔子仕途的顛峰時代。這時的孟懿子與孔子，已存在著一種政治地位上的關係（孔子與孟懿子的純粹師弟關係，恐怕只發生於三十四、五歲以前，而且時間不會很長），所以孔子稱「孟孫」和對答語氣也不同。《論語》此條，可確定在孔子為魯司寇初期。

9（14）　齊人歸女樂，季桓子受之，三日不朝。孔子行。
（〈微子〉第十八）

【考證】齊人歸女樂事，《春秋》經傳皆不載，而獨詳於〈世家〉。〈世家〉載此事雖也和墮三都事連接，卻在時間和經過上完全和事實矛盾。如（一）《春秋經》墮三都是在定十二年，而〈世家〉在十三年。（二）孔子獲魯君臣信任（三月不違）是在墮三都之前，而〈世家〉孔子「與聞國政三月云云」卻在「圍成弗克」之後。這都是和事實扞格，無法講通的。今案：墮三都在當時乃魯國一件大事，也是孔子仕途進退的重大關鍵。孔子當時若不能取得魯人的信任，決不能進行墮三都的政策。故必先有「行乎季孫三月不違」的默契，然後有墮三都的行動。但墮郈、墮費成功，而墮成不成功，則新政已顯然遭遇挫折，所以《公羊傳》「行乎季孫三月不違」的政績紀錄，只有墮郈、墮費二事。而墮成不成，轉為「圍成」，「圍成弗克」，政局也因之大變。這一大變，一面固然說明了「三月不違」的關係已成過去，一面也顯示孔子的政治生涯即將結束。圍成是定公十二年冬天所發生的事，《史記》誤置於十三年也就罷了，但圍成不克，孟孫已為

孔子正面敵人不消說，即季孫、叔孫也何曾不動搖。故朱子論墮成之事云：「強者墮之，而弱者反不可墮者；強者不覺，而弱者覺之故也。」「夫子行事季孫，三月不違，則費、郈之墮，出於不意；及公歛處父不肯墮成，次第喚醒了叔、季二家，便做這事不成。」（《語類》）所以這時候的孔子，事實上已被擠到魯政治舞臺的邊緣，而〈世家〉乃反謂於「圍成弗克」之明年，孔子竟「由大司寇行攝相事，與聞國政三月云云」，以導致齊人的憂懼與犁鉏的獻策，遂有歸女樂之事，這是多麼荒謬好笑的謊話！〈世家〉把《公羊傳》「孔子行乎季孫三月不違」那條傳文，分割為二段：把「家無藏甲，邑無百雉之城」句改為「臣無藏甲，大夫毋百雉之城」以歸之孔子，置於墮三都之前（定十三年）；卻把「行乎季孫三月不違」句變為「由大司寇行攝相事，與聞國政三月云云」，而置於「圍成弗克」之次年，即定十四年。這樣一來，於是春秋史上有關孔子一生行藏一最重要的公案，遂被支解歪曲以至於脫離史實，而其目的，不過欲藉此以捏造一些故事來渲染《論語》上「齊人歸女樂」章的內容而已。〈世家〉對此事實在附會得太離譜了，所以崔述直判其自孔子「攝相事」以下至犁鉏獻策一段文字所描繪為「必無之事」，認為這些事都是出於「戰國策士所偽撰」，這話是可信的。不過因〈世家〉這一渲染，而連帶也懷疑到《論語》〈微子〉篇及「齊人歸女樂」章本身的可靠性，這恐怕仍有討論的餘地。案：《史記》〈十二諸侯年表〉及〈衛世家〉皆於衛靈公三十八年書「孔子來」。可見孔子去魯是在定公十三年。又劉氏《正義》據定公十三年夏《春秋經》書「築蛇淵囿，大蒐于比蒲」事為「非時」，必在孔子去後，以知孔子去魯必在十三年春天，這都是確然可信的。孟子「孔子為魯司寇，不用，從而祭，燔肉不至，不稅冕而行」，所云「從而祭」即指魯春郊說的。這樣看來，則《論語》的「齊人歸女樂」事而發生於魯春郊之前，也是事理所可有的。

（三）孔子去魯上──第一次適衛及厄於陳蔡（五六─六三歲）

孔子既因魯春郊的燔肉不至而不得去魯，自此便開始他周游列國的生活。他先到衛國，然後又至陳、蔡等國。他在國外十幾年，到衛國也不止一次。現在就《論語》有關的記載加以考證如下文：

> 1（15）　儀封人請見，曰：「君子之至於斯也，吾未嘗不得見也。」從者見之，出曰：「二三子何患於喪乎？天下之無道也久矣，天將以夫子為木鐸。」（〈八佾〉第三）

【考證】孔子於定公十三年去魯適衛，此後即往來於宋、鄭、陳、蔡之間。〈世家〉記孔子往返於衛凡五次，事實上其過匡、過蒲皆不出衛境；其將適晉，亦未渡河；故實際上真離開衛境而又回來的不過二次。儀為衛邑，儀封人請見應在何時，說者不一，要當以閻若璩《釋地》謂「喪」為指孔子失位去國之說為合理。故《論語》此條應發生於初至衛之時，即孔子五十五、五十六歲間，較為近是。

> 2（16）　子適衛，冉有僕。子曰：「庶矣哉！」冉有曰：「既庶矣，又何加焉？」曰：「富之。」曰：「既富矣，又何加焉？」曰：「教之。」（〈子路〉第十三）

【考證】此章年代雖無可考，但既明言「適衛」，似為初去魯事，故可能發生五五─五六歲間。崔述也說：「此似初至衛時之言。」

> 3（17）　子見南子，子路不說。夫子矢之曰：「予所否者，天厭之！天厭之！」（〈雍也〉第六）

【考證】〈世家〉載此事在孔子過匡（宋邑）過蒲（衛邑）之後，也即第二次至衛主蘧伯玉家所發生之事。江永《鄉黨圖考》繫此事在孔子五十七歲，係本之《闕里志》，但崔述以為〈世家〉的「過匡、過蒲」及「主蘧伯玉家」，皆理之所無，也就是說孔子並無所謂第二次至衛也。主蘧伯玉家尤不可能。襄公十四年伯玉已近中年，下至定公末又六十五年，伯玉至是當百餘歲矣，孔子適衛時安得主之？且孟子謂「孔子於衛主顏讎由」，〈世家〉從之而誤作「子路妻兄顏濁鄒家」，既主顏讎由矣，何能在外月餘，忽又易主伯玉？皆不可通之說，崔述是也。至〈年譜〉在孔子五十七歲之年，雖屬臆測，也非無可能，要皆在孔子第一次適衛期間，便不太離題了。

> 4（18）　佛肸召，子欲往，子路曰：「昔者由也聞諸夫子曰：
> 親於其身為不善者，君子不入也。佛肸以中牟畔，子之往
> 也，如之何？」子曰：「然，有是言也。不曰堅乎，磨而不
> 磷；不曰白乎，涅而不緇，吾豈匏瓜也哉，焉能繫而不食？」
> （〈陽貨〉第十七）

【考證】程復心《孔子年譜》此事在孔子五十九歲，似根據〈世家〉。〈世家〉稱「趙簡子攻范、中行，伐中牟，佛肸畔，使人召孔子」。是在衛靈卒前，但《左傳》載趙簡子伐中牟是在哀五年，則時間已在孔子去衛之後，且也無佛肸畔事，〈趙世家〉及〈晉語〉亦無之。故崔述對於《論語》此條的真實性甚表懷疑。若依《韓詩外傳》及劉向《新序》載伐中牟為趙襄子事，則襄子之立在哀二十年，孔子已卒五歲了。這樣看來，佛肸和以中牟畔的關係，經傳即都沒有明確的記載，則《論語》此條，崔述斷其「必戰國時人之所偽託，非孔子之事」是可以同意的。

5（19）　子擊磬於衛，有荷蕢而過孔氏之門者，曰：「有心
　　　　哉，擊磬乎！」既而曰：「鄙哉，硜硜乎！莫己知也，斯已而
　　　　已矣！深則厲，淺則揭。」子曰：「果哉，末之難矣！」（〈憲
　　　　問〉第十四）

6（20）　衛靈公問陳於孔子。孔子對曰：「俎豆之事則嘗聞之
　　　　矣，軍旅之事未之學也。」明日遂行。（〈衛靈公〉第十五）

【考證】〈世家〉引《論語》「子擊磬於衛」條下，又載「孔子學
鼓琴師襄子」事，司馬貞以為即《論語》的「擊磬襄」，恐出望文生
義，〈世家〉也不足取。衛靈公問陳事，末有「明日遂行」語，則孔
子顯然是於此時去衛，〈世家〉此事載於衛靈公卒年自屬可信。這年
孔子五十九歲，也即魯哀公二年，也是孔子的第一次去衛。

7（21）子曰：「天生德於予，桓魋其如予何！」（〈述而〉第七）

【考證】〈世家〉載此事在定公十五年，〈宋世家〉則孔子過宋在
宋景公二十五年。當魯哀公三年，《史記》已自相矛盾，《孟子》記此
事云：「孔子不悅於魯、衛，遭宋桓司馬，將要而殺之，微服而過
宋。是時孔子當阨，主司城貞子，為陳侯周臣。」依《孟子》，則孔
子過宋正在去魯去衛之後，阨於陳蔡之前，則〈宋世家〉的年代自當
可信，孔子此年為六十歲。惟崔述則頗疑此條與「子畏於匡」本同為
一事，最少也要存疑，另詳下文。

8（22）　子畏於匡曰：「文王既沒，文不在茲乎！天之將喪斯
　　　　文也，後死者不得與於斯文也。天之未喪斯文也，匡人其如
　　　　予何！」（〈子罕〉第九）

9（23）　子畏於匡，顏淵後。子曰：「吾以女為死矣！」曰：

「子在，回何敢死！」（〈先進〉第十一）

【考證】〈世家〉載此事在孔子初適衛見南子前，匡為宋邑；哀
三年又因「遭宋桓司馬」本「微服過宋」，是孔子兩次過宋，殊乖事
實，故崔述疑二事原為一事。且〈世家〉所謂「孔子使從者為甯武子
臣於衛然後得去」，崔述也以為不可能，他說：「甯武子之卒，至是已
百餘年，甯氏之亡，亦數十年，從者將欲為誰臣乎？此其為說至陋，
皆必無之事。」所以〈世家〉的附會皆不足信。惟《論語》「子畏於
匡」二條，可繫過宋之年，即孔子六十歲。

10（24）　葉公問孔子於子路，子路不對。子曰：「女奚不

曰：其為人也，發憤忘食，樂以忘憂，不知老之將至云

爾。」（〈述而〉第十一）

11（25）　葉公問政。子曰：「近者悅，遠者來。」（〈子路〉

第十三）

12（26）　葉公語孔子曰：「吾黨有直躬者，其父攘羊，而子

證之。」孔子曰：「吾黨之直者異於是：父為子隱，子為父

隱，直在其中矣。」（〈子路〉第十三）

【考證】關於葉公問孔子事，〈世家〉以繫於「孔子自蔡如葉」
之下，但孔子實無「自蔡如葉」之事。案：葉公名諸梁，為楚大夫，
食采於葉，故稱葉公，哀公二年蔡遷於州來。哀四年，蔡大夫共殺蔡
昭侯，楚大夫左司馬眅、申公壽餘、葉公諸梁致蔡於負函，此為負函
之蔡，即葉公所鎮攝。孔子居於陳、蔡之間，即指此蔡，所以能與葉
公相周旋，非孔子遠適州來，又「如葉」見葉公也。且當時葉公亦不

在葉。崔述《考信錄》有辨說。今將《論語》各條並繫於哀公五年，時孔子六十二歲。

13（27）　楚狂接輿歌而過孔子曰：「鳳兮鳳兮，何德之衰！往者不可諫，來者猶可追。已而已而，今之從政者殆而！」孔子下，欲與之言；趨而避之，不得與之言。（〈微子〉第十八）

14（28）　長沮、桀溺耦而耕，孔子過之，使子路問津焉。長沮曰：「夫執輿者為誰？」子路曰：「為孔丘。」曰：「是魯孔丘與？」曰：「是也。」曰：「是知津矣。」問於桀溺，桀溺曰：「子為誰？」曰：「為仲由。」曰：「是魯孔丘之徒與？」對曰：「然。」曰：「滔滔者天下皆是也，而誰以易之？且而與其從辟人之士也，豈若從辟世之士哉？」耰而不輟，子路行以告。夫子憮然曰：「鳥獸不可與同群，吾非斯人之徒與而誰與？天下有道，丘不與易也！」（〈微子〉第十八）

15（29）　子路從而後，遇丈人以杖荷蓧。子路問曰：「子見夫子乎？」丈人曰：「四體不勤，五穀不分，孰為夫子？」植其杖而芸。子路拱而立，止子路宿，殺雞為黍而食之；見其二子焉。明日，子路行以告，子曰：「隱者也。」使子路反見之。至則行矣。子路曰：「不仕無義，長幼之節，不可廢也。君臣之義，如之何其廢之？欲潔其身而亂大倫，君子之仕也，行其義也。道之不行，已知之矣。」（〈微子〉第十八）

【考證】此三條似皆為孔子在蔡之時事，崔述恐其為後人偽託。今亦難論定。

16（30）　在陳絕糧，從者病，莫能興。子路慍見曰：「君子

亦有窮乎？」子曰：「君子固窮；小人窮斯濫矣。」（〈衛靈公〉第十五）

【考證】〈世家〉記「絕糧」事云：「吳伐陳，楚救陳，軍於城父。聞孔子在陳蔡之間，楚使人聘孔子，孔子將往拜禮。陳、蔡大夫謀曰：『孔子賢者，所剌譏皆中諸侯之疾。……孔子用於楚，則陳、蔡用事大夫危矣。』於是乃相與發徒役，圍孔子於野，不得行，絕糧。……孔子講誦弦歌不衰。……於是使子貢至楚。楚昭王興師迎孔子，然後得免。」今案：〈世家〉此文，最淺陋而無常識，只見作偽者之低能，決為客觀事實所必無。崔述至撰洋洋千言之文以辨之，殊浪費筆墨。茲約崔文之要點如下：（一）孟子曰：「君子之戹於陳蔡之間，無上下之交也。」是孔子之絕糧，只因其君大夫不見禮以至於貧乏耳。（二）楚大國也，陳蔡之畏楚久矣。況是時吳師在陳城下，陳旦夕不自保，何能出師以圍孔子。且陳方引領以待楚救，何敢又圍楚所聘之人？（三）蔡方事吳，陳方事楚，陳、蔡仇讎也。且蔡以畏楚而遷於州來，去陳遠矣。其時孔子在蔡，蔡人欲圍孔子則圍之耳，何緣與其敵合謀？故〈世家〉所謂陳、蔡用事大夫合謀圍孔子以造成絕糧，乃一至卑劣可笑的謊話，而二千年來的注家，乃皆據為史實，其愚蠢可憐為何如耶？故解釋「絕糧」之事，以崔述為最得間。崔述云：「孟子曰：『孔子於季桓子，見行可之仕也；於衛靈公，際可之仕也，於衛孝公，公養之仕也。』獨其於陳、蔡也，則曰：『無上下之交。』蓋古之適他國者，其君大夫必饋之餼，而陳、蔡皆無之，以此致厄，如晉重耳之不禮於鄭、衛，乞食於五鹿者然。……蓋陳之國事日非，……孔子亦不樂立於其朝。而蔡乃楚境，……非能尊賢養士之國。……是以往來兩地未有定居。其窘餓窮乏，蓋亦非一日之事矣，故曰厄於陳蔡之間，言其非一時，非一地也。」

故此事崔述以為「無年可考」，語最正確。

　　17（31）　子在陳曰：「歸與，歸與，吾黨之小子狂簡，斐然
　　成章，不知所以裁之。」（〈公冶長〉第五）

【考證】〈世家〉將此事繫於哀三年——如蔡之前；崔述則以為
應在第二次適衛之前。今從崔述。然亦不能確知其在何年也。

　　18（32）　陳司敗問昭公知禮乎？孔子曰：「知禮。」孔子退，
　　揖巫馬期而進之曰：「吾聞君子不黨，君子亦黨乎？君取於
　　吳為同姓，謂之吳孟子，君而知禮，孰不知禮？」巫馬期以
　　告。子曰：「丘也幸，苟有過，人必知之。」（〈述而〉第七）

【考證】本條年歲無可考，姑以繫於陳、蔡之末。

（四）孔子去魯下——第二次適衛（六三—六八歲）

　　〈孔子世家〉、〈十二諸侯年表〉、〈衛世家〉、〈宋世家〉、〈陳世
家〉、〈蔡世家〉對於孔子來往於衛、宋、陳、蔡間的年代頻度，多舛
誤挂漏而不一致。故〈孔子世家〉殊不可信，《闕里志》尤為棼亂。
今案：孔子於定公十三年去魯適衛，這是孔子第一次至衛。哀二年，
衛靈公卒，孔子於是年去衛適陳。哀六年，孔子又自陳反衛，這是孔
子第二次至衛。其間過宋、如蔡、見葉公及厄於陳蔡、絕糧等，皆在
第二次適衛以前。

　　1（33）　子曰：「從我於陳、蔡者，皆不及門也。」德行：顏
　　淵、閔子騫、冉伯牛、仲弓。言語：宰我、子貢。政事：冉
　　有、季路。文學：子游、子夏。（〈先進〉第十一）

【考證】〈孔子世家〉、〈年表〉、〈衛〉、〈宋〉、〈陳〉、〈蔡世家〉對於孔子來往衛、陳、蔡間的年代及次數皆不一致，故〈世家〉殊不可信，〈年譜〉尤棼亂，崔述有詳論，茲不具引。今案：孔子於定十三年去魯適衛，這是孔子第一次至衛。哀二年，孔子自衛至陳，哀六年自陳反衛，這是孔子第二次適衛。至於過宋、如蔡、見葉公及厄於陳、蔡之間，皆為第二次適衛以前之事。《史記》、《家語》、《闕里志》及元人程復心《孔子年譜》、清人狄子奇《孔子編年》都是不足信據的。崔述將「從我於陳蔡」條繫於反衛（即第二次適衛之前），亦不的。此條語氣，明為事後追述，故以之繫於孔子第二次適衛之初。

> 2（34）　冉有曰：「夫子為衛君乎？」子貢曰：「諾，吾將問之。」入曰：「伯夷、叔齊何人也？」曰：「古之賢人也。」曰：「怨乎？」曰：「求仁而得仁，又何怨？」出曰：「夫子不為也。」（〈述而〉第七）
>
> 3（35）　子路曰：「衛君待子而為政，子將奚先？」子曰：「必也正名乎！」子路曰：「有是哉，子之迂也，奚其正？」子曰：「野哉由也！君子於其所不知，蓋闕如也。名不正則言不順，言不順則事不成，事不成則禮樂不興，禮樂不興則刑罰不中，刑罰不中則民無所措手足。故君子名之必可言也，言之必可行也。君子於其言，無所苟而已矣。」（〈子路〉第十三）

【考證】此兩條皆可推為衛公出輒之時，不過難確定其在何年。

（五）歸魯（六八─七三歲）

孔子自魯定公十三年失位去魯，在國外的第一站是衛國，雖其間也經過若干其他諸侯如陳、宋、蔡和地方，如葉、如匡等，但最終一

站，仍然是回到衛國，所以孔子去魯的行程是以衛國始，也以衛國終，這樣一始一終，就居然消磨去了孔子十四個年頭，他出去時是五十六歲，回來時已經六十八歲了。《論語》上的記載，自以自六十八至七十三歲的這段期間為最多。茲分述之：

1（36）　季氏富於周公，而求也為之聚歛而附益之。子曰：「非吾徒也，小子鳴鼓而攻之可也！」（〈先進〉第十一）

2（37）　子曰：「吾自衛反魯，然後樂正，《雅》、《頌》各得其所。」（〈子罕〉第九）

3（38）　子語魯大師樂，曰：「樂其可知也，始作，翕如也；從之，純如也，皦如也，繹如也。以成。」（〈八佾〉第二）

4（39）　子曰：「師摯之始，〈關雎〉之亂，洋洋乎盈耳哉！」（〈泰伯〉第八）

5（40）　子所雅言，《詩》、《書》、執禮，皆雅言也。（〈述而〉第七）

6（41）　子曰：「加我數年，五十以學《易》，可以無大過矣。」（〈述而〉第七）

【考證】孔子「正樂」事，《論語》說得最清楚，而「雅、頌」之為樂類名，也再明白不過。而《毛詩序》乃必欲以「雅」為「政」，以「頌」為「美盛德之形容」，所以然者，司馬遷「古者詩三千餘篇」的讕言確不能辭其作俑之咎。

又案：「師摯之始，〈關雎〉之亂」，乃係紀樂次最古的原始資料，恐怕較《儀禮》還要古。魏源不達，乃致以師摯為商樂師，可謂泉源反淺了。

又案：「子所雅言」條，「雅言」仍以程頤、朱子「素」、「常」之

訓為長。鄭玄以「雅言」為「正言」。清人劉氏《正義》引劉台拱《論語駢枝》說即指「夏」，即謂西都正音。近人又有人以為雅即「秦聲」。這都是後代人的穿鑿附會，故為非常可喜怪論以取談，無學術真正價值。

又案：「子曰，加我數年，五十以學《易》，可以無大過矣」條，「加」古本作「假」，「五十」二字古本作「卒」。「易」字魯讀作「亦」，下屬，若依魯讀，則原文應作「五十以學，亦可無大過矣」或「卒以學，亦可以無大過矣」，如此則和〈世家〉之文所謂「孔子晚而喜《易》，序〈篆〉、〈繫〉、〈象〉、〈說卦〉、〈文言〉」的話便毫無關係了。但今天的學人，總還有確信〈世家〉的。這是孔子和《六經》關係一個相當重要的問題。孔子「正樂」，這是《論語》所記孔子自己說的。刪《詩》、《書》也是《論語》所無，而是〈世家〉說的。孔子「作《春秋》」，這是孟子說的，《論語》上也無「春秋」的名稱。至於孔子和《易》的關係，也是〈世家〉才開始的。所以嚴格說，從《論語》，我們只見到孔子和「《詩》、《書》、禮、樂」的關係，而沒有「《春秋》」和「《易》」。崔述論「《易傳》必非孔子所作，而亦未必一人所為」云：「杜氏《春秋傳》〈後序〉云，汲縣冢中《周易》上下篇與今正同，別有〈陰陽說〉，而無〈彖〉、〈象〉、〈文言〉、〈繫辭〉。疑于時仲尼造之於魯尚未播之於遠國也。余按：汲冢《紀年篇》乃魏國之史，冢中書，魏人所藏也。魏文侯師子夏，……子夏不傳，魏人不知，則《易傳》不出於孔子而出於七十子以後之儒者無疑也。」

　　7（42）　顏淵死，子哭之慟，從者曰：「子慟矣！」曰：「有慟乎？非夫人之為慟而誰為？」（〈先進〉第十一）

　　8（43）　顏淵死。子曰：「噫，天喪予，天喪予！」（〈先進〉第十一）

9（44）　顏淵死。顏路請子之車以為之椁。子曰：「才不

才，亦各言其子也。鯉也死，有棺而無椁，吾不徒行以為之

椁。以吾從大夫之後，不可徒行也。」（〈先進〉第十一）

10（45）　顏淵死。門人欲厚葬之。子曰：「不可。」門人厚

葬之。子曰：「回也，視予猶父也，予不得視猶子也。非我

也，夫二三子也。」（〈先進〉第十一）

【考證】〈世家〉云：伯魚年五十，先孔子卒，《闕里志》、《家
語》，孔子年十九取宋之亓官氏，生伯魚當在昭公十一、二年，則伯
魚死約當孔子六十九歲，江永〈聖蹟表〉繫於孔子七十歲。至於顏淵
年歲，〈世家〉、〈仲尼弟子列傳〉以為「少孔子三十歲」。於是《淮南
子》、《列子》皆說顏淵二十九歲即髮容白，故死。今案：若照〈世
家〉之說，則顏子之死應在伯魚之前，但《論語》之文，伯魚死明在
顏子前，故〈世家〉之不足信明不待辨。注經家要為替《史記》圓
謊，甚至謂連《論語》孔子自己說的「鯉也死，有棺而無椁」的話也
是一種「設言」——這就是二千年來註家——也就是所謂「漢學家」
的機密或「心法」，有了這種心法，經傳如何不攪得一團烏煙瘴氣
呢？是故伯魚之死，若果在孔子七十歲之年，則顏子之死應在孔子七
十以後是絕無可疑的。故前人也有人主張《史記》謂顏子少孔子三十
歲實為四十歲之誤，這話最為合理。元人程復心《孔子年譜》繫伯魚
卒於孔子六十九歲。原文云：「伯魚生於昭公九年，以哀公十二年
卒。復數月顏淵卒。」

11（46）　陳成子弒簡公，孔子沐浴而朝，告於哀公曰：「陳

恆弒其君，請討之。」公曰：「告夫三子。」孔子曰：「以吾

從大夫之後，不敢不告也。」（〈憲問〉第十四）

【考證】陳恆弒簡公事見哀十四年《左傳》云：「齊陳恆弒其君壬于舒州，孔丘三日齊而請伐齊三。公曰：『魯為齊弱久矣，子之伐之，將若之何？』對曰：『陳恆弒其君，民之不與者半。以魯之眾，加齊之半，可克也。』公曰：『子告季孫。』孔子辭，退而告人曰：『吾以從大夫之後也，故不敢不言。』」今案：此事正在《春秋》絕筆之年，孔子年七十一歲。

12（47）　哀公問曰：「何為則民服？」孔子對曰：「舉直錯諸枉，則民服。舉枉錯諸直，則民不服。」（〈為政〉第二）

13（48）　季康子問：「使民敬忠以勸，如之何？」子曰：「臨之以莊則敬。孝慈則忠。舉善而教不能則勸。」（〈為政〉第二）

14（49）　哀公問弟子孰為好學，孔子對曰：「有顏回者好學，不遷怒，不貳過，不幸短命死矣！今也則亡，未聞好學者也。」（〈雍也〉第六）

15（50）　季康子問：「仲由可使從政也與？」子曰：「由也果，於從政乎何有？」曰：「賜也可使從政也與？」曰：「賜也達，於從政乎何有？」曰：「求也可使從政也與？」曰：「求也藝，於從政乎何有？」（〈雍也〉第六）

16（51）　季康子問政於孔子，孔子對曰：「政者，正也。子帥以正，孰敢不正？」（〈顏淵〉第十二）

17（52）　季康子患盜，問於孔子。孔子對曰：「苟子之不欲，雖賞之不竊。」（〈顏淵〉第十二）

18（53）　季康子問政於孔子曰：「如殺無道，以就有道，何如？」孔子對曰：「子為政焉用殺？子欲善，而民善矣！君子之德風，小人之德草，草上之風，必偃。」（〈顏淵〉第十二）

19（54）　子言衛靈公之無道也。康子曰：「夫如是，奚而不
　　　喪？」孔子曰：「仲叔圉治賓客，祝鮀治宗廟，王孫賈治軍
　　　旅，夫如是，奚其喪？」（〈憲問〉第十四）

20（55）　康子饋藥，拜而受之，曰：「丘未達，不敢嘗。」
　　　（〈鄉黨〉第十）

【考證】以上各條大約可在孔子七十歲以後發生，孔子已退出政
壇，故對魯哀公、季康子及其他人物的問答，都是以學人身份周旋於
其間而已。那時「儒」可能已成為這類身份的稱呼，所以孔子還曾經
囑咐子夏說「女為君子儒，無為小人儒」呢。（〈雍也〉第六）

21（56）　孟武伯問孝，子曰：「父母唯其疾之憂。」（〈為
　　　政〉第二）

22（57）　孟武伯問：「子路仁乎？」子曰：「不知也。」又
　　　問。子曰：「由也，千乘之國，可使治其賦也；不知其仁
　　　也。」（〈公冶長〉第五）

【考證】關於孟武伯，哀十一年《左傳》有這樣一個很有戲劇意
味的故事，云：「齊為鄎故，國書、高無平帥師伐我，及清。季孫謂
其宰冉求曰：……若之何？求曰：一子守，二子從公禦諸竟。季孫
曰：不能。求曰：居封疆之間。季孫告二子。二子不可。求曰：若不
可，則君無出。一子帥師，背城而戰，不屬者，非魯人也。魯之羣
室，眾於齊之兵車，一室敵車優矣，子何患焉？二子之不欲戰也宜；
政在季氏，當子之身，齊人伐魯而不能戰，子之恥也大，不列於諸侯
矣。季孫使從於朝。俟於黨氏之溝。（杜《注》地名，不的。當為黨
氏門外的溝。）武叔呼而問戰焉。（問冉求也）對曰：君子有遠慮，

小人何知！懿子強問之，對曰：小人慮材而言，量力而共者也。（共，
共命也。）武叔曰：是謂我不成丈夫也。退而蒐乘。孟孺子洩帥右
師，顏羽御，邴洩為右，冉求帥左師，管周父御，樊遲為右。季孫
曰：須也弱。有子曰：就用命焉。（有子，冉求也。就，就有道而正
焉之就。）……師及齊師戰於郊。……師入齊軍。（冉求師也）右師
奔，齊人從之。……師獲甲首八十（左師也），齊人不能師。……冉
有請從之三。季孫弗許。孟孺子語人曰：我不如顏羽而賢於邴洩，子
羽銳敏，我不欲戰而能默，洩曰驅之。」這個戰爭的故事，剛好描寫
到孟懿子和孟武伯父子的情形，這一次的戰爭，充分暴露了魯人的懦
弱，公室和孟孫叔孫固不用說，連當政的季氏，也是怯弱得很，要不
是有一個冉求和他所帥領的左師，如何能打這一場仗？但帥領右師的
孟武伯，到底也是敗了。最有趣的是，他在敗後還坦白的自認他沒有
御者顏羽「銳敏」，卻比車右邴洩差強，因邴洩要跑掉，他卻存在心
裏不說出來（能默），充分表現他一種蠻態，無怪稱為「孟孺子」！

【今案】假定武伯生時是在昭公三十二年（孟懿子為二十一
歲），則至哀十一年，為二十六歲，也正是孔子歸魯之年。然則武伯
問季的可能時間，也只能在孔子歿前之五年間，也是很顯然的（即六
十九至七十三歲）。

23（58）　太宰問於子貢曰：「夫子聖者與？何其多能也！」
子貢曰：「固天縱之將聖，又多能也。」子聞之曰：「太宰知我
乎？吾少也賤，故多能鄙事。君子多乎哉？不多也。」牢曰：
「子云：吾不試，故藝。」（〈子罕〉第九）

【考證】大宰有二說，或以為宋大宰，或以為吳大宰。今案：前
說顯然是緣於孔子十九歲娶於宋亓官氏所發生的構想，所以事實自無

可能——最少那時子貢還沒有生。所以大宰最大的可能必然是吳大宰
嚭，依《左傳》的記，大宰嚭與子貢語有二次。一次是哀公七年，公
會吳于鄫，與子貢語。一次是在哀公十二年，公會吳于橐皋，與子貢
語。子貢與大宰的問答若是在哀七年，則孔子那時是六十五歲；若是
在哀十二年，則孔子是七十歲。

> 24（59）子曰：「吾十有五而志於學；三十而立；四十而不
> 惑；五十而知天命；六十而耳順；七十而從心所欲，不踰
> 矩。」（〈為政〉第二）
> 25（60）孺悲欲見孔子，孔子辭以疾。將命者出戶取瑟而歌，
> 使之聞之。（〈陽貨〉第十七）

【考證】孔子拒見孺悲事，崔述甚表懷疑。他說：「按：孺悲果
有過，孔子責之可也；若有大過而不可教，絕之可也。胡為乎陽絕之
而陰告之，有如兒戲然者？恐聖人不如是之輕易也。使悲果能聞歌而
悔，則責之而亦必悔可知也；使責之而竟不知悔，即聞歌奚益焉？孔
子於冉有之聚斂，弟子也，責之而已；於原壤之夷俟，故人也，亦責
之而已；未有故絕之而故告之如此一事者。獨〈陽貨〉篇有之。〈陽
貨〉篇之文固未可以盡信也。或當日曾有辭孺悲見之事，而傳之者增
益之以失其真。故列之於存疑。」這話是很對的。

（六）結語

以上有關《論語》六十一條之傳記素材的記錄，可以說是孔子傳
最早的原始資料。其中除〈陽貨〉篇「公山弗擾」條及「佛肸召」條
所記事實很值得懷疑外，崔述甚至以為事理之所必無外，其餘五十九
條，雖不能每條皆確知其發生的時期，然大致可以推論其可能發生的

時間或年代。概括言之，大概孔子在四十歲前後最少有幾年期間是住在齊國，也可以說是他初次到社會做公開活動的開始。不過還不是他正式的政治生活。四十二歲以後，孔子雖然又回到魯國也有種種的社會活動，可是他因為魯國政權還在當時的跋扈的陪臣手裏，孔子也不願意捲入政治漩渦。到了陽虎出奔，孔子才開始見用於魯定公，但那時他已五十歲。此後三、四年間，可以說是孔子政治生命的顛峰狀態，這是五十五歲以前的孔子。不過不幸的很，也就是在他政治生命顛峰時期，孔子一下子就離開了攻壇，並且離開了魯國，開始他十四年的流居國外的生活。這期間，居衛國的日子最多，其次是陳、蔡，末了還是魯國把他請回來。但這時候，他已經六十九歲了。回國以後的孔子，除了教學生外，再不參加政治。直到他逝世。這是我們可以從《論語》的素材中推論出來的孔子傳記大概，至於其他的資料，就恐怕都是後人所加的。

三 《左傳》中有關孔子的傳記資料

《左傳》中有關孔子的傳記資料，自較《論語》的素材為具體，也較有故事特徵及連接性。所以在原始價值上，可以視為是屬於第二資料的。這類資料的來源，現在雖無可考；但其多少有著有意渲染的成分是免不了的。所以無疑的，《左傳》有關孔子傳記資料的客觀性及真實性，自然較《論語》就遜一籌了。例如孔子的世系，在《左傳》是沒有地位的，最少春秋以前的事，不可能載入《左傳》。但昭七年《傳》便借魯大夫孟僖子的口，把孔子四百年前的若干祖先的事都介紹出來了，後來孟僖子和孔子的關係一點都不好，也可以說和孟僖子說話時所期望的一點都不相應。可見《左傳》能引入一些有關孔子傳記的資料，目的也就達到了。茲將《左傳》資料，分別摘記，並稍加論列。

（一）孔子先世

1（1）　孔丘，聖人之後也，而滅於宋。其祖弗父何，以有宋
而授厲公。及正考父，佐戴、武、宣，三命茲益共。故其鼎
銘云：「一命而僂，再命而傴，三命而俯。循牆而走，亦莫余
敢侮。饘於是，鬻於是，以餬余口。」（昭公七年《傳》）

【今案】本條載孔子先世，僅及「弗父何、正考父」。弗父何當
立，而以位讓厲公，故《注》以其當閔公之子，厲公之兄。正考父佐
戴、武、宣三世，故以其為弗父何曾孫。此恐皆出於推論，不必真有
確據也。但既為事之可有，故崔述也據以為〈孔子世家〉的原始云。

2（2）　宋穆公疾，召大司馬孔父而屬殤公焉。……對曰：
「群臣願奉馮也。」公曰：「不可。」……使公子馮出居于
鄭。八月庚辰，宋穆公卒，殤公即位。（隱公三年《傳》）

3（3）　宋華父督見孔父之妻于路。目逆而送之，曰：「美而
豔。」（桓公元年《傳》）

4（4）　春，宋督攻孔氏，殺孔父而取其妻。公怒，督懼，遂
弒殤公。（桓公二年《傳》）

5（5）　宋殤公立，十年十一戰，民不堪命。孔父嘉為司馬，
督為大宰。故因民之不堪命，先宣言曰：「司馬則然。」已殺
孔父而弒殤公，召莊公於鄭而立之。（桓公二年《傳》）

【今案】孔父嘉為《左傳》所載孔子遠祖第三人。注家以為即孔
子六世祖，《史記》加了孔子的祖父和曾祖，即伯夏和防叔。《家語》
便加至十代，云：「弗父何生宋父周，宋父周生世子勝，世子勝生正

考父，正考父生孔父嘉，孔父嘉生木金父，金父生睪夷，睪夷生防
叔。防叔避華氏之禍而奔魯。防叔生伯夏，伯夏生叔梁紇。」崔述論
《家語》、〈世家〉之文「或有所本，未敢決其必不然，……亦未敢決
其必然」云：「按鄹叔以前，見於《春秋傳》者僅弗父何、正考父、
孔父嘉三世；見於《史記》〈世家〉者僅防叔、伯夏二世，此外皆不
見於傳記。《史記》之言，余猶不敢盡信，況《史記》之所不言者
乎？且孔父為華督所殺，其子避禍奔魯，可也。防叔，其曾孫也，其
世當在宋襄、成間，於時華氏稍衰，初無構亂之事，防叔安得避華氏
之禍而奔魯乎？《家語》一書，本後人所偽撰，……而世不察，以為
孔氏遺書，亦已惑矣！」案：崔氏所論甚是，可增益治古史學者抉擇
史料的智慧與思路，免墨守所謂「乾嘉學者」的成規，結果反而被人
「牽著鼻子」走也。

又宋華督目逆孔妻之說，崔述也認其為臆說。他說：「左氏目逆
之說，二《傳》無之。余按：古者婦人車必有帷。士庶人之家，出猶
必擁蔽其面，況卿之內子乎？督安得見之而目逆之也哉？」崔說甚得
間，《左傳》恐不足信。

（二）孔子的父親郰叔紇

孔子的父親，在《左傳》中是一位別具風格的奇人。他不但是諸
侯伐偪陽一役中的傳奇人物，事實上他實在就是一位最突出的道地大
力士。〈世家〉於有關孔子的故事，附會無不極至，獨於孔子父親的
勇力表現，一字不提，一若像這樣以體力著稱的人不合適做「儒」者
孔子的父親似的！我這個構想假若不錯，則造成中國二千年來的讀書
人必非皆為手無縛雞之力的腐儒不可（包括二十世紀的中國學生在
內），則司馬遷〈孔子世家〉的「作俑」之罪是不該被寬恕的！茲錄
有關孔子父親的行誼如後。

1（6）　晉荀偃、士匄請伐偪陽，而封宋向戌焉。荀罃曰：
「城小而固，勝之不武，弗勝為笑。」固請。丙寅，圍之，
弗克。孟氏之臣秦堇父輦重如役。偪陽人啟門，諸侯之士門
焉。縣門發（施關機於懸門上，發機則門下落而門閉也），耶
人紇抉之以出門者。……孟獻子曰：「《詩》所謂『有力如
虎』者也。」（襄公十年《傳》）

2（7）　秋，齊侯伐我北鄙圍桃。高厚圍臧紇于防。師自陽關
逆臧孫，至于旅松。耶叔紇、臧疇、臧賈帥甲三百，宵犯齊
師，送之而復，齊師去之。（襄公十七年《傳》）

【今案】從上引故事中，我們看孔子的父親「耶叔紇」是多麼超
凡。在偪陽之役中，肉搏偪陽城門的諸侯軍隊，因城門的吊門已經放
下，戰士已有大部份陷在城門之內，但孔子的父親耶叔紇居然能以他
個人胳膊的力量把那落下的吊門舉起（或撐住），使陷在門內的戰士得
以退出來，這是多麼驚人的神力呵！所以盟軍的孟獻子至引《詩經》
稱讚他「有力如虎」，說得一點都不誇張。至於襄十七年，他和臧氏
兄弟帥三百甲士抵抗齊人的侵略，居然把齊師都打跑，這在齊、魯的
戰史中，是很少見的。魯一向就有一種「恐齊病」，但現在出了一個
耶叔紇就不同了，最少在耶叔紇的意識上「恐齊病」是不存在的。

由於上述的事蹟，「鄹人」（「鄹同耶」）一名似乎已成了孔子父親
響亮的外號。所以到孔子的時候，《論語》上仍有稱孔子為「鄹人之
子」的記載。（〈八佾〉第三）

（三）孔子的生辰

孔子生辰，《公羊》、《穀梁》兩《傳》皆在魯襄公二十一年，而
《左傳》獨無記載。依二《傳》，則孔子之年當為七十四歲。但〈世

家〉則謂孔子生於魯襄公二十二年，故應為七十三歲。但事實上孔子生月在冬十月，而卒月為夏四月，即以襄公二十一年生，亦不足七十四歲。故〈世家〉的襄公二十二年生為七十三歲亦不確。崔述、錢大昕並有辨說，茲不具引。

（四）孔子初仕

孔子初仕之年，經傳並無明確記載。惟孟子有「孔子嘗為委吏矣。曰會計當而已矣；嘗為乘田矣，曰牛羊茁壯長而已矣」的話，亦不知在何時。《左傳》有「孔子見於郯子而學之」的記載（見下），則能通於國君，亦足為既仕之明證。茲就《左傳》所載而論引之。

> 1（8）　秋，郯子來朝，公與之宴。昭子問焉。曰：「少皞氏
> 鳥名官，何故也？」郯子曰：「吾祖也，我知之。」……仲尼
> 聞之，見於郯子而學之。既而告人曰：「吾聞之，天子失官，
> 學在四夷，猶信。」（昭公十七年《傳》）

【今案】郯為齊、魯間小國，郯子來朝，而昭子乃以官制為問，可見其必以熟於禮制著稱，故當他源源本本說了許多掌故之後，連孔子也見於郯子而學之。案：昭公十七年，孔子當為二十七歲。孔子此時若為士庶，而未能通於國君，必無資格見郯子受學。故見郯子之事，可為孔子初仕之證。至傳文所謂「見於郯子而學之」，也必為孔子至賓館見郯子，此時郯子尚未離去魯國。

> 2（9）　公至自楚，孟僖子病不能相禮，乃講學之，苟能禮者
> 從之。及其將死也，召其大夫曰：「禮，人之幹也。無禮，無
> 以立。吾聞將有達者曰孔丘，聖人之後也而滅於宋。……臧

孫紇有言曰：『聖人有明德者，若不當世，其後必有達人。』
今其將在孔丘乎！我若獲沒，必屬說與何忌於夫子，使事之
而學禮焉，以定其位。」故孟懿子與南宮敬叔師事仲尼。（昭
公七年《傳》）

【今案】關於孟懿子事已見前文《論語》篇。惟孟僖子之歿在昭
二十四年，故本條所謂「必屬說與何忌於夫子」，即指南宮敬叔與孟懿
子。二子乃昭十一年所生，至僖子之沒都已在十四歲上下，而孔子則
為三十四歲。這恐怕也是孟懿子和南宮敬叔師事孔子最後的機會。因
為再過一年，孔子便可能因三桓之亂到齊國去，一住就七、八年了。

（五）魯司寇時期

孔子之仕，當以其為魯司寇為最得志。然始於何年，則《左傳》
並沒有較詳確記載。觀其「行乎季孫三月不違」不但時間不長，且也
正是他下臺的前奏的事實看來，則孔子政治生命的顛峰狀態，實在也
並不長。茲列記《左傳》的紀錄如次。

1（10）　秋七月癸巳，葬昭公於墓道南。孔子之為魯司寇
也，溝而合諸墓。（定公元年《傳》）

【今案】這是《左傳》有關孔子為魯司寇唯一的記載。昭公對季
氏沒有應付得好，致引起三桓的變亂。兵敗出奔，一直流亡了七年之
久，終於死在國外。季氏心有未甘，欲加惡謚不成，只好葬昭公於
「道南」，使與先公諸墓隔離。孔子為司寇，不贊成季氏的做法，乃
在昭公墓外加溝，使昭公墓終能與群公「同兆」，算是做了一件糾正
季氏的事，為昭公支持了一點魯君的面子。這件事，季氏自然也看得

出來，但臣無貶君之義，孔子做得對，季氏也無可如何也。

又案：「葬道南」，《傳》在定公元年，那時孔子才四十三歲。到了定公，季氏家臣方執季桓子而與之盟，陪臣跋扈如此，孔子自更無心參加政治。所以孔子倘在三桓攻陽虎，明年陽虎去魯以後，始得見用於魯，則至少應在孔子五十歲以後。倘若孔子是在定公十年為魯司寇，則定元《傳》文所謂「溝而合諸墓」的話之成為事實，也已在昭公葬後十年以上了。

（六）夾谷之會

> 2（11）春，及齊平。夏，公會齊侯於祝其，實夾谷，孔丘相。犁彌言於齊侯曰：「孔丘知禮而無勇。若使萊人以兵劫魯侯，必得志焉。」齊侯從之。孔丘以公退曰：「士兵之！兩君合好，而裔夷之俘以兵亂之，非齊君所以命諸侯也。裔不謀夏，夷不亂華，俘不干盟，兵不偪好，於神為不祥，於德為愆義，於人為失禮，君必不然！」齊侯聞之，遽避之。將盟，齊人加於載書曰：「齊師出竟，而不以甲車三百乘從我者，有如此盟！」孔丘使茲無還揖對曰：「而不反我汶陽之田，吾以共命者，亦如之！」齊侯將享公。孔丘謂梁丘據曰：「齊、魯之故，吾子何不聞焉？事既成矣，而又享之，是勤執事也。且犧象不出門，嘉樂不野合，饗而既具，是棄禮也；若其不具，用秕稗也；用秕稗君辱，棄禮名惡，子盍圖之。」……乃不果享。齊人來歸鄆、讙、龜陰之田。（定公十年《傳》）

【今案】夾谷之會，是孔子在外交壇坫上一大勝利，也可以跟他父親在偪陽一役抉縣門「以出門者」一事相媲美。孟獻子如何引《詩經》〈邶風〉的「有力如虎」來稱讚鄹叔紇，照樣正可以用這詩來稱

讚孔子在夾谷的成功。我們讀了《傳》文犁彌對齊侯所說「孔丘知禮而無勇」的話，再觀下文的孔丘以公退曰：「士兵之！」的事實，然後知俗人的見識是何等的卑陋，而孔子在事前的戒備又是何等的周密。單憑一個「以公退」是不夠的，若沒有下面的「士兵之！」那道命令，則當時的夾谷會場將變成個甚麼樣子是不難想像的。而後來「齊人來歸鄆、讙、龜陰田」的紀錄，自然也不可能載入《春秋經》了。「鄹人」和「鄹人之子」在春秋史上所寫下的冊頁是如此的輝煌，而司馬遷竟欲片面加以抹煞，真太教人失望了。

夾谷之會這年，孔子是五十二歲。

（七）孔子與墮三都

孔子做了魯司寇，一共做了三件事：一是「溝合」昭公墓，一件是相定公於夾谷之會，另一件就是「墮三都」的新政，而尤以第三件事為最關重要。因為這也正是孔子政治生命的試金石；成了，他的前途無法估計，敗了，那麼他的仕途也就完了。不用說，「墮三都」的政策結果是失敗了，所以孔子的政治生活也就從此結束。

「墮三都」一事的發生當然與魯君及季桓子對孔子的信任有著因果的關係。所以定公十二年《公羊傳》云：「孔子行乎季孫，三月不違。曰：家不藏甲，邑無百雉之城。於是帥師墮郈，帥師墮費。」讀《公羊傳》文，顯然「墮三都」是由於季孫的信賴。現在讓我們再來讀《左傳》的記載。

> 3（12） 仲由為季氏宰，將墮三都。於是叔孫氏墮郈，季氏將墮費。公山不狃、叔孫輒帥費人以襲魯。公與三子入於季氏之宮，登武子之臺。費人攻之，弗克。入及公側。仲尼命申句須、樂頎下伐之。費人北。國人追之，敗諸姑蔑。二子奔齊。遂墮費。（定公十二年《傳》）

4（13）　　將墮成。公斂處父謂孟孫：「墮成，齊人必至于北門。且成，孟氏之保障也，無成，是無孟氏也。子偽不知，我將不墜。」冬十二月，公圍成，弗克。（定公十二年《傳》）

【今案】照《傳》文，墮三都既由仲由發之，則其出孔子可知。《公羊傳》的「孔子行乎季孫，三月不違，……於是帥師墮郈，帥師墮費」固已明言之。然「三月不違」的效果，也只完成了事情的三分之二；其間墮費便費了一些周折，如公山不狃和叔孫輒的反抗，甚至攻至武子臺下，要不是孔子到底不愧為「鄹人之子」，只消命令一下（像他在夾谷會場上的命「士兵之」一樣），便能使「費人北」，以至於「二子奔齊」，則墮費也恐怕會成問題的。墮費就不簡單，自無怪墮成終成新政的礎石了。公斂處父以「無成是無孟氏也」的危辭來激孟懿子使不干涉不墮成的事，處父為孟孫腹心，其言遂無異代表孟孫心聲，於是墮成竟成了「公圍成弗克」，而「墮三都」之策變了質。三都以費最強，成最弱，強者已墮，而最弱之成終為全局之梗，這當也是孔子所不及料的。故朱子論此事，謂費墮而成不墮為「強者不覺，而弱者覺之」，公斂處父「次第喚醒叔、季兩家，便做這事不成」，也不無道理。竹添光鴻乃必以為「墮都非孔子當時之先務」，恐不無求深反淺之嫌吧。（關於墮三都案大致略具前文《論語》篇中，茲不再贅。）

墮三都事，孔子五十四歲。

（八）孔子去魯

孔弓去魯及以後事，《左傳》幾於毫無記載，換個說法，自墮都事受阻之後，孔子便好像一下子從《左傳》中被抹了去似的。孔子於定十三年去魯，哀十一年歸魯，十四年間，《左傳》有關孔子行誼的

記載只有哀三年的「桓、僖災」一事，再就哀十一年的歸魯了。這十四年中，有關孔子傳記的記載，倒以《孟子》為最多。所以就史料的來源論，《孟子》應置於《左傳》下為第三部書。茲移置於〈世家〉後，討論《春秋》時討論之。

5（14）　夏五月，辛卯，司鐸火。火踰公宮。桓、僖災。……孔子在陳，聞火，曰：「其桓、僖乎！」（哀公三年《傳》）

【今案】此為孔子去衛之明年，其時孔子六十歲。崔述謂《左傳》「億中」之事多出於後人附會，故對此條以為應予存疑。我則以為此與「億中」為截然兩事。《左傳》中「億中」的事根本就出於後人附會，沒有討論價值。至於「桓、僖災」，正是孔子的祈願，也和他的「溝合」昭墓，歸魯汶陽之田和「墮三都」的意境是一貫的！儘管「墮三都」的事可以功敗垂成，但今天聽到魯公宮「司鐸火」的消息，孔子從良心上所巴望的就只有一個「桓、僖災」！這既不關迷信，也和聖人的先見無干。而事實上的巧合更不能減損此事本身分毫意義和價值！而崔述乃存疑之，何也？竹添光鴻論桓、僖廟之非禮云：「竊意魯親廟四，惠公居昭，隱公居穆，桓公居昭，莊公居穆，閔公卒則閔居昭也。已升桓而祧惠，至僖公卒，序當居穆。文二年縱逆祀，遂以僖居昭，而閔居穆焉。此桓、僖二主各居一昭之始也。自此政在三家，以桓公為三家自出，而三家之立由於僖，於二宮加厚焉。故桓、僖二昭廟不祧。名為桓宮、僖宮，而後來昭列親廟之主，皆祔祭此二宮，遞祧遞遷，而桓、僖之主不動，非禮甚矣！……此夫子以為災必桓、僖二宮也。」此說甚的，可與拙見相發明。

（九）孔子歸魯

6（15）　孔文子之將攻太叔也，訪於仲尼。仲尼曰：「胡簋之事，則嘗學之矣，甲兵之事，未之聞也。」退，命駕而行曰：「鳥則擇木，木豈能擇鳥？」文子遽止之，曰：「圉豈敢度其私，訪衛國之難也。」將止。魯人以幣召之，乃歸。（哀公十一年《傳》）

7（16）　春，齊為鄎故，國書、高無平帥師伐我，及清。季孫謂其宰冉求曰：「齊師在清，必魯故也，若之何？」求曰：「一子守，二子從公禦諸竟。」季孫曰：「不能。」求曰：「居封疆之間。」季孫告二子，二子不可。求曰：「若不可，則君無出。一子帥師，背城而戰，不屬者，非魯人也。魯之群室，眾於齊之兵車。一室敵車優矣，子何患焉？二子之不欲戰也宜；政在季氏，當子之身，齊人伐魯而不能戰，子之恥也大，不列於諸侯矣。」季孫使從於朝，俟於黨氏之溝。武叔呼而問戰焉。對曰：「君子有遠慮，小人何知？」懿子強問之，對曰：「小人慮材而言，量力而共者也。」武叔曰：「是謂我不成丈夫也。」退而蒐乘。孟孺子洩帥右師，顏羽御，邴洩為右。冉求帥左師，管周父御，樊遲為右。季孫曰：「須也弱。」有子曰：「就用命焉。」季氏之甲七千，冉有以武城人三百為己徒卒。老幼守宮，次于雩門之外。五日，右師從之。公叔務人見保者而泣，曰：「事充政重，上不能謀，士不能死，何以治民？吾既言之矣，敢不勉乎？」……師不踰溝。樊遲曰：「非不能也，不信子也。請三刻而踰之。」如之，眾從之。師入齊軍。右師奔，齊人從之。陳瓘、陳莊涉泗。孟之側後入，以為殿，抽矢策其馬曰：「馬不進也。」林不狃之

伍曰：「走乎？」不狃曰：「誰不如？」曰：「然則止乎？」不狃曰：「惡賢？」徐步而死。師獲甲首八十（冉有所得也）。齊人不能師。宵諜曰：「齊人遁。」冉有請從之三。季孫弗許。……公為與其嬖僮汪錡乘，皆死，皆殯。孔子曰：「能執干戈以衛社稷，可無殤也。」冉有用矛於齊師，故能入其軍。孔子曰：「義也。」（哀十一年《傳》）

【今案】孔子在衛，有兩問陳。《論語》為靈公問，《左傳》則為孔父子問。而孔子之歸魯，也即在此時，也足見孔子至此已無木可擇，不歸何待？且魯既以幣召，孔子又安能不歸？然而孔子老矣。孔子是年為六十八歲。

至於清之戰所暴露三桓之貪生怕死懦弱無能，真儼然清末中國人的寫照！要不出來一個冉求，這一戰將不知要弄成個甚麼醜惡樣子！冉有真不愧為「鄹人之子」的弟子！連樊須也包括在內。而孔子之所以能為這數百萬平方公里的華夏立心，為七億中國人立命，果然並非偶然！

8（17）　季孫欲以田賦，使冉有訪諸仲尼。仲尼曰：「丘不識也。」三發，卒曰：「子為國老，待子而行，若之何子之不言也？」仲尼不對。而私於冉有曰：「君子之行也，度於禮，施取其厚，事舉其中，斂從其薄。如是則以丘亦足矣。若不度於禮而貪冒無厭，則雖以田賦將又不足。且子季孫若欲行而法，則周公之典在；若欲苟而行，又何訪焉？」弗聽。十二年，春王正月，用田賦。（哀公十一年《傳》）

9（18）　夏五月，昭夫人孟子卒。……孔子與弔。（哀十二年《傳》）

10（19）　　冬十二月，蝝。季孫問諸仲尼。仲尼曰：「丘聞
之，火伏而後蟄者畢。今火猶西流，司曆過也。」（哀十二
年《傳》）

11（20）　　春，西狩於大野，叔孫氏之車子鉏商獲麟，以為不
祥，以賜虞人。仲尼觀之，曰：「麟也。」然後取之。（哀公
十四年《傳》）

【今案】西狩獲麟事，叔孫氏之士不知何物，以為不祥，故以賜
掌山澤之官。但孔子觀之，知為麟，故史得書之。哀公十四年《公羊
傳》記此事云：「西狩獲麟，……有以告者曰：有麕而角者。孔子
曰：孰為來哉？孰為來哉？反袂拭面涕沾袍，……曰：吾道窮矣！」
而《春秋》也於是年結束。故《春秋》始隱公元年，終于哀公十四
年，共二百四十二年。孔子是年七十一歲。

12（21）　　甲午，齊陳恆弒其君壬于舒州。孔丘三日齊，而請
伐齊三。公曰：「魯為齊弱久矣，子之伐之，將若之何？」對
曰：「陳恆弒其君，民之不與者半。以魯之眾，加齊之半，
可克也。」公曰：「子告季孫。」孔子辭。退而告人曰：「吾
以從大夫之後也，故不敢不言。」（哀公十四年《傳》）

13（22）　　夏，四月，己丑，孔丘卒。（哀公十六年《傳》）

【今案】崔述云：「周正之夏四月己丑，蓋夏正之春二月十一日
也。」今人據〈世家〉及杜氏《春秋註》皆謂孔子享年七十三歲。但
崔述以為據《公》、《穀》二傳為襄公二十一年生，則至哀十六年孔子
當為七十四歲云。

14（23）　　孔丘卒，公誄之曰：「旻天不弔，不憗遺一老，俾屏余一人以在位！煢煢余在疚。嗚呼哀哉尼父！無自律。」
（哀公十六年《傳》）

（十）結語

《左傳》載有關孔子傳記共二十三條，其中關於世家者六條，關於他的父親鄹叔紇者二條，其餘十五條，皆為孔子本身之事。此十五條中，關於初仕者二條，關於為魯司寇者四條，在陳一條，歸魯一條，歸魯後至歿者七條。而孔子的一生盡於此矣。《左傳》中有關孔子傳記以世系分量最重。關於他的父親「鄹人」也佔了兩條。他自己則以魯司寇為最重要，故佔四條。寫弟子仲由還有為墮都配角的資格，可見並不簡單；清之戰專寫冉有兼及樊須。這三位弟子，都可充分發揮「鄹人」精神一線的特色。所以《左傳》中的孔子，隱然另有其所以別於《論語》者在。於活潑潑的生機之外，似乎更顯示其是帶著血與肉的。這裏有孔子所以愛仲由的幾微，而冉有的表現自然是更屬於孔子的。

四　《國語》中有關孔子言行

《國語》中有關孔子記載，除與季氏有關者外，語多荒誕不經，顧乃為漢人所樂道；可見《國語》中的孔子，已非《論語》、《左傳》「鄹人之子」的本來面目。故《國語》的史料價值，比《論語》、《左傳》就有閒了。茲略加論次如下文。

（一）關於正考父

1（1） 昔正考父校商之名頌十二篇於周大師，以〈那〉為
首。其輯之亂曰：「自古在昔，先民有作，溫恭朝夕，執事有
恪。」（〈魯語下〉）

【今案】所謂「正考父校商之名頌於周大師」的話是有歧義的。
所以古文家以為是真的商詩，而今文家又以為是宋襄公時正考父所
作。說是商詩固然不可信；但謂其為宋襄公時詩，似不可能為正考父
所作，所以這些詩的作者是很成問題的。不過說今《商頌》五篇為宋
襄公時詩可能性最大。

（二）關於孔子的言論

1（2） 季桓子穿井，獲如土缶，其中有羊焉。使問之仲尼
曰：「吾穿井而獲狗，何也？」對曰：「以丘之所聞，羊也。
丘聞之：木石之怪曰夔、蝄蜽，水之怪曰龍、罔象，土之怪
曰羵羊。」（〈魯語下〉）

2（3） 吳伐越，墮會稽，獲骨焉，節專車。吳子使來好聘，
且問之仲尼，曰無以吾命。賓發幣於大夫，及仲尼，仲尼爵
之。既徹俎而宴，客執骨而問曰：「敢問骨何為大？」仲尼
曰：「丘聞之：昔禹致群神於會稽之山，防風氏後至，禹殺而
戮之，其骨節專車。此為大矣。」客曰：「敢問誰守為神？」
仲尼曰：「山川之靈，足以紀綱天下者，其守為神。社稷之守
者為公侯，此皆屬於王者。」客曰：「防風何守也？」仲尼
曰：「汪芒氏之君也，守封嵎之山者也，為漆姓，在虞、夏、
商為汪芒氏，於周為長狄，今為大人。」客曰：「人長之極幾

何？」仲尼曰：「僬僥氏長三尺，短之至也。長者不過十，數
之極也。」（〈魯語下〉）

3（4）　仲尼在陳，有隼集于陳侯之庭而死，楛矢貫之，石
砮，其長尺有咫。陳惠公使人以隼如仲尼之館問之。仲尼
曰：「隼之來也遠矣，此肅慎氏之矢也。昔武王克商，通道于
九夷百蠻，使各以其方賄來貢。……於是肅慎氏貢楛矢石
砮，其長尺有咫。先王欲昭其令德之致遠也，以示後人，使
永監焉。故銘其栝曰「肅慎氏之貢矢」，以分大姬，配虞胡公
而封諸陳，……君若使有司求諸故府，其可得也。」使求得
之，金櫝如之。（〈魯語下〉）

【今案】自季桓子穿井到肅慎氏之貢矢的（陳惠公亦誤，應為湣
公。又墮會稽事，孔子時方在陳，何能爵吳使？足見其非事實）記
載，只是戰國式的「天方夜譚」或漢朝人的《山海經》一類的東西，
無非要把孔子描繪成為一個「聖而不可知」的人物而已。若更糟而落
到那個寫《莊子》〈胠篋〉篇的人手裏以「妄意室中之藏」為「聖」，
那又不僅是孔子個人的不幸了。

4（5）　公父文伯退朝，……其母方績。文伯曰：「以歜之
家，而主猶績，懼忓季孫之怒也。其以歜為不能事主乎！」
其母歎曰：「魯其亡乎！使僮子備官，而未之聞耶？居，吾語
女。昔聖王之處民也，擇瘠土而處之，勞其民而用之，故長
王天下。夫民勞則思，思則善心生；逸則淫，淫則忘善，忘
善則惡心生。沃土之民不材，淫也。瘠土之民，其不嚮義，
勞也。……自庶人以下，明而動，晦而休，無日以怠。……
自庶士以下（女子），皆衣其夫。……男女效績，愆則有辟。

古之制也。君子勞心，小人勞力，先王之訓也。自上以下，誰敢淫心舍力？今我寡也，爾又在下位，朝夕處事，猶恐忘先人之業，況有怠惰，其何以避辟？」……仲尼聞之曰：「弟子志之，季氏之婦不淫矣！」（〈魯語下〉）

5（6）　公父文伯卒。其母戒其妾曰：「吾聞之：好內，女死之；好外，士死之。今吾子夭死，吾惡其以好內聞也。二三婦之辱共先者祀，請無瘠色，無洵涕，無搯膺，無憂容，有降服，無加服，從禮而靜，是昭吾子也。」仲尼聞之曰：「女知莫若婦，男知莫若夫，公父氏之婦，智也夫，欲明其子之令德。」（〈魯語下〉）

6（7）　公父文伯之母，朝哭穆伯而暮哭文伯。仲尼聞之曰：「季氏之婦，可謂知禮矣，愛而無私，上下有章。」（〈魯語下〉）

【今案】第4條藉以發揮勞則成功，逸則失敗的道理，尚不無意義。至於5、6條，則虛偽造作甚矣，恐非孔子之所稱許也。而後乃欲誇張之以為中國文化之癌，那更非孔子所及料的了。

7（8）　季康子欲以田賦，使冉有訪諸仲尼。仲尼不對。私於冉有曰：「求，來。女不聞乎？先王制土藉田，以力而砥其遠邇，賦里以入而量其有無，任力以夫而議其老幼，於是乎有鰥寡孤疾，有軍旅之出，則徵之，無則已。其歲收田一井，出稷禾秉芻缶米不是過也。先王以為足。若子季孫欲其法也，則有周公之籍矣。若欲犯法，則苟而賦，又何訪焉？」（〈魯語下〉）

【今案】崔述論此條文繁而多與諸經不合，以為「不如《內傳》為近其實」，甚是。

（三）結語

《國語》之文，遠較《左傳》為「淫誇」，且漢人色彩正濃。今文學家──尤其是康有為以為其與《左傳》之分離，乃劉歆一手所作偽，此說雖不必是，但也不必盡非。所謂不必是者，《國語》實不及《左傳》。《左傳》雖亦有後人竄亂痕跡，但大部份可承認其最少為戰國時期作品，而《國語》則恐最多只是《左傳》的下手貨色（第二手資料），謂《左傳》是從《國語》分出固不可，即謂《國語》是從《左傳》分出也不像也。謂劉歆偽造說也不必盡非者，則《國語》恐怕漢人的贋品最多，如前文所引〈魯語〉都是很可疑的。所以崔述疑「《國語》皆後人所推衍，非當日之言」是很對的。崔述沒有指出所謂「後人」是戰國時人抑是漢人，但我則正疑其為漢人的把戲。

五　《史記》〈孔子世家〉中的孔子

司馬遷的〈孔子世家〉，是中國二千年來最突出的第一部孔子傳，也是二千年來影響力最大的傳記文學。大家知道在〈世家〉之前，也有經典地位很高的《論語》，也有甚具古史價值的《左傳》，但大家儘管讀過《論語》和《左傳》，卻仍然願意戴著〈世家〉的眼鏡再回來衡量《左傳》和《論語》中的孔子，一若〈世家〉本來就是孔子的原始傳記似的。〈世家〉既具著這樣的影響力，於是自有了〈世家〉，而繼〈世家〉而起的無窮的孔子的影子，遂無形中使人目迷五色，甚至代替了《六經》的地位。結果就真像康有為所說的，《六經》都是孔子所造的。

　　〈世家〉的影響力如此之大，但最不幸是〈世家〉的本身卻是一部最不忠實的孔子傳！它從《左傳》中採取了孔子的世系，卻故意抹去其血統中的重要成分。他淆亂了孔子出處與事業成敗得失的事實。它捏造了孔子與《六經》的實際關係。它將孔子塗上一層戰國以來漢人的迷信色彩，使孔子的本真，更被斲喪扭曲。茲將〈世家〉對孔子的本真及其一生行誼加以歪曲的概要加以列舉如下文。

（一）孔子血統中的重要成分被抹去

　　〈世家〉的孔子世系中不但沒有偪陽戰役抉懸門以「出門者」的「郰人紇」（襄十年《傳》），或「帥甲三百宵犯齊師」的「郰叔紇」（襄十七年《傳》），根本連「郰人」之名，都被取銷，而替之以偽造的「叔梁紇」。此事當然不可能是疏忽的漏列。但司馬遷若果為不願使那位後世儒宗的孔子有一位膂力絕人的父親，因之索性把「郰人」之名都取銷，那麼這種思想上的謀殺罪行顯然是不可饒恕的！

　　但《論語》的孔子上仍赫然有「鄹人之子」（鄹、郰字通）的美稱，這則是司馬遷所無可如何的了。

（二）〈世家〉淆亂了孔子出處與事業得失

　　司馬遷為要滿足其虛構故事的癖好，不惜任意將孔子的出處及一生行為的事實加以淆亂或附會甚至捏造。茲隨手舉其大端，如（1）捏造至齊為高昭子家臣，欲以通乎景公。（2）捏造齊景公以尼谿之田封孔子為晏嬰所沮。（3）附會季氏家臣仲梁懷諫以璠璵歛平子事為孔子事（直以孔子為季氏嬖臣）。（4）附會孔子「攝行相事」，「有喜色」，七日而誅少正卯等等。（5）捏造孔子為南子次乘，招搖過市。（6）捏造在衛時將西見趙簡子。（7）畏于匡時，捏造「使從者為寧武子臣乃得去」。（8）厄於陳、蔡間，捏造陳、蔡大夫之圍孔子。

（9）捏造楚昭王欲以書社七百里之地封孔子為子西所沮。這只是幾件比較易於賺人的謊言，至於小插話就不勝枚舉了。如鄭人形容孔子云：「東門有人，其顙似堯，其項類皋陶，其肩類子產，然自要以下不及禹三寸。纍纍若喪家之狗。」姑無論這段話根本不可能，實在也不通。除非自堯以來，即有西洋醫術的體檢制度，如何能知堯、禹、皋陶、子產的身體形狀？既為聖賢的體型，何以又把他形容為狗？這最多是莊子式的讕言，怎能夠是孔子？但這類的「小慧」，卻也是司馬遷所樂道。他為滿足其個人這類的嗜好，於是在孔子去魯前則任意改變其去魯時間的先後；既去魯以後，又隨便捏造所謂四至衛、三至陳的次數，以符合其附會或虛構孔子行為的要求，甚至其時間前後自相矛盾而不覺。而以去魯以後之事為尤甚。總之，〈世家〉中孔子去魯後十四年間的行為，幾乎無一件沒有附會或捏造的成分。換言之，〈世家〉中的孔子，無論其為仕魯或去魯後的行誼，凡《論語》和《左傳》所不載或有相當程度的關係者，幾於沒有一件是完全可靠的。

（三）〈世家〉捏造孔子刪定《詩》《書》《禮》《樂》及贊《易》

在《論語》中，孔子只指導弟子《詩》、《書》、禮、樂，卻不是《六經》。論《詩》，他教學生，也是開口「誦《詩》三百」，閉口「《詩》三百」，所以在孔門，《詩》的成數原就是「三百篇」。《書》，孔子很少提及。禮倒是孔子常常說的，但那是行為的事，即在「視、聽、言、動」之間。所以〈述而〉云：「子所雅言，《詩》、《書》、執禮，皆雅言也。」至於樂，孔子也自己說過，他說：「吾自衛反魯，然後樂正，《雅》、《頌》各得其所。」（〈子罕〉）所以孔子曾「正樂」，但〈世家〉卻捏造了下面的話。

（1）孔子之時，……禮樂廢，《詩》《書》缺，追跡三代之禮，序《書傳》。……故《書傳》、《禮記》自孔氏。

（2）古者詩三千餘篇，及至孔子，去其重，取可施於禮義，……以為《風》、《雅》、《頌》。[21]

（3）孔子晚而喜《易》、序〈彖〉、〈繫〉、〈象〉、〈說卦〉、〈文言〉。

　　這裏〈世家〉明明說《書》已不完全，是孔子把它整理或作「序」「傳」的。《禮》是孔子所記的。故曰「故《書傳》、《禮記》自孔氏。」《詩》則是三千餘篇刪到三百五篇。《易》的《十翼》也是孔子做的。此外另有一事，就是孔子作《春秋》的問題。孔子作《春秋》事倡自《孟子》，〈世家〉只是繼承《孟子》的話而已，別於下文論之。

（四）給孔子塗上一層怪誕的色彩

　　依《論語》，孔子是「不語怪力亂神」的。但〈世家〉卻最喜歡在怪誕方面找材料。故〈魯語〉中凡有關孔子怪誕的言行，〈世家〉皆加以採錄。後來漢人的緯書、讖書把孔子寫成一個神怪人物，司馬遷決不能辭作俑之咎的。

（五）結語

　　〈世家〉對孔子傳記不但不忠實，事實上還開漢人偽託孔子與《六經》關係的先河。所以說二千年來經傳偽託之學，皆〈世家〉啟之，是一點都不誇張的。自有〈世家〉而後中國有偽書，有偽書而後

---

21 〔編案〕「以為《風》、《雅》、《頌》」句，《史記》的完整文句為「〈關雎〉之亂以為《風》始，〈鹿鳴〉為《小雅》始，〈文王〉為《大雅》始，〈清廟〉為《頌》始。」

有辨偽之學。然則〈世家〉所有造於孔子傳者，即在其既以造偽教
人，終亦不能不導致後人辨偽之風，而中國學人一生無價的精力與時
間，遂不能不以浪擲於無用之地，這實在太可悲了！

六 《春秋》、《易》、及其他

（一）孔子作《春秋》問題

　　孔子作《春秋》之說倡自孟子。《論語》二十篇，卻無一語及
《春秋》。這是一個相當有趣的問題。孔子若言《春秋》，《論語》不
容不載一語；孔子若不言《春秋》，孟子不能憑空造說。所以無論如
何，《春秋》之與孔門和《六經》的關係的問題，終究是很特別的。
《孟子》〈離婁〉篇云：「王者之跡熄而《詩》亡，《詩》亡然後《春
秋》作。晉之《乘》，楚之《檮杌》，魯之《春秋》，一也。其事則齊
桓、晉文，其文則史。孔子曰：『其義則丘竊取之矣。』」又〈滕文
公〉篇云：「世衰道微，邪說暴行有作：臣弒其君者有之，子弒其父
者有之。孔子懼，作《春秋》。《春秋》，天子之事也。是故孔子曰：
『知我者其惟《春秋》乎！罪我者其惟《春秋》乎！』」又曰：「孔子
成《春秋》而亂臣賊子懼。」

　　《孟子》的話，也有可注意處：以「《春秋》作」與「《詩》亡」
對舉，則所謂「作」，自然必指著作明甚。又「其義則丘竊取之矣」，
則所謂「義」，明又在文字之外。又曰「孔子成《春秋》而亂臣賊子
懼」，曰「成」則又不指著作明矣。然則所謂孔子作《春秋》者，亦
因魯史（《春秋》）舊文而著其「天子之事」之「義」的意思，即所謂
「亂臣賊子懼」也。崔述引胡安國云：「仲尼作《春秋》以寓王法，
惇典庸禮，命德討罪，其大要皆天子之事也。知孔子者，謂此書之
作，遏人欲於橫流，存天理於既滅。……罪孔子者，以為無其位而託

二百四十二年南面之權，使亂臣賊子禁其欲而不得肆，則戚矣。」崔述曰：「按：《春秋傳》，晉韓起聘于魯，見《易象》與魯《春秋》曰：『周禮盡在魯矣。』然則魯之《春秋》本據周禮以書時事。但自東遷以後，時異勢殊，盟會擅於諸侯，政事專於大夫，一切戰爭弒奪之事皆成周盛時所未嘗有者，秉筆者苦於無例可循，……是以孔子取而修之，正君臣之分，嚴內外之防，尊卑有經，公私而別，然後二百四十年中善不待褒而自見，惡不待貶而自明。大義凜然，功罪莫能逃者。故曰『孔子成《春秋》而亂臣賊子懼』耳，非以其專黜陟為足懼也。」然則所謂孔子作《春秋》者，謂孔子修《春秋》之義法以為褒貶標準，非孔子真著《春秋》也。王安石說《春秋》不過是「斷爛朝報」，則他根本不以為孔子所作又很顯然了。

（二）孔子贊《易》問題

孔子不贊《周易》，汲郡魏襄王冢有《周易》上下經和〈陰陽說〉而無〈彖〉、〈象〉、〈文言〉、〈繫辭〉，已足以證明之。孔門能傳孔子書者莫如子夏，子夏授於西河為魏文侯師，魏王之冢而不知《十翼》，則孔子之不贊《周易》明矣。

至《論語》中不言《易》，〈述而〉篇的話已足為內證：「加我數年，五十以學易，可以無大過矣。」「易」字《魯論》原作「亦」，是「亦」字當下屬，即「加我數年，五十以學，亦可以無大過」也。是《論語》本未言《易》，司馬遷始據〈述而〉文附會孔子「晚而喜《易》」耳。

秦禁《詩》、《書》，獨不禁《易》，也為《易》無《十翼》之明證。

孔子贊《易》事既為司馬遷所偽託，其入《六經》，皆漢人為之。《十翼》非孔子作，崔述辨之最早，近世學人辨者尤多，茲不復列舉（可參閱《古史辨》第三冊）。

（三）《禮》的問題

今日《三禮》除《儀禮》外，《禮記》與《周禮》皆問題之書。二戴《記》根本就是漢人製作，故幾於無處不託言孔子，即〈世家〉所謂「《禮記》自孔氏」是也。

《儀禮》為《三禮》中較為可靠之書，故尚無偽託孔子之文。然其書恐亦不盡為盛周之制，袁枚頗有論列，茲不備引。

七　結論

孔子傳記，合《論語》、《左傳》二書可觀其原始本真，《國語》已加上戰國、秦、漢的怪誕色彩。自〈世家〉出，其中言行，不特凡為《論語》、《左傳》所無者皆不可靠。即原採自二書者，也多不免被歪曲，而尤以杜撰孔子與《六經》的關係，為最悅恍迷離，不可究詰，使孔子之與《六經》，《六經》之與孔子，終至儼然不可分。無怪西洋漢學家遂逕稱《六經》為「孔子的經典」，亦可歎也。

至於孔子傳記之著作，自〈世家〉之後，有偽《孔子家語》，有《闕里志》的〈年譜〉，有元程復心的《孔子論語年譜》，有清江永的《鄉黨圖考》，有清狄子奇的《孔子編年》，傳略有錢穆的〈孔子年表〉。如實論之，《論語》的素材應為最原始而可靠了。但仍有公山弗擾與佛肸召孔子那樣決不可信之事，則崔述之疑《論語》後五篇的來源，也理所當然。《左傳》從另一角度紀孔子的行誼，以與《論語》合看，恰可畫出一個春秋時代的孔子。故觀孔子之真，則觀此二書的原始資料也自足矣。至若〈世家〉而下，則已無復一足以保持孔子的本來面目者，因為他們受〈世家〉影響太深了，只有比〈世家〉更壞，欲超脫〈世家〉是不可能的。錢穆的〈年表〉太簡單，幾乎還不夠作一個孔子的素描。

關於《論語》的若干解釋

　　林語堂先生在〈論孔子的幽默〉一文中所引《論語》，有若干解釋甚為可疑，現在不揣冒昧，寫出來請教林先生。林先生譯「群居終日」章的「好行小慧」為「好行小恩惠」。案：《論語》今本皆以「慧」字為正讀，「慧」字根本無「恩惠」之義。《說文》心部「慧」字與人部「儇」字互訓，是「儇」與「慧」為同義字，故《論語集解》引鄭曰：「小慧，謂小小之才智」；朱子《集注》也訓「小慧」為「小智」，以今語繹之，即「小聰明」的意思，「好行小慧」可譯為「好耍小聰明」或「喜歡賣弄小聰明」。今林先生乃譯為「小恩惠」，不知是否另有根據？若說「慧」字《古論》作「惠」（《正義》引），故林先生捨今讀而用《古論》。但《古論》用「惠」字，也是「慧」字的叚借，既屬叚借，自不復用本義，何況「群居終日」章乃專在責難終日閒聊，和〈陽貨〉篇「飽食終日」章的「無所用心」正是一類事（二章同說「終日」，同用「難矣哉」），如何能牽涉到「小恩惠」上去呢？

　　林先生又譯〈陽貨〉「佛肸」章的「吾豈匏瓜也哉，焉能繫而不食」為「我總應該找個差事做。我豈能像一個牆上葫蘆，掛著不吃飯！」譯文的第一句顯然是林先生用來檃括上文的，要不然，「佛肸」章中並無此句——這個檃括是否和原文相應也姑且不談；但單就「我豈能像一個牆上葫蘆，掛著不吃飯」而論，無論在文字條理和思想上都是跟《論語》原文不一致的。第一，原文下半句的「繫而不食」，原只是上文「匏瓜」一詞的形容字句，卻不是「吾」字的述語，故與

主句沒有直接關係——意謂（我豈能像）「匏瓜掛著不能吃」。所以
《集解》云：「吾自食物，……不得如不食之物，繫滯一處。」《正
義》又釋之曰：「吾自食物者，言吾當如可食之物，與匏瓜異也。」
又《皇疏》一云：「匏瓜，星名也，言人有材智，宜佐時理務，……
豈能如匏瓜繫天而不可食耶？」觀上面注疏，皆足以證「繫而不食」
之為分詞，專在形容匏瓜。但林先生卻把「不食」當外動詞用，還加
上一個止詞便成「不吃飯」的片語，而原文的條理和意思全都變了。
「掛著不能吃」（即不可食的白話正譯）是匏瓜的客觀情形，現在一
說成「掛著不吃飯」，是誰不吃飯呢？說是匏瓜不吃飯，可笑而也不
通；說是比喻孔子不能不吃飯，則將一個複合分詞來分割使用——把
「掛著」形容匏瓜，而以「不吃飯」來表達主語的「吾」，也決無此
句法。所以在語文條理上把「不食」譯成「不吃飯」是講不通的。

　　第二，即撇開語法問題不談，就思想而論，說孔子欲赴佛肸之召
是為的不能不「吃飯」，那問題就更嚴重了。我們知道孔子固然是很
通達的，很能面對現實。他可以不反對求富貴，甚至謂富貴如可求，
他也可為「執鞭之士」；他也不諱言仕進，他可以把自己比成「待價
而沽」的東西；他雖不輕視獨行之人，但他決不隱居山林，他肯定的
宣告說：「鳥獸不可與同群，吾非斯人之徒與而誰與！」他是一個最
熱情於用世甚至近於「熱中」的人。我們看陽貨批評那句「好從事而
亟失時」的話，便可見得陽貨眼中的孔子是個什麼態度了——雖則
「亟失時」又是另一種態度，但總之，孔子的態度永久是積極的，面
對現實的。不過有趣就在這裏！儘管孔子是如此積極。但有一件卻最
特別，那就是他最不關心個人的「吃飯」問題！他曾很鄭重的宣告
道：「君子謀道不謀食，憂道不憂貧。」這並不是他唱高調，事實上
他真是如此過著日子。他描寫他的生活道：「飯疏食、飲水、曲肱而
枕之，樂亦在其中矣！」他最欣賞顏淵處也是在此。我們讀讀「賢哉

回也」章，不正是「飯疏食」章的翻版麼！所以孔子是不為「吃飯」問題奔走的。像前面說過他雖不反對求富貴，但事實上他卻是個「不義而富且貴，於我如浮雲」的人！所以在孔子的人生哲學上，富貴終究是不可求的，不可求則從吾所好，結果自然是「飯疏食飲水」了。這個邏輯，孔子稱之為「命」。他之所以喜歡顏淵，也因為顏淵懂得這個「命」。有一次，他說：「回也其庶乎！屢空。賜不受命而貨殖焉。」他說子貢「貨殖」是「不受命」，可見顏淵「屢空」之為「知命」，所以他那樣激賞他。這也是孔子所以「不謀食」的哲學根據，同時也是孔子之所以為孔子的地方。有一次孔子在衛國，居停於子路妻兄家，衛靈公的寵臣彌子瑕的妻和子路妻是姊妹，所以彌子瑕很希望孔子也住到他家去，他對子路說：「孔子主我，衛卿可得也。」子路把這話告訴了孔子。孔子曰：「有命！」這是二千五百年來足以代表孔子人格一句何等有分量的話！後來孟子拿這句話來駁斥人們對孔子主癰疽的造謠道：「孔子曰有命，……而主癰疽與侍人瘠環，是無義無命也。……若孔子主癰疽與侍人瘠環，何以為孔子！」曰「無義無命何以為孔子」，這又是孔子的綜合人格一個何等鮮明的宣告！孟子這話，不但可以作為孔子「飯疏食飲水」主義的注腳，同時也可以透露給我們一點關於孔子所以「好從事而亟失時」的秘密。孔子是熱情的，抱救世主義的。他可以想著利用種種可能的機會來用世，他可以「待價而沽」想把自己賣給社會，賣給人群；但他決不是為「吃飯」！他不能作「掛著不能吃」的匏瓜，為的是他要作可食之物，給人們當食物來使用，卻不是自己要「吃飯」！這是孔子！他要赴佛肸之召，即使果有此事，也是為的要借范中行氏的局面來做點救時的工作。不過這件事現在看來也很可疑，照崔述的看法，《論語》此章恐怕是出於戰國時人的附會。但無論如何，匏瓜的比方，只能反證孔子的「可食」，決不能暗喻孔子為要「吃飯」！因為這個思想根本和孔

子的人格矛盾！若這一點理會不來，決不足以論孔子，更談不到孔子
的風趣問題了。

五五、八、一〇。

　　〔附記〕寫完此稿，再翻朱子《集注》，發覺林先生譯文的「掛
著不吃飯」可能是受了《集注》影響的結果。《集注》釋「不食」為
「不能飲食」，固亦可作「不可飲食」解，不過既加「飲」字，林先
生自也可譯作「吃飯」了。但朱子這個解釋到底是不合理的；所以連
根據朱注翻譯《四書》的 James Legge 也沒有跟從他。Legge 說：「我
總覺得這是很不合理的。」（This seems to me very unnatural）所以他
譯「不食」仍取「不可食」之意。他的譯文是：Am I a bitter gourd!
How can I be hung up out of the way of being eaten？

《山海經》成書之年代

　　《山海經》這書，大家常好和〈禹貢〉相提並論，所以便有很多人說牠是禹益所作。（其實〈禹貢〉也是偽書。近人顧頡剛先生著論辨這事）像劉歆〈上山海經表〉裏面說：

> 《山海經》者，出于唐虞之際。昔者洪水洋溢，漫衍中國，民人失據，啟隴於丘陵，巢于樹木。鯀既無功，而帝堯使禹繼之……禹別九洲，任土作貢，而益等類物善惡，著《山海經》。……

《吳越春秋》說：

> 禹……巡行四瀆，與益、夔共謀行到名山大澤，召其神而問之山川脈理，金玉所有，鳥獸昆蟲之類及八方之民俗，殊國異域，土地里數，使益疏而記之，故名之曰《山海經》。

王充《論衡》〈談天〉篇說：

> 禹之《山經》（即《山海經》）。

《顏氏家訓》〈書證〉篇：

《山海經》，夏禹及益所記。

這樣《山海經》既是禹、益所作，便好像真是「出於唐虞」之際
的。近人顧實氏便是說：「其書頗類〈禹貢〉，當作在舜世。」（《漢書
藝文志講疏》）其實，這是後人所附會的。《山海經》決不是禹作，而
且決非三代之書。「禹」這個傳說，到底是人不是人，已經有了問
題，（顧頡剛先生《古史辨》幾乎完全是在辨這個問題。）則《山海
經》與禹之關係，自然地靠不住了。（在《山海經》的自身上，禹已
具有「非人」之屬性。〈海內經〉：「帝命祝融殺鯀于羽郊；鯀又生
禹。帝乃命禹率布土以定九洲。」郭氏《傳》曰：「〈開筮〉曰：鯀死
三歲，不腐，剖之以吳刀，化為黃龍也。」郝懿行按：「《初學記》二
十二卷引《歸藏》云：『大副之吳刀，是用出禹。』《呂氏春秋》〈行
論〉篇亦云『副之以吳刀』，蓋即與郭所引為一事也。《楚辭》〈天
問〉云：『永遏在羽山，夫何三年不施？伯禹腹鯀，夫何以變化？』
言鯀死三年不施化，厥後化為黃熊。故〈天問〉又云：『……巫何活
焉？』……伯禹腹鯀，即謂鯀復生禹，言其神變化無方也。」這樣禹
還成個「人」麼？）不過，在禹之天神性未確定之前，我們仍須搜集
證據，來理清《山海經》之成書問題。如今分做幾點來說：

一　《山海經》不是禹所作

清人郝懿行注《山海經》，已頗懷疑這書是禹作的話。他在他的
敘文裏，已經引了不少證據。而且，同時，他亦懷疑到禹之「人」
格，不知不覺地在「美哉禹功，……自非神聖，孰能修之？」的話裏
露出他的心聲來。但，他的懷疑態度，終是掙不了傳統思想的約束。
所以他一面懷疑，一面仍設法來彌縫破綻。他把〈大荒經〉以下五

篇，仍歸於「皆在外與經別行，為釋經之外篇」的觀念裏，以說明其
為後人所羼。其實，書中的破綻，在《荒經》以下的固多，而在《五
藏經》和《海內、外經》的也不少。現在先把關於傳說上與禹本身有
直接關係的，鈔在下面，然後再來討論。

A. 經中屢言鯀、禹和啟事跡

（1）青要之山，……南望墠渚，禹父之所化。（〈中次三經〉）

（2）禹曰……（〈中山經〉）

（3）大樂之野，夏后啟于此儛九代。（〈海外西經〉）

（4）共工之臣曰相柳氏，九首以食于九山。……禹殺相柳，其血
　　　腥不可以樹五穀種。禹厥之，三仞三沮。（《海外北經》）

（5）博父……禹所積石之山在其東，河水所入。（同上）

（6）崑崙之墟，……河水出東北隅，以行其北，西南又入渤海，
　　　又出海外，即西而北入禹所導積石山。（〈海內西經〉）

（7）西北海之外，大荒之隅，有山不合，名曰不周負子（《太平御
　　　覽》引此無「負子」二字）。……有水曰寒暑之水，水西有
　　　濕山，水東有幕山，有禹攻共工國山。……（〈大荒西經〉）

（8）西南海之外，赤水之南，流沙之西，有人珥兩青蛇，乘兩
　　　龍，名曰夏后開。開上三嬪于天，得〈九辯〉與〈九歌〉以
　　　下。此天穆之野，高二千仞，開焉始得歌〈九招〉。（〈大荒
　　　西經〉）

（9）大荒之中，……有大人之國，……有榆山，有鯀攻程州之
　　　山。（〈大荒北經〉）

（10）大荒之中，……其西有山，名曰禹所積石。（〈人荒北經〉）

（11）禹堙洪水，殺相繇。其血腥臭，不可生穀，其地多水，不可
　　　居也。禹湮之，三仞三沮。（〈大荒北經〉）

（12）稷之孫曰叔均，是始作牛耕，大比赤陰，是始為國，禹鯀是
　　　始布土，均定九州。（〈海內經〉）

（13）噎鳴生歲十有二，洪水滔天。鯀竊帝之息壤以堙洪水，不待
　　　帝命。帝命祝融殺鯀於羽郊。鯀復生禹，帝乃命禹率布土以
　　　定九州。（〈海內經〉）

　　我們看上面十三條，《山海經》之不是禹作，已經再明白沒有
了。第1、2兩條，固然可以說，著書者不妨自稱，像顧實氏「禹
曰……及禹父之所化，疑非禹書。此不知古人作書之例。若以《史
記》稱太史公褚先生例之，可以爽然自失矣」的那樣說法；可是，第
4、11、12、13幾條，明是第三者的敘述；第3、8兩條，則不是禹可
以說到，禹那裏會知道啟的事？至5、6和第10三條，「積石山」簡直
是在一般人口中的普遍之稱呼了。

B. 經中言及成湯、文王

　　（1）有壽麻之國……有人無首操戈盾立名曰夏耕之尸。故成湯
伐夏桀于章山，克之……（〈大荒西經〉）

　　（2）狄山，帝堯葬于陽，帝嚳葬于陰。爰有熊羆文虎，蜼豹離
朱，視肉吁咽。文王皆葬其所。（〈海外南經〉）

　　第1條，郝氏還可以把「牠是在《大荒經》」來做理由。若第2
條，便不得不說是後人所竄了。這樣，便可以知道《山海經》是禹做
的的可能範圍，便自然地縮小。而顧實氏又不得不縮小到只「《五藏
經》的『確為禹、益作』的地步了。其實，《山海經》不是禹、益作
的致命傷還不是在上面ＡＢ兩項，讓我們往下找物證。

二 《山海經》不是三代之書

我這裏是在論三代，卻同時禹作的問題也可以解決。不是禹作的理由，不必便是「不是三代之書」之理由，而不是三代之書之理由，卻已早不是禹作的理由了。所以下面所抄的幾條，歸到這項來。

C. 經中言及郡縣

（1）〈南次二經〉之首曰柜山。……有獸焉，其狀如豚。……見則其縣多土功，有鳥焉，……其名曰鴒，……見則其縣多放士。（〈南山經〉）

（2）曰長右之山。……有獸焉。……見則郡縣大水。（〈南山經〉）

秦以前，言郡縣之制者，有《逸周書》。〈作雒編〉云：

> 制郊甸方六百里，因西土為方千里，分以百縣，縣有四郡，郡有四鄙；大縣立城方王城三之一，小縣立城方王城九之一。都鄙不過百室，以便野事。

周是封建制，到秦始皇，代以郡縣。《史記》〈始皇本紀〉：

> 廷尉李斯議曰：「周文武所封子弟同姓甚眾，然後屬疏遠，相攻擊如仇讎。諸侯更相誅伐，周天子弗能禁止，今天下賴陛下神靈，一統皆為郡縣，諸子功臣，以公賦稅重賞賜之甚足易制，天下無異意，則安寧之術也。置諸侯不便。」始皇曰：「天下共苦戰鬥不休，以有侯王，賴宗廟，天下初定，又復立國，是樹兵也，而求其寧息，豈不難哉？廷尉議是。」分天下以為三十六郡；郡置守尉監。

則郡縣制是秦方實行的。《逸周書》的話，不無可懷疑的地方，清人馬驌云：「《逸周書》、《竹書紀年》……之類，皆未必果出當年，要先秦遺書。」（《繹史》）顧頡剛先生也說：「《逸周書》中，偽篇一定占了大部分。」（《古史辨》）這樣，《逸周書》的話之果否是周制，便需要討論了。

郡縣之是否起於周代，還有問題，則當在夏時，那裏會說到郡縣呢？顧實氏認《五藏經》是真的，而這有力的「無的之矢」的郡縣的話，恰好在《五藏經》發出。難道這又是郝氏所謂「蓋周秦間人讀此經者所附著也」麼？

D. 經中的言鑛產

這可以說是推翻《山海經》為三代之書的頂有力的證據了。歷史的進化，由石器時代而到銅器鐵器，這是不能躐等的。《山海經》──一部所謂三代之書的《山海經》──卻能夠於石器時代──或新石器時代發見銅鐵，那真是講不通的了。如今再略抄幾條來討論：

（1）求如之山，其上多銅。（〈北山經〉）

（2）猨翼之山，……。其陽多赤金（郭《注》，銅也），其陰多白金（銀也）。（〈南山經〉）

（3）虢山，……其陽多玉，其陰多鐵。（〈北山經〉）

（4）玉山，其陽多銅。（〈中山經〉）

（5）湊山，其上多赤銅，其陰多鐵。（〈中山經〉）

（6）密山，其陽多玉，其陰多鐵。（〈中次六經〉）

（7）夸父之山，……。其陽多玉，其陰多鐵。（〈中次六經〉）

（8）荊山，其陰多鐵。（〈中次八經〉）

（9）銅山，其上多金銀鐵。（〈中次八經〉）

（10）禹曰：……出鐵之山，三千六百九十……（〈中山經〉）

經中言銅鐵的太多了，現在不必一一抄出。古人不懂文化歷史上應該的過程，於這些物質，不會提防到。清代的郝懿行也便是不懂這道理的一個。所以他在〈中山經〉上「昆吾之山，其上多赤銅」一條之下，對於郭璞所注「汲冢中得銅劍一枝，長三尺五寸，乃今所名為干將劍，汲郡亦皆非鐵也。明古者通以錫雜銅為兵器也」的話，仍是引《越絕書》記〈寶劍〉第十三「歐冶子干將鑿茨山洩其溪，取鐵英作為鐵劍三枚」的話，來斷定「是知古劍不盡用銅矣」。以為沒鐵劍是不用鐵，不知道是沒有鐵。

鐵這物質不但夏時還未發見，便是商——乃至周——也未必發見。胡適之先生在給顧頡剛先生的〈論帝天及九鼎書〉上說：

> 鐵固非夏朝所有，銅恐亦非那時代所能用。發見澠池石器時代文化的安特森（J.G. Andersson）近疑商代猶是石器時代的晚期（新石器時代）。

顧先生也說：

> 春秋時鑄兵器皆用銅，鐵器始見于《左傳》昭公二十九年晉趙鞅以鐵鑄刑鼎，繼見于《孟子》「以鐵耕乎」，可見用途不廣。又看古代金銅不分，銀錫二物到漢代還分不清楚，可見冶金的工藝是進得很遲的。

又丁在君氏〈論禹治水說不可信書〉上說：

> 鐵是周末（最早是周的中葉）纔發見的。

　　鐵既是周末才發見，而始見載於《左傳》。《左傳》的成書，據顧
頡剛先生所考，是在周赧王之初元；那末，鐵的用，當到秦時始盛。
（《孟子》的「以鐵耕乎」，可證戰國時代之對鐵態度。參看上面顧頡
剛先生〈答胡博士的書〉）《山海經》言鐵的很多，則其必為周末——
或以後的書是無可疑的。

三　《山海經》是秦代之書

　　《山海經》之名，最初見於《史記》。〈大宛傳〉贊云：「至〈禹
本紀〉、《山海經》所有怪物，余不敢言之也。」牠的成書之原因，現
在我們不能夠知道。魯迅先生的《中國小說史略》以為牠是一部古代
的巫書。牠的理由是：「所載祠神之物，多用糈（精米），與巫術
合。」這也許太簡單一些了。全部《山海經》關於巫術的說話，以我
看來卻到很少。這經的內容，據酈善長《水經注》的：「《山海經》皆
蘚緼歲久，編韋稀絕，書策落次，難以緝綴，後人假合，多差意
遠。」則是已不完全。即就《漢書》〈藝文志〉之十三篇與《隋書》
〈經籍志〉之二十三卷，又今郭氏傳本之十八篇，數目便已不符。不
過就今本看來，所喪失的，與今本的材料，性質上當差不多；因為既
不是一部有「系統思想」的書；牠的存留之故，除了「古書」這個觀
念，可以驚動一班「好古」的人外，是沒有別的可能的。——這也許
就是《山海經》託禹作之一因。故《山海經》之成書，至少當在漢以
前。要不然，司馬遷不致會到「不敢言之」。分明他以為牠是古書。
禹的傳說，在當時的勢力很大，——尤其是孔子「微禹，我其魚
乎！」一語，使禹的地位，格外崇高而穩固；所以後的「儒者」，便
無端的，硬拉攏牠來和〈禹貢〉發生關係，而認牠為古書。于是而有
太史公對牠那種態度。馬驌《繹史》，對於《山海經》也是以「傳疑

而文極高古者，亦復弗遺」之態度來應付。這無異表出前代一般學者的態度。唯是，他說「《山海經》，雖未必果出當年，要也先秦遺書」，這話到很可以相信。我們如今把上面的種種憑證作下面的結論：

經中說到夏后啟，這不是禹作，不消說。大概因內容是沒有什麼系統思想的，故託禹作以期流傳。然鐵的發見，始於周末；郡縣之制，也只見於秦時所偽托的《逸周書》，則經中言郡縣言鐵只是在證明牠也不是三代之書。漢代言《山海經》最先者有司馬遷，而他卻不敢批評，可以決其非漢代之書。故《山海經》之為秦時所成者，大約是不會錯的。

一九二七，六，廿四，于中山大學。

關於典故的翻譯

今年大專聯考關於國文試題中翻譯部分，有一則是取材於古樂府〈飲馬長城窟行〉末段的八行故事詩，原文是：

客從遠方來，遺我雙鯉魚。
呼兒烹鯉魚，中有尺素書。
長跪讀素書，書上竟何如：
上言加餐食，下言長相憶！

不用說，這個故事，也是我國古典文學中許多有關書信典故的原始故事之一。因其為原始故事，故詩中「鯉魚」一詞，仍當保留其字彙的本義，不能逕譯作「書信」或其他同價字；猶之乎《漢書》〈蘇武傳〉「常惠教漢使者謂單于，言天子射上林中，得雁，足有係帛書」一段設辭中的「雁」字，不能逕作「書信」解一樣；這理由本來很簡單，因為就故事的發展而論，客人「遺我雙鯉魚」的時候，「鯉魚」的本身，還未發生「書信」的作用，是到了「呼兒（或作「童」）烹鯉魚」之後，發見「中有尺素書」，這才使這個「魚」的故事，成了「書信」的典故。這裏，李善的《文選注》引鄭玄《禮記注》云：「素，生帛也。」故「素書」跟〈蘇武傳〉的「帛書」正是一樣的東西，這是故事中書信的本身，也是真的「書信」！所不同者，尋常的書信用紙，而此處則用生絲——欲裝入魚腹（或繫雁足）自然不能不如此。

　　我們看這個故事有二特徵：一是藉魚（或雁）傳書。一是信寫在
生絲上。這些特徵，說明了典故的原始性質。沒有這種原始故事，便
無從產生後來的典故。換言之，若無烹魚得尺素書的故事，便不可能
產生後來像「魚書」、「魚札」，或「魚素」等等的典故詞彙。若沒有
射雁足有係帛書的故事（儘管是出於想像也好），便不能產生「雁
足」，或「魚雁」的混合典故一類的詞彙。故原始故事和典故的關
係，是個因果的關係。要不然，魚是魚，書是書，一是生活在水中的
涼血動物，一是人手造出來的文件，在物類上既毫不相干，即以詞彙
論，在六書上亦不發生通假的關係，然則「鯉魚」如何能憑空派上
「書信」的用場呢？

　　所以有人根據後世有關魚典的制作，像《瑯嬛記》一類的記載
（或日本人所作這一類制作的研究，惟筆者未見）來直接翻譯「遺我
雙鯉魚」的「鯉魚」為「鯉魚函」，或「魚形的信夾」，乃至「信
袋」、「信封」、「書札」、「函件」等等，不但倒果為因，不合典故的邏
輯原則，而且實在亦誤會了《瑯嬛記》的文意。按：《瑯嬛記》「試鶯
以朝鮮厚繭紙作鯉魚函，兩面俱畫鱗甲，腹下令可以藏書，此古人尺
素結魚之遺制也」。所謂「鯉魚函」，當然是根據魚腹傳書的故事才產
生的制作，所以在「尺素結魚」一語的語意上，那尾被烹的原始鯉魚
之不可能為朝鮮紙所製成的紙魚，當然再明白不過，最少在典故邏輯
和文法結構上是如此！

　　〈飲馬長城窟行〉的準確年代今不可考。但就其「客從遠方來」
云云的句法兩見於《古詩十九首》一點而論，則此詩顯然為《古詩十
九首》的型式所從出。十九首之「遺我一端綺」，與「遺我一書札」
云云之為脫胎於「遺我雙鯉魚」云云，殆無疑義。因為自「魚」而為
「札」、為「綺」——由生物而為死物；其故事的取材，已自原始的
天然事物，而趨向於人工的制作；這是古典文學發展的痕跡。故《古
詩十九首》的體裁，雖不必即為模仿古樂府之作，但〈飲馬長城窟

行〉之必為今日可見古體詩之祖篇,應是不爭之論。《古詩十九首》不知誰作,或謂出枚乘者固無徵驗;且詩中的「游戲宛與洛」,已足反證其不盡出西都。惟〈飲馬長城窟行〉昭明以之置於古樂府之首,姑以武帝設樂府來劃年代,則此篇最晚當不下於前二世紀左右。《瑯嬛記》無論其果為元人作品,抑為明人偽託,最早亦當為十三世〔紀〕以後之作。我們今日若拿此典故發生千餘年後的記載所託古制的「鯉魚函」來直接代替〈飲馬長城窟行〉中的「鯉魚」,這是以謎底代入謎面的想法!一個知道謎底者的心理,自常會不自覺其倒果為因的抹煞事實,以為將「雙鯉魚」譯為無論紙製、竹製、木製等等的「鯉魚函」,其兩面又畫有鱗甲,腹下又令可以藏書,則在翻譯的形式上,跟原文的「鯉魚」又有什麼不符合呢!不知問題的關鍵所在,不是在典故產生了什麼制作,而是在典故如何發生。從未發生典故的活故事,過渡到成為典故的死制作,這裏有典故的秘密。魚腹傳書,原是詩人何等富於靈感而動人的故事!一旦有了「鯉魚函」的制作之後,故事變成死典,這就已夠無味了;今若反欲以死典故的魚函,來取代故事來源的活鯉魚,其不合典故邏輯,關係猶小;最叫人啼笑不得的是把起碼必有的一次魚腹傳書,必欲致之死地而後快!這是個什麼文學頭腦?一個活故事而引出若干死典故(凡成制作,便都是死典),就已夠文學場界的悲哀;若連一個原始必有的活故事都不饒存在,這個文學上的「剪徑行徑」,即不說是太殘忍,最少也太煞風景吧!

寫到這裏,忽然想起死去不久的胡適之先生!胡先生提倡新文學,我覺得只有兩點是新的:一是反對用典,一是要講文法。我看到今年大專聯考許多關於魚典的翻譯,我才深深地接觸到胡先生主張不用典的那份寂寞的真意境!

五十一年七月二十日

損失太大了

（一）

　　我初見孟真先生是在二十一年前。倘若我記得不錯，他是從歐洲回來不久。他在英國和歐洲讀了七年書，不考學位；和在北大的「五四」時代為《新潮》的風雲人物，這些大的事件，好像都沒有叫我注意。他給我最深刻的印象只有綜合的一個：他和我們一樣年青，是我們一夥的人——雖則那時他是大學的「文科學長」，而我則是個大學一年生，他的年齡遠比我大。

　　是的，他是我們青年一夥的人。這不是論證，而是我內在的直觀感覺。膽小如我，在見他以前，想到見一個像「傅斯年」這樣一個「大」人，是會膽子更小的。但我又不能不見，這就只好先寫一封信——寫信是膽小的人發明的——果然，我見他了。故事於是繼續下去。大約在一個星期後的一個下午，我從「文科學長」的辦公室衝出來，逃入大禮堂——因為那裡沒有人，我在那裡把我沒有法子遮藏起來的熱淚藏在我的衣襟和手絹上。

　　傅斯年是青年一夥的人——單說「朋友」還不夠。

　　他看我們如小兄弟。他說的雖是山東方音很重的國語，但他真的在那裡說話，和他那山東人的「直」一樣，一句算一句，沒有裝飾。他不像一個《新潮》的風雲人物，更與在英國和歐洲讀了七年淵博的書無關。在小兄弟們面前，他毫無武裝。不過你要記得一件事，就是：他有一種富於暗示的力量。有時在一句簡單的話裡面，他整個人

都是一種暗示，他會給你一個壓倒的力！那時，我會摸著一個詩人的「煙士披里純」，一個真的正義感。那時，我看見一個「大」的人格，我「畏」他。我接觸著《新潮》叱咤的潛力，和在英國和德國的七年的涵義。

雖然「畏」他，但我愈喜歡親近他，我簡直是愛他。他也和我們一塊兒玩，有時一塊兒吃飯。他愛我們。他和我們談心。他是那樣單純，那樣富於風趣。他明明是我們青年一夥的人，也是青年的畏友！

這是二十一年前的孟真先生。

（二）

民國三十五年冬天，我在北京大學見孟真先生，已經是闊別十七年的了。髮白了，臉色也黑一點，那時他正代理北大校長的職務。那天我是同著楊今甫（振聲）先生見他的，他說了幾句話就匆匆走了（因為他得出席大學的會議）。我感到一種無名的欣慰，我覺得他依然年青。

這個年青到民國三十八年秋天的一個晚上，再印證了一下：他和我在臺大的校長住宅足足談了兩小時，除了頭髮白和臉黑了一點，我覺得他仍然是個二十一年前的孟真先生。

他是年青一夥的人，也是青年人的畏友。

（三）

我來臺大教書，毋寧說是為跟踪這個二十年而年常青的憧憬。在有史以來未有之奇變人鬼交拌極盡波詭雲譎之致所謂面臨大時代的劇甌四十年中，我們竟然眼見如此一個不受玷污的偉大青年人格，真不能不說是一個奇蹟。

（四）

人真奇怪，對於所願親炙的人，反倒常疏遠起來。我來臺大後，只有一次論到關於孟子的修養問題，是我和先生第二次較長的晤談，這已是今年一月間的事。以後正式的晤談很少。但我總以為來日正多，尤其是十二月中他來教職員宿舍，並存問我的病的時候，我看他那精神的活潑，更放心了。想不到才過十天，他就突然逝世了。我得到這惡耗趕去看他時，他已躺在殯儀館的屍床上。我看他那安詳的面容，我起了一個奇想：這樣一躺下來就真失去了那個偉大人格所代表的青年畏友的孟真先生麼？倘若真是如此的話，那麼，青年的損失真的太大了。

十二月二十七日在臺大

（《臺大校刊》第一〇一期）

寫在《古史辨》臺灣版的編首

　　《古史辨》第一冊的印行是在民國十五年。過了四年,即民國十九年,才又出第二冊。但接著在民國二十年卻又出了第三冊。因為這三個集子的內容都是有關古史問題的討論,所以都稱為《古史辨》。又因這三個集子都是顧先生一手所編撰,所以顧先生的文字,無論在質量兩方面都站著主要的地位。其後十年間,又陸續出了第四、第五、第六和第七四冊,也都沿用《古史辨》的名稱。但其中除第四冊是關於漢代今古文學和陰陽五行說等問題,仍由顧先生主編外,其餘有關於諸子考辨及秦漢以後的古史傳說等等便考(編案:「考」疑當作「改」)由呂思勉等編製了。

　　這個三百萬字巨著的出現,事情雖是由顧先生個人發端,書中的編排,也顯然代表了顧先生個人思想的成長;但實際上這部書也正反映了三十年代那個「新思想運動」的客觀背景。無怪當年美國歷史學家 Arthur. W. Hummel 讀了顧先生那篇六萬字的〈自序〉,「寫信給作者,說此篇應該譯為英文,因為這雖是一個人三十年中的歷史,卻又是中國近三十年中思潮變遷的最好的記載。」[1]所以《古史辨》雖不必對於古史問題解答了什麼,但只這三百萬字的紀錄本身,就已不失其為一個新興世代的思想抽樣,值得所有對中國文化有興趣的人們參考了。

　　本書初由北平樸社委託景山書店出版,後來改出上海開明書店印

1　〔原註〕胡適:〈介紹幾部新出的史學書〉,《古史辨》第二冊,第335頁引。

行。大陸淪陷後，有香港某書局的版本，現在臺灣明倫出版社擬發行
臺灣版。筆者認為當日「古史辨」思想之產生，確很像歐洲十六世紀
的文藝復興，今事隔半個世紀，不正是民族文化復興應該有收獲的機
候麼？即以《古史辨》第三冊有關《詩經》問題的討論為例，今日的
《詩經》研究，不正該起碼從恢復其樂歌的原始地位做起麼？我們今
日研究《詩經》，若不能從乾嘉學人——即清學的漢學的壁壘中出
來，以復於原始的樂歌地位，也就是說，今日我們研究《詩經》，若
不能從陳奐、馬瑞辰、胡承珙、乃至姚際恆、魏源等的頭腦思想解放
出來，以復《詩經》於《儀禮》的樂歌地位，而欲盼望求得三百五篇
詩原始解題的本真，那是不可能的。再換個講法，我們今日研究《詩
經》，若仍不能放棄陳奐、馬瑞辰等人的思想方法，那樣讀《詩經》，
那仍不過是等於玩古董那樣的奢侈生活，不是此時此地所應該提倡
的。我們今日讀《詩經》，惟有站在《儀禮》的樂歌地位，從人性的
同類意識來接觸人性，才有碰到詩人靈感的可能。這是今日研究
《詩》起碼應建立的新世代觀念。為了證明這一點，筆者認為《古史
辨》的臺灣版就有夠足的理由發行了。

何定生　五九年一月五日在臺大

二　附錄

附錄一　一封塵封半世紀的預覆信

——何定生與曾志雄討論《詩經》的函件與卡片[*]

何定生、曾志雄撰

編案：

　　編者在整理何定生教授的遺稿時，發現遺存資料中，有一封曾志雄寫給何定生討論《魏風》〈陟岵〉句讀和《秦風》〈無衣〉釋義與句讀的信函，以及何教授手書與此二詩有關的兩張卡片。此函連同二張卡片，經釋讀後，將釋文檔與原件掃描檔一併寄給曾志雄教授過目，並商請收入《何定生著作集一》的附錄。曾教授於二○二一年四月二十六日深夜回覆如下：

　　回憶昔日，不勝感慨。這是我一生中給老師問學之唯一書信，由於當時何老師在病中無回音，我已久忘其事，如今面對舊書，往日情景，仿在目前。

　　這是我大三暑假回港時寫給老師的求教函，當時我剛看完何老師新出版的《詩經今論》，引發很多思考，此信只是其中之一。若依時間倒推，這應該是一九七○年六月二十六日的事。

---

* 本文原刊於《國文天地》第37卷第1期（2021年6月），頁73-78。

　　當時看完了《詩經今論》，有頗多聯想，想和老師討論，但老師其時已經病重住院，為了不便打擾他，於是把問題整理一部分，乘回港之餘閒，寫信請教。但寄信後一直沒有回音，日久而忘了這事。現在原信重現，始復憶起當時情況。

　　由於暑假結束後回臺，老師已在八月中逝世，開學又在忙亂之中，對這封信一直消失印象，至今始看到老師給我的回音。所謂老師給我的回音，就是閣下寄來的兩張讀書卡。當時還沒有微形電腦，學術界多用手掌大小的紙片記錄心得和資料，以便作研究或分析之用。

　　我大四下學期曾為何老師整理他家屬交來的遺稿，發現老師頗多這類卡片，唯獨沒有發現我的信函和這兩張卡片，可能這是老師在醫院中暫擬的見解，準備隨時以此回信給我的。現在細讀這兩張卡片，正好是我在信中提問的兩首詩（何老師要求我們研究《詩經》都要附加英國漢學家魏理〔Arthur Waley, 1889-1966〕編好的次序，以求劃一，他認為這才是科學的態度）。

　　卡片中分析的內容和涉及的資料，相信是用來覆信給我的。就這一點，可見何老師對學問研究的認真！現在看來，何老師是同意我的意見的，很可惜，他沒有親自寫信，沒有指示我在這些意見之外的一些方向。我當年的疑惑，憑這兩張卡片，竟然在寫信之後五十一年得到了答覆，讓我知道何老師沒有忘記我。

　　這兩張卡片雖然面積不大，但有力的顯示了何老師為學特點，他擅長辭章考據，兼顧古今，融滙中西，包容各派，即使是他最反對的朱熹，也是他最熟悉的學者。從這裏也看到他成為「《詩經》何時代」（他經常以此自詡）的原因。

　　這次謝謝閣下把老師五十一年前的「預覆信」寄來給我，傳遞了他的覆信心意和給我的指示，完美地縫合了我們的師生關係。……我是極願意把這封塵封了半世紀的信公開的，讓世人知道

上一代為人師者的風範，他們真的以生命燃點生命！

這兩份論學材料，見證了何定生與曾志雄兩代學人探尋知識的熱情和傳衍學術的努力，這份熱情和努力不但不會隨著時間而消逝，反倒是歷久彌新。雖事隔五十餘年，此事猶能穿透表面的文字，向後世讀者散發鉅大的感染力量，料將成為教育界的美談。

車行健謹識

曾志雄致何定生論《詩經》函

老師：

學生近日讀《詩經》，有二點意見如下：

（A）110〈陟岵〉（《魏風》）向來的句讀都是下面的樣子：

> 「……父曰嗟，予子行役，夙夜無已，上慎旃哉，猶來無止。」
> 「……母曰嗟，予季行役，夙夜無寐，上慎旃哉，猶來無棄。」
> 「……兄曰嗟，予弟行役，夙夜必偕，上慎旃哉，猶來無死。」

讀了孔廣森的《詩聲分例》，我認為他的句讀法很合理，他的句讀如下式：

> 「……父曰嗟予子，行役夙夜無已，上慎旃哉，猶來無止。」
> 「……母曰嗟予季，行役夙夜無寐，上慎旃哉，猶來無棄。」
> 「……兄曰嗟予弟，行役夙夜必偕，上慎旃哉，猶來無死。」

我贊成他的說法，理由有三點：

一、從押韻方面看，「子、已、止」是一韻（上古「之部」）、「季、寐、棄」是一韻（上古「脂」部），「弟、偕、死」是一韻（上古「脂」部），上古之、脂、支分別最清楚，若不是有意押韻，很難能夠如此巧合。因為「子」、「季」、「弟」是韻腳的原因，所以應該在此斷句。

二、翻查《正義》，於「子」下亦云：「我本欲行之時，而父教戒我，曰：『嗟，汝我子也，汝從軍行役在道之時，當早起夜寢，無得已止。』」於此可知，前人亦在「子」下斷句。

三、推其情理，為人子者，當登高憑望長輩之時，必然想念昔日對我之言語，少有想念此刻之間，父母如何如何懷念我。朋友之間遠離隔別，亦當思其往日之情，尠有念及目前吾友如何如何者，蓋長對幼之情，與幼對長之情，判然有別，長對幼之情，常常思及其目前此刻所處之環境，所遭之機遇處處替他懷念，而幼對長之情，只懷念昔日彼長者對我之恩惠而已，此人情之所必同，古今皆一律也。

以上三點，第三點似乎說服力不夠強，然而第二、第一點，學生以為理由是十分充分的。且改為孔氏句讀後，情意也較覺親近，不知老師尊意如何？

（B）133〈無衣〉（《秦風》）

詩中「豈曰無衣，與子同袍」二句，老師以「同袍」是同穿一件衣服，生以為不然，應該是「同一樣的衣服」──這同一樣的衣服，就是一種制服──軍服，周時有統一的軍服，可於〈東山〉（156）見之，〈東山〉詩云：「制彼裳衣，勿士行枚」就是表示了換去軍服的觀念。

又對於（A）的新句讀法，他的意思，照我看來，應該是：

> ……父親出門的時候（那時候）對我說：「唉！我的兒啊！軍旅（公差）的生活是很苦的，早晚不能休息，你千萬慎重自愛才好，你還要活著回來的呀！（你不要獃在那儿呀！）。

顯然容易說得過去。若依傳統的句讀法，便要說成：

> ……父親（這時候）一定很懷念我：「啊！我的兒行役去了，日夜沒有休息，你要好好的提妨（？），不要獃在那儿呀！」

顯然不能通達的表示出來（「猶來無止／棄／死」的「猶」字，我以為劉淇的意見很好，猶→猷→可、肯→尚→庶幾，見《助字辨畧》卷二）。

又授粵語一事，老師最好先準備一本國語會話課本（基本的而且詳細的），我想採取「比較語言」的方法作為教授的原則。

一切寫得很艸很不成章，請老師原諒。

謹祝

健康

　　　　　　　　　　　學生　曾志雄　敬上
　　　　　　　　　　　廿六日十二時後

我答應把這封舊信刊出，除了個人懷念何老師之外，也希望世人看到，大師是怎樣對待學問和他的門生的。

　　　　　　　　　　　曾志雄識語
　　　　　　　　　　　二〇二一年五月十一日

何定生回覆曾志雄的二張卡片

110〈陟岵〉

父曰嗟予子行役夙夜無已
上慎旃哉猶來無止

父曰嗟予(子)　　　　　　　已止
母曰嗟予(季)　五字句　　寐棄
兄曰嗟予(弟)　　　　　　　偕死

顧炎武句讀已如此。陳奐、高本漢亦用之。
朱子、魏理用四字句，於嗟、行役斷句。

133〈無衣〉

豈曰無衣，與子同袍。毛傳：襺也。《玉藻》：纊為繭縕為袍。
豈曰無衣，與子同澤。鄭曰（《箋》）：澤，褻衣也。
豈曰無衣，與子同裳。

陳奐：纊謂新綿，縕謂今纊及舊絮也。《傳》謂同襺，即同纊。
　　鄭或本三家作襗，陳奐作「潤澤之衣」解。

「附記」[*]

車教授：

謝謝電郵。

自從四月二十六日收到您的寄件之後，這段塵封的往事對我本人內心的衝擊才開始發酵。《國文天地》這次的專文介紹，恐怕只像考古遺物一樣，還是冷冰冰的（雖然你們的編輯團隊感覺到是頗動人的），它還沒能把整個故事說得完整。另外，你們編輯的速度真快，刊登的消息來到，幾乎使我來不及有所反應。

我提供以下我在四月底前在手機WhatsApp平臺和香港朋友們通訊的一則內容，給你們參考，看看能不能從更大的訊息範圍幫助這次的專文介紹：

一封五十一年後收到的半成品覆信

四月二十六日我收到政治大學中文系車教授的電郵，附來我在五十一年前六月底回港渡假時向臺大中文系教授何定生問學的書信影印本。當時這位教授已患癌症，入住臺大醫院，到八月初去世。我一直以為他看不到我的信，並且沒有機會答覆我。這事我也早已忘記了。誰知道車教授告訴我，他們在整理這位已故教授的學術文集時，在他的日記中發現我這封信，還有兩張當時何教授手寫的資料卡片，相信是準備回信給我的。我看了真不敢相信，因為暑假回臺之後，我知道這位教授住院時已經癌症末期，十分痛苦，但他竟然忍受痛苦，翻查不少的資料（包括古今中外的資料）準備給我回覆。何教授大才橫溢，感情豐富，上課就像

---

* 根據2021年5月12日晨電郵修改。

演戲一樣，深受學生歡迎。他十七歲進入廣州中山大學，得到當時世界著名的史學家顧頡剛欣賞，後因廣州學運的緣故，顧教授不能留在廣州任教，第二年返回北平時，把何教授也帶到北平燕京大學去就學。對日抗戰時，何教授毅然放棄了在燕京讀研究生的機會，跑到山東省做小學教師，以此掩護自己進行敵後工作。在北京時，五四運動的猛將傅斯年也敬慕他。來臺後，成為臺大校長的傅斯年，有一次在公車上遇見他，堅持要聘他做臺大中文系教授，給他很好的職員宿舍作為條件（當然也引起中文系某些人的妒忌）。因為何教授和我的關係，顧頡剛也稍為知道我。巧合的是，顧頡剛在生前最後一年的日記（十多年前出版），有三次提到我的名字；現在這位何教授，死前還在準備覆信，竟然把我的來信夾在他的日記裡，這事令我當天整個下午心情無法平復。車教授的電郵，主要是徵求我的同意，把我的來信附在何教授的論文集的附錄部分。能夠把我的書信放在自己敬佩的老師的文集之中，固然有幸；但是這封半成品的覆信，卻埋藏了五十一年，現在重見天日，讓大家都看到這位教授對待學生的認真，這才叫人興歎。

上述提到的《顧頡剛日記》，有電子版，很方便查閱。以我所知，顧氏在死前一年，在日記中斷斷續續地記錄閱讀何定生的〈詩經與樂歌的原始關係〉一文（這篇專文很能反映《詩經》何時代的一個突破點，可惜天不假年，何定生無法繼續下去），因此提到我。如果把這次何老師的預覆信跟顧頡剛生前最後一年提到我的內容連串起來，故事就會更完整，更能反映顧一何關係跟這次舊信的「出土」對我內心的衝擊。有了這道連線，可能對讀者的感受會多了一些，把這次我的舊信帶離了考古遺物的處境遠一點。

　　顧頡剛成為古人，何定生也去世多年了（他先走），我是知道這道連線的唯一活口，如果再不發聲，恐怕永久沉埋，不見天日。以上一點，牽涉到顧、何學派的關鍵，在這次專文介紹中補添一筆，可能還是學術界的軼聞。

　　不贅。

曾志雄　謹啟

附錄二　趙元任致何定生函

趙元任撰

編案：

　　此函錄自何定生《日記》，所記日期為五十七年十月二十四日。據何氏同年十月十八日日記云：

> 民報載趙元任師悄然來台。作一限時信寄中研院轉致，中指望二事：一為為唱〈教我如何不想他〉。二，聆聽關于高本漢《詩經》若干注音讀法。並留通訊處。

又於二十三日記道：

> 今日午後四時，趙元任師應台大中國文學會之請，在研究圖書館三樓作學術演講，題為「關于翻譯問題」（？）。[1] 在休息室中向師請教若干高氏古音譯，因演講不能多談。師講畢約為下午五時，即乘計程車返所寓「統一飯店」。今日聽講者皆為台大學生，擠滿一屋子人，都沒有椅子坐，陪師者有師母楊步偉女士、沈剛伯先生、臺靜農先生、中研院美國人 Jay Sailey 君（M.A）及于等。

---

1 趙元任的演講題目為〈論翻譯中信達雅的信的幅度〉。「（？）」問號為日記中原有者。

趙元任（1892-1982）於一九二八年十一月至十二月間，曾在廣州中山大學講授語音課，並於十二月十日在該校講〈廣州語的研究〉[2]，彼時何定生適就讀於該校國文系，當有機會受業於趙氏。趙元任於一九六八年十月十二日來臺，二十二日出席中央研究院歷史語言研究所成立四十周年紀念會，二十三日受邀至臺大發表演講，聽眾達五百多人。二十六日搭機離臺。[3]此為何定生致函趙元任的背景。何氏於次日收到趙元任的親筆覆函，在當天的日記中記下收到趙氏覆函的情況，並將全函的內容載錄在日記中。謹將何氏日記相關內容及趙元任原函錄之於下：

今日得趙元任師自統一飯店發復本月十八日限時信之信，亦書明「限時」，而郵票僅為一元。信為師之親筆函，內容為：

定生兄　很高興接到十八日手示。只可惜展轉□……（不明）[4]，到今天才收到，惜這回信收到時我已離台了。只盼望今天在台大演講時有機會碰見。

談起高本漢來，他最近大病，又是心臟病，又是腦出血，所以我到北歐開會，沒有機會見面，只打了一次電話，聽他聲音（在休養中）還好。並聞。此上，即頌　近好　趙元任上

地址為「台北統一飯店716號」日期：「十月二十三日」

2　見趙新那、黃培元編：《趙元任年譜》（北京：商務印書館，1998年），頁156。

3　參趙新那、黃培云編：《趙元任年譜》，頁443-445。

4　「□」為難以辨識之字，「……」為日記中所刻意留下的空白，約可寫一至二字。「（不明）」為何氏在日記空白旁所註記的文字，當為何氏對趙元任覆函中的字句有難以識讀者。

附錄三 《定生論學集——詩經與孔學研究》題記[*]

陳槃撰

　　何定生教授論《詩經》與孔傳、孔學，文凡四篇，其中唯孔學與〈詩經與樂歌的原始關係〉兩首，曾經分別在《孔孟學報》與《臺大文史哲學報》發表，餘則為講章草稿。定生沒後，始由其弟子曾志雄、何寄澎兩君為之理董就緒以畀余，余為題曰「定生論學集」，距定生之殂謝已八年矣！余與定生為中山大學同學。定生特英敏，為傅（孟真）、顧（頡剛）兩師所賞拔。平生精力所詣，蓋在先秦舊學，而〈詩經與樂歌的原始關係〉一文，則又其獨往獨來、自成一家之作。案：《論語》〈子罕〉：「吾自衛反魯，然後樂正，《雅》《頌》各得其所」；《墨子》〈公孟〉：「誦《詩》三百、弦《詩》三百、歌《詩》三百、舞《詩》三百」；〈孔子世家〉：「三百五篇，孔子皆絃歌之」，《詩經》與樂歌關係，古人言之矣。然二千年來學者，徒知其然，而不能道其詳。至于定生，然後能辨識「正歌」與「無算樂」，徵之《詩》本經與《儀禮》、《禮記》，以暨《左傳》、《國語》等，本本原

---

[*]　此文原刊於《定生論學集——詩經與孔學研究》（臺北：幼獅文化事業公司，1978年），頁1；又收錄於陳槃撰：《澗莊文錄》（臺北：國立編譯館，1997年），下冊，頁659-660。二者文字微有不同，今以《定生論學集》所載者為準，惟標點符號多有參酌後者訂正處。

原，如合符節，而使吾人讀其文者，一旦之間，昭若發矇；其餘諸篇，亦往往鞭辟入裏，時見精義。卓矣。

　　　　陳槃　六七年七月三十日，時客南港舊莊山園。

附錄四 《定生論學集——詩經與孔學研究》後記[*]

何寄澎撰

　　定生師的遺稿終於問世了，對學者，尤其是研究《詩經》的人而言，真是一大喜訊。

　　整理定生師的遺稿，讓它出版，一直是朋友們之間多年來的共同心願。六十五年的暑假，我和曾志雄兄去看師母，談起這件事，承師母慨允，在念貽妹的協助下，把所有的稿子拿出，分類、比對、湊合，花了三天的時間，清理出一個大概。這個工作可以說全是志雄兄一人為之，整理完後的第二天，志雄兄就回香港去了。

　　所有的稿子交由我保管，並再慢慢地細理。遺稿表現了幾個特點，現在根據志雄兄的理稿報告，把它敘述在下面，並提出我們的看法：

1. 遺稿中有兩類稿紙，一類是編好頁數的，一類是沒有編頁數的；前者大都完整可讀，後者則比較蹇礙不順，或突然中斷。這可能顯示作者寫稿是一直寫下去的，寫完了才編頁碼；若沒有（或不能）寫完，就暫置不理，也不去編頁碼。換句話說，他寫完了才編頁碼。

---

* 　此文原刊於《定生論學集——詩經與孔學研究》，頁195-197。

2. 遺稿中有不少重複卻略為不同的廢稿，也沒有編頁碼。這可能是作者寫作時並無一個極確定的觀念，或者新思想不斷在萌發，使他一面寫稿，一面又更換、修改。這些重複的廢稿，在整理過程上增加了不小的困擾與迷惑。

3. 作者在已出版的稿件上仍作修改，有時甚且更改原文題目。這一點是理稿過程中特別需要謹慎注意的。我們的態度是儘量找出最新的修改樣貌而汰去舊者。

4. 作者的寫作興趣甚廣，但主要集中在儒家（尤其是孔、孟）和經學（特別是《詩經》）的問題。他處理的雖是些古老（或傳統）的問題，卻用比較（或整合）、批判、復原、解釋等方法和態度來進行。這些方法和態度，顯然是顧頡剛疑古派的一個衍生型態。

5. 作者對每一個問題都作長期性的觀察，並多方面有系統地蒐集資料，所以文章相當紮實，步驟和方法也相當高明而有層次。這應是由於作者好學深思，並有意發展成一套研究方法學的緣故。

後來我把所有的稿子分成兩部份，一部份是完整的，一部份是零碎的。後者包括不少的卡片與筆記，其中自然有許多可貴的見解與資料，可惜大多不能連結，難以整合，只好保存下來，無法付印。

可以付印的稿件中，大部份與孔子及《詩經》有關，剩下來的性質則比較駁雜，甚至有的是時效已過的通俗性短稿。後者沒有付印的價值，前者中也有部份與《詩經今論》（商務印書館《人人文庫》）一書重複，自然也應刪去。付印之稿決定後，又怕還有遺漏，曾到國科會去查閱論文紀錄；最後，將全部稿件送請陳槃菴先生審閱，方始定稿——便是讀者現在所見的面貌。

　　時間真快，一幌就是兩年，而定生師去世已經八年了。撫閱發黃的遺稿，目觸他在病榻上勉力執筆的歪歪斜斜字跡，不禁淚水縱橫。定生師生前死後都那樣寂寞，他默默地為學術灌注一點一滴的心血。陳槃菴先生說他的文章「不人云亦云，亦不為非常異義可怪之論，真佳構也。」我們謹希望本書的出版能喚起學界的注意，不要再讓一位真正的學者永遠埋沒下去！

何寄澎　謹記

中華民國六十七年六月十日

附錄五　何定生先生傳
（1911-1970）[*]

楊晉龍撰述

　　何定生先生，筆名更生、定生。清宣統三年（1911）四月廿二日
生於廣東省揭陽市榕城西門何家祠。母何邱氏；父何子因，為晚清秀
才，同盟會會員，曾任揭陽縣保衛團總局局長，高雷鎮守使署秘書。
先生民國十五年（1926）入廣州中山大學國文系就讀，與中研院陳槃
院士同學於顧頡剛等；十七年（1928）因發表〈尚書的文法及其年
代〉表現優異，顧頡剛因此極力向學校爭取獎學金，雖獲通過但相忌
者風言四起，因於次年（1929）二月自動退學，追隨顧頡剛從香港乘
船北上，先到上海，再經由陸路至北平。後因藉顧頡剛之名出版《治
學的方法與材料及其他》批評胡適，不獲顧頡剛諒解，十月返回廣
州，短暫居留後再回北平，唯依然與顧頡剛保持密切聯繫。先生雖暫
時離開學校，但向學之心未歇，故於二十五年（1936）入齊魯大學就
讀；二十七年（1938）轉至燕京大學歷史系就讀，三十年（1941）大
學部畢業，以〈宣統政紀考證〉榮獲哈佛燕京學社獎金。續入研究院
歷史部就讀，時與中研院何炳棣院士同寢室，夜中常相詰難切磋以為
樂，唯因參與抗日地下工作而未能卒業。三十四年（1945）日本投
降，先生獲聘為山東濟南齊魯中學教務主任。三十五年先後獲聘為山

---

[*]　此文原刊於《國立臺灣大學中國文學系史稿（1929-2014）》（臺北：國立臺灣大學中
文系，2014年），頁727-732。

東濟南齊魯大學史地系講師及河北監察使署監察使常務秘書。三十七
年（1948）與夫人王淑儀女士在北平結婚，並受浸為基督徒，此後遂
以傳播基督福音為終生職志，七月偕夫人抵臺灣，獲聘為臺灣省林務
局局長秘書。三十八年（1949）獲聘為臺灣大學中文系講師，其後均
任職於臺大中文系，前後二十二年（1949-1970），講授《詩經》、《左
傳》、《論語》、《孟子》、《史記》等課，四十三年升任副教授，五十五
年升任教授，明年（1967）發現罹患胰臟癌，五十九年（1970）逝
世，享年六十歲，育有一女二子。

　　先生就讀中山大學時，曾受教於傅斯年、魯迅、顧頡剛等著名學
者。選修過顧頡剛「書目指南」、「上古史」、「尚書研究」、「詩經」等
課時，為學態度認真投入，常將上課與課外之讀書心得，或當面或寫
信或寫成論文請教顧頡剛，顧氏對先生之見解頗為賞識，故也不吝於
指導，嘗稱先生「天分絕高，為一班首」，且稱許為其在中山大學任
教時「最能集中精神以治學之一人」。因之常將先生之信函與論文於
期刊上刊登發表。這段期間發表的論文有：〈山海經成書之年代〉、
〈漢以前文法研究〉、〈詩經之在今日〉、〈尚書的文法及其年代〉、〈關
於詩經通論及詩的起興〉、〈讀《論衡》〉、〈王充及其學說〉等諸文，
後來（1946）完成發表的有〈婦女在文化上的地位〉。先生因英文造
詣頗佳，故亦注意翻譯問題，因有〈譯詩的討論〉之文，並翻譯〈國
際辭林〉、〈英國的襲擊隊──大戰史話之一〉等文；以及〈不屈〉、
〈我何能離你〉、〈愛的祕密〉、〈德芬的姑娘──寄給 B R. Haydon 的
詩〉等外語文藝作品。先生除專心於學術與翻譯外，亦曾用心於創
作，發表有〈一朵美麗的青花〉、〈我的心〉、〈母親的淚──心的創痕
之一〉等諸文，可見先生之多才。其中〈關於詩經通論〉、〈詩經之在
今日〉、〈關於詩的起興〉等三文，編入《古史辨》第三冊。此外顧頡
剛因先生〈讀《論衡》〉與〈王充及其學說〉之文，嘗謂先生專業在

《論衡》，而與自身專業在《詩經》及陳槃院士專業在《春秋左傳》者並稱。另外〈尚書的文法及其年代〉更受到胡適、錢玄同和黎錦熙等的注意，蓋因此文實為中國有史以來第一篇古代專書語法之論文。胡適曾謂該文「方法很細緻，結論可信」。顧頡剛稱許為「（中山大學）自有研究所以來之第一篇成績」，即使在二十幾年後（1951）依舊認為該文雖稍有瑕疵，然先生「指出的路是正確的」。故當時即視先生為入室弟子，離開中山大學時遂攜之同行，經上海、杭州、蘇州而抵北平，一路將先生介紹給當時學界友朋，如：鄭振鐸、周予同、葉聖陶、徐調孚、胡適、梁實秋、徐中舒、陸侃如、馮沅君、徐旭生、斯文赫定（Sven Anders Hedin）、郭紹虞、朱自清、俞平伯、趙元任、董作賓等學者，後因出書批評胡適而與顧頡剛逐漸疏離。先生此後則進入沉潛期，主要為繼續未完之學業，並暗中參與抗日地下工作，抗日勝利後，先後服務於學界、政界，後遷居臺灣，遂入臺灣大學中文系，於是專意於教學與學術研究。

　　先生進入臺灣大學中文系後，主要的研究重心在《詩經》，並偶涉及孔子的相關問題。先後發表的論文有：〈評介《詩經釋義》〉、〈六經與孔子的關係〉、〈孔子言學篇〉、〈從言教到諫書看詩經面貌〉、〈關於論語的若干解釋〉及〈詩經與樂歌的原始關係〉等文，另有未刊稿〈再論《論語・佛肸章》的匏瓜問題〉一文。接受長科會與國科會補助完成的另有：〈詩經的復古解放問題〉、〈詩經的解釋問題〉、〈從儀禮的樂歌分類覘三百篇的原始解題〉等文。這些研究成果和上課的講稿經整理後，大致均已收錄在生前出版的《詩經新論》（1968），以及過世後由學生香港中文大學曾志雄教授編輯的《定生論學集——詩經與孔學研究》（1978）二本專書中。先生逝世幾年後（1978），顧頡剛見到《定生論學集》，以為先生「所論《詩經》與孔學，實為我論學諸文之發展」。隔年評論〈詩經與樂歌的原始關係〉一文曰：「將《詩

經》與《儀禮》詳細關係鉤索而出,以駁正余壵所為之〈論詩經所錄全為樂歌〉之說,使我心服。」此可見先生學術的淵源及研究論證之詳密。

先生以為研究古書的目的在使古書現代化,必須使古書讓現代人可讀懂,如此研究纔有實際的意義。先生認為《詩經》是中國古典文學的第一部書,因此期望由《詩經》的研究開始,以開拓古書現代化新的研究途徑。先生論《詩經》研究之程序與預期之結果曰:「今日研究《詩經》工作,皆破碎片段,最好從字義(包括詞彙、成語辭句等)作徹底研究,然後詩可貫通。若做字典編排,從字、詞、片語、成語的關係,以尋求章句的特徵,必可窺詩旨的消息,然後可及詩人的意志也,如此則《詩經》可讀矣!」於是擬訂議題,準備進行研究的有:「《詩經》字典」、「詩經學黎明運動的夭折」、「《詩經》復古解放運動史」等三項內容。其中編纂《詩經》字典更是首要的工作,先生於是預備在長科會補助計畫〈從言教觀點看詩經〉完稿後,即致力於《詩經辭典》的編纂。再者先生又以為孔子與《六經》之關係,所以至今依然難以有效釐清,實因後代附會〈孔子世家〉之故,如欲徹底解決此一問題,則唯有從〈孔子世家〉的考證探源上入手。先生的看法是:「和《史記》之成為中國第一部正史一樣,〈孔子世家〉也是中國第一部孔子傳。《史記》出而中國史奠定了中國史學的根基,但自有〈孔子世家〉而中國三千年前的古典文學(六經)成了混沌局面,至今仍不可究詰。故欲從根認識此問題,務須從〈世家〉探源入手不為功。」因此遂有「孔子世家探源」專題研究計畫之構思,希望藉此研究以澄清「二千年來《六經》渾沌之局」。考先生讓現代人讀懂古書的「《詩經》現代化」構思,以及探討釐清「孔子與《六經》關係」的研究計畫,無論在當時或今日,確實都有值得研究探討的價值,以先生之學識,若能如願依計畫執行,或當有可觀之成績,奈何

天不假年，先生之計畫終不獲執行，壯志未酬身先死。顧頡剛曰：
「惜哉此人，如此早逝！傷哉！未盡其壽也！」

何定生先生學術簡表

一九一一年　一歲
　　　　　　四月廿二日生於廣東省揭陽市。

一九二六年　十六歲
　　　　　　考入廣州中山大學國文系。

一九二八年　十八歲
　　　　　　發表〈山海經成書之年代〉、〈漢以前文法研究〉、〈譯詩
　　　　　　的討論〉、〈詩經之在今日〉、〈王充及其學說〉、〈尚書的
　　　　　　文法及其年代〉、〈譯詩的討論〉（署名「定生」）。

一九二九年　十九歲
　　　　　　出版《詩的聽入》、《治學的方法與材料及其他》。
　　　　　　編成《元雜劇選》（未出版）。
　　　　　　發表〈關於詩經通論及詩的起興〉、〈本部所藏中國古器
　　　　　　物書目〉（與何之合編）、〈讀《論衡》〉。
　　　　　　二月自中山大學退學，隨顧頡剛由香港乘船至上海，後
　　　　　　至杭州、蘇州，五月抵達北平。十月回廣州。

一九三一年　廿一歲
　　　　　　再回北平。
　　　　　　〈關於詩經通論〉、〈詩經之在今日〉、〈關於詩的起興〉
　　　　　　收入《古史辨》第三冊。

一九三四年　廿四歲
　　　　　　在北平應邀參加顧頡剛、徐旭生、范文瀾、謝國楨等之
　　　　　　「通俗讀書會」。

一九三六年　廿六歲

入山東濟南齊魯大學就讀。

一九三八年　廿八歲

入北平燕京大學歷史系就讀。

一九四一年　卅一歲

燕京大學歷史系畢業，續入研究院歷史部就讀。以〈宣統政紀考證〉獲哈佛燕京學社獎金。

一九四五年　卅五歲

獲聘為山東濟南齊魯中學教務主任。

一九四六年　卅六歲

發表〈婦女在文化上的地位〉、輯譯〈國際辭林〉。

二月獲聘為山東濟南齊魯大學史地系講師。

九月獲聘為河北監察使署李嗣璁監察使常務秘書。

一九四八年　卅八歲

在北平與王淑儀女士結婚，並受浸為基督徒。七月偕夫人至臺灣。獲聘為臺灣省林務管理局李順卿局長秘書。

一九四九年　卅九歲

獲聘為臺灣大學中文系講師。

一九五三年　四十三歲

發表〈評介《詩經釋義》〉。

一九五四年　四十四歲

升任副教授。

一九五九年　四十九歲

發表〈六經與孔子的關係〉。

一九六三年　五十三歲

發表〈孔子言學篇〉。

一九六四年　五十四歲

　　　　　　擬訂研究《詩經》之計畫及《詩經辭典》編纂計畫。

一九六六年　五十六歲

　　　　　　發表〈從言教到諫書看詩經面貌〉、〈關於論語的若干解釋〉（署名更生」）。

　　　　　　完成〈再論《論語・佛肸章》的匏瓜問題〉（未發表）。

　　　　　　完成長科會獎助論文〈詩經的復古解放問題〉。

　　　　　　升任教授。

一九六七年　五十七歲

　　　　　　完成長科會獎助論文〈詩經的解釋問題〉。

　　　　　　發現罹患胰臟癌，請病假一年。

一九六八年　五十八歲

　　　　　　出版《詩經今論》。

　　　　　　完成國科會獎助論文〈詩經的樂歌關係的檢討〉。

一九六九年　五十九歲

　　　　　　發表〈詩經與樂歌的原始關係〉。

　　　　　　完成國科會獎助論文〈孔子的傳記問題與六經〉。

　　　　　　擬作「孔子世家探源」之專題研究。

一九七〇年　六十歲

　　　　　　發表〈寫在《古史辨》臺灣版的編首〉。

　　　　　　完成國科會獎助論文〈從儀禮的樂歌分類覷三百篇的原始解題〉。

　　　　　　八月三日逝世，享年六十歲。

附錄六　何定生教授年表初稿*

楊晉龍編

廿載傳經口卒瘏，寂寞身後其誰知？

清朝宣統三年（辛亥，1911）先生一歲

四月，二十二日先生出生於廣東揭陽市榕城西門何家祠。母何邱氏。
　　　父何子因，又名紹棠、簡秋、孟雄，晚清秀才，同盟會員。
　　　曾任揭陽縣保衛團總局局長、高雷鎮守使署秘書。

中華民國元年（壬子，1912）先生二歲

元月，中華民國成立，孫中山為總統，黎元洪為副總統。

民國十五年（丙寅，1926）先生十六歲

十月，傅斯年先生（下稱傅先生）應聘為廣州中山大學文學院院
　　　長暨國文系、史學系主任。
今年，先生考入廣州中山大學國文系，從學於傅先生、魯迅等。

---

* 此稿原刊於《中國文哲研究通訊》第20卷第2期（2010年6月），頁5-27。

民國十六年（丁卯，1927）先生十七歲

四月，顧頡剛先生（下稱顧先生）應聘為廣州中山大學史學系教授
　　兼系主任。

十月，先生選修顧先生「書目指南」、「上古史」、「尚書研究」、
　　「詩經」等課，與同系一年級學弟陳槃先生同班。

民國十七年（戊辰，1928）先生十八歲

三月，信函：八日先生發函請教顧先生《山海經》事，該信顧先生加
　　　　「按語」後，刊於《國立中山大學語言歷史學研究所週
　　　　刊》第二集第二十期。

　　論文：〈山海經成書之年代〉，《國立中山大學語言歷史學研究
　　　　所週刊》第二集第二十期。

四月，十四日先生第一次至顧先生家拜謁。

五月，信函：先生去函請教顧先生論古代文法事，該信顧先生加「按
　　　　語」後，刊於《國立中山大學語言歷史學研究所週
　　　　刊》第三集第三十期。

　　論文：〈漢以前的文法研究〉，《國立中山大學語言歷史學研
　　　　究所週刊》第三集第三十一期。

六月，論文：〈漢以前的文法研究（續）〉，《國立中山大學語言歷
　　　　學研究所週刊》第三集第三十二期。

　　信函：〈致顧頡剛先生〉，《國立中山大學語言歷史學研究所
　　　　週刊》第三集第三十二期。

　　論文：〈漢以前的文法研究（續）〉，《國立中山大學語言歷史學
　　　　研究所週刊》第三集第三十三期。

　　信函：〈致余永梁〉，《國立中山大學語言歷史學研究所週刊〉
　　　　第三集第三十三期。

　　信函：六月一日先生以為《尚書》〈盤庚〉出於西周，故發函
　　　　　顧先生商榷其出於西周與東周間之論。（顧潮編：《顧頡
　　　　　剛年譜》，下稱《年譜》）

七月，論文：〈詩經之在今日〉，廣州《民國日報》副刊。（先生自寫
　　　　　〈簡歷〉，下稱〈簡歷〉）

　　信函：九日先生發函確認顧先生《尚書》〈盤庚〉出西周與東
　　　　　周間之論較是。（《年譜》）

　　信函：〈致余永梁〉，《國立中山大學語言歷史學研究所週刊》
　　　　　第四集第三十九期。

七月，三日據顧先生《日記》，先生第二次謁顧先生並長談，爾後則
　　　　經常拜謁，或談學問、或用餐、或同遊看戲、或通信等等。
　　　　（下文涉及先生與顧先生來往諸事，多據顧先生《日記》為
　　　　言）

八月，信函：〈致顧頡剛先生〉，《國立中山大學語言歷史學研究所週
　　　　　刊》第四集第四十期。

十月，論文：〈尚書的文法及其年代〉，《國立中山大學語言歷史學
　　　　　研究所週刊（《尚書》的文法及其年代專號）》第五集
　　　　　第四十九、五十、五十一期合刊。顧先生十一月六號
　　　　　《日記》云：「定生之《尚書文法研究專號》今日出
　　　　　版，此自有研究所以來之第一篇成績也！」

　　信函：〈致顧頡剛先生〉，《國立中山大學語言歷史學研究
　　　　　所週刊》第五集第四十九、五十、五十一期合刊。

二十一日胡適之先生稱先生〈尚書的文法及其年代〉方法細
　　　　膩，是篇很有價值的文章。胡先生云：「今天看見兩篇很有價
　　　　值的文章。（1）孫佳訊的〈鏡花緣補考〉，很可修正我的引論
　　　　的一些小錯誤。……（2）何定生的〈尚書的文法及其年代〉

（《中山大學語言歷史學研究所週刊》第49-51）。何君是顧頡剛的學生，方法很細緻。他的結論如下：……他只認西周的正確作品只有〈大誥〉，東周的正確作品只有〈費誓〉、〈秦誓〉，其餘都是湊上去的。何君有〈漢以前的文法研究〉一文，見《週刊》第31-33期，〈尚書文法〉一篇乃是其中的一部分，而變為長篇。」（《胡適日記全集》第5冊）

十一月，信函：〈答衛聚賢先生〉，《國立中山大學語言歷史學研究所週刊》第五集第五十三、五十四期合刊。

十一月，三十日先生偕三姊何峻機女士首次拜訪顧先生。

本月，因先生《尚書》文法論文之優異表現，顧先生極力向學校爭取獎學金，後雖獲通過，然忌者風言四起，先生亦因而難安於位。

十二月，顧先生接任傅先生辭卸之語言歷史學研究所主任之職。
　　　　十六日先生奉顧先生命代作〈研究所年報序〉。

民國十八年（己巳，1929）先生十九歲

元月，四日先生首次陪顧先生看戲，為女京班碧艷芳《天女散花》、汪鳴盧《南洋關》。

二月，先生退學。二十四日隨顧先生抵香港，二十六日乘船北上。

三月，一日先生陪侍顧先生抵上海，顧先生攜先生拜訪鄭振鐸、周予同、葉聖陶、徐調孚、胡適、梁實秋等諸先生。
　　　　三日顧先生攜先生赴宴，見徐中舒、陸侃如與馮沅君夫婦。
　　　　六日先生陪侍顧先生到杭州。
　　　　十四日先生陪侍顧先生到蘇州。
　　　　三十一日顧先生攜先生訪徐旭生，回飯店晤斯文赫定，先生太過勞累致在客廳癲癇症發作。

四月，二十五日顧先生鼓勵先生備至，囑先生「勿消極」。

　　　　二十九日先生陪侍顧先生離開蘇州北上。

五月，一日先生陪侍顧先生抵達北平。（以上行程據《年譜》）

　　　　四日顧先生攜先生赴邀宴，見郭紹虞、朱自清、俞平伯等。

　　　　六日顧先生攜先生拜訪趙元任先生。

六月，二十四日顧先生攜先生拜訪傅先生、董作賓先生。

七月，信函：〈致楊筠如〉，《國立中山大學語言歷史學研究所週刊》第八集第九十一期合刊。

八月，專書：《詩的聽入》（北京：樸社）。

　　　　編輯：奉顧先生命編成《元雜劇選》十二萬字，後佚失。顧先生八月二十九號《日記》云：「六年前，王雲五先生交我《元曲選》一部，囑作曲選，久無暇為之。此次在平，請定生代為之，今日取其稿看，錯誤甚多，一一為之改正，恐未盡也。此書共十二萬字。」

九月，編著：《治學的方法與材料及其他》（北京：樸社）。

　　　　論文：〈關於詩經通論及詩的起興〉，《國立中山大學語言歷史學研究所週刊》第九集第九十七期。

十月，先生因出版《治學的方法與材料及其他》不獲顧先生諒解，於是隨三姊何峻機女士回廣州。顧先生十月三號《日記》云：「定生出了一冊《關於胡適之與顧頡剛》（案：即《治學的方法與材料及其他》），趁予在蘇時印成。此次予來，見之大駭，恐小人藉此挑撥，或造謠言，即請樸社停止發行，且函告適之先生，請其勿疑及我。」

十二月，二十六日顧先生發長信給在廣州的先生，鼓勵先生繼續學術研究的道路。

今年，論文：〈讀《論衡》〉，廣州《民國日報》副刊。（〈簡歷〉）

民國十九年（庚午，1930）先生二十歲

二月，先生在北京，十六日顧先生親至先生處。

四月，二十一日顧先生《日記》云：「前年在粵，光明、定生、毅
　　卿，都是最好的學生，於學術上甚有希望者。過了一年多，定
　　生墮入愛河了，毅卿要革命了，光明又以孟真之壓逼而失去學
　　問之樂了。」

七月，九日顧先生發信給先生。

十月，二日顧先生發信給先生。

民國二十年（辛未，1931）先生二十一歲

元月，二十九日顧先生發信給先生。

二月，先生在北京，九日顧先生親至先生處並長談。

三月，二日顧先生發信給先生。

七月，七日顧先生發信給先生。

　　　十九日顧先生親至先生處，未遇。

八月，十七日顧先生發信給先生。

九月，四日顧先生發信給先生。

十月，九日顧先生發信給先生。

　　　十一日先生赴顧先生之宴，同席者有：陳槃先生、羅根澤等。

十一月，論文：〈關於詩經通論〉，《古史辨》第三冊下編（北京：樸
　　　　社）。

　　　論文：〈詩經之在今日〉，《古史辨》第三冊下編。

　　　論文：〈關於詩的起興〉，《古史辨》第三冊下編。

　　　三十日先生偕三姊謁顧先生並長談。

十二月，二十日先生偕三姊及陳遠生謁顧先生並長談。

民國二十一年（壬申，1932）先生二十二歲

元月，先生在北京，十日先生謁顧先生並長談。顧先生《日記》
云：「定生勸予接受唯物史觀。」
十五日顧先生發信給先生。
六月，十四日先生偕三姊謁顧先生。
九月，二十一日先生謁顧先生，長談，後先生三姊亦來。
十月，三日顧先生約先生長談。
十二月，三十一日顧先生《日記》記載其分析當時學者之學術專業，
先生專業在《論衡》。《詩經》則顧先生、張壽林、鄭振鐸。
《春秋左傳》為陳槃先生與張西堂。

民國二十二年（癸酉，1933）先生二十三歲

五月，二十三日先生偕三姊、鄧（樂華）女士謁顧先生。
十二月，六日顧先生發信給先生。

民國二十三年（甲戌，1934）先生二十四歲

二月，十一日先生謁顧先生，顧先生邀同遊朗潤園，並送先生乘車。
十二日顧先生發信給先生。
二十五日顧先生發信給先生。
三月，五日顧先生發信給先生。
十九日顧先生發信給先生。
七月，二十七日先生應顧先生之邀參加「通俗讀書會」，與會者另
有：徐旭生、范文瀾、謝國楨等。顧先生《日記》云：「是為
讀物社正式成立之第一幕。」
八月，三日顧先生發信給先生。

民國二十四年（乙亥，1935）先生二十五歲

四月，十二日顧先生《日記》「自二十四年七月至二十五年六月希望
　　出版之書」列有先生《元雜劇選》（亞東圖書館印）一條。
　　二十一日顧先生發信給先生。

五月，十二日顧先生親訪先生，未晤面。

六月，八日顧先生親至先生處，與談時事。

民國二十五年（丙子，1936）先生二十六歲

十二月，二十八日先生偕鄧樂華女士至燕京大學拜謁顧先生，顧先生
　　在「長順和餐廳」宴請先生與鄧女士，並同遊燕京大學校園及
　　蔚秀園，後又送先生與鄧女士至車站。

今年，先生在齊魯大學就讀。顧先生《日記》（1979年10月9日）云：
　　「我在燕大時，定生曾偕其夫人來訪，知其肄業齊魯大學。」

民國二十六年（丁丑，1937）先生二十七歲

元月，三日先生偕鄧樂華女士謁顧先生，共餐；餐後，顧先生與先生
　　長談。

五月，二十四日先生謁顧先生。顧先生《日記》云：「何定生來訪問
　　予生活思想甚久，備報告中央。」

六月，五日先生偕鄧樂華女士謁顧先生。
　　十二日先生偕鄧樂華女士及張蓮塘、何梅志女士謁顧先生。

七月，七日蘆溝橋事變，全面對日抗戰開始。
　　二十八日北平失守，日軍占領北平城。

民國二十七年（戊寅，1938）先生二十八歲

今年，先生入燕京大學歷史系就讀。據先生向弟子曾志雄學長及家人

口述：先生與專修西洋史之何炳棣先生同寢室，每於夜中熄燈
　　　後，以中西歷史相互切磋詰難，以勝對方為樂。（〈簡歷〉、〈訪
　　　問稿〉）

民國三十年（辛巳，1941）先生三十一歲

今年，先生畢業於燕京大學歷史系，獲文學士學位。續入研究院
　　　歷史部就讀。（〈簡歷〉）

今年，先生以〈宣統政紀考證〉榮獲哈佛燕京學社獎金，擬刊於燕
　　　京大學《史學年報》。（〈簡歷〉）

民國三十四年（乙酉，1945）先生三十五歲

八月，日本投降，抗戰結束。

九月，一日臺灣省行政長官公署於四川重慶成立，陳儀為行政長官。

十月，二十五日國民政府代表在臺北中山堂接受日本投降。臺灣省行
　　　政長官公署同日在臺灣正式運作。

今年，先生獲聘為山東濟南齊魯中學教務主任。（〈訪問稿〉）

民國三十五年（丙戌，1946）先生三十六歲

二月，先生獲聘為山東濟南齊魯大學史地系講師，教授英文。（〈簡
　　　歷〉、〈訪問稿〉）

九月，先生獲聘為河北監察使署李嗣璁監察使常務祕書。（〈簡歷〉、
　　　〈訪問稿〉）

今年，譯著：〈國際新辭〉，天津《益世報》「國際週刊」。（〈簡歷〉）

今年，譯著：〈大戰故事〉，天津《益世報》「國際週刊」。（〈簡歷〉）

民國三十六年（丁亥，1947）先生三十七歲

二月，二二八事件發生，全臺動盪。

三月，八日劉雨卿率國軍二十一師從基隆與高雄兩地登岸，展開全臺
　　　鎮壓。

五月，十六日臺灣省行政長官公署廢除，臺灣省政府成立，魏道明為
　　　省主席。

民國三十七年（戊子，1948）先生三十八歲

三月，二十九日國民大會在南京開會，選出蔣中正為中華民國第一任
　　　總統，李宗仁為副總統。

今年，先生與夫人王淑儀女士結婚。因先生燕京大學同學王美蘭女士
　　　之帶領，在北平寬街小群聚會所受浸為基督徒。（〈訪問稿〉）

七月，先生與夫人至臺灣，先生獲聘為臺灣省林產管理局李順卿局
　　　長祕書。（〈簡歷〉、〈訪問稿〉）

民國三十八年（己丑，1949）先生三十九歲

元月，十日傅斯年先生接任臺灣大學校長。

　　　二十一日總統蔣中正引退，由副總統李宗仁代理總統。

八月，先生獲聘為國立臺灣大學中國文學系講師。（〈簡歷〉）

　　　長子光慈生。淡江大學化學系畢業，臺北市長安國中教師退
　　　休，今在美國德州Plano召會全時間服務，育有一子一女。（〈訪
　　　問稿〉）

十月，一日中華人民共和國成立。

十一月，二日先生遺存《日記》自今日始，至民國五十九年六月二十
　　　三日止。本日《日記》云：「晚參加看書聚會歸來途中為二人
　　　傳福音，都是說福建話（或臺灣話）的。雖彼此言語不甚通

曉，但我已能反復告以信耶穌有平安，並以手作勢幫助說
　　明。」（以下先生事及引言多以《日記》為據）

十一月，五日（星期六）細雨濛濛，先生舉家搬入臺灣大學教職員宿
　　舍。（臺北市和平東路230巷教職員宿舍左7號）

　　　　十日先生辦妥臺灣省林產管理局離職手續。

　　　　十六日晚上先生謁傅先生，巧遇郝更生。

十二月，七日國民政府退守臺灣，中央政府設於臺北市。

民國三十九年（庚寅，1950）先生四十歲

元月，三日十一時先生謁傅先生，報告信仰基督與教會事，後及教學
　　事，先生遂發揮孟子心學之說，以為帶有宗教意味，舉「充實
　　之謂美」一章為富於宗教氣息之證。傅先生謂孟子受墨子影
　　響，並肯定儒家思想亦為一種宗教，並贈先生《新約新譯》一
　　冊。先生大受鼓舞，歸家即開始為傅先生禱告。

二月，十六日先生拜訪沈剛伯先生，相談一小時，因及信仰諸事，故
　　離開時沈先生稱先生為「有道之士」。先生稱沈先生「思想很
　　細密，所發問題，均極扼要，真積學之士也」。唯以無法回答
　　沈先生有關八世紀時「偶像的爭論」一事，甚感慚愧。

三月，一日蔣中正在臺北復視總統事。

　　　　二日先生至臺大圖書館借書閱書，發現中文書殊少，甚為失
　　望，乃閱一九四六年美國印刷的《大英百科全書》。

　　　　三日晚先生謁傅先生，報告近況。

四月，七日先生閱《荀子》〈性惡〉篇，以為「並不精」。

　　　　十二日先生閱馮友蘭《中國哲學史》，謂馮氏知孟子「頗有神
　　祕主義之傾向」，而不知與宇宙論相連為言。

五月，五日先生因屈萬里先生嘗言讀過《聖經》，且問及信仰與〈創

世紀〉的問題，故今日思往談論，因身體不舒服未果往。

十七日，先生出席由校長主持的「大一國文座談會」，決定下
學期仍講授《孟子》及《史記》。

十二月，二十日傅斯年校長逝世，由教務長沈剛伯先生代理校長。

二十一日先生晨間驚聞傅先生過世，知遇之感頓時盈胸，至靈
堂痛哭失聲，賴王叔岷老師之牽扶方能立。

長女念貽生。世界新聞專科學校廣電科畢業，今定居美國紐
澤西州，於報社擔任會計，育有一女。(〈訪問稿〉)

民國四十年（辛卯，1951）先生四十一歲

三月，錢思亮先生接任臺灣大學校長。

四月，顧先生《讀書筆記》「何定生論尚書的文法及其年代」一條，
引述先生〈尚書的文法及其年代〉「從前的《尚書》問題，係
以古今文為討論的基點。然古今文已不成為問題矣，則移其爭
點於今文的自身，如《虞‧夏書》之真假是。……從《夏書》
剝起，而至於《商書》或竟至於西周書，其痕跡宛然。這種有
趣的事情，豈是偶然」之論後，云：「這話也未免說得太早。
偽《古文尚書》的問題固然解決，但《虞‧夏書》的真假還當
在討論階段而不是決定階段。至《商‧周書》的決定，現在最
好的工具固然是文法，但文法以外也尚有許多條件，現在不易
取得，故《商‧周書》的討論只是一個起點。惟定生指出的路
則是正確的。定生久不通信，不知已到哪裡去？渠有美材而不
能自珍，二十年來不聞有所成就，可惜極了。」

民國四十二年（癸巳，1953）先生四十三歲

九月，書評：〈評介《詩經釋義》〉，《學術季刊》第二卷第一期。

民國四十三年（甲午，1954）先生四十四歲

八月，先生升任國立臺灣大學中國文學系副教授。（〈簡歷〉）

民國四十四年（乙未，1955）先生四十五歲

今年，先生自香港接三姊到臺灣。（〈訪問稿〉）

民國四十五年（丙申，1956）先生四十六歲

今年，先生接三姊夫抵臺灣，遂與其姊至臺南定居。兩人退休後，已
　　返回廣東家鄉。（〈訪問稿〉）

民國四十八年（己亥，1959）先生四十九歲

二月，一日國家長期科學發展委員會（長科會）成立。

四月，論文：〈六經與孔子的關係〉，臺北《中央日報》二十八日第三
　　版。

九月，次男光久（Kuangchiu Joseph Ho）生。國立臺灣科技大學化工
　　系學士，美國新墨西哥州大學（University of New Mexico）生
　　化學博士，今為該校生化學系（Department of Chemistry and
　　Chemical Biology）教授兼系主任。（〈訪問稿〉）

民國五十年（辛丑，1961）先生五十一歲

三月，十日先生為論文寫作而苦。云：「近年來執筆作文，擬題不下
　　數十個，而無一當意，綴文不下十萬矣，而無一成篇，旋作旋
　　棄，旋寫旋改，必至不成文而後已，直至精神疲憊，不能不擲
　　筆喪志，悄然而慼，直至掩面哭泣。自謂已失去智能，成廢物
　　也。……皆庸人自擾，……姑寫出之，作為生活一經歷也。」

民國五十一年（壬寅，1962）先生五十二歲

九月，十日先生寫作論文受阻。云：「為孔子之『學』的『學』字與
　　『讀書』之歧義所苦。故文章又擱淺不能寫下。」

十月，一日先生續作論文。云：「孔子之『學』的問題，已能想通。」
　　「所不能完全釋然者，則文筆之安排尚有問題。」

民國五十二年（癸卯，1963）先生五十三歲

二月，二日先生完成論文一篇。云：「今日成〈孔子言學義〉『讀書
　　篇』第一章。究『讀書』一語源委段，自謂發前人所未發，心
　　殊自慰，恨孟真師、胡適之先生不及見耳！」
　　三日先生參加孔孟學會在國立中央圖書館講堂舉行的第二次
　　「論語研究會」，程天放為主席，陳大齊教授講〈里仁篇〉「人
　　之過也，各於其黨」章。先生曰：「大意謂『觀過』應作『自
　　觀其過』，欲為朱《注》翻案，真不知是什麼頭腦，如此而欲
　　發揚孔孟，亦足見孔孟學之『貧困矣』！陳氏講後起而發表意
　　見者頗多，約皆在五十（？）以上，幾於無一是處，可笑
　　也！……陳大齊方音重，辭亦不流暢，又容色枯黃，亦所謂孔
　　孟之學的象徵歟！」
　　十一日先生自述寫〈孔子言學義〉有如「玩命」。云：「我寫
　　〈孔子言學義〉此文，真如俗語所謂『玩命』，寫了三年，有
　　底稿二萬字，而修改至今，尚不足五千字，此猶可說也。最悲
　　慘的是易稿至一二百次不止，……我由衷相信，這三年來我必
　　老了二十年！……半月來為修改二千字，我已易了不止四十次
　　稿，自看所棄蠅頭細書，真欲放聲痛哭。」

四月，一日先生郵寄〈孔子言學篇〉原稿至南港中研院，請陳槃先生
　　審閱。

六月，十七日先生因接陳槃先生之意見，且自覺不夠完善，二個多月
　　來持續修改〈孔子言學篇〉，並反省寫作論文「一再挨迫」，卻
　　「遲遲下筆」，應放鬆精神為之的問題。
九月，論文：〈孔子言學篇〉，《孔孟學報》第六期。
十二月，十一日先生接獲王叔岷老師自新加坡寄來之信，中有閱讀
　　〈孔子言學篇〉之評論：「覃思數載，匠心獨運，所見者大，
　　所識者深，一篇可抵人數十篇，洵傑構也。」

民國五十三年（甲辰，1964）先生五十四歲

八月，二十一日先生擬為文批評瓊瑤《煙雨濛濛》及中廣廣播劇，並
　　論及臺灣文壇；復擬於完成此文後即動手寫「《詩經》今論」，
　　以作五十三學年度《詩經》課程講義。然因精神極不佳，心不
　　寧貼，故不能下筆。
十月，一日先生為美國耶魯大學博士生Peter. M. Bear（熊培德）上
　　《詩經》課。云：「美國Peter. M. Bear（華名熊培德）來學
　　《詩經》。伊在美國已修完碩士學位，將攻博士，來華研究文
　　學，攻詩、詞、曲。《詩經》為詩祖，予適在臺大開《詩經》
　　課，故因史學系某教授之介紹，來校旁聽，並至余家專修，今
　　日為第一課。培德現在耶魯大學，嘗聽周法高在耶大所講《詩
　　經》課。」
　　二十三日先生接受國家長期科學發展委員會研究補助合約。
　　云：「臺大送長期科學發展委員會研究補助合約，（甲方為中研
　　院辰王世杰，乙方為本人，乙方證人為錢思亮）並臺大撥發第
　　一期研究補助六千元通知書，日期為十月廿一日。」先生後加
　　「按語」云：「此為第一次接受長期科學會補助。五十五年十
　　月十五日追記。」

十二月，十二日先生致新加坡王叔岷老師、美國何炳棣先生、美國洪
　　煨蓮先生賀年卡。先生發函南港陳槃先生，詢問劉子健美國地
　　址。

　　二十四日先生擬訂爾後研究《詩經》之計畫。云：「俟〈從言
　　教觀點看《詩經》〉完稿後，我將致力於《詩經辭典》的編
　　纂。今日研究《詩經》工作，皆破碎片段，最好從字義（包括
　　詞彙、成語、辭句等）作徹底研究，然後從事貫通。若做字典
　　編排，從字、詞、片語、成語的關係，以尋求章句的特徵，必
　　可窺篇旨的消息，然後可得詩人的意志也，如此則《詩經》可
　　讀矣。我以為今日研究古書，必能使之現代化──即使現代人
　　可讀，才是有意義的工作。《詩經》是古典文學的第一部書，
　　我將為此闢一新途徑，以為拓荒之始。」

　　二十七日擬定研究議題，並接獲王叔岷老師信函。云：「《詩
　　經》研究工作擬題：1.《詩經》字典。2.《詩經》學黎明運動
　　的夭折。3.《詩經》復古解放運動史。」又云：「今日開始作
　　研究工作期中報告書──履行長期科學委員會合約之義務也，
　　預定於年底或年初送出。」又云：「得王叔岷兄自新大來航
　　信，語多質實，孤寂中得此亦殊喜慰。又云在彼亦處境不佳，
　　心情惡劣，聘約滿後，決辭去回臺或赴港，又因長男陷大陸，
　　為營救則以在港為便云。」

民國五十四年（乙巳，1965）先生五十五歲

元月，一日先生完成「長科會」期中報告書初稿。云：「今將《詩
　　經》半年研究報告書稿草就，約三千餘字，預計於下星期二送
　　出。」

　　八日先生「長科會」報告書成稿。云：「研究工作報告因多次

修改謄繕，直至今日始行正式繕就，計三千五百字左右，用
六百字稿紙七頁。此即正文底子，名『材料解題』。」
　　九日先生繳交「長科會」研究報告。又喜今年《詩經》課教學
進度超前，云：「授《詩經》已至〈杕杜〉（《唐風》）即第一百
十九篇。較去歲進度高，依此進度，今年或可授至二百篇以
上。」
　　十五日先生至臺灣銀行繳交「臺北市五十四年腳踏車使用牌
照稅」，新臺幣壹拾捌元正。
二月，二十四日先生因文思泉湧而大樂。云：「究研論文又寫不下
了，易稿不止五十次，而思路閉塞，終日不成一字，悲戚失
望，殆瀕絕境！百無聊奈中，取某□所書一稿首讀之，覺尚有
路可通，因賡續之，而文思激湧，汨汨然如水之至，心境頓
舒，日來陰霾為之一掃，知我靈尚不窒塞也，則又樂不可
支。」又云：「今日上第二學期的《詩經》第一課。」
四月，十八日先生發現口講優於筆述。云：「對《詩經》問題，覺胸
中歷然，如有成竹，但一執筆，□不成綴數日字，但用口宣
之，卻又覺無困難。月前從何蝶處借來錄音機一架，錄余所口
講有關《詩經》問題二段，全不屬稿卻條理天成，不假修飾，
若加謄錄又失原來神氣，此何故爾？」
七月，二十日先生校畢「長科會」研究報告全文。云：「今日研究文
全稿打字打完並校畢。惟篇首中英文摘要則才交打，云明晨打
出。中文約九百字。英文約六百字，由我自屬稿，經趙麗蓮女
教授修改，所易不多，大致她所改處常在語法及用字上，此予
我不少作英文的啟示。惟因趙氏不知中國古典文學，故所改亦
未盡愜。又研究報告全文為四十八葉（九十六面）約四萬字
（每頁九百六十字打字費十二元），自信其中頗多為前人所未

發的看法，故覺彌足珍貴云。」

十二月，二十三日先生完成〈詩經的復古解放問題〉寫作綱要。云：

「今日將〈詩經的復古解放問題〉的寫作綱領寫出，作為五十
五年度『長科會』（編案：『長科會』為楊氏所補，日記原稿
無。）的半年研究報告，共六頁，約為三千五百字。」

民國五十五年（丙午，1966）先生五十六歲

元月，十日先生親送〈從言教到諫書看詩經〉全稿七十一葉（共一百
四十一頁）至孔孟學會。

四月，論文：〈從言教到諫書看詩經面貌〉，《孔孟學報》第十一期
（長科會1964年研究獎助論文）。

六月，二十一日先生完成長科會一九六五年研究獎助論文〈詩經的復
古解放問題〉的打字稿。

八月，先生升任國立臺灣大學中國文學系教授。（九月二十六日接獲
聘書）

論文：〈關於論語的若干解釋〉，臺北《中央日報》十八日副
刊。先生用「更生」筆名發表。云：「今（八）月十八
日用『更生』筆名在《中副》發表一文曰：〈關於論語
的若干解釋〉，專批評林語堂八月一日在《中副》發表
之〈論孔子的幽默〉一文中引孔子「群居終日」章的
『好行小慧』和〈陽貨〉篇「佛肸」章的『吾豈匏瓜也
哉？焉能繫而不食』的解釋而發。林解『小慧』為『小
惠』（恩惠），釋『焉能繫而不食』的『繫』為『不吃
飯』。吾文約二千四百字，論林文『小惠』之必為錯誤
固無論，即『不食』也不通，因匏瓜只有『被食』的份
（或不能吃——即吃不得），決不能解作吃飯，且孔子也

不為吃飯欲赴中牟也。八月二十九日《中副》又載林氏
〈再論孔子近情〉反駁我匏瓜說法，謂為『硬改孔子的
話』，語多失態。我又作一文曰〈再論論語佛肸章的匏
瓜問題〉，但《中副》不發表，則亦聽之。蓋我前文已
盡意，此文專申前意，亦無必要也。」

九月，十日先生參加中文系在悅賓樓的宴會。云：「今日與叔岷同車
　　　至中正路悅賓樓參加歡迎屈萬里、鄭騫兩夫婦及送楊承祖赴南
　　　大宴會。」

十月，二十八日先生接受「長科會」五十六年度研究補助費合約。並
　　　出席中文系會議，結論是本學期教授《史記》。

十一月，七日先生感嘆長科會的補助一年不到三萬元，費一年心血，
　　　所得還趕不上坊間所謂文藝獎。

民國五十六年（丁未，1967）先生五十七歲

六月，二十六日先生繳交五十五年「長科會」研究報告論文〈詩經的
　　　解釋問題〉，全文（約四萬餘字）及摘要等。云：「此次報告乃
　　　竭一月多之力所完成，真『玩兒命』也。謄寫印刷等費約七百
　　　元。」又云：「此次稿件，為節省費用，故傳統解題論述部分
　　　僅取《國風》一百六十篇，《二雅》均未涉及，將來如發表，
　　　仍當補入也。」

八月，國家長期科學發展委員會擴充改組為「國家科學委員會」（國
　　　科會）。
　　　十七日先生接獲臺灣商務印書館考慮出版《詩經今論》之函。
　　　云：「今日收到商務印書館編輯部代主任傅宗懋一雙掛號信，
　　　略以『奉本館董事長（案：即王雲五）交下八月九日大函云
　　　云』請即寄文稿，以便閱讀，『合則簽訂契約』云云。案：七

月下旬，曾於某日致函王氏，問及將《詩經今論》三文稿（約
十五萬字）是否可藉《人人文庫》篇幅發表事，十日無覆書，
疑王氏嫌其措詞簡慢，故不置答，因又作一信詳為解釋，並亦
放棄投稿企圖矣。今乃忽收覆書，實出意外，故亦不興奮，亦
不欣喜。惟王氏（代編輯主任代達）謂前信『實未收到』，姑無
論是否屬實，亦已足表達王氏好意，則投稿自仍無妨考慮
也。」

十月，二十六日先生請廖蔚卿老師代為出席文學系課程委員會。

　　三十日先生繳交申請國科會五十七年研究補助文件，申報專題
為「《詩經》的樂歌關係的檢討」。今日先生與商務印書館簽訂
出書合約，書名「詩經今論」，約十五萬字。

今年，先生因胰臟癌入臺灣大學醫學院附屬醫院開刀，休病假一學
年。（〈訪問稿〉）

民國五十七年（戊申，1968）先生五十八歲

元月，二十五日先生請廖蔚卿老師代為繳交國科會研究工作半年報告。

　　三十日為春節，金祥恆先生至先生處拜年並視疾。

二月，十一日先生接獲商務印書館傅宗懋君寄回《詩經今論》原稿。

　　云：「案：農曆年前曾託臺大博士班學生鄭良樹君代表到該館
接洽關于《詩經今論》之出版事宜。承傅君告鄭君謂該書須至
四月間始能付印云。」

四月，八日先生致函程元敏老師借書。

　　十二日程元敏老師送來《續皇清經解》本邵懿辰《禮經通
論》；莊存與《周官記》、《周官說》等書。

　　十四日陳槃先生來訪，適先生至聚會處而未晤。程元敏老師告
知代為查詢《詩經今論》的出版狀況。

　　十八日先生接獲中研院中美合作委員會送來之調查卡片，請填
　　寫五十六年七月至五十七年六月研究專題「《詩經》的樂歌關
　　係的檢討」以外的研究專題及計畫內容，並於四月三十日前寄
　　回，先生甚感困惑，不知如何填寫。

五月，十三日先生向國科會提出研究補助專題：「孔子的傳記問題與
　　六經」。

六月，五日先生接獲臺灣大學人事室通知領取教育部頒發的教授證
　　書。

　　十二日先生寄出《詩經今論》三校稿。云：「今日將《詩經今
　　論》三校稿校畢〔，掛號寄回商務印書館——編者補〕。因程
　　元敏不見前來校對（曾於六月八日有函邀約，未見復音），故
　　於〈卷頭語〉中將原定致謝語鈎去。」

　　專書：《詩經今論》（臺北市：臺灣商務印書館）。

八月，十三日先生以水路郵寄《詩經今論》贈新加坡的王叔岷老師。

九月，十四日先生今年上課擬續講《詩經》，擬同時完成《詩經今
　　注》稿後出版。國科會一九六七年研究獎助論文（〈詩經的樂
　　歌關係的檢討〉），先生以為付《文史哲學報》為佳。

十月，三日先生病假結束後，開講本學期第一次「詩經」課，聽者甚
　　多，至普十三教室容納不下，改至普十二大教室上課，先生甚
　　為欣慰。（編案：改換教室事見於5日週六的日記，似當時週四
　　〔3日〕和週六〔5日〕皆有上「詩經」課，其時「詩經」課每
　　週上三小時。）

　　六日國科會公布補助名單，先生列名，先生則訝張敬老師、裴
　　溥言老師等未列名。

　　十八日先生之師趙元任先生抵臺。

　　二十三日趙元任先生應臺大中國文學會之邀，在研究圖書館三

樓做學術演講，講題是關於翻譯的問題。先生趁機請教高本漢
古音譯的問題。趙先生二十六日離臺赴日本講學，先生當日有
課，不克前往送行。

十一月，七日先生繳交國科會五十七年同意研究補助合約。

民國五十八年（己酉，1969）先生五十九歲

二月，二日先生接獲商務印書館通知，《詩經今論》五十七年下半年
　　共銷售五四五冊，扣稅後實得版稅為新臺幣九百三十一元九
　　角。（編案：據當日日記云上半年銷售十一冊，所得版稅十八
　　元。合計全年共銷售五五六冊，版稅為九百四十九元九角。）

四月，二十日先生因〈詩經的樂歌關係的檢討〉刊登事致函金祥恆先
　　生。云：「今日發一函給金祥恆先生，表示放棄盼〈詩經的樂
　　歌關係的檢討〉一稿在《臺大文史哲學報》發表的幻想，並要
　　求退回原稿。案：自去歲八月間，我便有意此該稿送《臺大文
　　史哲學報》發表，因令小女念貽將原稿重繕一份（用《文史哲
　　學報》稿紙）。全稿三萬餘字，大約至去歲十一月間繕畢，於是
　　（編案：原稿無「是」字，此為楊晉龍據文意增補）託程元敏君
　　（臺大國文研究所博士班學生）轉送金祥恆君。嗣金君來云稿
　　轉屈萬里先生看過，俟開會後即可決定付印事宜。惟其中似有
　　若干處請斟酌云？問何處？曰：如題目『詩經的樂歌關係』云
　　云『的』字是否為『和』字或『與』字之誤？又云：關於資料
　　問題中，尚有若干意見，似應採入等語。我答金先生此篇本科
　　學會所通過，今若欲修改，亦無不可。惟所欲加入資料，請即
　　交下，正當補入，或俟校印時在校稿上加入亦可。金先生允諾
　　而去。嗣後多次遇金先生，問事情進行如何，皆謂『未開
　　會』。」

五月，論文：〈詩經與樂歌的原始關係〉，《臺大文史哲學報》第十八期。

五日先生送五十八年度國科會申請研究補助計畫書，附送的著作為〈詩經與樂歌的原始關係〉，研究專題為：「從儀禮的樂歌分類覘三百篇的原始解題」。

七月，十一日先生憂心難以完成國科會研究計畫，蓋先生五日因病住院，至今已七日矣。云：「繕寫稿至二十四千字，完成《論語》即全文之主要部分。令小更（案：先生長男小名）將稿送至趙先生處，接洽繕寫。趙先生云尚有為他人寫稿未完，恐不能代寫，時日已迫，僅有半月時間，而全稿尚未完，可怕也。」

二十九日先生繳交國科會研究報告〈孔子的傳記問題與六經〉，全文四萬餘字。

八月，四日先生接獲商務印書館五十八年上半年版稅，《詩經今論》售出二百五十本。

十四日先生擬作「孔子世家探源」之專題研究。云：「今日忽想起〈孔子世家〉對於孔子傳的取材，除《論語》《左傳》外，採之其他傳記者甚多，此事可作一專題加以細考，茲擬題為：『孔子世家探源』。和《史記》之成為中國第一部正史一樣，〈孔子世家〉也是中國第一部孔子傳。《史記》出而中國史奠定了中國史學的根基，但自有〈孔子世家〉而中國三千年前的古典文學（六經）成了混沌局面，至今仍不可究詰。故欲從根認識此問題，終非從〈世家〉探源入手不為功。此乃余於〈孔子傳記問題與六經〉一文中已有論略，發其凡，茲為□問題以徹底解起見，擬就〈世家〉作一徹底考證，如此則漢魏以來繼〈世家〉而起之附會由來可以灼見，而二千年來六經渾沌之局，乃可以有澄清之望矣。」

二十四日先生因中華少棒隊獲冠軍而發國家地位之感慨。云：
「今日上午二時若干分，中華少年棒球隊以三賽三勝，最後是
以五Ａ比○的紀錄擊敗美國西區隊而獲少年棒球賽的世界冠
軍。這無疑的是我國使日本挖心刻骨的大勝利，同時也給一點
顏色給美國人看，教老油條的尼克森不要太藐視──甚至於無
視自由中國了！美國自杜魯門以來，最狡猾油條的總統可以說
無過今日的尼克森的了！但尼氏是多餘的，油條並不能就把牠
那狐狸尾巴被遮去，這不是弄巧反拙麼？」

九月，十九日先生接獲〈詩經與樂歌的原始關係〉抽印本，請中文系
助教邵紅老師代為轉贈周法高先生、陳槃先生、屈萬里先生、
戴君仁先生、臺靜農先生。同時郵寄一冊贈程元敏老師。
二十六日為中秋節，強烈颱風艾爾西晚上於東北部登陸，晚上
七點停電至上午，為數十年來第一次中秋節遇颱風。
二十八日中午先生與沈剛伯、姚從吾、屈萬里、劉崇鋐、毛子
水等諸先生至陽明山中山樓，參加總統府舉辦的教師節餐會，
蔣中正與會。認識成舍我先生與包德明校長，包校長並邀先生
至銘傳兼課，先生以健康不佳婉拒之。

十月，六日先生因程元敏老師來晤，甚喜。云：「今日程元敏來晤，
半年來之沉悶為之一掃。蓋自上學期末，元敏即不覿面，恐我
請其吃飯也。前些日子，我又作一書，謂我已裝上十六枚義
齒，且能勉強吃飯，心中喜樂，盼來共進午餐云云。想元敏又
將不來，乃傍晚時倏然而至，雖非來吃飯，然已心為一舒。歡
談之下，妻餉以麻豆文旦一枚，並問其女朋友問題，欲為作冰
人。元敏遜謝，余仍欲其為吃飯之約，亦未有成議云。」

十一月，六日先生接獲國科會通過五十八年度研究補助案專函。云：
「今日收到臺大文學院（58）校人字第六五七二號函轉國家科

學會十月三十一日（58）科會字第二四八四號函送五十八學年度研究補助審定案檢附合約請轉受領該項補助先生妥簽。」

十五日先生發函邀約程元敏老師、薛曉青、楊天錫、文榮光、呂振端等五人來家晚餐，呂振端未到。席間詳述二年前開刀經過及「基督徒身體與外邦人不同」的奧妙。

民國五十九年（庚戌，1970）先生六十歲

元月，三十一日先生覆王叔岷老師一九七〇年十月二十日馬來亞大學之來信，先生發揮考證精神，因辨此信日期之誤云：「此恐有誤。今方一九七〇〔年〕一月，焉得有十月二十日耶？若七〇為六九之誤，則一航空信又安能歷時三月餘始寄達？此理之所必無也。然則此七〇為五九之誤耶？則五九年亦才一個月，不應有十月。然則十月當為一月之誤無疑也。」

三月，序跋：〈古史辨序〉，《古史辨》（臺北市：明倫出版社）。

五月，十九日先生覆馬來亞大學王叔岷老師信，略述因惡性貧血而住醫院。二十七日收到王老師回覆之信。

二十日先生繳送申請五十九年度國科會專題研究計畫書。

六月，閻振興先生接任臺灣大學校長。

一日先生因無法寫作而焦慮。云：「夜腹部疼痛，似末日將屆，似此情形，雖然延長一日生命都將成問題。」「周身乏力，終日躺臥，對報告今日未著一字。」

十三日屈萬里先生離職赴南洋大學講學。

十四日臺靜農先生代中文系主任。中文系送來《詩經》試卷二十一份，係委請金祥恆先生監考，先生甚為感激。先生夜夢與父親相見。云：「夜夢父親，甚和悅，惟已忘夢中言動。只覺心中喜樂而已。」

二十三日先生「日記」至此結束。先生云：「二十三日晨六時探體溫為36.1°C甚怪之。然腹脹竟覺暫減。早餐時牙床亦更佳。然後知昨晚之腹脹與此牙床發炎有關。體中發炎發為牙痛，腹脹遂不受壓迫，是知其與水腫有關也。」

今年，論文：〈從儀禮的樂歌分類覘三百篇的原始解題〉（國科會1969年研究獎助論文）。

八月，三日先生因胰臟癌逝世於國立臺灣大學醫學院附屬醫院。（〈訪問稿〉）

民國六十七年（戊午，1978）先生逝世後八年

七月，專書：《定生論學集：詩經與孔學研究》（臺北市：幼獅文化事業公司）。

民國六十八年（己末，1979）先生逝世後九年

十月，九日顧先生接獲先生在臺灣大學中文系學生，時為香港中文大學中國語言及文學系導師的曾志雄學長，從香港奉寄之《定生論學集》。顧先生《日記》云：「我在燕大時，定生曾偕其夫人來訪，知其肄業齊魯大學，自此五十年，杳不知其所在。今日得九龍寄來臺灣出版之《論學集》，乃知大陸解放後渠在臺北大學任教，且已逝世十餘年。其所論《詩經》與孔學，實為我論學諸文之發展。惜哉此人，如此早逝，真可悲也。」

十日顧先生《日記》云：「今日在定生文中，知我在杭州所抄之姚際恆《儀禮通論》實在臺灣，不知其在臺大歟？中研院史語所歟？抑中央圖書館歟？茫茫天壤，有此二部，而一在日本，一在臺北，都不能見，恨之何似！」

二十五日顧先生《日記》云：「何定生君多年不見，不知其何

往？今得其弟子曾志雄寄其遺著《定生論學集》來，乃知其大革命設教於臺北大學，且病癌症死已十年矣，傷哉！此係余中山大學中最能集中精神以治學之一人也！書中有〈詩經與樂歌的原始關係〉長文，將《詩經》與《儀禮》詳細關係鉤索而出，以駁正余倉卒所為之〈論詩經所錄全為樂歌〉之說，使我心服。」

民國六十九年（庚申，1980）先生逝世後十年

五月，十八日顧先生續看《定生論學集》，《日記》云：「何定生，廣東潮州人。學於中山大學，天分絕高，為一班首。曾以半年之力作〈尚書各篇之時代分析〉。予為之請於校當局，給以獎金二百元。一時忌者蜂起，謠諑紛來（可指名者為伍俶、羅庸、羅常培等）。渠不安於位，遂請退學，隨予至蘇、至京，又以作文批評胡適，激起北大方面之口舌，遂捨予而試入齊魯大學。曾到燕京大學視予，匆匆而去。此後僅一見面耳。病前接其弟子曾志雄寄來《定生論學集》一冊，研究《詩經》與孔學，知其在臺灣大學任課。然已死十年矣，傷哉！末盡其壽也！」

二十日顧先生續看《定生論學集》，《日記》云：「看《定生論學集》，仍未畢，足見其工作之細。」

十二月，二十五日顧先生逝世。

民國七十二年（癸亥，1983）先生逝世後十三年

一　月，論文：〈宋儒對於詩經的解釋態度〉、〈清儒對於詩經的見解〉，林慶彰編：《詩經研究論集》（臺北市：臺灣學生書局）。

民國七十六年（丁卯，1987）先生逝世後十七年

九月，論文：〈關於詩經通論〉，林慶彰主編：《詩經研究論集（二）》
（臺北市：臺灣學生書局）。

民國七十九年（庚午，1990）先生逝世後二十年

元月，資料：顧先生：《顧頡剛讀書筆記》（臺北市：聯經出版事業公
司）。是書錄先生相關資料一條。

民國八十二年（癸酉，1993）先生逝世後二十三年

三月，資料：顧潮編：《顧頡剛年譜》（北京市：中國社會科學出版
社）。是書錄先生相關資料十三條。

民國八十八年（己卯，1999）先生逝世後二十九年

六月：評論：張慧美：〈評介《詩經今論》〉，《興大中文學報》第十二
期。

民國八十九年（庚辰，2000）先生逝世後三十年

七月，評述：〈始於愛而終於離：顧頡剛與何定生〉，王學典、孫延杰：
《顧頡剛和他的弟子們》（濟南市：山東畫報出版社）。

民國九十六年（丁亥，2007）先生逝世後三十七年

五月，資料：《顧頡剛日記》（臺北市：聯經出版事業公司）。是書錄
有先生相關資料近百條。（〈索引〉遺漏頗多）

九月，評述：〈何定生〉，張昌華：《曾經風雅：文化名人的背影》
（桂林市：廣西師範大學出版社）。

參考資料

1.王學典、孫延杰：《顧頡剛和他的弟子們》，濟南市：山東畫報出版社，2000年。

2.何定生先生：《日記》，1949年11月2日-1970年6月23日。

3.車行健、徐其寧輯錄：〈何定生教授論著目錄〉，《中國文哲研究通訊》第20卷第2期（2010年6月），頁29-33。

4.林慶彰編：《詩經研究論集》，臺北市：臺灣學生書局，1983年。

5.林慶彰編：《詩經研究論集（二）》，臺北市：臺灣學生書局，1987年。

6.胡適：《胡適日記全集》，臺北市：聯經出版事業公司，2004年。

7.張昌華：《曾經風雅：文化名人的背影》，桂林市：廣西師範大學出版社，2007年。

8.楊晉龍：〈何定生先生家屬何王淑儀女士、何光慈先生訪問稿〉（2009年2月26日下午3點和平東路臺北市召會第三聚會所）。（未刊稿）

9.楊晉龍：〈何定生先生家屬何念貽小姐訪問稿〉（2009年9月25日下午6點臺北市新生南路紫藤廬）。（未刊稿）

10.顧潮編：《顧頡剛年譜》，北京市：中國社會科學出版社，1993年。

11.顧頡剛：《顧頡剛讀書筆記》，臺北市：聯經出版事業公司，1990年。

12.顧頡剛：《顧頡剛日記》，臺北市：聯經出版事業公司，2007年。

附錄七　何定生一九四六年致顧頡剛未刊書函述要*

車行健撰

第一節　緣起

　　二〇一五年九月八日，顧頡剛（1893-1980）女兒顧潮女士從美國兒子家中寄發了一封電郵給我，信中說到：

> 這兩年整理先父保存的他人來信，其中有何定生寫于抗戰勝利後的一通，待回京後發你一閱。

同年十一月十二日，顧潮女士回到北京後，便將此函的 ODT 文字檔寄給我，方得以一窺此函內容。原信僅有少許標點，為方便閱讀，顧潮在將此函打字輸入電腦時，又添補了一些標點。原來的文字檔是簡體字，我將其轉換為繁體字，並寄回給顧潮校正，經其確認無誤。二〇一七年六月中旬，復又去信顧潮，請觀原函，顧女士將其掃描成 JPG 檔後，寄贈給我。至此，該函之原件及釋文，均得而觀之，誠一快事也。

---

* 此文原刊於《中國文哲研究通訊》第30卷第2期（2020年6月），頁201-209；又收錄於車行健撰：《民國經學六家研究》（臺北市：萬卷樓圖書公司，2020年），頁177-188。

　　何定生（1911-1970）就讀廣州中山大學國文系期間，曾與顧頡剛頻繁通信，現可見者共有六通，均刊載於《國立中山大學語言歷史學研究所週刊》，這也是今日僅能看見的何定生致顧頡剛之已刊書信。[1] 顧潮所藏此函未見諸《顧頡剛日記》的紀錄中，亦未見收於顧潮主編的《顧頡剛全集》中的《書信集》中。[2] 全函扣除標點符號，共約一千二百多字，何定生用行草書寫於滿滿三張信箋中，其中對其行跡、生活、家庭與心志多所述及，可補充和修正很多學界過去不知道的細節，具有高度的史料價值。初接觸此函時，曾與顧潮教授商議能否將其公諸於世，或可讓世人對顧頡剛與何定生的師生關係，以及何定生在抗戰軍興後的行跡有更多的了解。但因牽涉何定生家庭與婚姻事務，在未取得何定生家屬同意前，不便將其全文公布。二〇一七年三月，何定生女兒何念貽女士從美國回臺省親，在臺大中文系史甄陶教授的安排下，筆者於四月三日與何女士在臺灣大學水源會館餐敘，一同出席者尚有中央研究院中國文哲研究所的楊晋龍教授和國立東華大學中文系吳儀鳳教授。席間與何女士提及，擬趁何女士短暫在臺期間，為其攝製五分鐘左右的訪談短片，攜至福建師範大學經學研究所，於二〇一七年五月十四日舉行的「2016年國家社科基金重大項目《臺灣經學文獻整理與研究（1945-2015）》開題報告會」上播放，何女士當場允諾。後來在與史甄陶教授和臺大中文系博士生盧啟聰的合作下，將此訪談短片構想擴大為對何定生教授整體生平經歷和

1　這六通書信的具體刊載情況請參見車行健、徐其寧輯錄：〈何定生教授論著目錄〉，《中國文哲研究通訊》第20卷第2期（2010年6月），頁32-33，及〈何定生教授論著目錄（增訂稿）〉，原刊載於《中國文哲研究通訊》第24卷第1期（2014年3月），頁131-132。此增訂稿附於拙著：〈何定生與古史辨的詩經研究〉文後。

2　《顧頡剛全集》中的《書信集》僅收有七通顧頡剛寫給何定生的書信（見《顧頡剛全集》〔北京市：中華書局，2010年〕，第40冊，《書信集》卷2，頁313-329），但並未收有何定生致顧頡剛的書信。

學術成就的十分鐘紀錄短片，取名為《經師身影──臺灣大學何定生教授》。[3]在拍攝過程中，筆者將此函交給何女士，並徵詢是否同意公布。何女士表示要與其兄長商量，無法作主，此事遂寢。因而只能採取折衷辦法，改用重點評述的方式，向學界介紹此封書信，但對涉及何定生家庭和婚姻等私領域的部分則略而不談。這個做法得到了顧潮教授的支持。

　　何定生此函寫於一九四六年五月一日，他當時人在山東省會濟南市。函中對其一九三〇年後之行蹤交代頗詳，其中有不少可對楊晉龍根據《顧頡剛日記》、《何定生日記》、何定生一九四八年八月獲聘為國立臺灣大學中文系講師時所填寫的人事簡歷（以下簡稱〈簡歷〉）、對何定生家屬所進行的訪問稿等資料所編製的〈何定生教授年表初稿〉（以下簡稱〈年表〉），以及本人與徐其寧合撰的〈顧頡剛與何定生的師生情緣〉（以下簡稱〈情緣〉）二文，加以修正與補充，以下略述其要。

第二節　書函要旨述析

　　一、根據《顧頡剛日記》所載，何定生與顧頡剛最後一次見面的紀錄是一九三七年六月十二日。[4]不到一個月後，便發生蘆溝橋事變，中國對日抗戰全面爆發。顧頡剛為躲避日寇追捕，於七月二十一日晚間倉皇逃離北平。[5]二人從此再無直接音訊聯絡的紀錄，直到一九七九年十月九日，在何定生去世後的九年，高齡八十七歲的顧頡剛才突

3　此紀錄短片後上傳至You Tube平臺，供人自由點閱。

4　顧頡剛：《顧頡剛日記》（臺北市：聯經出版事業公司，2007年），第3卷，頁653。

5　參顧潮：《歷劫終教志不灰──我的父親顧頡剛》（上海市：華東師範大學出版社，1997年），頁184。

然收到何定生的學生曾志雄教授，從香港九龍寄去何定生教授的《定生論學集》和《詩經今論》二書，並告知何定生已去世的消息。[6]〈年表〉和〈情緣〉皆依照《顧頡剛日記》所記來敘述二人關係的發展[7]，似乎一九三七年六月十二日是他們的最後一次聯繫。但何定生此通於一九四六年五月一日寄給顧頡剛的書信，卻證明了二人間的聯繫絕非《顧頡剛日記》中的紀錄所能完全涵蓋，雖然顧頡剛勤於寫日記，但也很難做到有事必記與諸事畢錄的地步。[8]且由何函開頭所述「違師教已逾十年，今日始獲知郵遞之便」，似乎在此函之前，他們應已有一些直接或間接的聯繫。或許是顧頡剛主動與他接觸，或他透過間接的管道獲知顧頡剛的通信方式。而函末「師母亦在渝否」的問候，則顯示出他似乎知道顧頡剛和其夫人待在重慶。但對照《顧頡剛日記》和《顧頡剛年譜》，顧頡剛於該年四月十三日自重慶飛抵南京，四月十五日到徐州與其妻張靜秋（1908-1991）會面。則何定生寫此函時，顧頡剛已和其妻離開重慶，然不知此函是否仍舊寄往重慶，而顧頡剛又是如何、何時接獲此信的？此中細節俱已不可知曉。

二、關於何定生與燕京大學的關係，據其〈簡歷〉自述：一九三八年至一九四一年就讀於燕京大學歷史系，修業三年畢業，獲得文學士文憑。一九四一年進入燕京大學研究院就讀，但僅修業一年，其於〈簡歷〉中的「已否畢業」和「學位」欄均空白未填寫，實際情況不

6 顧頡剛：《顧頡剛日記》，第11卷，頁695。

7 參楊晉龍：〈何定生教授年表〉，《中國文哲研究通訊》第20卷第2期（2010年6月），頁11-12；車行健、徐其寧合撰：〈顧頡剛與何定生的師生情緣〉，收入拙著：《現代學術視域中的民國經學——以課程、學風與機制為主要觀照點》（臺北市：萬卷樓圖書公司，2011年），頁207-209。案：此文原刊於《中國文哲研究通訊》第20卷第2期（2010年6月），頁53-66。

8 有趣的是，這個情況似乎可以很好地作為當年張蔭麟（1905-1942）對以顧頡剛為主的疑古學風所使用的所謂「默證」（argument from silence）之詰難的案例，即未被記載的不一定不存在。

明。然其於致顧頡剛此函中則對此敘述甚詳：

> 生自北平陷後即閉門寐居，嗣以協和醫院蒲教士之教，以趙時
> 化名入燕大肄業，初進新聞學系，一年，改入歷史學系。畢業
> 後以畢業論文（《宣統政紀考證》[9]，約二萬餘言，方擬發表於
> 《史學年報》，已付印矣，而一二八之變起，然因此反得修改
> 機會亦佳。）獲得哈佛燕京學社獎金入研究院肄業，論文擬題
> 為《庚子後之維新制度》。旋以日美戰起，大學被封閉，遂來
> 濟南……光復以來原擬回燕大研院（哈佛獎金可繼續），已得
> 大學三次電報，然終無車可通，無已則仍執教於此間省立臨時
> 中學及齊大補習班，以俟交通恢復。雖目前生活不成問題，然
> 年華之逝令人心悸，生研究院學業已延宕四年，今又困於交
> 通，人壽幾何，前途將何以為計！是以每念師計劃人生之教而
> 輒悵然若失也。

由此可見，他就讀燕京大學過程的曲折與辛酸。其實何定生早於一九
二六年十六歲時，即考入廣州中山大學國文系就讀，但在一九二九年
二月退學，隨顧頡剛北上北平。之後經歷了一連串生活、感情、學業
的紛擾以及與顧頡剛齟齬的風波，最終脫離顧頡剛的學術圈子後[10]，他
又在九年後以二十八歲的「高齡」返回校園，重新當起大學生。這番
的毅力與決心，著實令人敬佩。而他也努力把握這得來不易的學習時

9　據一九四八年刊出的燕京大學〈歷史學系近卜年概況〉所載，化名趙時的何定生係
　於民國三十年六月畢業於燕大歷史系本科，畢業論文為〈宣統政紀考證〉。此材料
　原刊於《燕京社會科學》1948年第1卷，收錄於王應憲編校：《現代大學史學系概覽
　（1912-1949）》（上海市：上海古籍出版社，2018年），下冊，頁784。
10　參車行健、徐其寧合撰：〈顧頡剛與何定生的師生情緣〉，頁199-207。

光，縱情於知識的擷取和學術的鑽研，由此獲得燕大名師鄧之誠（文如，1887-1960）和洪業（煨蓮，1893-1980）的賞識，他在信中自述：

> 生畢業論文《宣統政紀考證》之序文為文如師所喜，此與生預研究院試之國文冠場及獲哈佛燕京獎金之榮譽，同為生最沾沾自喜之三事。

為此，他用帶著悲欣交集的心情，向顧頡剛剖述此時的心境：

> 然私心脈脈所引為竊喜不敢告人者，則實在於真做過「學生」，真嘗「人」之味。肉體者，固不能不先求其存在，然為「學生」為「真」學生以得知「人」，則無假也！！！何也，時不可再也。故生在燕大乃可為生命史最怵惕悲喜之一頁。

又說：

> 誠以「老而為學，如秉燭夜游」，生得以燭光與日月爭明，要不能不為此傷心失學人之人生盛事，師母亦笑其不失為稚子乎？

可以想見，對一個熱愛學術，而又富有才情的青年學者，他在昔日的恩師面前，對於自己因年少輕狂而將曾經擁有過的大好學習資源給輕易荒廢掉，該會是有多麼的悔恨交加！而對於目前又好不容易爭取到的求學環境，他又會是有多麼的珍惜！但可惜，他最終只能獲得大學文學士的文憑，燕大研究院深造的機會，卻因戰亂後交通尚未恢復，再也無從重續學業，對何定生而言，亦豈非傷心可悲之事？

　　三、何定生進入燕京大學重新就學，但專業已從之前在廣州中山

大學所主修的國文（中文）領域，改為史學領域，且從其畢業論文
〈宣統政紀考證〉及攻讀燕大研究院之論文擬題《庚子後之維新制
度》來看，他是正準備朝中國近現代史的方向開展他的學術事業。其
大學研修的成果具體展現在畢業論文〈宣統政紀考證〉中，然此文今
日存佚與否，狀況頗不明。據其〈簡歷〉所記，係發表於一九四一年
的燕京大學《史學年報》中，而又據車行健、徐其寧輯錄的〈何定生
著作目錄增訂稿〉，輯錄者於此條論著下則有如下的案語：

> 此條目據何教授〈簡歷〉所記，然燕京大學歷史學會主編之
> 《史學年報》自一九二九年七月十日出版第一卷第一期，至一
> 九四〇年十二月第三卷第二期出版後即中斷，共計發行三卷十
> 二期。翻查其中篇目與作者，均無何定生撰作紀錄。又據何教
> 授〈簡歷〉云，此文曾獲哈佛燕京學社獎學金。[11]

從何定生此函方得知，原來這篇長約二萬餘言的論文，本擬發表於
《史學年報》，且已進入付印階段，但自一九四一年十二月八日「珍
珠港事件」後，日本軍警進入燕京大學校園，師生不得已離校（此即
何函所謂「一二八之變起」）[12]，如此一來，預定刊載何定生此文的一
九四一年之《史學年報》，當也無法順利出刊，而該期之《史學年
報》與何文之最終下落如何，也不可得而知矣。

　　雖然從學歷上來看，何定生由中文專業改換為史學專業，但有趣
的是，何定生最終安身立命之處仍是中文系，而非歷史系，決定這一
切的是何定生就讀於廣州中山大學國文系時的老師傅斯年（1896-

---

11 參車行健、徐其寧輯錄：〈何定生教授論著目錄（增訂稿）〉，頁129。
12 以上敘述參考《中華百科全書》「燕京大學」條（沈劍虹執筆）。
　（http://ap6.pccu.edu.tw/Encyclopedia/data.asp?id=6786）

1950）。一九四九年元月十日，傅斯年接任臺灣大學校長，同年八月，何定生即獲聘為臺灣大學中國文學系講師，因此當傅斯年於一九五〇年十二月二十日猝逝時，他在二十一日晨間驚聞傅斯年過世的消息時，「知遇之感頓時盈胸，至靈堂痛哭失聲」，賴王叔岷教授（1914-2008）之牽扶方能立。[13] 但不知為何傅斯年將持有燕京大學歷史系文學士畢業和燕大研究院歷史部肄業文憑的何定生聘任為中文系講師，而非歷史系？雖然何定生也曾在廣州中山大學國文系就讀過，但並未取得正式文憑。進入臺大中文系後的何定生，其研究和教學的重心又轉回到跟隨顧頡剛時代用功較多的《詩經》[14]，自此再也沒有任何史學方面的論著。如果當初傅斯年安排他進入臺大歷史系任教，他是否會成為一位近現代史的學者呢？[15]

　　四、何定生在此函中又提及「以趙時化名入燕大肄業」，但卻「因年事稍長而又化名就學，曾為人所注意，招來蜚語（謂生乃欲藉此作政治活動），幾遭排斥（大學院長會竟為我事集議數次）。」所謂政治活動，若對照《顧頡剛日記》所述，當是從事國民黨的黨務工

13　以上敘述參楊晉龍：〈何定生教授年表〉，頁5、12-13。

14　參《國立臺灣大學中國文學系系史稿（1929-2014）》（臺北市：國立臺灣大學中國文學系編印，2014年），頁319；楊晉龍：〈何定生先生傳（1911-1970）〉，《國立臺灣大學中國文學系系史稿（1929-2014）》，頁728。

15　李東華（1951-2010）在《光復初期臺大校史研究：1945-1950》（臺北市：臺灣大學出版中心，2014年）一書中，對傅斯年擔任臺大校長時期重整文學院師資陣容的努力給予高度的評價，他歸納傅斯年當時聘任教師有三項特徵，其一，延攬中央研究院歷史語言研究所菁英大量進入臺大任教。其二，新聘教師研究取向遠遠大過以往之教學取向。其三，用人不拘一格，無學派門戶之見。他以中文系的牟潤孫（1908-1988）、何定生與歷史系的姚從吾（1894-1970）、方豪（1910-1980）等人為以研究著名之顯例。又舉何定生為疑古派顧頡剛弟子，為用人不拘一格之例證。（頁161-162）牟潤孫與何定生同樣具有燕京大學史學專業的背景，何定生雖曾肄業於廣州中山大學國文系，但牟卻不曾就讀過中文、國文系所，傅斯年將他們安排至中文系任教，而非歷史系，箇中緣由，頗令人好奇。

作。[16]而在其家屬和學生的印象中，何定生似乎曾從事敵後工作。[17]這或許可以解釋他為何要改用化名進入燕京大學就讀，因為當時北平已淪陷於日寇之手，對曾經從事過黨務工作的何定生而言，這是不得已的做法。但也因為他採用化名，加上年歲又大於一般的大學生甚多，因此會招來蜚語，被人排斥，這種情況在當時氣氛緊張肅殺的淪陷區的大學校園內，當非罕見。

　　儘管如此，何定生在燕大校園中的日子還是過得挺充實的，除了學業的精進外，最大的收穫就是學好了英文，他在此函中還特別向恩師顧頡剛報告此事：「生在燕大雖因得通英文，以知有學問有世界。」英文之習得，為他開啟了更廣大的學問之窗，甚至也讓他在日後得以在天津《益世報》「國際周刊」中翻譯文稿以賺取稿費。[18]除了外文的收穫外，他又曾跟一位意大利女聲樂老師學習聲樂，因而培養了他喜歡音樂的興趣。此外，他也在燕大校園注重體育的風氣下，跟外國教練學習網球。[19]總的來說，他的二度大學生活可算得上是多彩多姿的。

　　五、何定生在此函中也花了不少筆墨向顧頡剛說明他與傳教士的來往，以及與基督教的關係。中間的關鍵人物就是他信中所說的蒲教士（Miss I. Pruitt）。一開始接觸蒲教士可能是因為健康的因素，他

16　參車行健、徐其寧合撰：〈顧頡剛與何定生的師生情緣〉，頁206-207。

17　此事本人曾聽聞何念貽女士說過。又其弟子曾志雄教授在〈永遠的懷念──紀念何定生教授逝世四十週年〉一文中，也回憶道：「後來抗戰發生，他為了做敵後工作，跑到山東當教員，掩飾身分。」（引文見《中國文哲研究通訊》第20卷第2期〔2010年6月〕，頁73。）

18　參車行健、徐其寧輯錄：〈何定生教授編著目錄（增訂稿）〉，頁130-131。案：從其論著目錄中來看，何定生在一九二九年前即有譯作刊載於報刊雜誌中，因而對其自述「在燕大雖因得通英文」，恐怕不能單純地理解為由絲毫不通而至於全面通習的狀態，應該只是一種對比於之前的程度，而更加精進的相對的說法。

19　以上俱見曾志雄：〈永遠的懷念──紀念何定生教授逝世四十週年〉，頁70、72。

向顧頡剛說道：

> 復因蒲教士得Dr. Hills之診治，使腦系宿疾得以霍然，此為生
> 自經驗之奇迹，急欲為吾師告者。嗣又因蒲教士之教督鼓勇投
> 考燕大，遂終得窺學問門墻，稍藥愚暗。此二事者生謂為新生
> 之雙軌，缺一不可。

因蒲教士而治愈痼疾，復因蒲教士以趙時化名進入燕京大學就讀，讓
他有靈與肉皆獲新生的驚喜，他將此視為奇迹。在此奇迹的指引下，
他得以進入基督教的世界，這中間的心路歷程應是有跡可尋的。他來
臺之後信教益篤，所撰日記內容也多主要是關於宗教靈修的體驗，而
鮮少於其他俗世層面事務的記載，讀書治學之札記亦罕見於其中。但
從他公開發表的學術論著來看，並沒有太多與基督宗教有關者，更沒
有執基督教神學學理及概念來解讀中國經典之處，似乎在一定程度上
表現出了「學、教分離」的態度，這點頗值得玩味。

　　六、何定生寫給顧頡剛此函除了「藉尺書伸積悃」，向恩師報告
近年來之行跡動態及伸抒感懷衷曲外，最實際的目的應是函末提出的
請求：

> 生邇來體力甚勝於昔，心境亦較有著落，第願得一機緣俾貢獻
> 其誠意，師能不以為棄材而拔擢之否乎？曩者漠視計劃，今求
> 有計劃而不得，師幸憐而教之，匆遽不能盡欲言。

從事後結果來看，何定生的請求應是未遂其願。但實情如何，在缺乏
顧頡剛回應資料（書信及日記）佐證的情況下，恐難得知。有趣的

是，曾被友朋門人視為「廣大教主」、「通天教主」的顧頡剛[20]，的確也常會面對學生類似的請求。顧頡剛於一九二九年從廣州北返故都北平，執教燕京大學後所收的第一批學生中的牟潤孫，雖然在學術興趣和研究路向上與顧頡剛不相契合，而親近於陳垣（1880-1971）的勵耘學風，因而表現出「身在顧門，心在勵耘書屋」的尷尬處境，甚至形同「破顧門」、「入陳室」的情況。[21]但到出社會，面臨求職的壓力時，依然回過頭來請求顧頡剛為其謀出路。[22]顧頡剛對何定生的關愛遠甚牟潤孫，在何定生追隨顧頡剛前往人生地不熟的北平時，一開始吃住皆在顧家，後來雖因二人齟齬而分道揚鑣，但此時的顧頡剛仍很關心何定生的出路與生活問題。[23]顧頡剛在當時正是學術事業如日中天之時，手邊的資源也讓他有「顧老板」的稱號[24]，如果何定生此

---

20 參拙著：〈田野中的經史學家──顧頡剛學術考察事業中的古跡古物調查活動〉，《現代學術視域中的民國經學──以課程、學風與機制為主要觀照點》，頁102，註15。

21 參拙著：〈顧門中的勵耘弟子──牟潤孫經史之學的面向及其所反映的師承關係〉，《民國經學六家研究》，頁189-212。

22 顧頡剛曾在一九三五年七月十七日修書回覆牟潤孫，答以：「數度枉過，歉仄奚似。兩函均讀到，敬悉。此間局面過小，添員綦難。今欲為兄告者，只要兄努力以成其學，弟總有法子解決兄之困難。」（顧頡剛：〈致牟潤孫〉，《書信集》卷3，《顧頡剛全集》，第41冊，頁42。）拙著〈顧門中的勵耘弟子──牟潤孫經史之學的面向及其所反映的師承關係〉曾對此做過如下的推測：「從顧頡剛的信中可知，牟潤孫當是託顧頡剛謀職求事，但所謀何事，信中未明言，日記也未詳記。考顧頡剛於該年三月獲北平研究院史學研究會聘為該院歷史組主任，七月一日正式上任，聘了不少故舊與門生，或任會員，或司編輯，或做助理，但牟潤孫不與焉。牟潤孫兩度致函顧頡剛謀事者，或即北平研究院歷史組之職務。」（頁203）

23 參車行健、徐其寧合撰：〈顧頡剛與何定生的師生情緣〉，頁206。

24 顧頡剛執教燕京大學時的學生王鍾翰（1913-2007）曾生動地從學生的角度來描述顧頡剛在當時北平學界的地位，他說：「30年代中，當時學術界流行的教授知名度高的，地位也高的，像胡適稱胡老板，顧師稱顧老板。先生既稱老板，學生像我自然是小伙計了！」（見氏撰：《王鍾翰清史論集》〔北京市：中華書局，2004年〕，第3冊，頁1926；第4冊，頁2584。）當然，學人而有「老板」之稱，並非只是單純的

時仍跟隨顧頡剛，以顧頡剛需才孔急的情況下，勢必能為何定生安排一份可滿足學術及生活需求的工作。但抗戰勝利後，選擇到上海經商的顧頡剛，並未回到他曾經企求「狐死首丘」的北平[25]，箇中原因頗為複雜，顧潮和王學典都曾做過解釋，可參看。[26]顧頡剛此時可能一方面是置身於百廢俱興，諸業蕭條的戰後重建環境中，自謀生計尚且勉強，如何有餘裕照顧以前的老學生？另一方面當然也因未重返北平主流學術界的舞臺，已不復當年身兼數職的「顧老板」的聲勢，因而收到信後的顧頡剛或許也只能用「已讀不回」來權充他的回應方式。這其間反映出的，不只是何定生個人的悲哀，更是整個大時代的悲哀！亂世之中，人不能盡其才，奈何？！[27]

名氣大、地位高，伴隨而來的往往是實際的學術資源的掌握。顧頡剛全盛時期身兼燕京大學歷史系主任、北平研究院歷史組主任和禹貢學會領導者，同時擁有三套人馬，這些名義和實質上的資源，可讓他充分驅使去實現他的學術理想和志業。因而，從學生的眼光來看，顧師頡剛無疑就是一位神通廣大的老板。

25 傅斯年於一九二八年四月二日致函胡適（1891-1962）時，曾戲稱「頡剛望北京以求狐死首丘。」（見傅斯年：〈致胡適〉，歐陽哲生主編：《傅斯年全集》〔長沙市：湖南教育出版社，2003年〕，第7卷，頁56。）

26 顧潮：《歷劫終教志不灰——我的父親顧頡剛》，頁220-227；車行健、徐其寧整理：〈賢嗣傳家學，古史有餘音——顧潮教授訪談錄〉，《現代學術視域中的民國經學——以課程、學風與機制為主要觀照點》，頁217。（此文原刊於《中國文哲研究通訊》第19卷第3期〔2009年9月〕，頁109-126。）；及王學典主撰：《顧頡剛和他的弟子們》（北京市：中華書局，2011年增訂本），頁252-253。

27 何函寄出八個月後的一九四七年一月間，當時擔任臺灣大學校長的陸志鴻（1897-1973）傳出有意聘請顧頡剛來長臺大文學院，此事雖以顧頡剛致信陸校長懇辭告終（參顧潮：《歷劫終教志不灰——我的父親顧頡剛》，頁227；李東華：《光復初期臺大校史研究：1945-1950》，頁97。），但頗可引起不少慨歎唏噓。戰後的臺大可能是他們師徒再一次重逢與合作的交會點，但人的命運往往受制於歷史的曲折，顧頡剛就曾在一九四八年年底的日記中感歎說：「在此大時代中，個人有如失舵之小舟漂流於大洋，吉凶利害，自己哪能作主，惟有聽之於天而已。」（顧頡剛：《顧頡剛日記》，第6卷，頁397。）何定生進入臺大任教後，他或許也曾聽說過此傳聞，然而又能為之奈何？

附錄八　何定生著作目錄增訂稿[*]

車行健、徐其寧輯錄；車行健增訂

　　本目錄之輯錄盡可能搜尋何定生教授所發表的所有文章，何教授除用本名發表外，尚有用「定生」及用筆名「更生」的方式發表文章。惟署名「更生」在報刊發表文章者甚多，為求謹慎，除何教授有在〈簡歷〉及《日記》中提及者外，一概暫不收錄。惟何教授來臺後，常在《中央日報》發表文章，雖有〈簡歷〉、《日記》所未提及者，亦仍收入。

　　何定生教授著作目錄之編製，約始於二〇〇八年，後與徐其寧合作，於二〇一〇年六月出刊之《中國文哲研究通訊》第二十卷第二期，正式登載〈何定生教授論著目錄〉，收錄於該期中之「何定生教授紀念專輯」中。之後，又屢經增補，復編製〈何定生教授論著目錄（增訂稿）〉，以附錄的形式，載於二〇一四年三月出刊之《中國文哲研究通訊》第二十四卷第一期中拙文〈何定生與古史辨的詩經研究〉之文末。此次增修，又添加若干筆資料，並將「論著目錄」改題為「著作目錄」。蓋何教授的著作，不只學術論著，又兼有文藝創作及翻譯，「著作」一詞較能完整體現他作品的豐富樣貌。此次增修，承顧潮老師、金周生老師、蔣秋華教授、史甄陶教授、徐偉軒學棣協助，或解答疑難（顧潮），或提供書信資料（顧潮‧金周生），或利用

---

[*]　此稿原收錄於車行健撰：《民國經學六家研究》（臺北市：萬卷樓圖書公司，2020年），頁283-294。

資料庫檢索及下載文章（蔣秋華、史甄陶），或趁赴潮州開會之便，幫忙查找資料（徐偉軒），謹在此一併致上最誠摯的謝忱。（2019年12月5日）

　　附註：值《何定生著作集一》出版在即，復對增訂稿進行一些修改訂補，期能更臻於完善。（2021年8月10日，車行健謹識）

一　專書

1. 《元雜劇選》，1929年8月，未刊，原稿已毀。
案：據顧頡剛一九五七年六月日記所述，此書為與何定生同編，但尚未付印。（《顧頡剛日記》〔臺北市：聯經出版事業公司，2007年〕，第8卷，頁274。）又據其一九二九年八月二十九日日記寫有「看《元雜劇選》，改正句讀」語（同上，第2卷，頁318），可知此時該書已大致完成。然同日日記又有：「六年前，王雲五先生交我《元曲選》一部，囑作曲選，久無暇為之。此次在平，請定生代為之，今日取其稿看，錯誤甚多，一一為之改正，終恐未盡也。此書共十二萬字，看商務中給我多少錢。如多，將來當再為他書售之。」（同上）可知《元雜劇選》係從《元曲選》中選編整理成書。又據顧潮《顧頡剛年譜》（北京市：中華書局，2011年增訂本）一九二九年「七至八月」條謂：「為商務印書館編《元雜劇選》十二萬字，此由何定生代編，為之校改。文佚。」（頁197）由此可知顧頡剛與何定生二人的實際分工情形，以及此書的存佚狀態。（此條案語係得到顧潮教授指點完成）
又案：據顧潮教授二〇二〇年八月十四日來訊告知，在其近年收集整理的顧頡剛書信中，有一九三二年致商務印書館王雲五函，詢問此前所交《元雜劇選》（與何定生同編）稿件在「一二八」日本

轟炸上海時的情況，得覆知已燒毀了。此函及王氏覆函均已收入
《顧頡剛全集補遺》中。王雲五覆函謂：「承詢尊編《元雜劇選》
一稿，……茲經查明，已與敝館同遭浩劫，不勝痛惜。事因國難，
想邀垂諒。」（見顧潮整理：《顧頡剛全集補遺》〔北京市：中華書
局，2021年〕，頁109。）

2. 《詩的聽入》，北平：樸社，《的礫小叢書》之一，1929年8月。

3. 《治學的方法與材料及其它》，署名定生編，北平：樸社，《的礫小
叢書》之二，1929年9月。

案：此書原題作《關於胡適之與顧頡剛》，共收十篇文章，其中何教
授撰寫的篇目如下：

(1)〈又來「罵」胡適之先生〉，頁9-23。

(2)〈願胡適之先生勿懺悔〉，頁25-46。

(3)〈再寫在槃的文後〉，頁77-89。

(4)〈「新」「舊」材料與治學方法問題〉，頁145-166。此文原刊
於《潮陽期刊》，頁181-194，1929年2月。

4. 《詩經今論》，臺北市：臺灣商務印書館，《人人文庫》，1968年6月
初版、1969年8月2版、1973年3版。

案：本書共收三篇論文，依次是：

(1)卷一〈從樂章到諫書看詩經〉，頁1-72。此文原題作〈從
言教到諫書看詩經面貌〉，係何教授獲得國家長期科學發
展委員會（簡稱長科會）一九六四年研究獎助論文，原刊
於《孔孟學報》第11期（1966年4月），頁101-148，實際
撰作時間為一九六五年六月。

(2)卷二〈詩經的復始問題〉，頁73-202。此文原題作〈詩經
的復古解放問題〉，係何教授獲得長科會一九六五年研究
獎助論文。

（3）卷三〈詩經的解釋發凡〉，頁203-291。此文原題作〈詩經的解釋問題〉，係何教授獲得長科會一九六六年研究獎助論文。其中「宋儒對於詩經的解釋」一節另以〈宋儒對於詩經的解釋態度〉為題收入林慶彰編：《詩經研究論集》（臺北市：臺灣學生書局，1983年），頁409-422；「清儒對於詩經的見解」一節亦以原題收入林慶彰編：《詩經研究論集》，頁423-444。

5. 《定生論學集——詩經與孔學研究》，臺北市：幼獅文化事業公司，1978年7月。

案：此書共收四篇論文，依次是：

（1）〈讀詩綱領〉，頁3-13。

（2）〈詩經與樂歌的原始關係〉，頁17-94。此文原題作〈詩經的樂歌關係的檢討〉，係何教授獲得國家科學發展委員會（簡稱國科會）一九六七年研究獎助論文，原刊於《臺大文史哲學報》第18期（1969年5月），頁353-416。此文第二節「從詩經本身看樂歌關係」，又收入林慶彰編：《詩經研究論集》，頁1-18。

（3）〈孔子的傳記問題與六經〉，頁97-156。此文係何教授獲得國家科學委員會一九六八年研究獎助論文。

（4）〈孔子言學篇〉，頁159-194。此文原刊於《孔孟學報》第6期（1963年9月），頁41-68。

二　單篇論著

1.〈詩經的文學觀〉，1925年。

案：見〈詩經之在今日〉，原文未見。

2. 〈「六二三」慘殺與帝國主義者之侵略政策〉,《政治訓育》,第16
　　期,頁10-12,1927年。

　　案:此文撰於一九二七年六月十七日。

3. 〈民族主義與國家主義〉,《政治訓育》,第17期,頁33-37,1927年。

　　案:此文撰於一九二七年六月十三日。

4. 〈山海經成書之年代〉,《國立中山大學語言歷史學研究所週刊》,
　　第2集第20期,頁600-605,1928年3月13日。

　　案:此文撰於一九二七年六月二十四日。

5. 〈漢以前文法研究〉(一至三),《國立中山大學語言歷史學研究所
　　週刊》,第3集第31-33期,頁1025-1036,1928年5月30日;頁1059-
　　1067,1928年6月6日;頁1095-1112,1928年6月13日。

　　案:前二文撰於一九二八年四月二十八日,第三文未書撰作時間。

6. 〈譯詩的討論〉,署名定生,廣州《民國日報》,「晨鐘」副刊第25
　　期,1928年6月20日。

　　案:此文為回應李少白〈關於〈不屈〉〉(廣州《民國日報》「晨
　　　　鐘」副刊第20期,1928年6月14日)對其翻譯英國詩人W. E.
　　　　Henley(1849-1903)〈不屈〉一詩之質疑所作,自署作於一九
　　　　二八年六月十四日。

7. 〈詩經之在今日〉,原載廣州《民國日報》,副刊,1928年7月17
　　日,後收入《古史辨》,第3冊下編,頁690-694,北平市:樸社,
　　1931年11月;臺北市:明倫出版社,1970年3月;臺北市:藍燈文
　　化事業公司,1987年11月。

8. 〈王充及其學說〉(一至六),廣州《民國日報》,「現代青年」副
　　刊,1928年10月6、8、9、10、16日。

　　案:此文文末作者自署一九二七年十月八日作於中山大學。又何教
　　　　授〈簡歷〉有〈讀論衡〉一文,且註明登載出處為廣州《民國

日報》「晨鐘」副刊，然未詳刊載時間，疑即此文。又案：此文（一）未見於人民出版社一九八五年影印出版之《民國日報》當年當月份的合訂本中，且此套《民國日報》亦缺一九二八年七至九月，疑即在其中，當續訪查。又案：政大中研所陳菲同學曾代為至中國大陸圖書館掃描當年九月份的《民國日報》（缺9月1-9、14、16、23、29-30日），亦未見此文之（一）。

9. 〈尚書的文法及其年代〉，《國立中山大學語言歷史學研究所週刊》，第5集第49-51期合刊，「尚書的文法及其年代專號」，頁1793-1979；前有「作者的自白」，頁1783-1792，1928年10月17日。

案：此文撰於一九二八年十月。

10. 〈中山大學語言歷史學研究所年報序〉，《國立中山大學語言歷史學研究所週刊》，第6集第62-64合期，頁2381-2386，1929年1月16日。

案：顧頡剛於一九二八年十二月十六日的日記中記道：「託定生代作〈研究所年報序〉。」（《顧頡剛日記》，第2卷，頁232。）然又據顧頡剛一九二九年二月六日日記道：「作〈研究所年報序〉粗畢，共五千二百言。」七日日記亦記道：「修改〈年報序〉，訖，即送校付刊。」（《顧頡剛日記》，第2卷，頁250。）明謂顧氏自作及修改該文。且顧潮編《顧頡剛年譜》，於「著述目」中亦明列顧氏撰作此文。（見《顧頡剛年譜》〔北京市：中國社會科學出版社，1993年〕，頁469。）則此文似仍主要是顧氏自作。

11. 〈本部所藏中國古器物書目〉，與何之合編，《中山大學圖書館周刊》，1929年6月，頁101-117。

12. 〈關於詩經通論及詩的起興〉，《國立中山大學語言歷史學研究所週刊》，第9集第97期，頁3783-3794，1929年9月4日。

案：此文撰於一九二九年五月。「關於詩經通論」部分又收入《古

史辨》，第3冊下編，頁419-424，及林慶彰編：《詩經研究論
集・二》（臺北市：臺灣學生書局，1987年），頁541-545。關
於「詩的起興」部分，亦收入《古史辨》，第3冊下編，頁694-
705，改題作〈關於詩的起興〉。又此文撰於一九二九年五月。

13.〈宣統政紀考證〉，燕京大學《史學年報》，1941年。

　案：此條目據何教授〈簡歷〉所記，然燕京大學歷史學會主編之
　　　《史學年報》自一九二九年七月十日出版第一卷第一期，至一
　　　九四〇年十二月第三卷第二期出版後即中斷，共計發行三卷十
　　　二期。翻查其中篇目與作者，均無何定生撰作記錄。又據何教
　　　授〈簡歷〉云，此文曾獲哈佛燕京學社獎學金。

14.〈婦女在文化上的地位〉，《婦聲半月刊》，第1卷第7期，頁5，1947
　　年1月。

　案：此文作於一九四六年十二月十九日。

15.〈國際新刊介紹：第二次世界大戰的故事〉，署名更生，天津《益
　　世報》，「國際周刊」第35期，1947年4月2日。

　案：此文乃評介美國史學家Henry Steele Commager（1902-1998）所
　　　撰之 *The Story of the Second War*。（Little, Brown and Company,
　　　Boston, 1945）

16.〈損失太大了〉，《傅故校長哀輓錄》，國立臺灣大學紀念傅故校長
　　籌備委員會哀輓錄編印小組編，頁76，臺北市：國立臺灣大學，
　　1951年6月15日。

　案：此文作於一九五〇年十二月二十七日，原刊《臺大校刊》第
　　　101期。

17.〈趙老闆〉，署名更生，《中央日報》，第6版，「中央」副刊，1953
　　年2月5日。

18.〈評介詩經釋義〉，《學術季刊》，第2卷第1期，頁136-138，1953年
　　9月30日。

19.〈原學篇〉,《中央日報》,第3版,「學人」專欄,1959年4月28日。

案：楊晉龍〈何定生教授年表初稿〉(《中國文哲研究通訊》第20卷
第2期,2010年6月),稱此文為〈六經與孔子的關係〉。(頁
15)

20.〈關於典故的翻譯〉,署名更生,《中央日報》,第6版,「中央」副
刊,1962年7月24日。

21.〈孔子言學篇〉,《孔孟學報》,第6期,頁41-68,1963年9月。

22.〈從言教到諫書看詩經面貌〉,國家長期科學發展委員會1964年研
究獎助論文,刊於《孔孟學報》,第11期,頁101-148,1966年4月。

23.〈詩經的復古解放問題〉,國家長期科學發展委員會1965年研究獎
助論文。

24.〈詩經的解釋問題〉,國家長期科學發展委員會1966年研究獎助論
文。

25.〈關於論語的若干解釋〉,署名更生,《中央日報》,第9版,「中
央」副刊,1966年8月18日。

案：此文係針對林語堂的〈論孔子的幽默〉而發(見本書頁545-
548)。林氏於該年8月29日又於《中央日報》刊出〈再論孔子
近情〉一文,對包括何氏在內的批評者所提出的質疑意見加以
回應。

26.〈再論論語佛肸章的匏瓜問題〉,1966年8月。未刊,原文未見。

案：見楊晉龍:〈何定生教授年表初稿〉,頁19。楊氏資料來自何定
生日記。此文為對林語堂〈再論孔子近情〉的回應。(見本
書,頁614-615。)

27.〈詩經的樂歌關係的檢討〉,國家科學發展委員會1967年研究獎助
論文,改題作〈詩經與樂歌的原始關係〉,刊於《臺大文史哲學
報》,第18期,頁353-416,1969年5月。

　　案：據作者於此文文末自述：「本文為《詩經》論文之第四篇，題
　　　　『《詩經》今論卷四』」。（頁415）

28.〈孔子的傳記問題與六經〉，國家科學委員會1968年研究獎助論
　　文。

29.〈從儀禮樂次的分類覘三百篇原始的解題〉，國家科學發展委員會
　　1969年研究獎助論文。

　　案：此文為未刊稿，原件藏於國立臺灣大學圖書館。

30.〈寫在古史辨台灣版的編首〉，收入明倫版《古史辨》，第1冊，頁
　　1-2，臺北市：明倫出版社，1970年3月臺初版。

　　案：此文撰於一九七○年一月五日。

三　文藝創作

1. 〈一朵美麗的青花〉，《文學週報》，第4卷第251-275期，頁610-
　　622，1928年。

　　案：此文撰於一九二八年三月八日。

2. 〈我的心〉，署名定生，廣州《民國日報》，「現代青年」副刊，
　　1928年12月3日。

3. 〈母親的淚──心的創痕之一〉，署名定生，《一般》，第8卷第1至4
　　期，頁311-312，1929年。

4. 〈到西泠橋畔〉（秋子的日記），1929年。此文似未刊，原文未見。

　　案：據顧頡剛一九二九年四月十三日日記所述，此篇作品為小說。
　　　　（見《顧頡剛日記》，第2卷，頁272）此文至遲在一九二九年
　　　　四月上旬前完成。

5. 〈寂寞的旅途〉，此文似未刊，原文未見。

　　案：同上。

四 譯著

1. 〈不屈〉，W. E. Henley 原作，署名定生譯，廣州《民國日報》，「晨鐘」副刊第7期，1928年5月30日。

2. 〈我何能離你〉，德國 Thuriogian 民族的民歌，廣州《民國日報》，「晨鐘」副刊第13期，1928年6月6日。

案：譯於一九二八年五月三十一日。

3. 〈愛的祕密〉，William Blake 原作，廣州《民國日報》，「現代青年」副刊第107期，1928年9月11日。

4. 〈德芬的姑娘——寄給 B R. Haydon 的詩〉，John Keats 原作，署名定生譯，《一般》，第9卷第1-4期，頁235-238，1929年10月。

5. 〈國際辭林〉（輯譯，共六篇），署名更生或編者，天津《益世報》「國際周刊」第30、31、34、38、39、42期，1947年2月26日、3月5日、3月26日、4月23日、4月30日、5月21日。

案：此條目據何教授〈簡歷〉所記，原作刊於民國三十五年天津《益世報》「國際周刊」之「國際新辭」，且未載期數及月日。

又案：天津《益世報》「國際周刊」之「國際辭林」欄目於一九四七年二月二十六日該周刊三十期時始創，何教授即為初始撰稿者，故次期（三十一期）「國際周刊」之「國際辭林」欄目僅署名「編者」，疑亦何教授所撰。

6. 〈英國的襲擊隊——大戰史話之一〉，署名更生，天津《益世報》，「國際周刊」第35期，1947年4月2日。

案：此條目據何教授〈簡歷〉所記，原作刊於民國三十五年天津《益世報》「國際周刊」之〈大戰故事〉（二次大戰史料輯譯），且未載期數及月日。又案：此文譯自Henry Steele Commager所撰之*The Story of the Second War*。（Little, Brown and Company, Boston, 1945）

五　書信及個人傳記資料

1. 〈致顧頡剛〉（撰於1928年3月8日），《國立中山大學語言歷史學研究所週刊》，第2集第21期，頁640，1928年3月20日。

2. 〈致顧頡剛〉（撰於1928年5月1日），《國立中山大學語言歷史學研究所週刊》，第3集第30期，頁1011-1013，1928年5月23日。

3. 〈致顧頡剛〉（撰於1928年5月25日），《國立中山大學語言歷史學研究所週刊》，第3集第32期，頁1088-1089，1928年6月6日。

4. 〈致顧頡剛〉（撰於1928年6月1日），《國立中山大學語言歷史學研究所週刊》，第4集第40期，頁1447-1449，1928年8月1日。

5. 〈致顧頡剛〉（撰於1928年7月9日），《國立中山大學語言歷史學研究所週刊》，第4集第42期，頁1513-1514，1928年8月15日。

6. 〈致顧頡剛〉（撰於1928年7月31日），《國立中山大學語言歷史學研究所週刊》，第5集第49-51期合刊，頁1980-1981，1928年10月17日。

7. 〈致顧頡剛〉（撰於1946年5月1日），未刊，原件藏於顧潮處。

8. 〈致余永梁〉（撰於1928年5月25日），《國立中山大學語言歷史學研究所週刊》，第4集第39期，頁1415-1416，1928年7月25日。

9. 〈致余永梁〉（撰於1928年5月27日），《國立中山大學語言歷史學研究所週刊》，第3集第33期，頁1132-1133，1928年6月13日。

10. 〈致余永梁〉（撰於1928年11月7日），《國立中山大學語言歷史學研究所週刊》，第5集第57-58期合刊，頁2266，1928年12月5日。

11. 〈答衛聚賢先生〉（撰於1928年10月18日），《國立中山大學語言歷史學研究所週刊》，第5集第53、54期合刊，頁2087-2096，1928年11月7日。

12. 〈致楊筠如〉（撰於1929年5月20日），《國立中山大學語言歷史學研究所週刊》，第8集第91期，頁3650，1929年7月24日。

13.〈致王叔岷〉（撰於1968年8月8日），原件影印收入王叔岷：《慕廬
　憶往》（臺北市：華正書局，1993年），附錄：保存信件，頁10；
　《慕廬憶往：王叔岷回憶錄》（北京市：中華書局，2007年），附
　錄，頁217。

　案：原函未署年份，函中謂郵寄《詩經今論》予王叔岷。查何定生
　　　於該年八月十三日日記記述，以水路郵寄《詩經今論》致贈遠
　　　在新加坡的王叔岷（參見楊晋龍：〈何定生教授年表初稿〉，頁
　　　20），可知該函寫於一九六八年。

14.〈致王叔岷〉（撰於1969年2月15日），《慕廬憶往》，頁11-13；《慕
　廬憶往：王叔岷回憶錄》，頁218-220。

15.〈簡歷〉，國立臺灣大學人事檔案，1949年8月填寫。

16.《日記》，未刊。

　案：何教授遺存《日記》始於一九四九年十一月二日，止於一九七
　　　○年六月二十三日。

臺灣經學叢刊　0505003

何定生著作集一：詩經、孔學及其他

原　　著　何定生
主編、整理　車行健
責任編輯　呂玉姍
特約校稿　林秋芬

發 行 人　林慶彰
總 經 理　梁錦興
總 編 輯　張晏瑞
編 輯 所　萬卷樓圖書股份有限公司
　　　　臺北市羅斯福路二段 41 號 6 樓之 3
　　　　電話 (02)23216565
　　　　傳真 (02)23218698

發　　行　萬卷樓圖書股份有限公司
　　　　臺北市羅斯福路二段 41 號 6 樓之 3
　　　　電話 (02)23216565
　　　　傳真 (02)23218698
　　　　電郵 SERVICE@WANJUAN.COM.TW
香港經銷　香港聯合書刊物流有限公司
　　　　電話 (852)21502100
　　　　傳真 (852)23560735

ISBN 978-986-478-550-6

2022 年 7 月初版

定價：新臺幣 980 元

如何購買本書：

1. 劃撥購書，請透過以下郵政劃撥帳號：
　　帳號：15624015
　　戶名：萬卷樓圖書股份有限公司
2. 轉帳購書，請透過以下帳戶
　　合作金庫銀行 古亭分行
　　戶名：萬卷樓圖書股份有限公司
　　帳號：0877717092596
3. 網路購書，請透過萬卷樓網站
　　網址 WWW.WANJUAN.COM.TW

大量購書，請直接聯繫我們，將有專人為
您服務。客服：(02)23216565 分機 610

國家圖書館出版品預行編目資料

何定生著作集一：詩經、孔學及其他/何定生
原著；車行健主編、整理.-- 初版.-- 臺北
市：萬卷樓圖書股份有限公司, 2022.07

　　面；　公分.-- (何定生著作集 ; 505003)
ISBN 978-986-478-550-6(平裝)

1.何定生 2.學術思想 3.傳記

783.3886　　　　　　　　　　110019501